国家社科基金重大课题项目（18ZDA056）
国家自然科学基金重点项目（71332007） 研究成果

新时代中国中小企业提升国际竞争力
若干问题的调研报告

XINSHIDAI ZHONGGUO ZHONGXIAOQIYE TISHENG GUOJI JINGZHENGLI

RUOGAN WENTI DE DIAOYAN BAOGAO

刘淑春　林汉川　陈畴镛
程宣梅　张思雪　◎等著

企业管理出版社
EMPH ENTERPRISE MANAGEMENT PUBLISHING HOUSE

图书在版编目（CIP）数据

新时代中国中小企业提升国际竞争力若干问题的调研报告／
刘淑春／等著. —北京：企业管理出版社，2019.4

ISBN 978 - 7 - 5164 - 1870 - 3

Ⅰ. ①新… Ⅱ. ①刘… Ⅲ. ①中小企业—企业竞争—
国际竞争力—研究报告—中国 Ⅳ. ①F279.243

中国版本图书馆 CIP 数据核字（2018）第 299899 号

书 名：	新时代中国中小企业提升国际竞争力若干问题的调研报告	
作 者：	刘淑春 林汉川 陈畴镛 程宣梅 张思雪 等	
责任编辑：	刘一玲 崔立凯	
书 号：	ISBN 978 - 7 - 5164 - 1870 - 3	
出版发行：	企业管理出版社	
地 址：	北京市海淀区紫竹院南路 17 号	邮 编：100048
网 址：	http：//www. emph. cn	
电 话：	编辑部 68701322 发行部 68414644	
电子信箱：	80147@ sina. com zbs@ emph. cn	
印 刷：	北京市青云兴业印刷有限公司	
经 销：	新华书店	
规 格：	787 毫米×1092 毫米 16 开本 35.5 印张 675 千字	
版 次：	2019 年 4 月第 1 版 2019 年 4 月第 1 次印刷	
定 价：	98.00 元	

本调研报告系以下项目的研究成果：

国家社科基金重大项目《新时代加强中国中小微企业国际竞争力的模式与路径研究》（批准号 18ZDA056）

国家自然基金重点项目《中国企业转型升级战略及其竞争优势研究》（批准号 71332007）

对外经济贸易大学北京企业国际化经营研究基地资助项目

杭州电子科技大学浙江省信息化发展研究院浙江省新型重点专业智库资助项目

浙江工业大学中国中小企业研究院浙江省新型重点专业智库资助项目

前　言

本书是国家社科基金重大项目《新时代加强中国中小微企业国际竞争力的模式与路径研究》（批准号 18JZD056）与国家自然科学基金重点项目《中国企业转型升级战略及其竞争优势研究》（批准号 71332007）的阶段性研究成果；也是浙江省新型重点专业智库杭州电子科技大学浙江省信息化发展研究院、浙江工业大学中国中小企业研究院、对外经济贸易大学北京企业国际化经营研究基地资助的研究成果。

当今和未来一个时期，国内外经济发展环境已经和正在发生深刻变化，中国经济逐渐由高速增长阶段转向高质量发展阶段，正处在转变发展方式、优化经济结构、转换增长动力的攻关期，致力于推动经济发展质量变革、效率变革、动力变革和建设现代化经济体系，这对中国中小微企业获取国际竞争力优势问题产生强烈的倒逼因素与紧迫要求，中国中小微企业已进入只有加快增强国际竞争力才能实现高质量发展的关键时期。这些新形势与新变化的重大影响表现在以下方面：

（一）APEC（亚太经合组织）领导人非正式会议已连续五年向全球发出号召与呼吁，把提升中小微企业国际竞争力作为世界经济增长的核心问题

2013 年 10 月 7 日至 8 日，APEC 在第 21 次领导人非正式会议印度尼西亚"巴厘岛宣言"号召，"提升中小企业的全球竞争力""加强中小企业持续经营能力"，使中小企业能够拓展国际市场，加入全球供应链。2014 年 11 月 11 日，APEC 在第 22 次领导人非正式会议"北京宣言"又号召，"我们欢迎亚太地区促进中小企业合作的努力，帮助其融入亚太经合组织生产链和供应链，推广商业道德实践，提升国际市场运营能力"。2015 年 11 月 19 日，APEC 第 23 次领导人非正式会议"马尼拉宣言"呼吁，"促进中小微企业参与区域和全球市场""我们需要解决中小微企业国际化和融入全球价值链的障碍"。为此，该会议通过了《中小微企业全球化长滩岛行动纲领》，特别强调，"发展互联网和数字经济将提供实现创新、可持续、包容和安全增长的机遇，促进互联互通。这将使企业特别是中小微企业参与全球价值链，通过新商业模式创造出真正的全球市场，接触到更广泛的消费群体，进行商品、服务、资本和思想的交流"。2016年11月20日，APEC第24次领导人非正式会议"秘鲁利马宣言"又呼吁，"加强中小微企业，需要采取切实措施，增强中小微企业的创新能力和竞争力，包括使知识产权商业化的能力，保障其融资渠道并为其提供能力建设，通过发展电子商务提高其参与互联网和数字经济的程度，缩小技术差距，通过加强商业道德实践支持企业发展和跨境贸易，积极促使其向可持续、环保和绿色生产转型，并支持中小微企业国际化，包括使用信息通信技术"。特别是2017年11月11日，APEC第25次领导人非正式会议的越南"岘港宣言"再次号召与承诺，通过行动"增强中小微企业在国际市场的竞争力，以及参与全球价值链的能力""增强中小微企业，特别是妇女和青年企业家创新能力，包括帮助其获得融资、技术和开展能力建设""帮助中小微企业更多利用互联网和数字基础设施；增强中小微企业数字能力、竞争力和韧性""鼓励各经济体增强竞争力，帮助这些产业参与全球价值链"。可见，加强中小微企业国际竞争力已成为备受世界各国关注的热点问题。

（二）党中央和国务院高度重视加强我国中小微企业国际竞争力这一重大问题

习近平总书记对支持我国中小微企业做出了一系列重要指示：① 2016年9月在G20杭州峰会上专门提出"要帮助中小微企业深入参加全球价值链"；②在部分省区党委主要负责同志座谈会上进一步指出："要改善金融服务，疏通金融进入实体经济特别是中小企业、小微企业的管道"（2015.7.17）；③在全国科技创新大会上要求"要制定和落实鼓励企业技术创新各项政策，强化企业创新倒逼机制，加强对中小企业技术创新支持力度""培育有国际影响力的行业领军企业"

（2017.7.15）；④在党的十九大报告中进一步提出"加强中小微企业创新支持"新思路（2017.10.18）。近些年，国务院常务会议召开了8次专题会议研究支持小微企业议题。李克强总理在国务院常务会议上为小微企业派出政策"大礼包"：进一步简政放权，加大财税、融资支持，加大专项基金、创业基地支持（2014.9.17）；他在这次会议上还指出，今天我们鼓励千千万万人创业，这势将带动中国新一轮经济"破茧成蝶"。李克强总理在国务院常务会议上强调："小微企业不仅是吸纳就业的'主力军'，更是激励创新、带动投资、促进消费的重要'生力军'"；而且"将汇聚成巨大的动能，形成中国经济的新引擎"（2017.9.29）；为此，国家工信部、商务部近几年也已发布一系列文件促进中国中小微企业参与跨境产业链的构建。

（三）中国中小微企业所处历史地位与国际竞争状况更是反映其面临非常激烈的竞争与全新的挑战

（1）中小微企业已经成为中国、APEC及世界各国社会经济发展的重要引擎。就中国来说，根据中小企业划型标准和第二次经济普查数据测算，目前中国中小微企业已达8000多万户（含个体工商户），占全国企业总数的99.8%，贡献了80%的城镇就业岗位、60%的GDP、60%的利润以及50%的税收、65%的发明专利、75%以上的新产品开发，它们已成为中国经济社会实现高质量增长与繁荣不可或缺的生力军，是中国企业提升国际竞争力的重要组成部分，对国家促进经济发展方式转变和实施创新发展战略发挥重要作用。

（2）在当前科技革命与工业4.0浪潮下，大部分中小微企业因缺乏技术、资金、人才、平台，仍处于全球价值链"低端锁定"的困境。随着国际竞争程度加剧，中国中小企业转型升级发展依然面临诸多问题，主要表现在：①嵌入产业价值链的中小企业大多处于价值链的低端，面临国际环境动荡时，风险承受能力较低，利润绝大部分流向以核心技术和专业服务牢牢掌控着产业价值链高端环节的企业，价值链低端企业利润空间不断缩小；②受外部环境的影响与内部条件的制约，中小企业自主创新能力较薄弱，关键核心技术和装备主要依赖许可或购买，产品技术含量与附加值低；③资源短缺、原材料价格上涨、环保压力增大，企业成本优势逐步丧失；④具备规模经济的行业集中度较低，具有国际竞争力的"世界级"企业和国际知名品牌较少；⑤中小企业融资难问题依然显著，发展活力有待进一步增强。这些问题严重制约了中小企业持续健康发展，限制了中小企业"走出去"的步伐与国际竞争力的提升，为此应当转变中小企业粗放型的生产方式，增强自主创新能力，加强企业技术改造，推进企业信息化水平提升，加快企业对外开放和体制改革步伐，为中小企业提升竞争优势和国际竞争力提供解决对策。在此背景下，从转型发展视角研究中小企业获取国际竞争优势问题变得越来越重要和紧迫。

（四）全球科技创新、新兴产业大转换、生产方式大变革，以及我国"一带一路"倡议的实施，更是给加快提升我国中小微企业国际竞争力带来强烈的倒逼机制与战略机遇

（1）世界经济需求与增长带来的大调整对中小企业转型发展形成新的压力。面对世界经济复苏乏力、局部冲突和动荡频发、全球性问题加剧的外部环境，发达国家经济增长和消费需求放缓，纷纷谋求经济结构的深度调整，实施"再工业化"战略，全球需求结构和供给结构出现明显变化。发达国家通过提高关税、反倾销税和反补贴税、劳工标准、社会责任等手段实行贸易保护，针对中国中小企业的贸易摩擦有所增加。世界各国围绕市场、资源等方面的竞争更趋激烈，能源资源、气候变化等全球性问题错综复杂，倒逼中小企业通过转型发展形成新的国际竞争优势。

（2）全球科技创新和新兴产业的大转换给中小企业转型发展带来国际竞争的严峻挑战与新的突破机遇。发达国家试图通过国家战略加紧在新兴科技领域前瞻布局，全球正在进入一个创新密集和新兴产业快速发展的新时代。例如，美国发布"国家宽带计划"来促进新一代信息技术产业发展；欧盟通过制定"物联网行动计划"及"低碳经济路线图"来引领物联网产业发展并促进欧盟向低碳经济转型等。从目前看，中国中小企业在部分新兴产业领域具备了较好基础，但是在更多领域的基础还很薄弱，与发达国家的差距仍然较大。当前和未来一个时期，抢占未来科技和产业发展制高点的竞争日趋激烈，如果应对不当，贻误时机，中国中小企业在新兴产业领域与发达国家的差距有可能进一步拉大。

（3）全球化生产方式的大变革为中国中小企业加快培育国际竞争新优势创造了契机。在大数据、人工智能、工业互联网为代表的第四次工业革命浪潮下，互联网、大数据、人工智能与中小企业的深度融合已经成为中国乃至全球高度聚焦的重大热点和难点问题。亚太经合组织于2017年12月成立中小企业信息化促进中心，呼吁提升中小企业信息化数据化水平，破解中小企业发展难题。美国实施"国家制造业创新网络计划"，打造国家制造业创新中心以服务中小企业融入工业互联网。德国发布"数字化战略2025"，实施"中小企业数字化攻势"和"中小型企业数字化改造计划"，依托工业4.0平台大力打造"中小企业4.0能力中心"。日本启动"工业价值链计划"，以工业机械、中小企业为突破口，探索产业协同及企业合作的方式。英国数字经济战略打造数字政府，以政府数据开放共享和公私合作激励中小企业的数字化发展。与发达国家相比，中国中小企业数据化、网络化、智能化水平普遍滞后，还未能充分利用互联网、大数据、人工智能来提升竞争优势。因此，如何构建合适战略路径和机制推动互联网、大数据、人工智能与中国中小企业深度融合，驱动中小微企业转型升级，是实现中国实体经济高质量发展和提升国际竞争力亟须研究的重要问题。

（4）国家实施的深化供给侧结构性改革为推动中小企业转型发展提供新的契机。党的十九大报告明确提出加快建设制造强国，加快发展先进制造业，推动互联网、大数据、人工智能和实体经济深度融合，在中高端消费、创新引领、绿色低碳、共享经济、现代供应链、人力资本服务等领域培育新增长点、形成新动能。中小企业面对市场的变化，不像大企业那样反应迟钝，反而可以迅速满足最新的需求。也正是由于中小企业规模小，企业本身资源受限，相比于盲目各方向发展，专攻某个细分市场会更容易转型发展，创新突破。中小企业所具有的灵活性和利基性特点，能够颠覆传统思维和经营模式，突破发展瓶颈，更加能够发挥自身创新作用，发展"专精特新"中小企业在促进经济增长、推动创新、增加税收、拉动就业、改善民生等方面发挥着示范引领作用，通过瞄准先进制造业发力，更利于培育出生机勃勃的创新型中小企业。

（5）国家实施"中国制造2025"战略进一步助推中小企业提升国际竞争力。2015年，"中国制造2025"成为国家战略，提出以加快新一代信息技术与制造业融合为主线，以推动智能制造为主攻方向，重塑我国制造业的竞争优势。2016年工信部发布《智能制造发展十三五规划全文》和《智能制造发展规划（2016—2020）》，明确发展目标、主要任务和保障措施。2017年工信部印发了《关于开展2017年智能制造试点示范项目推荐的通知》，规定了智能制造试点示范项目推荐的基本条件、推荐程序及申报要求等内容。各地政府也积极出台相关政策促进智能制造发展。智能制造推动信息化发展正进入一个新的历史阶段，信息化与工业化深度融合日益成为中小企业发展方式转变的内在动力。中小企业正在成为智能制造个性化定制、柔性制造技术创新的主力军，也是商业模式创新的生力军。整个制造业正在向着柔性生产发展，中小企业的产能在小批量生产和大规模定制当中自由切换，企业对市场能够做到快速响应，满足用户的个性化需求，实现从大规模制造向大规模定制转型，形成新的服务理念与模式。智能制造极大地降低了中小企业创新门槛，激发了创新活力，使得更多的中小企业在创意获取、平台运营和商业模式创新等方面发挥出积极作用。

（6）实施"一带一路"倡议为中国中小微企业嵌入跨境产业链、提升国际竞争力创造了新的战略机遇。党中央、国务院高度重视我国广大中小企业融入"一带一路"产业链建设问题，2017年5月，工信部中小企业发展促进中心发布《中小企业"一带一路"同行计划》，提出"中小企业走向'一带一路'沿线国家和地区，打造中国与相关各国互利共赢的'利益共同体'"；2017年8月，工信部和贸促会联合发布《关于开展支持中小企业参与"一带一路"建设专项行动的通知》，"鼓励中小配套企业参与产能合作，构建全产业链战略联盟"。面对"两竞争两互补"的全球产业分工新格局，中国中小企业参与"一带一路"建设具有政策、集群、资源、技术、创新等方面的优势。一批浙江、广东、江苏等为代表的民营中小企业已摸索出一些嵌入"一带一路"产业链的重要经验。因此，亟须深入研究中国中小微企业嵌入"一带一路"产业链的发展模式和实施路径的战略机遇问题。

综上所述，当前和未来时期，是中国中小微企业实施转型升级与提升国际竞争力的攻坚时期。中国中小微企业转型升级与提升国家竞争力战略如能加快推进，就能推动中国经济社会进入良性发展轨道；如果行动迟缓，不仅资源环境难以承载，而且会错失重要战略机遇期。

我们主持承担的上述国家重大重点项目，正是聚焦中国中小微企业转型升级与提升竞争力战略中的许多重大问题。因此，项目组以服务国家战略为主线，坚持问题导向、需求导向、创新导向、务实导向，通过深入基层一线实事求是地调查研究，撰写了一系列具有前瞻性、战略性、针对性以及可操作性的调查研究报告，力争为中国中小微企业转型升级提升国际竞争力重大战略决策提供高质量的智力支持。甚感欣慰的是本书中的一些调研咨询报告已经得到国家领导人与浙江省委、省政府领导人的批示，并被省发改委、省经信厅、省科技厅、省地方金融监管局、省市场监管局等相关省级政府部门所采用，为政府决策和中小微企业高质量发展提供了新思路、新机理、新模式与新途径。

本书由六篇、48章内容组成。第一篇　优化营商环境　提升中国中小企业竞争力的若干调研报告，包括：我国小微企业面临的严峻困境及对策建议的调研报告；浙江省企业资金链担保链风险防范化解的调研报告；中小企业降成本的调研报告；优化企业投资项目审批中介服务的调研报告；要素市场化倒逼中小企业转型升级的调研报告；浙江普陀岛和海南全岛建成国际海岛旅游免税试验区的调研报告；浙江省高质量发展组合拳的研究报告；构建中小企业创业生态系统的调研报告；构筑政务生态系统的研究报告等内容。第二篇　增强内生转型动能　提升中国中小企业竞争力的若干调研报告，包括：基于570家企业与4794名员工入企调查数据的企业转型升级路径研究报告；高质量发展中小微企业　提升竞争力的调研报告；浙江省个转企的调研报告；浙江省小升规的调研报告；企业创新环境的调研报告；供给侧结构性改革背景下小型微型企业转型的调研报告；浙江省民营企业跨国并购的调研报告；浙江省实施品牌战略　推动中小企业高质量发展的调研报告等内容。第三篇　深度应用数字化、智能化、互联网　提升中国中小企业竞争力的若干调研报告，包括：浙江省数字经济一号工程若干建议的调研报告；浙江省培育数字经济独角兽和超级独角兽对策建议的调研报告；浙江省数字经济与浙江制造深度融合对策建议的调研报告；数字经济政策问题的调研报告；以全球化视野精准助跑数字经济发展的调研报告；加快构筑浙江智能制造生态系统的调研报告；四换四力提升中小企业竞争力的调研报告；建设数字政府助推企业高质量发展的研究报告等内容。第四篇　实施标准化战略　提升中国中小企业竞争力的若干调研报告，包括：中国制造标准走出去的难题和对策建议的调研报告；浙江省实施制造标准国际化战略的调研报告；杭州市争创全国第二个标准国际化创新型城市对策建议的调研报告；全面实施标准强国战略对策建议的调研报告；实施中国制造标准国际化战略对策建议的调研报告；电子薄膜用超高纯金属溅射靶材国际标准的案例研究报告；借助"一带一路"倡议　加快标准走出去的研究报告；技术标准化、标准国际化与中国装备制造走出去的研究报告；技术创新、政治关系与国家标准制定话语权的研究报告等内容。第五篇　创建特色小镇　提升中国中小企业竞争力的若干调研报告，包括：国外知名小镇建设启示的调研报告；特色小镇要致力于成为众创小镇的调研报告；高质量打造特色小镇浙江样板的调研报告；特色小镇存在的新问题及对策建议的调研报告；中小企业园区和产业集聚区高质量建设的调研报告；浙江省加快建设"全球金融科技中心"的调研报告等内容。第六篇　塑造海外良好形象　提升中国中小企业竞争力的若干研究报告，包括：新常态下创新与社会责任对中国产品海外形象影响的研究报告；世界发达国家市场创新、社会责任与产品海外形象的研究报告；提升中国产品在发展中国家/新兴市场海外形象的研究报告；国家形象与中国产品走出去资产累积的研究报告；技术创新和社会责任标签化时代下变现能力的研究报告；全球化背景下中国品牌原型化战略的研究报告；我国加快发展国际品牌的调研报告；借助"一带一路"倡议　提升中国产品海外形象的调研报告等内容。

本调研报告主要由刘淑春、林汉川、陈畴镛、程宣梅、张思雪等负责，刘淑春、林汉川负责全书的设计、组织与统撰工作。具体参加本报告撰写的成员有（以章节为序）：前言林汉川、刘淑春，第1章林汉川、陈衍泰，第2章林汉川、刘淑春，第3章林汉川、刘淑春，第4章林汉川、刘淑春，第5章刘淑春、林汉川、程宣梅、陈侃祥、李魁，第6章林汉川、刘淑春、池仁勇，第7章刘淑春、林汉川，第8章程宣梅、陈侃祥、刘淑春、池仁勇，第9章刘淑春，第10章程虹、刘三江、罗连发，第11章刘淑春、林汉川，第12章林汉川、刘淑春，第13章刘淑春、林汉川，第14章刘淑春、林汉川、程宣梅、陈侃祥、李魁，第15章林汉川、刘淑春、程宣梅，第16章程宣梅、周礼、张曙明、张文旭，第17章刘淑春、林汉川、程宣梅，第18章林汉川、刘淑春、陈畴镛、辛金国，第19章林汉川、刘淑春、陈畴镛、辛金国，第20章刘淑春、林汉川、陈畴镛、辛金国，第21章刘淑春、林汉川、陈畴镛、辛金国，第22章刘淑春、程宣梅、林汉川、陈畴镛、辛金国，第23章陈侃翔、程宣梅、刘淑春、林汉川，第24章林汉川、刘淑春、程宣梅、李魁，第25章刘淑春，第26章林汉川、刘淑春、程宣梅，第27章林汉川、刘淑春、程宣梅，第28章刘淑春、林汉川、程宣梅，第29章刘淑春、林汉川、程宣梅，第30章林汉川、刘淑春、程宣梅，第31章刘淑春、程宣梅，第32章刘淑春、林汉川，第33章刘淑春、林汉川，第34章林洲钰、林汉川、邓兴华，第35章程宣梅、刘淑春、陈侃祥、林汉川，第36章程宣梅、刘淑春、陈侃祥、林汉川，第37章刘淑春、程宣梅、陈侃祥、林汉川，第38章程宣梅、刘淑春、陈侃翔、林汉川，第39章刘淑春、林汉川、程宣梅、陈侃祥、李魁，第40章刘淑春、林汉川、程宣梅，第41章张思雪、林汉川，第42章张思雪、林汉川，第43章张思雪、林汉川，第44章张思雪、林汉川，第45章张思雪、林汉川，第46章刘英为、聂春艳、张璟，第47章林汉川，第48章林汉川。全书初稿由林汉川、刘淑春、陈畴镛、程宣梅、张思雪等同志进行了编辑。

本调研报告在研究和撰写过程中，一直得到全国社科基金规划办公室、国家自然科学基金委员会管理科学部、国家工信部中小企业司、中国中小企国际促进协会、北京市哲学社会科学规划办公室、浙江省哲学社会科学规划办公室、浙江省科技厅、浙江省教育厅、对外经济贸易大学、杭州电子科技大学、浙江工业大学等有关部门与领导的指导和关怀，使得本报告调研广泛、内容充实、思路开阔、数据准确、资料丰富，在此一并表示诚挚的感谢！

尽管参加撰写本报告的专家、学者，以及实际部门的工作者都对自己撰写的内容进行了专门的调查研究，但由于面临许多新问题和新变化，加之时间紧，水平有限，因此，本报告中难免有不妥之处，敬请各位读者批评指正。

目 录

第一篇 优化营商环境 提升中国中小企业竞争力的若干调研报告

第二篇　增强内生转型动能　提升中国中小企业竞争力的若干调研报告

第四篇　实施标准化战略　提升中国中小企业 竞争力的若干调研报告

第五篇　创建特色小镇　提升中国中小企业竞争力的若干调研报告

第六篇 塑造海外良好形象 提升中国中小企业 竞争力的若干研究报告

图目录

表目录

第一篇 优化营商环境 提升中国中小企业竞争力的若干调研报告

第1章 我国小微企业面临的严峻困境及对策建议的调研报告

近年来，我国小微企业生产经营出现用工贵、用料贵、融资贵、间接费用贵与订单难、转型难、生存难的"四贵三难"严峻困境，各部门与各地都在探讨原因与寻求解困路径。本报告提出，加大税收优惠是我国小微企业当前解困的最佳政策选择；实施国家"抓大放小"向"抓大扶小"战略思路转型与体制机制创新是解困的长效之道；只有内外兼治、加速立法、多措并举、综合治理，才有可能破解小微企业转型发展之困境。

第一节 我国小微企业生产经营出现"四贵三难"严峻困境

在中美经贸摩擦和复杂严峻的国内外形势下，我国广大小微企业生产经营出现了前所未有的困难。根据对6省16市10多个行业113家企业的调查，销售持平的占32.7%，减少10%~30%的占26.7%，减少30%以上的占40.6%。其中，销售收入减少的企业，广东占七成、山东占五成、浙江占四成；微利、不盈利、亏损的企业超过30%；半数企业信心不足，61.4%的企业持悲观态度。又据国家统计局对全国3.9万户规模以下工业企业的抽样调查，全国小型微型企业经营状况好或者很好的比重只占21.1%，其中微型企业经营状况好或者很好的比重只占到18.3%。企业再度出现订单荒，广东、浙江、重庆等省、直辖市的制造业出口企业订单普遍减少了20%~30%。

调查发现，当前小微企业所面临严峻困境的主要特征为"四贵三难"。其中"四贵"是指用工贵、用料贵、融资贵、间接费用贵；"三难"则是指订单难、转型难、生存难。"四贵"形成的原因：一是小微企业劳动力成本持续推高；二是小微企业使用土地、厂房、商铺、原材料、能源、物流价格不断上涨；三是小微企业一般很难从银行贷款，大多数都是从各种微型金融机构和私人贷款，利率高达 15%～30%，甚至更高。很多小企业主都说，"别说不好贷，就是好贷也不敢贷，贷了款就成了为金融机构白打工"；四是小微企业被强迫缴纳征收各种名目繁多的费用，如第三方专业机构或事业单位前置评估、认证、咨询的费用与各种间接用地、用电等费用。基于上述"四贵"原因，已使大多数小微企业陷入外需疲软、内需不振的困境，订单锐减；整体利润率不足 3%，大多数只能在"零利率或亏损"中维持；小微企业生存倍感困难。

我们跟踪调查发现，虽然国家从 2011 年至今已出台一系列政策减轻小微企业的负担，但其生产经营困境仍在加剧，这些举措对提振小微企业信心、缓解其暂时困难有一定的作用，而要破解小微企业"四贵三难"困境，靠老路子已难以见效，只有通过全局性战略性创新与深层次体制机制改革，才能寻求解困与持续长效发展之道。

第二节 加大税收优惠是小微企业当前最佳政策选择

一、加大税收优惠是小微企业当前解困政策的"牛鼻子"

从目前来看，我国小微企业税费过重问题较为突出。据世界银行统计，我国小微企业税负过重问题排全球第 97 名，大大高于美国、日本、新加坡等发达国家。而 2006—2011 年我国税收年均增长率高达 21.17%（远高于 2011 年 9.2% 的 GDP 增长率和"十一五"期间 11.2% 的年均增长率），税负过重挤压了小微企业的利润，抑制了小微企业扩大再生产能力和技术研发能力，也导致大量小微企业很难发展起来；然而，原材料、能源、人工、五金一险、土地、电力和房屋等价格不断上涨，给小微企业带来的成本压力又具有刚性特点，加之小微企业自身抗风险能力较弱，消化成本空间有限，面临的困难更大。可见，破解我国小微企业当前困境的首要问题是："先保生存，再促发展"，防止多种因素叠加致使其大量"死亡"。这样，只有抓住加大对小微企业实施以减免税费为重点的优惠政策，减轻"四贵"带来的冲击，才有可能缓解小微企业当前的生存危机，进而调动社会与民间资本创办与投资小微企业的积极性，促进其转型升级。基于此，我们认为，加大税收优惠是我国小微企业当前解困与促进未来发展政策的"牛鼻子"。

二、对创新、创业、劳动密集和所有微利型小微企业实施"免三减二"的税收优惠政策

我国大多数创新、创业、劳动密集与所有微利型小微企业，由于资源少、市场力量弱、人才吸引力不强，对于技术创新、产品研发等往往心有余而力不足，特别是在当前企业经营成本显著上升，国内外需求相对疲软，两头挤压导致企业利润显著下降的严峻经济形势下，它们更易受到冲击，生产经营更加困难。为此，建议学习与借鉴我国 20 世纪 80 年代发展个体经济与乡镇企业、90 年代发展中外合资企业与外商独资企业、21 世纪初叶通过加入 WTO 引入跨国公司和相关税收优惠，以及近期对农业实施的税收优惠政策经验，对我国这些小微企业 5 年期间全部实施"免三减二"的税收优惠政策，即现在 1—3 年免去一切税负，4—5 年实施税负减半的税收优惠政策。鼓励社会和民间资本与各种人才大胆创业，回归实体经济。

三、对小微企业实施综合减税的优惠政策

据世界银行统计报告，国际上小微企业税负平均为 20%，而我国小微企业所得税高达 25%，增值税 17%（需抵扣已交的进项增值税）、营业税 5%、城市建设税 7%、国家教育费附加 3%、地方教育费附加 2%，加之其他各种费用，综合税费高达 40%~50%。在如此沉重的税费下，小微企业难以伸展发展的张力，更加难以抵御全球经济衰退带来的冲击。2011 年以来我国实施的小微企业营业税改增值税的结构性减税，确实能使小微企业有所收益，但力度太小，还不能使小微企业因此解困；由于小微企业利润率普遍低于 3%，更不能吸引社会和民间资本与各种人才回归实业。为此，我们建议对全国小微企业实施综合性减税：一是所得税降到 10% 以下；二是对于小微企业其他所有税负相加的综合税率不能高于 5%；三是像农业免除一切税费一样，免除小微企业一切费用，切实减轻小微企业的税费负担，真正实施"放水救鱼"与"放水养鱼"的综合减税优惠政策。

四、构建适应我国小微企业特点的税收制度

一是应研究针对小微企业实际特点的税收体系，构建税基统一、少税种（简单税）、低税率的税收制度，从制度创新上确保我国小微企业当前解困与促进未来长效发展；二是建议小微企业只设所得税与综合税两项税种，并实施两税种税率之和不能超过 15% 的限额；三是税务部门对小微企业尽量实施低税率的"包税制"，不搞弹性大易于高收税的"核税制"；四是避免企业所得税与个人所得

税重复征收。由于小微企业往往是个人或家族所有，个人所得和企业所得很难厘清，目前的所得税体制还不容易完全避免对以私营为主的小企业重复征税问题。另外，以所得税为主的扶持中小企业税收优惠政策在落实过程中也容易产生障碍，因为一些初创性小微企业在开始的2—3年中往往没有所得，还无法享受所得税优惠。同时，由于大部分中小企业受收入规模限制，不具备一般纳税人资格，不能开具增值税专用发票，增加了税收负担。

第三节　实现国家"抓大放小"向"抓大扶小"战略思路转型

一、必须在国家战略层面实现由"抓大放小"向"抓大扶小"的根本性转变

长期以来，国家发展企业的战略思路是"抓大放小"，对中小企业的政策是不出问题放任自流，出现问题后就各项政策进行应急化处理；而对大型国有企业从改制上市、减人增效，到资本、能源、主要原材料供应等方面都是给足了政策支持，国家应对全球金融危机的4万亿元一揽子投资计划，全是投入到大型国有企业，几乎没有惠及中小企业。显然，对中小企业实施"放小"的战略思路是过去为什么对中小企业采取放任不管与时紧时松政策的根本原因。其实，世界主要发达国家对中小企业都是实施的"扶小"的战略。特别是从我国社会经济长期持续健康发展的角度看，如果没有中小企业的复苏、稳定与创新，整个中国的社会经济实现复苏、稳定与持续发展是不可能的。因此，国家必须在发展企业的战略思路上实现由"抓大放小"向"抓大扶小"的根本性转变，把小微企业发展纳入国家和地方总体战略，制定科学规划，才能避免再度陷入中小企业不出问题放任自流，出现问题后就各项政策进行应急化、碎片化与行政化处理的窠臼。

二、成立国家中小企业管理机构，以体制创新落实"扶小"战略

当前，我国中小微企业出现的"四贵三难"问题是在国内外急剧变化的市场环境中，产生的新问题和新矛盾，这种状况迫切要求国家在政策环境、法律制度、市场秩序、财税金融扶持体系等方面做出调整，必然对于国家政府的管理体制提出了更高的变革要求。然而，目前我国国家中小企业的管理体制却难以完成这一历史使命。现有国家中小企业的管理职能机构分布在多个不同的部委，其中农业部乡镇企业局管理乡镇企业、商务部中小企业办公室管理出口型中小企业、科技部管理科技型中小企业、国家工商总局管理个体与私营企业、工信部的中小企业司负责中小

企业发展的宏观指导和总体促进工作。这种管理体制格局使工信部及其中小企业司在中小企业宏观管理中处境尴尬：作为一个司局级单位，中小企业司向上无法充分协调比它级别高的发改委、商务部、科技部、财政部、人民银行、税务总局、银监会、证监会等与中小企业发展密切相关中央部委；向下缺乏有执行力的地方隶属部门，进而加大了政府部门之间的协调成本。尽管 2011 年国家成立了中小企业领导小组（放在工信部），其领导和成员由各部委领导兼职，起到的是临时性、协调性作用。显然，中小企业的政府管理体制还不能适应小微企业快速发展对于公共服务的巨大需求，更不能担当落实国家"扶小"战略的重要职责。

为此，建议尽快成立隶属国务院和各级地方政府的中小企业管理委员会（或中小企业局），通过体制创新加强对小微企业的统筹规划、组织领导和政策协调，落实"扶小"战略与政策支持体系。与此同时，各部委也应成立相应的专管中小企业的司局，纵向落实该部委"扶小"职能，横向则落实与协调国家（各级）中小企业管理委员会的"扶小"战略与政策；并加快建立小微企业政策评价体系，为指导小微企业政策制定提供科学的决策依据。

三、改革地方政府绩效考核指标，推动地方政府发展小微企业的积极性

如何调动地方政府发展小微企业的积极性，这是落实"扶小"战略的关键因素。基于过去 GDP 考核中对此问题关注的明显不足，为此，建议改革地方政府绩效考核指标，淡化 GDP 指标，考核就业率、创新率、环保率三项指标，并与地方政府官员升迁直接挂钩，进而达到推动地方政府发展小微企业的积极性：一是考核地区就业率指标。这项指标必然促使地方政府积极发展小微企业。二是考核地区创新率指标。它包括地方的企业专利数、地方的 R&D 投入占地方 GDP 的比重、地方的 R&D 增长占地方 GDP 增长的比重等指标。考核这些指标必然使地方政府积极营造有利于小微企业创业和创新的环境，加大对创新型中小企业的财税金融支持等。三是考核环保率指标。它可以监督和限制地方政府因 GDP 增长而盲目发展污染环境的企业，引导地方政府发展战略性新兴产业，特别是节能环保型相关的小微企业，并积极促进小微企业的优胜劣汰和优化产业分布结构。

第四节　对策与建议

一、破解我国小微企业经营困境需内外兼治，推动政府行政职能转型

我国小微企业经营困境是一个系统工程，既要看到近期直接导致小微企业生

存困境的短期因素，也要深入分析影响小微企业长远发展的经营环境因素；既需要小微企业自身拼搏努力，又需要政府主管部门、行业协会、媒体、大学和研究机构等多方面"协同创新"形成合力：从市场准入、法律、金融、税收、技术创新、知识产权保护、人才培养引进、政府采购、提供公共物品、市场环境培育、规范信用担保机构等关键领域加大改革、营造良好环境、相互配合，采取更为有力的措施。目前政府公共服务平台建设取得了部分成绩，还需要在公共服务提供模式上实现转型。政策措施重点需要从公共服务直接供给方，转向更多依靠需求方面引导措施。例如，借鉴苏州、杭州、深圳、成都等城市模式，从发放培训券的直接方式来引导企业培训需求的供给转向更适合小微企业实际需求的服务内容。

二、加快促进中小微企业发展的立法和相关政策的依法行政

首先，加快改进和完善小微企业发展的法律环境。世界发达国家美国、日本以及我国台湾地区等都建立了《中小企业基本法》，而我国至今还没有建立充分确认中小企业在国家经济社会中的基础性和民生性地位的法规，扶持中小企业的法律制度建设有待加强，应该尽快建立我国的《中小企业基本法》。其次，加大依法行政的力度，依据有关促进中小微企业发展的相关法律法规，针对已经出台的政策，组织全面检查，确保落实。另外，国务院、各部委和省、直辖市、自治区以不同名义出台新的法律法规时，检查与原有"扶小"政策法规的兼容性，避免新增加中小微企业的成本。

三、核心问题在于加快小微企业转型升级

小微企业发展困难，与其传统的、粗放的增长方式跟不上市场发展紧密相关。破解小微企业经营困境，核心问题在于加快转型升级：一是小微企业应抓住当前有利时机，加大技术创新、人才培训和市场开拓的力度，通过实施"专精特新"战略，进行产业链整合，提高其资源优化配置能力和市场竞争能力。二是加快培育与转型发展战略性新兴产业相关的小微企业。鉴于目前我国在发展新兴产业方面还存在许多困难，需要有关部门和各级政府围绕市场准入、财税、投融资扶持、技术创新、知识产权保护、人才培养引进、政府采购以及市场环境培育、重点和关键领域改革等方面抓紧制定配套措施和办法的若干实施细则。三是近期也可通过引导小微企业改变商务模式，先降低亏损，保存下来，再寻机会发展。

四、多措并举、综合治理、放水养鱼

一是实施"放水救鱼"的政策，减免小微企业的税费负担，确保小微企业

在求生存基础上谋发展。二是针对小微企业融资需求特点，大力发展多层次融资服务体系，强化小微企业金融服务，建立健全与小微企业发展相适应的体制机制，通过商业性金融与政策性金融工具相结合，努力缓解小微企业融资难与融资贵问题。三是健全小微企业社会化服务体系，按照市场化、专业化发展方向，大力发展为小微企业服务的各类中介机构，部分公共服务由政府公共财政支出提供。通过创新服务模式，形成多层次的服务体系和"政府扶持中介、中介服务企业"的运行机制，为小微企业提供高质量的管理咨询、技术创新、人才培训和市场开拓等服务。四是针对近几年大量社会资金与人才从实体经济快速流向金融、房地产等平均利润率高的行业，不再搞实业，致使经济泡沫化、虚拟化，产业空心化日趋严重的问题，必须对那些高收益的企业和行业进行税收调节，提高税率，引导资金和人才回归实业。五是应大力放宽对小企业和民营资本的市场准入和政策落实。需要进一步推进市场准入、行政审批等瓶颈领域的改革，进一步简化对小企业注册、登记等程序，切实放宽对小企业的市场准入和相关政策的实施。

第 2 章　浙江省企业资金链、担保链风险防范化解的调研报告

当前，在我国经济下行压力较大以及经济金融系统普遍"去杠杆"的背景下，企业资金链与担保链交互叠加形成的"两链"风险有所增加且呈现非线性累积态势，对企业的生产经营环境和融资授信环境有不利影响。同时，随着担保网络范围的不断扩大，进一步加速了行业和区域系统性风险的演化进度。"两链"风险一旦爆发，企业相互脱保，银行争相收贷，银企间信任度骤降，区域金融生态遭受破坏，对实体经济发展和经济转型升级将产生不利影响。调研组对企业互保、联保比较多见的浙江进行了调研，[①] 对企业"两链"风险进行密切关注和动态跟踪，总结出"两链"风险的难点和结构诊断，针对性提出化解的对策建议。

第一节　企业"两链"风险演化态势

一、"两链"风险波及面有一定程度的扩大之势

众所周知，当企业资产抵押物不足时，互保、联保往往会成为企业获取银行高额贷款的便利通道。企业通过互保、联保实现抱团增信，进而形成产业内和区域间的担保链、担保圈甚至担保网（见图 2 - 1）。在过度对外担保和担保金额较大的企业受到出现风险企业牵连后，风险会通过担保链、担保圈迅速向关联企业传导，进而触发"两链"风险的扳机。当前，企业"两链"风险波及面有一定程度的扩大之势。截至 2016 年年底，浙江省监测到的出现风险的企业有 2981 家，比 2015 年增加 834 家，其中涉及银行贷款 2010 亿元，比 2015 年增加 722 亿元。同时，值得关注的是，尽管资产在 2 亿元以下出现风险的企业占 74.8%，但资产在 10 亿元以上的大中型企业出现风险的比例在逐渐上升。以义乌市为例，64 家规模以上企业出现风险，仅第一担保圈受影响的规模以上企业就多达 300

---

① 2015 年 7 月以来先后赴浙江萧山、慈溪、义乌、乐清、永康、瑞安、余姚、海宁、东阳、温岭、缙云、富阳、鹿城、柯桥等地区进行走访调研。目前，各地积极创新化解"两链"风险的方式，如宁波市提出"申请制""会商制""名单制"；温州市提出八种"两链"化解模式；绍兴市上虞区提出"1 + 5"式企业融资风险防范模式等。

家，占全市规模以上企业总数的 1/3，其中部分企业是纳税在 500 万元以上的 A 类企业。以永康市为例，在涉及"两链"风险的 57 家规模以上企业中，34 家是"纳税双百强"工业企业。

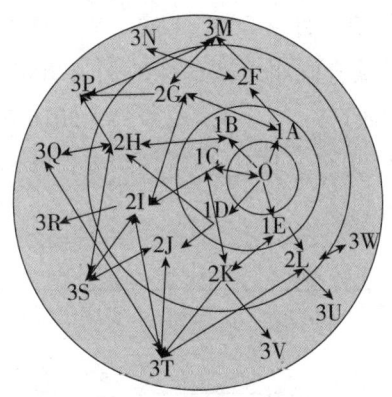

图 2-1 企业"两链"风险扩散路径

注：图 2-1 中数字 1、2、3 分别代表第一、第二、第三担保圈（现实中的担保圈更多）；字母 A～V 分别代表担保企业；箭头方向代表担保方向，双箭头代表互保，多箭头代表联保。

二、"两链"贷款欠息面有一定程度的攀升之势

在金融机构不良贷款中，企业不良贷款是重要组成之一。"两链"风险导致企业欠息面①扩大，继而引起金融机构不良贷款余额和不良率的逐年攀升。截至 2016 年 6 月底，浙江省银行业金融机构不良贷款余额为 1965 亿元，不良贷款率为 2.46%（见图 2-2）。尽管区域金融风险总体可控，但不良贷款率攀升的态势尚未得以根本遏制。同时，当前不良贷款逐步向大银行尤其是四大国有银行扩散，导致银行出现存贷款增速和利润下降，不良贷款余额和不良贷款率上升的"双下降、双上升"现象。根据银行部门测算，如果将 90 天以上贷款逾期以及欠息等关注类贷款纳入统计口径，当前银行的实际不良贷款率可能高于账面不良贷款率。此外，当前银行拨备与不良贷款呈现"两头大"的态势，这对有效化解不良贷款形成了不利影响。

三、"两链"金融纠纷有一定程度的上升之势

企业过度担保、过度融资、过度投资、过度跨界，不仅会增加"两链"风险，而且会使金融纠纷有所增多，特别是容易造成资金链收紧和杠杆率过高，继

---

① 欠息面是企业欠息家数和贷款家数之比。贷款欠息企业是每月 20 日即结息日后，经贷款银行催收后仍存在欠息的企业，该指标在一定程度上反映企业风险状况和银行业金融机构的风险程度。

而引发金融借款合同纠纷和民间借贷纠纷。近年来，浙江省法院受理的民间借贷纠纷、金融借款合同纠纷案件数量和涉案标的额一定程度上呈现上升态势。如，民间借贷纠纷案件从 2007 年的 4.5 万件上升到 2015 年的 16.47 万件，增加了 2.66 倍；金融借款合同纠纷案件从 2007 年的 1.9 万件上升到 2015 年的 9.25 万件，增加近 4 倍；金融借款合同纠纷涉案标的额从 2007 年的 198.7 亿元上升到 2015 年的 2780 亿元，增加了 13 倍（见图 2－3）。2016 年上半年，浙江省新收金融借款合同纠纷案件 5.43 万件，同比上升 19.9%；涉案标的额达 1588.5 亿元，同比上升 12.4%。

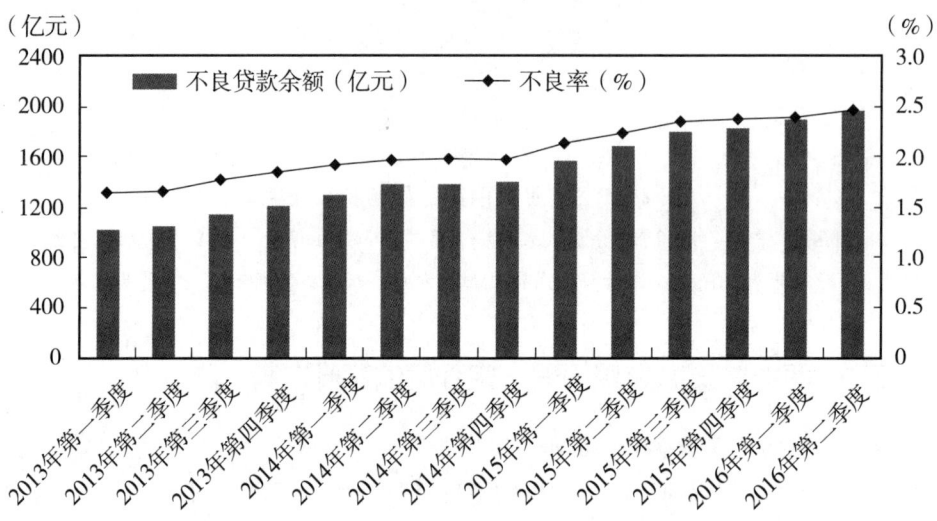

图 2－2　浙江省银行业金融机构不良贷款情况

数据来源：浙江省统计局网站。

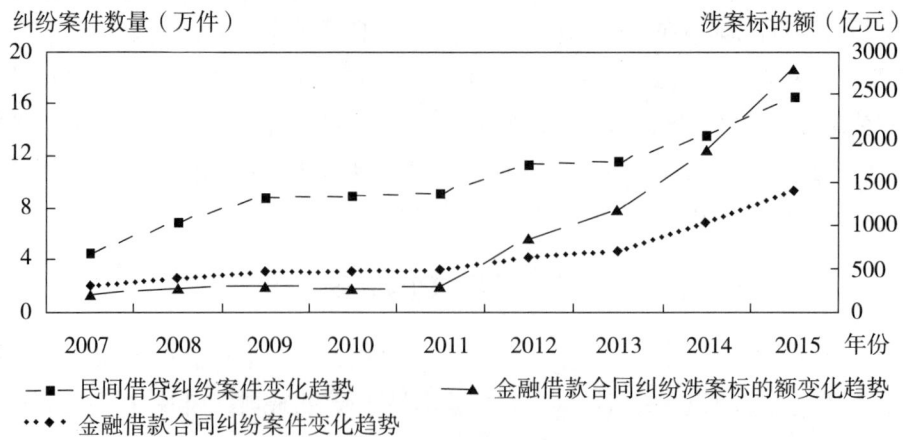

图 2－3　浙江省民间借贷、金融借款合同纠纷案件数量和涉案标的额情况

数据来源：浙江省法院门户网站和人民银行杭州中心支行门户网站。

第二节　化解企业"两链"风险的难点

一、涉险企业杠杆去除难

实际上，真正"稳健型"的企业是很少出现风险的，而会出现风险的企业往往是"扩张型"的企业。在已出现风险的企业中，部分企业过于激进，盲目扩张、过度融资，资产负债率较低的已达 80%～110%，较高的则达 120%～150%。杠杆过高、跨界投资特别是脱实向虚投资过度为"扩张型"企业埋下风险隐患，且一旦经济进入下行通道，资金周转率下降，资产抵押价值缩水，各方风险将产生叠加效应。特别是近些年我国房地产市场不稳定，使其成为金融债权风险的高发领域。以永康市为例，在出现风险的企业中，有90%的企业直接或间接参与了房地产投资。又如，根据金华市股权出质统计信息显示，2015 年融资额度排名前十的企业无一不是房地产企业。而房地产价格大幅波动会导致房地产抵押物价值剧烈波动，一旦房地产市场出现政策波动就会掀起银行压贷、收贷之风，并通过互保、联保担保网络快速扩散，层层放大，最终致使出现风险的企业杠杆难以化解。

二、涉险企业隐性信息甄别难

目前，多数出现风险的企业是家族式、作坊式企业，企业的治理方式传统、经营不规范，财务管理透明度低。特别是不少地区依托血缘关系、地缘关系、学缘关系等形成了比较典型的"关系网络型"产业集群，致使资金链、担保链往往与产业链、关系链耦合发展，为区域"两链"风险扩张提供了肥沃的土壤。在永康市、诸暨市、浦江县等地区，多头担保现象比较普遍，互保、联保链条错综复杂，民间借贷信息和隐性关联信息难以甄别。同时，部分涉险企业利用多账户进行资产转移、资产租赁，利用放贷操作上的漏洞逃避担保责任，伪造租赁合同对抗银行抵押权，通过注册新企业或转让股权使银行债权悬空，这些不当操作均导致"两链"风险只能随着处置深入才会被逐渐暴露，信息难以甄别在很大程度上延缓甚至阻碍了风险的切割和化解。

三、"以物抵债"化解风险操作难

从法理上讲，当债务人无法按照原定给付内容履行债务时，"以物抵债"有利于让债务人摆脱债务约束，也有利于债权人得以行使债权。尽管我国"以物抵债"不乏制度设计，但政策操作性不强，真正落地存在一定的困难。目前，"以物抵债"处置方式的税费负担比较重：一是银行机构在处置抵债资产时承担的土地增值税、印花税、契税、房产税、土地出让金等存在重复征税；二是出现风险企业在资产处置之前也必须先缴清相关税费，如"以物抵债"处置评估价值1亿元的抵押物，企业需缴纳的直接税费多达1300万元。这导致银行和出现风险企业两者选择"以物抵债"积极性均不高。根据统计数据显示，2015年浙江省银行机构"以物抵债"占全部化解处置额的比重仅为4‰。

四、涉险企业破产重组难

企业在无力偿债而选择破产的情况下，通过债务重组和治理结构调整，将控制权转移给债权人，无疑有助于剪断担保关系和债务关系，进而有效遏制"两链"风险蔓延。但目前我国进入破产程序的企业仅占受理破产企业的20%左右，深层次原因在于企业破产重组通道不够畅通，导致"该破产的企业无法破产"或"破产程序走得相当漫长"。有些地方尽管建立了破产清算绿色通道，但因担心影响当地信用环境和政府信誉，仍缺乏推动企业破产的内在动力。目前，我国企业破产清算一般需3~5年，部分企业破产清算甚至长达10年之久。破产程序过于漫长、耗时费力，不仅会使企业耽搁不良资产处置的黄金时间，而且使银行债权人对企业走破产之路也比较抵触。

五、不良资产打包处置难

积极有效处置银行不良资产是保持金融稳定、防范金融风险的重要手段，也是化解企业"两链"风险的重要举措。根据统计数据显示，2013—2016年浙江省银行金融机构分别处置不良贷款302亿元、751亿元、1321亿元、1968亿元，尽管处置规模逐年增加，但不良资产处置占比并不高。同时，目前我国银行不良资产市场化处置手段仍较为单一，主要还是靠传统的现金清收，[①] 且处置渠道也不够通畅。不良资产快速攀升的现实使银行机构很难争取到不良资产的核销指标，东方、长城、信达、华融四大国有资产管理公司和浙商资产管理公司已基本占据所有核销指标，打包收购的折扣率低至3~5折，导致继续收购意愿持续下降，压缩了不良资产打包处置的空间。

第三节 企业"两链"风险的结构诊断

假设某担保链中企业 i 破产，原因是企业自身流动资产不足以清偿到期债

---

① 2014—2016年浙江省银行不良资产处置数据显示，收现占43.3%、核销占39.6%、以物抵贷占1%、其他处置占16.1%。

务。某担保圈中有 N 家企业参与互保联保，其中企业 i 先行破产，$i \in [1, N]$，企业 i 在 t 时刻的负债余额为：

$$Y_{ii}(t) = D_{ii}(t) - A_{ii}(t) \tag{2-1}$$

公式（2-1）中，$Y_{ii}(t)$ 为第 i 家企业在时刻 t 的负债余额；$D_{ii}(t)$ 为第 i 家企业在时刻 t 应偿还的债务；$A_{ii}(t)$ 表示第 i 家企业在时刻 t 的资产（包括可变现还债的资产）。

假设企业 κ 为企业 i 担保，一旦企业 i 出险，那么企业 κ 应为企业 i 代偿因担保而产生的债务，因此，

$$Y_{\kappa}(t) = Y_{\kappa\kappa}(t) + \lambda T_{\kappa i}(1 + R_t)^{t^*} \tag{2-2}$$

公式（2-2）中，R_t 表示 t 时刻的银行贷款利率；$T_{\kappa i}$ 为企业 κ 为企业 i 提供的担保额；t^* 为贷款期限；λ 为根据担保协议，企业 κ 为企业 i 的担保比例（或代偿比例）。

在此，我们讨论企业 κ 破产的条件。假设破产清算价值等于总资产价值 A_{κ}，企业 κ 在时刻 t 存在优先债务 Π_{κ}，并且所有债务都优先于担保贷款 Z_{κ}，债务为 D_{κ}。

根据《中华人民共和国企业破产法》规定，破产企业的清偿存在优先顺序，按照优先顺序依次为质押贷款、抵押贷款、担保贷款和信用贷款。一般而言，担保贷款最后受偿。假设破产企业的优先代偿金额为 C_{κ}，那么企业 κ 破产的债权 $D_{\kappa} = Z_k + \Pi_{\kappa}$，破产的价值 $A_{\kappa} = C_{\kappa} + Z_{\kappa} + \Pi_{\kappa}$。

由于企业 i 破产，那么 $Y_{ii}(t) = D_{ii}(t) - A_{ii}(t) > 0$，如果 $A_{ii}(t) > C_{ii} + D_{ii}$，说明破产后资产能够偿还所有保证借款，危机不会传染；如果 $A_{ii}(t) < C_{ii} + D_{ii}$，说明资不抵债，发生危机传染，企业 κ 作为 i 的担保企业，受担保链影响，必须履行代偿责任。因此，当 $\frac{C_{ii}}{A_{ii}} + \frac{D_{ii}}{A_{ii}} > 1$，即企业 i 的资产负债率 $\lambda_i > 1 - \frac{C_{ii}}{A_{ii}}$ 时，发生担保链扩散，危机向企业 κ 传染。也就是说，"两链"风险一旦达到这一临界点，必将触发"多米诺骨牌"效应。它的启示意义在于，"两链"风险化解消释，关键在于找到资金链担保链上 N 家企业出险的临界点，在这一临界点上着力，剪断传导链条。

"两链"企业互保、联保情形错综复杂，而且信息严重不对称，往往形成首尾相连、环环相扣的担保网，"链式担保""连环担保""圈状担保"等是"两链"叠加后的外在表现形式。根据担保结构、担保密度和担保风险，我们将"两链"风险划分为三种基本类型：

（1）低密度、低风险的担保结构（见图2-4）。主要包括Ⅰ型（"一对一

型")和 M 型（"多对一型"）。按照前述分析，如果企业 i 破产，但是 $A_{ii}(t) > C_{ii} + D_{ii}$，说明企业 i 破产后资产能够偿还借款，阻止危机扩散。如果企业 i 的资产负债率 $\lambda_i > 1 - \dfrac{C_{ii}}{A_{ii}}$ 时，危机传染扩散。那么对于担保企业而言，需要为出险企业代偿。I 型和 M 型的区别在于，M 型的风险级别和风险扩散低于 I 型。假设某担保圈中有 M 家企业 N 对担保关系，则担保密度为 $D = N/M$。对于 I 型和 M 型而言，担保密度一般介于 0.5~1 之间，风险消释化解难度相对较小。

（2）中密度、中风险的担保结构（见图 2-4）。主要包括 V 型（"一对多型"）和 C 型（"三人或以上同方向、半圈型"）。对 V 型而言，如果企业 a 出险，那么其他关联企业均可能涉险，出险影响面较大；如果企业 b 出险，会影响企业 a，继而影响 d、c 等关联企业。C 型担保结构是典型的"多米诺骨牌"类型，不管是担保链上游企业还是下游企业，只要其中一家企业出险就会传递到上下游关联担保企业。V 型和 C 型的担保密度一般介于 0.75~1.2 之间，最先出险的企业是第一风险点，担保圈风险能否化解，关键看出险后能否第一时间识别第一风险点。

（3）高密度、高风险的担保结构（见图 2-4）。主要包括 G 型（"彼此存在联结的关联型"）、H 型（"多方之间互保型"）、O 型（"三方及以上圈保型"）和 N 型（"多种类型混合的交叉型"）。G 型担保圈不仅存在担保关系，而且存在股权、资金拆借等关联关系，一旦出险，担保关系会与关联因素交叠，致使企业资金链紧张。H 型的担保密度较高，出险后一般会导致担保企业出险并继而扩散风险。O 型是"闭环"担保圈，风险一旦产生极难化解，而且往往影响一大片企业。N 型最复杂、风险等级最高，既有单向担保关系，也有双向互保关系，是其他担保类型的"综合体"，风险发生后一般会波及第二圈、第三圈甚至更多的担保圈。这四种类型的担保结构环环相扣，担保密度比较大，一般介于 1~2.5 之间，化解起来较难，需瞄准"两链"节点最多的企业下手，采取组合型剪链策略。

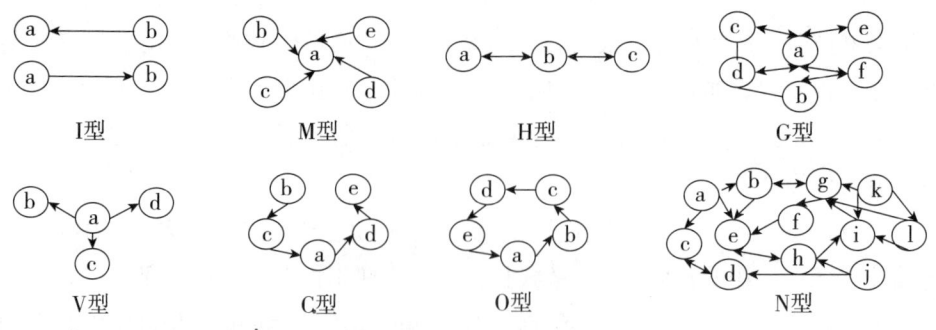

图 2-4 "两链"风险结构与基本类型

注：箭头方向代表担保方向，直线代表资金拆借、股权等非担保关系。

第四节　对策与建议

化解企业"两链"风险不是不加区分地去救所有出现风险的企业，也不是盲目地让所有出现风险的企业破产重整，而是应避免因压贷、抽贷、高利贷、逃废债等非正常因素引致企业"贫血"，甚至"死亡"，进而防止实体经济断崖式出现下滑和区域金融出现"多米诺骨牌"风险。总体而言，应按照"防治结合、以防为主、因需施策、切割处理、存优汰劣、分类处置"的原则，对症下药，浇灭"着火点"，因地制宜清查"易燃物"。具体建议应采取以下措施（见表 2-1）。

表 2-1　不同担保结构、担保密度下的剪链策略组合

		低密度结构		中密度结构		高密度结构			
		I 型	M 型	V 型	C 型	G 型	H 型	O 型	N 型
剪链策略	盘活资产法	Y	Y	N	N	Y	Y	Y	Y
	暂缓追偿法	N	N	Y	Y	N	N	N	N
	资产重组法	N	N	N	N	N	N	N	N
	平移代偿法	N	N	Y	Y	Y	Y	Y	Y
	二次抵质押	Y	Y	N	N	N	N	Y	Y
	无缝转贷法	N	N	N	N	N	N	N	N
	担保置换法	N	N	N	N	N	N	N	N
	担保冻结法	N	N	Y	Y	N	N	N	N
	破产重整法								
保障策略	惩罚非理性抽贷	Y	Y	Y	Y	Y	Y	Y	Y
	发展非银直融	Y	Y	Y	Y	Y	Y	Y	Y
	回归实体主业	Y	Y	Y	Y	Y	Y	Y	Y
	打击逃废债	Y	Y	Y	Y	Y	Y	Y	Y
	修订担保法	Y	Y	Y	Y	Y	Y	Y	Y
	建立征信池	Y	Y	Y	Y	Y	Y	Y	Y

注："剪链策略"是根据企业出险情况采取的针对性措施，"保障策略"为共性策略。Y——选择；N——未选择。

一、消除"两链"出险点

一是稳步推进平移贷款。不盲目向担保企业平移贷款，对承接贷款平移的担

保企业，不降低信用评价、不搞风险直接转嫁、不压减原有信贷规模、不附加抵押担保条件。加强银行机构与借款人、担保人的诉前协商，审慎处理担保代偿问题，采取关联企业债务平移、分期偿付等方式化解担保代偿风险。对担保企业积极履行代偿责任，银行机构应在利率优惠、利息减免、信用评级等方面给予支持。二是尽快盘活资产。涉险企业作为风险处置责任主体，不能把包袱甩给政府，也不能把烂账留给银行；应加快股权转让、退二进三，形成新的资产，阻断风险蔓延；积极引进战略投资者，优化资本资产资源组合，为企业发展注入新活力。三是支持兼并重组。大力鼓励产业链上下游的上市公司、龙头骨干企业对涉险企业进行兼并重组。对进入破产程序的涉险企业，进一步明确债务追溯原则，先穷尽主债务人、后追溯担保人，对生产经营正常、现金流正常、发展前景良好的担保企业，不能越过主债务企业直接起诉。对涉险企业兼并重组涉及的资产资源评估、土地房屋权属转移等给予政策优惠支持，企业过户变更、资产转让、"退二进三"形成的税收，应给予一定额度的返还。

二、稳步推进涉险企业降杠杆

一是加快推进无缝转贷。企业往往由于抵押物贬值或担保人涉险，导致贷款到期后无法续贷或授信被削减。故而，应加大政府应急周转金支持力度，鼓励采取企业应急转贷、行业应急互助等措施，缓解企业资金周转困难。从浙江的义乌、永康、萧山等地区实践看，应急转贷效果比较明显。按照"应急、有偿、限时"的原则，组建"过桥基金"，实行专款专用，以时间换空间，着力破解"短贷长用""转贷难""借新还旧"等突出难题。鼓励当地政府和企业共建"助保金风险池"，为企业贷款风险兜底。大力推广年审制循环贷款，创新"一次授信、循环使用"等还款方式，简化续贷办理程序，着力破解续贷难、续贷慢、续贷贵等问题。二是加快去担保化。目前，企业土地、厂房、设备等资产抵押物估值往往偏低，急需公正客观评估抵押物价值，大力推行"二次抵押"登记，允许抵押物余额部分再次办理抵押。积极创新贷款质押方式，推广专利权质押、股权质押、仓单质押、商标质押等方式，盘活企业资产特别是无形资产，以提高质押来降低担保。对信誉良好、经营良好、前景良好的企业，尽可能减少担保贷款，直接给予授信，鼓励融资租赁。支持龙头骨干企业和科技型中小企业到境内外资本市场融资，发挥私募基金、保险资金、股权交易市场等融资渠道作用，积极开展股权众筹融资试点，提高企业在"去杠杆"过程中的股权融资比例。加快发展新型公司债券和资产证券化产品，进一步扩大银行间市场债和企业债融资规模。三是加快不良资产处置。进一步简化不良贷款处置核销程序，加大不良贷款处置核销力度，逐步解决拨备余额和不良贷款"双高"问题。积极推行差异化和市场化处置，运用市场转让、清收处置、司法处置等方式，加快不良贷款核销处置步伐。

三、严防过度担保和互保

一是引导企业回归主业。引导企业回归主业、回归实体，把主业做精做优，把实体做大做强，这是从根本上化解企业"两链"风险的重要举措。二是加快发展非银金融。大力发展非银金融，积极开展风险投资、股权投资、商业票据融资、信托融资等业务，支持发行短期中小企业债券，通过股权融资置换债权融资，推动"两链"逐步去杠杆化、去风险化。三是加快修订担保法。放宽再担保体系的准入门槛，让更多的民间担保机构加入再担保体系。探索担保人个人信用担保方式，从制度的源头上防止过度担保和过度互保。加大对政策性担保机构的支持力度，探索政策性担保机构参与"两链"风险化解的机制和路径，鼓励再担保机构和融资性担保机构参与"两链"解困。

四、严惩抽压贷和逃废债

一是严防非理性抽贷。根据企业风险状况和经营状况合理确定授信规模，尤其是对正常经营的关联性担保企业，一般不抽贷、不压贷、不缓贷。支持银行监管部门对率先收贷、盲目压贷的不合作银行机构进行警示和处罚。调整、完善银行考核机制，不能简单地以不良贷款规模和不良贷款率指标进行考核，而是应遵循"尽职免责"原则，防止银行机构非理性抽贷和盲目性压贷。二是加强银行监管联动。加强企业授信总额联合管理，积极推动银团联合授信，推行授信总额主办行制度，合理核定企业授信总额和对外担保总额，进一步明确集团企业授信银行最多8家、大中型企业授信银行最多5家、中小微企业授信银行最多3家，从源头控制企业多头融资、过度融资、盲目融资和不对称融资。探索贷款方式与还款方式创新，推动银行机构加强贷款全流程监管，注重客户真实需求和第一还款来源，建立动态的贷款分类监测机制，提高信贷期限与企业生产经营周期的匹配度，减少"以贷还贷""拆东墙补西墙"等现象，切实强化潜在风险防控准备。三是严厉打击非法逃废债。加快建立黑名单制度，联合实施信贷制裁，严厉打击集资诈骗、高利转贷、虚假破产、恶意转移资产等不法行为，从严限制出国（境）和高消费，强化法律威慑，不能助长逃废债之风。严格审查出现风险企业和关联企业债权的合法性和真实性，建立企业股权转让金融债权事先保全制度、嫌疑企业约谈机制和专项审计制度，对债务人"假破产、真逃债"行为依法从重处罚，切实打破"赖账有理、赖账有利"的恶性预期。

五、加强风险动态防控

一是加强联动监控。加强对涉险企业生产经营监测，全面运行规模以上工业企业风险监测平台，健全企业风险"红、橙、黄、绿"牌制度，定期发布企业风险预警信息，确保早发现、早防范、早处置。建立"一企一档"监测机制，从企业用地、用电、产值、缴税、用工、融资（银行贷款、小贷公司借款、民间借贷）等方面动态建档，全面摸排涉险企业欠薪、欠费、欠税、欠息等"四欠"风险状况。实施涉险企业清单动态管理，对涉及产能过剩、快速多元扩张、民间借贷依存度高、高息融资的企业进行重点跟踪和风险排查。二是加强联动处置（见表2－2）。深入排查"两链"风险苗头性问题，按照"保优、扶伤、不救死"的原则，实行"一事一议"个性化帮扶，力求第一时间甄别、第一时间切割、第一时间化解。对主业经营正常、资金链暂时性紧张、具有发展潜力的企业，落实针对性措施予以帮扶，尤其对缺乏有效抵押物，但属于成长型、科技型的优质企业，协调银行机构不抽贷、不压贷。对处于重大风险担保圈的核心企业，强化有效帮扶，发挥担保公司和政府转贷基金作用，防止引发连锁风险反应。对严重资不抵债、救助价值不大的困难企业，启动资产重组和司法破产程序予以保护。对涉嫌逃废债、故意拖欠贷款本息或暗中转移资产的企业，要提前介入、加强侦查、严厉打击。三是加强联动维稳。在于法周全、于事简便的基础上，进一步简化金融债权案件审理程序，建立健全集中管辖制度，加快审理进程，畅通企业风险处置化解通道，提高金融债权受偿率。依法维护职工权益并做好安抚工作，落实企业职工帮扶措施，确保出现风险企业平稳处置和职工平稳过渡。

表2－2　政银企合力化解企业"两链"风险的机制

主体	职责	重点任务
各级政府	把化解"两链"风险摆到事关"稳增长"的突出位置来抓	集中开展打击逃废债专项行动。省级层面建立联合打击逃废债的工作领导小组和联合行动机制，集中公检法力量、集中一个时段打击一批恶意逃废债企业和债务人。严格审查关联企业债权的合法性和真实性，防止出险企业"金蝉脱壳"。对债务人"假破产、真逃债"的行为，必须依法从重处罚。加强对"两链"风险防控和化解工作的组织领导。重点对规上企业的用地、用能、用工、信贷等经营情况进行实时监测，加强监测欠薪、欠税、欠息、欠费等"四欠"企业。分类处置，一企一策，第一时间甄别、第一时间切割、第一时间处置，"化链为环"，闭环处置，依法破产一批、重组资产一批、帮扶救助一批、优先保护一批。对该破产的企业，本着"应破快破"的原则，研究制定市场化的企业退出机制

续表

主体	职　责	重点任务
银行	提高不良资产容忍度，积极配合地方政府化解处置"两链"问题	银行要应对各地支行提出的明确要求，对地方政府确定的帮扶方案，要积极支持配合，切实做到不随意抽贷、压贷。通过给代偿单位增加授信、利率优惠、风险贷款展期、资金周转贷款等方式，帮助风险企业"以时间换空间"，逐步走出困境。省各分行不能过度上收下级行的信贷审批权限，不能过度以不良贷款指标考核、追责，应该遵循"失职追责、尽职免责"，避免"两链"不良循环。积极推行企业授信总额联合管理机制，对率先收贷、压贷的不合作银行拿出惩戒措施，不能让"谁抽得快、谁跑得快、谁越保全"风行
法院	研究出险企业破产受理、清算的快速司法处置办法	对部分救助无望的出险企业，建议法院尽可能依法从快受理破产申请。明确债务追溯"先穷尽主债务人，后担保人"的原则，先处置出险企业的抵押资产，对主债务人穷尽后，不足部分再追偿担保责任，避免因银行连带起诉造成对优质担保企业的重大影响，不能"举债企业没倒，担保企业先倒了"。在破产重组过程中，对异地债权人起诉、外地法院查封等情况，各地司法要加强对接，建立司法协同办案机制

第3章 中小企业降成本的调研报告

中央明确指出，要把企业"降成本"放在"三去一降一补"的重要位置，为企业转型升级减负松绑。税费负担是企业成本的重要组成部分。目前，企业税费"痛苦指数"仍然不低，减负呼声较高。近年来，继"玻璃大王"曹德旺公开声明"中国企业高税负之说"后，娃哈哈集团总裁宗庆后也公开表示"中国税负确实太高了"，在商界和政界引起了轩然大波。政府部门通过大量行政干预和市场准入等手段，提高了企业的制度性交易成本，因此，降低制度性交易成本是确保"降成本不反弹"的关键实招。打好财税政策组合拳，为身处市场一线的企业减负松绑，以政府税费的"减法"换取企业效益的"加法"和市场活力的"乘法"，是供给侧结构性改革的关键之一。

第一节　企业税费负担重的基本情况

世界银行《2016 年营商环境报告》显示，在全球 189 个经济体中，我国营商环境仅排在第 84 位。尽管中央政府大力推进"放、管、服"改革，但企业仍感到制度性交易成本过高，影响了企业转型发展的动力。根据国家统计局发布的数据，实体经济企业成本年均增速约为利润增速的 2 倍，让企业感觉负担较重。目前，我国企业税负超过 37%，高于发达国家平均水平的 35%。从税费的总体结构看，企业税额占税费总额的 83.4%，费额占税费总额的 16.6%。从费的结构看，社会保险基金、教育费附加、地方教育费附加、水利建设基金缴费额分别占费总额的比重为 67%、9.09%、6.25%、10.25%，其他行政事业性收费等费额占费总额的7.41%（见表 3-1）。"五险一金"、教育费附加、地方教育费附加和水利建设基金是费的主体。目前，我国法定的社保缴费占企业工资总额的 40% 左右，有些企业达到 50%，加上各地 10% ~25% 的住房公积金缴费，"五险一金"名义费率达到 60% 左右，约为七国集团的 2~3 倍、东亚邻国和地区的 3~4 倍。

表 3-1　调查企业税费负担结构

行业	社保五险	教育费附加	地方教育费附加	水利建设基金	其他费	合计
占比（%）	67	9.09	6.25	10.25	7.41	100

数据来源：调研组抽样调查统计所得。

目前，企业需要缴纳名目繁多的政府性基金、行政事业费和中介费用（见表 3 - 2）。全国性涉企行政事业性收费仍有 71 项。虽然国家多次清理行政事业性收费，下调中介服务收费标准，但仍有部门变相强制收费。中介服务机构的"二政府"现象造成中介审批服务收费高。据某企业反映，一个建设项目的中介服务收费项目多达 40 余项。中介服务收费依据既有国家部委的政策文件，也有行业主管部门、物价部门的规定，收费标准一般执行政府指导价或行业收费标准，但实际操作过程中价格弹性较大。特别是一些处于垄断地位的中介服务项目一般执行收费标准上限，没有下浮或打折。比如施工图审查，很多地方"划片分区""各收自粮"，业主没有自主选择权，对工业类建筑厂房 1 元/平方米，其他 1.4 元/平方米，从不打折。部分中介机构甚至以协会名义或行业约定，在收费标准方面攻守同盟。

表 3 - 2　企业非税负担清单

序号	行政事业性收费	费率或金额	序号	行政事业性收费	费率或金额
1	养老保险	工资总额的 15%	10	文化事业建设费	经营收入的 3%
2	医疗保险	工资总额的 6%	11	有关协费	每年约 800 元、1000 元、3000 元、3500 元不等
3	工伤保险	工资总额的 1%	12	工会经费	工资总额的 0.3% 或 0.8% 或 1000 元/年
4	失业保险	工资总额的 2%	13	营业执照年检费	1000 元/年
5	生育保障金	工资总额的 0.3%	14	工商年检 E 照服务费	100 元/年
6	残疾人保障金	工资总额的 0.5%	15	暂住证	30 元/年
7	教育费附加	增值税的 3%	16	数字证书费	500 元
8	地方教育费附加	增值税的 2%	17	环保收费等	企业情况不一
9	水利基金	销售收入的 0.12% 或 0.1%	18	检查、培训、摊派等项目	企业情况不一

数据来源：根据有关政策规定整理。

不同行业的企业税费负担差异较大。总体而言，第三产业税费负担高于第二产业。实际税费占成本的比重远高于平均水平的主要有住宿和餐饮业（23.35%）、文化体育和娱乐业（13.84%）、商务服务业（11.30%）、金融业

（18.38%）、房地产业（11.51%）、信息传输与软件和信息技术服务业（8.74%），分别是平均水平的4.3倍、2.5倍、2.1倍、3.4倍、2.1倍和1.6倍（见表3－3）。税费负担较轻的行业主要是制造业（3.88%）、交通运输业（2.75%）、建筑业（3.94%）、仓储和邮政业（3.94%）、批发和零售业（4.68%）及居民、修理和其他服务业（6.99%）则与平均水平数相当。

表3－3　调查企业分行业税费负担

行业	住宿和餐饮业	制造业	信息业	文化、体育和娱乐业	商务服务业	批发和零售业	居民、修理等服务业	金融业	交通运输业	建筑业	房地产业	仓储和邮政业
名义占比（%）	24.73	5.12	9.98	18.97	11.7	4.85	8.45	18.86	5.69	4	11.68	4.43
实际占比（%）	23.35	3.88	8.74	13.84	11.3	4.68	6.99	18.38	2.75	3.94	11.51	3.94

数据来源：调研组抽样调查统计所得。

从大型、中型、小微型企业税费占企业成本的比重看，名义占比分别为5.55%、7.91%和9.82%；扣除其获得的财政奖补，实际税费占比分别为4.90%、6.74%、8.87%。可见，小微企业税费占成本比重最重，相当于大型企业的1.8倍，大型企业纳税贡献最大，但负担也相对最轻。从调查情况看，小微企业的企业所得税税负率和增值税税负率均高于大中型企业，小微企业实际缴纳的所得税约为大中型企业的1/8，但享受的减免税额仅为大中型企业的1/16。这说明，小微企业虽然缴纳的税额少，但享受的税收优惠更少。

第二节　企业"降成本"存在的主要问题

当前，影响企业"降成本"的税费问题仍然不少，主要表现在以下几个方面：

（1）税费政策惠及面不广。长期以来，各级政府积极扶持小微企业发展，不断出台针对小微企业的税收优惠和减费清负政策。但从调查结果看，小微企业税费成本远高于大中型企业，几乎达到大型企业的两倍，小微企业减负政策效果不明显。特别是很多税费优惠政策的门槛过高，真正能享受优惠政策的企业并不多，政策惠及面与需求尚有一定差距。在当前大力治理乱收费的背景下，仍有23%的企业认为非税负担没有减轻，七成以上企业认为非税负担加重，减轻小微企业非税负担十分紧迫。

（2）财政奖补资金分配不合理。财政奖补资金在一定程度上降低了企业实际税费负担，但从调查情况看，财政奖补资金效应不够明显。一方面，财政奖补资金产业导向不甚明确，存在"撒胡椒面"现象；另一方面，对产业结构优化影响较大的服务业，获得财政奖补扶持的力度相对较弱，从税费占成本的比重看，名义占比与实际占比相差无几。财政奖补政策一般与生产设备投资规模、企业规模、税收增长幅度、品牌建设、技术改造等相挂钩，支持的对象一般明确为重点企业、重点项目、品牌企业，鼓励企业做大做优，一般小微企业很难达到相关指标，获得奖补资金比较困难，这可能导致财政奖补政策出现"逆调节"现象。

（3）社保缴费基数不合理。各地各企业执行社保缴费基金的标准不一，有些以城镇单位在岗职工平均工资为准，有些按工资总额为依据。调研发现，一些企业实际支付的工资水平低于城镇单位在岗职工平均工资，而缴纳社保则按城镇单位在岗职工平均工资。这对企业而言，社保缴费基数虚高了。一些企业以工资总额作为缴费基数，但工资总额中包含了返聘的退休员工、已在外省缴纳社保的员工工资，不剔除这部分工资会影响社保缴费基数。

（4）隐形收费现象仍然不少。目前，针对企业的隐形收费仍然较多，比如摊派刊登广告、订购报纸、杂志、书籍等，强制企业出资编写目录、画册、年鉴等资料，部分企业存在非自愿参会并要缴纳会费、会议费、培训费等现象。有些外贸企业反映，近些年来海关和商检的行政收费大大减少，但与之相关的隐形收费较多，海关查验表面不收费，实际上可能要承担掏箱费、查验服务费、封箱费、推存费、改船期费、改提单费、滞箱费等名目繁多的费用。

（5）"红顶中介"收费仍然较重。建设投资项目行政审批涉及的中介服务事项包括项目建议书编制、环境影响评估、水土保持方案编制、工程可行性研究报告编制、规划方案设计、初步设计编制、概算审核、施工图设计、施工图审查、预算编制和预算审核等10多个主要中介环节。另外，还涉及交通影响评估、建筑节能评估、社会稳定风险评估、地震安全性评估、地质灾害评估、日照分析报告、占用水域影响评估、爆破评估等其他中介环节。这些中介环节交织穿插在整个行政审批流程中，项目繁多、程序繁杂、办理烦琐，重复送检、收费现象普遍存在。

第三节　企业"降成本"的实施路径

走出"减负举措多，企业感受少"的怪圈，关键在于提高政策的针对性和实效性，不为减负而减负。坚持正向思维和逆向思维结合，直接减负和间接减负组合，精准减轻企业的显性负担和隐性负担，切实增强企业的竞争力。

（1）在结构性上下功夫。在收支紧平衡的新常态下，大规模全面减税降负会使收支矛盾进一步凸显。因此，合理地减轻企业税费负担，不应全身动刀，而是局部手术，充分挖掘结构性调整的空间，能免的尽量免，能减的尽量减，能缓的尽量缓，通过结构性的减负达到降低企业综合负担的目的，帮助企业走出困境、激发活力。

（2）在期限性上下功夫。财政是国家治理的基础和重要支撑，任何一项财税政策的出台，都需慎之又慎，既能解决当下的问题，也能着眼于未来，实现可承受、可持续。因此，此轮减负政策，是在当前"新常态"的发展环境下，做出的临时性制度供给和安排，更多的是应急性的，要有严格的时限要求和明确的执行时间，确保财政可持续运行。

（3）在精准性上下功夫。从企业税费负担的实际情况看，不同行业、不同规模的企业，其税费负担各有不同。因此，减负政策一定要对症施治，不能"千人一方"，要区分不同区域、不同产业、不同主体，突出差异性，精准有效地实施定向或相机减负。政策的价值取向和预期目标应与整个产业的发展逻辑相匹配，对国家扶持的产业应大力松绑，厚植发展优势，培育壮大新动能；对过剩产能集中的传统产业，应采取结构性减税措施，推动行业淘汰落后产能和产能升级。

（4）在实效性上下功夫。财税政策都是真金白银的政策，不能打水漂。因此，减负不是政府对企业帮扶的一个态度，不能沦为摆设，要见到实实在在的成效，真正把企业税费负担降下来。尤其是在结构调整、新旧动力交替的关键期，通过财税减负的有力举措，为企业发展营造更为宽松的制度环境，提升企业发展动能，为实施创新驱动发展战略，推动"两创"拓展更广阔空间，注入更强有力的催化剂。

第四节　对策与建议

严格落实中央"降成本"决策，加强政策跟踪督促落实，使税费改革红利真正惠及企业，让企业"轻装"上阵，促使企业综合成本合理下降，加快推动经济结构调整和产业转型升级。

一、实施精准减税

创新政策优惠方式，由单一的直接减免税，改为直接减免、降低税率、加速折旧、放宽费用列支、设备投资抵免、再投资退税等多种形式。对量大面广的小微企业，建议降低政策"门槛"，扩大税费优惠面。实施小微企业减半征收企业所得税政策，放宽标准，进一步降低税率，让更多中小企业享受税费优惠政策。调高增值税起征点最高限额，将更多的小微企业纳入享受范围。企业所得税的加计扣除项目和扣除标准应根据新形势、新业态、新需求做出合理调整，以扩大相关优惠政策的受惠面。

二、整合"五险一金"

对"五险一金"进行精算分析，在满足使用的前提下，适当降低缴费比例，按照同类归并的原则进行合理的精简归并。社保五险种中，生育保险费率虽然最低，但因各地待遇不规范、生育险和医保界限不清等各种问题，企业缴纳的积极性不高。基于生育保险是全体员工都要缴纳的保险，与医保缴纳主体、医保费用发生地重合，具备与医保合并的条件。借鉴国际上很多国家将生育保险和医疗保险合并的做法，合并两个险种，做好政策无缝对接。同时，规范或适度扩大纳入医保后的生育报销范围，将生育过程的产检、分娩及相关费用按照医保标准报销。合并两个险种后，兼顾基金的收支平衡和不增加企业负担的目的，及时对医疗保险的制度进行调整和完善。

三、完善税种

目前，我国出口企业实际税率为3%～4%，而大多数国家对出口都不征税，对外国游客购物还实行退税。建议完善关税的制度设计，加大出口退税力度，尤其要充分考虑新兴业态的特殊性，将跨境互联网＋外贸的企业纳入出口退税政策范围内；实行"点对点"地降低部分关税，引导海外消费回流。实施差别化城镇土地使用税，征税税率宜"就低不就高"，调整频率不应过快，适当下调征收标准，尽可能给企业减轻税收负担。支持标准厂房建设，将标准厂房建设用地纳入年度土地供应计划，鼓励标准厂房微利出租或按土地出让合同约定分割转让。

四、清理政府性收费

全面清理各类收费项目，实施涉企政府性收费目录清单化管理，取消不合理、不合规的收费。对月销售额或营业额不超过一定限额的小微企业，免征教育费附加、地方教育附加、文化事业建设费，并合理设置执行期限。对安排残疾人就业达到规定比例的小微企业，免征残疾人就业保障金。建立政府定价或指导价的涉企经营服务收费目录清单、进出口环节涉企经营服务收费目录清单和涉企行政审批前置服务收费目录清单等制度，把收费项目和收费标准向社会公布，接受公众监督。

五、规范非政府性收费

推进涉企审批中介市场化改革，清理规范中介服务机构"二政府"现象，加快中介机构与政府部门脱钩，减少实体企业不必要的时间成本和财物消耗。无论是实行政府定价的，还是实行市场调节价的收费项目，都纳入收费目录，目录以外的项目不能收费。坚决制止乱收费、乱罚款、乱摊派行为，清理规范社会团体、行业协会等收费。加快推进社会团体与行政部门脱钩，禁止其利用行政资源向企业收取费用，严禁行业协会强制企业参加培训、考核评比、订购报刊、加入社团、指定服务。适当降低工会会费征收比例或完善工会服务。

第4章　优化企业投资项目审批中介服务的调研报告

涉审中介是企业投资项目整个行政审批链条的重要一环，掌握着重要的程序性权力和专业性权力。大多数涉审中介服务具有法制性和强制性，特别是对于企业新上投资项目，中介服务往往是其行政审批必不可少的前置条件。实地调研发现，中介服务环节多、耗时长、收费贵仍是当前企业反映比较突出的问题，深化企业投资项目行政审批制度改革需在涉审中介方面再下功夫，帮助企业减负松绑、轻装上阵。

第一节　企业审批中介服务存在的主要问题

一是中介服务慢。以慈溪市某民间投资项目的行政审批为例，项目并联审批共用时 135 天，其中行政审批部门的审批用时 25 天，占全部审批用时的 18.5%，中介机构用时 110 天，占全部审批用时的 81.5%。即便实行高效快速审批，中介机构用时也是审批部门用时的 2 倍以上。特别是有些涉审中介服务，市场化程度不高，地域垄断性较强，在项目上马比较密集的阶段，往往出现"中介忙得热火朝天，业主等得心急如焚"的现象。永康市某部门负责人反映，永康没有施工图审查中介机构，金华市范围内也只有 2 家，很多项目图审别无选择，即便是仅有的 2 家图审机构，也是画地为牢、攻守同盟，导致项目图审"排长龙"（见表4-1）。开工建设较急的项目，还得千方百计"托人情、找关系"才能尽快图审。在这样的情况下，中介机构所谓的服务时限变成了空头支票。有些市县行政服务中心负责人坦言，"体制内"的行政审批提速空间并不大，但"体制外"的中介服务效率仍有潜力。对企业而言，以前是"苦等审批"，如今是"干耗中介"。大量时间耗在中介机构的可行性研究、审查、评估、设计等方面，不仅是时间成本问题，甚至有可能错过市场机遇。

表4-1　施工图设计文件审查有关情况

中介机构偏少	全省共44家图审机构，1家属自收自支事业单位，其余均为企业单位（含协会举办），平均每个设区市4家左右，除义乌市、诸暨市等有1~2家之外，其余县级区域没有布局，业务范围基本限定在本地区，在图审高峰期供求矛盾比较突出

图审周期偏长	施工图审查一般为 5 ~ 10 个工作日，但有企业反映，施工图审查需要排长龙，有的需要反复修改或工程整改，耗时较长，影响了项目的正常开工建设
图审收费偏高	有企业认为，工业建筑厂房收费标准偏高，建议继续采取 2009 年的做法，施工图审查按（浙价服〔2007〕147 号）规定的标准降低 30% 收费，并延长执行期限

资料来源：调研组根据实地调研整理而得。

二是中介服务贵。据某市县行政服务中心负责人反映，一个建设项目的中介服务收费项目多达 40 余项，不少业主认为，这些收费累加起来是一笔不小的开支。中介服务收费依据既有国家部委的政策文件，也有行业主管部门、物价部门的规定，收费标准一般执行政府指导价或行业收费标准，但实际操作过程中价格弹性较大。特别是一些处于垄断地位的中介服务项目一般执行收费标准上限，没有下浮或打折。比如气象防雷，整个金华市只有 1 家，对民企开放性不高，基本属于垄断性中介（根据相关政策，建筑必须安装避雷针等防雷装置，经检测机构出具合格报告后才能竣工验收）。有些开发商反映，防雷检测费比 10 年前贵了好几倍（防雷收费标准见表 4 - 2）。再比如施工图审查，慈溪市本地只有一个施工图审查受理点，由宁波市 6 家施工图审查机构负责受理。这 6 家中介机构委托慈溪市受理点统一收件，轮流分配业务，业主没有自主选择权，对工业类建筑厂房 1 元/平方米，其他 1.4 元/平方米，从不打折。《建设工程质量管理条例》规定，建设单位应当将施工图设计文件报县级以上人民政府建设行政主管部门或者其他有关部门审查。建设部令《房屋建筑和市政基础设施工程施工图设计文件审查管理办法》规定，要求各地根据实际情况认定一定数量的不以营利为目的的审查机构。事实上，浙江认定的 44 家施工图审查机构绝大多数为以营利为目的的企业单位（1 家属自收自支事业单位）。2013—2015 年，43 家企业利润总额分别为 5530 万元、6627 万元、5317 万元，这与建设部"施工图审查机构不以营利为目的"的要求不符。调查还发现，个别类型的中介机构以协会名义或行业约定，在收费标准方面攻守同盟，不允许中介机构擅自降价，否则以协会名义进行处罚。比如卫生检疫，有些中介机构通过地方协会事先约定收费标准，"划片分区""各收自粮"，互不侵犯领地。

三是中介服务繁。调研了解到，一个基本建设投资项目行政审批涉及的中介服务事项包括：项目建议书编制、环境影响评估、水土保持方案编制、工程可行性研究报告编制、规划方案设计、初步设计编制、概算审核、施工图设计、施工图审查、预算编制和预算审核等 10 多个主要中介环节。另外，还可能涉及交通影响评估、建筑节能评估、社会稳定风险评估、地震安全性评估、地质灾害评估、日照分析报告、占用水域影响评估、爆破评估等其他中介环节。这些中介环节交织穿插在整个行政审批流程中，项目繁多、程序繁杂、办理烦琐。有些垄断性较强的中介服务供不应求，导致项目成果偷工减料，造成业主往返折腾、反复整改。有些中介机构"多头挂靠"，本身资质不达标，服务质量不过关，但由于缺乏技术成果后评价及追责机制，即便产生不良信用记录，仍可承接相关业务或选择重新挂靠。

表4-2 工业领域的气象防雷收费标准

新、改、扩建构筑物和电子信息系统的防雷装置施工跟踪检测	元/平方米（建筑面积）	三类防雷 0.48	分类按《建筑物防雷设计规范》
		二类防雷 0.62	
		一类防雷 0.62	
石油、化工、危险品、易燃易爆场所、电子信息系统或机房的防雷设施定期检测	元/点（检测点）	100（不足 300 元的按 300 元计收）	

资料来源：调研组实地调研。

第二节 企业审批中介服务"慢、贵、繁"的成因

一是明脱暗不脱，脱名不脱实。诸暨市有关部门负责人反映，住建领域的规划设计、勘测设计，国土领域的测绘，建筑领域的图审，气象领域的防雷检测等中介机构，仍属于有关审批部门的下属单位，致使项目业主遴选中介时不得不定向选择。有些中介机构与主管部门存在"明脱暗不脱""脱名不脱实"等现象。表面上看，大部分中介机构改制工作基本完成，并已按有关规定在人员、名称、财务、机构等方面与原主管部门脱钩，但事实上仍然有些中介机构与行业主管部门存在着千丝万缕的联系。行业主管部门通过行政审批掌握着中介业务的审核权。中介机构或由其"指定合作"，或返聘主管部门退休人员，依托原主管部门的关系在中介市场上包揽业务，甚至有些中介机构尚未脱钩改制，如房产评估、气象防雷、计量检测、白蚁防治等领域的部分中介机构仍由主管部门进行管理，其业务工作、人事关系、工资关系等仍隶属主管部门。以气象防雷为例，全省范围内现有 74 家防雷检测机构，民营防雷检测机构只有 1 家（科安检测有限公司），其余基本上仍为各级气象局防雷所的下属企业。

二是地域垄断，攻守同盟。有些行业领域在市县辖区内仅有一家或少数几家

中介机构，这些中介机构承担着重大项目可行性分析或提供高技术壁垒的专项服务，往往处于绝对垄断或相对垄断地位。以德清县的中介机构为例（见图4-1），气象防雷领域1家，能源评估领域2家，建筑工程检测领域1家，房产评估（资产评估）领域3家，白蚁防治、土地评估、施工图审查等领域本地没有，这些领域的有些中介机构缺乏竞争，安于现状，价格歧视，不少业主意见颇大。一些市县行政审批部门对中介机构的准入实行总量控制与总体调剂，不利于实现中介机构与市场需求的自动匹配，客观上起到了干预市场、加剧垄断的作用。有些市县直接或变相规定由本地中介机构提供服务，实际上剥夺了企业对中介机构的自主选择权。值得关注的另一个现象是，有些市县之间的同类中介机构事先约定，各占领地，互不干涉；有些市县辖区内的相关中介机构相互协商，攻守同盟，在业务上各分一杯羹，导致中介市场竞争不充分。

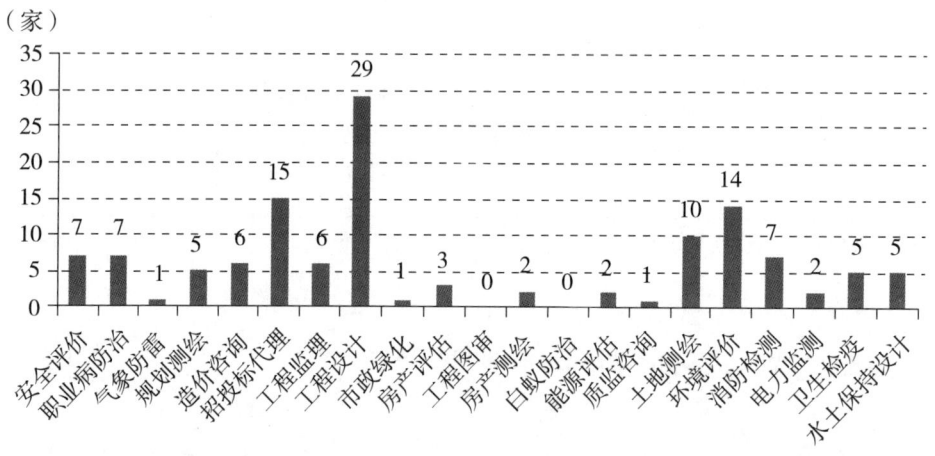

图4-1 德清县工程项目领域的有关中介机构数量

第三节 对策与建议

一是专项督查涉审中介脱钩改制工作。推进涉审中介彻底脱钩改制，包括组织人员、职能职责、资产财务、办公场所等全方位脱钩。剪除隐性裙带关系，斩断主管部门与中介机构之间的利益链条，从源头上规范中介机构涉企收费行为。加强对公职人员、退休领导干部在中介组织兼职的清理，规范主管部门行政行为和中介服务行为。严厉打击违法中介行为，对无证无照从事中介活动的单位和个人，依法予以取缔。建立中介机构失信，处罚披露和"黑名单"制度，对列入黑名单的中介机构施行技术性惩罚。

二是研究制定打破涉审中介区域性、行业性壁垒的具体政策。放宽中介市场准入标准，重新核定部门规章所设置的准入门槛，取消中介备案审查机制，坚决纠正擅自设置、抬高准入门槛或借备案管理变相设置区域性、行业性的中介服务执业限制，不得变相指定中介机构提供中介服务，不得通过划分区域等形式变相垄断中介市场，防止"肥水不流外人田"的圈地现象。目前，一部分中介机构采取"资质挂靠"方式，规模普遍偏小，业务能力不过硬，服务质量保障不够，应引导市县加快引进资质等级、执业水平、资信度高且本地紧缺的中介机构，支持社会资本参与中介机构脱钩改制和资产重组。

三是积极开展"集中性技术审查"试点。对于具有区域性共同特点、具有技术性审查性质、单个项目同质性很强的中介服务项目，比如城市建成区的地震安全性评估、高度限制范围以内建筑的雷电灾害风险评估等，可委托中介机构对整个区域进行一次性评估，区域内企业共享结果，不再对该区域内符合条件的具体项目进行重复评估。一次性评估（评价）费用可先由当地财政支付，制定费用分摊规则，由企业分摊部分费用。探索"捆绑式"中介服务，由全资质中介机构或相关中介机构联动，对地籍测量、规划测量、建筑测量等测量项目进行"捆绑式"测量，对工程造价核算、工程初步设计、施工图审查、建设方案编制等进行"捆绑式"服务。

四是完善涉审中介服务目录清单及管理办法。全面排摸中介服务事项，无法定依据的中介服务事项一律清理，程序性且不发挥实质性作用的中介服务事项一律予以取消；对有依据的审批前置事项根据需要进行分类，审批部门能办理的，不能委托中介机构办理。发布中介服务目录清单，对部分中介服务实行政府购买。规范中介服务行为，缩短中介服务时限，对防雷装置设计技术评价、初步设计概算审查、编制征占用林地可行性报告等评估检测类服务事项，实行与对应行政审批事项办理时间捆绑计算考核，实现同步管理、整体提速。

第5章 要素市场化倒逼中小企业
转型升级的调研报告

破解经济的结构性扭曲，关键要找准行之有效的突破口，让市场的决定性作用真正落地见效，同时发挥好政府的作用。要素市场化配置改革叠加了正向激励机制和反向倒逼机制，旨在改变行政配置方式，促使要素高效配置、充分流动和优化重组，不光有利于要素集约节约利用，实现合法配、合理配、优质配、高效配，更重要的是以"四两拨千斤"撬动企业加速转型升级。因此，有必要积极探索创新，为要素市场化配置改革蹚路，建构一套具备较强的操作性、公平性、绩效性的配置制度，突破体制机制障碍，释放市场在要素资源配置中的决定性力量，让稀缺性要素资源尽可能最优化配置，最大程度地激发企业内生活力和转型动力，最大力度地撬动经济结构调整，最大程度地推动经济实现高质量发展。

第一节　要素配置结构性扭曲的主要问题

经济提质增效的关键是破解结构性扭曲和技术性瓶颈。如何让创新驱动轮子转得更快，突破技术性瓶颈，提高全要素生产率。单就结构性矛盾而言，如果结构调整优化不快，经济质量提升就会受影响。这个矛盾不同于周期性问题，熬一熬就会过去，不下狠心很可能积重难返。产业结构、城乡结构、市场主体结构、需求结构、人口结构、要素结构、能源结构、区域结构、税源结构等，或多或少都存在一定扭曲。而且，这些结构存在关联性和协同性，一种结构变化势必传导引起一系列结构变化。比如，低端的产业结构匹配的必然是低端的人口结构、税源结构、需求结构，城乡结构、区域结构等也会受影响，最终还反作用于产业结构。因此，结构性扭曲问题容易使浙江经济被低端锁定，陷入低水平循环。人均GDP 1 万美元左右是"中等收入陷阱"的重要考验期，而结构性扭曲是"中等收入陷阱"的关键瓶颈。打破低端锁定，越过"中等收入陷阱"，必须致力于跳出"低端产业链、低素质劳动力、低技术含金量、低附加值"的低水平循环。这既要多管齐下、多点发力、点面协同，让这些结构朝着"出低入高""退劣进优"的方向协同推进，更要抽丝剥茧，抓住要害关节，在支撑性、牵引力较强的结构上着力。通常，我们把企业理解成一个由投入到产出追求利润最大化的"黑匣子"，"输入端"或者说"吃进的"主要是劳动力、资本、技术、土地、能源等要素，"输出端"是产品或服务，"吐出来的"是废水、废气、固废。结构调整可以从"吐出来"的东西去倒逼，比如节能降耗减排、治水治气治违等，也可以从"吃进去"的端口去调控。从后者来讲，就是让企业竞争性获取要素，从事后惩罚性的倒逼转向了事前主动性的调配，避免要素无效或低效错配，防止低端产能反复出现。经济结构扭曲的症结在很大程度上在于要素结构扭曲，如果要素不设门槛供向低端低效产能，那么产业结构很可能事倍功半。要素市场化改革就是要改变要素配置结构，作用于产业结构，继而左右需求结构、人口结构、能源结构等。所以，以纠正要素结构扭曲来促进经济结构调整，撬动点比较精准、撬动效应比较有效。

第二节　要素最优化配置的改革取向

充分竞争、自由流动配置的一般性要素，自然遵循市场规律，但对于公共部门实际拥有、控制的经营性、垄断性或特许经营性要素，比如用地、用能、用水、环境容量、财政专项等，尚未市场化配置。这类具有稀缺性、公共性特质的要素要达到最优化配置，必须着力解决价格性扭曲和效率性扭曲两个问题。所谓价格性扭曲，就是要素价格没有充分体现要素的稀缺性和要素利用的外部性，阶梯式、累进式价格体现不够充分，环境污染治理成本没有内部化。目前要素价格包含了资源的生产流通性成本，但没有充分纳入资源补偿、环境破坏的外部成本，要素价格低于甚至远低于真实价值。所谓效率性扭曲，就是要素没有完全流向效益最大化的目标，有可能配置到了低效企业或低效环节。如何优化配置公共性要素，最大化发挥其价值和对结构调整的撬动作用，真谛要义还是公平竞争、优胜劣汰，谁有效益，谁得要素，谁效益高，谁越有保障。这靠行政机制难以充分有效实现，必须植入市场化逻辑，依据效益竞争性配置。从长远看，这是趋势使然，而且一箭多雕。首先，要素约束越来越刚性，稀缺性越来越强，我们离要素供给的"天花板"越来越近，有的要素先天禀赋不足，依赖进口或外调，有的"要素红利"已转为"要素负债"。其次，要素配置应作为转型调整的"牛鼻子"来牵。要素获取能力强的企业应是亩产效益榜单上相对靠前的企业，拿不到要素的往往是低端企业或低端产能。这个"牛鼻子"牵好了，结构调整牵一发而动全身。再次，要素竞争性配置使各类要素朝着一个方向流动，这样要素最优化配置的叠加效应就更加明显，以往条条线线分配致使要素稀释化、低效化的现象就可以改变。最后，要素成本趋于合理。要素利用的部分成本外部化，企业不是最终的承担者，往往转嫁给了社会。基于市场化导向的配置机制和交易机制，把外部化的资源成本和环境治理成本内化为企业成本，让要素价格更好地反映市场供求、资源稀缺程度、生态环境损害成本和修复效益，是要素配置改革的大势所趋。

第三节　对策与建议

要素配置改革路径应以市场化为导向，以亩产效益为核心，以差别化政策为手段，以精准化配置为目标，建立一把科学合理衡量企业效益的"标尺"，根据亩产效益引导要素流向，实现要素配置价值最大化。

一、市场化导向

行政手段配置很难反映要素资源的真实稀缺程度，要素价值难以实现最大化，对结构调整的作用也难以充分发挥。让市场在要素资源配置中起决定性作用，实质就是明确效益评判规则，企业按照规则公平竞争、优胜劣汰，最终用效益规则替代行政规则。

一级要素配置市场重在评判规则的科学、合理。按照市场化配置的基本逻辑，要素应配给亩产效益好的企业，企业效益越好，要素倾斜力度越大。从海宁试点经验看，分行业分档次实行差别化要素配置，关键是评价规则要科学合理，能够体现企业效益与要素保障的匹配性。规则一旦制定好，就要发挥亩产效益这个"指挥棒"的导向作用，让要素按照规则向效益高的企业流动，杜绝政府有形之手对微观要素配置的直接干预，避免要素的违规配、无序配、劣质配、低效配，实现要素的合法配、合理配、优质配、高效配。

二级要素交易市场重在交易规则的公开、透明。通过要素二次配置，进一步提高要素利用效率。企业通过技术改造、工艺改进或管理优化，集约节约利用腾出来的要素空间，通过二级市场获得补偿性收益，真正体现了"谁保护、谁节约、谁受益"。从实际层面来看，浙江土地使用权是开放的，二级市场也越来越活跃，但是用能、用水、排污权只有一级市场，二级市场还没有形成，交易范围也十分受限。做好要素配置二级市场，需要构建集标准制定、信息发布、挂牌交易、价格评估、咨询服务为一体的要素交易平台，制定科学规范的二级市场交易规则和流程，统一信息披露、统一交易规则、统一交易确认、统一定价标准，鼓励和引导企业进场集中交易。二级要素交易平台，应鼓励社会资本参与，支持引入第三方机构运营。

二、差别化政策

要把市场在资源配置中的决定性作用和政府作用很好地结合起来，把亩产效益作为市场的"无形之手"，把要素差别化配置作为政府的"有形之手"，将企业亩产效益和要素差别化配置挂钩，实现要素利用最大化和企业效益最大化的双重目标。

第一，差别化的要素配置政策。根据企业亩产效益情况，在用地、用电、用能、排污权、城镇土地使用税、房产税、信贷、引进人才、申报项目等方面实施有区别的政策，包括差别化的电价、差别化的供地、差别化的地价（城镇土地使用税、房产税）、差别化的排污价等。政策导向不光是排出企业的效益榜，更重要的是通过企业亩产效益综合评价，对效益好的企业形成激励，触痛效益比较差的企业的神经。要进一步加大差别化价格实施力度，海宁市在城镇土地使用税差别征收上，采用了每平方米最低 3 元、6 元、9 元三档，而根据国家有关规定，县级最高可征收每平方米 12 元，小城市最高可征收每平方米 18 元。要素市场化配置的面要进一步拓宽，除了用地、用能、排污等要素已经市场化之外，条件成熟的情况下，还要逐步拓展到财政专项、技改资金、用水等要素。而且公共性要素投向会影响一般性要素流向，比如用地、用能、环境容量重点倾斜的企业往往也是信贷支持、创新扶持、人才引进等的支持重点，这样就会联动形成各类要素优化配置的叠加效应。

第二，差别化的产业政策。行业属性不同要实行不同的产业政策。国家和浙江明令禁止的高能耗、高污染的落后产能，不进行差别化评价，坚决予以关停并转；国家和浙江大力鼓励的高新技术产业、战略性新兴产业、特色性主导产业等，在发展初期要给予特别性的扶持和培育，不能一味按照亩产效益来论英雄。与工业相比，服务业用能少、排污少，工业评价指标体系不适用，可探索建立以亩产税收、亩产营业额为主的评价指标体系，引导现代服务业和高端生产性服务业发展。评价工业企业亩产效益，应进一步细分行业，体现行业差异性，增强企业之间的可比性。

第三，差别化的企业政策。企业分类分档要精细化，使政策的差别化与企业的差别化更好地匹配。企业有生命周期，处于不同的发展阶段，效益可能大相径庭。对于处于投入期、成长期，还未进入成熟期的企业，以及新引进的企业，要区别对待，设置一定的过渡期。规模以下、占地较少，主要解决就业问题的民生企业，如果和规上企业同台竞技，可能难免淘汰命运。像占地 3 亩以下的工业小微企业，首先要解决的是"吃饭"问题，应该差别化对待，但是差别化政策尺度不宜过大，以免小微企业"逆向选择"，丧失"小升规"积极性。从海宁的情况看，企业对租赁企业产值统计口径的问题反响较大，租赁企业的数量不在少数，可探索从出租企业中剥离，亩均产出按实际租用土地计算，实行单独评价，以体现公平性。

第四，差别化的县域政策。从实际情况看，要素市场化改革牵一发而动全身，难以一蹴而就，先应在适宜改革的市县推开，根据实际分步实施。第一步是县域范围内的要素市场化；第二步是县域间、市域内（设区市）的要素市场化；第三步是全国范围内的要素市场化。目前，各县市可借鉴海宁市要素市场化配置的思路，但由于产业结构、企业结构等存在差异，所以在具体指标设置和权重赋值上需要结合自身实际。评价指标变化必然牵涉到权重变化，需要反复模拟测算，更好地反映企业的真实效益。目前，县域层面的要素还是切块下达，对市县节能减排还有考核指标，如果要素市场化范围一下子铺得太大，要素流动可能会失去平衡。所以，需要在条件成熟的前提下，稳步推进要素跨区域流动配置。

三、精准化配置

要素适得其所，就不能"漫灌"，需要"滴灌"，以体现激励或倒逼企业转型升级的精准性。通过要素精准化配置，既激发"重点扶持类"企业争先进位，增强转型升级内生动力，进一步提高亩产效益；也促使"鼓励提升类"企业你追我赶，加快机器换人、空间换地，向"重点扶持类"企业靠拢；还能限制"落后淘汰类"企业盲目扩张，倒逼企业加快整治提升或兼并重组。

第一，评价数据要精准。评价数据是否精准，直接影响企业效益评价，从而影响要素的精准配置。所以，要通过细致摸排，全面摸清企业数据，掌握准确的第一手数据，建立基础数据库。对企业的效益评价要细而又细、实而又实，对存在异议的数据要反复核实，摸清企业的用地、厂房面积和租赁情况，全面反映企业的经营业绩，做到数据真实、客观、可靠。一方面，体现激励性。比如亩均税收指标，促使企业通过分割出让多余土地或低效土地来提升亩产效益，激励企业如实报税。另一方面，体现强制性。建立企业申报业绩弄虚作假"黑名单"制度，一旦发现企业虚报经营业绩套取要素资源，将其纳入评价体系"黑名单"并给予惩罚性的要素配给限制。

第二，评价体系要精准。企业亩产效益是要素配置的参照坐标，亩产效益评价模型是衡量企业绩效的"标尺"。这根指挥棒直接指引企业转型升级的方向，所以要精准、客观，不能有偏、失准。指标设置、权重赋予要科学合理，真实反映市场主体绩效，体现改革的公平公正。关于指标的筛选，可选取亩均税收、亩均销售、亩均工业增加值、单位能耗工业增加值、排放单位COD工业增加值、单位GDP用水量、全员劳动生产率等指标，同时要结合各地实际，特别是不同的主体功能区，评价导向不同，评价指标不能简单复制。关于权重赋予，要依据评价的侧重点和发展的贡献度，实际操作中要反复模拟测算。如果是生态功能区，单位能耗工业增加值、排放单位COD工业增加值、单位GDP用水量等指标的权重可适当加大；如果是工业功能区，亩均税收、亩均工业增加值等指标权重可适当加大等，总之要实事求是，因地制宜。

第三，要素配置要精准。要素配置应多采用累进制，要素利用越高效，奖励力度越大；反之，惩罚力度越大。在土地配置上，通过提高电价、水价、排污价、税收等用地持有成本倒逼企业退出低效用地，同时建立差别化、弹性供地模式，实行"带设计方案""带亩产效益方案"出让土地，将投资强度、达产亩均税收等指标纳入土地出让合同差别化管理，根据项目推进建设阶段建立开工保证金、竣工保证金、亩产税收达产保证金等制度。如果企业履行项目投资协议，全额退还各阶段保证金；如未能履约，实施一定的惩罚性措施，避免"干一辈子企业不如圈一块地"的现象。

四、高效化服务

效益评价面向千千万万家企业，核实数据、指标评价、分类分档、要素配给等工作需要大量反复沟通，差别化政策要——落实到位，还要做到动态评价和实时监管，这需要公共服务无缝对接，落实工作责任、时效、标准、程序，全过程做到公开、公平、透明、高效。

一是审批精简化。推进要素市场化配置改革，必须以深化审批制度改革来配套，以审批制度改革撬动要素改革，特别是要素市场化配置改革在县域层面全面推开以后，需要赋予县域层面更多更灵活的审批权限，加快推进审批精简化、高效化，为企业松绑减负，激发企业主体活力。要创新土地要素审批方式，建立高效化的土地要素审批机制和流程，进一步提升土地要素的配置效率和水平。坚持企业投资需求导向，执行涉企事项审批负面清单，对负面清单之外的项目实行"先建后验"，推动从事前审批向事后监管转变，解决好"重审批、轻监管"问题，便于企业投资轻装上阵。

二是评价阳光化。市县政府是要素市场化配置规则的制定者、执行者、监督者，一定要按规则阳光化办事，不直接参与或干涉微观事务。要素市场化配置政策、规则、过程、结果等让阳光普照，建立全过程、全方位的公开机制，不仅是政策要公开、结果要公开，过程也要公开，从头至尾做到阳光透明。企业的效益评价情况和要素配置情况要全面上网上报公示，接受行业监督和社会监督，让企业感受到公平公开公正。要加强政策宣传，特别是专题性的政策解读、典型性案例的宣传诠释，释放给企业强烈的改革信号，让企业对改革有合理预期，让企业有可学可随的样板，引导企业主动参与改革。

三是服务精细化。要素市场化配置改革，对存量企业是压力，对增量企业是引力。"凤凰满天飞"，最终到哪里落脚栖息，关键看政务服务和投资环境。政务服务一定要精细化，让好的"凤凰"得到好处，感受到公平，形成引力，以凰引凤。对存量企业而言，不能光向每家企业发出亩产效益"成绩单"和要素配置的"通知单"，更重要的是，通过对企业的"集体体检"，让企业能够主动横向对比，搞清楚在所处行业的位置和转型发力的方向。按照亩产效益高低和企业实际情况，开出有针对性的"药方"，引导企业自查问题、自行整治、自我转型。要进一步创新评价工作机制，简化企业亩产效益评价操作，不为企业和基层增加过重的负担，尤其要探索类似按揭贷款、个人税金的智能评价软件，方便企业"预评价"，增强企业对改革的预期性和主动性。

第6章 浙江普陀岛和海南全岛建成国际海岛旅游免税试验区的调研报告

面对世界经济低迷和国内深层次矛盾凸显的严峻挑战，我国亟须通过供给侧结构性改革探索新的经济增长极。创建我国国际海岛旅游免税试验区，启动消费"新引擎"符合供给侧结构性改革的战略要求。海岛旅游是未来高端旅游和高端消费的重要增长点，普陀岛和海南岛靠近国际海运主航道、地理位置突出、生态环境优美、开发潜力较大、旅游基础扎实，应抓住"一带一路"倡议机遇，借鉴夏威夷岛、巴厘岛、马尔代夫群岛、普吉岛等开发经验，加快创建我国国际海岛旅游免税试验区。

第一节 创建国际海岛旅游免税试验区的战略意义

随着全球经济一体化步伐加快，海岛旅游正在向国际化、多元化方向发展，海岛旅游业在有效促进海岛地区经济社会发展和扩大海岛旅游消费的同时，也有力地推动了中国对外开放和"中国制造"走出去，是我国实施"一带一路"倡议和扩大开放型经济的重要抓手。

一、创建国际海岛旅游免税试验区必将有力地促进境外消费回流

目前，我国内需不足特别是消费不足，很大一个原因是国内消费"外流"。据统计，2014年我国居民境外消费已达1万亿元，2015年超1.1万亿元，特别是我国居民在世界各地的免税店购物增长迅猛，已占全球免税店购物总金额近30%，位居全球首位。与此形成鲜明对比的是，国内消费持续低迷，我国社会消费品零售总额增速从2010年的18.4%降低到2015年的10.7%，2015年国内消费增速创10年来最低水平。中国经济增长动能正在由传统的投资、出口拉动向消费拉动切换，亟须启动消费"新引擎"，推动经济增长，通过创建国际海岛旅游免税试验区，深挖国内消费潜力，让外流的"肥水"从海外回流。

二、创建国际海岛旅游免税试验区必将有力地推动"海岛旅游热"

目前，我国旅游发展最大的一个问题是"出境旅游热、入境旅游冷"。一方

面，近年来我国居民出境游爆发式增长，2010 年只有 5740 万人，2014 年突破 1 亿人，2015 年超过 1.2 亿人，出境游人数已连续 2 年位居世界首位，尤其是以海岛为目的地的旅游超过 3000 万人次，约占全部出境游市场的 1/4。另一方面，与出境旅游高歌猛进相比，入境旅游处于低迷状态。根据国家旅游业统计数据，2005—2015 年，我国入境游一直维持在 1.2 亿~1.3 亿人次，入境游人次没有发生显著变化，与增长迅猛的出境游形成了强烈反差。从旅游服务贸易看，自 2009 年以来，我国旅游服务贸易一直逆差，2013 年逆差 769 亿美元，2014 年逆差 1079 亿美元，2015 年逆差上升到 1781 亿美元。"进的减少、出的增加"带来的"一出一减"大大制约了我国旅游业发展。当前，亟须创造新的旅游热点，顺应"海岛旅游"热潮，加快创建国际海岛旅游免税试验区，借鉴国际知名海岛如夏威夷岛、巴厘岛、普吉岛、济州岛、马尔代夫群岛、迪拜岛等开发经验，打造有国际影响力的海岛旅游带，提高我国海岛的国际知名度，吸引入境旅游，减缓出境旅游。

三、创建国际海岛旅游免税试验区必将有助于解决国内外"商品价格倒挂"难题

"海外购"成为国民出境游的一大趋势。《2015 年中国旅游统计报告》显示，我国 2015 年出境旅游购物消费 6841 亿元，在日本、韩国以及欧美发达国家，人均境外旅游购物超过 7000 元。近年来，我国 80% 以上的出境游客将购物作为最主要的目的，主要原因是国内外进口品存在较大价差，特别是国外建了不少免税店、精品店，购物方便又便宜，使得中国游客"出境游"变成了"购物游"。目前，我国进口消费品特别是奢侈品关税仍在平均 30% 的高水平，酒类等则高达 50%，加上奢侈品进店的流转税，价格比原产地高出许多。实行"离岛免税"政策，吸引国内外游客上岛购物，有助于将流失海外的巨大购买力转化为强劲的"内需"。所以，要加快创建国际海岛旅游免税试验区，建设一批国际知名的免税店、精品店，实施有力度的离岛免税优惠政策，加大"中国制造"的营销力度，促进境外消费快速回流，加快消化国内过剩产能。

四、创建国际海岛旅游免税试验区必将有力地推动"一带一路"建设

海岛是我国海洋经济发展的重要战略支点，是优化海洋经济发展布局的重要载体，是打造现代海洋产业体系的重要内容，也是实施海洋强国战略的重要保障。根据 2015 年《世界海岛旅游发展报告》，目前全球已有超过 70 个成熟的海岛旅游目的地。我国拥有 6500 多个海岛，海岛资源丰富，除了以省为行政单位

的台湾岛和海南岛，全国还有 12 个海岛县，分布在沿海 6 个省份，这些海岛整体发展水平不高，竞争优势不强，发展潜力空间很大。加快"一带一路"建设特别是"海上丝绸之路"建设，必须着力构建对外开放的桥头堡。当前要抓住"一带一路"建设机遇，加快创建若干国际海岛旅游免税试验区，加快海岛开发开放，以重要海岛为突破口带动沿海大开放。

第二节　创建国际海岛旅游免税试验区的最佳选址

在全方面审视地缘政治、区位条件、开发潜力、比较优势、产业基础等的基础上，从靠近国际海运主航道、地理位置突出、生态环境优美、开发潜力较大、旅游基础扎实等遴选条件着眼考虑，建议在浙江普陀岛和海南全岛开展国际海岛旅游免税试验区建设。选址因素在于：

一、从区位条件看，普陀岛和海南岛优势凸显

尽管我国海岛数量众多，但从地缘政治和对外开放战略布局考虑，大多数海岛比如东海岛、平潭岛等并不是创建国际海岛旅游免税试验区的优选。舟山群岛特别是普陀岛地处中国东部黄金海岸线与长江黄金水道的交汇处，背靠"长三角"广阔经济腹地，是中国东部沿海和长江流域走向世界的主要海上门户，与东北亚及西太平洋一线主力港口釜山、长崎、高雄、中国香港、新加坡等构成一个500 海里等距离的扇形海运网络，作为"长三角"海上开放门户的区位优势十分凸显。海南岛地处南海的国际要冲，是大西南出海的前沿，内靠珠江三角洲，外邻东南亚，位于东亚和东南亚的中心位置，靠近东亚与东南亚之间的国际深水航道，是国际海运的必经通道，也是 21 世纪海上丝绸之路规划发展的重要枢纽地带，拥有沿海、沿边、岛屿等地缘优势，具备对外开放的良好区位条件。

二、从旅游资源看，普陀岛和海南岛优势凸显

在全国 12 个海岛县中，普陀岛的旅游资源优势遥遥领先大多数海岛，是国家首批 5A 级旅游景区，拥有两个风景名胜区岱山岛和桃花岛，已初步形成朱家尖、桃花、东极、东港等多个海岛特色休闲度假项目集聚区，成为中国海岛旅游的聚焦点、"长三角"海岛旅游目的地、佛教朝拜圣地，是名副其实的海上花园城市、海岛宜居城市。海南岛是中国唯一的热带岛屿省份、唯一的省级经济特区，素有"东方夏威夷"之称，资源丰富、生态多样、组合度好，在相对较小的范围内集中了滨海沙滩、热带雨林、火山与溶洞、地热温泉、珍稀动植物、宜人气候、民族风情等丰富的自然资源和人文资源，在国际上也具有稀缺性，是世

界知名的海岛休闲度假旅游胜地。

三、从开放政策看，普陀岛和海南岛优势凸显

2013 年初，国务院将舟山群岛新区确定为以海洋经济为主题的国家战略性规划区，这标志着舟山群岛上升为国家战略。目前，舟山普陀岛正在制订"全景普陀"休闲度假旅游目的地建设行动计划，深度拓宽"全景普陀"目的地发展空间，努力创建国家全域旅游示范区、国家旅游度假区。海南岛是我国最大的经济特区，实行省直管市县的行政管理体制，中央赋予了特区立法权，尤其在国际旅游岛建设发展方面给予了一系列先行先试的政策支持。2009 年 12 月《国务院关于推进海南国际旅游岛建设发展的若干意见》正式印发，标志着海南国际旅游岛建设迈出了实质性的大步伐。

四、从产业基础看，普陀岛和海南岛优势凸显

"十二五"期间，普陀岛的旅游接待量、旅游收入年均增速分别达到 11%、12%。2014 年，普陀岛旅游收入超过 187 亿元，旅游产业从业人员近 3 万人，接待游客 2076 万人次，旅游收入占 GDP 的比重高达 57%。旅游业也是海南岛的支柱性产业，旅游收入占 GDP 的比重远高于全球、全国平均水平，2009 年以来旅游收入占 GDP 的比重均高于 12%，2014 年达到最高的 14.4%，旅游业对海南经济发展贡献巨大，为海南全岛创建国际海岛旅游免税试验区奠定了坚实基础。

第三节 对策与建议

国际海岛旅游免税试验区的建设具有探索性、创新性、前瞻性，普陀岛和海南岛要立足岛区优势，先行先试，高起点规划、高标准建设、高水平管理，积极开展政策、体制、机制、开发模式的创新试验。特别是要突破政策障碍，加大政策扶持力度，放大离岛免税效应，提高海岛国际知名度，打造与巴厘岛、济州岛、马尔代夫群岛等一样的中外游客心仪的世界著名海岛。

一、借鉴国际知名海岛免税经验，放大试验区离岛免税效应

离岛免税政策被公认是建设国际旅游岛含金量最高的政策，目前韩国济州岛、中国台湾岛、日本冲绳岛等都实施了离岛免税政策。海南岛是我国实行海岛旅游购物免税的先行区，但在免税额度、次数、品种等方面仍有不少限制，比如限购数额低、价格比国外高、品种比国外少、网点少、提货方式单一等，难以吸引消费回流。应借鉴国际海岛开发经验，在免税购物的限次、限值、限量、限品

种等方面放松管制，原则上不限次，扩大免税品清单。一是建立免税店网络。统筹海岛景点与免税店一体化布局，在景点周边 2 公里半径内设立免税店。与境内外免税大公司合作，发展类型多样、品种丰富的免税店，包括岛内免税店、机场免税店和港口免税店，把海岛旅游与免税购物结合起来，扩大离岛免税效应。在机场、车站、港口建立与免税店相衔接配套的服务系统，大力推进"互联网＋免税店"，开设网上销售和服务窗口，实现购买与提货、景点与机场（港站）、岛内与岛外服务的无缝衔接，使离岛购物和免（退）税办理方便快捷。二是突破销售对象和范围限制。除了出国出境的本国人员外，国内的普通消费者、外国游客都可以去免税商店购物，本国消费者有次数和金额的限制。免税商店除国际知名产品外，还要引进本土特色产品，推动中国制造走出去。三是设置合理的免（退）税率。国外游客在免税商店购国产商品，实质是一种间接出口方式，对所购商品实行免税的实质是对国内产品实行出口退税。为了吸引更多的国外游客购买免税国产商品，建议选择合理的退税率，对海南岛现行的退税率进行适当降低。四是选择适当的退税模式。免税店的退税模式可选择大多数国家推行的专业代理公司退税模式，海关及税务部门可委托专业代理公司在机场、港口、车站等出境口岸设立退税点，为游客办理退税业务。积极探索直接在商品价格中除掉流转税的办法，只要购物离岛，就可免税。五是认证和推广一批"中国精品"。由国家质检、工信、商务等有关部门联合认证，推出一批中国制造精品，向社会公布精品目录，进入普陀岛和海南岛的免税店，严格监管这些商品的原材料来源、制造工艺、质量标准及服务体系。制定中国精品进入免税店的税收政策，建设一批"中国精品馆""中国高端消费品展示交易中心""中国制造采购中心"，吸引本土知名品牌入驻海岛免税店，扩大本土品牌产品的消费和出口，打造"中国制造"金字招牌，进一步推动"中国制造"走出去。

二、立足海岛优势特色和资源禀赋，实施差异化开发和错位竞争战略

从全球海岛发展模式来看，海岛资源禀赋差异较大，海岛功能也多元化，可分为高端度假、邮轮港口、商务娱乐、绿色生态、民风民情等驱动模式。马尔代夫、圣托里尼等海岛主要是高端度假驱动模式，牙买加、开曼群岛等海岛主要是邮轮港口驱动模式，济州岛等海岛主要是商务娱乐驱动模式，帕劳、大堡礁等海岛主要是绿色生态驱动模式，巴厘岛等海岛主要是民俗风情驱动模式。普陀岛和海南岛应充分挖掘自身特色，借鉴国际一流海岛开发经验，实施差异化开发和错位竞争的策略。坚持"多规合一"，按照"全岛一个大城市"的思路，统一土地开发利用、统一资源开发、统一基础设施建设、统一环境保护，整合全岛资源，

实施科学开发。普陀岛重点是做强朱家尖核心区示范高地，做特白沙、桃花、东极、悬鹁鸪等四个主题岛，重点开发沈家门"渔港风情"游、朱家尖"海上礼佛"游、东港"活力海湾"游等海上观光线，大力开发白沙群岛"蓝色风情"、东极诸岛"福如东海"等环岛航游线。海南岛创建国际海岛旅游免税试验区，首先是"扩围"，从原来的政策实施范围扩大到海南全岛，明确国际旅游岛建设功能，重点要加快对现有休闲度假旅游产品的升级改造，着力打造一批滨海、温泉、森林等特色鲜明的度假基地，规划建设海洋公园、影视动漫基地、湿地公园，推出一批观光体验游、风情文化体验游、探奇体验游。

三、顺应现代旅游消费升级趋势，打造富有海岛风光的旅游精品

从国际知名海岛的产业模式和消费热点看，主要包括海岛观光、海岛休闲、水上运动、婚礼蜜月、民俗节庆、会展会议、主题景区、海岛民宿、休闲船艇等消费业态。同时，国际海岛旅游市场正在裂变，海岛游客需求层次逐渐分化，旅游消费个性化和旅游产品供给精准化趋势明显。舟山岛和海南岛应按照"一岛一风格"开发理念，充分挖掘海岛比较优势，大力开发具有民族性、参与性、特色性的海岛旅游精品项目，建设集旅游度假、休闲娱乐、康体保健、餐饮购物于一体的海岛旅游免税试验区，打造富有特色的高端海岛旅游产业集群，这是吸引境内外游客的重要载体。普陀岛要充分发掘"蓝天、金沙、海岛、海鲜、渔村、禅佛"等特色资源，以"上天""下海"、环岛、登山、跑马、入村、宿家、寻美、求侣、访寺等为供给指向，启动建设观音文化园、禅意小镇、航空产业园、国际邮轮港、笥箕湾经典渔村、养生健康谷等重大项目，创意打造"沙岛"朱家尖、"侠侣岛"桃花、"钓岛"白沙、"哨岛"东极、"卧岛"悬鹁鸪、"创意岛"鲁家峙等旅游精品。海南岛要大力发展滨海观光、环海南岛游，重点发展海上运动、海底观光、潜水等旅游产品，培育发展温泉疗养、医疗旅游、康体养生等疗养产品，着力打造黎族苗族文化、侨乡文化、海洋文化特色，通过建设一批旅游精品吸引境内外游客。

第 7 章 浙江省高质量发展组合拳的研究报告

迈入新时代后，摆在中国经济面前的一道重大战略命题是如何实现以企业为主体的经济高质量发展。党的十九大明确指出，我国经济已由高速增长阶段转向高质量发展阶段，必须坚持质量第一和效益优先，以供给侧结构性改革为主线，推动经济发展质量变革、效率变革、动力变革。这是党中央、国务院在经济新常态大背景下立足发展新阶段做出的重大战略抉择，是适应后国际金融危机时期国际竞争加剧态势的主动选择，是遵循经济发展规律和适应我国社会主要矛盾变化的必然要求，是一场事关全局和长远发展的攻坚战和持久战。

浙江高质量发展的实践路径在全国具有一定典型性和引领性。从全球看，按照世界银行人均 GNP 分类标准，高收入国家的门槛为人均 GNP12475 美元；按照联合国开发计划署人类发展指数分类标准，高指数国家的门槛为 0.8，截至 2017 年年底，浙江人均 GDP 达 1.36 万美元，人类发展指数（HDI）约 0.8，从这两大核心指标看，浙江已跨过现代化门槛。从全国格局看，2017 年浙江经济总量达 7667 亿美元，居全国省区第 4 位；人均 GDP 居全国省区第 1 位，城乡居民收入分别连续 17 年、33 年居全国省区第 1 位。因此以浙江为样本，深入分析其推动高质量发展的路径对全国各地具有借鉴意义和示范意义。

第一节 高质量发展的浙江实践

高质量发展可以从不同角度进行解析，但从新发展理念角度，高质量发展必须充分体现创新、协调、绿色、开放、共享发展理念的要求。[①] 五大发展理念是新时代高质量发展的新坐标，是对高质量发展的重要评判标准。[②] 体现新发展理念的高质量发展，必须致力于使创新成为第一动力、协调成为内生特点、绿色成为普遍形态、开放成为必由之路、共享成为根本目的。浙江积极探索高质量发展路径，深入践行五大新发展理念，全面实施创新驱动发展战略，深化政府自身改革和供给侧结构性改革，推动企业发展和经济发展迈入更高质量、高有效率、更加公平、更可持续的发展轨道。

---

① 杨伟民. 贯彻中央经济工作会议精神 推动高质量发展［J］. 宏观经济管理，2018（2）.

② 金碚. 关于"高质量发展"的经济学研究［J］. 中国工业经济，2018（4）.

一、从外部倒逼转向内生驱动，让改革激活市场活力

从高速增长转向高质量发展，不仅是发展方式的转变和发展路径的转轨，更重要的是体制机制改革和转换，必须基于新发展理念进行新的制度安排和机制设计。在制度供给过程中，浙江妥善处理政府"有形之手"和市场"无形之手"、社会"自治之手"之间的关系，① 用政府自身改革撬动经济社会各领域改革，用行政权力"减法"换取市场活力"加法"，总体采取"三步走"动态演进策略：第一步是 1999 年在全国率先启动实施行政审批制度改革，着力打造审批事项最少、审批效率最高、审批环境最好的省份；第二步是 2013 年在全国率先启动实施"四张清单一张网"改革，建立权力清单、责任清单、负面清单、专项资金清单和政务服务网，梳理政府权力边界，规范政府行政行为，防止政府乱作为、不作为；第三步是 2016 年启动"最多跑一次"改革，加快政府数字化转型，推动"放管服"改革落地，构建现代政府治理体系。具体而言，以权力清单和公共服务事项目录为基础，全面清理行政许可事项，从 2013 年的 1617 项减少至 2017 年的 239 项。系统梳理"最多跑一次"事项，截至 2017 年年底，省、市、县三级梳理公布的"最多跑一次"事项分别占同级总事项数的 95.68%、95.33%、93.85%。大力推行线下"一窗受理"和线上"一网通办"，积极探索"一证通办一生事"，创新"前台综合受理、后台分类审批、综合窗口出件"的政务服务新模式，省市县 50% 以上的事项开通了网上办理。制定实施关于加快推进企业投资项目"最多跑一次"改革的实施意见，建设全省一体化的在线平台 2.0 版，推进企业投资项目承诺制改革和企业对标竞价"标准地"改革，出台"区域环评 + 环境标准""区域能评 + 区块能耗标准"。大力开展"减证便民"行动，建立群众（企业）证明目录，证明事项压减至 266 项，实现"清单之外无证明"。通过改革大大释放了市场主体活力，2013—2017 年企业数量年均增长 15.98%、市场主体数量年均增长 12.37%，每万人市场主体拥有量 1074 户，居全国第一位。2017 年境内上市民营企业 370 家，仅次于广东的 422 家，居全国第二位。中国民营企业 500 强中，浙江（占据 120 席）连续 19 年蝉联全国第一位，民营经济为浙江贡献了 60% 的税收、65% 的 GDP、77% 的出口、90% 的就业。

二、从要素驱动转向创新驱动，让创新成为第一动力

作为全要素生产率的核心来源，创新是高质量发展的"发动机"，是牵动经

---

① 习近平总书记在浙江工作时始终注重"两只手"的关系，他指出："在市场经济条件下，必须坚持有所为、有所不为，既要发挥'有形的手'的作用，更要发挥'无形的手'的作用。"详见习近平. 干在实处走在前列——推进浙江新发展的思考与实践［M］. 北京：中共中央党校出版社，2006：443.

济社会发展全局的"牛鼻子"，创新动力强弱直接影响甚至决定高质量发展的速度、效能及可持续性。浙江把创新作为引领发展的第一动力，加快发展高新技术产业和战略性新兴产业，大力实施以互联网＋、标准化＋、机器人＋、大数据＋为重点的传统产业改造，加快构建具有竞争力的现代产业体系。2014年三次产业结构实现从"231"向"321"的历史性跨越，2017年三次产业结构进一步优化为3.9∶43.4∶52.7。以科技创新为核心引领全面创新，谋划建设杭州城西科创大走廊，加快建设西湖大学、之江实验室等重大科技创新平台，创建杭州国家自主创新示范区，科技进步贡献率从2012年的53.7%增长到2017年的60.1%。加快促进互联网、大数据、云计算、人工智能与各行各业深度融合，在新一代网络信息、高端装备、先进制造、新材料、生物医药等领域实施重大科技专项1068项，争取国家科技计划12217项。大力发展"四新"经济，2017年"四新"经济增加值达1.25万亿元，占GDP比重达24.1%，对经济增长贡献率达37.1%。做大做强创新平台，加快建设未来科技城、青山湖科技城等高能级科创平台，2017年高新技术产业增加值达6103亿元，2012年以来年均增长20%，占规上工业增加值的比重达40%以上，对规上工业增长的贡献率达55%。紧扣产业链配置创新链、资金链、人才链，打通科技向现实生产力转化的通道，在龙头骨干企业建设重点企业研究院，加快构建以企业为主体、市场为导向、产学研深度融合的技术创新体系，累计培育省级重点企业研究院260家、省级企业研究院852家，高新技术企业增加到11462家，科技型中小企业增加到40440家。

三、从先行先富转向共赢发展，让协调成为内生特点

进入中等收入阶段后，必须统筹城乡协调发展、区域协调发展，增强经济发展的均衡性和协调性。面对城乡差距、区域差距、收入差距以及地区之间、城乡之间、人群之间发展的不均衡性，浙江以资源禀赋、发展阶段、功能定位为依据，运用财政"二次分配"机理推动城乡和区域协调发展。在区域统筹层面，大力实施新一轮省对市县财政体制，调整完善省对市县财政体制，优化转移支付地区分类分档体系，建立换档激励奖补机制。加大区域统筹发展激励奖补政策力度，强化财政对欠发达地区发展的支持，发达、较发达县市与困难县市人均财政支出比从2012年的1.11∶1降至2017年的1.04∶1，是全国最小的省份之一。省对设区市的收入激励奖补，与所辖县（市）地方财政税收收入当年增收额挂钩。在城乡统筹层面，实施财政支农体制机制改革三年行动计划，出台农业发展投资基金和"一事一议"财政奖补政策，通过以奖代补、先建后补、财政贴息等方式，引导社会资本投向"三农"。以乡村振兴战略为抓手，积极推进"三权到人（户）、权随人（户）走"改革，目前城镇人口比重达68%，比全国平均水

平高 9.7 个百分点，近 5 年年均提高 0.94 个百分点。坚持把欠发达地区作为经济新增长点来抓，推动 26 个欠发达县走绿色发展、生态富民、科学跨越的路子。截至 2017 年年底，26 个欠发达县全部"摘帽"，家庭人均年收入 4600 元以下的农村贫困户全面消除，城乡居民收入倍差从 2012 年的 2.37 缩小至 2017 年的 2.05。

四、从发展优先转向绿色优先，让绿色成为普遍形态

绿水青山就是金山银山。建立"人—自然—社会"复合生态系统和"山水林田湖"生命共同体是永续发展的必要条件，也是经济生态化和生态经济化的重要支撑。从本质上看，绿色发展就是避免走"先发展、后治理"的歧途和"边发展、边治理"的弯路，致力于破解人与自然互利共生的难题，探索经济建设与生态建设协同推进的最佳路径。浙江于 2003 年全方位全地域启动生态省建设，坚定不移践行"两山"理念，牢牢守住绿水青山、蓝天白云的底色和底线，深入实施生态文明建设的决定，扎实推进"8·11"生态文明建设行动和"8·11"美丽浙江建设行动，大力推进"垃圾革命""厕所革命"，持之以恒打好治水治气治土、治城治乡治村等转型升级组合拳。编制实施环境功能区划，强化生态保护红线刚性约束，划定生态保护红线面积 39166.5 平方公里，占全省陆域面积的23.8%。打出"五水共治"系列组合拳，全力推进劣 V 类水剿灭行动，累计清理垃圾河 6500 公里、整治黑臭河 5100 公里，建立"清三河"防反弹复查机制，消除劣 V 类断面，基本消除劣 V 类小微水体。以"五水共治"倒逼产业转型升级，从"治水"走向"治岸"，累计关停淘汰企业 3 万多家、整治提升企业 0.9万多家。大力推进"三改一拆"（旧住宅区、旧厂区、城中村改造和拆除违法建筑），累计拆除违法建筑 7.58 亿平方米，完成"三改"11.13 亿平方米。大力实施大气污染防治六大行动计划，加强燃煤控制和工业废气治理，推动县以上城市实现高污染燃料禁燃区全覆盖，累计淘汰燃煤小锅炉 4.5 万台。加强钢铁、水泥、玻璃等行业废气清洁排放改造，推进石化、化工、印染、涂装、印刷等重点行业挥发性有机物污染整治，加强城乡烟废气治理。出台"土十条"，编制污染地块治理修复评估标准和开发利用管理办法，开展危险废物"存量清零"行动，累计建成危险废物利用处置能力 730 万吨，危险废物无害化利用处置率 96.9%。根据 2018 年中国经济绿色发展报告，浙江绿色发展指数达 72.92，位居全国第一位。

五、从开放大省转向开放强省，让开放成为必由之路

深度对接国家"一带一路"倡议，以更开放的视野、更高的水平统筹利用国际国内两个市场、两种资源，在对外开放和国际竞争中赢得主动，是对外开放

的战略布局方向。汲取美国特朗普"贸易战"对本土高新技术企业的遏制教训，逐步把外贸着力点从短期的增长快慢转移到长期的结构调整上来，加快推动以成本优势、价格优势为主向以技术、标准、品牌、质量、服务为核心的综合竞争优势转变。以"一带一路"统领新一轮对外开放，突出中国（浙江）自由贸易试验区和"一带一路"综合试验区等重大开放战略，谋划建设大湾区大花园大通道大都市区等重大平台，不断强化对外开放的综合优势。2014 年以来浙江同"一带一路"沿线国家贸易总额累计达 3195 亿美元，占全国比重从 2014 年的9.6% 上升到 2017 年的 11.1%。加快建设中国（浙江）自由贸易试验区，聚焦油品全产业链投资便利化和贸易自由化，进一步提升油品为核心的大宗商品全球配置能力，加快以海事服务基地、油品储运基地、石化基地、油品交易中心和人民币国际化示范区为内容的"一中心三基地一示范区"建设。实施参与"一带一路"建设和推进国际产能合作三年行动计划，高水平构筑义甬舟开放大通道，对内辐射拓展内陆腹地，对外联通"一带一路"沿线国家。探索全球电子商务和数字贸易规则，推进杭州、宁波跨境电子商务综合试验区建设，加快建设"数字丝绸之路"。探索便利化的国际双向投资管理体制机制，实行以备案制为主的对外直接投资管理模式，全面实施"单一窗口"和通关一体化。2012—2017 年，浙江进出口贸易总额从 1.87 万亿元增至 2.56 万亿元，2017 年出口总额达 1.94万亿元，居全国第三位，占全国份额达 12.7%。

六、从共建转向共享，让富民惠民成为根本目的

共享发展就是要坚持人民主体地位，顺应人民群众对美好生活的向往，实现好、维护好、发展好最广大人民根本利益。牢固树立以人民为中心的发展思想，全面践行共享发展理念，坚持把 70% 以上的新增财力用于改善民生，着力解决人民群众最关心、最直接、最现实的利益问题。落实精准扶贫理念，坚持扶贫开发与社会救助并重，先后实施欠发达乡镇奔小康工程（2003—2007 年）、低收入农户奔小康工程（2008—2012 年）、低收入农户收入倍增计划（2013—2017年）、低收入农户全面小康行动计划（2018—2022 年）等扶贫行动，持续增强低收入群众造血功能和自我发展能力。深入实施低收入农户收入倍增计划，确定4600 元的低收入农户扶贫标准，2015 年全面消除低收入农户家庭人均纯收入4600 元以下的贫困现象，2017 年低收入农户家庭人均可支配收入超过 8000 元的农户比重达 75.2%。全面实施消除集体经济薄弱村三年行动计划，截至 2017 年年底，全省已有 5053 个薄弱村实现"消薄"，农村集体经济收入达 423.5 亿元。人口城市化是缩小城乡收入差距的必由之路，城乡收入差距 2∶1 对于 60% 的城市化和 80% 的城市化具有完全不同的经济意义和社会意义，浙江在全国率先实

施新型城市化战略，以"人的城市化"为核心，城市化率从 2003 年的 51.9% 提高到 2017 年的 68%。以高质量、均衡性、全覆盖为导向，加强公共产品和公共服务供给，创新公共产品和服务供给机制，在补齐交通基础设施短板、生态环境短板、低收入农户增收致富短板、公共服务有效供给短板等方面下功夫，提高公共产品和服务的供给质量。

第二节　高质量发展亟待破解的瓶颈

高质量发展的本质是转变经济发展方式，提高资本效率、劳动效率、土地效率、资源效率、能源效率、环境效率，增强发展的有效性、协调性、创新性、持续性、共享性、稳定性，[①] 这意味着必须打破原有的利益格局，调整原有的经济结构，改进原有的体制，必然伴随着阵痛和风险。从国际经验看，拉美等很多国家在经济社会转型过程中都遇到过严峻挑战和曲折，要么爆发了严重危机和社会动荡，要么落入中等收入陷阱。在增长速度换档期、结构调整阵痛期、前期刺激政策消化期"三期叠加"阶段，只有以高质量发展和建设现代化经济体系为导向，找准突出短板和关键瓶颈，厘清长期积累的深层次矛盾，才能摆脱"头痛医头、脚痛医脚"的短线思维和路径依赖，真正实质性跨越中等收入陷阱。

一、供需之间仍然不够平衡、不够匹配

供给与需求的动态平衡是经济增长的重要条件，也是高质量发展的重要前提。经济下行压力较大的主要矛盾是供给结构与市场需求脱节导致"供给失灵"，或者说供需不平衡、不协调、不匹配，从而制约了经济增长的质量性、均衡性和持续性。从浙江看，"三驾马车"拉动经济增长的动力有所减弱，1978—2010 年资本形成总额平均增长 13.71%，2011—2017 年平均增长 9.06%；1978—2010 年最终消费平均增长 16.37%，2011—2017 年平均增长 8.87%；1978—2010 年货物和服务净出口平均增长 10.15%，2011—2017 年平均增长 4.83%，从根本上遏制经济下行态势并维持在合理增长区间，仅从总需求方面刺激经济难以奏效（见图 7-1），[②] 必须协同解决供给质量、供给结构、供给效率以及投资、消费、出口"三驾马车"协同拉动经济增长的动能问题。另外，低端化、同质化供给难以适应多样化、个性化需求，高端消费外溢比较普遍，高端产业、高端产品、

---

① 任保平. 新时代中国高质量发展的判断标准、决定因素与实现途径 [J]. 改革，2018（4）.

② 杨伟民. 适应引领经济发展新常态 着力加强供给侧结构性改革 [J]. 宏观经济管理，2016（1）.

高端技术供给能力不足，难以适应进入中等收入阶段以后消费需求和出口需求升级的新变化。供需错配导致经济结构失衡加剧、产能过剩以及经济结构的低端锁定等系列问题，阻碍经济的高质量发展和可持续增长。[①]

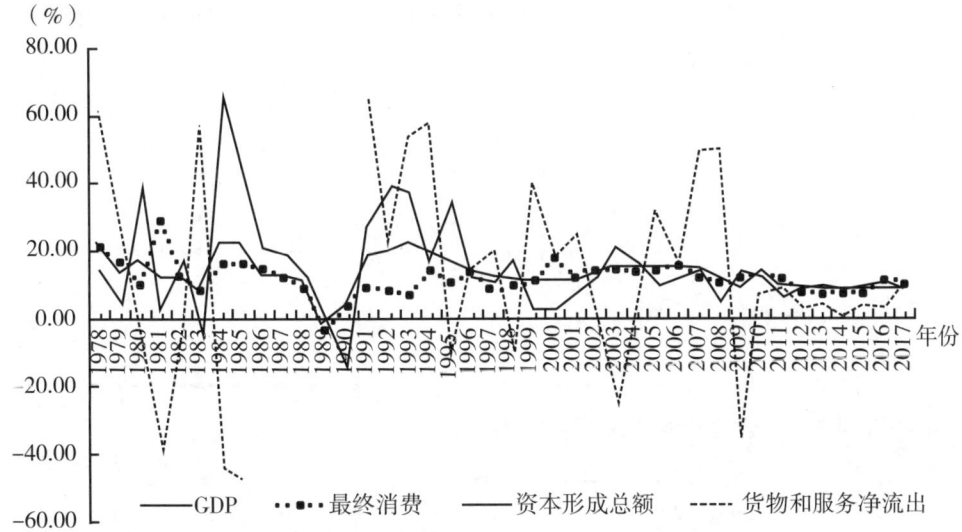

图7-1　"三驾马车"年均增速变化趋势

数据来源：历年浙江省统计年鉴，1986—1990年浙江省货物和服务净流出数据缺失。

二、传统动能与新动能接续转换不够紧密

高质量发展的重要前提是经济平稳增长，也就是传统动能与新动能紧密接续和有效转换，避免经济在转轨时期大起大落或"断崖式"下滑。受传统体制机制束缚，过剩产能市场化出清机制尚未建立，僵尸企业沉淀资源难以市场化再配置，导致传统动能难以优化，影响经济提质增效升级。[②] 自去产能启动以来，浙江已淘汰大量落后产能，但目前传统产业占比仍超过70%，"低端产业、低素质劳动力、低水平重复生产、低附加值"的四低格局没有发生根本性改变。特别是纺织、服装、化工、化纤、橡胶塑料等五大代表性的传统工业占全部工业产值的比重仍在30%以上，2007年占32.7%、2010年占32%、2016年占30.27%。在淘汰落后产能和结构调整力度如此之大的背景下，传统工业并未出现明显下降趋势（见图7-2）。不少传统工业处于供给老化或供给过剩阶段，甚至出现周期性过剩和绝对性过剩的双重叠加，这与有限的自然资源供给、环境容量供给不相适

---

① 任保平. 新时代中国经济从高速增长转向高质量发展：理论阐释与实践取向 [J].
学术月刊，2018（3）.
② 蔡昉. 认识中国经济减速的供给侧视角 [J]. 经济学动态，2016（4）.

应。新兴产业发展尽管势头迅猛，但在整个产业结构中占比还不大，目前装备制造业、高技术产业、战略性新兴产业增加值占规上工业比重分别为 39.1%、12.2% 和 26.5%，信息经济核心产业增加值占 GDP 比重为 9.4%，特别是服务业占 GDP 比重为 52.7%，与发达国家普遍处于 65%～80% 的区间相比差距不小，"四新"经济供给潜力尚未充分释放。

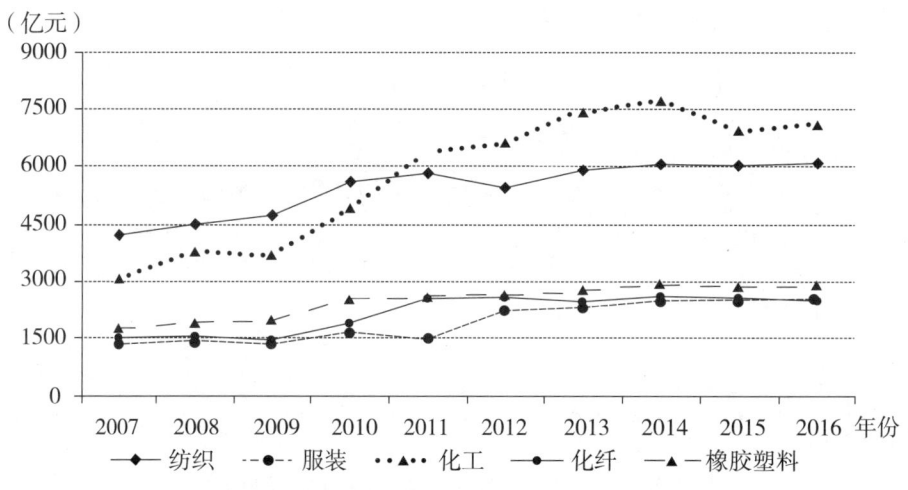

图 7-2　传统产业规上总产值变化趋势

数据来源：浙江省统计信息网。

三、创新驱动发展能力不够强

从全球竞争格局看，创新驱动能力不强，只能从技术壁垒低的全球价值链低端环节嵌入，被动成为全球分工协作网络生产体系中的依附者，依靠低成本比较优势参与全球价值链体系分工，被锁定在全球产业链和价值链的低端。从浙江看，创新驱动能力不强关键在于四块短板：一是科技创新短板。2017 年浙江 R&D 占 GDP 比重为 2.43%，不仅远低于德国的 2.9%、日本的 3.59%、韩国的 4.29%、美国的 2.74%，也低于广东的 2.65%、江苏的 2.74% 和上海的 3.8%；高新技术企业 1.1 万家，比广东的 3.3 万家要少，甚至比深圳一个市还要少；每年新增高新技术企业 2010 家，也少于深圳的 3193 家。二是人才短板。目前，人才总量 530 万人，占常住人口比重为 9.4%，无论总量还是比重均低于广东、江苏、上海、北京等省、直辖市。三是高等教育短板。高校格局呈"一棵大树加一片灌木"现象，缺乏大院大所和名校名所，与其在全国的经济地位不匹配、不相称，仅有 1 所"211"兼"985"高校，而北京 26 所、上海 9 所、江苏 11 所、安徽 3 所、广东 4 所、四川 5 所、陕西 7 所。不仅缺乏"高原"，也缺乏"高峰"，国家一级重点学科 14 个、二级重点学科 23 个，总量仅为上海的 1/3 和江苏的

1/2。四是劳动生产率短板。全社会劳动生产率是产业结构层次和产业装备水平的重要标志，全球基本实现现代化的国家全社会劳动生产率平均为 3.69 万美元/人，浙江为 1.87 万美元/人，低于广东（2.02 万美元/人）和江苏（2.45 万美元/人）。

四、金融和债务风险防控面临挑战

高杠杆是金融风险的根源，居民和企业部门累积的风险最终都会以债务杠杆率方式向金融部门转移，特别是在经济下行压力加大的背景下，淘汰落后产能、过度加杠杆、企业短债长用、资产错配等潜在风险显性化，加速向金融部门传递和集聚，必然抬高金融和实体经济领域的流动性风险和信用风险。打好防范化解重大风险攻坚战，重中之重是金融风险攻坚战。非法集资风险、资金链担保链风险、互联网金融风险、政府债务风险等亟须密切关注。从非法集资风险看，浙江案件多发高发势头明显，2014 年是 261 起、185 亿元，2015 年是 471 起、190 亿元，2016 年 565 起、450 亿元，2017 年有所下降，但仍达 371 起、305 亿元。互联网金融与社会金融交叉传递带来风险隐患，以金融化、网络化名义搞理财、众筹、期货、虚拟货币等资本投机炒作现象仍不少，多类型金融机构嵌套合作的跨市场、交叉性金融业务隐患突出。在利差收窄、量难补价背景下，银行消化不良贷款的财务能力下降，加之尚未处置的不良贷款大多存在抵押比例低、可处置实物资产少等问题，处置存量不良的空间被压缩。从政府债务看，尽管依法举借的地方政府限额内债务率低于警戒线，但隐性债务风险不容忽视，特别是违法违规担保承诺、"假 PPP"、政府购买服务、名股实债等方式举借债务必须动态跟踪。

五、改革攻坚面临不少硬骨头

改革是制度的再设计、再优化，既要寻找新的动力来源，又要减少阻力，[①]甚至对传统体制进行"破坏性建设"，这是"打基础桩"，必须与转型需求、创新需求、民生需求相匹配。目前，高质量发展面对经济体制改革、社会体制改革、金融体制改革、生态体制改革等不少难啃的硬骨头，面临要素结构、产业结构、需求结构、投资结构、人口结构等一系列"结构性扭曲"，面临行业之间、城乡之间、区域之间、群体之间、内贸外需之间、人口资源环境之间等一定程度的失调。改革这个问题处理不好，结构性问题、质量性问题、素质性问题、总量性问题都难以破解，[②]特别是要素资源市场化改革滞后以及行政性配置力量较强，导致要素资源市场价格难以有效反映其稀缺性及供求关系。以土地为例，土

---

① 洪银兴. 准确认识供给侧结构性改革的目标和任务 [J]. 中国工业经济, 2016 (6).
② 胡鞍钢, 周绍杰, 任皓. 供给侧结构性改革——适应和引领中国经济新常态 [J]. 清华大学学报（哲学社会科学版）, 2016 (2).

地配置力决定土地产出率，目前浙江土地开发强度已达 12.4%，几乎触及 2020 年 13% 的控制性临界值；与此同时，每平方公里的经济密度仅 730 万美元，远低于韩国的 1200 万美元；单位建设用地 GDP 产出为 26 万元/亩，低于广东的 30 万元/亩。土地保有成本远低于其增值收益，导致企业对土地的极度饥渴和粗放利用的趋势短期难以遏制。资金配置方面，金融利率市场化不足和存贷利差过大，既挤占了实体经济的企业利润，也导致大量民营企业"融资难""融资贵"。在公共财力配置上，从要素驱动、投资驱动转向创新驱动，公共财力精准配置的"四两拨千斤"作用至关重要，如何建立健全市场决定科技项目遴选机制，建立科技项目以技术转移和成果转化为导向的评估机制，还有制度难题。此外，数据壁垒和信息孤岛问题仍未彻底解决，制度性交易成本仍有压缩空间。

第三节 高质量发展的路径

经济发展向更高层次和更高阶段的跃升不会自动发生，必须聚焦聚力高质量发展，从低端循环甚至低端锁定中摆脱出来，通过质量变革、效率变革、动力变革打造经济升级版，形成高质量供给、高质量需求、高质量投入、高质量产出、高质量循环。[①] 这要求必须淡化速度标准，注重结构标准，消除数量标准，突出质量标准，坚持倒逼和激励并举、推力和拉力并重，以提高全要素生产率为最终目标，建立结构调整、动能转换和制度变迁协同推进的动力机制，加快形成高质高效的产业体系、供给体系、创新体系、市场体系、开放体系、制度体系，推进经济转型升级、提质增效、可持续发展。

一、把深化"最多跑一次"改革作为高质量发展的先手棋

高质量发展必须加强制度保障，以"最多跑一次"改革为牵引，构建市场机制有效、微观主体有活力、宏观调控有度的体制机制。坚持供给侧结构性改革主线，强化高质量发展的制度供给，为经济社会持续健康发展提供持久动力。路径上，抓住"最多跑一次"改革的牛鼻子，坚定不移推动改革向纵深发展，积极推广"一窗受理、一网通办"，全面推进"最多跑一次"标准化、全覆盖，建立健全"最多跑一次"政务服务标准体系、标准化办事事项和办事指南体系，以标准化引领权力运行整合优化。全面深化企业投资项目"最多跑一次"改革，推动实现企业投资项目开工前审批全流程最多跑一次、最多 100 天目标。加快在

---

① 何立峰. 深入贯彻新发展理念 推动中国经济迈向高质量发展［J］. 宏观经济管理，2018（4）.

线审批监管平台 2.0 版升级，推广"在线咨询、网上办理、代办服务、快递送达"办理模式，实现在线平台 2.0 版全面应用。全面推广企业对标竞价的"标准地"制度，深入推进联合测绘、联合验收、竣工测验合一，实现事前审批向加强事中事后监管服务转变。

二、把现代经济作为高质量发展的主战场

现代经济是推动高质量发展的核心力量，是深化供给侧结构性改革、扩大优质增量供给的重要内容，全球经济正步入新一轮科技革命拓展期，产业形态从低级向高级不断升级是产业优胜劣汰的自然规律，必须以质量变革、效率变革、动力变革为基本路径，加快建设实体经济、科技创新、现代金融、人力资源协同发展的产业体系。路径上，以新技术、新业态、新产品、新模式为重点，实施数字经济"一号工程"，抢抓数字经济变革的机会窗口，加快打造数据强省和数字浙江，全面推进产业数字化和数字产业化，加快构建以数字经济为核心、新经济为引领的现代化经济体系。遵循产业结构演化规律，前瞻性布局和发展信息、环保、健康、高端装备等现代产业，以信息经济为引领、现代金融为核心、高端装备为支撑，加快构建以先进制造和现代服务为主体的产业结构。大力推进互联网、大数据、人工智能和实体经济深度融合，借助物联网、云计算、大数据等新一代信息技术，大力发展平台经济、分享经济和体验经济。加强资本链、创新链与产业链衔接，聚焦战略性新兴产业领域，布局一批省级重点企业研究院，把稀缺的科技资源直接配置到重点企业，在创新资源要素密集区域打造若干资本集聚转化平台，撬动社会资本投向现代产业和转型升级领域。顺应金融脱媒趋势，建设硅谷"沙丘路"式的创投基金小镇，引导设立创业引导基金、天使投资引导基金，创建集聚金融资本的能量池，推动产业基金、浙商资本、民间资本、风险资本与科技创新结合。

三、把创新驱动作为推动高质量发展的主抓手

内生性增长的决定性因素是知识资本和人力资本，实现高质量发展必须实施创新驱动战略，以全球化视野谋划和推动科技创新，把创新作为引领发展的第一动力，把科技创新作为必须补齐的第一短板，把人才作为创新发展的第一资源，建立富有吸引力和竞争力的创新生态系统，将经济发展方式切换到依靠内生技术进步、人力资本提升驱动的轨道上来。[①] 具体路径上，高水平建设杭州国家自主创新示范区，积极打造杭州城西科创大走廊，加快建设杭州青山湖科技城等各类

---

① 吴敬琏. 供给侧改革的根本是改革［J］. 中国改革，2016（3）.

科技城创新平台，打造具有全球影响力的互联网＋创新创业中心，打开科技向现实生产力转化的通道。瞄准科技前沿和新兴产业，建设具有国际影响力的创新高地，着力孵化互联网创业小镇、云计算小镇、基金小镇等一批科创型特色小镇，打造"产、城、人、文"四位一体的供给侧结构性改革试验区。加快建设特色鲜明的高能级科创平台，积极发展小微化、集成化、网络化、扁平化的众创空间，打造低成本、便利化、全要素的开放公共服务平台，培育众创、众包、众扶、众筹等新模式，优化创新要素与创新环境、创新系统之间的动态关系。大力实施"人才新政"，加快吸引海外人才、创新团队、高端技术、优质资本等要素资源，最大程度地吸引集聚创新领军人才、研发人才和高技能人才，鼓励大企业高管、科技人员、留学人员回归创业或二次创业。积极打造海外名校集群，支持重点高校与全球知名大学合办国际校区，引进一流学科和一流师资，形成海外名校集群。

四、把腾笼换鸟作为高质量发展的撬动点

腾笼是前提、换鸟是目的，这是破局"低小散弱"产业结构的重要策略。[①] 步入工业化后期，通过"腾笼换鸟、凤凰涅槃"化解在工业化中期所积累的庞大的工业产能，为高端产业和优质项目腾出用地、用能及环境容量，是供给侧结构性改革的当务之急。路径上，要深化"亩均论英雄"改革，以亩产论英雄、节能论英雄、节水论英雄、环境论英雄、绩效论英雄为改革靶向，制订以单位建设用地 GDP 为基础的土地配置制度、以单位 GDP 能耗为基础的用能权交易制度、以水定产和以水定城的水资源配置制度，建立要素阶梯价格制度和要素差别化配置政策，以要素供给制度创新放大激励或倒逼转型升级的撬动效应。传统产能过剩很难再出现新的需求高峰进行消化，必须依靠市场化机制对过剩产能进行市场出清。以"三去一降一补"为目标，建立优胜劣汰的市场化退出机制，加快提升技术标准、环保标准、能耗标准、效益标准，继续整治"脏乱差"小企业小作坊。对标德国制造、日本制造、韩国制造等先进制造，补齐制造转型升级的短板，大力推进腾笼换鸟、机器换人、空间换地、电商换市，激发传统动能活力。

五、把"三大攻坚战"作为高质量发展的底线

结构性和体制性矛盾及问题不断积累叠加并日益突出后，如果对风险积累缺

---

① 早在 2004 年，习近平同志在浙江工作时就提出"腾笼换鸟、凤凰涅槃"。他指出，破解浙江发展瓶颈，必须转变经济发展方式，实施腾笼换鸟；浙江只有凤凰涅槃，才能浴火重生。

乏警觉，没有与风险赛跑的意识，风险就会不断集聚，一旦受到外部突发性事件的刺激，很可能集中爆发并迅速蔓延，最终酿成区域性甚至系统性风险。跨越非常规的经济发展现阶段特有的关口，必须坚持战略思维、底线思维、系统思维，打好防范化解重大风险、精准脱贫、污染防治三大攻坚战。金融风险是当前最突出的风险，目前浙江1.75%的不良率和3.66%的关注类贷款比率偏高，但去杠杆不能毕其功于一役，必须循序渐进、稳中求进，逐步降低杠杆率，特别是要调整杠杆率内部结构，力争将不良贷款率控制在1.5%左右、关注类贷款比率控制在3%左右。地方政府债务风险的本质是少数地区违规举债、过度举债，要着力解决违法违规进行公益性项目建设融资、违法担保、超范围购买服务、超预算超期限购买服务、违规"名股实债"、隐性债务规模过大等突出问题，探索建立政府资产负债表，强化全过程闭环管理。脱贫攻坚事关全面小康，尽管已消除家庭人均年收入4600元以下的贫困现象，但仍需聚焦因病致贫、因学致贫、因灾致贫等突出问题，打好低收入百姓增收攻坚战。启动乡村振兴战略，深化"三权到人（户）、权跟人（户）走"改革，实施低收入农户收入倍增计划和消除集体经济薄弱村行动计划，力争低收入农户收入年均增长10%以上。从污染防治攻坚战看，要构筑"国家公园＋美丽城市＋美丽乡村＋美丽田园"的空间形态，严格实施水、土、能源、资源等消耗总量和强度双控，全面建立生态保护红线制度，划定并严守生态保护红线，编制水、气、土、废"污染地图"，打好治水、治气、治土、治废硬仗，全面提升自然生态系统的稳定性和再生性。

六、把对接"一带一路"倡议作为高质量发展的助推器

高质量发展必须是开放型的发展，以"一带一路"倡议为统领拓展对外开放的幅度、广度以及范围、层次，必将有力地促进经济高质量发展。路径上，对标纽约湾区、旧金山湾区、东京湾区等国际著名湾区，打造世界级创新型产业集聚地、金融科技高地、高水平科创中心、国际化都市，将杭州湾经济区建设成为扩大开放的新样本、全球新经济革命的重要策源地和长三角区域一体化发展的重要增长极。高水平建设中国（浙江）自由贸易试验区，加快推动港口建设、国际中转、油品交易、离岸经济创新，探索实行"海关特殊监管区＋开发区"建设和管理模式，建设世界级油品交易中心和大宗商品人民币国际化结算示范区。加快推进宁波"一带一路"倡议建设综合试验区建设，建设世界级港口集群，以义甬舟开放大通道建设为载体，以宁波舟山国际枢纽港为核心，加快推进沿海港口一体化，合力建设世界级港口集群，强化国际大宗商品储运中转和集装箱运输服务优势，提升"海丝指数"国际影响力。积极推动与"一带一路"沿线国家（地区）的合作，创建"数字丝绸之路"经济合作试验区，打造电子世界贸

易平台（eWTP）核心功能区。

七、把政府治理数字化转型作为高质量发展的加速器

政府是公共数据的关键保有者，也是经济转型、社会转型的重要推动者，以政府治理数字化转型为先导撬动经济和社会全面数字化转型，有利于加快迈入高质量发展轨道。政府数字化转型的本质是建立透彻感知、科学决策、快速响应、无缝对接的政府运行机制，用数据说话、用数据决策、用数据管理、用数据创新、用数据服务，真正实现大数据与政府治理深度融合，促进政府治理体系和治理能力现代化。以"大系统、大数据、大平台"为目标导向，加快推进政府数字化转型，着力建设平台型、数据型、开放型、服务型政府，重点推进以审批服务、执法监管、城市管理、社会治理、安全管控、决策辅助、智慧办公、效能监察、基层治理为主要内容的数字化协同工程建设。以政务服务网持续迭代为主线，加快推进网上网下业务协同，打通业务流、数据流、信息流，实现网络平台与实体大厅服务无缝衔接，推动政府数字化业务全覆盖、全流程贯通，推动"数据替人""数据办事""数据跑腿"。

八、把优化营商生态作为高质量发展的磁铁石

高质量发展既要注重提升生产力，也要注重完善生产关系；既要发挥市场在资源配置中的决定性作用，也要更好地发挥政府作用。制度松绑的程度直接影响全要素生产率的高低，简政放权的力度直接影响营商环境竞争力的强弱，要积极推动以市场为取向的综合改革，强调政府作用"更好发挥"，而非"更多发挥"①，行政干预多做"减法"和"除法"，把"放手"作为最大的"抓手"，但不把"放手"当成"甩手"，使政府"有形之手"和市场"无形之手"密切配合，从而不断提高全要素生产率和社会生产力。大力推动"放管服"改革向纵深发展，深化"四张清单一张网"改革，加快建设数字政府，最大程度减少政府对微观市场行为的干预，最大限度地管制和约束政府的"有形之手"。要素在定价、配置、交易、流动等方面还存在制度性交易障碍，导致供给抑制和资源错配，要破除要素自由流动的天花板和壁垒，建立健全"区域能评、环评＋区块能耗、环境标准"取代项目能评、环评的工作机制，加快推行企业独立选址项目高效审批、非独立选址项目不再审批制度，让企业投资更公平、更透明、更高效。

---

① 国家发改委. 坚持稳中求进工作总基调，促进经济平稳健康发展［J］. 求是，2017（8）.

第四节　对策与建议

一、加大简政放权力度

一要简化权力运行流程。继续深化权责清单制度改革，完善权责清单动态管理机制，加快推进权力运行标准化、规范化，尽快实现"最多跑一次"事项100%全覆盖，努力形成满足群众企业实际办事需求的标准化、规范化办事事项及其办事指南体系，在全省全面实现同一事项无差别受理。二要简化投资项目审批。深化行政审批制度改革，努力实现一般企业投资项目开工前审批"最多跑一次""最多100天"，确保一般企业投资项目从赋码备案到竣工验收的审批时间压减至80天以内。加快企业投资项目承诺制改革，2019年年底前实现设区市实施企业投资项目承诺制改革100%全覆盖。全面推进"亩均论英雄"和"标准地"改革，力争新批工业用地按照"标准地"制度供地。深化行政审批中介服务市场化改革，建立省市联动、市县一体的"浙江网上中介超市"。三要简化商事登记。全面推进"证照分离"改革，大力推进"照后减证"，力争企业开办时间压减至2个工作日以内。提升跨境贸易便利化水平，2019年年底前压缩货物整体通关时间1/3以上、通关时间再压缩1/3。加快数字化口岸建设，推动国际贸易进出口业务通过"单一窗口"办理。全面落实准入前国民待遇加负面清单管理制度，推动负面清单以外外商投资企业商务备案2个工作日内办结。四要简化证明材料。深入开展"减证便民"，2019年年底前一律取消没有法律法规依据的证明，基本实现"无证明"是常态、"要证明"是例外，打造"办事不求人"省份。积极推进减税降费，最大限度压减企业办理纳税时间，对从价计征的房产税和城镇土地使用税实行一年申报一次。整顿行业协会商会收费，2019年年底前完成全省行业协会商会与行政机关脱钩任务。完善乱收费举报投诉查处机制，全面推行依清单收费。

二、深化政府监管体制机制改革

一要深化综合行政执法体制机制改革。优化综合行政执法部门职能配置，强化执法重心下移，构建权威高效的"部门专业执法＋综合行政执法＋联合执法"的行政执法体系。二要深化"双随机、一公开"监管机制改革，实现抽查事项100%全覆盖，加快建成以"双随机、一公开"为基本手段、以重点监管为补充、以信用监管为基础的新型监管机制。三要深化智慧监管机制改革。建立全省标准化通用化行政执法监管平台，2019年年底前完成行政执法监管平台及掌上执法系统的开发并试运行。四要深化信用体系建设。建立覆盖企业、自然人、社会组织、事业单位和政府机构五类主体的公共信用评价体系，尽快建成全省一体化信用平台和统一的"五位一体"公共信用信息数据库，与行业和地方政府部门业务系统全联通，实现信用信息共享，并在重点行业、领域建立严重失信名单制度。建立常态化营商环境评估机制。

三、优化政务服务

一要优化"一窗受理、集成服务"。全面提升行政服务中心"一站式"服务功能，完善"前台综合受理、后台分类审批、综合窗口出件"工作模式，力争市县行政服务中心"无差别全科受理"事项覆盖率90%以上。全面实现政务服务"同城通办、就近能办、异地可办"。二要优化便民惠民服务。加快推动"最多跑一次"改革向市政公用领域延伸，力争认证类公证事项100%实现"最多跑一次"。加快推进医疗卫生服务领域"最多跑一次"，推动远程医疗服务覆盖所有医联体和县级医院，尽快形成诊疗更加安全、就诊更加便利、沟通更加有效、体验更加舒适的医疗卫生服务新模式。深化"互联网＋教育"融合创新和应用，各级各类学校基本建成数字化校园。三要优化"互联网＋政务服务"。全面推进政务服务事项"一网通办"，除法律法规有明确规定、资料涉密或敏感等不宜上网事项外，省市县三级依申请办理的政务服务事项100%开通网上办事，基本实现省市县三级政务服务事项全流程"一网通办"，90%以上民生事项"一证通办"。推进"掌上办事"，基本实现民生事项掌上办理全覆盖。四要优化政务咨询投诉举报平台。加快推进统一平台数字化转型，建立"1＋N"政务知识库，简化网上咨询投诉流程，建设智能客服系统，全面提升统一平台性能和支撑能力。

四、加快政府数字化转型

以数字浙江建设为总目标，加快政府数字化转型，积极创建政府治理数字化转型试点省。按照"大系统、大数据、大平台"架构，推动实现"掌上办事"（浙里办）、"掌上办公"（浙政钉），努力打造"掌上办事"和"掌上办公"之省。一要加快经济调节数字化转型。构建全省统一的统计监测分析系统，加强经济运行实时分析、经济发展质量评价、经济指标预测，提升统计监测和分析研判的系统性、及时性、精准性、科学性。构建宏观经济、区域经济、产业经济、行业经济、微观经济等数字化分析系统，建立"用数据说话、用数据决策、用数据管理"的经济分析和调节机制。二要加快市场监管数字化转型。建立全省标准化、通用化的行政执法监管系统与移动巡检监管系统，构建对市场主体行为全生命周期的监管链。建立基于大数据的市场监管模式，提升市场监管分享预判和处置能力。建立以全省统一的公共信用信息服务平台为主要内容的"531X"信用监管体系，建立跨部门联动响应和失信约束机制。三要加快公共服务数字化转型。全面推广网上申请、快递送达，着力打造"掌上办事"之省。全面推进企业投资项目审批等重点领域数字化。升级企业投资项目在线审批2.0平台，优化商事登记"证照联办"系统，推进公安、人社、民政、医疗等领域信息共享。完善政务服务网一窗受理平台，加快向乡镇（街道）便民服务中心、村（社区）代办点延伸。四要加快社会治理数字化转型。全面推行雪亮工程，以"全域覆盖、全网共享、全时可用、全程可控"为目标，建立监控视频"天眼"、网格员移动"网眼"、普通群众"众眼"三位一体的立体化社会治理和风险防控体系。深入推进基层治理综合信息系统一体化建设。优化完善各县（市、区）基层平台，将基层现有APP应用集成整合到浙江政务服务APP平台。五要加快环境保护数字化转型。全面建立水、大气、土壤、耕地、森林、绿地等基础数据库，实现全省范围内跨部门跨地区的生态环保信息互联互通。建立"天—空—地"组网实时在线监测体系，构建污染溯源系统、预测系统、预警系统。建立空气质量监测预报预警体系，构建一体化雾霾监测体系。六要加快政府运行数字化转型。全面推行政务钉钉。建立重点工作督查考评系统。实现对重点工作任务分解、进展过程、完成情况等全过程的动态跟踪、实施督查、及时反馈和绩效评估。建立电子监察系统，在政府系统构建来源可溯、去向可查、监督留痕、责任可究的完整信息链。

第8章 构建中小企业创业生态系统的调研报告

当前，经济高质量发展已进入创新要素集成的新时代，逐步从"单一要素"竞争，转向"平台型经济"或"创新群落"竞争，最终到了"创业生态系统"竞争的新阶段。硅谷之所以能源源不断诞生诸如苹果、谷歌、甲骨文、微软等这么多世界一流企业，秘诀在于它有十分强大的创业生态系统，让创业力量无穷无尽。2003年美国总统科技顾问委员会（PCAST）就指出，美国的实力领先是基于一种新体系——创业生态系统。

在数字经济时代，大数据、智能制造、移动互联和云计算技术的应用使产业经济形态和模式持续创新和变化。成熟的创业生态系统对抢占新一轮经济发展制高点，培育创新创业企业具有重要支撑。借鉴国内外创业创新生态系统构建的经验，在构建和完善良好的创业生态系统时，可从系统、制度、网络和文化四个方面入手，即构建并完善"区域核心链"式的创业生态系统，增强系统的自组织功能，促进创业要素集聚和自由流动，通过"内孵"和"外引"持续推动系统的创新产出，从而加速产业升级和经济转型。

本章在深入调研北京中关村、上海张江、武汉东湖、深圳等4家国家级自主创新示范区建设情况的基础上，广泛梳理研究美国、加拿大、日本、以色列及欧洲等国创业生态系统建设经验，就如何构建和完善创业生态系统，加速推动经济高质量发展，提出一些思路和对策建议。

第一节 中小企业创业生态系统建设的意义

生态系统原本是自然界的概念，然而越来越多的研究表明，生物与生态之间的互动，同样适用于创业主体与外部生态的关系。创业生态系统是新创企业与生态环境构成的，相互依存、共生共荣的动态系统。不可否认，沙漠地带也可以见到一片绿洲，绿洲上或许还有几棵树。但要生出成片的茂密森林，长出参天大树，必须要有生机勃勃的生态系统。生态学中有一个名叫"抵抗力稳定性"的概念，其内在含义是，如果一片土地上的植被种类越多、数量越大、食物链越牢固，这一生态系统抵抗外部冲击的能力也就越强。如果一个经济体所包含的产业门类越多、体量越大、产业之间的竞争合作关系越稳定，那么外部冲击对该经济体的影响也就越小。从这个角度看，中国经济显然已经成长为翁郁的热带雨林。

纵观国内外的知名创业生态系统，主要包括七大基本要素：一是行业领军企业；二是天使投资等创业金融；三是创业人才；四是科研院所；五是中介服务特别是孵化机构；六是浓厚的创业文化；七是比较完善的配套服务和基础设施。美国硅谷形成了由大学、科研机构、风险资本、孵化机构、人才库、创业精神、创业板构成的创业生态系统。中关村形成了领军企业、科研院所、人才、风险资本、创业服务、创业文化等六要素构成的创业生态系统。从"生态圈"视角看，创业生态系统由核心业态、中介机构、辅助型产业、共生性产业、配套支持系统组成。无论是理论界，还是投资界，基本都认为，创业生态系统最核心的两个要素是，大量的创业者和充足的风险投资资金。

创业生态系统是"种子""土壤""雨水""阳光""肥料"的有机集成，具有多样性共生、自组织演化、开放式协同的特征。良好的创业生态系统会让创业主体源源而生。犹他州的一片山杨树林是世界上最大最古老的单体植物，43 公顷，重达 6000 吨。更重要的是，这片森林拥有同一个"根系"。不管地上发生什么，这个根系始终保持旺盛的生命力，持续长出新树。构建全方位、全要素、全过程、全产业链支撑的创业生态系统，是提升区域核心竞争力的关键。微观层面，尽管创业成功与否主要取决于创业主体的核心能力和资源，但所处的生态系统也至关重要，良好的生态系统能够提供有力支持，提高创业成功的概率。中观层面，良好的创业生态系统，有利于产业种群、产业群落的形成，使得创业活动以群落方式整合在一起，发挥协同竞争的效应，降低创业成本，吸引更多创业者加入。宏观层面，良好的创业生态系统，形成一种类似"磁场"的力量，吸引各类创新要素和力量，使创业活动保持持续动力，源源不断从外界吸取资源。

第二节　国内外知名创业生态系统建设的经验

成熟的创业生态系统，有助于创新资源的汇聚和重组、商业模式的创新、创业创新成本的显著下降、创业组织的健康成长以及各类创业创新成果的持续产出，对区域经济的可持续发展具有重要的支撑作用。调查发现，成熟的创业生态系统的构建有以下鲜明特点。

一、创业创新要素集聚，形成系统化形态

纵观国内外知名的创业生态系统的构建，创业创新要素集聚效应显著。美国硅谷形成了由大学与科研机构、风险资本机构、综合服务机构、人才库、创业精神和创业板市场构成的创业创新生态系统；巴黎大区创新中心将区域内的大学、

科研中心、大型集团和中小型工业企业有机地整合在一起，形成有效互补的创新生态系统；北京中关村也形成了包括领军企业、高校和科研机构、人才、科技资本、创业服务体系、创业文化等六要素的创业生态系统。一个运行成熟的创业生态系统具有几个方面的特征：一是成熟的风险投资。美国硅谷集中了近 1.5 万个天使投资人。以色列特拉维夫集中了大量的风险投资，相当一部分属于"纯风险投资"，其中 39% 属于种子阶段和早期阶段的资金注入。二是创业创新繁荣，创新驱动效应显著。上海张江实施"聚焦张江"战略，园区集聚了中芯国际、辉瑞等近 2000 家科技型企业，科技中介服务机构 56 家，复旦大学等多所知名院校和研究机构，以及一批国家级、省市级的公共研发机构和评测平台。三是同类型或互补型产业的集聚。澳大利亚悉尼科技园、布里斯班科技园和墨尔本 Latrob University R&D Park 等，聚集了一大批以信息技术为代表的互补产业。

二、创新支持条件完备，形成立体化支撑

全方位、全过程、立体化的高质量配套支持体系，是创业生态系统高速运转的必要条件。它们包括：一是激励创业创新的法律和政策环境完备。美国硅谷为创业创新构建了技术流动、技术许可、知识产权保护法、员工流动的劳动法、保护企业商业秘密等完善的法律保障环境；深圳市实施普惠式的小额担保贷款政策，并通过创业孵化园，提供创业社保补贴、场租补贴、税费补贴、首次创业补贴、带动就业奖励等一揽子资助政策。二是创业创新基础设施齐全。芬兰 Jyvaskyla 产业生态系统，边界与行政区边界一致，系统内的能源实现了以 Rauhalhti 电厂为源头的四层级式能源梯级利用系统；丹麦卡伦堡生态工业园 Asns 电厂和卡伦堡市政两个核心企业，为园区提供公共服务和能源供应。三是创业配套服务完善，创业孵化器、创业加速器等创业孵化设施众多。北京中关村拥有联想之星、创业邦、创业家、3W 咖啡等众多创业孵化和服务机构，开展各类创业服务；加拿大达特默思市伯恩赛德工业园设置了工业效率中心，统一发布园区内物资流及企业信息，并为企业提供培训教育等综合性服务。

三、创业组织网络拓展，形成生态型组织

创业生态系统内部创业主体之间的呈现出网络化、生态化的自组织特征。一是开放式的网络连接结构。基于大数据、云计算的创新型经济正在崛起，亚马逊的 Amazon Web Service（AWS）云服务是云计算领域的领军型企业，同时也构建了一个独特的连接"线上"和"线下"的创业生态系统。其为创业企业提供虚拟机、计算、存储、网络、快速建立商业化应用、数据管理和拓展服务等。二是创业组织呈现产业链式连接。Facebook 生态系统内的创业企业呈现出产业链式的

疯狂成长。其衍生的创业公司包括：社交游戏公司 Zynga、广告公司 Wildfire、求职服务公司 BranchOut，以及商务网站 Payvment，这些企业都迅速在其生态系统中呈产业链式的扩张，相当一部分企业已经是准 IPO 级企业。三是创新要素自由流动。阿里巴巴目前是全球最大的在线电子商务企业。其通过电子商务生态系统，将金融资源、信息资源、实体制造业的商品资源、物流供应商和独立软件提供商服务资源有机融通在一个系统内。四是创新要素重组和价值创新。谷歌的创新是致力于打造一个创新的生态系统，包括谷歌、第三方创新者、广告商和用户，通过谷歌平台，共同开发出融合了谷歌功能元素的新型应用产品，并向用户测试和营销其产品。

四、创业创新氛围浓厚，形成持续型动力

一是青年创业人才集聚。硅谷、纽约、巴黎、新加坡四地的创业者平均年龄低于 35 岁，加拿大温哥华、美国圣地亚哥、巴西圣保罗、伦敦、以色列特拉维夫五地创业的平均年龄也仅为 36 岁。二是受到创新辐射效应影响显著。美国西雅图不仅拥有亚马逊、微软、Avalara、Zillow 等世界级企业巨头，同时，它毗邻硅谷，拥有地理位置优势，并在住房、教育、医疗、商业配套和娱乐等方面具有低生活成本的比较优势；日本筑波科技产业城，由筑波大学城为中心和外围六个技术园区组成。筑波大学城实施资源共享工程，设立科研机构的资讯交换中心，提供最新科研成果信息及知识产权交易等。三是形成了有型的创业创新文化。美国硅谷精神包含着广泛的包容性及其推崇创业、宽容失败、鼓励冒险的价值观，其核心是宽容失败。北京中关村经过 20 多年的积淀和传承，形成了"勇于创新、不惧风险、志在领先"的创业文化。四是创业创新培训、教育体系完善。新加坡自 20 世纪 70 年代，其经济发展局（EDB，Economic Development Board）就实施了青年海外培训计划即"职业化"创业教育。新加坡国立大学建立了"国大开创网"和国大创业中心等一批科研机构，承担国家的重点研究项目，直接服务于生产。

第三节　创业生态系统建设存在的突出问题

一、创业生态系统内部的组织非结构化和驱动力不足

一是目前创业生态系统内部已形成了基于地域空间的产业集聚区，但各产业集聚区呈现点式分布，布局分散。改革开放以来，一些县（市、区）利用其有限的资源，形成了"一村一品、一地一业"特点明显和模式各异的块状经济。

但是，这些产业集聚区不同程度呈现出散点式布局、工业园区单向度发展、产城融合度低、资源集约化效率低等特点。从系统的角度来看，各产业集聚区应聚合发展为功能综合集成的现代产业集群。二是产业集聚区转型升级的驱动力不足，创新驱动效应有待增强。大多数"块状经济"还是以普通机械加工、轻工纺织等劳动密集型产业为主，存在缺少核心技术支撑、产业层次较低、创新较弱、品牌不强的问题，处于全球价值链的低端环节。比如在《中国区域创新能力报告2014》中，浙江省区域创新能力仅排名第五，企业创新能力、教育研发的投入对创新的支撑作用均有待提升。三是中小微企业资金不足，难以有效支撑高科技产业和战略型新型产业发展。我国民营经济活跃，但是和中小微企业相配套的金融服务没有跟上，中小微企业仍面临"融资难、融资贵"的发展困境。

二、创业生态系统的法制环境和制度支撑体系仍薄弱

一是扶持创新创业的法治环境和政策体系有待进一步完善。在发展以互联网、大数据、物联网、云计算等为核心的数字经济中，政府如何顺势而为，积极引导与支持？政府如何在市场机制失灵的时候，制定好规则、实施有效监管？尽可能地引入法律的手段和经济的办法，抢占新一轮经济发展的制高点，是值得重点研究的课题。同时，针对中小微企业创新能力不足的现状，如何根据经济环境和经济目标，制定鼓励小微企业创新创业和可持续发展的政策也亟待出台。二是创新成果转化机制薄弱，科技成果转化平台投入不足。从需求的角度看，由于技术成果转化投资成本高、周期长、风险大的特点，大部分民营企业受制于人才和资金的限制。一方面，企业的创新成果转化资金主要来源于自筹及银行贷款；另一方面，企业缺乏专门的技术人才，因此，企业缺乏技术成果转化的内在动力。从供给的角度看，在知识产权缺乏保护的环境下，由于技术成果转化的激励机制不健全、缺乏成果转化的中介机构，科研成果转化效率不高。

三、创新要素与创新主体的网络化集聚程度亟待增强

一是信息技术的嵌入和跃迁是创业生态系统实现网络化集成过程中的难题。中兴事件充分说明，我国信息技术产业仍存在"缺芯少魂"的产业软肋，缺少一批关键控制芯片设计和研发企业。此外，如何将物联网、云计算、大数据等新一代信息技术有效应用到智慧城市建设中，更好地促进城市经济的转型升级仍面临一定的挑战。二是互通互联的基础仍需不断增强。互通互联的基础是标准统一、平台统一和安全体系的统一。目前尽管已经实现了包括通信、交通、仓储物流和金融等基础设施领域的互通互联，但仍没有建立起网络化、标准化、智能化的公共信息资源平台。三是大型企业和中小微企业合理分工、功能互补、协同发

展、网络化集聚的创业生态格局仍在建构过程中。有研究表明，处于创业生态系统价值网络中的中小微企业存活率更高。中小微企业在创业生态系统的框架中，被结合进销售渠道、服务网络、全价值链，形成统分结合的利益共同体。创业生态系统对于中小微创业的集聚能力有待进一步增强。尤其是，系统内部依托阿里巴巴等旗舰型的大型企业平台和综合服务平台，整合市场、管理、技术、人才和资金服务，集聚中小微创业企业的机制有待进一步完善。

四、促进系统可持续发展的孵化和保障机制有待完善

一是创新型的创业孵化机制初现端倪，尚不能满足实际需求。比如，浙江省有省级科技企业孵化器 76 家，国家级科技企业孵化器 44 家。其中，催生出一批如杭州市高科技企业孵化器、浙大科技园、杭州高新区（滨江）、杭州未来科技城（海创园）等特色鲜明的创新型孵化器。这些孵化器集聚了成功企业家、天使投资人、平台型企业、产业资源、创业资本、高端人才等创新要素，以投资为主导，专业化服务为特色。然而，仍有大部分创业孵化器发展时间尚短，经验还不够丰富，缺乏与专业技术相配套的专业化技术服务能力、投融资服务能力和组织管理能力，无法实现为在孵企业提供孵化前、孵化中以及延伸跟踪的服务。二是创业孵化器全程服务和综合保障机制有待完善，吸引以创新创业人才为核心的优质资源。

第四节　创业生态系统的特质和方向

创业生态系统往往是知名的创业"热带雨林"，物种丰富、竞争充分、新奇涌现、共生进化。国际著名创业调查公司 Startup Genome 发布的《2012 创业生态系统报告》，排出了全球 20 个最有竞争力的创业生态系统。硅谷摘得桂冠，以色列"创业温床"特拉维夫排在第二，洛杉矶、西雅图、纽约、波士顿、芝加哥等美国城市的创业生态系统都很有竞争力，圣保罗、莫斯科、班加罗尔、圣地亚哥（智利）等发展中国家的城市紧随其后。印度班加罗尔和新加坡是亚洲创业生态系统比较好的两个地区。

纵观成功的创业生态系统，一般具备七个特质：①持续不断的创业产出。创业创新活动持续发生，新创企业不停生成，新产品、新技术、新模式，甚至是新生态层出不穷。②大量的种子基金、风险资本集聚。种子基金、风险资本是连接企业、中介机构、科研机构、市场的关键环节，不仅提供创业启动资金，更重要的是提供高质量信息、战略管理方面的指导和帮助。③十分有效的孵化器，特别是新型孵化器。孵化器是创业的催化剂，有效的孵化器牵线搭桥，把人才、技

术、资金、市场等很好地黏合起来。④强大的创新力量支撑。大量知名科研机构、创新组织、创新人才进入，新创企业迅速采用新技术、新流程、新模式，创业者对未来的市场嗅觉灵敏。⑤充满活力的年轻创业人才。有大量创业经历丰富、具备专业知识、敢于冒险、雄心勃勃的创业人士，而且以 30 岁、40 岁左右的年轻人为主。⑥极其开放的环境。硅谷 30% 以上的人口是本土以外的，大量来自世界各地的高科技人才涌入，让这个地方保持新鲜活力。⑦宽容失败的文化。推崇创业、鼓励冒险、宽容失败，形成了"创业—成功—再创业""创业—失败—再创业"的创业文化，"整个环境里弥漫的都是创业气息"。

中关村是目前国内创业生态系统最佳的区域。《哈佛商业评论》刊文，全世界的城市都在复制硅谷，但只有中关村成为硅谷最有力的对手。有三个现象值得关注：一是越来越多的全球和全国科技企业愿意把总部研发中心设在中关村；二是越来越多的怀抱着创业梦想的年轻人愿意来中关村创业；三是越来越多的天使投资愿意到中关村聚集。除了中关村之外，大部分地区尚未意识到创业生态系统的重要性，过于重视产业培植，对产业生态重视不够。特别是没有形成生态系统，要素不够健全，企业在系统中可吸收的"雨水""阳光""肥料"比较有限。

创业生态系统构建的方向：一是不能简单复制。任何一个创业生态系统，都有特殊的生态环境，不同生态环境孕育的生态系统是有差异的。不要一味地模仿硅谷。每个地区可以利用的资源、优势是不同的，硅谷模式并不一定适合其他地区。不同地区可以有独特的创业生态，有的地区凭借差异化、个性化的特点，加快了对硅谷的追赶。在借鉴硅谷的同时，要因地制宜，挖掘自身的个性和优势。二是从点突破。区域生态系统涉及面太广，也难以未卜先知，可行路径是从企业生态系统或产业生态系统下手。比如，小米科技构建了三大"微生态系统"，即"MIUI + 硬件 + 米聊"的"技术生态系统"，"创意设计 + 产品研发 + 用户体验"的"知识生态系统"，"芯片 + 代工（无生产工厂）+ 直营电商（无零售店）"的"产销生态系统"，从而建立起了"创新生态帝国"。小米科技的启示是，当一个企业发展到一定规模或一定阶段，就可能产生"病毒式"的扩散能力和"引擎式"的带动能力，快速形成一个创业生态系统。三是靠"特"取胜。成功的创业生态系统，一定要有源源不断的"燃料"和营养供应机制，为创业生态提供旺盛的活力。打造产业生态系统，关键是用什么优势和条件，吸引全球知名的创业孵化器、投资机构、创业者、创业园区、产业基金等进入，共同搭建产业生态链，包括美好的自然生态、完善的产业配套、透明的政务生态。此外，积极寻找突破口，打造几个真正全国"人无我有、人有我优"的突出优势。四是"共生"很关键。有了好的生态，"硅谷"会自己冒出来，也不用担心创意、资本、技术、市场的结合。关键是涵养生态，让生态要素之间，形成共生关系，发生"光合作用"。在传统的创业模式里,遵循的是"优胜劣汰、适者生存"的竞争法则,而在创业生态系统里,遵循的是"一荣俱荣、一损俱损"的共生法则。

第五节 对策与建议

创业生态系统的运行逻辑是典型的"赢者通吃"。打造创业生态系统,现在是重要的窗口期。要挖掘优势,找准定位,明确路线图,模仿自然生态系统构建,可探索"三步走":第一步,"补足短板",吸引要素,补全创业生态"七大要素"。这一步关键是采取管用的办法,把好的要素吸引过来,形成浓厚的"人气""商气"。第二步,"形成生态",打造生态链。这一步主要靠市场逻辑、自然生成,但政府适当作为,通过政策的有效供给、加强产业链紧密配套、持续改善自然生态,加速创业生态链和生态系统的形成。第三步,打造"基于互联网的创业生态系统"。结合我们的数字经济先发优势,打造互联网行业的创业生态系统。互联网是像水、电一样的基础性行业,特别是移动互联网潜力巨大。抓住机遇打造移动互联网的创业生态系统,让移动互联网全面渗透到制造业、服务业、公共事业等领域。

一、从系统的角度,构建并完善"区域核心链"式的创业生态系统

一是建立基于"大区域内协同"的创业生态系统。形成以"中心城市+周边县市区"为格局的大区域内协同的创业生态系统;以"专业镇区"为要素单元,在大区域内合理布局构建创业企业群落、科研院所、产业共性技术平台、人才、风险资本、创业服务机构等产业生态系统的要素模块。继续深化完善"杭州上城区基金小镇""西湖区云计算小镇""桐乡天使投资小镇""富阳硅谷""青山湖科技城"等以"专业镇区"为行政单位的创业生态系统要素模块的构建。二是加强系统内"创新核心"要素的构建。支持企业和高校、科研院所联合组建产业技术联盟,参与国家重大科技项目。针对电子、医药、通用设备、专用设备、电气机械、汽车、金属制品等产业领域,搭建基础材料、关键设备、核心元器件及软件工具等公共技术和产业服务平台,增强创业生态系统的自主创新能力。三是完善以"科技加金融"为重点的全产业链式配套服务体系。在创业生态系统中引进科技金融机构和科技中介机构,重点是引进科技银行、知识产权中介机构、天使投资人、风投公司、创投基金、信用中介机构、产权交易机构等。

二、从政策的角度,增强创业生态系统的自组织功能

政府应该从过去的针对具体项目的扶持,转变到构建良好的创业生态系统上

来，营造生态、搭建平台、完善配套，形成有利于优秀企业脱颖而出的筛选评价和激励机制。政府不要过度设计，要通过政策引导、高效服务、信息共享，创造良好的政策环境、投资环境、基础设施环境，促使创业生态系统尽快生成。

（1）建设"法制营商"环境，形成创业创新资源的集聚机制。构建省市区县，政策全方位、多角度、有效、协同的鼓励创新创业的政策支持体系。深化以"三张清单一张网"为抓手的网上政务改革，实施精兵简政。通过体制机制创新，健全法制建设，实施法制管理，建设"阳光、公平"的商业环境，促进创业创新要素加速集聚。

（2）深化"财税政策"改革，促进创新要素自由流动。设立"政府创业风险投资引导基金"，为风险投资等社会资本匹配杠杆资金。建立商业化模式运行，吸引更多社会资本参与风险投资。政府加强监管，明确"支持"和"导向"的职能，细化投资原则、投资对象、投资方式、基金运行规则，引导基金健康运行。

（3）加强"科技政策"创新，加速创新要素的价值再造与转化的机制。重点是知识产权的保护，科技成果转化的创新政策。改革高校和科研院所的科技成果处置权管理改革、收益分配方式改革、设立科技成果转化岗等方式，加快推进高校科技成果转化和科技协同创新；提高科技服务业整体服务效率。搭建企业和中介机构间信息资源共享平台，促进信息共享、规则相容、流程对接，提升创业生态系统的技术创新内生动力。

（4）加强平台支撑，抓紧建设"创业小镇""创业小城""创业社区""创业大街"。结合各地实际，打造几个富有特色的"创业小镇""创业小城""创业社区""创业大街"。比如在浙江，可以探索建设"上城区玉皇山南私募基金小镇""余杭区互联网创业小镇""西湖区云栖小镇""城西天使投资小镇""南湖区基金小镇""台州沃尔沃小镇"等，尽快形成小镇的示范效应。加快建设"青山湖科技城""未来科技城""嘉兴科技城"等"创业小城"。加快打造一批"创业社区"，建设一批"创业一条街"。在小镇、小城、社区、创业一条街，随处可见的是忙碌的创业。在这里可以方便地找到所需要的创业要素，创业条件和生活配套，拥有别地没有的独特元素。

（5）加强政府采购。政府要扮演一个维护市场公平竞争的角色。政府补贴会导致创业环境不活跃、市场寻租，滋生长不大的"小老头企业"。要转换思路，少搞事前供给，多搞事后激励。比如，加强政府采购和应用推广，组织实施科技成果应用示范工程，通过需求端刺激，激励企业创新创业。硅谷的起步，就得益于政府的大力采购。1955—1963 年，硅谷半导体产业 35% ~ 40% 的营业额来自政府采购，极大地提高了新创企业的成活率和创新效率。

（6）实施"零负担创业"计划。政府扶持创业，关键是创业的"最先一公里"。对于新创的小微企业，要尽可能创造条件，让其成长起来。财政收入来源，应更多地针对成熟企业、大中型企业。要重点扶持那些"不会走路"的企业，"会走路"的企业要按市场规律办事。建议出台专项政策：对初创的小微企业，在 5 年内完全免税免费，实现小微企业"零负担"创业。

（7）定位聚焦。在美国，硅谷就打电子信息的牌子，波士顿打风投的牌子，纽约打金融的牌子，西雅图打飞机的牌子，好莱坞打影视娱乐的牌子。在德国，柏林打文化、工业的牌子，慕尼黑打会展的牌子，科隆打媒体、香水的牌子，斯图加特打汽车的牌子，法兰克福打金融的牌子，杜塞尔多夫打模特的牌子，多特蒙德打煤钢的牌子，莱比锡打历史文化的牌子。现在，平台过多、牌子过杂，让人眼花缭乱，建议每个设区市主要打一到两块牌子。

（8）政策撬动。积极推广中关村先行先试的 6 项政策，同时探索比中关村更好的政策。比如，改革事业单位科技成果处置和收益权政策。高校实施科技成果转化所给予的奖励比例下限，由以前的 20% 提高至 70%。再比如，将企业为研发人员缴纳的"五险一金"等列入加计扣除范围；将职工教育经费税前扣除比例由 2.5% 提高到 8%，且超过部分准予在以后纳税年度结转；对以股份或出资比例等股权形式给予本企业相关技术人员的奖励，技术人员可在 5 年内分期缴纳个人所得税等。

（9）加强创业配套。生产性配套主要是金融保险、科技研发、信息服务、商务服务、文化创意等，生活性配套主要是高档写字楼、文化娱乐、体育健身、子女就学、人才住房、医疗保障等。几个关键因素值得关注：一是产城融合度不高。不少集聚区、高新区、科技城等，还是单一的生产功能，城市功能不完备，"三生关系"（生产生活生态）不协调。二是高端人才比较难找，优秀人才比较多地集中到上海、北京，杭州还是偏少。三是交通效率不高，快速交通网络没有形成，这不仅是交通成本高，更重要的是会导致机会成本过高。四是教育、医疗、住房等配套不够完善。特别是国际性的高端教育、顶尖的医疗服务资源比较缺乏，创业者觉着这里不够方便。这些问题都影响创业生态。

（10）激活沉淀的公共资源。当前迫切需要"让沉淀的公共资源激活"，建立科研院所、高校向社会开放科研设施的机制，让公共科技服务平台成为产学研结合的创新服务平台。"只要带好的想法来，不需要带设备来"。实验室开放后，企业和科研机构不仅可以在该网络平台上找项目、找专家、找实验室，还可以免费发布产学研合作需求信息，成为促进产学研合作的强力"黏合剂"。建议：理出一批（30~50 家）重大公共服务平台、重大公共检测平台，向市场开放。

（11）创建"创业淘宝""创业生态 APP"。开放平台、云计算、"社交 + 移动"的应用，使创业成本大大降低，产品周期大大缩短，也使得天使投资和高端创业活动迅速崛起。建议：利用"政务服务网"，建设"网上创业淘宝""创业生态 APP"，搭建创业者、中介机构、政府、风险投资、科研院所等交流的快速通道，让有关各方零距离、零时差对接。创建"创业生态网"，形成以创业生态圈内的关键节点为核心的创业社交网络，营造一个有趣、有料、有温度的虚拟创业空间。倡导实名制、知识共享，将线下的创业论坛、管理咨询、融资顾问等服务与社交网络相结合，建立一个从线上到线下的高效、共享的虚拟"创业生态圈"。

（12）承办顶级"创业大赛"。积极打造"创业中国杯""创业世界杯"主战场，鼓励社会力量举办创业大赛。争取国际顶级的创业赛事落户，积极举办创业讲坛、创业大赛，支持创业邦、创业家、3W 咖啡等创业活动，主动承办知名创业大会、行业大会，争取月月有大赛、年年有奇迹。始终向外界传递一个声音：中国十分欢迎创业创新，让越来越多的企业家成为创业家，越来越多的大学生和留学生热爱创业，越来越多科技人员走向创业。加强成功创业故事的常态宣传，树立一批明星企业，点燃人们的想象力、创造力。波多黎各最大的日报"每周用一整版刊登一个创业故事"，为创业企业加油助威。这些故事可以激发更多人的创业欲望和信心。比如，阿里巴巴在美上市，让杭州这个城市受到了前所未有的关注，对浙江而言是一次千载难逢的机会，要大肆宣传阿里巴巴，激励潜在的创业者，掀起一股创业热潮。更重要的是，让全世界的人看到，中国是适合创业的地方，是奇迹不断的地方。

三、从网络的角度，促进创业创新要素集聚和自由流动

一是重点突破"六维度"的信息技术领域，促进创业创新要素的网络聚集和流动。重点加强"物联网、智慧城市、跨境电子商务、互联网金融、数字内容产业、云计算和大数据"等六个信息技术领域的研发投入与应用推广。改变创业创新企业的空间（实体）集聚模式为虚拟集聚，通过互联网（虚拟）集聚创业创新企业。二是依托"云平台"和"大数据"，建立"互通互联"开放式的创业生态系统。加强互联网络的基础应用设施的完善和升级，将互联网上的数据、信息、终端和人等创新要素有效连接起来，整合、汇聚、流通、衍生和创新信息资源。以阿里云等大数据平台为核心，建设"公共商业数据服务中心""工业经济信息网络平台"。三是构建和谐的"大平台 + 中小微网商"网络生态系统，促进创新要素的流动与重组。着重建立中小微网商促进中心，为中小微网商提供融资、法律、技术服务和政务服务等综合性服务，推动互联网产品、互联网应用服务的方式的创新。

四、从文化的角度，"内孵"和"外引"持续推动创业生态系统的创新产出

一是加强引导，建立市场化的创业孵化机制。在产业集聚区建设特色创业孵化载体，鼓励平台型企业、创业投资机构、天使投资人、成功企业家等社会资本投资兴办创业孵化器。引导各类孵化机构建立市场化运行机制。完善创业项目孵化机制和优秀初创企业发掘培养机制，重点开展创业孵化、产业链孵化、早期投资、创业教育、创业社区、创业媒体等环节的创业服务。二是优化城市综合创业环境，降低创业成本。建设"创业社区"，提高集聚创新的人才的吸引力。提供大量高质量的公共服务，配套低成本的居住、教育、医疗、娱乐、交通、办公服务，低价甚至免费的互联网接口，实现低成本甚至零成本创业。吸引国内外优秀人才创业，特别是互联网创业。

五、从生态的角度，构建一个开放、互联互通、共建共享的创业生态系统

第一，培育关键性的"产业种群"。在自然生态系统中，相似的生物个体集合被称为"种"，关联个体、同种个体组成的有机体是"种群"。种群是生态系统的基本组成，也是物种进化的基本单元。在创业生态系统中，同样存在"产业种群"。产业种群直接影响创业生态系统的竞争力。如果产业种群过多过杂，反而不利于创业生态系统的生成。从硅谷的创业生态系统看，经历了半导体业、微电子、软件业、信息产业等四个创业种群，每个阶段的产业种群都是聚焦的。中关村产业种群起源于"中关村电子一条街"，电子信息产业是主导产业种群，占有绝对的市场份额。所以，必须思考适合的"产业种群"是什么。要全面梳理现有产业，根据产业链配套情况确定"产业种群"，针对配套链比较完善的产业，打造创业生态系统。产业布局不能过于分散，每个设区市重点扶持1~3个重点产业，11个设区市的产业要相互错位、相互配套、相互辐射。杭州信息经济基础扎实，建议重点打造信息产业的创业生态系统。宁波、温州、嘉兴、金华、湖州、绍兴、台州的主要竞争优势是制造业，建议进一步细分，打造"创意设计、精致制造、品质品味、用户体验"的制造业生态系统。衢州、丽水是生态屏障，建议重点打造生态经济的创业生态系统。舟山是海岛，建议重点打造海洋经济的创业生态系统。从一个省来看，如果信息经济、制造经济、生态经济有机构成，形成互补互促的适度多元化的创业生态系统，实体经济的长远支撑能力就有了一定保障。

第二，汇聚天使投资、风险资本。在自然生态系统中，真正维系物种繁荣的

基本条件是水、氧气、能量。对创业生态系统而言，最不可或缺的稀缺资源是"创业资本"。在创业的不同时期，比如初创期、成长期、成熟期，需要"融资接力"才能成长。要针对不同发展阶段的创业企业，提供多品种的金融产品，尽可能使企业不因缺钱而错失创业良机。天使投资主要投向构思独特的发明创造、创新个人及种子期企业，是创业初期的重要融资途径。风险投资往往投向新兴、发展迅速、有潜力的创业企业。它们不仅为新创企业提供发展所需资金，而且提供咨询服务。硅谷有1.5万个天使投资人，他们连接企业与科研、企业与市场、企业之间的任何环节。中关村的天使投资人中，有创业经历的占50%以上。张朝阳、李彦宏、雷军、李开复等既是企业家，也是天使投资人。创业家投身天使投资成为投资界的常态，创业者不仅能够借助投资人的资源网络、创业经验和启动资金，更重要的是可以获得战略管理方面的帮助。以色列特拉维夫的天使投资十分强大，数量超过了硅谷，成为全球科技创业企业密度最高的地区之一。它的风险投资与众不同，属于"纯风险投资"。在企业创立早期，大量风险资本就源源不断地注入新创公司中，39%属于种子阶段和早期阶段的资金注入。作为创业国度，以色列在纽交所和纳斯达克市场上市的公司数量，紧随中国之后，位列全球第四位。作为投资热土，以色列拥有世界最高的风投密度，就人均风投金额而言，以色列是美国的2.5倍、欧洲的30倍、中国的80倍。以色列设立了首席科学家办公室，向高科技企业提供优惠的政府研发支持基金，大力建设风险投资市场，为创业生态系统提供支撑。这值得借鉴。

比如对浙江而言，风险投资主要存在两个问题：一是不够发达。目前，浙江创投机构有211家，管理资本规模370亿元，规模只有广东的一半、江苏的1/3。二是风险资本外溢。蜂窝董事会、自强学堂、乐创会等大量新型企业家组织活跃在投资圈，也有不少天使合伙人、投哪儿等新型创投机构，有的"孔雀东南飞"，需要更有吸引力的政策，让他们投向本土。

要打造几个知名的风投小镇、基金小镇，培育天使投资市场（硅谷的天使投资规模是风险投资的10倍之多），建立成熟的风险投资机制，这是创业生态系统形成的关键。与发达国家和地区相比，我国私募基金募集渠道单一，募集难度比较大。参与PE、VC的资本是大量的散户市场，散户市场最大的特点是短线行为。这使得新创企业资金来源主要依靠自有资金或基于血缘、亲缘、地缘关系获取。现有的民间投资，大都追逐创业收获期的稳定收益，在种子期投入的意愿不强，影响了创新资源的激活。

美国康涅狄格州的"格林威治小镇"，吸引了500多家对冲基金入驻。关键因素是税收特别优惠。20世纪80年代，日本的对冲基金也非常厉害，远远超过中国香港，但为什么没搞起来，关键是税收特别苛刻，最后把对冲基金都赶到新加坡去了。创投机构最期望的政策激励主要是税收减免（以所得税为主）、完善资本市场和设立政策性引导基金。要加快建设"杭州上城区基金小镇""城西天使投资小镇"，对进入 5 年以内的基金、天使投资，实施"零投资回报资本利得税"、60% 所得税减免等政策，适当减免创投机构在非上市股权交易中的税费，加速基金集聚。中关村管委会在全国率先设立了创业投资政府引导资金，引导社会资本共同投资初创期科技企业，目前效果是明显的。建议：鼓励对源头创新的投资支持，加大对天使投资业态的支持。由政府出资设立风险投资引导基金，建立出资人制度和所有者代表管理办法，引导基金的出资原则是参股不控股，保证所投资的商业基金的决策和经营独立化、商业化运作。

第三，重点关注"8090"为主的创业力量。打造活跃的创业生态系统，必须凝聚一批创业力量，敞开胸怀吸纳天下顶尖人才，让"人才雪球"滚起来。年轻人的思维是在新技术、新潮流、新环境熏陶下形成的，往往不受现有模式约束，他们越有活力、越成功，新事物产生越快，创新动力就越足。从全球最佳的 20 个创业生态系统看，30 ~ 40 岁的年轻人是核心力量。温哥华创业的企业家平均年龄是 36 岁，硅谷是 34 岁，特拉维夫是 36 岁，纽约是 32 岁，伦敦是 36 岁，巴黎是 33 岁，新加坡是 33 岁。像苹果、Facebook 等，都是在校大学生搞出来的。中关村也出现了"30 岁现象"。2013 年中关村 189 万从业人员的平均年龄只有 33 岁，其中 29 岁及以下从业者占总人数的 46.5%。2013 年福布斯"中国 30 位 30 岁以下创业者"中 1/3 来自中关村。中关村管理委员会主任郭洪说："优秀大学毕业生，有的还是大三学生在中关村创业，这些学生做事不循规蹈矩，年轻也不怕失败，极有可能产生中国的乔布斯和艾伦·马斯克。"对一个人来讲，最有活力和激情的是最年轻的时候，对一个地区来讲，越能够吸引年轻人，就越有活力和希望。目前，"60 后"是创业的主力军，"70 后"已经起步，关键是激发"80 后""90 后"的力量。"8090"年轻人处在人生创业的黄金时期，渴望被重视、被关注、被扶持。除了法律规定的必须承担的创业成本外，让年轻人以"近零负担"起步。只要有梦想、只要有创意，立即可以行动。若干年后，那些曾经青涩的梦已经成真，诞生未来的"乔布斯""马云"不是梦。每年 700 万左右的大学毕业生，就业压力已经很大，可预见，一定会有越来越多的大学生走向自主创业。在大众创新、万众创业的今天，在校大学生、大学毕业生是有待于开启和挖掘的"创业金矿"。关键是给他们良好的创业生态，尽快开挖这个"金矿"。建议：仿效"千人计划"，制订实施"青年千人计划"，专门针对 80 后、90 后。扶持方式不要一个模式，要精准贴近需求，一对一扶持，培养一批"8090"生力军。专门出台大学生创业政策，建立大学生创业基地，以更加开放和宽松的政策，吸引各地的优秀青年人才来，不能让年轻人都跑向北上广，让杭州成为年轻人创业的集结地。

第四，加快打造"平台型企业"。"平台型企业"是整个创业生态系统的引擎，在生态圈构建中起着枢纽性作用。成功的创业生态系统，开始往往是几个"平台型企业"吸附一大群中小企业在其周围形成共生的小群落。人才集聚、产业集群、要素集成，也往往是围绕这些平台型企业展开。比如，Facebook 生态系统，辐射催生了大批创业公司，带来了产业链式的疯狂成长。再比如阿里巴巴生态圈，将金融资源、信息资源、实体制造资源、物流资源、中介服务资源、出口资源等融通起来，创造了大量创业空间，为大量行业带来了商机。

在全产业链、全价值链大整合的背景下，创业生态系统要有竞争力，必须瞄准产业链中有话语权的"平台型企业"。全面梳理重点行业的市场集中度，从中遴选 20～30 家"平台型企业"重中之重扶持，加速成为超千亿的具有核心竞争优势的大企业，以千亿级企业带动万亿级产业，形成大中小企业紧密协作的"航母舰队"。微软、丰田、通用、三星等世界顶级企业，实际上都已成为"平台型企业"，在业界颇具影响力、市场力和领导力，"百鸟朝凤"吸引了大批配套企业集聚其麾下，创造了具有非凡力量的生态系统。值得关注的是，很多企业本身不是平台型企业，比如海尔，但却在"平台化"。在海尔的"云创平台"上，已经孵化出 100 多个"小微创客"。所以，要加快打造一批以阿里巴巴等为代表的平台型企业，推动有实力的实体企业成为"平台型企业"，加速产业生态系统生成。

第五，打造"中国东部区域创新中心"。创业生态系统富有活力，核心在于创新原动力。创新有"马太效应"，要素总是"向阳"集聚。谁成为创新中心，谁就更容易打造创业生态。英国 2010 年启动了"英国科技城"国家战略，试将东伦敦地区打造为世界一流的国际技术中心。美国 2012 年制定了打造"东部硅谷"的宏伟蓝图，计划在曼哈顿以东创建一个与加州硅谷并驾齐驱的科学园，力图成为"全球科技创新领袖"。浙江要与上海科技创新中心联动发展，打造一个区域性创新中心，致力于成为全国创新网络的枢纽节点。要有更大的开放性，主动对接全球创新系统，构建跨区域、跨国界的研发产业链。聚焦科技创新重点领域，布局一批能体现 21 世纪最新趋势的前沿技术。对接智慧城市建设，推进大数据、物联网、云计算等先进技术的研发和示范应用。对接生态城市建设，加大节能环保、能源互联网、低碳技术等领域的研发和推广运用。面向传统产业升级，加快推进机器人、3D 打印技术的攻关和突破。聚焦新品牌、新技术、新业态、新模式，改变"不求所有、但求所用"的传统思维，培育一批拥有自主知识产权和知名品牌、具有核心竞争力和较强国际经营能力的本土创新型龙头企业，增强对全球创新活动和产业价值链的主导性和掌控力。要点燃企业的创新激情，让所有企业认识到，创新不是"花拳绣腿"，而是决定生死的硬道理。企业创新不是追求漂亮的研发投入数字，不是显摆有多少专利，而是看有没有真正的创新动力。要让创新成为企业的"遗传基因"，在企业内部不停地复制、繁衍，根深蒂固。现在颠覆性技术太少，原始创新太少，数码摄影、移动电话、分布式发电、搜索引擎、GPS 定位等关键领域，基本都是美国垄断，要鼓励企业向颠覆性创新、跨界创新发力。

第六，大力培育和引进"创业孵化器"。挖掘创业项目和创业团队，要依靠创业孵化器。目前，中关村已经出现了车库咖啡、3W 咖啡、创新工场、常青藤创业园、AAMA 亚杰商会、联想之星、创业家、创业邦等 10 多家创新型孵化器。国际上也出现了 QB3 孵化器等一大批新型孵化器，催生了投融资对接、商业模式构建、团队融合、媒体资讯等服务，促进了创业生态系统的生成。比如，美国加州大学生物科学研究所（QB3）是生物医药领域最负盛名的研究机构之一。QB3 孵化器通过大学实验室降低创新成果产业化风险，由创业导师帮助学生完成创业计划，最终构建起依托大学进行研究并获得政府资助、科技型初创企业把这些技术产业化的一整套创业生态系统。再比如，中关村"车库咖啡"是民间孵化器的一个典范。它并不靠咖啡赚钱，而是把投资人、创业者、求职者聚合起来，让各方都能在这里找到所需要的人、资金和技术，走出不少成功的创业者。要大力支持"众创空间""车库咖啡""创新工场"等创新型孵化器发展，打造特色的"创业梦工厂"，大力发展创业孵化、早期投资、创业教育、创业社区、创业媒体等创业服务新业态，促使"伯乐"与"千里马"结合。以色列建设创业孵化器的模式值得借鉴。以色列 600 万人却诞生了 160 多家纳斯达克上市公司，原因在于政府十分支持民办孵化器。以色列政府负责民办孵化器 80% 的运营经费，但不持股，只从日后孵化成功的企业收入中回收 3% 作为回报。要加快发展一批孵化器，特别是民办孵化器，对孵化器的营业税、房产税、城镇土地使用税、部分所得税实行优惠减免，鼓励社会资本投资孵化器建设，吸引国内外知名孵化器入驻。

第9章　构筑政务生态系统的研究报告

第一节　政务生态系统的含义

热带雨林看似灌木丛生、杂乱无章，但却最有生命力，根源在于它有旺盛的生态系统。对一个区域来说也是如此，这个区域的政务生态圈的开放性、多元性、网络性、交互性决定了它的生命力。良好的政务生态圈，不仅使系统内创业创新活力得以充分释放，对外部要素也有强大的吸附力和黏性，有利于形成区域发展的良性循环、因果累积和优势叠加。在加快改革创新、转型升级的新常态环境下，应加速构建政务生态系统，形成充满活力、高效有序、开放透明、互动共生的政务生态秩序。

何谓政务生态系统？这源自于对大自然生态系统的比拟（见表9－1），是在一定的区域内，政府与外在环境有机结合形成的统一体，政府内部各要素之间密切联系、相互协作、有机协调；外部与环境之间资源共享、互利共生，相互影响、相互制约、相互促进，共同维持系统的延续和发展，朝着生态圈价值最大化的方向，推动生态圈不断进化，快速响应外部环境需求，形成互利共生的政务生态圈（见图9－1）。

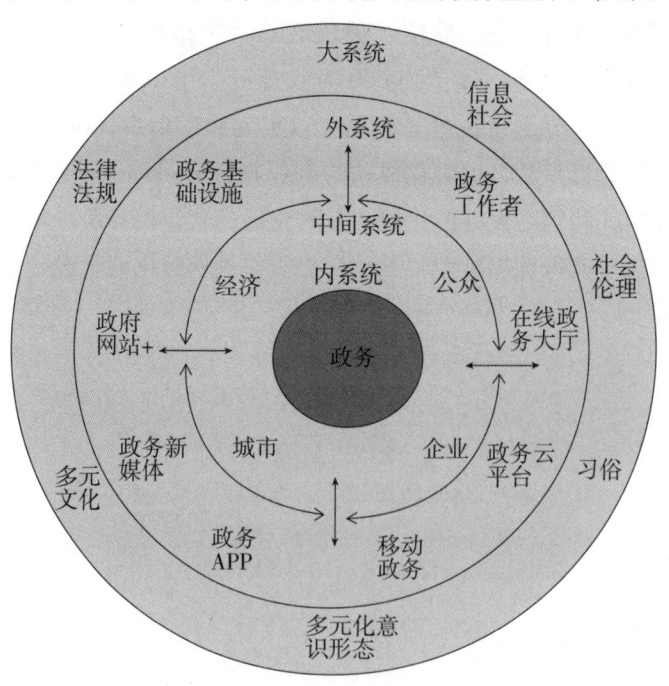

图9－1　政务生态运行模型

表9-1 政务生态系统与自然生态系统

	自然生态系统	政务生态系统
主要群落	动物、植物、微生物	市场主体、公众、政府组织、其他公共组织、社会组织
主要目标	维持生物圈中能量流动和物质循环，改善生态环境	改善政务环境，促进经济发展，保持社会稳定，保障民生
互动性	自然—人—社会相互影响、相互作用	政府 公众—社会相互影响、相互作用
共生载体	能量流动和物质循环	公共产品、公共服务的持续供给和更新
开放性	对外界开放，吸收新物种	有机更新
竞合性	相互竞争、相互依存	互利共赢

第二节 良好政务生态系统的特质

阿里巴巴依托电子商务平台的强大力量，连接起中小企业、创业者、消费者、中介服务者，打造成了生态型企业，形成了庞大的用户群、独特的平台优势和自身的生态圈。良好的政务生态系统依托政务服务平台，连接市场主体、公众、中介组织等各方，生态圈内组织结构有序、资源配置高效、制度供给精准、政策创新涌现，快速响应外部环境需求，与公众和市场主体形成良好的共生关系。

（1）充满活力。良好的政务生态系统，一定是要素集聚、业态多样、生机勃勃、充满活力，是一个"有生命"的生态系统。在政务生态系统内部，各类主体自适应、自修复、自更新，各要素之间共生存、共适应、共进化，推陈出新，充满生机。新的政务理念不断生成，新的政务组织方式不断调适，新的公共产品、新的公共服务层出不穷，更重要的是，这些变化符合政务生态系统外部环境的需求。

（2）开放透明。政务生态系统是一个开放的系统。为了维系政府自身的公信力和权威性，政务生态系统对外必须是开放的，不能封闭，让公众多方、多渠道、多样性地参与，与外部环境动态沟通、反馈和互动，有效进行信息加工和反馈。政务生态系统内部的机构、流程、运转过程和最终的公共产品等都是透明的，让公众觉得政府是在"玻璃房"里运转，而不是封闭在"黑匣子"里。

（3）互动共生。生态系统总是处于不断进化、演变之中，一个组织的动态平衡，具有稳定性、持续性、适应性、革新性。政府处于一个构成要素多样、环境因素复杂、影响变量众多的综合生态系统之中，和自然生态系统一样，也具有自调节、自适应、自平衡的功能。任何生态因子的变化，都可能影响政务生态的演化。政府生态系统作为社会的一个子系统，与所依存的外部环境协同演化、相互适应、共生共荣，形成稳定、均衡、和谐的共生关系。政府并非被动受制于外部环境的影响，而是可以根据系统内外环境变化、条件变化，优化内部结构和功能，调节与环境的互动关系，提高系统整体的适应性，以保持系统与外部环境之间的稳定和动态平衡。

（4）有序高效。政务生态系统依靠政府自身的调节能力，与环境之间相互沟通、相互依存、相互制约，形成良性、有序的互动格局。从内部看，政府组织构架合理、职能分工明确、相互协作配合，公共产品的生产线有条不紊、高效运转。从外部看，它有效地调节了政企之间、政社之间、政民之间以及系统内各要素之间的生态关系，使它们最大限度地发挥各自的功能作用。

2006 年，生态型政府的概念提出后，引起广泛关注。所谓生态型政府，是构建符合生态规律的行政管理体制、机制和服务方式。随着生态文明建设上升为国家意志，生态型政府的治理体系和治理能力现代化，反过来为生态文明建设开启新的可能，其发展机理按照由内至外、由弱到强的顺序，表现为内生力、破坏力和创造力。互联网＋政务也将迎来治理与服务的新机遇、新挑战和新生态。在今天，互联网＋政务成为政务治理的新坐标，互联网＋在商业领域的思维、基因和模式，互联网＋的四大形态开始向政务层面渗透。

内生力是政务自我演化的能力。内生力主要用于检验一个国家和地区经济自我发展的能力，内生力受到外向度的影响，但主要来源于内部的自我改造、自我适应与升级。其自我演化有内外两个要素：一是互联网的外向度作用日渐明显，政府集多种身份于一身，从观念上需要高度重视互联网治理，从行动上需要积极推动传统电子政务向互联网电子政务升级，借助信息技术，向云计算模式、大数据中心迁徙；二是新一届政府致力于打造公开透平的政府，凝聚社会信任，在这方面各级政府已经做出很多努力，如运用网络打造阳光政府、重要政务信息及时通过网络公开、重大民生议题通过网络征求意见等。

破坏力是政务变革的发源地。破坏力是一个具有典型负面特征的词汇，互联网不是生来的破坏主义者，在转型大潮下，技术的创新和模式的升级已经不是核心问题，不管是传统企业还是传统的政务治理，最具破坏力的往往是最不易窥视的管理体制和治理思维。腾讯的项目组机制、阿里的"小而美"、海尔的"倒三角"等，越来越多的"去中心化"促使政务治理必须在破坏中重构新的治理体系，以适应政务的发展需求。

创造力是政务生态的基础。互联网的活力来自创造力，互联网＋政务的活力同样来自创造力。在互联网作为基础构建深入社会发展与治理之后，政务服务模式出现了一些新的信息，在参与主体层面，除了固有的公众、企业之外，出现了互联网企业形成的产业主体格局；在责任分工层面，由政府统一垂直管理的责任体系更加分散，政府购买服务、信息化共治、善治时代共同推动治理责任的体系化发展；在合作机制层面，互联网的复杂巨系统使治理者无法沿用传统的按部就班、井井有条的治理模型，而是秉承生态化规律，推进政府与社会合作机制的创新。

政务生态运行模型并没有强化互联网技术的底层价值，系统核心强化政务本身的内涵与价值，它的多层系统是一个多层的、循环的、相互交叉的闭环结构，可从四个方面理解。

互联网思维与精神反馈到政务层面的核心特征是"去互联网化"。电子政务惠及于民的本质是服务回归人性，技术是作为基础支撑。如今我国电子政务的发展已经进入深化应用阶段，更应注重与现代技术的结合，将封闭的服务系统迁移到互联网，将服务资源和内容面向全社会开放，破解线上线下的结合；同时利用移动互联技术，提供无时不在、随时在线的政务服务，满足社会公众利用碎片化时间进行政务事务办事的诉求，创建真正人性化的电子政务服务空间，将政务与服务对象的现实距离与虚拟距离缩短。从这个层面而言，互联网技术的存在是与政务业务融为一体，不分彼此，而政务的关键要素，如数据、信息、服务等，通过 M2M 进行智能交互，实现智能化的电子政务。

政务服务的多元化主体形成了"去结构化"模式。内系统之外的中间系统在"去互联网化"理念牵引下，打破过去垂直的格局，消解线上线下的距离，与政务形成点对点的对接；同时随着智慧城市建设深入推进、工业互联网崛起、产业经济持续发力以及政务市场化探索加速，政务与智慧城市的关系日渐紧密，与经济发展的整体格局逐渐融为一体，而政府也是经济发展的主要推动者，因此政务的参与主体从过去的公众、企业延伸到城市、经济，形成四方联动的循环系统，并在去结构化的状态下，形成 P2P 的端对端模式。

政务渠道的"链式服务"助推生态系统。外系统是政务治理与服务的表现层，覆盖了在线政务大厅、政务云平台、政务新媒体、政府网站＋等一系列的政务服务创新元素，同时还包括政务工作者、信息化基础设施等政务系统内的表现元素。互联网＋与政务如何实现共赢，大力推广、应用互联网核心技术的同时怎么才能把政务对普惠化落地实处？前面介绍的 O2O、P2P、M2M、C2B 四种形态，既具有相对成熟的互联网演化特征，又具有创新的政务服务价值，通过两者跨界融合形成包括技术链、服务链、传播链、价值链在内的"链式服务"模式，以及政务审批—监督—公开的无缝权力"链式服务"，在最大化发挥政务价值的同时，也让政府的行政权力，变身为对公众、对企业、对城市、对经济（中间系统）负责的民生责任。

政务生态系统依赖于社会生态系统。电子政务必须形成一个适应整体环境的生态系统，才能保证其服务系统的可持续发展。大系统即是社会生态系统，它包括众多要件，这里罗列其中的几个关键，如信息社会、习俗、多元意识形态、多元文化等，在这一背景下，政务应逐渐剥离管理者、控制者的角色，向示范者、引领者、倡导者、环境营造者让渡。首先，政务成为信息社会的连接器，政府通过用政府权力的"减法"，换取市场活力的"乘法"，使中间系统有序运转；其次，政务运行过程中充分尊重多元文化与多元化的意识形态，容纳不同观念、不同习俗；再次，利用电子政务促进法治政府的构建，电子政务的非结构化、去中心化与法治并不矛盾，运用法治思维和法治方式推进政府改革转型、建设法治政府是依法治国的关键，是国家治理体系和治理能力现代化的重要内容，只有法制健全的政府，才能迎来和谐的政务生态。

第三节　对策与建议

打造良好的政务生态圈，应从系统内部构成要素之间及其与外部环境相互作用锲入。既要强化政府的功能性，从政务生态系统的内部着力，加强政府功能的有效整合和发挥，也要强化政府的适应性，从政务生态系统的外部环境着力，加强政府与外部环境的互动，建立共生生态圈。

从"生态型组织"建设锲入，使政府组织与外部环境更加匹配（见图9-2）。任何一个组织的建设应该是环境选择的结果，政府组织也不例外。从组织生态的视角看，政府要逐步向更加生态化的组织形态转变，减少自上而下的管理层级，加大横向之间的对接与整合。这跟原来"金字塔"结构的组织形态不一样。政府组织要把握环境变量，注重组织改革目标与环境的协调性，注重组织改革策略与环境的适应性，促使政府组织弹性化、平台网络化、网络生态化、生态价值化。

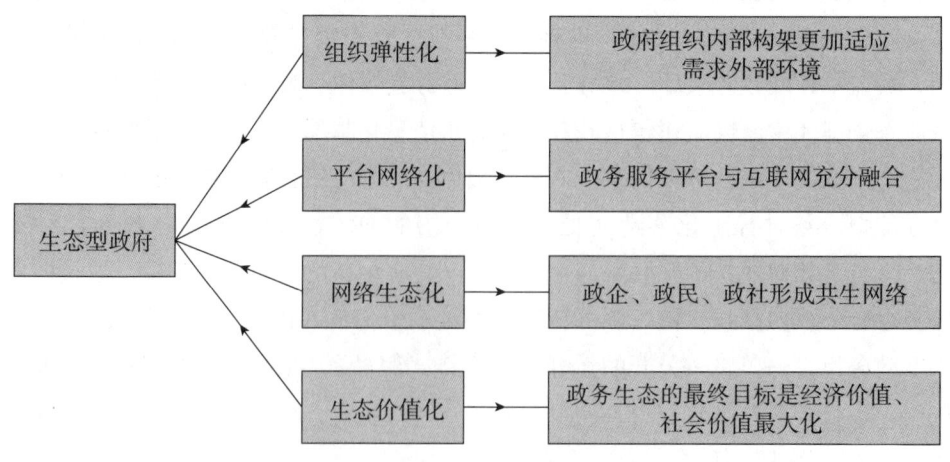

图9-2　生态型政府的组织构架

当前，外部环境、公众诉求、改革任务时时变化，但政府组织机构、工作人员的配置比较刚性、僵硬，缺乏弹性，不能根据外部影响因子变化及时调整适应。久而久之，政府组织与外部环境就可能出现不适应性、不匹配性。特别是互联网大发展的背景下，政府组织不应以职能为中心，而应以终端需求为中心，形成适应外部环境变化的生态型组织。

政府组织改革的方向是需求导向，适应环境，灵活弹性，追求绩效最大化，根据经济发展和民生改善需求迅速地变革调整。如果政府组织不能有机更新，内部要素之间无序低效，对外部环境响应不够，就会导致政府效能耗散，影响政府治理，破坏政务生态。

优化纵向资源配置。在信息化高度发达的情况下，应减少管理层次和管理层级，朝扁平化方向走，缩短政策实施路径，从而提高行政效能。要突破政府层级间的"职责同构"，减少信息传递、政策落地中的弱减现象，优化政府层级间职责分工和组织架构。

优化横向资源配置。传统政府更多地强化的是分工，现代政府更多地强化的是整合。针对政务"碎片化""跨边界"等问题，应进一步加强机构整合，突出核心职能，推进综合执法，加强综合服务。对职能相近、管理分散的机构进行合并；对职责交叉重复、相互扯皮、长期难以协调解决的机构进行调整；对不适应外部环境变化的职能机构给予撤消。

优化内部资源配置。在每个政府机构内部，资源配置应向政府必须承担的关键性功能倾斜，也就是要向关键性的业务机构、关键性的业务处室（科室）、关键性的业务岗位倾斜，尽可能减少非业务机构、非业务处室、非业务人员的比重，加强政府的核心功能，提升政府的"生产性能力"。

从"生态型平台"建设锲入，架构"互联网＋政务""移动政务""大数据政务"等功能平台（见图9－3）。从现代政府建设的方向看，未来的政府一定是"需求响应型"的政府，能够对外部环境需求及时有效地做出响应，与外部环境形成良性互动关系。目前，政府与外部环境互动的通道比较缺乏，信息和政策传递的层级过多，两者的互动性不够。

信息熵理论认为，通过"互联网＋生态"，连接所实现的层级单位越小，熵就越低，经济社会活动的耗散就越少，效率就越高，生态系统就越有活力。通过建立"互联网＋生态"，使政府的公共产品（公共服务）充分对接公众诉求，实现与"细胞级"的公众和市场主体的连接，为他们提供体验更好、获得感更强的公共产品和公共服务。

建立政企互动、政社互动、政民互动的新型平台和对接机制，把公众的需求、企业的需求、社会的需求快速转化成公共服务或公共政策。让公众知道政府在倾听他们的声音，知道政府在做什么、怎么做，帮助政府寻找工作差距，推动政府工作做得更好。同时，让政府决策得到更多人的知晓与支持和得到更好的贯彻与落实。作为政府部门，让公众和社会各界人士参与政务，不是束缚政府，而是解放政府；不是降低效率，而是提高效率；不是"折腾"部门，而是帮助部门。

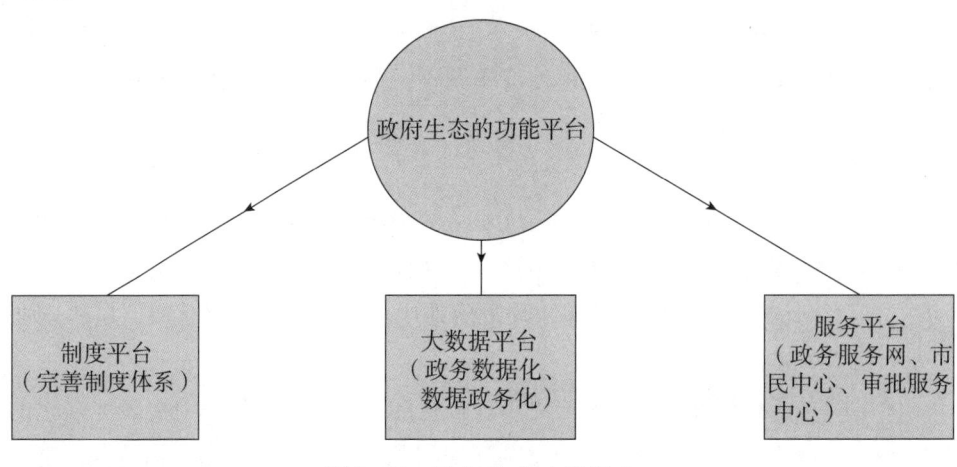

图 9 - 3　政务生态功能平台

共生互利的核心是建立互联互通的生态型平台，供生态圈中各主体共用和分享。

建立更广泛的政府与公众的联系管道，从单向走向双向，从间接走向直接。探索"互联网＋政务""政务超市""移动政务"等互动通道，建立基于政务服务网的网民直接互动机制。在政务服务网上开辟直接吸收民智民意的窗口和平台，政府的重大决策、重大政策、重要信息通过窗口，直接与民众互动。搭建统一的云政务平台，对已有的应用系统进行整合，让所有的政务资源上传至云端。

建立"政企民直通"的数据信息通道。推进"大数据政务"建设，尽力促进一切政务数据化、推动一切数据政务化。目前，政府决策的数据支撑来自部门的二手数据，这些数据呈碎片化、粗线条，不够精准。各地、各部门不能各搞各的数据池子，而且池子之间互不联通。今后应逐步建立政府的大数据库，直接把一线的实时动态数据（不是部门统计报送的二线数据）纳入数据平台，建立统一的政务"数据池"。通过大数据实时集成、大数据实时分析，推进科学决策、精准施策、动态调策，扣准市场主体和公众的需求。

从动力机制锲入，使各方在共建政务生态中享受生态红利。

动力机制是建设政务生态系统的核心，它在政务生态系统演化过程中起着决定性的作用。这个动力是政府的推动力、市场主体的自动力和环境的吸引力的交互合成。通过优化动力机制，推动各方共建政务生态。

从政府的推动力看,要深化改革,加强制度和政策供给,优化资源要素配置,调动各类主体优化政务生态的热情和积极性。政府应从过去的直接干预、无所不包,转变到构建良好的生态系统上来,搭建平台、完善配套、高效服务、信息共享,创造良好的政策环境、创业环境、投资环境、硬件环境、文化环境,促使创业生态系统尽快生成。要优化政府组织内部的动力机制,探索"投入与产出相匹配的机制",包括对每个政府工作人员探索"赛马机制"。根据激励理论,激励力=效价×期望值。激励力的大小取决于预期成果带来的满足感和通过努力可以实现预期成果的机会概率。动力机制设计的关键是尽量用量化指标,刻画每个政府机构和政府工作人员的"投入—产出"。

从市场主体的自动力看,生态型政府是开放性组织,企业生态与政务生态相互影响、相互作用。应让市场主体充分参与政务生态系统构建,公共服务、公共产品生产充分与市场主体互动,这是提升政务生态竞争力的关键。类似阿里巴巴这样的大型平台型企业,能够在所在区域形成强大的"磁场"吸附力,源源不断从外界吸引各类要素资源,催化甚至倒逼政务生态系统不断演化。企业创业创新活动持续发生,新企业不停生成,新产品、新技术、新模式层出不穷,都可以移植应用到政务系统中。当企业发展到一定规模或一定阶段,就会产生"病毒式"的扩散能力和"引擎式"的带动能力,吸附一大群中小企业在其周围形成共生的生态群落,促进人才集聚、产业集群、要素集成,快速形成庞大的企业生态系统,这些生态系统与政务生态系统是互利共生的,会时时刻刻影响政务服务改进和政务生态升级。同时,社会力量也是政务生态系统形成、优化和演化的关键条件,要以更加开放的姿态,注重引导、鼓励和吸纳社会力量。

从环境的吸引力看,"自然生态公共品"从以往的过剩到今天的稀缺,对政务生态、企业生态、创业创新生态的影响力会越来越大。生态公共品有自身独特的优势,一定要避免"公有地悲剧",用良好的自然生态为政务生态加分。要进一步优化自然环境、人文环境,完善"宜居、宜游、宜创"的功能,推动"就业、创业、置业"有机融合,提高区域环境的吸引力和影响力。

从"生态型细胞"锲入,提高公务员的创新性、活跃性和工作能量。

在政务生态系统里,公务员是一个个微细胞,只有每个细胞活跃,充满能量,政务生态才富有活力。在知识社会,新知识、新理念、新技术更新速度很快,创造新知识并运用新知识,对政策创新、效能提升、改善政务生态至关重要。目前,公务员的知识结构、思想理念、工作能力等方面还存在不适应的问题,特别是工作的动力不够强、创新的激情不够活跃,这必然影响整个政务生态的活力。

当前,应进一步加强公务员能力建设,加强公务员的政治鉴别能力、依法行政能力、创新能力、公共服务能力、调查研究能力、学习能力、沟通协调能力、应对突发事件能力、心理调适能力等通用能力建设，更好地支撑政务生态圈。要特别关注的是，企业生态、政务生态、社会生态都在不断演化，生态里的每个细胞都在新陈代谢，公务员的能力建设如果滞后于企业高管员工、社会精英人士的能力建设，那么整个政务生态恐怕难以跟得上企业生态、社会生态的演化。

从制度供给锲入，为持续改善政务生态提供长远的保障。

古罗马历史学家塔西佗提出了著名的"塔西佗陷阱"，认为当公权力失去公信力时，无论发表什么言论，实行什么政策，社会和公众都会给予负面评价。为避免"塔西佗陷阱"，必须加强制度供给，更新政务生态，用好的生态赢得公众信任。要构建"法治导向"的政务生态，推进政府权力的法治化，在深化"四张清单一张网"建设的基础上，进一步将政府的"决策、执行、预算、监督、公开"纳入法制化轨道。

政务生态建起来很难，但破坏很容易，而且一旦遭到破坏恢复更难。近年，"限牌"等政府行为一旦不慎，对政务生态是不小的破坏，对政府公信力是不小的影响。因此，一定要用法制约束政府行为，保护政务生态。一是创新立法规划，提高立法质量。改变法规滞后实际、法规不配套等现象，增加法规的可操作性。二是规范行政执法行为。实行执法责任制和执法评议制，从源头上解决多头执法、重复执法、交叉执法等问题。三是健全行政监督机制。健全行政决策监督制度，执行行政复议制度，完善规章和规范性文件的备案审查制度。四是健全政府信息发布制度、政府决策公开制度、行政行为公开制度。实体公开和程序公开都要执行到位。建立行政公开例外制度和公众监督评价制度。五是健全吸纳民意的制度。用线上与线下相结合的方式，全方位听取民声民意，让公众有广泛的参与度。

第二篇　增强内生转型动能　提升中国中小企业竞争力的若干调研报告

第10章　基于570家企业与4794名员工入企调查数据的企业转型升级路径研究报告

　　本章首先进行了一次以转型升级为主题的入企现场问卷调查，得到了全面的企业劳动力匹配调查数据。基于数据，本章得出了当前企业转型升级在绩效、全要素生产率、企业家精神、增长模式等方面七个特征事实。基于特征事实而提出的企业转型升级路径是：形成面向市场的创新型企业家精神；加快从"速度盈利型模式"向"质量盈利型模式"转变；加大企业人力资本投资以形成人力资本红利；注重技术创新能力的持续性提升。本章的政策建议是：制定加快"制度型企业家"向"创新型企业家"转型的系列政策；消除企业对政府经济增速目标的依赖；大力发展以技能人才为基础的国家人力资源培养体系；促进多元质量信号充分供给，形成优质优价的市场机制。

第一节　问题的提出

　　我国经济进入新常态后面临三大转变：经济增长速度从高速转为中高速，经济结构不断优化升级，经济增长的动力从要素驱动、投资驱动转向创新驱动。[1]新常态下，企业转型升级的需求更为现实而迫切。企业的转型升级主要是指通过

---

　　[1]　引自习近平主席在2014年APEC峰会上对新常态的论述，资料来源于新华网：http：//news. xinhuanet. com/politics/2014－11/10/c＿127195118. htm.

产业的转行、增长方式的转轨和产品本身的升级等方式（吴家曦、李华燊，2009），最终实现低技术、低附加值向高技术、高附加值转变的目标。现有文献关于企业转型升级的研究较为丰富，胡迟（2010）、殷阿娜、王厚双（2014）从绩效角度评价了企业转型升级的现状，蔡昉（2010），张国强等（2011），代谦、别朝霞（2006）等研究了人力资本形成及结构变化对于转型升级的影响，认为人力资本形成可提升劳动生产率、降低企业的生产成本，进而对冲劳动力成本上升；赵昌文等（2010），邱红、林汉川（2014）以及徐康宁、冯伟（2011）等则从技术角度，研究了技术创新对于提升产品附加值，进而提升企业整体绩效的作用；杨桂菊（2010）、刘德学等（2006）等从质量品牌、产品设计和更新速度等产品质量能力领域研究企业的转型升级问题，指出企业要更加注重自我质量品牌的建设，走向价值链的高端；贺小刚等（2005）和中国企业家调查课题组（2015）认为企业家的能力是影响企业转型升级的重要因素。还有学者关注企业转型升级中的国际竞争能力形成（金碚，2011）、绿色转型（林汉川等，2014）、组织管理的创新（孔伟杰，2005）等方面。

现有文献对于企业的转型升级现状与影响因素进行了较为充分的研究，但是存在两个方面的不足：一是在数据方面，缺乏新常态下最新的企业调查数据，使得研究结论的时效性不够；二是在研究内容方面，分别集中在转型升级某个要素上，而缺乏对企业转型升级全貌式的研究。由于数据缺乏而导致的企业转型升级研究的不足，使得理论研究中，对于宏观经济发展的前景出现了截然不同的判断：有的学者认为中国未来的经济发展前景是悲观的，进入"中等收入陷阱"的可能性很高（楼继伟，2010）；但也有学者则认为中国经济依然能够保持快速增长，甚至还可以保持8%以上的高速增长（林毅夫，2013）。实际上，这些判断的背后都需要强有力的一手企业调查数据的支撑，才能够真正为政策制定提供坚实的依据。

因此，本章要研究的问题是：新常态下，企业转型升级的整体状况，尤其是在人力资本形成、技术进步、质量提升、企业家精神等重要方面的现状如何，企业未来该如何选择正确的转型升级路径，政府如何根据企业转型升级现状和问题制定有效的政策措施？

第二节　企业数据说明与分析

为弥补现有研究中实证数据不足的问题，本章作者所在的武汉大学联合清华大学、香港科技大学和中国社会科学院在广东进行了企业—员工匹配调查（CEES）。该调查于2012年开始策划实施，经历了2年的问卷设计研讨，2014年下半年开始通过试调查的方式又不断地对问卷内容进行了修改完善。2014 年 10 月至 2015 年 5 月经过了共计 5 次实地仿真调查并总结试错经验后，于 2015 年 5 月开始组织 200 余人（含调查员和辅助人员）调查团队进行正式调查，最终于 2015 年 8 月完成全部调查，9 月完成最终的数据核实、检查、清洗工作。调查共发放企业问卷 874 份、员工问卷 5300 份，回收有效企业问卷 570 份、员工问卷 4794 份，共计 5364 份问卷。CEES 突破了现有企业转型升级研究的数据瓶颈，其学术价值和现实意义主要表现在以下三个方面。

一、新常态下我国制造业企业内容最全面的学术性调查

（一）反映我国经济新常态下企业特征的最新调查

我国明确经济进入新常态的时间是在 2014 年前后，而现有研究中所使用的数据，除了中国企业家调查数据库以外，绝大多数为 2010 年以前的数据，难以反映当前企业最真实的经营状况。在实证研究中，样本信息的时效性决定了实证研究具体结论的政策价值和现实意义。对引用率最高的 418 篇文献所应用的企业数据分析发现：除中国企业家调查系统的企业调查数据更新到 2015 年，其他数据库的最近数据信息均与当前经济发展情况存在 3 年以上的时间差。尤其值得注意的是，对于实证文献应用最为集中的上市公司数据库、中国工业企业数据库与中国海关贸易数据库而言，数据更新周期则更为滞缓，基本为 4 ~ 8 年。CEES 于 2015 年实施，获得的数据为 2013 年和 2014 年两年度的数据，是当前分析我国新常态企业发展现状最新的数据。

（二）调查内容覆盖了大多数的企业基本面数据

本次调查的内容既参照了第三次经济普查等官方调查体系，也参照了现有学术研究机构所主导的企业调查内容（林汉川，2003；吴家曦，2009；国务院发展研究中心，2011；等），覆盖了企业全部基本面数据。在基本信息方面，与第三次经济普查问卷一致，调查了企业的法人代码、注册类型、控股情况、销售状况、财务状况等信息。同时在转型升级方面，全面地调查了几类主要影响因素，如人力资本、员工技能、企业家基本情况等（见表 10 – 1）。

表 10 – 1　主要的调查内容设计

调查领域	主要调查内容	问项数
基本情况	地址、注册年份、注册类型、注册变更、工业总产值、工业增加值、利润、中间投入、主营业务收入、主营业务成本、纳税情况、财政补贴、税收返还、融资状况、企业一把手基本情况	36

调查领域	主要调查内容	问项数
生产情况	机器使用情况、机器价值、机器的来源结构、土地使用状况、土地使用成本、生产与研发外包	16
销售情况	销售目的地、市场份额、出口状况、出口计价货币	19
技术创新	研发人员、研发资金投入、专利状况、专利结构	6
质量能力	质量检测设备、质量标准、质量管理方法、质量认证、质量信号、质量品牌、退货率、质量文化与质量战略、质量监管状况	36
人力资源与社会保障	员工数量、员工结构、工资水平、劳动关系、社会保障参与、工会状况	44

转型升级是企业结构转变的过程，因而学者在研究企业转型升级问题时，也十分关注企业生产经营的结构性变化，具体包括：企业的治理结构变化情况（林汉川等，2003）、生产结构变化（孔伟杰，2012）、不同技能劳动力需求的结构变动（都阳，2013）等。本次调查包含丰富的企业结构化数据，可适用于不同类型的转型升级问题研究。本调查所涉及的结构化问项主要包括9个方面的内容（见表10-2）。

表10-2　主要结构化数据

结构性内容	调查数据
股权结构	控股情况、不同主体持股比例以及变动情况
机器设备结构	进口机器比例、数控机器比例
成本结构	原材料、工资、销售费用、折旧
税收结构	所得税、增值税、其他税
补贴结构	环保补贴、新能源补贴、高新技术补贴、其他
进出口结构	进出口国家和地区、加工贸易比例、结算货币结构
专利结构	国内外结构、不同类型专利结构
人力资本结构	不同类型员工的数量结构、总体受教育程度分布、一线工人的受教育程度分布、技能型员工的比重
工资结构	工资差距、不同类型工人的收入、社保结构

（三）高质量的学术性调查

CEES是由学术机构主导的，因而其在研究设计时各方面均按照最为严格的学术性要求来保证调查的可靠性和高质量。

第一，调查区域选择的代表性。CEES选择了广东省作为样本区域，其在转型升级上具有三个方面的代表性：一是转型升级实践最早。广东在2005年就提出了传统的经济发展模式会导致"四个难以为继"[①]，2008 年通过了我国最早的促进转型升级省级政策文件，这一指导性文件比全国性的转型升级政策文件早 3 年。二是经济总量的代表性。广东一直是全国经济总量排名第一的省份，2014 年广东经济总量占全国 10.66%、进出口总额占全国 25.01%[②]、制造业就业人数占全国的 16.4%[③]，均处在全国第一的位置。三是区域发展的差异性。样本覆盖了广东省 13 个地级市，这些区域既包含经济发达的珠三角地区，也涵盖了经济欠发达的粤东和粤西地区。在经济发展程度上，珠三角地区与我国的东部地区较为接近，粤西与中部地区较为接近，粤东则与西部地区较为接近，因而以广东作为调查对象具有较好的样本异质性和代表性。

第二，抽样方法的科学性。由于现有企业数据在抽样方式上的非随机性，数据样本所对应的概率密度函数、累积分布函数是未知的，造成研究结论只能准确反映基于调查样本的实证关系，研究结论对于总体真实状况进行统计推断和理论预测的科学价值将大打折扣（Hsiao，2003）。CEES 采用了完全的随机抽样程序来获得样本，抽样的步骤是：首先将每个样本单元内经济普查登记的所有制造业企业编号并随机排序；其次将企业人数加总形成整体抽样框（M），将其除以 50 作为抽样间距（N），抽样间距乘以一个（0，1）的随机数并取整，将其作为抽样的第一个样本；然后顺次加上抽样间距，确定对应序号的企业，最终获得 50 家样本企业。

第三，数据有较高的信度。按 Anderson 等（1988）的数据有效性和可靠性检验方法对全部调查数据进行了信度和效度检验，分别测算了本次调查各维度和整体的 Cronbach α 系数。检验结果表明，企业基本情况、企业生产情况、企业销售情况等六大维度的 Cronbach α 系数分别为 0.865、0.795、0.723、0.894、0.621、0.798，除质量竞争力维度的数据可靠性基本通过可靠性临界值（0.6）水平外，其余维度的调查数据均通过了 Cronbach α 系数为 0.7 的高可靠性水平检验。总体数据的 Cronbach α 系数为 0.875，表明本次企业调查数据具有良好的内部一致性。

二、完全通过入企方式现场获得的一手调查数据

（一）对企业真实经营状况的实地调查

现有转型升级研究中所使用的企业调查数据并不是通过现场入企的方式来获得，而主要是通过电子邮件、邮寄问卷或企业上报等方式来收集。这种调查方法

---

① "四个难以为继"是指：土地、空间有限难以为继；能源、水资源短缺难以为继；人口不堪重负难以为继；环境承载力严重透支难以为继。

② 数据来源：国家统计局，http://data.stats.gov.cn/easyquery.htm? cn = C01.

③ 根据全国第三次经济普查公报和广东省第三次经济普查公报的数据计算得出。

成本较低，但是在数据的真实性方面却大打折扣。企业的经营状态是处于动态变化的，尤其是在处于新常态这样一个背景之下，企业的进出更替速度非常之快。据统计，我国有 49.4% 的企业年龄在 5 年以内，2 年以内的企业占到 28.8%，2008 年年初到 2012 年年底的五年间，全国共有 394.22 万户企业陆续退出市场，其中退出企业的平均寿命为 6.09 年，寿命不足 5 年的企业接近六成。[①] 要确定企业真实的经营状态，最好的办法就是现场的入企调查。CEES 对于企业的经营状态具有严格的确定程序：从经济普查数据库拿到企业名单之后，要按其登记的地址到达现场确认，对于任何一家与经济普查信息不一致的企业，要通过询问当地政府或社区确定该企业是停产、破产、搬迁还是发生了变更。对于仍在经营但搬迁或变更名称的企业仍然需要继续调查。在抽样的 1000 家样本企业中，实际调查的企业为 834 家，[②] 最终确定了 634 家正常经营的企业，样本的识别率为76%。现场确认的方法，保证了尽可能低的样本损失率，提高了抽样的代表性。

（二）以现场调查保证了较高的样本回收率

企业调查由于容易涉及企业的敏感信息，如财务状况、税收和补贴、工资水平等，而容易导致拒访。较高的样本拒访率容易产生样本的选择性偏误，即调查的样本偏向于容易接受调查的企业，而这些企业可能在某些方面与拒绝接受调查的企业存在着系统性的差异。拒访率越高，产生样本选择性偏误的可能性就越大。CEES 通过现场调查方法，尤其是在基层的乡镇（街道）和村（居委会）工作人员的支持下，能够进行充分有效的沟通，极大地降低了企业的拒访率。在634 家确认的样本中，拒访的企业为 52 家，回收样本量为 570 家，回收率为92.1%，远高于同类企业调查，从而极大地降低了样本选择偏误的可能性。

（三）对问卷问项的现场逐个填答提升了数据的真实性

由于缺乏对企业填报数据的足够激励，企业提供不真实数据的可能性较高。CEES 在获得现场进入的同时，还以调查员现场填报的方式来保证数据填写的完整性和真实性。CEES 要求调查员对于核心的数据指标（如工业增加值、利润、销售总额等）进行逻辑检验，尤其是对于员工问卷要逐个问项进行现场检查，提升问卷信息的真实性。CEES 的企业问卷填写完整率为 95%，员工问卷填写完整率为 96%。同时，CEES 还专门设置了问卷检查员，对于问卷进行重复检查，对于有问题的数据需要现场进行重新采集。

---

① 数据来源：国家工商总局 2013 年公开发布的《全国内资企业生存时间分析报告》。
② 各地区走访企业数量存在差异，调查设定的正常经营的企业数量为 36 家，确定不存在的情形以后再依次往下联系，直至第 50 家企业，因而各地区走访的企业为 36～50 家，走访企业总数为 720～1000 家。

三、首个来自发展中大国的企业—员工匹配调查

（一）通过企业—员工的匹配调查反映劳动力成本上升对企业的真实影响

我国经济进入新常态最为重要的现实背景就是人口红利的消失，进而驱动劳动力成本的迅速上升。企业如何应对劳动力成本上升的挑战，是其能否顺利实现转型升级目标最为关键的方面（都阳，2013）。而要研究这一问题必须得到企业与劳动力的匹配性数据。现有研究转型升级的文献中，劳动力成本上升仅仅被当成宏观背景或既定条件，单独地研究了企业的行为应对，并没有企业真实的劳动力成本数据，从而无法得到企业最为真实的行为变化；另一些学者以区域的、行业的平均劳动力成本作为研究对象（刘厚俊、王丹利，2011；王燕武等，2011；等），这一方法既容易产生测度误差（聂辉华，2012），同时也无法分析不同规模、不同所有制、不同技术水平等方面的异质性问题。CEES 所匹配的劳动力，是在抽样企业中以员工名单作为抽样总体，采取随机抽样的方法确定的。调查内容不仅包括了员工的工资水平，还包括了员工受教育程度、社会福利、工作经历、劳资关系等与转型升级密切相关的重要信息。不仅可直接获得企业最为真实的劳动力成本状况，同时也能够反映新常态下劳动力市场所发生的最新变化，进而得到企业应对劳动力成本上升所产生的行为变化。

（二）有效地支撑发展中大国经济转型过程中的企业和劳动力问题研究

匹配调查是国际上企业和劳动力研究最为主流的方法之一，其主要的科学价值在于：使得研究者可以评估一个企业的劳动力、工作、机器的不同组合，以深入地研究企业的内部组织结构和绩效（Abowd & Kramarz, 1999）。然而，由于匹配调查的高难度，完全基于随机抽样的企业员工匹配调查在国际都是一个重大难题，目前仅在美国、法国、挪威和瑞典等少数发达国家实施过。且大量的数据仅能在企业或员工一个方面实现随机抽样，其他的需要匹配政府管理数据。在我国，虽然大量的研究使用了企业和员工匹配性数据指标来分析企业转型升级等问题（都阳，屈小博，2010；王燕武等 2011；王万珺等，2015），但这些数据都不是一手的现场调查数据，而是对不同官方统计数据库的匹配。因而，在包括中国在内的发展中大国，企业—员工匹配调查仍然是空白，这对于发展中国家的企业和劳动力问题研究造成了巨大的阻碍。CEES 是首个在发展中大国实施的企业—劳动力匹配调查，能够为大量的一直存在着理论争议的重大转型问题提供高质量的数据支持，如发展中国家的融资约束、出口的生产率悖论等重大问题的研究，都可能利用 CEES 数据而得到更为可靠的结论。

第三节　样本数据来源与研究方法设计

企业转型升级的根本目的是通过生产或经营方式的转型，实现更高的企业发展绩效。因此，企业的绩效指标是转型升级评价的基本方面，绩效主要可从投入和产出两个层面来考察。投入主要是如何实现产出增长从依靠要素的数量投入向依靠创新转变，也就是实现更高的全要素生产率（Krugman，1990；杨汝岱，2015）；从产出而言，就是要从价值链的低端走向价值链的高端（Gereffi，1994；吴家曦，2009），实现更高的利润水平和增加值。基于此，本章对于企业转型升级现状的分析首先是要关注企业的全要素生产率、利润和增加值等指标。

转型升级的具体行为主要表现为转行、转轨和升级（吴家曦、李华燊，2009），因此本章还将重点关注影响企业转行、转轨和升级的几个关键因素：一是企业的人力资本转型。应对劳动力成本上升的重要路径之一就是提高人力资本水平，用高技能劳动力替代低技能劳动力，进而提升劳动生产率（都阳，2013）。对于企业人力资本主要采用了三个方面的衡量指标：①受教育年限（Schultz，1961；Mankiw、Romer，etc，1992）；②劳动力的健康水平（Barro & Lee 1994；杨建芳、龚六堂等，2006）；③劳动者的技能状况（都阳，2013）。二是企业的技术创新状况。技术创新是企业创新的核心能力，也是企业转型升级的重要路径。本章主要采用了企业的研发人员比重、研发资金的比重（安同良等，2006；）以及专利的数量等方面，分别从投入和产出的角度来度量企业的研发状况。三是企业质量能力状况。转型升级的另一个重要方面，就是产品本身的升级，即通过品牌、标准等能力的建设提高产品的附加值（杨桂菊，2007；吴家曦，李华燊，2012）。根据质量的定义——产品和服务能够更好地满足消费者需求的能力，产品的品牌和认证是衡量产品质量的重要信号（Emmanuelle & Steven，2015），因此本章采用了品牌和认证作为质量能力的衡量指标。四是企业家精神。企业的创新精神，是企业转型升级的重要前提，尤其是企业能否摆脱制度企业家的路径依赖，从作为政府代理人的套利型企业家转变为面向市场的创新型企业家（张维迎，2015），是决定新常态下企业转型升级能否成功的内在因素。本章主要采用的是产品更新换代的周期，新产品的更新速度代表了企业家对于产品适应市场需求的反应能力以及企业的整体创新能力，另外企业家的个人特征（年龄、受教育年限）等方面也可成为企业家能力的代理变量（陈传明、孙俊华，2008）。基于调查数据，可以得出企业转型升级现状以下七个方面的特征性事实。

一、企业绩效增速整体下滑但趋于稳定

2014 年企业增加值的年度增长率为 3.15%，总产值增长率为 6.75%，固定

资产投资增长率为 8.55% （见图 10 - 1）。这一数据与我国宏观经济的整体增速较为接近，企业增长速度已经处于个位数增长的水平。可见，转型升级过程中，企业增长速度的下降已经成为一个不可逆转的趋势。

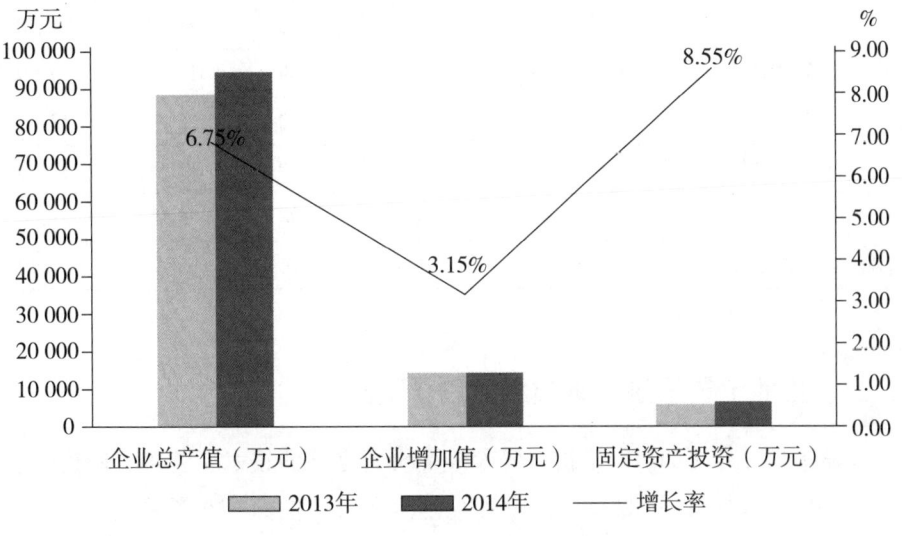

图 10 -1 企业增加值和投资增速

对比国家统计局对规模以上企业的增加值的数据，CEES 所显示的增加值数据更低。2005—2011 年（除 2009 年受金融危机影响发生快速下降之外），我国规模以上企业的工业增加值累计增长率一直保持在 18% 以上，2012 年降至 7.53%，2014 年为 5.82%。① 而最新调查显示企业在 2014 年的增加值为 3.15%，远低于国家统计局发布的 5.82%。二者存在差异的原因，可能是由于提高了中小企业增加值数据后，拉低了整体工业增加值增幅水平。另外，企业的主要效益指标相对于总量指标而言，较为稳定。其中销售利润率从 2013 年的 4.61% 变动为 2014 年的 5.55%，提升了 0.94 个百分点。这表明，虽然企业增长的速度在下降，但随着企业转型升级进程的推进，企业盈利能力整体趋稳。

企业的亏损率指标也可反映出整体趋稳的状况。2014 年调查企业的整体亏损率为 12.5%，较 2013 年下降 3 个百分点，高出全国平均水平约 1 个百分点。连续两年亏损的企业占 8.93%。在 2014 年扭亏为盈的企业比例为 6.61%，而由盈转亏的企业为 3.57%（见表 10 -3）。因此，企业盈利状况整体较为稳定。

---

① 数据来源：根据国家统计局网站公开数据计算而得，http：//data. stats. gov. cn/easyquery. htm？cn = C01&zb = A0201&sj = 2014.

表 10 - 3　企业的盈利状况（％）

类　别	总　体	国有企业	民营企业	外资企业	其他企业
2014 年负利润	12.50	9.09	9.25	17.00	9.09
2013 年负利润	15.50	12.10	10.70	21.30	27.30
两年均为负利润	8.93	9.09	5.69	13.20	0.00
2014 年工业增加值为负	17.00	21.20	17.40	15.30	27.30
连续两年工业增加值为负	12.30	9.09	12.50	11.90	27.30
亏损转为盈利企业	6.61	3.03	4.98	8.09	27.30
盈利转为亏损企业	3.57	0.00	3.56	3.83	9.09

二、企业全要素生产率贡献度趋于下降

全要素生产率（TFP）是指在要素数量投入之外的技术、管理、制度等多种要素对增长的贡献率，[①] 是衡量企业效益较为常用的指标。本章采用了较为常见的增长核算方程来测算 TFP，计算企业的全要素生产率。[②] 据调查数据的测算，企业平均的 TFP 贡献率为 35.9%，这一测算结果与使用了同样测算方法的其他学者相比整体较为接近，其中与王小鲁等（2009）以及江飞涛等（2014）的结果最为接近，高于周彩云（2012）的 15.5% 的水平（见表 10 - 4）。从 TFP 变化的趋势来看，本章测算的 TFP 较上一年下降了 6.7 个百分点。进一步地考虑 TFP 的分布，可以发现 TFP 呈现向左偏移的年度变化趋势（见图 10 - 2）。在类似的测算方法下，其他学者测算的企业全要素生产率整体却是处于增长的趋势。这些学者认为，企业全要素生产率增长的主要原因是企业的效率改进，以及出口带来的资源配置效应提升。[③] 但这一结论基于的数据是经济未进入新常态的 2009 年（及之前）的数据，因此其结论与新常态下企业的全要素生产率数据存在差异。驱动全要素生产率增长的资源再配置效应（姚战琪，2009），一方面是劳动力的再配置效应，大量的劳动力从农村向城市的转移，提高了劳动的边际产出水平；另一方面，是资本要素的再配置效应，包括外资的进入，国有企业的改革等方面。进入新常态后，随着我国劳动力供给状况的改变，人口红利消失，劳动力转移的资源配置效应趋于消失；同时国际市场开放所带来的资源配置效应也趋于递

---

① 鲁晓东，连玉君. 中国工业企业全要素生产率估计：1999—2007 [J]. 经济学（季刊），2012（1）.

② 回归方程中，被解释变量为工业增加值对数、解释变量为固定资产投资对数、劳动力数量对数、企业成立年限，同时控制了行业固定效应和区域固定效应.

③ 参见：杨汝岱. 中国制造业企业全要素生产率研究 [J]. 经济研究，2015（2）.

减。由于资源配置效应的下降，企业的全要素生产率出现了逆转，这促使企业应更多地依靠自主创新能力的提升。

表 10 - 4　TFP 及 TFP 增长率与相关研究文献的比较

来　源	测算年份	TFP（%）	TFP 增长趋势
CEES	2013、2014	35.90	下降
王小鲁、樊纲、刘鹏（2009）	1999—2007	37.35	上升
江飞涛等（2014）	1980—2012	30.58	下降
周彩云（2012）	1978—2009	15.50	—

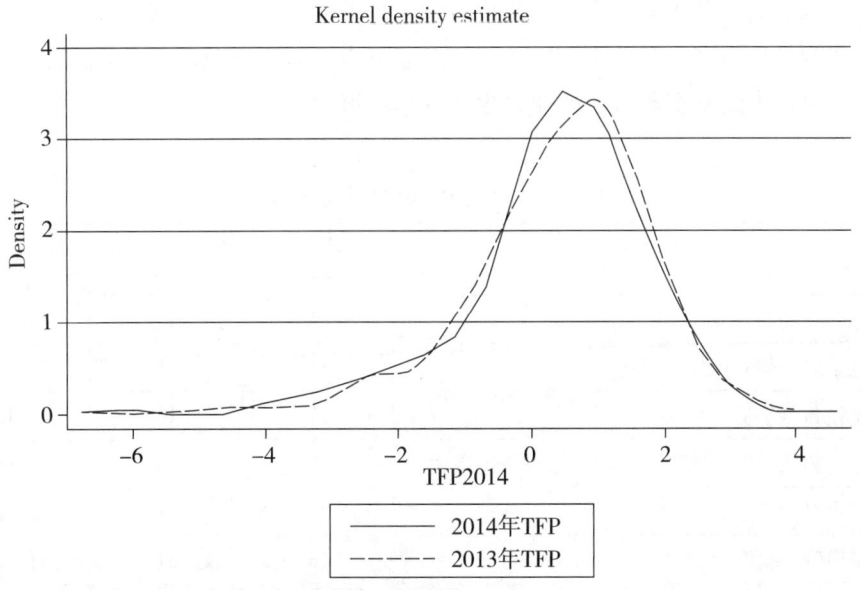

kernel = epanechnikov,bandwidth = 0.2887

图 10 - 2　全要素生产率分布的年度变化（%）

三、落后企业退出市场的趋势明显

企业在市场上正常退出，是消除过剩产能、提高经济效率的重要途径，[①] 所以对于退出市场的分析，也是企业转型的重要方面。对于企业退出市场的判定，主要是根据企业的注册年份、营业状态等指标，一般以企业注册代码未出现在当

---

① 张维迎，周黎安，顾全林. 经济转型中的企业退出机制———关于北京市中关村科技园区的一项经验研究 [J]. 经济研究，2003（10）.

年统计记录中作为退出的标准。[①] 本章在这一方法的基础上做了进一步改进，将统计记录中存在，但现场查验已无生产经营活动，或企业不存在时认定为退出。由于这一改进，本章收集的企业市场退出状况更为贴近真实状况。数据表明，企业的总体退出率为 16.5%，与相关学者测算的 17% 的退出率水平基本相当。[②] 其中，黑色金属冶炼业、专用设备制造业、运输设备制造业等 3 个行业企业退出率最高，均达到了 40% 以上。而食品制造业、酒饮料和精制茶制造业、烟草制造业、纺织业、家具制造业、化学原料和化学制品制造业、废弃资源综合利用业等 7 个行业的企业退出率较低（见表 10 - 5）。这反映了资源密集型和资本密集型产业整体退出率较高，而消费品行业退出率较低。因此，我国制造业企业在产业上的转型升级正在发生，依靠要素数量投入的资源密集型和劳动密集型产业大量退出，而能够满足新的消费需求、质量阶梯较长的消费类产业则保持较为稳定的发展。产业结构的这一变化，也反映了新常态下市场对于资源配置的作用正在逐步增强，不适应新常态要求的产业以更快的速度退出市场。

表 10 - 5　不同行业企业退出市场情况

类　别	抽样数（个）	退出市场数量（个）	退出率（%）
总体	683	113	16.50
黑色金属冶炼和压延加工业	11	5	45.45
专用设备制造业	31	14	45.16
铁路、船舶、航空航天和其他运输设备制造业	7	3	42.86
农副食品加工业	23	8	34.78
纺织服装、服饰业	66	21	31.82
有色金属冶炼和压延加工业	10	3	30.00
医药制造业	12	3	25.00
橡胶和塑料制品业	29	7	24.14
非金属矿物制品业	54	12	22.22
文教、工美、体育和娱乐用品制造业	28	6	21.43
其他制造业	5	1	20.00
金属制品业	59	11	18.64

[①] 马弘，乔雪，徐嫄，2012. 中国的就业创造与消失：来自制造业 1998—2007 的证据 [J]. 经济研究网站工作论文 WP243.

[②] 毛其淋，盛斌. 中国制造业企业的进入退出与生产率动态演化 [J]. 经济研究，2013（9）.

续表

类　别	抽样数 （个）	退出市场数量 （个）	退出率 （%）
木材加工和木、竹、藤、棕、草制品业	6	1	16.67
皮革、毛皮、羽毛及其制品和制鞋业	38	6	15.79
造纸和纸制品业	13	2	15.38
通用设备制造业	28	2	7.14
汽车制造业	14	1	7.14
仪器仪表制造业	15	1	6.67
印刷和记录媒介复制业	18	1	5.56
电器机械和器材制造业	60	3	5.00
计算机、通信和其他电子设备制造业	107	2	1.87
食品制造业	3		0.00
酒、饮料和精制茶制造业	5		0.00
烟草制造业	2		0.00
纺织业	17		0.00
家具制造业	15		0.00
化学原料和化学制品制造业	6		0.00
废弃资源综合利用业	1		0.00

四、企业家精神不足阻碍了转型升级的步伐

企业家精神是影响企业发展的重要因素，我国改革开放以来形成了以制度能力为核心的（项国鹏等，2009）的独特企业家精神，即主要是通过外部和内部的制度创新来获得发展的空间。这一企业家精神发挥作用的前提条件是经济转型过程中，存在着制度突破的空间，而随着新常态下我国市场经济制度的不断完善，这种制度突破的空间越来越小，原有的企业家精神成为企业转型升级的阻碍因素。

调查数据可从各个方面证明企业创新能力的不足。按企业家不同出生年代划分，20 世纪五六十年代出生的企业家的产品更新周期整体偏高，利润率均则低于其他年代的企业家（见图 10 - 3）。而 20 世纪五六十年代的企业家占到了总人数的 55.92%，所在企业的工业增加值占比 80.25%，销售收入占比 77.82%，将对创新能力产生整体性影响。这表明，占企业家多数的 20 世纪五六十年代出生的企业家群体，在创新能力上整体不足，而这又导致了企业整体

盈利能力较低。不同年代企业家在盈利能力上的明显分化，实际上反映出我国企业家目前正面临着转型的挑战。出生于五六十年代的企业家，大部分创业并成长于 20 世纪八九十年代，由于我国当时正处于计划经济向市场经济转型的时期，企业家主要是通过对制度的突破而获得由于制度垄断而带来的"租金"（鲍莫尔，2008）。在这一环境下，政治关联、企业家的社会资本、所有制背景等因素，对于企业的发展至关重要。随着我国市场化改革进程的不断推进，市场在资源配置中的基础性作用不断提升，由制度垄断所带来的"租金"收益不断减少，使得"制度企业家"的能力短板就开始突显，导致企业家整体的创新精神出现了短板。

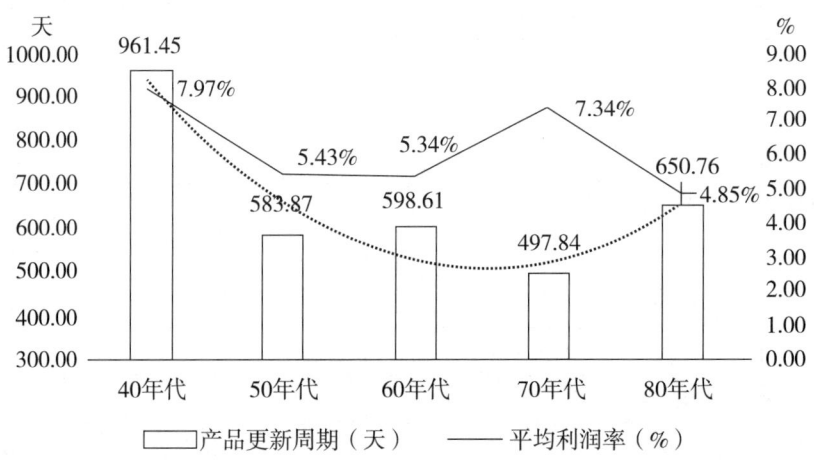

图 10 - 3　不同年代企业家的产品更新周期和企业利润

不同年代出生的企业家在技术创新能力上存在着较为显著的差别，研发强度与企业家的年龄整体呈递减的趋势（见图 10 - 4），占企业大多数的 50 年代和 60 年代出生的企业家所在企业平均研发强度为 0.72% 和 2.15%，而 70 年代为 2.37%，80 年代则更达到了 4.58%。这也更进一步地验证了，早期创业的企业家对于创新的意识和能力不断地下降，对于传统的制度创新仍然具有较强的依赖性。虽然 70 年代尤其是 80 年代的企业家研发投入比例较高，但其在数量上较少，并不能改变企业整体上仍然是速度型增长模式的事实。

长期以来，我国企业的主要发展方式为规模速度型，这种通过利用政策的以及政治关系的发展方式，为企业创造了较多的投资与盈利机会。[①] 新常态下，这类企业的生存危机凸现。判断企业是否具有竞争力以及盈利状况可采用企业

---

① 谢琳，李孔岳，周影辉.《政治资本、人力资本与行政垄断行业进入——基于中国私营企业调查的实证研究 [J].中国工业经济，2012（9）.

获取超出资本成本的平均投资收益率的能力这一指标。① 具体而言，可以用企业投资项目的内部收益率，或长期平均的净资产收益率加以衡量。据此，将主营业务收入低于主营业务成本的企业，界定为低盈利能力企业。数据表明，2014 年低盈利能力企业有 95 家，占 16.63%，连续两年为低盈利能力企业的数量为 69 家，占 12.08%。这些企业未能有效应对新常态下转型升级的要求，而出现了生产经营困难，部分企业需要通过政府的财政补贴，或其他特殊政策来维持生存。2014 年享受补贴的低盈利能力企业占到了 30.28%。其中，低盈利能力企业占用了 73.26% 的环保补贴和 85.19% 的新能源补贴。2014 年 16.52% 的税收返还，给予了低盈利企业（见表 10-6）。这部分企业经营绩效持续低下，却占用了大量的政府财政资源，是新常态下企业转型升级的潜在危机。

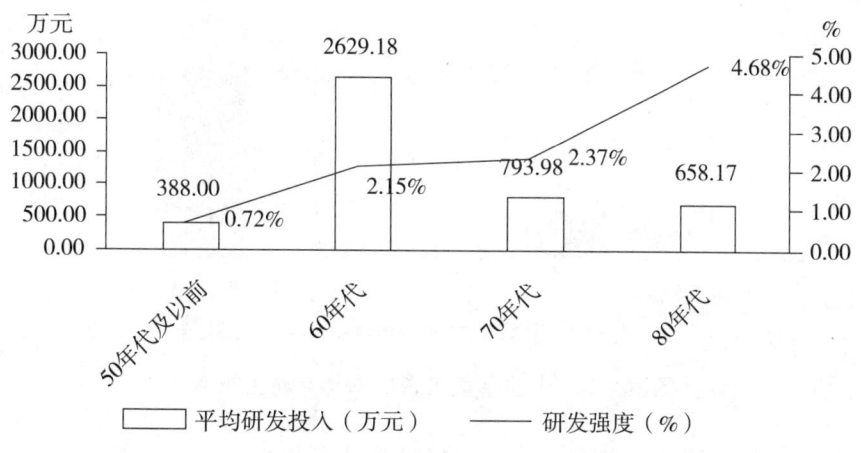

图 10-4 不同年代企业家的研发投入与研发强度

表 10-6 低盈能力利企业对公共财政资源的占用（%）

企业类型	数量比例	财政补贴					税收返还
		环保	新能源	高新技术	其他	总体	
2014 年主营业务收入小于主营业务成本	16.63	73.26	85.19	14.11	14.25	30.28	16.52
两年主营业务收入小于主营业务成本	12.08	73.25	85.19	13.99	11.78	29.68	12.36

① （美国）迈克尔·波特. 竞争战略 [M]. 陈小悦，译. 北京：华夏出版社，1997.

五、劳动力成本上升推动企业人力资本的升级

劳动力的成本优势是相对于劳动生产率增长而言的，当劳动生产率的上升不足以抵消劳动成本上升时，企业才将真正面临劳动力成本上升的压力。调查显示，企业的平均工资成本增长率为7.7%，劳动生产率增长率为8.1%，两者仅相差0.4个百分点（见图10-5）。这反映出劳动力成本上升的速度正在快速逼近劳动生产率的增长，加之企业的社会保障成本，企业在劳动力成本上的增速将可能超过劳动生产率的增速。企业正面临着劳动力成本快速上涨的现实压力。

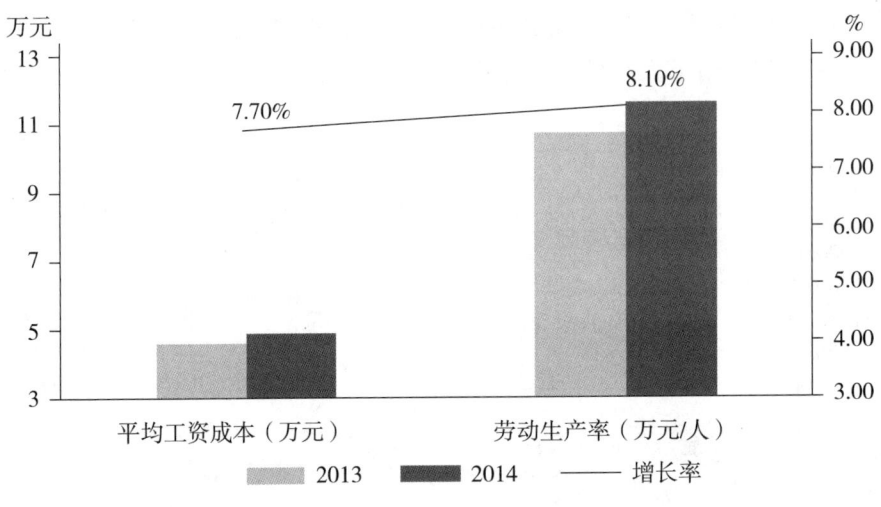

图10-5 企业平均工资成本与劳动生产率

劳动力成本的迅速上升驱动了企业人力资本的投资。在教育人力资本方面，制造业企业员工平均受教育年限为10.82年，分规模、类型来看，大型企业的员工学历略高于中小型企业，国有企业的员工学历高于民营及外资企业。数据表明，企业对于技能型劳动力的使用比重不断增长，技能型劳动力对非技能劳动力的替代大规模呈现，这在实证上检验了新常态下企业对劳动力成本上升所做出的真实反应。但这种技能替代的行为在不同类型的企业中呈现出了较大的差异性，其中大型企业增长幅度最大，达18.58%，但小企业对于技能型劳动力的使用却出现了下降的状况，表明小企业在技能型劳动力的使用上呈现较大的障碍（见表10-7）。

企业的人力资本水平与绩效之间存在着显著的正相关关系。将企业员工平均受教育年限与利润对数以及企业员工平均受教育年限与TFP做相关性分析（见图10-6、图10-7），可以得出较为明显的正相关关系。简单回归的结果显示，企业受教育年限对利润的弹性为0.63，其对于TFP的估计系数为0.025。

表 10 - 7　一线工人中具有职业资质的劳动力占比（％）

企业类型	2013 年	2014 年	占比增长率
大型企业	6.89	8.16	18.58
中型企业	6.81	7.68	12.74
小型企业	9.71	8.13	-16.32
国有企业	18.83	19.93	5.82
民营企业	13.64	14.95	9.62
外资企业	3.25	3.58	9.98
其他企业	5.20	5.36	3.03
总　　体	7.02	8.04	14.50

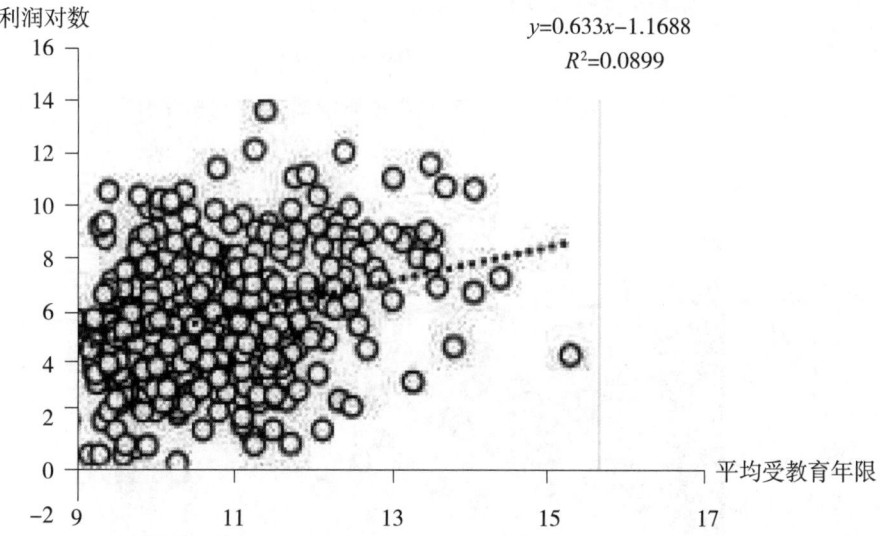

图 10 - 6　企业员工平均受教育年限与利润对数

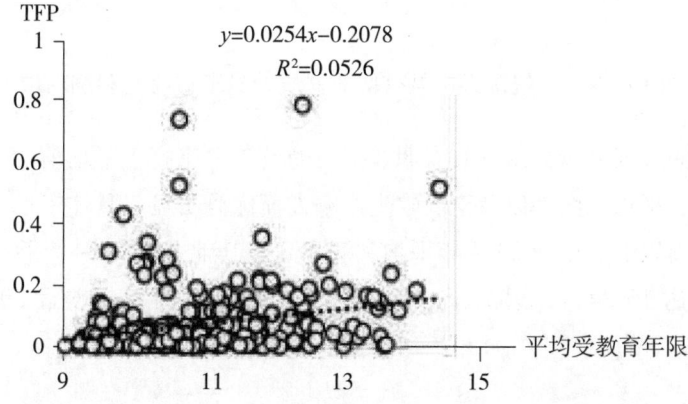

图 10 - 7　企业员工平均受教育年限与 TFP

将企业人力资本的另一指标"一线工人中具有职业资质员工占比"与 TFP 及与企业的利润对数做相关性分析（见图 10 - 8、图 10 - 9），同样可以得出较为明显的正相关关系。

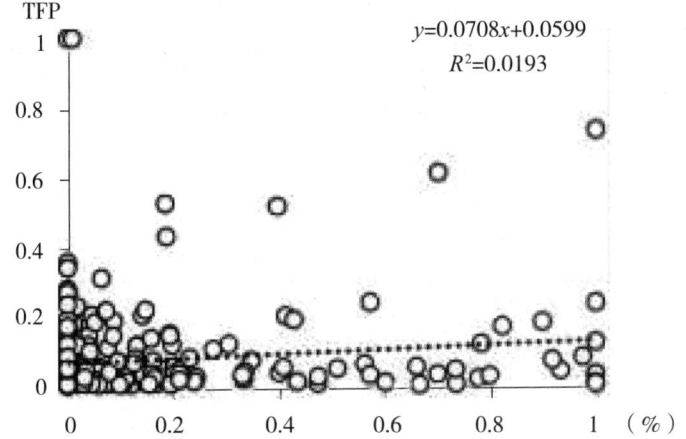

图 10 - 8　一线工人中具有职业资质的员工占比与 TFP

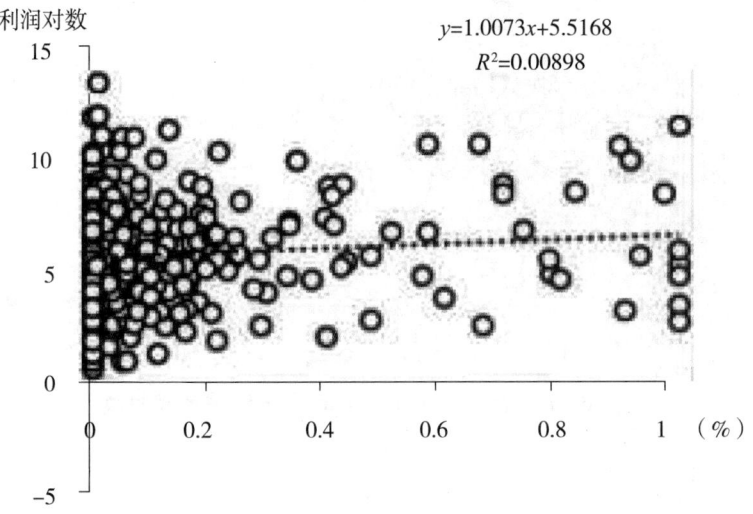

图 10 - 9　一线工人中具有职业资质的员工占比与利润对数

进一步的数据分析显示，具有职业资质的员工占比高于平均值的企业，在平均利润总额、平均利润率以及全要素生产率方面优势明显。具体来说，技能员工占比在平均值以上的企业 2014 年平均利润率高于其他企业 0.64 个百分点，而全要素生产率达 16.34%，远高于平均值以下的企业，两者相差近 39 个百分点（见表 10 - 8）。

表 10 - 8　员工技能状况与企业绩效

企业绩效 员工技能状况	2014 年 平均利润率（％）	2014 年平均 利润额（万元）	2014 年 全要素生产率（％）
平均值以上的企业	6.22	4031.16	16.34
平均值以下（或等于）的企业	5.58	3976.97	-22.43

因而，企业在转型升级的过程中，对于人力资本要素的使用不断增强，并且人力资本水平的不断进步对于企业绩效提升具有显著的效应。加快从劳动力型制造业向人力资本型制造业转变，是切实利用好我国的人力资本红利，加快企业转型升级的重要路径。

六、企业以技术为核心的创新投入显著增长

提高技术创新的投入，进而提升产品的附加值一直以来是企业转型升级的主要路径，特别是随着劳动力成本的不断上升，企业对于技术创新投入的动力进一步增强。调查数据表明，企业整体研发强度保持了较快增长（见表 10 - 9），不管是研发的资金强度还是人员投入强度均有了不同程度的增长。企业平均研发投入保持增长，平均研发资金增长了 10.48％，研发投入强度（研发投入与销售收入之比）则从 2013 年的 1.65％ 提升到 2014 年的 1.87％，增长了 13.33％，研发人员比重也从 2013 年的 7.15％ 增长到了 2014 年的 7.63％，提高了 6.71％。

表 10 - 9　企业 R&D 强度与 R&D 人力投入强度

类　别	2013 年	2014 年	增长率（％）
平均研发投入（万元）	1392.86	1538.88	10.48
研发投入强度（％）	1.65	1.87	13.33
研发人员比重（％）	7.15	7.63	6.71

从不同类型企业来看，大型和中型企业的研发投入明显高于小型企业，民营企业的研发投入显著高于国有、外资企业。在研发产出上民营企业的平均专利数为 43.48，高于平均水平 54％，大大领先于国有企业和外资企业（见表 10 - 10）。因此，在技术创新这一领域，我国的民营大中型企业的意识更强，技术创新的绩效最为显著。

表 10-10 不同类型企业研发投入与产出状况

类 别	研发投入（万元）		研发投入强度（%）		平均专利数
	2014 年	2013 年	2014 年	2013 年	
大型企业	7566.23	6364.93	2.15	1.33	95.69
中型企业	1033.95	1138.93	3.26	3.75	4.39
小型企业	71.37	64.25	0.35	0.24	3.22
国有企业	2297.46	2363.64	1.72	2.13	13.14
民营企业	1692.66	1504.34	4.75	5.82	43.48
外资企业	1425.04	1288.01	1.22	0.68	14.62
其 他	929.35	786.97	2.21	2.06	15.19
总 体	1529.36	1384.21	1.87	1.65	28.15

企业的整体研发投入强度为 1.87%，略高于科技部公布的统计数 1.59%，但与德国、日本、韩国等其他发达国家相比，仍有较大差距。因此，制造业企业的技术研发投入还有进一步增长的空间（见图 10-10）。

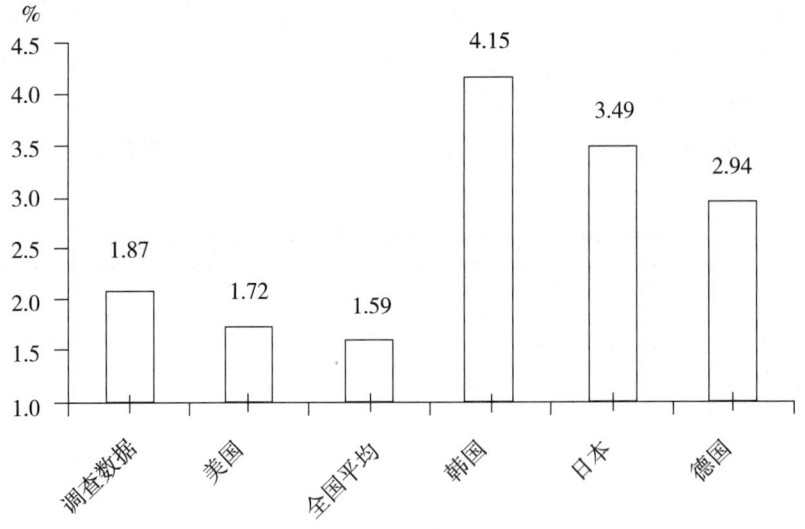

图 10-10 企业 R&D 强度横向对比

中国的统计数据来自：科学技术部创新发展司，2015 年《科技统计报告》第 12 期，全国平均水平为 2014 年。其他国家数据来源于：美国国家科学委员会《2014 年科学与工程指标》报告，报告期为 2013 年。中国和美国的数据分别是将研发总投入减去政府投入部分计算而得。

七、"速度型盈利模式"和"质量型盈利模式"企业分化明显

企业转型升级的过程中，出现了两种在盈利模式上截然不同的企业，一类是速度型盈利企业，即高度依赖于宏观 GDP 增长速度的增长模式；另一类是质量型盈利模式企业，即主要是依靠内生能力尤其是质量提升而较少依赖于宏观经济环境的增长模式。在新常态下，这两类企业的发展出现了明显的分化，速度型盈利企业受到宏观经济增速放缓的冲击较大，而质量型盈利企业所受的冲击较小。

具有质量优势的企业能够形成更为稳定的市场需求，进而更能有效地抵御宏观经济波动带来的风险。选取区域的 GDP 增长率、固定资产投资总额增长率以及社会消费品零售总额的变动来代表地区经济的波动情况，可分析企业绩效对于这些的敏感程度（见表 10 – 11）。

表 10 – 11　宏观经济指标对企业绩效指标的影响

被解释变量	销售额对数		利润对数	
	无品牌	有品牌	无品牌	有品牌
固定资产净值	0.512 ***	0.542 ***	0.453 ***	0.430 ***
	(12.672)	(18.243)	(4.536)	(7.720)
就业人数	0.542 ***	0.537 ***	0.466 ***	0.624 ***
	(10.519)	(11.707)	(3.522)	(7.217)
区域 GDP 增长率	– 8.982 *	– 1.124	– 9.520	– 6.091
	(– 1.722)	(– 0.286)	(– 0.776)	(– 0.802)
区域固定投资增速	0.111	0.0398	– 0.0084	0.946
	(0.146)	(0.066)	(– 0.005)	(0.809)
区域消费增长率	3.755 **	0.219	8.280 *	0.474
	(1.978)	(0.133)	(1.777)	(0.150)
Constant	2.021 ***	1.655 ***	– 1.042	– 0.979
	(4.883)	(4.719)	(– 1.082)	(– 1.489)
Observations	186	285	156	249
R – squared	0.882	0.856	0.550	0.614

回归结果表明，无品牌企业对宏观经济的波动较为敏感，区域的 GDP 增长率对于销售额对数显著为负，而社会消费品零售总额则具有显著的正效应。对于有品牌的企业而言，区域的 GDP 增长率、固定资产投资率和消费品零售总额均不显著。这表明，品牌能够使得企业形成较好的需求刚性，并不会随着外部需求的波动而显著下降，而无品牌企业的销售额显著地受到外部需求的影响，甚至可能在经济的上升周期中被更高质量的需求所替代。企业的利润回归结果显示，区域的社会消费品零售总额，对无品牌企业具有显著正效应，而对于有品牌企业而言则不显著。这一分析表明，新常态的外部环境变化导致了"质量型盈利模式"的优势明显。

第四节 转型升级的路径选择

以上特征性事实证明，在新常态下企业的转型升级既面临着劳动力成本上升、退出风险加剧等重大的挑战，同时也面临着人力资本红利释放、质量的作用不断显现等重要机遇。改变原有发展模式，积极适应新常态的宏观环境变化，是企业转型升级的总体路径选择。据此，本章进一步地提出企业转型升级的四个主要路径。

（一）企业家精神要从"制度企业家"向"创新企业家"转型

调查数据从各个方面表明，我国的企业家群体整体上陷入了创新能力的低谷，其根本原因是对于"制度型企业家"精神的路径依赖。因而，形成新常态下的企业家精神是企业转型升级的首要任务，即要实现从"制度型企业家"向"创新型企业家"的根本转变。

基于数据的实证分析，可以发现企业家精神是企业绩效增速下滑的重要原因。分别以工业总产值、工业增加值、TFP 自然对数值作为被解释变量，以企业家人力资本、工作经验、创新精神等企业家精神的核心解释变量，可以测算出企业家精神变量对于企业经营绩效的弹性系数。回归结果表明，企业家精神的不足对于当前企业经营绩效下降产生了显著影响。虽然企业家人力资本和创新精神的增强，对于企业经营绩效具有一定程度的促进作用，但企业家工作经验对企业经营绩效的负向影响要大于企业家人力资本、创新精神两者正向促进作用的总和，这证明了大部分企业家对原有发展模式的路径依赖效应较大。进一步的回归分析表明，制度型企业家的企业经营绩效处于 U 型的底部。在加入企业家工作经验的平方项后，其对于企业经营绩效具有显著的正向影响，即企业家工作经验与企业经营绩效之间存在 U 型关系。进一步测算了 U 型的底部，发现：对于创业年限为 28.5～39.6 年、年龄在 43.1～54.2 岁之间的企业家群体而言，其所在企业的经营绩效无论在总量指标还是投入—产出效率指标的增长上，均相对更低。而这一部分企业家基本出生于 20 世纪 60 年代，属于和改革开放一同成长的"创一代"群体，企业家精神面临较强的周期困境。对于我国主要出生于 20 世纪 60 年代的企业家群体而言，其在改革开放初期所形成的制度突破能力、政商关系和社会关系的处理能力，已难以适应新常态下中国经济增长方式向全要素生产率驱动型转变的需要。因而，加快企业家精神的转型，是企业转型升级最为紧迫的任务。

（二）盈利模式要从速度型盈利模式向质量型盈利模式转变

特征性事实显示，具有质量通力的企业在盈利能力方面要显著地高于其他企业，因而依靠低成本的要素投入和大规模投资驱动的增长模式已经不再具有优势。因而，企业转型升级的另一路径，就是要加快从速度型盈利模式向质量型盈利模式的转变。

在控制了企业的其他特征变量以后，拥有自主品牌可使企业的利润提升28.2%，可使劳动生产率提升21.5%（见表10-12）。此外，企业拥有自主品牌对于市场占有率的提升具有显著的正效应。企业产品质量的提升，其本身就是不断减少生产过程出错、降低产品召回风险的过程，从而可节约企业的生产成本；同时高质量的产品，具有很强的市场溢价能力（Shapiro，1983；Antoniades，2012），特别是随着我国经济增长从"速度时代"进入到"质量时代"（程虹，2015），市场对于产品质量的需求不断提升，消费者有意愿并有能力为更高质量的产品进行支付，这种质量的溢价具有转化为市场收益的条件，因而产品质量成为提升企业利润水平的重要因素。

表10-12 品牌对于企业的利润、劳动生产率和市场占有率的回归

	利润对数	劳动生产率对数	市场占有率
固定资产净值	0.306	0.158	0.0364
	(6.734)	(3.667)	(1.146)
就业人数	0.672	-0.187	0.092
	(9.107)	(-2.556)	(1.819)
企业成立年限	0.0110	0.0169	-0.00896
	(0.822)	(1.314)	(-0.942)
是否具有自主品牌（有=1）	0.282	0.215	0.301
	(2.158)	(1.666)	(2.306)
行业虚拟变量	控制	控制	控制
地区虚拟变量	控制	控制	控制
Constant	-0.109	1.217	
	(-0.154)	(1.660)	
Observations	384	384	
R-squared	0.659	0.240	398

注：市场占有率为序数统计量，1代表小于1%，2代表1%~10%，3代表11%~50%，4代表51%~100%，其回归结果采用序数统计量Ordered-probit方法得到。

产品质量的进步还具有提升工资水平，进而提升劳动者的人力资本的反馈机制，从而作用于全要素生产率的提升（Saviotti & Pyka，2013），企业可以在一个较为成熟的技术领域内，通过改进产品的功能、种类和服务等，来实现更高的市场价值，进而实现更高的要素投入产出效率，也就是实现更高的全要素生产率（程虹等，2014）。质量能力能够显著地提升企业转型升级绩效的主要原因在于，市场对于质量的需求不断释放，同时企业在质量品牌、信用认证等方面的能力不断提升，质量的溢价开始显现。

（三）要素投入要从劳动力数量向人力资本升级

劳动力成本上升对于企业的现实压力在于劳动力工资水平上涨的速度领先于劳动生产率的增长速度，面对不可逆转的劳动力成本上升趋势，企业必须通过提高劳动生产率的方式来对冲。提升劳动生产率最为重要的方面是提升劳动者的人力资本水平，尤其是要提升劳动者的技能水平。回归结果表明，劳动力的平均受教育年限，对企业的利润和劳动生产率均有显著的正效应。企业员工平均受教育年限每提升 1 年，可以使利润提升 31.4%（见表 10 - 13），劳动生产率提升 28.7%。此外，企业职业技能型员工比重对于利润和劳动生产率均有显著的正效应。

表 10 - 13　人力资本对企业经营绩效的回归结果

被解释变量	利润对数	劳动生产率对数	利润对数	劳动生产率对数
固定资产净值	0.290	0.153	0.458 ***	0.464 ***
	(6.532)	(3.494)	(25.840)	(26.628)
就业人数	0.702	− 0.166	0.547 ***	− 0.479 ***
	(9.759)	(− 2.264)	(19.991)	(− 17.875)
企业成立年限	0.0125	0.0155		
	(0.946)	(1.210)		
企业员工平均受教育年限	0.314 ***	0.287 ***		
	(4.023)	(3.621)		
企业技能型员工比例			0.954 ***	0.337 ***
			(7.700)	(2.808)
员工通过职业资质认证			0.292 ***	0.192 ***
			(3.886)	(2.687)
行业虚拟变量	控制			控制
地区虚拟变量	控制			控制
Constant	− 3.361	− 1.662	− 1.506 ***	0.392 ***
	(− 3.000)	(− 1.428)	(− 13.007)	(3.484)
Observations	387	389	2726	2879
R - squared	0.673	0.267	0.610	0.221

人力资本对于企业转型升级绩效的显著性影响表明，通过提高劳动者受教育水平和技能水平，能够有效地提升企业的盈利水平，从而对冲劳动力成本的上升。我国长期以来企业发展的主要动力是不断地依赖于人力资本的形成，劳动者受教育水平的提升、劳动技能的掌握等人力资本水平提升的行为提高了劳动生产率，而直接地促进了产出水平的提升（赖明勇、张新等，2005），同时人力资本

的提升还能够产生外部效应，提升技术吸收能力，可进一步降低产品的生产成本（代谦、别朝霞，2006）。因而进一步地提升企业的人力资本水平，是企业应继续坚持的一个重要策略。

（四）增长模式要从要素投入型向创新驱动型转轨

虽然我国企业的技术创新能力与发达国家相比仍有较大差距，但是面对转型升级的压力，大多数企业采取了提高研发支出的行为，以提升企业的核心竞争力。企业的技术创新，对于企业的产出和利润水平均具有显著的正效应。表10－14 给出了企业创新要素与企业经营绩效指标的实证检验结果。分别以工业总产值对数、利润总额自然对数作为被解释变量，分别测算了企业资本劳动比和研发支出对企业经营绩效的弹性系数。同时，资本劳动比提升 1 个百分点，使工业总值增长 0.16 个百分点。这表明，通过资本对劳动力的替代，一定程度上提高了企业的产出效率，缓解了劳动力成本上升的压力。同时，研发支出对于企业的工业总产值和利润均具有显著的正效应。虽然我国制造业企业的技术研发仍处于起步阶段，但技术创新仍然具有较高的边际产出，提高自主的研发能力是企业应对新常态、形成核心竞争力的重要出路。

表 10－14 资本劳动比与研发支出对企业绩效的回归

被解释变量	工业总产值对数	利润总额自然对数
企业存续时间	0.0215**	0.0133
	(2.105)	(0.990)
资本劳动比	0.00163***	0.00105
	(3.268)	(1.616)
研发支出对数	0.865***	0.899***
	(20.583)	(16.573)
Constant	7.164***	3.867***
	(15.531)	(6.646)
行业虚拟变量	控制	控制
Observations	468	402
R－squared	0.601	0.544

第五节 结论与建议

本章使用了一个最新的企业劳动力匹配调查数据，对新常态下企业转型升级的现状进行了全貌式的研究。基于调查数据的分析，得出企业在新常态下转型升级的主要特征性事实是：企业整体已经从高速增长阶段进入了中低速增长阶段，依靠大规模的低成本的要素数量投入所驱动的模式已经难以为继，但企业的总体效益指标趋于稳定；全要素生产率作为企业创新的重要衡量指标出现了小幅下降趋势，反映出企业在创新能力的提升方面面临着瓶颈；面对劳动力成本上升的现实压力，企业正在进行着多个方面转型升级的行为调整，主要表现为劳动力资本水平的不断提升，特别是对于技能型劳动力的使用快速增长，企业对于技术研发的投入也以较快的速度增长；质量型盈利模式的优势明显，成为企业转型升级的主要方向。同时，企业的转型升级也面临着大量约束条件，最大的约束就是企业家精神难以适应新常态的发展要求，制度型企业家精神仍然占据主导，创新型企业家精神发育不足。大量企业仍然处于速度型盈利模式，对于政府的宏观经济调控政策的依赖性仍然较强。

基于调查结论，本章提出企业转型升级的主要路径是：一是实现从"制度型企业家"向"创新型企业家"的根本转变，消除对于制度寻租的依赖，更多地形成面向市场竞争的核心能力，这是企业成功实现转型升级最为重要的前提；二是盈利模式要从"速度型盈利模式"向"质量型盈利模式"的转变，走质量竞争型道路，着力提升企业的质量品牌能力；三是加快形成企业的人力资本红利，尤其是要注重对于技能型劳动力的使用和培养，以支撑质量型盈利增长模式；四是要持续加大技术创新投入，形成以原创技术为主的核心竞争力。

入企调查数据显示了企业转型升级最为真实的状况，所揭示的企业转型升级的路径方向较为明显。但现实中仍然存在着大量的政策桎梏阻碍了企业的转型升级。因此，政策改革是企业能否顺利实现转型的重要前提。结合企业转型升级的主要任务和目标，本章提出了以下四个方面的政策建议：

1. 将"制度型企业家"向"创新型企业家"转变作为供给侧改革的立足点

供给侧改革的核心是要激发企业的创新活力，而企业创新活力得以释放的前提又依赖于企业家精神的形成。当前中国经济下行压力的增大，其根本在于"制度型企业家"的能力现状难以适应新常态的要求进行转型升级。当前，企业家依然将寻求政治关联作为企业生存和发展的主要资源，将过多的精力配置于"分配性努力"中，而不是配置到生产性的创新和创业活动，这将导致企业家精神出现衰退和萎缩。为保证新常态下经济持续、稳健的中高速增长，宏观政策的立足点应放在推动"制度型企业家"向"创新型企业家"的转型上来。首先，要保护市场对企业家的优胜劣汰功能。激发经济新常态下企业的创新活力，必须改革以政府为主导的科技资源配置方式，发挥市场在科技项目选择、资金分配、人才投入等方面的基础性作用，根据科技创新的成果和效益进行事后奖励。约束地方政府对企业的不规范补贴。地方政府对企业的过度财政补贴是一种"父爱主义"

情结，长期下去会造成要素资源配置扭曲、加剧过度投资和产能过剩现象，并干扰市场主体对于未来市场趋势的理性预期。还应构建多层次资本市场，对于各类企业引入现代公司治理制度、改善治理结构具有重要作用。其次，要引导企业培养第二代企业家，针对目前一代企业家创业能力不足的现状，增加对"二代"企业家为主体的教育培训的公共投入，通过政府采购的方式组织"创二代"的培训，有意识地加强"创二代"的培养，可提升其现代企业经营管理能力。最后，要着力打造有利于职业经理人进入民营企业发展的制度条件，对达到一定经营规模的民营企业引入职业经理人的行为采取所得税减免的优惠；将民营企业职业经理人的引进纳入专项人才计划，并在社保、医保、子女教育等方面给予和国有企业管理人员平等的待遇。

2. 消除政府 GDP 增长目标对于企业发展的刚性约束

企业转型升级的主要障碍就是一些绩效不高的企业，尤其是已无任何市场盈利能力的"僵尸企业"不能正常退出，以及企业家对于速度型盈利模式的持续性依赖。导致这一现象的根本原因又在于，各级政府制定的经济增长指标对于企业具有刚性的约束，且这种经济增长指标在下一层级的政府存在着较为普遍的"层层加码"现象（周黎安等，2015）。由于经济的增速目标对于地方官员的晋升具有直接联系，因而地方政府将这一目标层层分解至企业，通过补贴、税收返还、贷款等方式维持企业生存。这一经济发展的外部机制是导致当前企业不能转型升级重要约束条件。建议取消由政府设定的年度 GDP 的增长目标，经济增长目标应援引第三方研究机构发布的数据。不应将经济增长目标作为地方官员考核的主要指标，更不能将经济增长目标用于干预企业正常的生产经营活动。只有清除地方政府对于增长速度的追求，才能从根本上消除企业对于速度型盈利模式的依赖性，促进落后产能顺利地退出市场，让企业的生产行为能够真正按照市场需求来调整。

3. 大力发展以技能人才为基础的国家人力资本培养体系

劳动者技能的提高是提高企业劳动生产率，应对劳动力成本上升的重要途径。调查数据表明，人力资本尤其是劳动者技能对于提升企业的绩效水平具有极为显著的效应。因而，通过公共政策的投入进一步提高人力资本的水平，优化人力资本结构真正形成人力资本红利，是加快企业转型升级的重要支撑。首先是要高度重视职业技能人才的培养，将其作为我国人力资本建设的基础。建议将大城市的落户条件进一步放宽为全日制大专学历及以上应届生以及重点职业技术学术的优秀毕业生，提高技能型工作岗位的社会吸引力。对于优秀的职业技能型人才，在所得税、社会保障等方面给予优惠。完善市场主导的职业资质认定机制。清理各类不必要的政府对于劳动者技能的资质认定和收费，同时要清理各类依靠政府行政力量而进行技能培训、资质认定的社会组织，对不涉及安全性的资质认定以及水平性的资质认定应交由企业和独立的社会第三方来自主评定，提高职业技术资质的含金量。调整高等教育投入结构，加快落实教育部关于高等教育改革的措施，促进一批本科型院校转变为培养技能型、应用型人才的职业技术学院，减少研究型大学数量，提高职业技术教育的投入，将现有的职业技术教育生均投入提升到普通高校同等的水平。职业技术教育的学费全部由政府公共财政负担，改变职业技术教育教师论文主导的评价体系，建立面向市场需求的职称评价体系。

4. 加快有利于优质优价的多元质量信号充分供给的制度建设

虽然质量型盈利企业发展的优势明显，但是真正将质量提升作为企业发展战略的企业并不是企业自发而普遍的行为。导致这一问题的主要原因在于我国"优质优价"的市场竞争机制不健全，特别是面向消费者定位的质量信号多元供给机制不健全。建议参照德国、美国等发达国家的经验，大力发展类似于 TEST（测试）、Consumer Report（消费者报告）等社会第三方的产品比较试验机构，向消费者提供专业而权威的产品质量信息。这一类机构以团体标准作为比较测试的依据，并向社会公布比较测试结果，通过面向消费者的商品比较试验信息提供，降低质量信息的不对称性，还能够促进企业形成提升质量的内在动力。同时，要加快落实标准化体制的改革要求，将团体标准作为我国标准体系的重要组成部分，鼓励企业直接在产品标识中标明所采用的团体标准。通过质量信息的多元化供给，区分不同产品的质量水平，从而推动优质优价的市场机制的形成，加快企业从"速度型盈利模式"向"质量型盈利模式"的转变。减少对企业的现场检验和监督检查，实行"吹哨人"制度，鼓励企业内部人举报质量违法行为。尤其是要加强迅猛发展的网络购物平台的质量信息披露，建立面向网络购物的内部吹哨人和第三方质量信息提供机构，有效提升网络购物渠道的产品质量水平，防止企业利用网络购物质量信息的不对称而延滞转型升级的进程。

第11章　高质量发展中小微企业提升竞争力的调研报告

习近平总书记在党的十九大报告中指出，社会主要矛盾已转化为人民日益增长的美好生活需要和不平衡不充分的发展之间的矛盾，发展不平衡不充分已成为满足人民日益增长的美好生活需要的主要制约因素。高质量发展中小微企业是解决我国人民日益增长的美好生活需要和不平衡不充分发展之间社会主要矛盾的有效途径和重要突破口。推动中小微企业高质量发展可以促进我国产业区域要素资源配置"更平衡"，有利于实体经济、科技创新、深化改革"更充分"。据统计，目前我国中小微企业总数约8000多万户（含个体工商户），占企业总数的99%，贡献了80%的城镇就业岗位、70%的GDP、60%的利润和50%的税收。又据工信部测算表明，中小企业提供了全国约65%的发明专利、75%以上的企业技术创新和80%以上的新产品开发。由此可见，面广量大的中小微企业是我国国民经济的重要基础，是满足人民群众美好生活需要的重要源泉。特别是进入中国特色社会主义新时代，发展中小微企业迎来前所未有的历史性机遇，应把推动高质量发展作为中小微企业的核心发展方向，以此为重要突破口，促进人民日益增长的美好生活需要和不平衡不充分发展之间的社会主要矛盾解决，为全面建成小康社会和全面建设社会主义现代化强国提供有效途径与重要支撑。

第一节　高质量发展中小微企业的战略意义

一、高质量发展中小微企业是满足人民群众美好生活需要的直接手段

中小微企业连着千家万户，扎根于各行各业，与改善民生息息相关，与群众生活密不可分，在扩大就业、提高居民收入、满足群众需求等方面起着不可替代的重要作用。相对于大型企业，中小微企业数量庞大，创业及就业门槛低，是吸附就业的"蓄水池"。以浙江为例，中小微企业吸纳就业人数占全部企业的81.9%，其中中型、小型、微型企业吸纳就业人数分别占全部企业的29.3%、36.8%、15.8%。中小微企业快速发展促进了就业、提高了居民收入。同时，从马斯洛需求层次理论看，群众生产生活需求在不断升级，中小微企业以群众需求

为导向，加快改造提升和转型升级，提供了越来越多样化、高质量的产品，基本满足了群众日益多元化的生活需要。

二、高质量发展中小微企业是破解发展不平衡不充分的切入口

首先，高质量发展中小微企业有利于解决城乡发展不平衡问题。农村电商、特色小镇、休闲观光农业、精品农业等孕育出了一大批"新、特、优"中小微企业，促进了农村增收、农民致富，加快了城镇化进程，同时也有利于"造血"脱贫。山区小县遂昌农村电子商务诞生"赶街模式"，实现"消费品下乡"和"农产品进城"，农民收入提高了4倍。比如"丽水山耕"销售超过20个亿，带动了全区域"生态精品农业"发展，产生了大量中小企业，促进了农民脱贫致富。浙江全省农村网民1107.8万人，农产品网络零售近60亿美元，位居全国首位。其次，高质量发展中小微企业有利于解决产业发展不平衡。产业链和供应链的生命力与中小微企业息息相关。在"大众创业、万众创新"的浪潮下，新兴产业领域的高精尖中小微企业增长最快。以浙江为例，2016年信息、环保、健康、旅游、时尚、金融、装备制造、文化创意等八大产业新增小微企业8.8万家，文化创意产业新增小微企业2.9万家，信息产业新增小微企业2.1万家。最后，发展中小微企业有利于解决区域发展不平衡问题。个体户大量产生、微型企业大量生长、中小微企业大量涌现，是缩小区域差距的重要突破口。山区、老区、贫困地区、民族地区，吸引外出务工人员回乡，创业兴办中小微企业，做大做强企业实力，有力地促进了区域平衡发展。

三、高质量发展中小微企业是深化供给侧结构性改革的重要抓手

党的十九大报告指出，坚持质量第一、效益优先，以供给侧结构性改革为主线，推动经济发展质量变革、效率变革、动力变革。高质量发展是中小微企业未来的发展方向。大量中小微企业按照中央要求，加快供给侧结构性改革，减少无效和低端供给，扩大有效和优质供给，提高供给质量和供给效率，实现了更高质量和效益的发展。中小微企业经营机制灵活、决策迅速、反应灵敏，适应市场变化能力强，创新激励比较充分，在自主创新方面具有一定比较优势。目前，各地大力建设特色小镇、小微企业园、科技孵化器、众创空间等平台，推动中小微企业转型升级、迈向"高精优"。以浙江为例，已建成省级特色小镇106个，省级小微企业园211个，省级众创空间129家，省级科技孵化器111家，目前已孵化科技型中小微企业7654家，科技型"小巨人"1431家，全省累计孵化科技型中小微企业3.1万家，其中4176家已成长为高新技术企业。同时，大量中小微企业加快进军信息经济、生物医药、旅游、环保等新兴产业。2016年，浙江新设

新兴制造业、信息传输软件和信息技术服务业、科学研究和技术服务业领域的小微企业比 2014 年分别增长了 83.5、35.6 和 78.4 个百分点。因此，中小微企业的科技创新和产业升级有力地促进了供给侧结构性改革。

第二节　高质量发展中小微企业的战略导向

一、高质量发展中小微企业，促进产业发展更平衡

党的十九大报告指出，加快建设现代化经济体系和现代产业体系。这离不开中小微企业高质量发展的支撑。企业是产业发展之"细胞"。产业质量高不高、结构优不优、发展平衡与否，取决于企业发展质量。大量中小微企业投向信息、环保、健康、旅游、金融、装备制造等新兴产业，必将有力地促进"低小散弱"产业结构的优化升级。以浙江为例，2016 年中小微企业增长迅猛的行业依次是金融业（增幅 133.74%）、信息经济（119.1%）、旅游业（109.5%）、环保（58.85%）、文化创意（48.52%），这对产业结构向中高端升级形成重要驱动力。中小微企业的转型升级没有终点，当前，应加快推动中小微企业融入互联网+、物联网+、大数据+、标准化+、人工智能+等新经济浪潮，尤其要与数字经济充分接轨，共享数字经济红利。2017 年 12 月 3 日，习近平总书记在第四届世界互联网大会贺信中指出，数字经济发展将进入快车道，要建设网络强国、数字中国、智慧社会，推动互联网、大数据、人工智能和实体经济深度融合，发展数字经济、共享经济，培育新增长点、形成新动能。目前，美国数字经济占GDP 达 33%，英国数字经济占 GDP 达 7%。2016 年，中国数字经济规模达 3.37万亿美元。据预测，2035 年，中国数字经济将达 16 万亿美元。借助大数据、云计算、物联网等新一代信息技术，推动中小微企业技术创新、业态创新、模式创新、产品创新，打造一大批"小而专、小而精、小而特、小而新"的中小微企业，促进产业结构迈向中高端。

二、高质量发展中小微企业，促进区域发展更平衡

广东、浙江、江苏等地经济发展比较健康、迅猛，而中西部、东北地区很多地方发展不够快，一个重要原因是中小微企业发展存在较大差距。浙江的中小微企业数量占比为 97.3%、江苏为 91.6%、广东为 86.0%、山东为 91.1%，很多中西部省份比重则不足 80%，有些地方甚至低于 70%。从省域内部看，也是如此。以浙江为例，杭州、宁波、温州、台州的中小微企业超过了 2 万家，宁波甚至超过了 4 万家，而丽水为 0.3 万家，衢州为 0.33 万家，舟山为 0.29 万家，导

致浙东北与浙西南之间的发展差距比较大。中小微企业的数量多寡、质量优劣，反映一个区域的经济活跃度，促进区域均衡发展，应大力简政放权，扶持中小微企业发展。对国有企业、大型企业和中小微企业一视同仁，从市场准入、法律、金融、税收、技术创新、知识产权保护、人才引进、政府采购、市场环境、信用担保等领域加大改革，出台针对性扶持中小微企业高质量发展的规划纲要和组合拳政策。同时，推动中小微企业充分抓住国家"一带一路"倡议机遇，走出去开拓海外市场特别是新兴经济体市场，充分利用海外要素资源，实现可持续的发展。

三、高质量发展中小微企业，促进要素资源配置更平衡

深化供给侧结构性改革，必须打破制约要素流动和优化配置的体制障碍，以要素供给制度创新放大转型升级的撬动效应。当前一大突出问题是，信贷、能耗、用地、排放指标、人才、财政资金等要素资源更多地向国有企业、大型企业、规上企业集聚，中小微企业往往面临要素资源不足的瓶颈。"融资难、融资贵"是中小微企业反映最为集中、较为迫切的老大难问题。中小微企业融资普遍"短、急、频、少"，融资成本过高问题依然突出。据调查，中小微企业的平均贷款利率高于基准利率40%以上。大中型企业贷款利率一般在4%左右，而中小微企业的实际贷款利率达8%~9%，超过3成的中小微企业融资年利率甚至在12%以上。与此同时，更多中小微企业在得不到银行信贷后不得不转向年利息在20%~40%的民间借贷（高利贷）。中小微企业能够从主流金融机构贷款的比例只有10%左右，80%以上靠民间借贷。融资难、融资贵是金融资源非平衡配置的结果，压缩了中小微企业的利润空间，影响了中小微企业的转型动力。对此，应加强对中小微企业的金融政策设计，针对小微企业融资需求特点，大力发展多层次融资服务体系，拓宽"速转贷""税易贷"、风险投资、债券发行、信用担保、付息展期、政策性保险、股权交易等中小微企业融资通道。针对有些中小微企业"短贷长用""借新还旧""转贷难"等问题，应支持组建"过桥基金"，建立"助保金风险池"，为小微企业贷款风险兜底。

四、高质量发展中小微企业，促进实体经济发展更充分

党的十九大报告指出，加快发展先进制造业，支持传统产业优化升级，促进我国产业迈向全球价值链中高端。目前，70%左右的中小微企业属于实体经济领域，很多处于"微笑曲线"低端。从全球看，实体经济正在大洗牌，中小微企业一定要有危机感。发达国家纷纷提出再工业化战略，处于制造业领域的中小微企业很可能面临中高端制造被发达国家的"回流性"替代以及中低端制造被印

度、越南、泰国、巴西等发展中国家的"竞争性"替代的双重夹击。近些年，APEC 会议几乎每次都有中小微企业发展议题，APEC 第 21 次中小微企业部长会议甚至发出了"关于促进中小微企业创新发展的南京宣言"。我国大量中小微企业没有掌握核心技术，也没有行业话语权。当前，亟须增强对发达国家制造业回流的危机感，推动中小微企业链接全球要素资源，从全球价值链和产业链中获益，在全球化竞争中提高竞争力。大力推进以智能制造为主攻方向的"机器换人"，发展网络制造新型生产方式，实现机器换人、减人增效。大力推动传统行业主动对标、提升标准，制定一批先进制造标准，倒逼中小微企业升级。全面建立"亩产论英雄""节能论英雄""节水论英雄""环境论英雄"倒逼机制和差别化的用地、用能、用水、排污等价格政策，加快促进中小微企业转型升级。

五、高质量发展中小微企业，促进科技创新更充分

从全球发达经济体的经验看，创新驱动是必然趋势。我国中小微企业是以"生存型"创业为主，未来必须走创新驱动模式。习近平总书记曾指出，微软、谷歌、华为、阿里巴巴等科技巨头都是从初创小企业成长起来的，中小微企业在创新方面发挥着重要作用。党的十九大报告也明确指出，加强对中小微企业创新的支持。目前，以传统制造业为主的中小微企业在生产经营定位上往往采取"低成本、低价格、低回报"策略，自主创新能力不足、产品科技含量低。抽样调查发现，大型企业新产品产值占营业收入比重达 23.24%，中小微企业仅 4.85%；大型企业科技投入占营业收入比重达 5.45%，中小微企业仅 2.27%；大型企业研发活动人员占全员的比重达 6.13%，中小微企业仅 2.42%；大型企业有研发机构的占比达 100%，中小微企业仅 14.13%。科技创新是中小微企业发展的突出短板，但这也说明这方面的空间很大。应借助"互联网＋""物联网＋""大数据＋"以及人工智能等现代信息技术，大力发展电子商务、跨境电商、网络定制、柔性制造等新业态，促进中小微企业更多利用互联网和数字基础设施，增强中小微企业数字能力、竞争力和韧性。互联网和数字经济发展提供实现创新、可持续、包容和安全增长的机遇，为企业特别是中小微企业参与全球价值链，通过新商业模式创造出真正的全球市场，接触到更广泛的消费群体，进行商品、服务、资本、思想的互通。建立创新创业生态系统，促进中小微企业进行工业设计和技术创新，支持购买工业设计成果和专利、商标，走创新发展、品牌化发展之路，培育一批拥有高、新、尖产品的小巨人和细分领域的隐形冠军。用足高新技术企业税收政策和研发投入加计扣除政策，大力扶持成长性好、创新性强的科技型中小微企业发展。鼓励和支持中小微企业进入研发设计、知识产权、检验检测、科技成果转化、信息技术、数字内容等高技术服务领域。

六、高质量发展中小微企业，促进深化改革更充分

简政放权是制度供给的关键，制度松绑程度直接影响全要素生产率提升空间。尽管国家出台了不少支持中小微企业健康发展的政策意见，但与国有企业、大型企业相比，政策力度不够、落实不够。一项抽样调查显示，中小微企业对制度环境的满意度指数，2014 年为 6.57（满分为 10），2015 年为 6.69，2016 年为6.71。这说明中小微企业对制度环境的感知度、满意度还不够高，变化也不够明显。石油、航空、金融、电力、电信、铁路、水利等领域的行业垄断，玻璃门、弹簧门、旋转门没有实质性打开，"非禁即入"实施起来很难，中小微企业被堵在门外。当前，应进一步放宽对中小微企业和民营资本的市场准入，推进市场准入领域的改革，破除中小微企业的行业准入门槛。大力推动"放管服"改革向纵深发展，加快推进"互联网＋政务服务"，最大限度减少政府对微观市场行为的干预，最大限度地管制和约束政府的"有形之手"。深化行政审批制度改革，加强投资项目审批制度改革，建立健全"区域能评、环评＋区块能耗、环境标准"，取代项目能评、环评的工作机制，加快推行企业独立选址项目高效审批、非独立选址项目不再审批制度。针对中小微企业开展"最多跑一次"改革，广泛推行"一表式"审批、一次性限时办结，不让中小微业主跑来跑去。

第三节　高质量打造中小微企业最优生态的"浙江模式"

浙江不仅是民营经济大省，也是中小微企业大省，这些年从行业生态、金融生态、政务生态、创新生态、营商生态、人才生态等方面入手，全方位打造中小微企业最优生态，实现了中小微企业的大发展大提升。

一、打造"专精特新"引领的行业生态

2017 年 2 月，浙江出台关于推进中小微企业"专精特新"发展实施意见，将"专业化、精品化、特色化、创新型"作为中小微企业的战略方向。开展"中国制造·浙江好产品行动"，2500 多家中小微制造企业入驻阿里巴巴"中国制造"平台，2016 年累计销售总额达 45 亿元。未来 3 年，浙江面向规模以下小微企业、个体工业，培育 5 万家"专精特新"入库企业；面向规模以上中小微企业，培育 1000 家左右"隐形冠军"企业，成为"浙江制造"的代表。推动创新要素向小微企业园集聚，到 2020 年新增小微企业园 500 家。加强公共服务平台建设，重点培育 500 家中小微企业专业化服务机构。在"专精特新"培育企业中推广"机器换人"，每年实施 1000 项以上"机器换人"工程技术服务项目。深

入实施中小微企业商标品牌扶持计划，到 2020 年"专精特新"培育企业自主商标拥有率达 100%。

二、打造与实体经济紧密结合的金融生态

按照金融与实体相辅相成的方向，大力建设"钱塘江金融港湾"，发挥杭州移动支付之城、网商银行等互联网金融、泰隆银行等小微金融、温州民商银行等民营金融、玉皇山南基金小镇等金融小镇等诸多优势，加快建设集网络金融安全中心、网络金融产业中心、移动支付中心、保险创新中心于一体的新兴金融中心，为企业包括中小微企业提供良好的金融生态。比如杭州玉皇山南基金小镇，与美国格林威治基金小镇、英国伦敦金融城建立双向交流机制，创建才 2 年多，就集聚企业 2214 家，管理规模超 1 万亿元，累计投向实体经济 3408 亿元，投资项目总数 1324 个。此外，浙江还打出了支持中小微企业发展的组合拳，运用再贷款、再贴现、优惠存款准备金率、贷款风险补偿、创设小微企业贷款专营机构、支持中小微企业发债等金融政策，加大对小微企业的定向支持。

三、打造"互联网+"生态

在全国率先启动实施"互联网+"行动计划，打造具有全球影响力的"互联网+"创新创业中心。大力推进"互联网+"制造，以"中国制造 2025"为指引，推动互联网与制造业融合，着力提升制造业数字化、网络化、智能化水平，推动企业研发设计、生产制造、企业管理和销售服务的智能化改造，面向中小制造企业提供精准营销、互联网金融等生产性服务。大力推进"互联网+"商贸，建设全国跨境电商创业创新中心、跨境电商服务中心和跨境电商大数据中心，支持中小微企业利用好国际、国内两个市场。大力推进"互联网+"农业，深化"电子商务进万村"工作，支持和鼓励电商企业到农村拓展业务，支持旅游观光、农业体验、生态休闲等领域开展电子商务应用，为农村中小微企业发展提供机会。大力推进"互联网+"旅游，深化移动互联网在旅游公共服务、管理、营销等方面的应用，重点开发移动终端应用，提供更多的创业创新机遇。

四、打造中小微企业的创业创新生态

浙江积极发展小微化、集成化、网络化、扁平化的众创空间，打造低成本、便利化、全要素的开放公共服务平台，培育众创、众包、众扶、众筹等新模式，不断激发市场主体的活力和创造力。先后打造了梦想小镇、云栖小镇、玉皇山南基金小镇、创客小镇等一大批省级特色小镇，已成为中小微企业创业创新的新舞台。目前，106 个省级特色小镇集聚了以大学生创业者、大企业高管及其他连续

创业者、科技人员创业者、留学归国人员创业者为主的"新四军"创业者上万人。如诸暨袜艺小镇，积极打造个性化袜业工场、袜业工业旅游线路和袜业文化展示区，拉长袜业发展产业链，推动产业、文化、旅游有机融合，成为时尚袜、创意袜、专用袜等系列袜的创意生产基地，集聚了数百家中小微企业，正从传统产业的"汗水式"增长向"创意式"增长转变。2016年，78个创建小镇完成固定资产投资（不包括商品住宅和商业综合体）1100亿元，比2015年增长19%。民间投资占总投资比重为55.4%，比上年提高了5.1个百分点。完成特色产业投资700亿元，比上年增长15.6%。浙江还发放科技创新券达7.32亿元，使用3.98亿元，使用量占到全国总量的80%，带动全社会创新投入约40亿元，带动了一大批中小微企业发展。

五、打造最优营商生态

浙江大力推进"互联网＋政务服务"，围绕打造"审批事项最少、办事效率最高、政务环境最优"目标，在"四张清单一张网"基础上，以"一窗受理、集成服务"改革为抓手，持续推进"最多跑一次"改革。目前，已全面梳理"最多跑一次"事项，并分3批公布。目前，省级665项，设区市本级平均755项，县（市、区）平均656项。从年办件量看，2016年省市县三级"最多跑一次"事项办件量3.22亿件，占全年办件量3.49亿件的92.26%，其中办件量前100位的"最多跑一次"事项占全年办件量的91.4%。加快建设企业投资项目在线审批监管平台，推动企业投资项目100%应用平台、100%系统打通、100%网上审批、100%网上申报，通过"数据跑"代替"企业跑"实现企业投资项目开工前"最多跑一次"。据浙江省统计局、省社科院10月开展的第二轮调查评估结果，企业和群众对"最多跑一次"改革的获得感持续提升，"最多跑一次"改革的实现率和满意率分别达87.9%和94.7%。比如，通过"联合审查、联合踏勘、联合测绘、联合验收、测验合一"等流程并联化、协同化，一般投资项目图审时间从55天压缩到15天以内，建筑工程竣工验收时间从80天压缩到20天以内。"最多跑一次"改革实施后，企业投资审批提速117天，投资项目审批速度提速了25%以上。

六、打造互联互通的信用信息生态

浙江坚持推进系统互联和数据共享。目前，浙江开放57个省级单位3600余项数据共享权限，省直部门前100项办事事项的数据需求整理和数源确认工作已完成。全省统一规范的办事事项目录已形成，省市县三级共梳理群众和企业到政府办事事项主项1385项、子项2789项。首批25个省级部门、45个"信息孤岛"

基本完成对接，打通 93 套市级系统、34 套县级系统。浙江政务服务网上省级单位的办事项目开通网上申请的比率达 86.8%，设区市平均开通比率为 73.7%，县（市、区）平均开通率为 73.1%。这为企业包括中小微企业打造了公平竞争的环境、良好的信用环境以及完善的监管环境。

七、打造富有引力的人才生态

浙江大力实施"人才新政"，积极鼓励以浙商系、海归系、阿里系、高校系为主要代表的"新四军"创业，引导年轻创业者、大企业高管及连续创业者、科技人员创业者、留学归国创业者等"创业新四军"二次创业。制定出台了高水平建设人才强省行动"33 条"，实施海外人才引进政策，全力打造人才生态最优省。浙江规划到 2022 年，人才总量超过 1500 万人，人力资本投资占生产总值比重超过 18%，人才对发展的贡献率超过 42%。浙江还推出了"千企千师"培养行动，未来 5 年培养 100 名"之江大工匠"、1000 名"之江名工匠"、10000 名"之江工匠"，为制造业企业提供人才支撑。2016 年，杭州人才净流入率达 8.9%，高居全国首位，已成为全国的人才高地、创业高地、创新高地。

第四节　对策与建议

一、制定出台《中小微企业高质量发展十年规划纲要》

一是建立健全政策体系。从技术改造、科技创新、扩大投资、人才引进、市场开拓等方面出台鼓励中小微企业发展的政策。二是建立健全指标体系。分微型企业、小型企业、中型企业三类，制定中小微企业发展速度、规模、结构、质量、效益、转型升级等指标。三是建立健全标准体系。完善微型企业、小型企业、中型企业认定标准，制定企业转型升级和改造提升标准。四是建立健全统计体系。探索从"抽样调查"转向"全面普查"，提高中小微企业统计质量，摸清中小微企业底数。五是建立健全绩效评价体系。以高质量、高效益为导向，加强企业盈利能力、创新能力、可持续发展能力的绩效评估。六是建立健全政绩考核体系。将中小微企业发展情况作为对省、市、县的重要考核指标，按年度进行考核。

二、实施"中小微企业可持续发展行动计划"

一是促进中小微企业参与全球贸易，借助"一带一路"倡议，加入跨境电子商务市场，主动融入全球价值链和产业链，提升中小微企业国际竞争力；二是支持大学生创办中小微企业、女性创办中小微企业以及环保型中小微企业、农村中小微企业发展，促进中小微企业向可持续、生态化、均衡化方向转型；三是大力支持中小微企业创新，增强中小微企业创新能力和二次创业能力，鼓励中小微企业增加研发投入，增强中小微企业技术创新基金、专利申请基金、人才培训基金；四是促进中小微企业对接互联网、大数据、物联网、人工智能，制定中小微企业的数字经济路线图；五是通过加强协作配套、共享实验室、建立孵化器以及支持技术人才、科研成果、资本对接等措施，加强中小微企业与高校、科研院所以及政府部门之间的合作。

三、全面启动"个转企、小升规"战略

建议在全国范围内启动实施个体户升级小微企业（简称"个转企"）、小微企业升级规上企业（简称"小升规"）专项行动，从培育、扶持、指导和服务等方面入手，大力推进中小微企业上规升级，促使中小微企业能够"升得上、稳得住、长得大"。实施中小微企业梯度培育计划，在遵循市场规律、企业成长规律的前提下，给予必要的科学、合理、适度的引导，对不同发展阶段和不同规模的企业给予精准扶持，全方位减轻业主思想负担、税费负担、管理负担、审批负担，推动微型企业成长为小型企业、小型企业成长为中型企业、中型企业成长为大型企业，形成大中小微企业"金字塔"型的发展梯队。

四、大幅减免中小微企业税费负担

目前，中小微企业生产经营仍比较困难。据世界银行2012年10月公布的统计数据显示，国际上小微企业税负平均为20%，而我国中小企业综合税负仍高达40%以上；又据抽样调查显示，2014—2016年中小微企业年盈利企业占比分别为39.21%、34.99%、34.67%，呈逐年降低趋势，2014年新设小微企业仍有45.73%处于亏损状。尽管国家多次为小微企业减免税费负担，但小微企业与规模以上企业之间的税负差距十分明显。过重的税负抑制了我国小微企业的创新与市场竞争力。为此，建议依据2011年6月工信部、统计局、发改委、财政部联合颁布的中小微企业划型标准中明确界定的微型企业标准为减免税对象，对我国微型企业实施5年内"免三减二"税收优惠政策，即第1~3年免去一切税负，第4~5年实施税负减50%的税收优惠政策；对创新型小微企业实行"零征税""零收费"，大大释放支持小微企业发展的强烈政策信号。同时，研究制定中小微企业"五险一金"抵扣税收的专项政策，在5年内中小微企业缴纳"五险一金"费用（或按一定比例）可用于抵扣当年缴税，以充分调动中小微企业主和职工双方的积极性。

五、设立国家中小微企业管理局

中小微企业发展涉及部门多，国家层面尚未成立针对中小微企业的专职管理

部门。目前，农业部主管乡镇企业、商务部主管出口型中小微企业、科技部主管科技型中小微企业、国家工商总局主管个体与私营企业、工信部主管中小微企业，呈现"多龙治水"局面。对此，建议在不增加编制总量、优化编制结构前提下，设立国家中小微企业管理局，并建立由国务院牵头，国家中小微企业管理局具体负责，发展改革委、工信部、建设部、国土资源部、科技部、人力资源和社会保障部、工商总局、质检总局等相关部门参与的中小微企业联席会议制度，加强对中小微企业发展的统筹规划、组织领导和政策协调。

六、加强中小微企业立法

尽管 2017 年 9 月修订了《中小微企业促进法》，但我国还没有出台中小微企业基本法，中小微企业在国家经济社会中的基础性和民生性地位体现不够充分，扶持中小微企业的法律制度有待加强。美国、日本、中国台湾地区等都建立了《中小微企业基本法》。建议研究出台《中小微企业基本法》，提高中小微企业的经济地位、社会地位和政治地位。同时在中小微企业发展的重点领域，研究制定专业法，为中小微企业发展提供更系统的法律保障。

七、充分释放"五类人才"

一是充分释放高校人才资源，鼓励高校教师带薪留职创办企业，不能简单以论文和项目论英雄，创业情况可作为教师职称认定和考核的重要依据和突出贡献；二是充分释放体制内公务人员资源，支持公务员在 3 年内带薪留职下海创新创业，3 年后由公务员自身决定去留；三是充分释放科研院所人才资源，鼓励科研人员兼职或带薪留职创办企业，企业实绩可作为科研成果进行认定，创业效益80% 归创业人员享有；四是充分释放国有企业人才资源，鼓励国有企业干部职工到中小微企业创业创新；五是充分释放海归人才的活力，制定鼓励海归人才创新创业的专项政策，吸引更多的海归人才流向中小微企业。

第12章 浙江省"个转企"的调研报告

作为市场经济的先行者、探路者，个体工商户在改革开放浪潮中萌芽重生，"千家万户"式草根经济迅猛崛起，成为先富阶层的代表，形成浙江经济最鲜明的特色之一。据统计，目前浙江近250万家个体工商户，占全部市场主体71%以上，[①] 是整个市场主体金字塔的"塔基"，为经济发展和民生就业做出了重要贡献。创业初期个体工商户门槛低、规模小、经营方式灵活，优势比较明显，但随着市场竞争加剧、产业结构调整和行业集中度整合，个体工商户发展瓶颈日益凸显。如何利用个体经济传统优势，辅之于政策扶持，扶持个体工商户转企做大、转型做强，值得深入探索。本章基于69万家工业类个体工商户的调查统计数据，深入分析研究"个转企"问题。

第一节 个体经济是浙江经济的重要有生力量

实践证明，个体工商越活跃的地区，往往经济发展越快。迈克尔·波特的创新增长理论认为，[②] 当经济处于不发达阶段时，大量民众自谋出路，个体经济发展迅速，就业效应十分显著，有利于繁荣经济。作为市场经济先发地区之一，浙江个体经济起步早、发展快、影响大，是浙江经济快速崛起的一支重要力量。统计显示，浙江个体经济主要指标均位居全国前列（见表12-1）。从数量看，2012年浙江个体工商户占全国14.6%，高于广东、江苏、山东等一线地区；从从业人员规模看，占全国17%以上，高于位居第二位的广东（13.1%）；从营业收入看，占全国比重超过1/4，是河北、河南的2倍，高于广东、江苏等省份；从资产规模看，占全国比重超过21%，在各地区中遥遥领先。总之，浙江个体经济实力和规模均位居全国前列。个体经济迅速崛起促进了民间活力和民富，[③] 对吸纳就业、促进增收特别是

---

① 改革开放前，被视为"产生于资本主义土壤"的个体经济被排斥。1956年年底，城镇个体工商户从1953年的838万骤降至16万，"文革"前后，个体工商户彻底退出历史舞台。

② Michael E Porter, Jeffrey D Sachs, John W McArthur. "Executive summary: competitiveness and stages of economic development", in Michael E. Porter, Jeffrey D. Sachs, Peter K. Cornelius and John W. McArthur, eds., The Global Competitiveness Report 2001—2002 [M]. New York: Oxford University Press, 2002: 16-25.

③ （英国）F. A. 冯·哈耶克. 自由秩序原理（上卷）[M]. 邓正来，译. 北京：生活·读书·新知三联书店，1997：68-70.

农民增收作用明显，这印证了个体经济"创业拉动型"属性。[①] 浙江城乡居民收入位居全国前列，特别是农村居民人均纯收入已达 1.4 万元，连续 28 年位居各省区之首，比江苏、广东、福建、山东分别高 2350 元、4009 元、4585 元、5106 元，这离不开个体经济的贡献。全省 89.6% 的个体工商户分布在农村，88.9% 的个体从业人员来自农村，占全部工业从业人员规模近 1/3。个体工商户的营业收入、生产支出以及资产规模结构中，农村占比均超过 88%。特别是农民收入来源中，个体经营收入地位和作用不可替代。浙江农民人均纯收入中，经营收入达 5190 元，超过了1/3。个体经济的发展史就是百姓的创业创新史。个体经营作为最直接、最活跃的民间力量和市场资本，[②] 要实现居民收入翻番，特别是农村居民收入翻番，有效之举是大力扶持个体经济。

表 12 – 1　工业个体工商户主要指标占比（%）

地　区		单位数	从业人员	营业收入	资　产
东部地区	浙　江	14.6	17.1	25.1	21.2
	江　苏	5.6	6.2	6.0	5.8
	广　东	6.5	13.1	7.9	10.6
	山　东	9.4	8.0	5.8	7.0
	河　北	7.9	9.5	13.2	9.7
中西部地区	河　南	12.6	10.9	12.7	13.7
	内蒙古	2.3	2.2	4.1	2.2
	四　川	4.7	4.4	4.1	3.0
	湖　南	5.3	4.2	3.1	3.9
	江　西	2.2	1.9	3.0	4.0

数据来源：国家统计局。

第二节　个体工商户转型升级面临"三大瓶颈"

与改革开放初的蓬勃发展不同，目前个体经济进入转型调整期，[③] 突出特征

---

① Evansds, Leightonl. Some Empirical Aspects of Entrepreneurship [J]. The American Economic Review, 1989, 79 (3): 519 – 535.

② 王妍. 个体工商户数量锐减的法律与经济发展 [J]. 哈尔滨工业大学学报（社会科学版），2009（5）.

③ 黄孟复，胡德平. 中国民营经济发展报告 [M]. 北京：社会科学文献出版社，2006：98 – 100.

是"有升有降"。从"升"来看，个体工商户抓住机遇，迅速崛起，积累了实力，发展速度迅猛，数量从改革开放初期的8000多家，迅速积累到250多万家；实力进一步壮大，户均营业收入近140万元，分别是2000年、2005年和2010年的2.8倍、2.1倍和1.2倍；就业效应明显，2012年吸纳就业415.6万人，分别比2000年、2005年增长54.1%、11.3%。从"降"来看，增速开始放缓，2012年个体工业生产增长5.3%，比2000—2005年均增速低3.8个百分点，比2006—2012年均增速低0.9个百分点，利润增速有所下降，外部环境面临从"无约束"到"硬约束"转换，尤其是遇到"三大瓶颈"。

一是自身性瓶颈。个体经济靠"作坊式""夫妻店"等起家，大多属于劳动密集型产业，处于产业链低端，治理结构单一、经营理念落后、自身实力不强、业主素质不高、转型发展不快，难以吸引人才，缺乏长远眼光和规划，转型升级困难重重。特别是在要素成本上涨、最低工资标准提高等多重因素作用下，生产经营成本压力陡增，而且缺乏议价定价能力，成本难以向上下游传递。

二是资源性瓶颈。要素资源越来越稀缺、节能减排压力越来越大、淘汰落后产能势在必行，个体经济获取信贷、土地、用电等要素的难度越来越大，高投入、高消耗、低产出的粗放发展路径难以持续。① 融资难、用地难、创新难、投资难、盈利难、用电难等问题成为制约个体工商户发展的突出问题。特别是"融资难、融资贵"尤为突出。个体工商户规模较小、信用度不高，缺乏不动产抵押，再加上财务不健全、管理不规范，达不到银行贷款的准入条件，要获得正规金融机构授信很难，主要靠基于血缘、地缘、亲缘、人缘等传统社会关系的民间融资。调研显示，2012年只有30.1%的个体工商户流动资金比上年充足，80.7%的个体工商户没有发生正规融资行为，靠民间借贷融资的个体工商户占61.5%。

三是制度性瓶颈。现在不利于个体工商户发展的制度性障碍仍然明显。有研究认为，个体工商户发展陷入困境不是经济发展的必然结果，也不能简单地归结为市场沉浮，它有着深层次的体制性原因，特别是制度环境欠佳是主要原因之一。②

第三节 "个转企"的必要性和可行性

扶持个体经济转型升级，破解"三大瓶颈"最现实、最有效、最具操作性的路径是推动个体工商户向企业转变，即加快"个转企"步伐。所谓"个转

---

① 李昆，赵昌文. 中国个体经济：30年的变化与发展 [J]. 四川大学学报（哲学社会科学版），2010（6）.

② 王妍. 个体工商户数量锐减的法律与经济发展 [J]. 哈尔滨工业大学学报（社会科学版），2009（5）.

企", 就是个体工商户从个体工商组织形式转变为公司制、合伙制等企业形式, 进一步破除约束瓶颈, 拓宽发展空间, 凝聚竞争优势, 迈上更高平台。这是个体工商户从"千家万户"走向"精兵强将"的必然方向, 是民营经济转型升级的战略选择, 也是市场结构优化的客观趋势。

一、"个转企"是个体工商户自身做大做强的必然方向

创业初期, 个体经济富有灵活性、善变性、适应性, 有一定的比较优势, 但随着市场结构高度化、市场竞争白热化、行业集中度提高, 对市场主体提出了更高的要求。特别是个体工商户达到一定经营规模后, 如果不解决获资质、拓出口、引人才、融资金等"多难"问题 (见表 12 - 2), 安逸于"小富即安、小得即满", 故步自封在"小鱼小虾"阶段, 靠过度依赖低端市场、低水平制造、低成本扩张的粗放经营模式, 发展空间会越来越窄, 市场竞争力会越来越弱。

表 12 - 2　个体户"转企"与否的利弊

不转企	转企
变更难: 无法人地位, 不得转让或合资	获得法人营业执照, 承担有限责任
融资难: 难以获得银行授信	能够抵押贷款, 银行授信额提高
开票难: 不能开增值税发票	具备一般纳税人资格
签约难: 信誉度不高, 履约能力不强	信誉度提高, 可签订合同
引才难: 不缴五险一金, 人才不愿来	缴纳员工社保, 用工更加规范
出口难: 没有出口资质, 需"借道"	具备出口资质申请的条件
创牌难: 不能创建品牌, 认可度不高	具备创建品牌的条件
成长难: 家庭作坊式	现代化经营

资料来源: 课题组实地调研梳理。

二、"个转企"是壮大规下经济实力的重要战略支点

个体工商户是私营企业的先驱。[①] 尽管个体工商户"块头不大", 资产规模在规下工业中仅占 26.4%, 人均资产仅 7.33 万元, 远低于规下企业平均水平 (24 万元), 但个体工商户数量占了近 80%。而且个体工商户的生产经营效率、要素投入产出率空间很大, 每万千瓦时电力产生的营业收入达 65.6 万元, 超过了规下企业 (41.4 万元), 每万千瓦时电力产生的职工薪酬是规下企业的 1.9 倍, 进一步利用

---

① 李昆, 胡晓雪, 张又心. 西部地区个体经济的发展现状解析——基于 1999—2009 年区域经济面板数据 [J]. 经济问题探索, 2013 (1).

规模经济和范围经济的空间很大,是规下经济甚至规上经济的重要生长点。

三、"个转企"有利于扭转个体工商户无证无照经营的不良现象

目前,个体工商户办理工商登记的比例仅 40.5%,办理税务登记的比例仅 30.6%,无证无照经营现象普遍存在,规范管理难度很大,而且逃避转为企业导致市场竞争不公。现行政策法律没有明确企业和个体工商户的登记要求,经营者自由选择申请注册形式,由于政策对个体工商户大力鼓励支持,特别是个体工商户实行定额征税政策以及经营信息不公开不对称,使得不少经营者倾向于选择登记为个体工商户,[①] 即使之后雇工人数、投资总额、经营规模大幅增长,年营业收入达到百万元以上,经营收入和雇工人数大大超过中小企业,完全具备开办企业的条件,也不愿转型升级企业,仍以个体工商户形式经营。调查显示,74.6%的"个转企"业主认为,个体工商户享受很多优惠政策,转企后负担明显加重,与个体工商户相比明显不公,不愿转为企业。

四、相当一部分个体大户具备转企实力

国家 2008 年停征个体工商户管理费后个体工商户发展迅猛。从经营规模、场地、用工看,相当一部分个体工商户的经营体量已达到企业甚至达到规上水平,出现大量个体大户"戴小帽"现象。根据"中小微企业划型标准规定"[②],相当一部分个体工商户符合企业条件。统计表明,24% 的个体工商户用工在 8 人以上,其中达到 20 人以上的占 5%;营业收入在 300 万元以上的达 15.9%,超过 500 万元的占 7.2%(见表 12 - 3);雇工超过 8 人、营业额超过 500 万元,具备企业资质的个体工商户不在少数(见表 12 - 4、表 12 - 5)。

表 12 - 3　规模以下工业基本情况

类　别	规下工业总计	规下企业		规下个体工商户	
		实绩	占比(%)	实绩	占比(%)
单位数(万家)	85.7	17.3	20.2	68.4	79.8
从业人数(万人)	770.6	355.0	46.1	415.6	53.9
营业收入(亿元)	19139.9	9652.9	50.4	9487.0	49.6

---

① 盛勇军."个转企"让桐乡经济大幅提升 [J].江南论坛,2013(1).
② 国家工信部规定,工业行业中从业人员 300 人及以上,且营业收入 2000 万元及以上的为中型企业;从业人员 20 人及以上且营业收入 300 万元及以上的为小型企业;从业人员 20 人以下或营业收入 300 万元以下的为微型企业。

续表

	规下工业总计	规下企业		规下个体工商户	
		实绩	占比（%）	实绩	占比（%）
应付职工薪酬（亿元）	2026.1	942.5	46.5	1083.6	53.5
资产总计（亿元）	11531.8	8484.2	73.6	3047.6	26.4
用电量（亿千瓦时）	377.5	233.0	61.7	144.5	38.3

数据来源：浙江统计年鉴。

表 12 – 4 个体工商户从业人员分布情况（%）

	单位数	从业人数	营业收入	生产支出	职工薪酬	资产总计	电力消费
8 人以下（不包括 8 人）	76.0	39.2	44.8	45.2	39.9	43.8	49.2
8～20 人（不包括 20 人）	19.1	35.7	39.7	39.8	37.4	40.4	39.1
20 人以上	5.0	25.1	15.5	15.0	22.6	15.9	11.7

数据来源：浙江统计年鉴。

表 12 – 5 个体工商户营业收入分布情况（%）

营业收入	单位数	从业人数	营业收入	生产支出	职工薪酬	资产总计	电力消费
0～100 万元	57.2	30.0	11.2	11.2	26.3	23.9	25.0
100 万～300 万元	27.0	33.0	29.8	29.8	33.8	36.9	31.7
300 万～500 万元	8.7	17.5	21.4	21.4	19.1	18.3	16.7
500 万～∞	7.2	19.5	37.6	37.6	20.8	20.8	26.7

数据来源：浙江统计年鉴。

第四节 "个转企"战略推进存在的突出问题

浙江省将"个转企"作为经济转型升级的一项重大战略任务来抓，确保在未来 5 年抓出成效。各地各部门都出台政策、创新举措，大力推进这项工作。但实地调研发现，"个转企"工作推进过程中仍存在一些突出问题。

一、目的不清、政策不明

调研发现，在"个转企"过程中，有些个体户对为什么要转企业，转企业的手续怎么办，转企以后如何更好地发展，仍然存在目的不清、政策不明的现象，顾虑重重，犹豫不前。分析原因，主要是担心转企后成本增加，如龙游金秋园时尚餐厅老板反映，没有打算"个转企"主要是顾虑三个方面：一是农副产品和餐厅装修材料采购，大多数供货商没有销售发票，导致进货成本无法冲抵利润，造成利润虚高，从而导致税负增加。二是进货的时候如果索要发票，进货成本就要高出 5 个百分点。三是转企后担心账目建账、账目管理跟不上。金华个体户老板黄燕青等反映，目前餐饮行业普遍存在"人工成本高、税收负担高、房屋租金高、利润低"的"三高一低"现象，业主担忧转企后各项成本还会增加，不敢轻易转企。丽水市的一些个体药品经营户片面认为，这是政府要他转，甚至对转企还存在抵触情绪。

二、重数量、轻质量

各地在推动"个转企"过程中，存在"重数量、轻质量""重显性、轻隐性""重眼前、轻长远"的倾向，主要力量放在"帮他转""要他转""促他转"上，"他要转""他想转"的意愿和动机还不足，所以，尽管"个转企"的数量增长比较快，但转企后的市场主体结构相对单一，质量和层次不高，个人独资企业多、有限责任公司少；块状经济中"大户戴小帽"的加工户，专业市场内的批发大户等显性"应转"对象能转的、容易转的，已先行转了，对潜在"应转"个体大户，摸排还不够及时，名单没有及时掌握，推动的具体措施不多。在"个转企"后的"促其升"上，花的精力不够多，服务措施跟不上。调研发现，宁波已转的 3469 家企业中，有限公司占比为 8.3%。舟山已转企业中有限公司占比为 6.2%，低于全省的平均水平。丽水的一些个体零售药店对"个转企"抱有"不实惠"的看法，认为这是政府的一厢情愿，甚至强制性要求，个别符合条件的还在"能拖则拖"，带有抵触情绪。温州、衢州、丽水、桐乡、安吉等地已经出现个别"个转企"企业要求重新转为个体户的现象。

三、政策执行难、落地难

（一）政策缺乏落地性

主要是存在执行不到位落地难、条款规定太原则操作难、配套细则缺乏推进难等问题。一是税务变更前后衔接不紧密。温州、丽水等地国税和地税部门反映，个体户主要税种是个人所得税，归地税管；转企后主要税种是企业所得税，归国税管，这样转企后税务衔接不好，企业的负担加重，由地税统一管，又缺乏依据。二是资产过户不延续。衢州、丽水等地个体户反映在"个转企"过程中，涉及设备过户、房屋产权过户等环节，仍有障碍。三是前置平移不顺畅。比如，衢州等地质监部门对企业发放组织机构代码要收取一定的费用。消防部门对企业和个体户的审批要求不同，"个转企"过程中必须重新审批《消防验收合格证》，手续比较复杂，成本也相应增加。环保部门对"个转企"企业要求进行重新环评,费用高,时间长,手续复杂。湖州农村合作银行要求个体户业主"先还贷、再转企",不能进行贷款的直接转移,要求有贷款的个体户转企前重新办理贷款审批手续。

（二）政策缺乏操作性

全省政策规定,"个转企"的小规模纳税人在2015年年底前"可选择自行申报缴税方式或税务机关核定方式缴纳税款",在实际操作中存在风险。因为小规模纳税人如果申报不到位,必须由国税部门进行核定征收。国税部门为落实不增加企业负担的要求,采取企业申报多少就核准多少的做法,存在执法风险。"个转企"后税收减免申报、银行账户变更、社保缓进申请等具体事项,基层尺度难以把握。有的个体户反映,有的基层工作人员不熟悉政策,讲不清企业与个体户的利弊、转与不转的优劣,没有向个体户说透政策。杭州、金华、衢州、安吉等地的一些部门和个体户反映,在办理"个转企"过程中,省里的规定比较原则,缺乏相应的实施细则和操作办法,特别是"个转企"后税收减免申报、银行账户变更、社保缓进申请等具体事项,基层尺度难以把握。

（三）政策缺乏科学性

金华市的部分个体业主反映,省里已经明确规定了转型前的个体户与转型后个人独资企业、一人有限公司之间土地、房屋权属的划转,如果投资主体不变的,免征契税、免收交易手续费,但实际上还需缴纳土地增值税,增加了"个转企"的成本。宁海县反映"个转企"后,经营主体发生变化,其所属的商标权、著作权、专利权的变更、转让,亟须积极争取国家有关部委的政策支持。嘉兴、湖州、丽水等地反映,当前除了药店、网吧、快递等少数行业强制要求以企业形式登记之外,大部分行业对登记形式无明确的准入要求,就某一行业市场主体参与市场竞争而言,因为经营成本的差异,对"个转企"企业并不公平。

（四）政策缺乏持续性

丽水、衢州等地反映,"个转企"优惠政策执行三年,担心三年后出现"回潮"。有的已转企业反映,转型后仍然碰到很多困难,在财务、税收、融资、土地、科技创新等方面转型提升很难一步到位,担心三年优惠政策享受完了,各项负担会大幅增加。有的地方反映,现在政策优惠,个体户纷纷转为企业,如果后续政策跟不上,个体户有可能纷纷"回潮",从法律政策上讲,除了印刷出版等极少数行业外,没有相关业主选择个体户和企业的硬性规定,业主的自由量很大。

四、协同不够

政府部门比如经信、消防、市场监管、安监、环保等部门有较高的配合意识,但主动出点子、想办法,通过摸排对象、分类指导、规范监督的方式倒逼挤压，部门联动推动符合条件的个体户及时转为企业的还有很大的提升空间。温州个体户反映，部门之间还存在操作技术层面的衔接不够，地税部门在社保费征收环节还存在征管信息系统的不支持。衢州反映"个转企"的有关信息沟通不及时，工商、国税、地税、质监和统计等部门在统计数据上还不尽相同。杭州、温州、湖州、绍兴、金华、台州等地企业都不同程度地反映，"个转企"后，不少新生企业在财务、税收、融资、土地、科技创新等方面转型提升很难一步到位，企业运行过程中会碰到有关优惠政策落实、资产平移、建账建证等实际困难，部分"个转企"企业急需用工、用地、融资、项目申报上的扶持。丽水金太阳酒店反映，消防、环保手续办理难，特别是餐饮行业的环评手续仍然过繁，而且时间太长，在房产过户、消防验收等环节仍有不少障碍。

第五节　对策与建议

首先科学有序推进"个转企"不能只注重改变注册形式，更重要的是转变发展内涵，① 转变经营理念和管理模式，提高市场竞争力和综合实力，这才是"个转企"的出发点和落脚点。要着力实施含金量高、操作性强、吸引力大的政策措施，为个体户转型升级减负松绑，把原来沉淀在个体户的市场主体推高到一个新的层次上，成为转型升级新的动力源。个体工商户量大面广、情况千差万别，不能搞"一刀切"，要遵循市场规律，科学设置"转企标准"。首先是规模标准。雇工人数超过8人，或经营场所面积达到300平方米以上，或月营业额在4万元以上的个体大户，特别是达到小型微型企业标准的个体工商户，应作为转企培育对象。其次是行业标准。根据现行法律规定，从事印刷、旅行、互联网服务、劳务派遣、药品生产经营等的个体工商户，必须依法以企业形式经营。最后是税收标准。经税务部门核定为"一般纳税人"和采用查账征收方式征税的个体工商户，应在符合条件的情况下逐步转为企业。本章提出以下五个方面的建议。

1. 减轻"个转企"税费负担，增强个体工商户"转企意愿"

个体工商户与企业税费负担差距过大，必然影响"个转企"的热情和动力。这是不少个体工商户顾虑重重、消极观望、止步不前的一个重要原因。调研发现，个体工商户主要采用自行申报定额征税，税率较低，而企业实行查账征收，要缴纳5%的营业税、25%的所得税、3%～17%的增值税以及各类附加税，税负

---

① 李程. 促进个体工商户发展及中小企业转型升级研讨会综述 [J]. 工商行政管理，2011 (19).

大幅增加。比如，纺织行业的个体工商户与企业在生产规模相当，假如营业收入100万元左右的情况下，个体工商户的税费成本比企业节省约8万元左右。这导致相当一部分具备一定实力的个体工商户不愿意转型升级。"个转企"能否有效、持续推进，关键取决于业主能否得到实惠，这是影响个体工商户转企的最大因素。尽管各地都出台了一些吸引"个转企"的措施（见表12-6），但这些政策的覆盖面和力度还不够。要实施更有吸引力的财税优惠政策，特别是要推行新增税额返还政策，以上一年度应缴税金为基数，在个体工商户转企3年内，新增入库税金地方财政留存部分全额返给企业；3年以后5年之内，按50%的比例返还，5年以后再视情况而定。对于转企后税收贡献大的，要给予额外的财政奖励。转企涉及的收费项目，特别是有关行政事业性收费，能免则免，能减则减，减少土地、房产、车辆、设备等过户转让费，在企业所得税、水利建设专项基金、企业注册等级费等方面尽量减免，实现转企的"低负担"甚至"零负担"过渡。转企后开发新产品、新技术、新工艺所发生的研发费用，在计算企业所得税时加计扣除，属于高新技术企业的，减按15%的税率征收企业所得税。转企后属于小型、微型企业的，要按照2012年国务院《关于进一步支持小型微型企业健康发展的意见》给予支持，与国家工信部实施的"扶助小微企业专项行动"结合起来，在融资、审批、研发、信用担保、用地、用能等方面给予必要扶持，通过"推"和"拉"并举发力，帮助个体工商户转型升级为小微企业。

表12-6　"个转企"主要模式

"组团"转企	
温州市	瑞安的鞋业，乐清的旅游业，永嘉的纽扣和铝制品加工业，平阳的针织花边业，龙湾的电镀业，泰顺的家具销售和石材加工业，成功整体转型升级
杭州市	制定"个转企"培育库入库标准，明确培育内容、数据指标和培育重点。全市确定3.4万户经营户为培育对象，以重点行业和特色块状经济为突破口，建立"个转企"重点培育库，按照"实施一批、带动一批、储备一批"的原则，示范典型、引领带动、梯度培育。开发应用软件，建立信息共享平台，构建部门信息双向抄送，实现部门间"个转企"转企户信息实时传输
湖州吴兴区	针对织里童装行业专门出台了《关于织里童装类"个转企"工作实施方案》，组成10个工作组，宣传动员上门、政策对接上门、主动服务上门
海宁县	充分利用皮革城、家纺城等特色产业为重点建立起"个转企"培育梯队
丽水市	将青瓷、宝剑、竹木制品加工、食用菌和水电发电等行业中较大规模的个体户纳入各地"个转企"后备库，以行业性转企，促使产业规范升级
"普惠式"政策	
舟山普陀区	对个体户转型为有限公司的奖励1万元，转型为独资、合伙企业的奖励2000元

续表

宁海县	对个体工商户转型为公司制企业或非公司制企业的，分别给予5000元或3000元补助，同时给予所在乡镇（街道）每家2000元的工作经费奖励
绍兴市	个体工商户转型为企业后，符合减半征收企业所得税条件的小型微利企业，在2015年前减半征收企业所得税；符合房产税、城镇土地使用税减免政策的企业，报经地税部门批准后给予减免；符合小微企业优惠政策规定的地方水利建设资金，报经地税部门批准后，在转企当年起3年内给予减免，第4年到5年减半征收。对"个转企"后符合免征注册费、年检费和执照工本费条件的小微企业，自转企业之日起至2014年12月31日免征
遂昌县	转企后五年内成为规上工业企业或限额以上企业的，分别给予一次性3万元和1万元的财政奖励。个体户转为有限公司或者个人独资、合伙企业的，分别给予5000元和3000元的奖励
"特色帮扶"	
嘉兴市	明确"个转企"工作由工商、地税、国税三家共同牵头，分片负责指导联系相关县（市、区），定期召开个转企工作例会，推动个转企工作
衢州市	在全市各级行政服务中心工商注册、国地税等窗口设置"个转企服务专窗"，推出"个转企"告知一口清、档案一日移、登记一次成、审批一站式的"四个一"做法
台州路桥区	开通"个转企"八个基层直通车联系点，排出具体的日程表，有计划、分步骤轮流在各个基层窗口为"个转企"经营户提供批量办理服务。国税、地税、质监、统计、卫生等相关部门专门设置五个"个转企"服务点，开展多证联办
常山县	由国税部门负责引导一般纳税人，工商部门负责引导专业市场和食品批发大户，妇联负责引导来料加工经纪人，农办负责引导农家乐经营户，促使"组团式转企"
宁波鄞州区	鄞州区工商部门与鄞州银行达成协议，为"个转企"企业量身定做金融方案，3年共计10亿元"个转企"信贷专项额度，实行相应优惠利率，并提升单个企业授信额度，最高上升到200万元
"倒逼机制"	
温州瓯海区	加强个体税收管理，对原采取定期定额方式征收但经营额较大的个体户，可改为查账征收方式征收，并设置营业额预警值
龙游县	对药品、危化品、餐饮、娱乐场所、住宿等特殊行业，科学设置个转企标准，推动这些行业组团转、集中转
"放权"服务	
省公安厅	开辟便企服务"绿色通道"，简化审批程序，减少审批环节，缩短审批时间
省卫生厅	进一步下放审批管辖权限，缩小许可范围
省国税局	利用办税服务厅、12366纳税服务热线、国税网站三大服务平台，开辟"个转企"登记便捷通道

续表

省地税局	下发《关于推进个体税收"建账建证、预警管理"的通知》，对以营业税为主体税种且经营规模较大的个体户，特别是月营业额 20 万元以上的个体大户，督促建立复式账，采取查账征收的方式，从严把关个体大户的纳税定额调整工作
省国土局	做好土地变更登记工作，提高办证速度，尽量当场办结、立等立取
省建设厅	为"个转企"涉及的资产处置和产权变更登记等方面，提供高效服务
省环保厅	大幅下放环评审批权限，优化环评审批内部流程，减少审查环节
省食品药品监督管理局	通过餐饮食品安全隐患排查清理、餐饮单位食品安全专项整治等方式，推进餐饮行业"个转企"
省商务厅	对"个转企"后的商贸、外贸企业给予特别扶持
省人力社保厅	对"个转企"给予社保优惠扶持
省统计局	把"个转企"列入重点工作计划，落实个转企信息抄告制度，及时调查核实，动态入库
省法制办	要求 11 家涉及"个转企"前置审批许可单位，制定相应的前置审批许可项目同步变更具体操作办法，并对相关规范性文件合法性进行备案审查

资料来源：调研组实地调查整理而得。

2. 破解"个转企"审批障碍，放宽个体工商户"转企门槛"

"前置审批难"是个体工商户反映强烈的问题之一。"想转而又未转""太麻烦不想转"的个体工商户，普遍反映"审批难、审批繁"。调查发现，76.7%的业主将"审批难"作为转企障碍的第一位因素，21.3%的业主将其作为第二位因素，即绝大多数个体工商户认为审批比较难。"个转企"涉及国土、消防、质监、环保、卫生等诸多前置许可审批。以消防前置审批为例，合法从事文化娱乐的个体工商户已有"消防验收合格意见书"，但如转为有限公司，要重新申办"消防验收合格证"，开业前要进行中介检测和检查。如果消防问题不解决好，其他审批就难以办下去，这导致不少从事娱乐业的个体工商户转企停滞不前。尽管省级有关部门陆续出台了一些支持"个转企"的措施（见表 12－7），但需要加快构建联动联审联办机制，工商、国税、地税、统计、质监、消防、环保、卫生等有关部门要加强联动，完善政策，加强沟通，实现"个转企"服务无缝对接。要按照"一张表、一卡通、一窗式、一条龙"要求，进一步简化审批手续，实现审批提速、流程再造、效率提升。对于非法定前置审批的事项，比如经营场所和经营范围不变、从事经营一年内没有不良行为投诉的，无需再办审批手续，凭借相关转型升级证明即可核发新的许可证或审批意见。办理税务登记证、质检代码证、土地、房产等过户，工商部门同步核发营业执照与《个体工商户转型变更证明》，个体工商户凭此证明直接到有关部门办理过户手续。对于住所不变的，可沿用有效期内的原住所证明，转企后一年内重新签订租赁合同，完善房屋产权证明，在年度检验时向工商部门提交住所证明。关于"个转企"前后主体资格延续难这一问题，通过个体工商户业主承诺债权债务已清理完毕或本人承担，以公告方式终结个体工商户的无限责任，顺利过渡为有限责任形式。

表 12 - 7　政府部门支持"个转企"的政策制度

工商部门	进一步创新登记方式，通过类型自主选择、程序合并办理、字号延续使用、档案合并保存、规费依法减免等大力支持"个转企"。特别是实行"无障碍准入"的登记程序，优化准入流程，提高登记效能，个体工商户注销登记和企业设立登记可合并办理
国税部门	利用办税服务厅、12366 纳税服务热线、国税网站三大服务平台，开辟"个转企"登记便捷通道
地税部门	下发《关于推进个体税收"建账建证、预警管理"的通知》，对以营业税为主体税种且经营规模较大的个体工商户，特别是月营业额 20 万元以上的个体大户，督促建立复式账，采取查账征收的方式，从严把关个体大户的纳税定额调整工作
公安部门	开辟便企服务"绿色通道"，简化审批程序，减少审批环节，缩短审批时间
卫生部门	进一步下放审批管辖权限，缩小许可范围
国土部门	做好土地变更登记工作，提高办证速度，尽量当场办结、立等立取
建设部门	为"个转企"涉及的资产处置和产权变更登记等提供高效服务
环保部门	大幅下放环评审批权限，优化环评审批内部流程，减少审查环节
食品药品监督管理部门	通过餐饮食品安全隐患排查清理、餐饮单位食品安全专项整治等方式，推进餐饮行业"个转企"
商务部门	对"个转企"后的商贸、外贸企业给予特别扶持
人力社保部门	对"个转企"给予社保优惠扶持
统计部门	把"个转企"列入重点工作计划，落实"个转企"信息抄告制度，及时调查核实，动态入库

资料来源：调研组根据实地调查整理而得。

3. 推行"个转企"社保优惠，支持个体工商户"转企缓进"

劳动合同法规定，企业有义务为员工缴纳社会保险。这对转企业主而言是不小的负担，是个体工商户转企的"拦路虎"之一，很多已转企的业主对此意见也较大。究其原因：一方面，转企后为员工一次性补缴社保的压力比较大，难以一步到位；另一方面，员工流动性大，缴纳社保后员工频繁跳槽，损失较大。从长远看，按章入保是法律要求，也是必然趋势，而且职工入保意愿和期望值也较高。针对这一问题，要实行社保费"四年缓进"的优惠政策，鼓励企业职工自愿参保，从转企当年起，养老、医疗、失业保险单位缴纳部分，当年维持原状、第二年按不低于企业职工工资总额的 20%、第三年 30%、第四年 40%，第五年按有关规定比例缴费，让业主逐步调整适应。要允许个体工商户探索灵活性、选择性参保的过渡办法，在企业发展壮大过程中再逐步实现社保全覆盖。比如，对于企业中层以上管理人员实行 100% 参保缴费，对于其他人员鼓励自愿参保，在条件具备的情况下过渡到"全员入保"。

4. 解决"个转企"政策"落地难"，让个体工商户得到实实在在的好处

"个转企"涉及很多环节、很多政策，任何一个环节不衔接，任何一个政策不落实，都会导致前功尽弃，还会引起连锁反应。调研发现，目前一些地方"个转企"政策存在衔接不紧密"落地难"、条款比较原则"操作难"、配套细则缺乏"推进难"等诸多问题。有地方反映，个体工商户主要税种是个人所得税，归地税管；转企后主要税种是企业所得税，归国税管，如果转企后税务衔接不好，企业负担就会加重。浙江有关政策规定，"个转企"的小规模纳税人在 2015 年年底前"可选择自行申报缴税方式或税务机关核定方式缴纳税款"，但如果小规模纳税人申报不到位，必须由国税部门进行核定征收。国税部门为落实不增加企业负担的要求，采取企业申报多少就核准多少的做法，存在一定的执法风险。还有地方反映，"个转企"后税收减免申报、银行账户变更、社保缓进申请等具体事项，实际操作尺度难以把握。目前"个转企"优惠政策是三年，有些地方担心三年后出现政策"回潮"。对此，要合理借鉴其他省市推动"个转企"的措施（见表 12-8），进一步完善浙江"个转企"政策体系，抓紧落实支持"个转企"的相关配套措施和操作办法，进一步挖掘政策空间。要建立跟踪回访制度和服务机制，针对性地解决有关优惠政策落实、资产平移、建账建证等实际困难，使已转企业负担能减的都减下来。要加大对个体工商户财务会计、市场营销、品牌运营、经营管理等方面的政策支持，让个体工商户有明确预期，消除经营者转企顾虑。要在品牌扶持、荣誉赋予、缓解融资难等方面，拿出一定的指标和额度向"个转企"倾斜，使转型企业获得进一步提升发展的空间。对达到一定规模或符合一定标准的个体工商户，按照政策规定必须登记为企业，不再采取个体工商户这种组织形式，避免"先注册个体工商户，后登记为企业"。

表 12 – 8　省市推动"个转企"的特色措施

加强个体大户管理	广东省、山东省等积极引导个体大户建账建制，加强账务核算，加大定额征收管理，对转型后的各类企业争取税收级次不变，所得税管理权限不变，使个体大户与私营企业公平税负、公平竞争
创新登记方式	北京市 2011 年实施《个体工商户转变为企业组织形式登记办法》，对诚信守法经营、无违法违规记录的个体经营者，满足一定条件后，可根据自身经营的需求申请变更为个人独资企业、合伙企业和有限责任公司三种企业形式。2013 年北京的企业数量首次超越了个体工商户
出台财税奖励	重庆市规定，"个升企"后可享受注册资本金等额（最高不超过 10 万元）的税收奖励，小微企业可以自主选择查账征收或是核定征收的方式进行企业所得税的缴纳。北京市昌平区规定，连续经营 3 年（含）以上的个体工商户向公司制企业或其他类型企业升级后，连续 3 年依次按企业上缴给区级财政留成部分的 100%、50%、25% 奖励企业。3 年以下的个体工商户升级为公司后，财政连续 3 年依次按上缴区级财政税收留成部分的 50%、30%、20% 奖励
简化登记流程	上海市等地开设"个体工商户升级绿色通道"，推行向导服务、预约服务、延时服务。对有意办理企业登记的个体申请人，实施"一对一"引导，受理登记"一条龙"服务。对经营场所不变的个体工商户升级，无需其重复提交相关审批文件及证明。同时，"个升企"申请登记采取注销登记和设立登记合并办理同时进行的方法，保证申请人变更登记期间的连续经营
降低升级门槛	江苏省镇江等地，工商部门优先办理个体工商户的转企登记，再办理前置许可部门许可证换发手续，升级企业将换发后的许可证复印件报企业登记机关备案即可（也可在企业年检时报送）。注册资本方面，除货币出资外，原个体工商户所有的实物（含商品）、土地使用权、知识产权、商标专用权等可评估作价的财产也可作为对"个升企"企业的出资
沿用商誉字号	吉林省规定，个体工商户已获得的"著名商标""消费者信得过单位""诚信经营户"等荣誉，可由升级后的企业沿用，升级企业名称在符合企业名称登记管理相关规定的前提下，可保留原个体工商户名称中的字号和行业
设立专项资金	广东中山市 2011 年出台了促进个体工商户转型升级的实施意见，设立了"个体工商户转型升级专项资金"，主要用于"个升企"所需成本的补助和"个升企"后扩大经营规模所需贷款的贴息，提出 3 年引导 1.8 万户个体工商户转型升级企业
推行分类管理	江西省对具有一定规模、取得一般纳税人资格、劳动密集型行业、高危行业、经营方式为总经销总代理的个体工商户，给予积极引导，主动帮扶，推动转型；对依据法律法规规定应登记为企业的行业（如印刷、旅行社、互联网上网服务、药品生产经营等），目前仍以个体工商户组织形式经营的，限期升级为企业，逾期未升级为企业的要求其变更经营范围

资料来源：调研组根据实地调查整理而得。

5. 加强市场秩序维护，为个体工商户"竞优汰劣"保驾护航

同等规模的个体工商户与企业不在同一起跑线上竞争，必然破坏市场竞争的公平性。鼓励个体工商户转型发展要坚持"扶控结合"，既要给予必要的政策扶持，鼓励个体工商户进一步发展壮大，也要加大市场监管力度，着力营造公平竞争的市场环境。要以块状经济、行业集聚区为重点突破口，推进"组团式"个转企，实现全行业、块状经济转型升级。要深入调查以避税为目的，重复、连续办理个体证照，人为分拆、化整为零、偷逃漏税的个体经营户，加强对占地用工较多、用电量与申报经营数据明显不符、特色块状区域的个体工商户的监管，对达到一定规模但仍沉淀在个体工商户层次的业主，予以强制性转企。要依法打击偷逃税的"假个体工商户"，防止个体大户"戴小帽"引发"羊群效应"，防止"逆向选择"逃避转为企业，使同等生产经营规模、产值及销售额的个体工商户与企业承担基本相近的税负，切实营造均平税负、良性竞争的市场环境。要稳步推行个体工商户建账制度，全面摸清个体工商户底数，通过账簿、财务凭证、用电核查、缴税等手段，引导向一般纳税人的规范化征管模式过渡。要建立完备的市场信用数据库，以工商、税务等部门的基础数据为依托，征集个体工商户业主信息、产品质量、信贷情况、财务台账、缴纳税金、用工用电、劳动社保等有关信息，完善个体工商户经营信用档案，加强对个体工商户动态监管，促使个体工商户依法规范经营，为做大做强转型升级企业奠定基础。

正是由于"个转企"是一项新的创新与探索，所以在实际操作中一定要有保障，让这项工作能够持续推动下去，取得实实在在的效果。

（1）科学推进机制。在"个转企"定量目标设定上，以三年3%为参考，组织开展全面的摸排。有四类显性和潜在的重点"应转对象"：符合税务部门认定为一般纳税人资格的个体户；餐饮、娱乐、宾馆等行业达到一定规模的个体大户，如龙游县明确达到150平方米以上的中型餐饮企业规模的个体户、经营规模达到500平方米以上的娱乐行业个体大户、有50个房间以上的住宿业个体大户；税务部门已经明确月营业额在20万元以上必须建账建证的个体大户；国家明确要求，药品、危化品、网吧等特殊行业。对于他们，必须以企业形式准入。

（2）倒逼挤压机制。特别是一些"大户戴小帽"的个体大户，高能耗、高污染的落后产能企业，以及涉及危化品、药品等特殊行业，使已经达到一定规模或者占有社会资源较多的个体户的负担适当增加，与同规模企业相当，从而倒逼其主动转为企业。国税和地税部门已经通过出台配套政策，规定月营业额达到一定规模以上（目前是20万元）的个体大户必须建账建证，采取查账征收方式形成税收监督的倒逼。其他如消防、食品安全、安监、食药监、环保、卫生、农业等部门要从自身职能出发，推广龙游等地的做法，对个体大户按照同行业企业的标准研究合理的行业准入政策，出台一些倒逼的办法和挤压机制。温州瓯海区地税局针对部分个体户"意愿不强、不想转"的难题，从加强个体税收管理角度入手，对原采取定期定额方式征收但经营额较大的个体户，可改为查账征收方式，并设置营业额预警值，加强监管。

（3）无缝对接机制。"个转企"涉及很多个环节，任何一个环节，都可以导致前功尽弃，一家个体户有不满，还会传导给其他个体户。所以，各个环节之间要能够无缝对接起来。从调研情况看，各地对个转企工作都给予了高度重视和大力支持，但在信息沟通、及时交流、协作机制建设等方面还有提升空间。工商、国税、地税、统计和质监等部门需要进一步加强信息沟通，在个转企工商注册登记、税务登记、机构代码证登记、数据统计等环节，要信息共享，相互比对，无缝对接。

（4）后续服务机制。个转企不能一转了之。针对已转企业提升发展过程中存在的问题和困难，建议有关部门要及时"回头看"，建立跟踪回访制度和服务机制，帮助解决和协同推动有关优惠政策落实、资产平移、建账建证等实际困难，使已转的企业负担能减的都减下来。另外，抓紧落实支持"个转企"的相关配套措施和操作办法，进一步挖掘政策空间，做好政策的"加法"，加强法律法规、财务会计、市场营销、品牌运营、经营管理等方面知识的培训，消除经营者转企的顾虑和担心。通过制度设计建立长效机制，在品牌扶持、荣誉赋予、缓解融资等方面，拿出一定的指标和额度向"个转企"企业倾斜，使转型企业进一步提升发展空间。

（5）督查考核机制。按照"个转企"计划，分年度进展情况进行考核。为防止各地工作"踩刹车"，建议继续出台帮扶个体户转企的政策措施。现行法律法规只是明确了药品经营、网吧、危化品等少数特殊行业以企业组织形式准入的规定，其他行业没有明确个体工商户和企业的准入界限，经营者可自愿选择主体资格。可以借鉴龙游等地的做法和经验，再出台"个转企"政策意见，进一步挖掘政策资源，按照行业准入标准，对规定达到一定规模或者符合一定标准的，必须登记为企业，不再采取个体工商户这种组织形式，进一步营造个体大户与企业之间的公平竞争环境。一方面可以有效防止已转企业出现"回潮"现象；另一方面可以避免再走先个体户再企业的"个转企"老路子。

第13章　浙江省"小升规"的调研报告

市场主体是经济发展之"细胞"。经济发展质量和效益高低，很大程度上取决于市场主体发展层次和水平。加快转变发展方式，提升产业层次，优化经济结构，关键要扶持市场主体转型做强。"小升规"是浙江省委、省政府的重大决策部署，[①] 2012 年浙江省经济工作会议明确提出，全面推进"个转企"和"小升规"工作，力争今后 5 年每年"个转企" 3 万户、"规下转规上" 5000 家。浙江省专门召开全省个体经济及小微企业提升发展工作电视电话会议，出台了《关于促进小微企业转型升级为规模以上企业的意见》，成为全国率先提出小微企业上规模的省份，也是第一个专门制定促进小微企业"上规"政策的省份，这也是为小微企业量身定做的扶持政策。小微企业是市场主体的一支重要力量，尽管规模不大，但数量庞大，分布广泛。推动小微企业转型升级，最现实、最有效、最可操作的路径，就是向规上企业转变，从而优化市场主体结构、产业层次结构和民营经济结构，为提高经济增长质量效益提供有力支撑。如何落实好已有的扶持政策，针对"小升规"推进中的瓶颈问题，加大政策扶持力度，化解推进难题，促进小微企业转型升级，值得深入研究。

实地调查发现，"小升规"空间和潜力的确比较大，做大做强是具备一定实力的小微企业的普遍心声，但"小升规"动力和意愿还不太强。"小升规"的出发点和落脚点不是单纯改变企业的注册形式，而是促使企业实质性地转变粗放式的发展方式、经营方式，帮助企业发展层次迈上新台阶。这需要在遵循市场规律、企业成长规律的前提下，给予必要的科学、合理、适度的引导，减轻业主思想负担、税费负担、管理负担、审批负担，为小微企业创造更普惠、更温暖的成长环境，让小微企业"轻装上阵"，这样"小升规"就更有意愿、更有动力、更有积极性，更多小微企业就会争相跟进，从而推动企业结构、产业结构、经济结构迈上更高层次。

第一节　"小升规"的理论基础

企业转型升级既包括生产关系方面，比如企业家精神、企业所有制制度、经

---

① 规模以上企业是指年主营业务收入达到一定规模要求的企业，不同行业的规模要求不一样，规模以上工业企业是指年主营业务收入在 2000 万元以上的法人工业企业，这是衡量企业实力的标准之一。"小升规"就是要以现有年营业收入在 500 万 ~ 2000 万元之间的小微企业和潜在的已达到规模以上标准的小微企业为培育重点和服务对象，开展不同方式的上规升级。

营管理模式等，也包括生产力方面，比如技术创新等。企业转型升级牵一发而动全身，任何一方面因素的改变都会在一定程度上牵涉其他方面的改变。从根本上讲，企业转型升级都是利用潜在的机会，进行技术再造、产品升级、产业转型、模式优化等，从一种发展方式迈向另一种发展方式，创造新的竞争优势，维持企业的生存和发展。

一、基于企业成长的维度：生命周期理论

葛雷纳（L. E. Greiner，1972）在《哈佛商业评论》上发表了《组织成长的演变和变革》一文，把企业生命周期划分为创业、聚合、规范化、成熟、再发展或衰退等五个阶段，认为企业每个阶段的组织结构、管理方式等都有其阶段性的特点。1983年，美国的奎因（Robert E. Quinn）和卡梅隆（Kim Cameron）在《组织的生命周期和效益标准》一文中，把组织的生命周期简化为四个阶段，即创业阶段、集合阶段、正规化阶段和精细阶段。后来，西方管理学者们分别从不同角度探索如何做大做强企业。美国学者 Ichak Adizes1989 年在《企业生命周期》一书中，按照企业的灵活性和可控性，把企业成长过程分为孕育期、婴儿期、学步期、青春期、盛年期、稳定器、贵族期、官僚早期、官僚期及死亡期等十个阶段。企业的成长，意味着它具备了一定的灵活性和可控性，企业的老化意味着其灵活性和可控性较低。

二、基于市场博弈的维度：竞争力理论

C. K. Prahalad 和 G. Hamel 1990 年在《企业核心竞争力》中提出了核心竞争力概念，掀起了研究企业核心能力的高潮。他们的理论认为，企业核心竞争力是使商业个体能够迅速适应变化环境的技术和生产技能的组织中的累积性学习，特别是运用企业自有的独特能力，具有价值优越性、不可仿制性、不可交易性、难以替代性等特点。企业的核心竞争力是：首先，利于企业进入市场，是公司扩大经营的能力基础；其次，核心竞争力对创造公司最终产品和服务的顾客价值贡献巨大，它的贡献在于实现顾客最为关注的、核心的、根本的利益；最后，它难以被竞争对手复制和模仿。

三、基于企业内生发展的维度：创新理论

J. A. Schumpeter 在 1912 年《经济发展理论》中提出创新思想，指出创新是将所能掌握的原材料和生产要素用不同的方式组合引入生产体系。创新包括五种情况，即引进一种新产品；采用一种新的生产方法；打开一个新的市场；征服或控制原材料或半制成品的新的供给来源；任何一种工业执行新的组织。

创新包括新产品、新工艺、新技术的变化，如果在市场上实现了创新，或者在生产工艺中应用了创新，那么创新就完成了。就是企业优化组织条件和要素，建立起效能更强、效率更高和费用更低的生产经营系统，从而推出新产品、新的工艺、开辟新的市场、获得新的原材料来源的组织，包括技术、商业、金融等一系列活动的综合过程。这一理论应用到工业小微企业，可使其扩大规模，增强竞争力，巩固市场。

四、基于价值链的维度：微笑曲线理论

1992 年台湾宏基公司总裁施正荣先生根据他多年从事 IT 产业的经验，首先提出了微笑曲线（Smiling Curve）的概念，他用一个开口向上的抛物线来描述个人电脑制造流程中各个环节的附加值，由于曲线类似微笑的嘴型，所以被形象地称为微笑曲线。曲线左边是价值链上游，主要是研发，随着技术研发的投入，产品附加值逐渐上升；右边是价值链下游，主要是销售，属于当地性的竞争，随着品牌运作、销售渠道的建立，附加值逐渐上升；作为劳动密集型的中间制造、装配环节不但技术含量低、利润空间小，而且竞争激励，是整个价值链中最不赚钱的部分。该理论得出两个结论：一是企业的产品与服务要有持续性的附加值才能生存下去；二是只有生产高附加值的产品与服务，才能获得高利润和更大的发展空间。

第二节　"小升规"的战略意义

经济要实现高质量发展，建立现代化经济体系，前提是建立一种生生不息、良性循环的发展机制，要有结构、质量和效益的支撑。这样才能夯实长远、可持续发展的基础。市场主体是经济发展的基础和细胞。只有一个个的市场主体提升发展了，经济增长才有源头活水，才能质量高、效益好、结构优。一方面，着眼于"抓大"，着力发展一批产业带动力强、辐射效应大、具有较强核心竞争力的骨干企业、知名企业；另一方面，立足于"活小"，搞活小微企业。"活小"与"抓大"要相辅相成。大企业也是从小微企业一步一步发展起来的，不扶持小微企业做大做强，培育大企业就失去了源头。浙江有小微企业 57 万家，占企业总数的 97% 以上，是民营经济的重要支柱，是浙江经济的特色优势。提高经济增长质量和效益，提升民营经济层次和水平，必须大力扶持小微企业提升发展；实现城乡居民收入、经济总量、人均产出"四个翻一番"，必须争取小微企业早翻、快翻、多翻。

（1）这是浙江民营经济提升发展的重要机遇。党的十八大报告强调，各种所有制经济依法"平等使用生产要素、公平参与市场竞争、同等受到法律保

护"。这"三个平等"首次以党代会报告的形式明确，旨在打破行业垄断，放宽市场准入，破除"玻璃门"和"弹簧门"，让各类主体在市场经济中大显身手，让各种生产要素的活力竞相迸发，让创造财富的源泉充分涌现，充分体现了国家大力鼓励和支持非公有制经济发展的决心，为民营经济发展提供了更多的机遇、更大的空间。作为民营经济的一支重要力量，加快小微企业提升发展，恰逢其时，潜力巨大，大有可为。

（2）这是浙江经济转型升级的必由之路。经济发展方式转变，归根结底要靠市场主体的转型。浙江是"千家万户"式的草根经济，很大一部分是小作坊、小企业，创业初期"船小好调头"、适应力强，很有优势。但这个优势在不断削弱，创业动力不足、产业层次不高、转型升级不快的问题凸显，过度依赖低端市场、低水平制造、低成本扩张的粗放方式难以为继。小微企业占全部市场主体的七成以上，没有小微企业的转型提升，经济转型升级就是一句空话。从市场结构来看，企业作为现代市场主体，理想形态是"橄榄形"，就是大企业、小微企业这两头占比小，中小企业中间占比大，但事实上小微企业占了90%以上。市场主体结构影响经济结构，市场主体层次不高，经济质量也高不了；市场主体不转型，经济也难以转型。所以，推动经济转型升级，必须优化市场主体结构，提升市场主体层次。

（3）这是市场主体做大做强的强烈愿望。加快提升发展，小微企业是实实在在受益的。小微企业治理模式单一、投资规模有限，在银行授信、品牌创建等方面缺乏竞争优势，土地、用能等要素获取能力比较弱。相当多的小微企业尽管规模不小，却停在较低层次上，难以增容提效，面临人才引进难、融资难等很多制约；小微企业"块头"虽不大，但总量不小，大多处在产业链低端，层次低、布局散、竞争力弱，在某些行业还相当突出。加快转型提升，就是要破除这些制约障碍，更加科学规范地经营，获得更多要素资源支持，增强市场开拓能力和行业竞争力，从而迈上一个全新的发展平台。

小微企业处在产业生物链的最低端，属于"小鱼""虾米"甚至"藻类"的级别，但小微企业很重要，如果没有它们，不可能有"海豚""鲸鱼"，更不用说它们还是吸纳就业的重要"容器"，科技创新的重要力量，浙江经济的一支命脉，承担着解决就业、创造财富、稳定社会的功能。单就数量而言，小微企业是绝对的主力军。浙江省有小型企业13.6万家，占23.2%；微型企业43.3万家，占73.8%。浙江小微企业中的规模以下工业主要经济总量保持全国第一，工业单位数、工作总产值、资产总量、从业人员数分别占全国的13.4%、18.5%、15.1%、13.5%，均居全国各省区市的首位，特别是工业总产值、资产总计、从业人员数比居第二位的广东省分别高7.2、6、0.9个百分点。但要看到，浙江小微企业"低、小、散、弱"的格局没有根本改变，企业规模小、产业层次低、产品档次低、利润率低、竞争力弱，大多处在产业链、价值链的末端，基本没有定价权，抵御风险的能力较弱，特别是受原材料、人工、资金、用地、用电及人民币升值等要素成本上涨的影响，出口形势低迷，生产经营难度逐渐增大。

1）"低、小、散、弱"的低端循环之路越走越窄。浙江微型、小型企业居多，中型、大型企业数量偏少的企业结构在某种程度上制约着小微企业未来的发展，规下经济实力与规上相比还有不小差距（见表 13-1、表 13-2），影响浙江经济的转型升级。浙江小微企业占比高于江苏、广东和山东，江苏、广东和山东小微企业占比分别为 91.6%、86.0% 和 91.1%。从户均工业总产值看，浙江规模以上工业户均总产值相对全国水平从 21 世纪初的 87% 左右下降到目前的 58% 左右。浙江规模以上工业企业户均总产值为 1.63 亿元，尽管比 1998 年增长了一倍多，但在全国各省（市、区）中排名倒数第二，仅高于西藏（1.34 亿元）。同期，江苏、广东和山东规模以上企业平均工业总产值分别达到了 14353.3 万元、16066.6 万元和 19041.1 万元，均比 1998 年增长了 3 倍多，并且是浙江企业平均规模的 2 倍左右。此外，浙江规模以上小微企业平均工业总产值仅为 3868.7 万元，比 2006 年增长 25.6%，增幅低于大中型企业 5.4 个百分点。而同期江苏规模以上小微企业平均总产值为 6406.9 万元、广东为 6303.8 万元、山东为 8928.2 万元。企业规模偏小，缺乏能够代表行业先进水平、占据较大市场份额的龙头企业和领军集团，也就难以形成以大中型企业为主导的本土企业网络和本土价值链。企业规模过小不利于实现规模经济效应和技术进步，也难以获得外部融资支持，反过来又会限制企业产能和规模的扩张，增加本土企业对外国采购商的依赖。

表 13-1　规上与规下企业的对比

对比项	规下企业	规上企业	规上企业÷规下企业
从业人数（万人）	355.05	719.01	2.03
主营业务收入（亿元）	9652.96	57682.73	5.98
主营业务成本（亿元）	7780.06	49633.01	6.38
应付职工薪酬（亿元）	942.49	2895.98	3.07
资产总计（亿元）	8484.29	55654.17	6.56
用电量（亿千瓦·时）	233.05	2402.73	10.31

资料来源：调研组统计分析而得。

表 13 - 2　规上与规下企业的对比

对比项	规下企业	规上企业	对比项	规下企业	规上企业
人均主营业收入（万元）	27.19	80.23	单位用电量主营业收入（元）	41.42	24.01
人均主营业务成本（万元）	21.91	69.03	单位用电量主营业务成本（元）	33.38	20.66
人均应付职工薪酬（万元）	2.65	4.03	单位用电量应付职工薪酬（元）	4.04	1.21
资产总计（万元）	23.9	77.4	单位用电量资产总计（元）	36.41	23.16

资料来源：调研组统计分析而得。

2）"家族式"治理结构影响小微企业长远后劲。浙江小微企业大多处于产业链的低端，家庭经营较普遍，经济实力不强，工资报酬及社会地位偏低，难以吸引高端人才，创新能力不强。企业管理较为落后，甚至不少小微企业没有完善的管理制度，财务制度不健全，有的连会计账都没有，甚至不做成本核算。企业管理、品牌经营、技术创新等方面都比较落后，缺乏远景规划，很难实现经营规模扩张和质的飞跃。抽样调查显示，浙江中小微企业中股东会规模为 2 ~ 3 人企业比重超过样本的 70%。2012 年浙江规模以上中小微企业中私营企业 22658 家，占全部规上中小微企业单位数的 65.64%。有限责任公司有 4163 家，占比 12.06%；股份有限公司有 445 家，占比 1.29%。据统计，按规模以上中小微企业注册类型分组比较，浙江私营企业数量居全国第一位，约占全国规模以上私营企业总量的 17.1%；同时，浙江私营企业以及有限责任公司在绝对量和相对量（即私营企业占比，有限责任公司占比）上均超过广东、江苏、山东。但在股份有限公司的绝对量和相对量上均不及上述三省。浙江小微企业现代企业治理结构建设的落后，不利于小微企业转型升级和未来成长。金融危机对我国造成的影响主要通过出口传导，浙江、广东、江苏三省的出口比重都比较高，规模以上工业企业出口交货值占销售产值的比重分别为 21.2%、29.82% 和 20.44%。三省中又以浙江受危机影响最大，江苏受影响最小，这与小微企业的出口结构有关。江苏出口比重尽管也超过了 20%，但是与浙江不同的是，江苏高达 64.78% 的出口交货值是由外商投资公司创造的，还有 17.05% 的出口是由港、澳、台商投资公司创造的，私营企业出口仅占 11.35%；浙江私营企业出口比重则高达 42.83%，内资企业出口超过一半。外商投资公司相对于内资企业来说，有明显的国际市场渠道优势。因此，浙江在金融危机中的表现要差一些。

　　3）避免产业链、价值链"低端锁定"就必须迈向"小升规"。浙江尽管在许多细分行业中保有了较高的市场占有率，在许多细分产品中，存在许多隐形冠军，但从行业大类上看，浙江缺乏明显的优势行业。浙江小微企业所在行业的生产效益和生产率均偏低。浙江全行业平均销售利润率为 6.28%，而广东是 7.42%、山东是 7.3%、江苏是 6.56%，均高于浙江。浙江销售利润率超过 10% 的行业只有 1 个，即医药制造业，行业利润率为 12.63%，江苏有 3 个、广东有 5 个。从人均创造利税看，在发达省区中浙江也是最低的，人均创利税为 5.95 万元/人，山东是 10.45 万元/人，江苏是 8.07 万元/人，广东是 6.01 万元/人。除了烟草和石油，浙江人均创利税最高的行业是化学原料及化学制品制造业，人均创利税 16.81 万元/人，江苏是黑色金属冶炼及压延加工业，人均创利税 15.59 万元/人，广东是交通运输设备制造业，人均创利税 20.43 万元/人，山东是有色金属冶炼及压延加工业，人均创利税 21.48 万元/人。浙江工业总产值排名前 5 位的行业是纺织业、电气机械及器材制造业、通用设备制造业、交通运输设备制造业和化学原料及化学制品制造业，工业总产值占全部行业工业总产值的比重分别为 10.85%、9.14%、7.35%、7.02% 和 6.83%。从企业数量分布看，排名靠前的是通用设备制造业、橡胶与塑料制造、纺织业等（见图 13 - 1）。传统行业仍占较大比重，前 5 位行业总产值合计占比 41.19%，而广东前五大行业集聚度高达 48.88%，尤其是通信设备、计算机及其他电子设备制造业和电气机械及器材制造业，两大行业总产值占比达到全行业的 1/3，江苏占比也达到了 48.26%。浙江除了化学纤维制造业占全国的比重高达 48.54%，名列第一，其他行业大类在全国的占比均没有达到各省最高。浙江行业大类在全国占比超过 20% 的行业分别是纺织业、废弃资源和废旧材料回收加工业和皮革、毛皮、羽毛（绒）及其制品业，占比分别为 24.27%、23.31% 和 20.05%，基本都是传统制造业。相反，江苏、广东和山东均存在较多行业大类在全国领先，在全国占比超 20% 的行业，江苏有 9 个、广东有 13 个、山东有 7 个。所以，小微企业行业迫切需要转型升级。

　　4）避免"规下经济"成为"地下经济"需要"小升规"。小微企业在上规之前，由于财务不规范等原因，很多企业按月"定额征税"，内部财务核算不完善，生产经营信息不透明，不少规下企业为了避税，长期沉淀、滞留在规下位置上，导致规下工业的真实规模和产值难以全面客观地统计。企业上规后，纳入政府统计监管视野，必须按期上报财务报表和纳税，企业生产经营更加规范，经营信息更加透明，有利于真实反映浙江经济总量。此外，在浙江各地，尤其是产业集群内还存在大量可以转为小微企业却因为各种原因而没有转的个体工业户。但实际上，个体工业户的发展和经营模式已经与小微企业的发展和经营模式没有太大的区别。

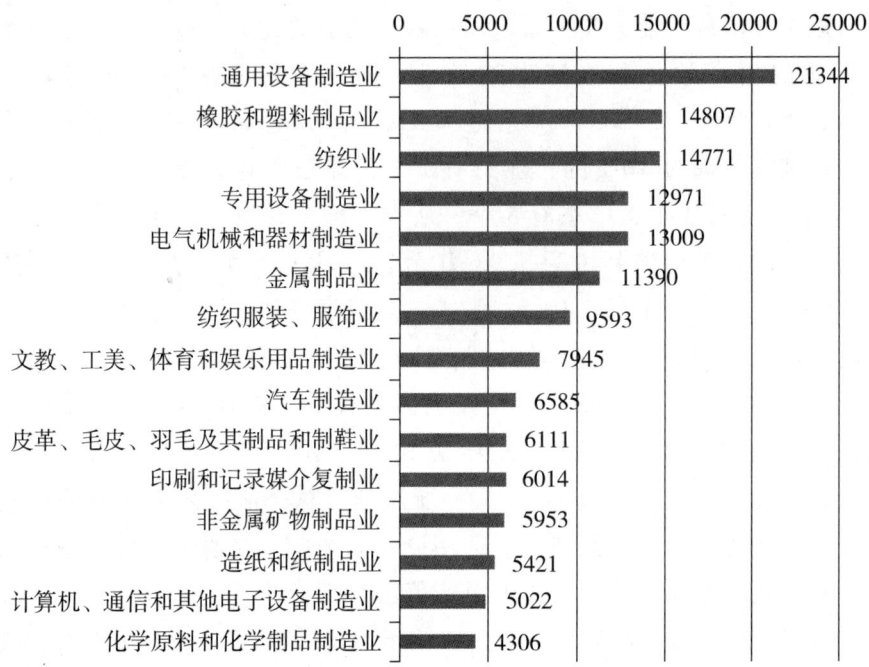

图 13 - 1　规模以下工业企业主要行业分布（单位：家）

资料来源：调研组统计分析而得。

第三节　"小升规"的潜力和条件

小微企业是浙江经济的主体力量，也是规上企业的有生力量。浙江小微企业有 56.95 万家，占企业总数 97.34%（见图 13 - 2），为"小升规"提供了坚实的基础。从地区分布看，杭州、宁波、温州、台州都超过了 2 万家（见图 13 - 3），特别是宁波超过了 4 万家。从产业分布看，小微企业多数分布于二、三产业（见表 13 - 3）。其中，小型企业逾六成为二产企业，在三次产业中比重分别为 3.8%、65.0% 和 31.1%；微型企业半数为三产企业，在三次产业中比重分别为 2.4%、47.3% 和 50.3%。从行业分布看，小微企业七成以上分布于制造业与批发和零售业（见表 13 - 4）。小型企业中，制造业企业数量最多，为 8.36 万家，占 61.5%；其次为批发和零售业 1.83 万家，占 13.4%。微型企业中，制造业、批发和零售业企业 18.84 万家和 12.38 万家，分别占 43.5% 和 28.6%。

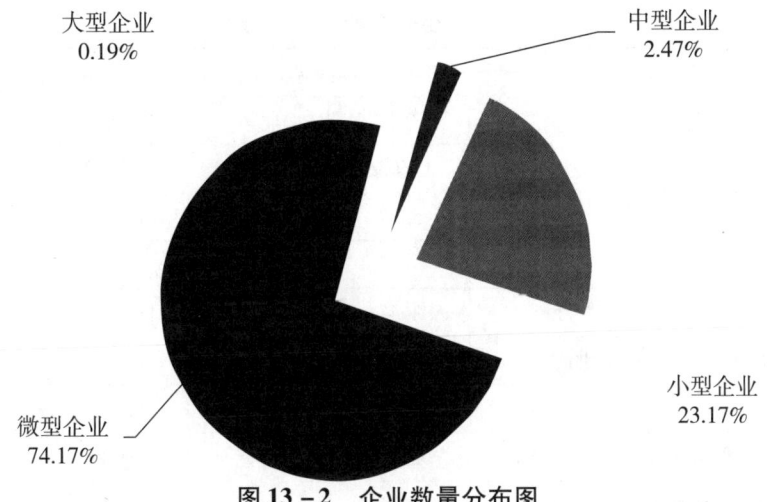

图13-2　企业数量分布图

资料来源：调研组调研统计分析而得。

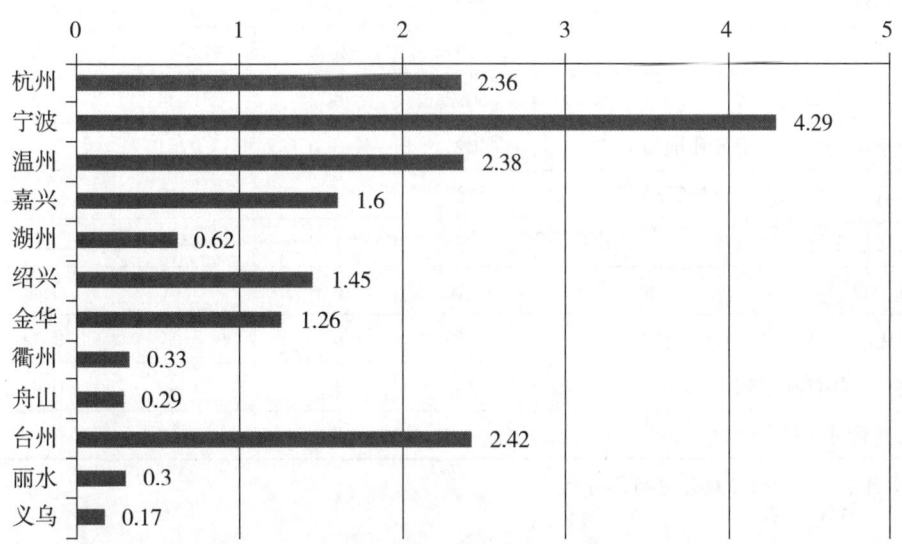

图13-3　小微企业的地区分布（单位：万家）

资料来源：调研组调研统计分析而得。

表13-3　小微企业的产业分布情况

指　　标	合计（家）	一　产		二　产		三　产	
		个数（家）	比重（%）	个数（家）	比重（%）	个数（家）	比重（%）
小型企业	136035	5237	3.8	88465	65.0	42333	31.1
微型企业	433280	10358	2.4	204953	47.3	217969	50.3

资料来源：调研组统计分析而得。

表 13-4　小微企业的行业分布

行　　业	小型企业		微型企业	
	个数	比重	个数	比重
	136035	100	433280	100
农、林、牧、渔	5237	3.8	10358	2.4
采　矿	453	0.3	927	0.2
制　造	83641	61.5	188390	43.5
电力、燃气及水的生产和供应	613	0.5	3064	0.7
建　筑	3758	2.8	12572	2.9
交通运输、仓储和邮政	2271	1.7	9900	2.3
信息传输、计算机服务和软件	1575	1.2	13663	3.2
批发和零售	18287	13.4	123808	28.6
住宿和餐饮	3306	2.4	3743	0.9
房地产	2392	1.8	12343	2.8
租赁和商务服务	5692	4.2	37034	8.5
科学研究、技术服务和地质勘查	4021	3.0	9781	2.3
水利、环境和公共设施管理	1132	0.8	1363	0.3
居民服务和其他服务	2296	1.7	4543	1.0
教　育	0	0	0	0
卫生、社会保障和社会福利	19	0	51	0
文化、体育和娱乐	1342	1	1740	0.4
公共管理和社会组织	0	0	0	0

资料来源：调研组统计分析而得。

　　不论是从总量上、数量上还是就业贡献上看，工业小微企业都是"小升规"的潜力所在。浙江省规模以下工业主要经济指标居全国各省、自治区、直辖市首位，继续保持全国领先。截至 2012 年年底，浙江规模以下工业企业单位数 19.95 万家（国家口径），占全国的 14.8%；年底从业人数 355.05 万人，占全国的 12.8%；主营业务收入 9652.96 亿元，占全国的 17.7%，是江苏的 1.48 倍、是广东的 1.51 倍、是山东的 1.82 倍（见表 13-5），潜力和优势比较明显。从全国看，小微企业主营业务收入来源主要在第二产业（见表 13-6）特别是浙江小微企业二产占比达到 51.5%，超过一半，二产中工业又占了绝大多数，为 94.4%。工业小微企业达到 20.29 万家，占全部工业企业的 97.4%。这是"小升规"的重点领域，有很大潜力可挖。

表 13 - 5　部分省份规下工业企业主要指标对比

	企业数（万家）	占比（%）	从业人员期末人数（万人）	占比（%）	主营业务收入（万元）	占比（%）
全国	135.01		2767.59		54666.46	
浙江	19.95	14.8	355.05	12.8	9652.96	17.7
江苏	17.90	13.3	296.63	10.7	6536.64	12.0
广东	14.82	11.0	426.50	15.4	6380.49	11.7
山东	12.96	9.6	279.51	10.1	5290.77	9.7
河南	7.43	5.5	157.06	5.7	3076.54	5.6
河北	6.13	4.5	119.55	4.3	2306.00	4.2
湖南	4.73	3.5	95.05	3.4	1850.54	3.4
福建	5.34	4.0	119.73	4.3	1793.04	3.3
湖北	3.91	2.9	79.67	2.9	1773.74	3.2
重庆	3.84	2.8	75.76	2.7	1692.55	3.1
安徽	4.03	3.0	89.85	3.2	1691.04	3.1
上海	4.14	3.1	71.05	2.6	1609.82	2.9

资料来源：调研组调研统计分析而得。

表 13 - 6　小微企业的主营业务收入分布情况

指　　标	合计	主营业务收入（亿元）		所占比重（%）	
		小型	微型	小型	微型
合　　计	104198.6	37190.7	7788.9	35.69	7.48
第一产业	172.1	57.8	10.1	33.59	5.88
第二产业	67669.8	25681.7	3995.4	37.95	5.90
工　　业	57078.9	24452.8	3862.4	42.84	6.77
建筑业	10590.8	1228.9	132.5	11.60	1.25
第三产业	36356.7	11451.2	3783.4	31.50	10.41

资料来源：调研组调研统计分析而得。

　　小微企业对市场的敏感性要超过规模较大的企业，在市场形势好、经济形势乐观的时期，推动"小升规"相对会更加有利。对浙江而言，在经济下行时期，小微企业的增速往往低于规上企业；而当经济上行时期，小微企业的增速则往往超过规上企业。2008 年浙江经济增速不断下滑，小微企业的增速低于规上企业的增速；2009 年经济复苏，小微企业的增速开始超过规上企业；2010 年浙江各项经济指标高速增长，小微企业也以更高的增速超过了规上企业；2011 年经济又进入下降通道，小微企业增速下滑的速度超过了规上企业；2012 年经济继续下滑，小微企业增速再次低于规上企业增速；近两年，小微企业增速明显上升，已经超过规上企业增速，这表明浙江经济重新进入了上升通道，为"小升规"创造了良好的条件。

第四节　"小升规"的突出问题

推动小微企业成为规上企业，这不是简单的 GDP 增长或统计数据的增加，而是确实可以促进市场主体转型升级。调研发现，"小升规"短期有阵痛，长期有好处。所谓"短期有阵痛"，因为升规后税费负担、管理成本、规范要求等，企业的综合负担和成本快速上升，对企业发展有所不利；所谓"长期有好处"，因为小微企业如果不迈向"小升规"，就只能小打小闹、比上不足比下有余，成为"长不大的阿斗"，不可能成为现代化的大企业。所以，加快小微企业"小升规"，关键是降低短期负担，增强长期期望，不能只注重改变注册形式，更重要的是转变发展内涵，转变经营理念和管理模式，提高小微企业的市场竞争力和综合实力，这才是规下转规上的出发点和落脚点（见表 13 –7）。

表 13 –7　小微企业与规上企业的对比

小微企业	规上企业
用地难：拿地难、入驻园区很难	拿地相对容易
融资难：难以获得银行授信	能够抵押贷款，银行授信额提高
补贴难：研发等补贴获取比较难	能够得到科技创新补助等
签约难：信誉度不高，履约能力不强	信誉度提高，签订合同更加容易
引才难：社保等不够规范，人才不愿来	用工制度更加规范
出口难："借道出口"普遍	出口更加畅通
创牌难：难以创建品牌，认可度不高	具备创建品牌的条件
用能难：特别是用能指标紧张时很难	用能相对能够得到保障
成长难：家庭作坊式	趋向于现代经营

资料来源：调研组根据调研实际情况总结而得。

一、"小升规"瓶颈之一：思想瓶颈与思想负担

思想顾虑是"小升规"的一大拦路虎，不少有实力的规下企业犹豫观望，主要是思想负担较重，对"小升规"认识不够，缺乏主动性、积极性不强。部分规下企业业主因年龄、文化、管理经验、投资成本等原因，求稳心理占主导，

存在小富即安的思想现状,担心入规后不确定因素增多而蒙受损失,认为只要政策允许,只要能赚到钱,规下企业没有必要入规升级。而且规上企业比规下企业要承担更多的社会责任,因此一些规下企业在经济指标达到规上标准时仍不愿升规模。比如,织里镇童装行业目前只有 21 家规上企业,有的虽然规模比较大,雇工人数也较多,但大都是现金交易,不需要开具增值税发票,也无需进行进项税的抵扣,即使具备了入规的客观条件,主观意愿并不高。抽样调查表明,53.5% 的企业"小升规"意愿不强,其中 24.7% 的企业明确表示不愿上规。有的企业认为,"小升规"增加了企业成本,影响了企业发展;有的企业认为,"小升规"是涸泽而渔,在目前经济形势不好的情况下,应该"放水养鱼"。关于"小升规"的顾虑,34.5% 的企业认为实际税负加重了,32.1% 的企业认为涉企检查增多了,30.7% 的企业认为增加了管理负担,顾虑不大的占 2.7%。而且不同类型企业的顾虑有所不同,"小升规"培育对象更多地担心涉企检查增多,比例占 38.4%,新上规企业更多地担心税负增加,比例占 49.2%。在将一部分企业纳入培育对象后的跟踪调查发现,82.7% 的企业表示愿意上规,动力主要来自上规后更容易得到用地、用能、融资、研发补贴等方面的支持。实际上,小微企业在享受优惠政策、接受要素资源配置等方面的确难于规上企业,不少市县对小微企业基本上不新增供地指标。解开"小升规"的思想"疙瘩",关键要让企业得到实实在在的看得见的好处,打消业主对"小升规"的重重顾虑。进一步调查发现,新上规企业中 86.6% 是自然上规、13.3% 是在政府推动下上规;在原上规企业中,95.2% 是自然上规、5.8% 是政府推动或其他原因上规。这说明,尽管各地政府在推动企业上规中发挥了一定作用,但不是"小升规"的决定性因素,最终还是要靠企业自然上规。所以,不能强制性搞"小升规",要充分尊重业主意愿,引导具备实力的规下企业自觉自发自愿上规。一些地方在推动"小升规"过程中,出现了部分规上企业(不是外迁企业)因销售收入下降退出规上企业行列的现象。要防止"运动式"搞"小升规",不能一阵风、一阵雨,避免规上企业大进大出。通过政策宣传,提供典型样板,消除业主"宁为鸡头、不做凤尾"的小富即安思想,让"小升规"企业更加明白,长期游离于规上和规下企业之间,"夹心饼干"的利润越来越薄,增长空间也越来越窄,使企业对"小升规"更加积极主动。

二、"小升规"瓶颈之二:税费瓶颈与税费负担

"小升规"加重了企业税费负担是客观事实,也是企业裹足不前的一个主要原因。对大多数小微企业特别是产品以内销为主的企业而言,升级上规就意味着税负增加,需要拿出更多的"真金白银"。这大大影响了小微企业上规的意愿和

动力。调查发现，从经营规模、场地、用工、用能等指标看，相当一部分小微企业已达到应税销售收入超 2000 万元的"规上"体量，"戴小帽"现象的确不少，甚至经营规模超 4000 万元的也有一些，尤其在块状经济、产业集群领域。但由于小微企业可享受种种显性便利和隐性"福利"，特别是规下企业实行定额征税，比如纺织服装、红木家具、五金配件等产业，多走市场不开票经营，即便年实际销售额超规上标准，但税务部门开票收入却很少，加上经营信息不公开不对称，使得大部分经营者倾向于选择登记成为小微企业。抽样调查显示，23.7% 的小微企业感到"小升规"后税费负担明显加重，50.4% 认为有所加重，17.8% 认为差不多。也就是，90% 以上的小微企业认为税负没有减轻，70% 以上的小微企业认为税负加重。从税负增幅来看，认为负担增加较少或没有增加的企业占 31%，增加一定负担但在 10% 以下的占 44.6%，负担增加 10% 以上的占 21.2%。实际测算发现，"小升规"税负加重可能是个误区，2010—2012 年，浙江工业小微企业的企业所得税税负率分别为 20.17%、21.86%、22.06%，高于大中型企业的 15.92%、17.65% 和 19.51%，工业小微企业的增值税税负率分别为 2.87%、2.80% 和 2.74%，也高于大中型企业的 2.32%、1.88% 和 1.84%（见表 13-8）。据省有关部门测算，小微企业实际缴纳的所得税约为大中型企业的 1/8，但享受的减免税额仅为大中型企业的 1/6，说明尽管小微企业缴纳税额较少，享受到的税收优惠也少。这里面有个算"眼前账"与"长远账"的关系。"小升规"在短期内税负确实加重了，但长远看可以享受越来越多的税收优惠、补贴补助、融资便利、用地指标等政策。

表 13-8 小微企业、大中型企业税负比较

税 项	年 度	小微企业				大中型企业			
		工 业	批发业	零售业	合 计	工 业	批发业	零售业	合 计
应纳税所得额（亿元）	2010	67.42	30.62	1.35	99.39	723.12	88.60	26.32	838.04
	2011	84.12	41.51	1.74	127.37	1001.33	106.09	35.83	1143.25
	2012	89.70	43.09	1.92	134.71	1073.63	124.15	44.15	1241.93
减免所得税额（亿元）	2010	3.16	0.80	0.05	4.01	59.77	1.41	0.038	61.218
	2011	2.56	1.25	0.07	3.88	66.43	1.37	0.065	67.865
	2012	2.60	1.31	0.09	4.00	55.69	2.10	0.094	57.884
实际应纳所得税额（亿元）	2010	13.60	6.86	0.29	20.75	115.10	20.74	6.54	142.38
	2011	18.39	9.13	0.36	27.88	176.75	25.10	8.89	210.74
	2012	19.79	9.46	0.39	29.64	209.48	28.92	10.94	249.34

续表

税　项	年　度	小微企业				大中型企业			
		工　业	批发业	零售业	合　计	工　业	批发业	零售业	合　计
增值税应纳税额（亿元）	2010	69.93	26.11	1.16	97.20	302.10	55.50	16.36	373.96
	2011	85.38	31.92	1.41	118.71	342.47	78.77	20.84	442.08
	2012	98.11	36.78	1.70	136.59	417.57	71.75	23.79	513.11
增值税减征额（亿元）	2010	0.18	0.17	0.001	0.356	0.79	0.04	0.48	1.31
	2011	0.16	0.27	0.013	0.443	0.96	0.035	0.43	1.43
	2012	0.22	0.26	0.018	0.498	1.33	0.13	0.62	2.08
所得税税负率（%）	2010	20.17	22.40	21.48	20.88	15.92	23.41	24.85	16.99
	2011	21.86	21.99	20.69	21.89	17.65	23.66	24.81	24.81
	2012	22.06	21.95	20.31	22.00	19.51	23.29	24.78	20.08
增值税税负率（%）	2010	2.87	1.05	1.52	1.94	2.32	1.08	1.20	1.92
	2011	2.80	0.95	1.46	1.82	1.88	1.00	1.06	1.58
	2012	2.74	0.88	1.43	1.73	1.84	0.65	0.93	1.42

资料来源：调研组调研统计分析而得。

目前，相对于大中型企业，小微企业的税费负担仍然偏重。2012年，规模以上工业小微企业主营业务税金及附加比上年增长5.02%，而大中型企业仅为2.07%，比同期主营业务收入增速高1.57个百分点；主营业务成本占收入的比重为87.1%，比大、中型企业分别高出1.29个和1.58个百分点；主营业务收入利润率4.5%，比上年下降0.4个百分点，低于大中型企业1.02个百分点。浙江规模以下小微企业主营业务收入营业利润率为4.36%，其中营业利润率在10%以上的企业数占12.28%，在5%～10%之间的占24.12%，低于5%的占63.6%；每百元资产实现营业利润仅为5.58元。小微企业的非税负担也是偏重的（见表13-9）。小微企业缴纳的费用包括教育费附加、水资源费、排污费、社会保险费和有关部门提供有偿服务收取的费用等，在非税负担中除了正常的行政事业性收费项目外，还有一些乱收费项目，非税负担仍然繁重。在当前大力治理乱收费的大背景下仍有九成企业认为非税负担没有减轻，七成以上企业认为非税负担加重。因此，减轻小微企业非税负担工作十分紧迫。

表 13 - 9　小微企业的非税负担

序号	行政事业性收费	费率或金额	序号	行政事业性收费	费率或金额
1	养老保险	工资总额的15%	10	文化事业建设费	经营收入的3%
2	医疗保险	工资总额的6%	11	有关协费	每年约800元、1000元、3000元、3500元不等
3	工伤保险	工资总额的1%	12	工会经费	工资总额的0.3%或0.8%或1000/年
4	失业保险	工资总额的2%	13	营业执照年检费	1000/年
5	生育保障金	工资总额的0.3%	14	工商年检E照服务费	100元/年
6	残疾人保障金	工资总额的0.5%	15	暂住证	30元/年
7	教育费附加	增值税的3%	16	数字证书费	500
8	地方教育费附加	增值税的2%	17	环保收费等	企业情况不一
9	水利基金	销售收入的0.12%或0.1%	18	检查、培训、摊派等项目	企业情况不一

资料来源：调研组实地调研分析而得。

三、"小升规"瓶颈之三：经营瓶颈与经营负担

按现有政策和相关规定，规下企业实行抽样调查，规上企业实行网上直报。企业一旦纳入规上，实行全面统计和监督，数据报送、财务处理、税费缴纳等都需要规范化，对安全生产、规范用工、环境保护、消防标准、社会保险等方面的要求明显提高，党组织、工会组织、妇女组织等建设需要同步跟进，这将产生不小的经营管理负担。很多小微企业对管理人员的配备比较少，按要求开展相关工作力不从心。以小微企业的专职统计人员为例，抽样调查发现，61.6%的小微企业没有专职统计人员；72.7%的企业认为上规后企业的统计负担明显增加，19.5%的企业认为上规后的统计负担有所增加。减轻"小升规"经营负担，需要帮助企业做好安全生产、环境保护、消防安全、社会保障等方面的工作，尽量做到不因"小升规"给企业增加麻烦和负担。尽管这方面的扶持政策出台了不少，但确实有些政策"叫好不叫座"，政策本身吸引力不够，政策宣传的深度、广度也不够。根据调查结果，43.9%的小微企业主表示"不知道有哪些优惠政策"，21.4%的小微企业主表示"没有接触到"，32.8%的小微企业主认为，有的政策效用不大，缺乏足够吸引力。另外，像市场准入、资源配置、融资信贷、财税优惠等许多政策，企业没有很好地吃透，真正用到、用好的还不够多。从企业的公

共服务需求来看，当前希望获得的依次是信息服务、市场开拓、用工培训、融资支持、咨询服务、知识产权，占比分别为 63.2%、54.5%、50.8%、49.1%、48.9%、24.2%。企业需要的政策扶持依次是税收减免、财政扶持、用地空间、技术改造或研发补助、市场开拓，占比分别为 90.1%、44.2%、41.3%、26.8%、24.9%。当前，最突出的几个经营瓶颈：一是用地指标紧，难以进入"小微园"形成了"卡脖子"。严格的土地制度使小微企业用地原本已经紧张的问题更加突出。为了提高土地使用效率和经济效益，各地对企业用地都明确规定了投资密度和经济强度，把企业投资规模和纳税贡献等指标作为企业申请入园获得土地的先决条件，而小微企业由于自身实力弱，难以达到以上这些条件，因此，小微企业发展用地更趋紧张。二是"双转移"背景下用工难、用工贵是小微企业发展的普遍难题。"小升规"对规范用工提出了较高要求，加强现在一般性劳动力普遍回流，简单加工制造业向中西部转移，企业人力成本明显抬升，招工也越来越难。劳动合同法规定，企业有义务为员工缴纳社会保险。这对业主而言是不小的负担，是规下小微企业转企的"拦路虎"之一，很多已转的业主对此意见也较大。究其原因：一方面，上规后企业管理更加规范，要求更高，需要为员工一次性补缴社保，难以一步到位；另一方面，员工流动性大，缴纳社保后员工频繁跳槽，损失较大。企业用工紧缺及管理费用增加带来的用工总成本大大提高，近年来，企业用工成本平均每年上涨 10%～20%。企业在加大生产成本支出后，很难再有充裕的资金进行创新投入和发展转型，不利于全省小微企业的转型升级。三是"五水共治""三改一拆"、用能用电限制对小微企业发展形成了倒逼。民众对环境保护的要求越来越高，浙江先后出台了"五水共治""三改一拆""四换三名"等政策，对小微企业提出了较高的要求，形成了倒逼。

四、"小升规"瓶颈之四：审批瓶颈与审批负担

"审批难、审批繁"是"小升规"的一大"拦路虎"，"想转而又未转""太麻烦不想转"的规下小微企业，普遍反映"审批难、审批繁"。调查发现，76.7% 的业主将审批难作为"小升规"的障碍，特别是涉及国土、消防、质监、环保、卫生等诸多前置许可比较难、比较繁。目前，"小升规"的"隐性成本"和"机会成本"还不小，不少"想转而未转成""太麻烦不想转"的企业反映，现在直接审批比以前好多了，但具有"审批功能"的"准审批"事项仍不少，不少备案、登记、认证、认定、证明、核准等办起来甚至比审批还麻烦。调查发现，48.5% 的业主认为，"小升规"后规范性要求增多、"准审批"事项增多。针对企业上规前后"准审批"服务变化的调查显示，49.2% 的规上企业认为没有变化，49.5% 的规上企业认为有改进，新上规企业、原上规企业认为有改进的分

别为 63.7%、21.9%，前者比后者高了近 42 个百分点，这说明政府对企业的减负松绑对"小升规"是有力促进。因此，有必要建立有效的培育跟踪机制，加强对有潜力的规下企业的培育，不仅要通过政策撬动年实际纳税营业收入超 5000 万元的规下企业上规，还要关注年实际纳税营业收入在 2000 万~5000 万元之间的规上企业，突出培育重点，提高培育质量，给企业减负松绑，减少审批负担，使新上规企业具备稳定性和一定发展潜力。

五、"小升规"瓶颈之五：融资瓶颈与融资负担

"两多两难"背景的融资难、融资贵特别是当前企业的资金链、互保链风险对小微企业造成了不小的影响。一方面，小微企业信息披露方面的制度性建设还比较滞后，企业征信体系建设还不够完善，商业银行难以全面、准确掌握小微企业财务状况及相关信息。另一方面，部分商业银行的信贷审批环节和相关要求也缺乏透明度，导致资金供需双方在"对接"过程中信息沟通成本增加，银企信息不对称的矛盾比较突出。此外，小微企业普遍面临融资渠道窄、担保体系建设滞后、资本市场发育不全、直接融资比例偏低、产权资本进入与退出机制不够健全等问题。小微企业在贷款时还面临不公平待遇，银行贷款给小微企业通常都会提出利率上浮、存贷挂钩、附加手续费、搭售理财产品等要求，再加上担保、中介等其他费用，导致小微企业的银行融资成本大幅上升，一些小微企业反映，融资综合成本甚至高达 20% 以上。部分小微企业为维持生产，采用了互保联保的融资方式，或者选择民间借贷来调剂资金余缺，加剧了企业经营风险，企业资金链、互保链紧绷甚至断裂的风险日益突出。尽管各级加大了对小型微型企业财政信贷方面的支持，制定了部分意在鼓励满足小微企业融资需求的政策，但融资难、融资贵问题没有得到有效改善，能获得金融机构信贷支持的小微企业比例仍然很低。调查显示，26.4% 的企业反映存在资金紧张问题，有 15.5% 的企业反映存在融资难问题，企业流动资金比上年充足的仅占 14.1%，有 76.7% 的小微企业没有产生融资行为，有融资行为的企业有 18.7% 是通过银行贷款，民间借贷的占 9.3%。由于小微企业大多脱胎于个体经营，本身规模较小，实力不强，信用度也低，更因财务体制不健全、内部办理不规范而达不到银行贷款准入条件，在信贷规模受限条件下，小微企业获得银行信贷支持更难，难以全面满足小微企业的融资需求。

第五节　对策与建议

目前，按照全省统一要求各地都在加快推进"小升规"，但与省委、省政府明

确的目标任务相比，还有不小的压力，特别是"小升规"越深入，难度越来越大，需要在政策上加强创新和支持（见表 13 – 10）。规下小微企业量大面广、情况千差万别，不能搞"一刀切"，要着力实施含金量高、操作性强、吸引力大的政策措施，为规下小升规减负松绑，激活小微企业升规的意愿和动力（见表13 – 11）。当前，有必要将对点的扶持转化为对面的扶持，将个体的政策转化为普惠的政策，整合分散于各部门之间的小微企业政策资源，聚焦靶心，精准发力。

表 13 – 10 "小升规"数量

	2012 年"小升规"数量	2013 年"小升规"数量	2014 年"小升规"目标
杭州市	409	675	500
宁波市	674	719	590
温州市	379	568	440
嘉兴市	382	516	400
湖州市	145	229	180
绍兴市	384	600	420
金华市	338	692	400
衢州市	53	82	70
舟山市	30	32	20
台州市	475	510	400
丽水市	167	112	80
全 省	3436	4735	3500

资料来源：浙江省中小企业局。

表 13 – 11 "小升规"主观性障碍

不愿"小升规"	"想升规"升不了	已转但又想转回
小富即安不愿升规	土地使用证办理难升不了	转企很不划算想转回
经营成本低特别是税负低不想升规	消防验收难升不了	规范做账难想转回
小升规手续繁且转后风险高不敢升	环评难升不了	企业管理麻烦想转回
升规后享受不到实质性好处不甘升	融资难升不了	用工要求很高想转回

资料来源：调研组调研统计分析而得。

一、以产业扶持为靶向撬动"小升规"：加大政策"势差"，激励业态升级

"小升规"关键要帮助或倒逼企业在业态上转型升级，从"低小散弱"这条绝路上走出来，这事关小微企业长远发展根本。所以，要将"小升规"与产业扶

持政策结合起来，制定单位能耗贡献、亩产贡献等方面的政策，强化要素利用效率的考核，形成规上与规下的政策"洼地"，吸引或倒逼小微企业"小升规"。优先保障上规企业的各项要素供给，如电力供应紧张时期，优先保障规上企业用电；项目或企业进入园区，优先安排投产达产后达到入规标准的企业入驻，同时对用电增容、新增用地、品牌评比等原则上规下企业不再审批。积极引导企业加大工业投入，加大自动化装备的投入，对"低、小、散、弱"以及存在安全隐患、污染较大等小微企业，做好改造升级工作，通过"机器换人"，实现减员增效、减能增效、减耗增效、减污染排放增效。对于申报"市名牌产品""省名牌产品""省著名商标"等企业的，设立门槛即只针对规上企业，规下企业不得申报，形成一种行业性的倒逼机制。规上企业的管理要求更高更规范，很多规下企业尽管经济指标已超过2000万元，但因企业管理达不到要求而不能纳入规上。所以，要帮助小微企业健全管理制度，特别是财务管理制度，为企业升规模打好基础。引导小微企业向"专精特品"方向发展，围绕支柱优势特色产业延伸产业链、延长产品链，形成地域化集聚、专业化分工、社会化协作的中小微企业集群，推广温州"小微企业园"模式，推动小微企业集聚发展。鼓励从事传统产业的小微企业，加快发展与制造业密切相关的科技研发、工业设计、管理咨询、创意服务、金融保险、信息服务、服务外包、现代物流等生产性服务业和新型消费性服务业，在"营改增"等政策方面给予必要的鼓励和扶持，激励提升小微企业业态。

二、以财税扶持为靶向撬动"小升规"：减轻初期税负，增强自主意愿和内生动力

为了减轻"小升规"起步期的税负加重问题，建议推行小微企业"低负担或零负担转规"。升规后比上一年度上缴的增值税、营业税、企业所得税实缴税收新增地方留存部分，三年内按 80% 予以返还奖励。结合扶持企业各项政策，加大小微企业扶持力度，对升规企业给予一定的政策优惠。比如，衢州市扶持小微企业设置了"上台阶奖"，对企业由规下升规上的给予一定的资金奖励。对按规定缴纳城镇土地使用税、房产税确有困难的"小上规"企业，3 年内给予城镇土地使用税、房产税优惠，第 1 年减按应纳税款的 30% 征收，第 2 年减按应纳税款的 50% 征收，第 3 年减按应纳税款的 70% 征收。支持和引导新上规企业申请高新技术企业认定，经认定后的企业减按 15% 的优惠税率征收企业所得税。"小升规"培育涉及的行政事业性收费，包括教育费附加、水资源费、排污费、社会保险费和有关部门提供有偿服务收取的费用等，能减免的尽量减免。缴纳社保"五险"（工伤、养老、医疗、失业、生育）的"小升规"企业，工伤保险职工参保率达到 100% 的，养老保险职工参保率以 50% 及以下、50% 以上、70% 以上

三个区段为基准,用人单位"四险"(养老、医疗、失业、生育)分别按不低于上月全部职工工资总额的50%、40%、30%为计费依据申报缴纳;对工伤保险职工参保率未达到100%的,用人单位"四险"按不低于上月全部职工工资总额的80%为计费依据申报缴纳。创新"小升规"技改、租金等补助措施,加大机器换人、空间换地在"小升规"领域的扶持力度,对于设备投资在200万元以上的"小升规"企业,按10%给予补助;租赁闲置或低效工业用地的,3年内按租赁面积每月每平方米给予一定补助。进一步减少和规范涉企收费,建立涉企收费清单管理制度,清理规范行政审批前置服务收费,降低"小升规"企业的检测、检验、检疫类收费标准。特别是部分收费标准浮动幅度过大,有的执收部门在收费过程中随意性比较大;安全生产、消防培训、上岗培训等培训类收费过多过频;协会学会过多过滥,利用行政审批、注册登记、检验检测、技术评审、考核发证、中介服务等变相强制要求行业内企业入会,往往只收会费不服务或服务不到位。对这些问题,要从根本性的制度入手,深入源头治理,抓好清费减负,严格落实收费公示制度,加强企业负担调查、监测、通报,探索建立"企业负担指数",落实涉企收费清单制度,让企业一清二楚明明白白。创新财税政策设计,提高财税手段的针对性和灵活性,加大小微企业专项资金扶持力度,将更多的资金用于促进小微企业的发展。大力支持初创型、科技型中小企业,支持小微企业技术创新、结构调整、节能减排、开拓市场、扩大就业,以及改善对小微企业的公共服务。国家已将小型微利企业和微型企业的税收减免工作以法律的形式确定下来,要进一步降低小微企业以及个体工商户增值税、营业税税率,提高小微企业以及个体工商户所得税免税额。针对创业阶段的小微企业,在一定期限内实行优惠税率或者免税政策,或者实行"先征后返"的办法。扩大地方政府税收返还权限,制定鼓励并购的财税政策,扶持小微企业上规升级。

三、以融资扶持为靶向撬动"小升规":降低融资成本,化解互保、联保风险

"小升规"的目的之一就是为了更好地融资,所以,要把"小升规"与融资支持结合起来。国家层面专门出台了小微企业扶持政策,福建、广东等地都做了很多探索。比如,福建实施了"万家小微企业成长计划",计划3年内为1万家小微企业发放贷款300亿元,新增贷款余额200亿元。具体做法是按照"企业出一点、政府拿一点"的形式,财政出资1亿元,以不高于1:1的比例配套,组成增信资金;企业自愿每年按实际获得贷款余额年化的1.5%缴纳成长基金,共同组成资金池,将符合条件的小微企业纳入万家小微企业池,为企业贷款提供担保。浙江台州市也创新了小微金融服务模式,开通了小微企业信贷产品信息查询平台,该平台已

经收录了 195 款台州各家银行具有代表性的小微企业贷款特色产品。小微企业用户利用该平台可以全方位、个性化地查找产品的审批标准、审批时限、产品特点、担保方式等信息，以此畅通小微企业金融产品信息传递渠道，有效破解银企信息不对称等问题。借鉴这些好的经验做法，进一步加强商业银行向小微企业授信放款的内在动力，加快调整现有的信贷投放格局和投放结构，完善商业银行财产抵押制度和贷款抵押物认定办法，采取动产、应收账款、仓单、股权和知识产权质押等方式，缓解小微企业贷款抵质押不足的矛盾，提高贷款审批效率。加强小微企业信用征集、信用评级工作，增强小微企业信用等级和获得银行授信的能力，对符合条件的信用征集、信用评级给予补助。搭建多形式小微企业融资服务平台，促进短期融资券、集合票据等债务融资工具的发展，支持符合条件的小微企业直接募集资金。进一步推广小额贷款公司和村镇银行等做法，鼓励民间资本参与发起设立小额贷款公司、村镇银行等股份制金融机构，设立创业投资引导基金，培育和规范发展产权交易市场，为小微企业产权和股权交易提供服务。

对浦江、东阳、永康、萧山、义乌、富阳、鄞州等地调研发现，目前企业融资互保联保风险处于"点状散发"状态，如果不及时灭火，虽不至于火烧连营，但对小微企业绝对是重创，小微企业抗风险能力毕竟比较弱。目前，融资环境、信用环境不是很好，部分银行对互保联保的反应比较过激，普遍加大了对企业的压贷、收贷、延贷，即使是经营正常、资产负债状况良好的小微企业，也面临贷款难、转贷难。担保链风险暴露后，经营状况好的小微企业甚至先遭殃。小微企业可以倒在生产经营上，但不应该倒在互保、联保上。"转贷难"是小微企业反映特别强烈的一个问题，即便成功转贷，时间也太慢，企业比较被动。转贷资金是企业的生产性资金，转贷这个坎过不去，企业的资金链就有可能断裂，有的企业因此出险。地方政府、企业迫切希望银行改革转贷方式，不要"先还后贷"，尽量直接延贷。法院对企业破产程序处置不够快，尽管有的地方法院建立了"绿色通道"，但仍需要半年到一年，这样对担保企业就造成了较大影响。处置担保链风险，应先追破产企业，再追担保企业，不能破产企业没处置完，就对担保企业下手。对涉险小微企业进行分类处置，从企业用地、用电、产值、税收、用工、安全生产、信贷等进行全方位的动态监测，建立风险预警机制，关注企业是否存在欠薪、欠税、欠息、欠费等"四欠"现象，形成涉险企业名单，分重点扶持、重组整合、依法破产等三类，有针对性地进行处置。对出险企业，暂时搁置担保企业的连带保证责任，让倒闭企业进入破产还债程序，先行由倒闭企业自有资产偿还债务，不足部分挂账停息，允许负有连带保证责任的企业分期偿还。"无缝转贷"对化解担保链风险很重要。转贷资金是涉险企业的"救命钱"，一旦转不成功，企业无路可走就可能涉足高利贷，最终坠入悬崖。转贷的无缝对接很重要，不要让企业到处筹还贷资金，而且现在的形势也很难筹到。转贷办理要快,永康的企业转贷办理只需1天,经验值得推广。及时处置闲置资产,推动土地、厂房分割流转,探讨工业用地"退二进三"、二次开发,平衡资产负债表。符合规划、消防要求的,让企业尽快补办土地、房产等证照,让企业盘活存量资产。要把担保风险处置、产能过剩化解、企业重组整合结合起来,简化重组审批程序。加快农村"三权到人"改革,尽快盘活农房、农地、集体经济资产资源,让农村老板的资产活起来。

四、以后续扶持为靶向撬动"小升规":动态跟踪,分类入库培育

"小升规"不能"为了转而转""转了就不管",在升规后的一段时期,仍然要给予后续扶持。要从长远涵养税源出发,注重对规下小微企业的培育和扶持,进一步加强后续服务,帮助业主解决实际困难,不能让他们转企后心有不甘,甚至后悔不已,重新想"转回"。为"小升规"企业提供公共服务,应针对企业实际需求,从企业迫切需要解决的难题入手,建立重大问题解决机制,对症下药、因需施策、分类推进。针对年实际纳税营业收入超过5000万元以上的规下企业,要给予要素支持,帮助企业"机器换人""空间换地",鼓励"上规入园",引导企业入驻小微园;针对年实际纳税营业收入介于2000万~5000万元的规下企业,要做好信息对接、特色扶持,帮助企业解决棘手问题,比如"上规授信",给予融资支持等,提高企业上规的积极性;针对年纳税营业收入在2000万元左右的规下企业,根据企业上规共性需求,制订更有针对性的解决方案;针对年营业收入尚未达到规上标准但符合产业导向、成长性好、创新性强、前景广阔的创新型、科技型、成长型和高技术服务型小微企业,要加强政策扶持和跟踪培育。挖掘具备规上标准的潜在企业、可培育企业、成长性企业,建立有效的问题反馈机制,建立健全中小企业服务体系,发挥中小企业公共服务平台作用,为小微企业提供更加完善、多元化的政策服务。通过台账、财务凭证、用电量、缴税额等有效手段,逐步建立征信体系,动态、真实掌握小微企业经营情况,有针对性地实施"小升规"激励措施。建立完备的市场信用数据库,以工商、税务等部门的基础数据为依托,征集规下小微企业相关信用信息,包括业主信息、产品质量、信贷情况、财务台账、缴纳税金、用工用电、劳动社保等信息,完善规下小微企业经营信用档案,加强对规下小微企业动态市场监管,促使规下小微企业依法规范经营,为做大做强转型升级规上奠定基础。建立中小微企业信息数据库和统计调查、监测分析、定期发布、企业培育制度,对全省小微企业运行情况进行有效的监测,及时准确掌握和跟踪了解中小企业运行情况,以便更好地为小微企业培育服务。比如温州96871平台服务解决了中小微企业不同层次的需求,重点面向文化设计、网络维护、展示展览等领域征集协会和服务机构,以满足中小企业越来越多的对影响手段信息化、产品设计创意文化等

方面的需求。96871 平台开放半年多以来，与 112 家协会和服务机构达成合作意向。金华经济技术开发区对销售收入 500 万~2000 万元的小微工业企业按行业和成长性进行优选，建立了"小升规"企业重点培育库，筛选金华宏晟电子科技有限公司、浙江佰奥工贸有限公司等 67 家符合产业导向、成长性好、创新性强、发展前景广阔的小微企业和科技型、高技术服务型的小微企业入库，培育库的小微企业全部进入省小微企业培育与检测平台。

五、以审批减负为靶向撬动"小升规"：简化审批事项，促使轻装上阵

小微企业成长起来很不容易，要尽可能减负、给予关爱，特别是"小升规"后的 3~5 年，往往是企业提升发展的关键时期，要在要素申请、入驻园区、项目申报、创新补贴等方面的审批上，尽可能给予支持，让这些企业轻装上阵。现在尽管对民间资本实行"非禁即入"，但缺乏具体实施细则，某些领域或行业对小微企业仍然有歧视性政策，"玻璃门""弹簧门""旋转门"现象依然存在，限制了企业市场准入、公平竞争，特别是小微企业市场准入困难重重。近年来，国家有关部委密集出台了 42 项落实"新 36 条"的实施细则，大大放宽了民间资本准入领域，但铁路、能源、电信等基础设施和基础产业，具有投资规模大、周期长、回报久等的特点，虽然没有了政策准入限制，但依然存在经济准入门槛，对于这些领域要结合实际情况，适当降低准入门槛，允许中小微企业"捆绑进入"。细化交通设施、能源水利、公用事业、社会事业、商贸流通等民间资本关注的市场准入领域，畅通政策和信息引导渠道，提高民间投资的便利性，彻底打开大门。对小微企业提出的建设项目和政府性资金申请，在审核内容、审核标准、审核程序、审核规则等方面，要一视同仁，不能区别对待。积极探索新型的审批方式和途径，借助"政务服务网"（一张网），集中办理小微企业审批事项，实行"一站式"服务，使小微企业在一个窗口就可以把所需要的审批业务全部办理完毕，审批办理过程要透明、公开。简化项目申报审批流程和手续，特别是一些小额税费减免、认定认证等手续，通过统一代办或批量处理，使企业享受便捷。切实看住"向企业乱伸的有形之手"，减少涉企审批事项，减少行政执法部门对企业的"检查指导"，减少对企业正常生产经营活动的干扰，使企业腾出时间和精力用于生产经营，清除企业"找市长不找市场"的积弊。"小升规"过程中涉及企业性质变更、股东变化、资产变更的，在经营范围、场所不变的前提下，免征资产转移所产生的税费，同时在股东中允许增加直系亲属，直接开具"小升规变更证明"，企业凭证明办理有关审批事项，尽可能提供便捷准入，实行联合审批，减少审批前置，见章跟章、便企便民。

第14章　企业创新环境的调研报告

科技创新是推动高质量发展的重要驱动力。没有强大而有实力的科技支撑，我国难以真正迈入创新驱动、内生增长的轨道。科技创新是提高社会生产力和综合国力的战略支撑，必须摆在国家发展全局的核心位置，提出要着力构建以企业为主体、市场为导向、产学研相结合的技术创新体系，促进创新资源高效配置和综合集成，把全社会的智慧和力量凝聚到创新发展上来。加快创新驱动，提高全要素生产率，亟须把科技创新作为加快发展、高质量发展的重要抓手，突出企业的创新主体地位，进一步健全和完善科技创新评价激励机制、动力激发机制、协同创新机制、转化促成机制，着力营造求真求新、奋力探索的创新氛围，切实激发方方面面的创新力量和热情，为转变经济发展方式和实现高质量发展提供源源不断的动能。

第一节　企业创新环境存在的突出问题

众所周知，科技成果只有转化为现实的生产力，才能发挥对发展的支撑引领作用。当今世界，经济的竞争不仅越来越表现为科技的竞争，更直接表现为科技成果特别是高新技术成果的转化数量、质量和转化速度的竞争。人才是第一资源，教育是第一基础，科技是第一生产力，创新是第一驱动力。科技创新本身不在于科技研发和基础研究，而在于科技成果的转化和应用，在于促进科技创新与产业发展紧密结合，从而成为经济发展的现实驱动力。

一、评价指挥棒失偏问题

发表论文和科研立项是高校院所普遍关心所在。为了提升学科竞争力和学术影响力，不少高校院所将科研力量和工作重心放在重点学科、研究基地、博硕士点建设上，把研究人员的职称职务与发表论文数、出版专著数、课题立项数挂起钩来，按成果级别量化累计并作为职称评聘、职务晋升、科研奖励的依据。在这种"重发表、轻运用，重立项、轻转化"的评价机制导向下，高校院所更关心科技创新成果"产量"，研究人员更在意哪个领域或选题更易更快出成果，至于这些成果是否为企业和社会所需所用则重视不够。高校院所形成了相对封闭僵化的体内小循环，脱离了经济社会发展大循环。企业界人士、科技部门工作人员则反映，科研院所、高校自主申报课题进行研究，很少考虑其现实应用价值和由此转化所能产生的效益，这种模式导致科技决策不科学、科技资源分散、产学研不互通等问题。因此，尽管高校院所科技成果数量与日俱增，但并非基于市场需求驱动下的增长，况且不少成果在职称评审、课题验收结项后束之高阁，最终导致科技成果雷同重复多，原始创新少，成果数量多，实际转化少，高校院所创新成果与企业和市场急需脱节。

二、企业创新动力不足问题

企业是经济活动的基本单元，最贴近市场，对市场感知和产品需求最敏锐，所谓"春江水暖鸭先知"，理应成为创新主体。但长期以来，我们走的是一条高校、科研院所主导创新，企业偏重生产运用的路子，这样的路子无法动态把握市场走向和产业发展趋势，难以有效地将创新成果转化为现实生产力，企业技术创新的主体地位没有真正确立，企业科研投入动力和热情明显不足。再加上创新环境不佳，不少企业对创新忧心忡忡，担心投入产出周期长，沉淀成本高，创新风险大，特别是仿冒盗版成风。如果知识产权保护不力，假冒伪劣盛行，违法成本又低，必然导致科技领域"劣币驱逐良币"式的逆向选择，伤害企业创新积极性。具体而言，企业创新投入不足的原因各异。国企有创新实力，不乏研发资金，但由于市场占有率本身比较高，科技创新绩效考核又不受硬约束，创新动力不足。一些国企负责人对创新"不冷不热"，认为"创新时间较长、风险很大，不成功要自己兜着走；成功了也是前人栽树后人乘凉"。民企富有创新活力，但往往缺乏研发实力，资源和能力有限，创新实力不足。外企研发能力强，但严格控制技术转让，特别是关键核心技术严格保密，技术外溢不足。

三、创新主体协同不够问题

科技创新力量多元，除了高校、科研院所、企业研发机构等三大主力军之外，还有中介服务机构、科技社团、投资机构、法律机构等大量辅助力量。但长期以来，各类科创主体协作意识淡薄，"小作坊"观念较强，协作机制匮乏，甚至抱着"别人有不如自己有""自己有不如独自有"的心态，彼此条块分割，独立运行，各自为战，资源不能共享，信息不能互通，优势不能互补，即使同一研究方向的科研团队也是"各自保密，分别使劲"，攻克一项科技难题的实际耗费数倍于协作研究。而且科技资源分散在科技、发改、经信、教育等多个部门，科技项目申报、中试、转化等不同环节的科技经费来源均不同，导致一些科技项目多头重复申报，科技成果重复利用，科技资源重复获取，科技力量耗散流失，制约了有限科技投入的最大效用发挥。

四、科技成果孵化不够问题

创新的本质是将创造的知识和技术转变为经济效益的过程。只有研发成果转化市场成功，创新价值才得以实现。然而，目前我们的科技成果转化率大约只有25%，最终实现产业化的不足5%。科技转化率不高，并不完全在于技术不成熟、企业不接受、扶持力度不够，也不一定是企业不愿投、不敢投，很重要的一方面是科技中介服务不够。科技中介服务是孵化科技种子的"阳光"和"雨露"，没有良好的科技服务，科技"种子发芽""破土而出"就会很难。目前，各种冠名生产力促进中心、科技孵化中心等名头的科技中介机构层出不穷，但这些机构不少是从计划经济体制转化过来的，服务理念、市场化意识、专业化程度等都与现代科技服务需求有不少差异，难以为企业科技成果转化提供全方位、一条龙式的良好服务。更有甚者，一些科技中介机构服务宗旨和目标有一定异化，不是以帮助企业转化科技成果为导向，而是以帮助企业或科研院所争取科技立项为任务。据熟悉科技中介服务的人士反映，这个行业的不少机构主要精力不在于为企业转化科技成果排忧解难，而是帮助企业"包装材料"向有关部门公关，争取科研项目经费。

五、创新环境浮躁问题

科技创新的"天敌"是心浮气躁，急功近利。没有甘坐冷板凳的执着精神，是难以出大成果的。必须正视的是，在现有评价考核机制下，加上社会不良风气影响，一些科研人员不敢冒险、害怕失败，被成王败寇的功利观念束缚住了手脚，没有踏踏实实地搞研究，甚至向歪风邪气低了头，将严肃神圣的科研工作变成了"圈钱"的捷径。一些学术大腕、学界明星无心潜心学术，像明星一样频繁走穴，利用自己的人脉拉项目、跑项目，被称为科研界的"包工头"，之后又分包、转包给助手或研究生，搞出来的也往往是短、平、快的东西，最后再冠名发表或结项。一般科研人员特别是青年科创人员，囿于资历浅、经验乏，不得不依附于名家大腕或学术权贵，在科研子项目承包中"分一杯羹"，从而形成一条分工严密、职责明确的科研"生产线"。这样的科研体制"高效高产"，但偏离了企业和社会实际需要，科研人员并未将全部心思精力放在真正的"研以致用"上，难以产生真正有水平的科研成果。

第二节　企业创新环境的变革方向

美国著名学者迈克尔·波特提出的"创新增长理论"认为，经济增长是一个逐步从"要素经济"转向"知识经济"的过程，主要分为要素驱动、投资驱动、创新驱动三个阶段。第一个阶段是要素驱动阶段，经济增长主要靠资源和劳动力投入；第二个阶段是投资驱动阶段，经济增长主要靠资本投资；第三个阶段才是创新驱动阶段。经济增长主要靠知识创新和技术应用。目前，经济发展还处在要素和投资驱动为主的发展阶段，主要靠物质要素投入推动经济增长，靠规模经济和低成本优势换取竞争力，创新对经济增长的贡献度还不高，科技还没有真正成为发展的主动力。因此，必须坚定不移地走创新发展的道路，必须大大强化科技创新的驱动力，具体要做到以下"三个结合"：

1. 加快推动科技和需求紧密结合

科技创新要始终坚持以市场为导向，紧紧围绕浙江经济社会发展的规划和产业结构优化升级的需要来进行，发挥市场在资源配置中的基础性作用。围绕浙江主导产业，针对制约企业发展的技术瓶颈，确定科技创新方向，突破关键核心技术，满足企业当前发展需要。要结合国内外科技发展趋势，着眼提升长远竞争力，注重前瞻性、战略性和应用基础研究，加强技术储备，促进企业的可持续发展。要坚持有所为有所不为，选择具有良好发展基础的重点领域和战略性新兴产业，集中优势资源，实现重点突破，掌握一批具有自主知识产权的核心技术。同时，要紧贴科技创新和成果转化，创新科研人才评价机制，不能一味地"以论文称英雄"，切实把"转化实效"作为重要评价根据。

2. 加快推动技术和资本紧密结合

浙江民营经济发达，民间资本雄厚，但企业技术研发相对较弱。据估计，浙江民间资本达数万亿元，仅温州一市就在 5000 亿元以上。如何把这些资金引导到实体经济，是个很大的课题。高校要充分利用自身的创新资源和创新要素，主动加强与民间资本的嫁接，积极探索通过转让、许可、质押和股权作价等方式，促进知识产权的资本化、商品化和产业化，实现技术资本与民间资本的联姻。要进一步深化强化与企业的技术创新战略联盟关系，开展多种形式的技术合作和研发创新，共享成果、共担风险，从根本上激活高校的科技创业创新能量。

3. 加快推动人才和项目紧密结合

高校既是培养人才的摇篮，也是孕育科研成果的高地。一方面，要认真履行高校人才培养基本职责，既要大力培养造就高层次的科技创新人才，又要突出抓好创业型人才和实用型技能人才，为浙江经济社会发展提供有力的人才支持；另一方面，要鼓励高校科技人员走进市场、走进园区、走进企业，走向创业创新的主战场，以重大科技专项、重大科技工程项目为载体，在技术攻关、搭建平台、推广应用、嫁接改造上创造新业绩。

第三节　对策与建议

一、破解高校院所"发表就是硬道理、立项就是生产力"的科技评价机制扭曲难题

评价机制扭曲问题是科技投入产出率不高的重要原因之一，必须着力破解。要尽快调整将论文发表数、课题经费数、项目专利数、获奖成果数与职称职务晋升挂钩的机制，不再以论文和项目论英雄，要将技术创新成果和转化应用实绩纳入考核体系，突出考核是否有"硬邦邦"的实实在在的创新成果。在专业技术职称评聘中，要确保有一定比例的指标用于技术转移和成果转化人员。研发项目特别是大型科研项目难以短期见效益，要改变按年度定期考评科技创新成效的做法，适当延长评价周期或实施周期性评估，根据评估结果动态调整科技资源投向和力度，确保有限的科技资源用在刀刃上。要尽快改革科技资源配置方式，科技投入不能过于集中在研发阶段，要建立覆盖研发、中试、转化等全过程的科技资源支持体系，特别要加大对中间试验、转化运用等环节的投入；要改变单一按科研论文和项目配置科技资源的机制，哪怕没有论文或专著公开发表，只要创造出有市场价值的专利、发明、技术或产品，都要给予必要的支持。科研链要紧贴产业链深化研究，高校院所要主动面向市场、面向企业，研究方向和项目遴选要遵循市场规律、瞄准企业需求，促使科技成果尽快转化为现实生产力。要加快推进科技成果转化处置权改革，高校院所利用财政性资金资助形成的科技成果，转化收益中至少50%归成果完成人或研发团队所有，让科技工作者更多地享有科技创新带来的收益，有更充足的创造动力和创新激情。要建立重大科研创新转化成果利益均沾机制，对于产生重大影响的科研成果，不仅要重奖完成者，还要给予其培养单位（培养人）荣誉。

二、破解企业科技投入"不敢投、不愿投，内生创新动力不足"的难题

当务之急要让企业真正成为创新主体，资源投入优先向企业集中，创新平台优先向企业集成，科技项目优先向企业集结，高端要素优先向企业集聚，保护企业创新热情，激活企业创新活力，让企业在科技创新上愿意投入、舍得投入。要进一步加大对企业研发的支持力度，切实发挥好企业研发费用加计扣除、研发设备加速折旧等政策效用，支持设立各类科创基金，加大风险投资、天使投资等金融支持，推动产业资本、智力资本和金融资本更紧密地结合，使企业有动力、有

条件在科技创新上加大投入。鼓励有实力的企业特别是领军型骨干龙头企业建立研究院、中试基地、转化基地、实验室等研发机构，鼓励由企业牵头联合高校院所进行科技项目攻关，在制定和实施产业发展规划、科技专项规划等政策时，要更多地征求企业的意见和建议。对于重大科技项目申报，高校院所必须联手企业才能申报。要尽快完善国企创新考核评价制度，将对主要负责人的科技创新考核作为硬性要求并进一步加大考核力度，促使国企加大从国有资产收益中提取研发投入的比例。大力推进共性技术向中小企业、民营企业辐射和扩散，积极探索知识产权质押融资等新型融资方式，切实把对中小企业、民营企业的财税金融等相关扶持政策用足用到位，鼓励和支持民营企业承担或参与重大科技项目研发，让它们感到科技投入"投有所值"，真正成为科技创新的生力军。要加大知识产权保护力度，切实保护好创新主体的合法利益，让真正的创新行为得到应有的回报，让破坏创新的行为得到严罚，努力营造出尊重知识、尊重人才、尊重创造的浓厚氛围。

三、破解各类创新主体"画地为牢、各自为战、协同创新不力"的难题

如果仍延续分散、封闭、孤立的科研工作方式和资源配置模式，单打独斗、各行其是、闭门造车，很难出什么有影响力的创新成果。要尽快建立产学研结合工作领导小组，设立产学研结合创新专项基金，统筹方方面面的科技资源和力量，协作实施一批有影响力的重大科技专项。要大力破除企业、高校、科研院所等科创主体之间的藩篱障碍，加快构建科技协同创新机制，形成以企业为主体、以市场为导向，基于利益共享、风险共担原则的战略合作联盟。鼓励高校院所与开发区、工业区、产业集聚区、高新技术园区开展科技结对，共建协同创新中心、工程技术中心、博士后流动站，把经济社会发展急要的科技需求转化为重大科技任务，把与产业转型升级息息相关的关键共性技术转化为重大攻关课题，组织跨领域、跨部门、跨行业技术力量进行协同攻关。鼓励企业根据实际需要"出题目"，交给高校院所攻关破解。对于一些应用广、投入大、转化周期长的关键共性技术，要由龙头骨干企业牵头，以股份制、理事会等方式联合高校、科研院所、行业协会等建立共性技术研发平台或产业技术战略联盟，整合相关资源进行联合承接和研发。对于面向中小企业、市场集中度低的行业技术研发，要围绕产业集群和块状经济建立研发机构，发挥共性技术创新平台的辐射功能，强化技术成果共研共享，服务块状经济和中小企业转型升级。要打破科技人才流动的条块分割，打通企业和高校院所的科技人才流动障碍，鼓励高校院所科技人员、专家学者到企业兼职兼薪从事研究或自主创业，鼓励企业选派科技人才到高校院所参

加技术培训或研发，允许高校院所和事业单位科研人员留岗创业，并在一定时期内保留其岗位职级和工资待遇，支持在校大学生、研究生休学创业，创业实践可抵扣学分，并允许其无限制接续学业。

四、破解科技中介机构"服务不专、孵化不够、科技成果转化效率不高"的难题

科技中介服务质量和效率高不高，关系到科技成果能否尽快转化真正落到地上。在目前科技与经济"两张皮"问题突出的情况下，有必要进一步强化科技中介服务。要进一步完善技术交易服务标准，规范科技服务市场，搭建科技信息服务平台，加强对各类技术创新服务机构、技术评估机构等的管理，促进科技中介服务机构专业化、标准化、科学化建设，提高科技中介机构服务科技成果转化的能力。要加强科技企业孵化器、大学科技园、留学人员创业园等创业创新孵化体系建设，扶持优质孵化器做大做强做实，加强孵化器规范运营管理和考核，进一步提高孵化器的孵化服务能力和水平。要大力推进科技中介服务机构集聚，鼓励会计事务所、律师事务所、专利商标事务所等科技中介机构贴近企业服务，促进知识、技术、专利、资本等高端创新要素高效耦合，加快科技信息交流、技术交易和科技成果转化。积极探索建立"科技中介服务超市"，把有资质、有信誉、有能力的科技中介服务机构串联起来，为科技企业和高校院所等创新主体提供"量体裁衣"式的科技服务，进一步降低科技成果转化成本，提高科技成果转化效率。

五、破解科技创新领域"急于求成、急功近利"的不良风气难题

这种浮躁功利的不良风气侵蚀了孕育科技创新的土壤，必须坚决破除。要坚决反对任何道德失范和学术不端行为，建立公开透明的学术诚信监督机制，严肃处理和坚决打击科研项目重复申报、虚假包装、重复发表、剽窃抄袭等不良行为，决不能让科研成为追名逐利的"功利场"，永葆科研一方净土。要大力倡导"甘坐冷板凳、十年磨一剑"的创新精神，对创新九死一生、风险相伴相随的特点和规律要有科学、客观的认识，摒弃怕等、怕输的急躁情绪和浮躁心态，不盲目追求科研业绩，不片面追求短期效应，引导科研人员在科技创新的道路上永不言弃，百折不挠，潜心钻研，专心探索。要鼓励学术争鸣，宽容失败，允许试错，敢于突破思维惯性，敢于跳出路径依赖，敢于挑战学术权威，敢于提出原创思想，让一切创新火花充分涌现出来。要为科研人员提供基本的生活工作条件，让他们无后顾之忧，潜心开展科研活动，避免疲于申请项目、申报奖励、频繁到处走穴，避免将时间和精力耗散在非科研、非教学活动上，这也是科研人员的呼声和愿望。

第15章　供给侧结构性改革背景下小型微型企业转型的调研报告

市场主体是经济发展之"细胞"。经济发展的质量和效益高低，很大程度上取决于市场主体发展层次和水平。转变发展方式、提升产业层次、优化经济结构，关键要扶持市场主体转型做强。面广量大的小型微型企业是中国经济最基础的支撑，是国民经济和社会发展的重要力量，在促进经济平稳较快发展和社会和谐稳定等方面发挥着重要作用。在经济新常态和供给侧结构性改革的背景下，小型微型企业转型升级已进入爬坡过坎的关键阶段，需要在应对要素成本加重的同时加快转型升级，这是摆在供给侧结构性改革和经济爬坡过坎面前的重要现实问题，也是小型微型企业实现转型升级和高质量发展的重要命题。

第一节　小型微型企业转型的意义

以大众创业、万众创新为热潮的小型微型企业是经济发展动力和活力的不竭源泉，面对换档期、转型期重叠的新形势，如何确保小型微型企业在经济减速和提质增效中实现持续健康发展，十分紧迫和亟待破解。

（1）高质量、可持续的经济发展，需要建立生生不息、良性循环的发展机制，要有结构、质量和效益的支撑。从企业资源理论讲，每个企业都是具有不同特质、不可复制的资源组合体，小型微型企业获取竞争优势的关键是保持合理的资源组合和配置（Runyan et al.，2007）。党的十八大报告指出，各种所有制经济依法平等使用生产要素，民营小型微型企业与国有大中型企业站在同一起跑线上。作为民营经济的一支重要生力军，小微经济处在发展的黄金期、转型期和提升期（姚星桓，2012）。

（2）转变经济发展方式归根结底要靠市场主体的转型。从生命周期理论看，一般情况下企业都要走过创业、聚合、规范化、成熟、再升级等发展阶段，只有加快转型升级，才能更具灵活性和创新性，避免僵化和老化。小型微型企业占全部市场主体的绝大部分，没有它们的转型提升，经济转型升级就是一句空话。市场主体结构影响经济结构。市场主体层次不高，经济质量也高不了；市场主体不转型，经济也难以转型。推动经济转型升级，必须优化市场主体结构。

（3）小型微型企业"船小好调头"、适应力强，但抗风险能力差、收益不稳定，这是其"先天不足"（田芬，2015），过度依赖低素质劳动力、低端市场、低水平制造、低成本扩张、低附加值的粗放方式难以为继。小型微型企业治理模式单一、体量规模有限，有"宁为鸡头、不做凤尾"的小富即安思想，容易患上"温水煮青蛙综合征"，难以做大做强做久。如果不抓住机遇转型升级，就只能小打小闹，成为"长不大的阿斗"，在激烈的市场大浪淘沙中被淘汰。

第二节　小型微型企业转型的五大瓶颈

"低、小、散、弱"是小型微型企业的普遍特点，产业层次低、产品档次低、技术含量少、市场定位不高，尤其在当前经济下行压力较大的背景下，小型微型企业遭遇资金荒、订单荒、高税负、高成本等问题，面临融资难、投资难、创新难、盈利难等难题。

一、政策落地难：不少改革仍是"空中楼阁"

政策不仅在于供给，关键在于"最后一公里"的落实。尽管国家出台了不少支持小型微型企业健康发展的政策意见，但政策落实不够，不少改革"听得多""看得见"，但"摸不着""用不了"。特别是涉审中介是整个行政审批链条的重要一环，掌握着重要的程序性权力和专业性权力，往往是行政审批必不可少的前置条件。实地调研发现，一个投资项目涉及的中介服务事项包括环境影响评估、规划方案设计、初步设计编制、概算审核、施工图设计、施工图审查等10多个中介环节，还可能涉及交通影响评估、建筑节能评估、社会稳定风险评估、地震安全性评估、地质灾害评估、占用水域影响评估等中介环节，项目繁多、程序繁杂、办理烦琐，耗时长、收费贵、态度差。

二、企业融资难：资金"血液"难以进入小微管道

融资难是小型微型企业反映较为集中和较为迫切的老大难问题，在制度和政策层面仍没有破题（郑霞，2015）。小型微型企业融资普遍存在"短、急、频、少"融资成本过高问题。据调查，不少小型微型企业与大中型企业的贷款利率相差30%以上，大中型企业贷款利率一般在4%左右，而小型微型企业的实际贷款利率达8%～9%，超过3成的小型微型企业融资成本在12%以上。大量小型微型企业在正规金融体制内受到银行高成本的利息盘剥（罗荷花等，2016）。与此同时，更多小型微型企业在饱受银行的歧视后不得不转向年利息在20%～40%的民间借贷。目前，小型微型企业能够从主流金融机构贷款的比例只有10%左右，80%以上靠民间借贷。融资难、融资贵抽走了小型微型企业有限的利润，打压了

小型微型企业转型的信心和动力。

三、有效投资难："一人掌舵"带来不小风险

低端锁定、行业同质、恶性竞争是小型微型企业转型的突出问题，特别是一些行业过度竞争会直接影响小型微型企业的生存空间。调研发现，不少小型微型企业没有战略发展部门，主要是靠企业老板一人掌舵，投资决策由老板自主决定，面临能力不足、刻板僵化、放纵无度等风险，投资决策难免非理性。比如前些年光伏产业一哄而起，很多小型微型企业投向光伏，导致光伏产业迅速饱和过剩，致使不少小型微型企业血本无归。如果政府加强引导，在小型微型企业行业准入、行业预警、信息披露等方面合理引导，企业投资会更加理性，不至于盲目投资、跨界投资、多元投资。

四、市场准入难：玻璃门、弹簧门、旋转门没有实质性打开

行业垄断是近年来饱受小型微型企业诟病的问题之一。尽管对民间资本实行"非禁即入"，但缺乏实施细则，某些领域或行业对小型微型企业仍有歧视性政策。在当前外需市场萎缩的情况下，小型微型企业市场准入问题更加凸显。石油、航空、金融、电力、电信、铁路、水利等领域产品价格高、服务质量差，很大程度是因为行业垄断，把量大面广的小型微型企业堵在门外。垄断行业是国家扶持政策最集中、最先惠的重点行业领域，这种垄断行业的强化使得以民间投资为主体的小型微型企业投资领域受限，出现传统行业产能过剩、恶性竞争的局面，也导致小型微型企业发展步步艰难。

五、税费负担重：负重前行影响转型步伐

根据实地调查，小型微型企业主营业务税金及附加增长较快，远高于大中型企业（申建野，2016）。据2018年浙江省有关部门对201家小微企业税费情况调查结果，有29家企业认为当前税收负担沉重，有102家企业认为较重，合计占比65.2%，税种主要集中在增值税和企业所得税。有9家企业认为当前政府规费负担沉重，有34家企业认为较重，合计占比21.4%。有35家企业认为当前社保费用沉重，有101家企业认为较重，合计占比67.6%。调研的201家小微企业2018年1—9月纳税总额25960万元，同比增长28.6%，高于同期营业收入16.7个百分点；税负率2.98%，同比上升0.39个百分点。尽管国家给小型微型企业减免了税费负担，但如果小型微型企业朝着做大做强的方向走，税费负担仍会逐渐增加，导致不少小型微型企业守着"小富即安"的思想，不敢不愿做大做强。调查发现，小型微型企业与规上企业之间的税负差距十分明显，很多小型微型企

业"宁做鸡头、不做凤尾"，关键在于做大做强后，经营管理更加透明化，社会责任履行更多，社会保障要求更高，导致企业税费支出大幅增加。

第三节　对策与建议

当前，小型微型企业遇到的资金荒、员工荒、高成本和高风险等问题，一方面固然是自身结构性、素质性、体制性深层次矛盾的显现；另一方面也显现了当前所面临的要素制约和环境制约的双重瓶颈亟待破解。

一、坚持创新驱动，在"专、精、特"上下功夫

在当前新旧动能加速转换、产业结构调整加速的大环境下，引导小型微型企业走"专、精、特"之路，激励或倒逼企业在业态上转型升级，从"低小散弱"这条绝路上走出来。一要鼓励小型微型企业转向新兴产业领域。借助云计算、大数据、物联网等新一代信息技术，推动技术创新、业态创新、模式创新、产品创新。积极介入信息、环保、健康、旅游、装备制造等新兴产业，在多领域、多层次成为"大众创业，万众创新"的生力军。二要大力推进"机器人＋""标准化＋"，加快技术改造，加强精益管理，实施机器换人，实现减人增效。特别是要推进以智能制造为主攻方向的"机器换人"，推广一批机器人和先进适用装备，培育一批工程技术服务企业。三要借助"互联网＋""物联网＋"推进现代经营，大力发展电子商务、跨境电商、网络定制、柔性制造等新业态。加强工业设计和技术创新，支持企业购买工业设计成果和专利、商标，走创新发展、品牌化发展之路。

二、坚持改革为先，在降低准入门槛上下功夫

一要解决市场准入问题，打破行政审批中的"玻璃门""弹簧门"。审批改革目的是为小型微型"松绑减负"，不是反过来"卡脖子"。探索"一表式"审批办法，推动审批事项一张表、一次性集中办完，不要让小微业主跑来跑去。放宽中介市场准入标准，重新核定部门规章所设置的准入门槛，取消中介备案审查机制，探索"捆绑式"中介服务。二要继续清理整顿涉及小型微型企业的不合理负担。涉企收费项目，能减的减，能免的免。深化税费政策改革，用足用好高新技术企业税收政策和研发投入加计扣除政策，大力扶持成长性好、创新性强的科技型小型微型企业发展。三要鼓励和支持企业进入研发设计、知识产权、检验检测、科技成果转化、信息技术、数字内容等高技术服务领域。

三、坚持协同发展，在产业融合上下功夫

一要大力支持总部型企业、产业联盟主导型大企业发展。优先支持能够与小企业合作发展、建立产业联盟关系的龙头企业。不能见大就支持，支持大的是为了带动小的。支持块状经济产业联盟内的大小企业之间的合作，形成富有竞争力的产业链。鼓励小型微型企业主动与大企业合作，破除有些业主"宁做鸡头、不做凤尾"的狭隘思想。二要加强融资与投资对接。不管大企业还是小企业都要一视同仁，在用地融资、政府采购等方面给予更大的协同支持。设立财政中小企业再担保资金，支持小型微型企业发行集合票据"抱团"融资，进一步降低融资难度和融资成本，破解小型微型企业融资"两难"问题。三要大力推动传统行业主动对标、提升标准，以数控机床、电气机械、机电器件等先进制造业和纺织、服装、皮革、家具等传统优势产业为重点，制定一批先进制造标准，倒逼小型微型企业升级。

四、坚持产业集群，在平台建设上下功夫

一要"腾笼换鸟"，淘汰落后产能，解决产出少、社会负担重、安全生产隐患多、社会矛盾多、空间布局乱的落后小型微型问题（祝健等，2013）。加强质量对比、质量改进、质量攻关，提升制造产品档次，更好地适应工业结构、消费结构升级需求。二要扶持一批优质小型微型企业做大做强，兼并重组行业上下游小型微型企业，引导一批小型微型企业入园入区。三要鼓励各类投资主体建设和运营孵化器、创业园、创意园等各类创业基地。在"亩产论英雄"的前提下，明确创业基地的产业导向、科技型企业的入驻比例以及小型微型企业入驻的门槛，加大创业基地建设用地保障。

五、坚持公平竞争，在优化政务生态上下功夫

建立支持小型微型企业发展的信用服务平台。依托工商部门的企业信用信息公示系统，建立小型微型企业名录，集中公开各类扶持政策及企业享受扶持政策的信息。通过信用信息平台，汇集工商注册登记、行政许可、社保缴费、税收缴纳等信息，推进小型微型企业信用信息共建共享。建立小型微型综合监管平台。制订商事制度改革后的"严管"措施，建立经营异常企业名录和严重违法企业名单制度。制订小型微型企业市场准入的倒逼措施，坚决淘汰一批过剩产能和高能耗产品，开展知识产权、无照经营、合同欺诈、房地产市场等专项行动，严厉打击违法行为。

第16章 浙江省民营企业跨国并购的调研报告

当前全球经济格局的深度调整、国内外经济环境的剧烈变化，以及"一带一路"倡议的深入实施，为浙江民企跨国并购带来了全新的机遇和挑战，浙江大力实施"凤凰行动"为民营企业跨国并购提供了重要条件。本章针对跨国并购过程中出现的新情况、新问题、新挑战，结合124宗民营企业跨国并购案例，通过深入相关企业访谈，对浙江民企跨国并购提出了具有针对性和操作性的政策建议。

第一节 民企跨国并购的新情况

在浙江加快实施"凤凰行动"战略的大背景下，民企跨国并购正在形成一波新高潮，如何把握这一重大战略机遇，培育世界水平的本土跨国公司，推动浙江经济高质量发展和走出去发展，构建未来经济发展新引擎是摆在浙江经济面前的重大课题。

一、跨国并购呈现新特征

浙江企业海外并购的对象多为发达国家海外制造行业的廉价资产，并购主体多为发展瓶颈显现的成熟行业的企业，并购形式多为产业链上下游纵向控股型并购，获取和整合海外优质战略性资产意图明显。

特征一：并购规模——总体强劲，单个较小，并购对象多为海外廉价资产

近年来浙江民营企业跨国并购涉及金额总体呈快速上升趋势。据案例分析，2005—2012年浙江省民营企业跨国并购的新增并购金额增长了7000%以上，年均增长70.5%。相比总金额，浙江省民营企业实施的跨国并购大多数还是比较小规模的并购，整体上热于收购廉价资产。一方面是由于浙江民企整体规模还较小，对运营状况良好、价格高昂的潜在收购对象望而却步；另一方面也反映了浙江多数民营企业通过跨国并购实施全球化战略的学习和试水的心态。

特征二：并购主体——地区差异显著，成熟企业为主，企业发展瓶颈显现，海外扩张需求迫切

从并购企业的年限特征上看，浙江省民营企业在进行跨国并购时，成立年限主要集中在11～20年（占42.5%），6～10年、21～30年和30年以上的分别占

16.7%、15.8%和13.3%。调研发现这些国内并购重组经验，受国内市场饱和、生产要素成本不断攀升的影响，企业发展遭遇天花板，迫切需要通过国际并购突破发展瓶颈。预计接下来若干年，随着企业的不断发展和壮大，国内资源和发展瓶颈的制约及后金融危机触发的并购机遇的推动，浙江省民营企业跨国并购的发展将出现新的高潮。

在跨国并购主体来源地区分布上，浙江11个地市民营企业跨国并购的发展很不均衡。并购数量上，杭州、宁波、绍兴位列前三；并购金额上，台州、杭州、绍兴位列前三。

特征三：行业区位——制造业纵向并购，集聚发达经济体，控股倾向强烈，获取和整合海外优质战略资产意图明显

从跨国并购投资的区位看，浙江省民营企业跨国并购主要集中在发达国家和地区。从海外投资企业行业看，浙江省民营企业实施跨国并购集中在制造业，尤其是汽车及其零部件制造业，占73%左右。接下来是信息软件行业、批发和零售业。进一步分析发现，行业差异呈现了明显的地区产业集群特征。杭州民企制造业跨国并购主要集中在通用设备制造业和电气机械制造业，宁波集中在化学原料、化学制品制造业和交通运输设备制造业，绍兴则集中在纺织业。

调查发现，浙江民企倾向于沿着产业链上下游，在经济技术发达的国家和地区进行纵向并购（占总数的56.47%），以获取目标企业的核心技术、品牌、国际市场网络及研发能力等优势资源，从而控制包括高附加值环节的完整产业价值链，提高产品附加值、升级价值链的内生性需求迫切。案例分析证实浙江44%的企业跨国并购的动机是为获取目标市场，31%的企业跨国并购的目标是为获取先进技术，19%的目标是为获得知名品牌，6%的企业是为获取自然资源等，而几乎所有（92%）的企业都有以海外并购推进全球布局，作为企业国际化的跳板的动机，并且，浙江民企在跨国并购过程中倾向于对并购企业控股，57.5%对并购企业实现了百分之百控股，20%对并购企业实现了50%以上的控股，这有利于民企对并购标的进行有效的整合，带动本土相关业务。

二、跨国并购效益显著

并购效益不仅表现在部分企业快速获得了战略性资源，更重要的是凸显了其对于培育世界水平的本土跨国公司的战略价值，是浙江经济未来发展的新引擎。

透过强劲的民企跨国并购增长趋势，对并购案例的调研发现，浙江民营企业的跨国并购具有显著的并购效益和重要的战略价值：民营企业通过跨国并购快速获取了品牌、技术、市场、渠道等战略性资产，为其在全球价值链的升级奠定了重要基础。吉利等民企通过跨国并购获得了目标企业的国际知名品牌的使用权，然后利用知名品牌的市场影响力、分销网络以及整合进来的生产体系，迅速增加母国企业产品在海外市场的销售量，促进海外业务量在企业总业务量中的比重迅速上升；万向等民企通过跨国并购获得了先进技术、研发资源和研发团队，提升了技术水平和研发能力，取得相应技术上的协同效应；宁波华翔等民企通过跨国并购推进了分销渠道、客户关系、供应链等方面的全球布局，并通过整合全球供应链，降低了采购成本和运营成本；卧龙等民企在并购扩张中形成了独特的"反向OEM模式"，即收购国外知名品牌，把产品转移到国内生产，再贴上所收购的品牌返销国际市场，实现了供应链升级。

更重要的是，跨国并购带动了民营企业家国际化经营理念的转变，推动了民营企业与国际惯例、国际规则的接轨，有利于打破民营企业发展瓶颈，是培育世界水平的本土跨国公司的必经之路，更是浙江经济未来领跑全国的新增长引擎。本土民企成长到一定阶段后，内部资源和能力难以满足企业继续成长的需求，企业发展也会陷入停滞。若要突破发展的"天花板"，民营企业必须通过外部扩张获取所需的资源和技术，以打破企业发展瓶颈，促进企业的进一步发展成长。通过跨国并购，民企不仅获得了海外并购的实体和相应的战略性资产，更倒逼企业转变国际化观念、思维和经营理念，强迫企业与国际惯例和国际规则接轨，快速网罗全球人才。从培育世界水平的本土跨国公司的角度出发，在当前经济全球化的背景下，只有实行跨国并购，才能快速实现全球布局、全球资源配置和全球市场拓展，使企业真正成为有国际竞争力的跨国公司。通过海外并购，企业不断改进其技术水平、组织设计和管理技能，而当这些知识和技能传递到国内并扩散至本土产业集群的时候，区域产业整体层面的竞争力都将得到提升，因此跨国并购将是未来浙江经济领跑全国的新的增长引擎。

第二节　民企跨国并购的新问题

中美经贸摩擦、民企自身条件限制、国内市场配套不到位、国际环境波动加剧等诸多因素造成目前民企跨国并购运作和整合过程中存在巨大风险。

一、民企自身：规模、技术、人才和治理等方面的局限是抑制民企开展跨国并购和进行有效整合的巨大障碍

一是制度不完善，管理水平低。浙江民企大多是家族制企业，很多民企相对注重设备和技术的提升而忽略了对公司内部治理的考虑，企业缺乏良好的管理体制和监督机制。企业制度缺位，管理水平不高，影响了民营企业整体实力的发展，也制约了企业实施跨国并购的步伐。二是信息不对称，并购风险大。并购过程中的信息不对称往往是导致并购失败的致命风险。特别是民营企业在实施跨国并购时，要获

取标的的企业的准确信息更是难上加难。很多民营企业自身缺乏进行海外调研的能力，过分依赖国外中介机构，即使进行了长时间的认真调查，也只能取得"相对翔实"的信息，真正的"价值底牌"永远攥在被并购方手中。三是专业人才少，经营管理难。跨国并购是一项复杂的系统工程，涉及国际投资、国际金融、国际会计、国际法规和惯例以及东道国的政治法律、社会制度、文化风俗等许多领域的知识，但民营企业大都缺乏这方面的人才，以致在跨国并购过程中经常处于被动的地位。而且，并购后的整合也需要能够胜任跨国经验的管理人才。省内民营企业在成功收购国外企业后，一般都只能在国外聘请专业经理人进行管理。因为民营企业内部，很难选派通晓外语、熟悉国际惯例、有良好经营策略和胆识的高级管理综合型人才。

二、市场配套：国内中介机构、金融服务等配套的发展还远远跟不上民企跨国并购的需求增长

一是国内中介机构乏力。整个跨国并购的过程，从咨询、融资到评估等都离不开中介机构的参与。但是国内中介机构无论是实力还是经验都明显欠缺，部分甚至还从未接触过跨国并购业务。目前，绝大多数民企跨国并购都过度依赖于国外中介机构。这些外资中介机构虽然具有专业化资质及丰富的跨国并购经验，但本土化水平不高，无法从中国经济发展角度出发，而且也不排除国外中介机构出于本国利益的考虑，而将自身经营存在问题的企业介绍给中国民营企业。二是缺乏配套金融保险服务。关于跨国并购中的贷款融资、投资保险、信用担保等重要环节，国内相关的配套金融机构还很缺乏，服务效率普遍较低。特别是在贷款融资方面，要受国内贷款担保额度的限制，特别是外币贷款不仅要受国内贷款额度的限制，还要受特定外汇额度的限制。这很大程度上限制了民营企业的融资能力，无法为境外并购项目提供强有力的资金支持。并且，跨国并购比国内并购面临更多的不确定性，需要建立境外投资保证制度来协助企业规避风险。但国内的境外投资保险尚处于试验阶段，难以满足民营企业跨国并购的需求。

三、国际环境：廉价并购资产的经营困境和不断恶化的国际经济环境对民企跨国并购后的整合提出了严峻挑战

中美经贸摩擦持续升级，国际经济环境不断恶化，海外市场持续萎缩，汇率市场剧烈波动，对并购企业的海外经营本身就是巨大的挑战。而与国际上第五次跨国并购潮"强强联合"的主流不同，浙江民企的跨国并购对象常常是陷入经营困境的廉价企业。由于民企发展水平相对较为落后，其所急需的战略资产也带有一定特殊性，比如在发达国家已经落后但却在国内十分稀缺的技术专利等。另外就是壳公司。由于在国内上市比较困难，民企也倾向于通过跨国并购借壳上

市。比如万向集团通过收购美国 UAI 公司，间接获取了上市融资能力。

尽管金融危机令许多西方企业资产大幅贬值，但金融危机本身是一个很好的淘汰机制，市场竞争作为一个优胜劣汰的过程，那些经不起金融危机考验的企业，很可能基本面上出现了问题，或者由于不能适应后金融危机时代的竞争环境，本身已面临衰亡的命运。此外，如果经营管理水平更高的西方发达国家企业都难以整合，民营企业要带其走出经营困境，其难度无疑是更加巨大。

四、政策制度：民营企业对于政府在支持政策和监管制度上进一步扶持民企跨国并购有着强烈诉求

一是审批程序相对复杂。虽然国家对民营企业跨国并购的审批较以前有所放松，审批权也不断下放，但调研中企业普遍反映目前的审批规定对于民企跨国并购上市融资、市场准入、外汇管理等方面仍然存在较大的限制，审批程序持续时间较长。这些政策在很大程度上限制了民营企业跨国并购的步伐。特别是在上市融资和外汇管理等方面的歧视性规定，成为民营企业跨国并购之路上的阻碍。二是支持政策不完善。调研过程中很多并购企业对于政府政策层面出台相应的税收优惠政策、海外并购企业回归的落地支持和土地支持政策等有着强烈的诉求。并购企业提出，希望政府能给予跨国并购企业与引进的外资企业相同的税收优惠政策，在企业并购后，支持企业将并购海外企业在本土落地，在土地政策等方面支持企业将海外研发基地、生产基地等移到本土，帮助企业降低生产成本，有效整合全球供应链。

第三节　对策与建议

政府政策支持对于民企跨国并购的运作和整合具有重要的制度影响力。如何进一步推动浙江民企跨国并购的发展，培育世界水平的本土跨国公司，支持民企在全球整合资源并反哺浙江、回归浙江是当前的政策重点。

一、加强并购专题研究，形成学习共享机制

民企毫无疑问是国际跨国并购市场竞争中的新玩家，传统跨国并购理论和方法常常难以指导当前的并购实践，政府在指导和管理民企跨国并购活动时也面临着巨大的挑战。项目建议由主管部门牵头，协同相关学术研究机构开展专题民企跨国并购研究，加强对国外发达国家跨国并购经验的系统梳理，开展对典型民企跨国并购的跟踪研究，不断完善和更新国外不同地区的投资环境及产业匹配等信息，不断总结发现企业跨国并购过程中出现的新问题、新情况，为政府决策和企

业实践提供有益参考。同时为避免民企在跨国并购实践过程中由于缺乏经验而频频碰壁，建议构建企业间并购经验交流和分享的平台、设立促进并购企业经验交流的激励机制、加强并购企业团队和专业管理人才的定期和不定期的学习和培训，进一步形成企业间知识或经验共享的机制。

二、大力发展中介服务，健全社会化服务机制

浙江省金融办于 2007 年开始对在浙江开展 IPO、再融资和上市公司重组并购等业务的中介机构进行信誉评价，并对部分优秀中介机构进行表彰。虽然浙江非常注重为上市企业打造优质中介服务体系，但鲜有省内机构提供专业的跨国并购中介服务。省内企业跨国并购过程中，往往只能依赖于国外中介机构。因此，要大力发展和完善与跨国并购相关的本土中介服务，为企业境外投资提供资信调查、信用评级、行业风险分析、国别信息信用管理咨询与培训等服务。培育面向企业境外投资和跨国经营的社会化服务机构，鼓励服务机构"走出去"设立境外服务站点，加强信息、法律、维权等境外服务。

三、扶持民营企业组建集团，推进跨国并购，培育世界级跨国公司

浙江以中小企业为主，比较缺乏能带动中小企业"走出去"的领军企业。建议浙江在有跨国经营需求并具备很强规模实力的本土企业中，选择一批企业予以重点扶持，引导企业加快制定实施品牌、资本、市场、人才、技术国际化战略和跨国经营发展计划，加强对跨国经营的领军企业的培育、重点联系和大力支持，实施发展领军型民营企业跨国公司的激励政策，支持金融、保险、中介服务机构等各类企业通过契约、协议等形式结成风险共担的跨国并购联合体或战略联盟，组建集团公司推进跨国并购，增强规模优势，共同开发市场，培育世界水平的本土跨国公司。

四、支持被并购企业回归浙江、反哺浙江，支持企业在全球整合资源，构建新的价值链

政府努力搭建回归发展平台，出台系列政策支持和鼓励跨国并购企业回归浙江、反哺浙江。建议省政府依托产业集聚区和各类国家级、省级经济开发区（园区）以及青山湖科技城、未来科技城等平台，主动引回一批拥有国际品牌、掌握核心技术的企业回归投资高端制造业、战略性新兴产业和现代服务业，发展集"研发设计、运营管理、集成制造、营销服务"为一体的总部经济，进而推动浙江企业转型升级和产业整体价值链的提升。给予跨国并购企业与引进的外资企业相同的优惠政策，支持企业将并购海外企业落地本土，有效整合全球资源，在全球重构企业的价值链，不断培育新的利润来源，以及成长、发展空间。

第17章　浙江省实施品牌战略　推动中小企业高质量发展的调研报告

当前，新一轮科技革命和产业变革、"三期叠加"阶段性变化与经济转型升级交织，浙江经济既面临国际竞争加剧、资源环境约束加大、低端产能过剩的挑战，又存在创新能力亟待增强、新的发展动能亟待培育、实体经济亟待转型的突出问题。当前经济下行压力较大的矛盾，突出体现为供给侧结构性矛盾。打造"浙江制造"品牌，从制造业这个供给端发力，以标准提档、质量升级、品牌增效为着力点，破解产业层次不高、品牌国际化不够、企业竞争力不强等问题，有助于推动经济发展迈上更高层次、更高质量的台阶。

第一节　打响"浙江制造"品牌的重要意义

一、有利于加快"要素驱动"向"创新驱动"转变

经济增长驱动力包括要素驱动、投资驱动、创新驱动，过于依赖前两大驱动力不可持续，只有创新驱动才是永久性的动力源。要素供给的边际效益是递减的，创新的边际效益是无限的，这是经济增长的历史规律。在经济新常态下，必须摒弃要素驱动的"短跑思维"，树立创新驱动的"长跑思维"。一个国家或地区 R&D 投入比重是否超过 4% 是个重要的分水岭。全球 R&D 投入比重超过 4% 的国家只有以色列、韩国等极少数国家，我国平均水平只有 2.1%，北京超过了 6%，上海、深圳超过了 4%，浙江只有 2.26%，全省杭州较高，为 2.98%；宁波次之，为 2.31%。对企业而言，R&D 投入比重超过 2%（研发投入/营业收入）是个重要的分水岭。从全球看，英特尔研发投入占比为 20.1%、微软为 13.4%、罗氏（制药）为 19%、诺华（医疗）为 16.8%，大众（5.2%）、三星（6.4%）等均超过了 5%。从浙江看，2015 年企业研发投入比重平均只有 1.25%，最高的企业是海康威视（17.7%）、华三通信（11.7%），绝大多数企业研发投入占比低于 5%，很多企业低于 2%。制造业是创新发展的主战场，推动浙江制造向"浙江智造"转变，必须全方位推动"要素驱动"向"创新驱动"转变，依靠创新驱动打造发展新引擎。如果创新不突破，质量上不去、标准提不高、自主品牌缺乏，消费者就会"用脚投票"。中国坐拥全球最大的消费市场，

享有"世界工厂"的美誉，却无法满足国民对马桶盖、奶粉、化妆品等普通消费的需求。因此，必须切实增强危机感和责任感，把浙江制造作为创新驱动的主阵地，通过质量提升、标准提高、品牌打造，推动创新发展，提高全要素生产率对浙江经济的贡献率。

二、有利于补齐实体经济"大而不强"的短板

制造业是浙江经济的支柱，也是实体经济的基础。"浙江制造"与"德国制造"并没有天壤之别，因为很多世界名牌的代工厂在浙江，但制造标准、品牌设计等不少方面与"德国制造"还有很大差距，比"日本制造""韩国制造"也要逊色许多。标准方面也是如此，从世界范围看，国际标准90%以上掌握在发达国家手中，我国只占1%。德国"工业4.0"实施的8个优化行动，标准化列于首位，足以体现标准对"德国制造"的意义。德国每年制定（修订）标准1500个，已累计发布标准2.5万个，80%以上的德国标准为欧洲通用。从采标率看，美国、英国等采用国际标准和国外先进标准的比率超过80%，德国、日本甚至高达90%，浙江只有58%，差距很大。浙江标准有效供给能力不足，标准老化现象比较突出（"标龄"高出德、日等发达国家1倍以上），主导制定的国际标准占国际标准总量的比重不足1%。某种意义上讲，制造业竞争实质上也是标准竞争，国际标准话语权缺乏，产品质量不过硬，难以支撑浙江制造迈向中高端水平。

品牌是经济全球化中的核心资源，不仅为企业带来溢价和增值，也是一个国家或区域经济实力的标识。2015年世界品牌500强中，美国占了228席，中国只占了31席，浙江只有1家（阿里巴巴，排在第284位），特别是没有1家企业进入世界制造品牌100强。浙江本土品牌不少，但太杂太散，层次不高，知名品牌不多，国际识别度不高。浙江进入中国品牌500强的所有品牌价值之和（607亿美元）不到苹果品牌价值的50%（1453亿美元）。标准供给能力和品牌创造能力不足，导致生产低端化和产业"低端锁定"，这是实体经济"大而不强"的突出短板。因此，必须把提升"浙江制造"作为抓手，深入推进"四换三名"工程，做高标准、做强品牌、做优质量，提高浙江制造的有效供给能力，使"浙江制造"在全球高端制造业的版图上占有一席之地。

三、有利于跨越"中等收入陷阱"和"高收入之墙"

世界银行认为，1950年以来新出现的52个中等收入国家中，35个已掉入"中等收入陷阱"，秘鲁、哥伦比亚、南非等已在"中等收入陷阱"中长达60多年。同时也发现，韩国、新加坡、中国香港等一些东亚新兴经济体只用了不到

10年就完成了由中等收入向高收入的跨越。如何跨越"中等收入陷阱"和"高收入之墙"，学术界讨论很多，但从发达国家的发展历程看，转型升级特别是制造业转型升级是最终跨越"中等收入陷阱"和"高收入之墙"的"金钥匙"。"中等收入陷阱"的实质是转型陷阱，"高收入之墙"的实质是转型之墙。如果实体经济转型不能有效突破，制造业长期陷入困境，经济发展就会停滞不前，老百姓对财富分配的关注度会大大高于财富创造，这个国家或地区就难免掉入贫困陷阱。当前，浙江制造业基础很好、门类很全，但制造的质量和效益不够高，制造业的增加值率不到德国、日本等发达国家的50%，有些传统行业、传统企业的利润率不到10%，这反过来也说明，"浙江制造"向"微笑曲线"两端拓展的潜力和空间很大。一定要有"十年磨一剑"的定力和意志，在制造业核心技术、工艺设计、标准品牌等方面下苦功，大力发展标准经济、品牌经济、技术经济，推动浙江制造转型升级，最终实现"中等收入陷阱"和"高收入之墙"的跨越。

第二节　"浙江制造"品牌的建设路径

抓住"中国制造"2025战略机遇，从"浙江制造"这一供给端入手，大力推进"浙江制造"品牌建设，推动"浙江制造"从"追赶"迈向"并行"甚至"领跑"，努力把"浙江制造"打造成"中国制造"的标杆和浙江经济的金字招牌。

一、标准是"浙江制造"品牌建设的基石，积极联动推进标准扩面、提标、改革

标准供给是至关重要的制度供给，标准的水平直接影响"浙江制造"的水平。应大力实施"标准化＋"行动计划，发挥"标准化＋"对新技术、新模式、新业态的催化效应，增强标准对转型升级的保障、支撑和引领功能。

（1）加快规划建设"浙江标准"体系。标准是质量的底线，影响量大面广，补齐标准短板要摆在优先位置。围绕七大万亿级产业、先进制造业、传统优势产业、历史经典产业，加快构建"浙江制造"标准体系，高标准引领制造业提质增效升级。特别是要加快信息、环保、高端装备制造等万亿产业的标准研制，"十三五"期间每年制定100个"浙江制造"标准。大力实施"标准化＋行动计划"，联动推进"标准化＋""互联网＋""机器人＋"，形成引领结构调整和转型升级的叠加效应。

（2）推动标准升级特别是标准国际化。标准存在梯度效应，抓紧"中国制造"2025战略机遇，加快标准升级，实施"浙江制造"标准引领工程，推动

"浙江标准"上升为国家标准、国际标准，以"浙江标准"走出去带动"浙江制造"走出去。设立"浙江省标准创新贡献奖"，奖励对浙江经济社会发展产生重大影响的标准化项目。2014 年 12 月，杭州市出台了鼓励研制与采用先进技术标准的政策意见，撬动了企业研制标准、采用先进标准的积极性。大力支持企业参与研制和采用先进技术标准，鼓励社会组织、行业协会、产业联盟等参与国际标准化活动。力争到 2020 年，培育 10 家为主制定国际标准、在国际市场有主导作用的领军企业，培育 100 家为主制定国家标准、在国内市场有话语权的龙头企业。

（3）在标准化体制机制上实现新突破。目前，国家标准、行业标准、地方标准多由政府主导制定，而且 70% 为一般性产品和服务标准，不少标准本该交给市场主体制定。即便企业自己制定的标准，也要到政府部门备案甚至审查性备案。对此，应探索建立省标准化管理委员会，统筹标准化重大改革，着力破除与标准化不相适应的行业壁垒、部门分割、政策约束，加快建立统一协调、运行高效的标准化管理体制。政府与市场参与标准的边界要划清，既维护标准的公共属性，制定符合规定的强制性地方标准、行业标准；也要突出标准的市场属性，推动市场主体自主制定标准。

二、质量是"浙江制造"品牌建设的生命线，要狠下功夫、全力提升

以质量为本，建设质量强省，推动浙江制造从"速度型"迈向"质量型"。具体要从四个方面推进：

（1）让质量成为"浙江制造"的基因。市场如战场，质量过硬才是制胜法宝。充分利用政府质量奖和设计智造大奖载体，引导各行各业加强技术创新、标准创新、工艺创新、品牌创新，大力发展智能制造、协同制造、绿色制造。大力推广运用先进设计技术，推动全球顶级的设计作品、设计人才、设计机构与"浙江制造"对接。引导企业瞄准"百年老店""百年工艺""百年品牌"，对标国际国内先进水平，大力开展质量比对、质量攻关，既注重看得见、摸得着的产品质量、工程质量、环境质量，更要强化看不见、摸不着的质量意识、质量理念、质量价值。大力推进以智能制造为主攻方向的"机器换人"，着力突破一批引领产业高端发展的核心关键技术，实现一批重大关键技术和进口产品国产化替代，进一步提高"浙江制造"自主创新能力。

（2）让信用成为"浙江制造"的脊梁。质量问题说到底是信用问题。越是经济下行压力大的时期，信用越珍贵，越要珍惜。加强信用信息公共平台建设，推进信用信息互联互通，利用互联网＋、云端技术等信息手段，消除信用信息

"烟囱"和"孤岛"。抓好社会征信体系建设，加快公共信用信息的立法，实施企业质量信用信息公开和质量黑名单制度，让假冒伪劣产品像过街老鼠人人喊打，让失信者无处藏身、寸步难行。

（3）让"工匠精神"在浙江制造中不断积淀。精益求精的"工匠精神"，是质量得以生存的土壤。德国和瑞士至今制造业长盛不衰，得益于他们技能精良的人才和代代相传的"工匠精神"。瑞士人独具匠心的意识，一分一毫力求精准无误，绝不会差不多，更不会马马虎虎。德国人严谨认真、一丝不苟，如果一个德国技师因为质量问题被解雇，他将很难再在行业里得到认可。浙江是"百工之乡"，工匠文化千年传承，手工历史十分悠久，到了今天，工匠精神反而成为社会稀缺的一样东西。对此，一定要有危机感和紧迫感，老祖宗传下来的工匠精神千万不能丢了，要再下功夫、再补课。不仅要把"工匠精神"树起来，大力倡导精雕细琢、精益求精的精神；更要让"工匠精神"落下去，大力培养责任心强、职业精神强、技能过硬的工匠人才，把浙江产品做到极致，让浙江制造经得起市场的检验。

（4）把质量监管网络编织得疏而不漏。监管不到位，市场机制失灵，劣币驱逐良币，假货就会大行其道，这对质量建设的破坏力极大。20 世纪 80 年代，温州假冒鞋很多，几乎快砸掉了温州鞋这块牌子，后来武林门一把大火，才"烧"出了奥康等一批温州鞋子品牌。因此，要加快推行"互联网＋监管"，建立市场反溯机制，从原材料、生产、加工到销售，都不留监管漏洞，不给不法分子可乘之机。要依法打击质量违法和假冒名牌行为，重拳打击侵犯知识产权行为。杭州 G20 峰会临近，安全保障任务重大，要加强特种设备安全监察和重点产品质量监管。

三、品牌是"浙江制造"的制高点，要点、线、块联动打造"浙江制造"金字招牌

品牌代表品质，是一种高潜质资源，也是一种无形资产。建议加快实施品牌强省战略，落实"浙江制造"品牌建设三年行动计划，让"浙江制造"越来越有名气、品牌溢价越来越高。

（1）打响一批能够代表"浙江制造"的名品。通过特斯拉、苹果，认识了"美国制造"；通过奔驰、西门子，认识了"德国制造"；通过江诗丹顿、劳力士，认识了瑞士制造；通过三星、现代，认识了"韩国制造"。亮点至关重要，既要全线出击，更要重点突击。要深入思考，哪些名品能够代表浙江制造。要摸清底数，建立"浙江制造"名品培育梯队，瞄准目标企业、目标产品实施精准扶持，加快建立名品培育、发展和保护机制，培育更多能够与国外品牌同台较量的"浙江制造"品牌。要抓住"一带一路"倡议机遇，大力实施"品质浙货、行销天下"推广工程，支持有条件的行业和龙头骨干企业通过海外参股、并购、

战略联盟等方式，推动研发、生产、营销、管理国际化，实现品牌的全球化布局。

（2）打响一批能够代表"浙江制造"的知名行业。提到硅谷，最知名的是电子信息产业；提到瑞士，最知名的是手表；提到德国，最知名的是汽车。提到杭州，最知名的是电商和信息产业。浙江产业大类数十个、行业小类上百个，每个行业都树立品牌不太现实，应该分行业梳理，挖掘优势，彰显特色，不求"大而全"，力求"专而精"。各地特别是每座大城市，要结合当地产业基础和条件，依托七大万亿产业、历史经典产业等，培育发展一批代表本土特色和具有比较优势的知名行业。要找出每个行业的"第一"和"唯一"，充分发挥行业龙头骨干企业和中小企业隐形冠军的"领跑"作用，带动整个行业提升竞争力。

（3）打响一批有知名度的区域品牌。一个区域只有凝聚出一块公共品牌，才能产生更大的规模经济、范围经济，以及集聚效应、溢出效应；一个区域的创新力和软实力，也最终凝结在这块区域品牌上。这对创新要素的高层次集聚，对培育持久的竞争力至关重要。按照《关于打造"浙江制造"品牌的意见》和《关于扶持"浙江制造"品牌发展的意见》明确的技术路径，主动对标"德国制造""日本制造"等国际一流制造，加快构建省政府质量奖—浙江制造品牌—浙江名牌、著名商标、出口名牌等品牌建设梯度提升体系，形成集质量、技术、服务、信用于一体，市场公认的区域公共品牌。充分依托科技城、高新区、特色产业基地和制造业特色小镇，开展区域品牌宣传推广，加强区域品牌信誉管理，打造一批有影响力的区域国际品牌。

第三节　对策与建议

一、加强政策保障

全面实施"标准化＋"行动计划和"浙江标准"体系规划，研究制定配套的政策措施。完善税收、土地、信贷、科技等政策，梳理整合"三强一制造"相关政策，加强政策解读和政策宣传。对通过认证的"浙江制造"产品，符合"浙江制造"精品申报领域的，纳入精品目录，实行政府优先采购。计量是工业生产的"眼睛"，要紧密结合区域产业特点，加强信息、环保、高端装备等计量标准建设，支撑技术创新和行业升级。充分运用认证这一"世界语言"，加强与国际认证机构合作，鼓励国际认证机构开展"浙江制造"认证。加强落实《关于加快检验检测高技术服务业发展的意见》，深化检验检测事业机构改革，大力发展检验检测高技术服务业，以高质量的检验检测保障高水平的"浙江制造"。

二、强化企业主体地位

"三强一制造"建设，企业既是受益者，更是实施主体，千万不能围着政府转，而是要盯着市场转。树立"一流企业做标准"的理念，打好创新牌、守好质量关，主动拥抱"标准化＋""互联网＋""机器人＋"，在质量管理、标准制定、品牌引领方面持续突破。龙头骨干企业要成为"浙江制造"品牌建设的领跑者，主动变革，创新工艺，注重设计，力攻标准，让"浙江制造"的牌子更响亮。

三、强化各方合力

坚持问题导向、效果导向，加强督查考核，将推进实施"三强一制造"建设作为重点工作纳入对市、县政府的目标责任制考核。行业协会、质量协会、消费者协会、质量检验协会等社会团体，以及标准、认证、咨询等中介机构，要在品牌建设、资质认证、行业规范等方面发挥更大的作用，督促企业诚信自律，共同保护"浙江制造"口碑。加大"浙江制造"品牌宣传力度，传统媒体和新媒体要共同发声，深度挖掘和解读一批成功案例，发挥典型示范引领作用，宣传推广"浙江制造"品牌。

第三篇 深度应用数字化、智能化、互联网 提升中国中小企业竞争力的 若干调研报告

第18章 浙江省数字经济"一号工程" 若干建议的调研报告

当前，全球经济加速向数字化转型，数字经济呈指数型、井喷式增长，成为驱动经济高质量发展的重要引擎之一。世界经济论坛评估表明：数字化程度每提高10%，人均GDP增长0.5%~0.62%。发达国家纷纷实施数字经济发展战略，美国2015年实施《数字经济议程》、英国2017年发布《数字化战略》、法国2013年发布《数字化路线图》、意大利2014年出台《数字战略日程表2014—2020》等。2008—2016年，中国数字经济规模从4.8万亿元上升到22.6万亿元，占GDP比重从15.2%上升到30.3%。数字经济呈爆发式、指数化增长，数字经济与实体经济的深度融合，成为推动经济高质量发展、可持续增长的强大驱动力。

党的十八大以来，中央出台了网络强国、宽带中国、"互联网＋"、智能制造，促进大数据、人工智能发展等一系列重大战略、规划和举措。党的十九大报告指出，要大力推进互联网、大数据、人工智能和实体经济的深度融合，发展数字经济、共享经济，培育新增长点，形成新动能。抢抓数字经济发展机遇正成为全国各地的共同选择。各地纷纷出台数字经济发展规划和行动计划，着力加强大数据、云计算、人工智能、集成电路等新技术和新产业布局，持续加大对智能制造、工业互联网、企业上云等方面的支持力度，不断优化对数字经济基础设施建设、数据资源汇聚利用、数字技术融合应用和数字人才引进培育的政策和制度支持。

第一节 实施数字经济"一号工程"的重大战略意义

浙江在全国数字经济各类榜单中位居第三或第四位，应抓住全球经济数字化井喷的窗口期，加快建设数字经济"一号工程"，积极创建"国家数字经济示范省"，加快"数据强省""数字浙江"建设，打造新经济增长极和具有全球影响力的数字经济中心，力争到2020年数字经济主体产业增加值年均增长20%以上，数字经济增加值占GDP的比重超过45%，成为中国乃至全球数字经济的领跑者之一。大力建设数字经济一号工程具有重要战略意义和实践意义。

1. 实施数字经济"一号工程"是网络强国、数字中国战略的重大实践

十九大报告中提出："要建设网络强国、数字中国、智慧社会，推动互联网、大数据、人工智能和实体经济深度融合，发展数字经济、共享经济，培育新增长点、形成新动能。"2017年12月，习总书记在主持中央政治局第二次集体学习时明确指出："要构建以数据为关键要素的数字经济""加快建设数字中国"。2018年4月，习总书记进一步指出，要发展数字经济，加快推动数字产业化和产业数字化。这深刻回答了数字经济发展的一系列重大理论和实践问题，为加快网络强国、数字中国建设指明了方向、提供了根本遵循。要抓住历史机遇，扛起建设网络强国、数字中国的使命，勇立数字经济发展潮头，使数字经济成为推动经济变革、质量变革、效率变革的加速器。

2. 实施数字经济"一号工程"是新一轮科技创新驱动发展的重大实践

全球新一轮科技革命与产业变革推动经济社会向更高级形态演进，开启了数字经济发展的新时代、新机遇。当前，主要发达国家及地区都在积极布局，力图抢占先机。从国际看，美国正在推动数字技术产业从移动互联网，向云计算和人工智能升级，数字经济规模已超10万亿美元，居全球首位，占GDP比重超过58%。德国实施"工业4.0"，在国家战略层面明确了制造转型和构建未来数字社会的思路。韩国布局量子计算、神经形态芯片等下一代数字技术。必须抓住数字经济发展机遇，把握全球数字经济发展趋势，培育具有全球竞争力的数字新技术、新产业，形成数字经济发展新高地，在全球新一轮竞争中抢占一席之地。

3. 实施数字经济"一号工程"是高质量发展的重大实践

中国经济已由高速增长阶段转向高质量发展阶段，通过数字技术应用对传统产业进行全方位、全角度、全链条的改造，释放数字对经济发展的放大、叠加、倍增作用，是加快振兴实体经济、实现高质量发展的必由之路。数字经济是加快构建现代经济体系的战略抓手。目前，浙江省数字经济增加值超2万亿元，占GDP比重39.9%；"两化"融合发展指数102.52，网络零售额13336亿元，均居全国第二。阿里巴巴、海康威视、大华股份等一批龙头企业，成长为具有全球影响力的数字经济企业。"最多跑一次"改革和数字政府建设等重大举措，形成了数字经济发展的体制机制优势。要抓住数字经济发展的时间窗口，不断提高数字经济综合实力，加快形成引领未来发展的新优势。

第二节　实施数字经济"一号工程"的突出问题

一、数字经济在 GDP 中的比重不够高

近年来，数字经济在发达经济体 GDP 中的比重快速提升，美国、日本、德国、英国等发达国家数字经济比重均超过 45%，美国、德国等甚至超过 50%。中国目前仅 30.3%，潜力和空间很大。从各省看，根据腾讯发布的《中国互联网＋指数报告（2018）》，浙江数字经济在全国排在广东、江苏之后的第三位。国家互联网信息办公室发布的《2017 年数字中国建设发展报告》显示，浙江数字化发展水平位居全国第四位（北京、广东、江苏之后）。虽然浙江数字经济发展迅速、走在前列，但总体发展仍不平衡不充分，特别是制造业与数字经济深度融合不够，集成电路、人工智能、量子通信等产业链核心环节薄弱，运用数字技术的新兴产业体量总体仍然偏小。

二、数字经济发展不够平衡、不够充分，出现"三二一"产业逆向渗透趋势

第三产业数字化发展较快，但第二产业发展相对比较滞后。服务业中数字经济占行业比重超过 30%，但工业中数字经济占行业比重不足 20%。工业 ICT 中间投入占行业中间总投入的比重只有 6%，远低于服务业的 11%。全省生产设备数字化率仅 46.6%，低于上海的 49.5%、江苏的 50.9%、山东的 51%。特别是数字技术和装备创新比较滞后，智能技术、工艺设计、集成电路等核心环节的实质性变革与美国、日本、德国、韩国等发达国家相比还有很大差距，基于数字技术的"四新"经济体量总体依然偏小。

三、数字经济核心技术优势不够强

美国对中兴的禁令事件令人警醒，互联网核心技术是我国发展最大的"命门"，核心技术受制于人是我们最大的隐患，只有把核心技术掌握在自己手中，才能真正掌握竞争和发展的主动权。浙江数字经济处在全国第一阵营，但突出问题是"一条腿长、一条腿短"，也就是"应用端"成熟、"技术端"和"基础

端"薄弱，与上海、广州、武汉、成都、重庆、合肥等地相比存在明显短板。

四、数字经济发展的安全保障形势比较严峻

互联网监控公司 Arbor Networks 统计显示，2011—2014 年全球 DDoS 攻击量增加 30 倍以上，每年对全球经济造成的损失高达 4000 亿美元。数字经济发展越迅猛，信息安全威胁也越严重，法治保障和监管保障的挑战越大。

第三节 对策与建议

一、遴选重点业态大力培育

聚焦国家数字经济示范省建设，加快编制数字经济五年倍增行动计划，围绕基础性、资源型、技术型、融合型、服务型等五大数字经济领域，结合浙江实际，聚力发展数字经济重点业态（见表 18 –1）。

表 18 –1 数字经济重点领域与重点产业

A. 数字经济新兴产业重点领域	
云计算	推动传统信息技术企业向云服务商转型，培育国际领先的云平台和国内领先的行业云平台，发展具有行业影响力的云应用服务商，打造全国领先的云服务产业体系，成为全球知名的云计算产业中心
大数据	加强大数据关键技术和产品研发，发展面向重点行业、产业集群应用的大数据软硬件系统解决方案，培育具有较强竞争力的领军企业，集聚具有影响力的优势企业，打造全国领先的大数据产业中心
物联网	加强物联网运行支撑软硬件平台、应用开发环境等研发应用，推进物联网在数字安防、车联网、工业互联网、智慧城市等领域的示范应用，完善物联网产业生态，培育两家超千亿元的龙头企业，打造全国物联网产业中心和世界级数字安防产业集群
人工智能	推进人工智能开放创新平台建设，突破智能软硬件技术，深化在智能制造、数字农业、社会治理和消费服务等领域的推广应用，培育国内有影响力的人工智能领军企业和应用推广服务型企业，打造具有全球影响力的人工智能创新高地
B. 数字经济基础产业重点领域	
集成电路	强化嵌入式中央处理器（CPU）、物联网、人工智能、移动通信、汽车电子、工业控制、可穿戴设备等领域自主芯片研发。着力引进和推动先进工艺集成电路生产线建设，实现 12 英寸生产线零的突破
高端软件	加强基础软件技术和产品研发，推进嵌入式软件开发平台、操作系统、工具软件和行业应用软件发展，强化信息物理系统、制造领域知识库及新型工业应用程序（APP）的研发和应用。加快推进杭州国际级软件名城和宁波特色软件名城建设

续表

通信与网络	推进可见光通信、未来网络架构等新兴网络领域的开放式创新，在网络处理器、新型高端路由交换设备等领域形成一批高端产品。建设北斗卫星综合示范工程和高分辨率卫星遥感应用示范工程，开展低轨卫星应用服务试点
新型元器件及材料	发展满足高端装备、应用电子、物联网、新能源汽车等需求的核心基础元器件，大力发展电子级多晶硅、高效太阳能电池及组件、锂离子电池关键材料、氟硅新材料、高性能磁性材料和电子信息用化学品材料等
网络安全	发展拟态防御、数据加密、电子认证、态势感知、应急响应、容灾备份、安全测试、风险评估等网络安全新产品和新服务，大力发展以数据科学采集、数据安全存储和处理、数据分析、数据智能加密为主的数据安全服务业
C. 前沿产业发展重点领域	
区块链	突破分布式账本、非对称加密和授权技术、共识机制、智能合约等技术研发，推进区块链技术在金融、教育、医疗、公益、供应链、公共服务等领域的应用，努力打造杭州区块链之都
量子信息	突破量子通信、量子计算、量子传感和测量等技术研发和试验验证，加快量子通信沪杭甬干线和中心城市城域网建设，推进其在政府部门、军队和金融机构等的试点应用
柔性电子	加强柔性显示、柔性传感、柔性固体器件等前沿基础和关键技术研究，发展医疗健康、新型显示、智能硬件等领域的柔性电子产品
虚拟现实	突破虚拟现实建模仿真、增强现实与人机交互、集成环境与工具等核心技术，培育虚拟现实内容生产制作和分发平台，大力推进在动漫游戏、影视娱乐、旅游、教育、产品营销、协同设计等领域的应用

资料来源：《浙江省数字经济五年倍增计划》。

一是聚力人工智能。德国工业4.0、美国工业互联网战略的核心支撑是以制造业数字化为特征的智能制造。广东、江苏、上海、山东等兄弟省市也纷纷布局和抢滩人工智能。人工智能是数字经济激烈竞争的焦点之一，应大力推动人工智能产业化，加快人工智能芯片与算法研发，建立国家人工智能训练及测试数据能源库，大力开展以深度学习为核心的智能技术研发。加快推动高端装备制造数字化特别是工程机械、新能源汽车、交通、安防、医疗、传统工业等优势领域的数字技术应用，推动建设一批大数据驱动的智能车间、智能工厂、智能产业链，打造完整的智能制造产业链，力争2020年前形成具有一定竞争力和影响力的智能制造产业集群。大力鼓励发展具有自组织、自适应、自维护等特征的智能生产系统，积极发展基于数字技术的智能监测、远程诊断、在线管理、产品质量安全追溯等应用服务，培育产品智能检测和全产业链追溯等工业互联网新模式。加快建设一批省级互联网工业设计中心，发展网络协同设计、众包设计、虚拟仿真、3D打印、全息影像技术等数字化研发设计服务，开展实时监测、预测预警、远程诊断、精细管理、产品追溯等在线增值服务，推动"以制造为中心"向"以服务为中心"转型。

二是聚力大数据产业。PB 是大数据的临界点。2004 年，全球数据总量只有 30EB，2011 年为 1800EB，2013 年为 4400EB，每年以 58% 的速度飙升，预计到 2020 年可达 40ZB，迎来"数据核爆"。抢抓数字经济变革的大机遇大风口，加快构建自主可控的大数据产业链、价值链和生态系统。亚马逊、微软、IBM、谷歌等纷纷布局大数据中心，贵州、福建、广东、内蒙古、北京、重庆等省（自治区、直辖市）也开始攻城略地，预计 2019 年全球大数据中心将突破 500 个。浙江要把大数据中心作为数字经济的战略产业来抓，编制大数据中心建设规划，大力推进智慧城市、智慧医疗、智慧交通、智慧教育等建设。加快开发智能海量数据存储与管理系统、非结构化数据处理、人工智能识别等大数据产品，加大数据存储、清洗挖掘分析等大数据技术研发力度。大力发展大数据技术外包和知识流程外包服务，开发行业应用模型，培育数据采集、分析、运营等新业态，探索发展数据流通交易新兴服务。加强数据资产评估、大数据征信、大数据融资等相关配套服务，引导有条件的企业设立软件与技术服务机构，输出富有竞争力的信息化技术、产品和服务。

三是聚力物联网产业。据麦肯锡预测，未来 5 年是物联网发展的爆发期，2020 年全球市场连接规模将达 500 亿台，中国市场可能突破 100 亿台。目前，我国蜂窝物联网 M2M 连接数为 1.4 亿台，占全球 M2M 连接总数的 35%，位居全球第一位。在万物互联的大趋势下，传感器与物联网终端发展不够适应是突出矛盾。应围绕信息电子、汽车电子、医疗电子、工业电子、家用电子等应用领域，大力发展高性能、低成本、低功耗传感产品，积极发展高精度传感器、计算机视听觉、生物特征识别、复杂环境识别、新型人机交互、智能决策控制、智能翻译系统、智能客服系统等产品和服务。自动化生产将转向智能化生产、标准化生产将转向个性化生产、集中化工厂生产将转向分布式生产，对大数据终端设备是极大的挑战。据国际电信联盟预测，2020 年，将有 250 亿套设备接入物联网，物联网终端设备将呈指数级增长。应依托智能电网装备制造、机器人研发制造、3D 打印（增材制造）等技术，大力发展智能终端、新型显示、北斗导航、车联网等产品，加快发展传感器、音视频采集、条形码、射频识别技术等数据采集设备和路由、交换、存储等网络设备，突破电子信息设备制造业。

四是聚力区块链产业。从全球看，"区块链+"效应加速显现，英国、美国、以色列等国家利用区块链技术推出供应链溯源服务，日本、西班牙、韩国等国家积极开发用于金融、教育、医疗、交通等领域的区块链数据平台，区块链技术更快、更广、更深地向各行业各领域渗透。浙江特别是杭州区块链产业走在全国前列，杭州与北京、上海、深圳等城市稳居全国第一阵营。加快打造区块链技术及应用高地，瞄准区块链前沿技术攻关，在非对称加密技术、分布式账本技术、共识机制技术、智能合约技术、信息技术安全等领域，加强区块链产学研用协同攻关。加快区块链等数字技术的转化和应用，促进技术集成和商业模式创新，加强重点领域产品创新，推动产业高端化、智能化。运用区块链技术深化"互联网＋先进制造业"，打造一批可复制、可推广的应用模板，利用国际开源技术资源进行再创新，推动区块链在社会治理、资产管理、公示公证、知识产权、工业检测等领域的应用。

五是聚力集成电路产业。应切实落实浙江《加快集成电路产业发展的实施意见》，加快对接国家集成电路基金，加强与国际国内龙头企业合作，推进重大技术转移项目落地。扩大集成电路芯片 28 纳米制程量产规模，加快上马 12 英寸乃至更高端的芯片，力争在国际领先的 7/10 纳米先进工艺上取得突破。加强与封装测试龙头企业合作，建设国际先进的封装测试基地。加快布局建设 5G、IPv6 等新一代网络通信项目，利用浙江德清地理信息技术集聚优势，加大北斗卫星导航、位置服务产品开发与应用推广。鼓励企业加快新型显示、4K 电视、智能安防等终端产品的研发升级，巩固提升平板电脑、金融智能 POS 机等智能终端产品的优势地位。

六是聚力虚拟现实（VR）和增强现实（AR）产业。加强虚拟现实核心芯片、显示器件、光学器件、人机交互等关键技术环节的产学研联合攻关。建设 VR 国家重点实验室，推动 VR 支撑内容拍摄、数据建模、触觉反馈等技术的研发和工程化。搭建 VR 产业发展平台，重点完成 100 家以上 VR 内容制作等关联企业的培育和招商，发展 VR 和 AR 软硬件研发生产、内容制作、内容交易，以及教育、视听、游戏等 VR、AR 应用，规划建设 VR 主体游乐园、影视基地、教育基地。

二、实施数字经济重大工程

加快制定实施数字经济发展目标（见表 18 - 2），推动数字经济全产业链特别是制造业的数字化转型。

一是实施"数字技术＋先进制造"示范工程。美国通用电气为了推动数字化转型，2015 年建立了数字化部门（GE Digital），进行了大范围的数字职能重组，搭建了工业互联网平台 Predix。借鉴通用电气的做法，积极推动"数字技术＋先进制造"，推进数字化车间、智能工厂建设，力争到 2020 年在传统制造领域建成 1000 家智能工厂、数字化车间。大力支持工业机器人本体、控制器、伺服电动机等关键零部件产品的研发和应用，积极发展新型人机交互、生物特征识别、复杂环境识别、智能决策控制、智能翻译系统、智能客服系统等产品和服务。加强先进制造工艺流程、生产模型、智慧管理等知识库建设，推动深度学习技术在智能装备柔性配置、制造执行系统优化等智能分析方面的应用，促进生产过程控制、远程诊断、供应链管理等环节的智能化。

二是实施"平台型企业"和"独角兽"培育工程。全球市值前 10 家公司中，苹果、谷歌、微软、亚马逊、Facebook 等 5 家属于数字经济范畴，前 20 家公司中有 9 家属于数字经济范畴，这充分说明了数字经济的潜力。因此，要精心培育一批数字经济"航母级"企业，大力推进数字经济领域的"独角兽"上市，积极对接"凤凰行动"，力争 3 年内推动 50 家独角兽企业在海内外上市。深化与阿里巴巴、网易、海康威视、大华科技等大企业大平台战略合作，依托平台型企业强大的资金集聚、资源整合以及成熟的流量、渠道、变现能力，打造"平台型企业 + X 独角兽"的孵化生态。支持世界 500 强、中国企业 500 强、民企 500 强在浙江投资孵化"独角兽"，鼓励中国科学院等名院名校名所进行成果转化，孵化高新尖领域的独角兽。

三是实施"万企上云行动"。工业互联网平台是数字经济的重要突破口。尽管浙江已实施"1 + N"构架的工业互联网平台体系，但工业控制系统、高端工业软件等支撑能力不强，平台数据采集、工业大数据建模分析、工业 APP 等比较薄弱，存在一定程度"为上云而上云"的现象。"云"不仅在建，关键在用。应加大工业互联网基础设施建设力度，进一步推广工业互联网 IPv6 应用。加快推动行业云平台的建设与应用，支持大型龙头骨干企业牵头打造综合性工业云平台服务企业，加快建设工业数字经济创新中心、企业云服务平台，开放共享研发设计、生产制造、检验检测、工程服务等资源，推动中小微企业上"云"。鼓励有条件的企业开展云平台互联互通改造，推动实现企业内部纵向集成、企业之间横向集成、产业价值链端到端集成。积极支持有条件的企业实施数字化改造，鼓励企业建设运营决策大数据系统，利用数据工具搭建智能分析与决策系统模型，实现技术流、资金流、信息流、业务流、人才流等有机集成，提升企业战略管控和决策能力。

四是实施企业智能化改造工程。加快推进浙江"10 + 1"传统产业领域的企业智能化改造，在电气电子、纺织服装、化工化纤、机械装备、医药生产、建材家居等传统行业实施一批智能化改造示范项目。加快"机器换人""数字换人"，加强大数据、物联网、云计算等新兴技术的深度集成应用，提升制造装备的数控化率和智能化水平。构建产业链协同研发体系，组建跨企业、跨领域网络协同设计中心，创建开放式创新交互平台、在线设计中心，支持机械装备、纺织服装、制鞋、工艺美术等企业采用基于互联网的开放式研发设计模式。支持龙头骨干企业建立全球化的协同设计平台，推进工业设计资源网上开放共享，打造众包设计平台，实现设计资源的集聚、共享和动态配置。

五是实施数字安全工程。加快构建网络安全大平台，加快重点领域、复杂网络、新技术应用、大数据汇聚、互联系统等各类型条件下网络安全保障制度的建设，加速网络安全监管数据的快速、实时、无缝流动，推动跨部门、跨层级、跨区域业务协同，实现网络安全事件快速响应和应急处置。加强信息安全认证体系建设，建立健全互联网基础信息库，积极开展信息安全风险评估、检查和监督工作，构建以网络安全、数据安全和政务信息安全、用户安全为重点的多层次安全体系。建设省级网络安全信息大数据中心，建立集风险报告、情报共享、研判处置为一体的网络安全态势动态感知云平台。

表 18－2　数字经济主要发展指标

类别	指标	2017 年	2020 年	2022 年
总体规模	数字经济增加值（亿元）	20658	30000	40000
	数字经济增加值占 GDP 的比重（%）	37.8	47	55
数字产业化	规上电子信息制造业业务收入（亿元）	7905	11500	15000
	软件和信息服务业收入（亿元）	5543	8000	10000
	数字经济核心产业全员劳动生产率（万元/人年）	34	38	44
	新一代信息技术产业占数字经济核心产业的比重（%）	43	46	50
	规上电子信息制造业新产品产值率（%）	55	57	60
	PCT 专利申请量（件）	1197	1640	2010
	数字经济核心产业科技经费支出占主营业务收入的比重（%）	5.5	6	6.5
	技术交易额（亿元）	400	800	900
	数字经济上市企业（家）	80	120	150
	独角兽企业（家）	23	40	50
	高新技术企业（家）	3000	5000	8000
产业数字化	在役工业机器人数量（万台）	5.5	10	15
	重点工业企业装备数控化率（%）	57	62	65
	重点工业企业机器联网率（%）	36	44	50
	规上工业全员劳动生产率（万元/人年）	22	25	30
	企业上云数（万家）	18	40	50
	网络零售额（亿元）	13336	20000	26000
	跨境网络零售出口额（亿元）	438.1	1000	1400
基础设施	互联网普及率（%）	70.8	≥76	≥80
	固定互联网宽带接入普及率（户/百人）	44.1	≥50	≥55
	光纤宽带用户率（%）	83.9	≥90	≥93%
	互联网省际出口带宽（Tbps）	37.2	50	60

资料来源：《浙江省数字经济五年倍增计划》。

三、打造数字经济重大平台

目前，北京、广东、贵州、重庆、福建等省（直辖市）纷纷提出打造大数据和数字经济产品平台。广东提出打造珠三角国家大数据综合试验区，支持南沙、前海、横琴等地建设大数据服务区。京津冀共同建设大数据综合试验区，打造国家大数据产业创新中心、国家大数据应用先行区、国家大数据创新改革综合试验区、全球大数据产业创新高地。重庆携手腾讯建立西部首个大型云计算数据中心。2015 年 7 月，首个国家级数据中心——灾备中心落户贵州。对此，需抢占先机，抓紧建设数字经济重大平台。

一是培育一批数字经济科创平台。加快推进之江实验室、西湖大学、科创大走廊、钱塘江金融港湾等科创大平台建设，全力打造世界级现代化科创中心。加快建设"浙江智能制造协同创新中心"，积极争设 1~2 家国家实验室，鼓励龙头骨干企业建立智能制造研究院。面向"永康五金""诸暨袜业"等 500 多个产值在 5 亿元以上的产业集群，培育 10 家具有行业特色的工业云平台，培育 1~2 个具有国际水准的国家级工业云平台，创建 100 个省级"两化"融合示范点，加快发展以杭州、宁波为核心，温州、金华、台州等多点联动的数字经济发展格局。

二是打造一批数字经济示范基地、示范工程。遴选 10 个示范产业，实施"智能制造产业示范工程"，结合《浙江省全面改造提升传统制造业行动计划（2017—2020 年）》，加快推进大数据、AI、云计算、物联网等与纺织、服装、皮革、化工、化纤、造纸、橡胶和塑料制品、非金属矿物制品、有色金属加工、食品加工等 10 个制造行业融合。加快建设云计算、大数据产业园，广泛吸引跨国总部、外资研发中心、生产性服务业企业集聚，规划建设云计算、大数据实验室，打造云计算、大数据等产业集聚区。遴选 10 个示范基地，建设"智能制造示范基地"，在全省制造基础扎实、智能水平较高的县市区，建成 10 个在国内具有较强影响力、大数据技术先进、产品智能化过硬的智能制造示范基地。遴选 10 家龙头骨干企业，实施"工业互联网标杆工程"，开展工业互联网应用示范试点，打造企业级平台，引领带动一批规上工业企业上云。

三是打造一批数字经济孵化平台。选择创新资源集中的地方，联合行业骨干企业、专业创新促进机构、高校院所、投资机构等，建设一批面向数字经济创新发展的孵化器和创新空间，厚植数字经济创新土壤。到 2020 年，建成一批数字经济示范区（县）、数字经济特色小镇（园区）、数字经济孵化器或众创空间。加快建设人工智能产业创客空间、人工智能产业园，建设一批省级互联网工业设计中心，建设一批数字经济科技创新平台，支持各地设立数字经济创业中心，力争 2020 年，建成 10~20 个有影响力的数字经济孵化器和数字经济创新空间。

四是打造大数据交易平台。数据确权难、数据不通、信息孤岛等因素仍阻碍着数据资源的自由流动和大规模商业化应用，数据资源的价值尚未最大化释放。借鉴上海数据交易中心"交易机构＋创新基地＋产业基金＋发展联盟＋研究中心"五位一体规划布局的做法，创新大数据交易所运营模式，打造国际一流的综合性大数据交易服务平台，探索发展数据商品交易、算法交易、数据服务交易、商业数据衍生品交易等交易品种，发展数据资产评估、大数据征信、大数据质押、大数据融资等配套业态，健全大数据交易产品体系，形成全国重要的大数据交易市场。

五是建设一批数字经济工程实验室。以数字技术创新和应用为落脚点，加强与美国、以色列、德国、日本等国家合作，在人工智能、云计算、大数据、集成电路等领域深化双向合作；加强韩国、新加坡及中国香港、中国台湾等国家和地区的对接，在通信电子等领域加强战略合作，力争联合建立若干个高端工程实验室。加快建立一批国家级、省级数字经济领域的工程实验室，重点建设数据建模技术工程实验室、数据分析技术工程实验室、数据可视化技术工程实验室、数据交易技术工程实验室、数据安全技术工程实验室，探索建设数字医疗健康应用技术工程实验室、数字文化创意应用技术工程实验室、数字交通与物流应用技术工程实验室。

六是建立数字经济产学研用大联盟。深化与中国科学院、中国工程院等部门和单位的合作，鼓励知名高校院所、知名企业、知名海外研发机构在浙江建立联合实验室或研发中心，推动军民深度融合，加强核心技术、非对称技术、"杀手锏"技术、前沿技术、颠覆性技术等重大创新合作。充分集成行业骨干企业、知名高校院所、创新网络资源等各方力量，加强研发大容量数据存储与处理、超大规模数据仓库、云计算平台资源监控与管理、分布式数据库、网络海量数据挖掘、非结构化数据分析等关键技术。广泛参与中外数字经济国际交流合作，加快落实《G20数字经济发展与合作倡议》，加快建成数字"一带一路"信息港，构建以"一带一路"沿线国家为重点的全球数字贸易网，创建"一带一路"沿线重点城市数字经济战略联盟。

第19章 浙江省培育数字经济"独角兽"和 超级"独角兽"对策建议的 调研报告

数字经济是浙江"一号工程","独角兽"爆发式增长对数字经济发展具有强大牵引力和撬动力,成为高质量发展的重要引擎。从全球看,2016 年"独角兽"榜单中,252 家"独角兽"分布在全球 23 个国家,其中美国 137 家、中国 63 家、英国 10 家。从全国看,科技部发布《2016 年中国独角兽企业发展报告》显示,88% 的"独角兽"位于北京、上海、深圳、杭州等 4 个城市。浙江独角兽 23 家,准独角兽(估值超 6.5 亿元人民币或 1 亿美元)120 多家,估值总额超 1.2 万亿元人民币,其中,80% 的独角兽属于数字经济领域。因此,数字经济驱动的新业态新模式新技术是独角兽井喷式爆发的重要源头。

第一节 "独角兽"企业的主要特征

一是 70% 左右的"独角兽"企业集中在"互联网 +"、大数据、金融科技等数字经济领域。"独角兽"企业数排前五的"互联网 +"、企业服务、电子商务、金融科技和文娱影视行业分别有 22 家、21 家、17 家、16 家、14 家,占全省"独角兽"企业总数的 18%、15%、13%、11%、10%。

二是超过 2/3 的"独角兽"企业估值在 31 亿元以下。全省"独角兽"估值超过 31 亿元的企业只有 40 家,占总数的 30% 左右。全省估值超过 65 亿元的独角兽企业仅仅 23 家,占全省"独角兽"企业总数的 16.4%。

三是 B 轮融资后的独角兽企业成长速度明显加快。获得 B 轮和 B + 轮融资的企业平均估值比上轮估值跃升 90%,达到 32.4 亿元。估值在 65 亿元以上的"独角兽"企业基本上都已经历 B 轮以上的私募股权融资,估值水平较快提升并得到资本市场认可。

第二节 "独角兽"企业发展的主要问题

一是政策保障不够到位。人才争夺日益激烈,政策引力不够强,高端芯片、生物制药、智能制造、新能源汽车、金融科技等领域顶尖人才集聚效应不够。部分企业反映营改增后总体税负仍然较重，特别是金融科技领域企业普遍反映税负比传统金融机构要高。P2P 等互联网金融政策不够完善，导致金融风险蔓延。科技立项、财政奖补、政府采购对新兴领域的"独角兽"企业支持较少。

二是核心技术不够强。"独角兽"企业在基于互联网、大数据、人工智能等"ABCD"技术的场景应用类业态创新、模式创新方面能力较强，但在核心技术、关键技术、前沿引领技术等硬科技、黑科技、先进科技等方面创新明显不足，特别是高端制造领域"缺芯少魂"。浙江省从事智能芯片研发生产的企业只有 1 家，新能源汽车、增材制造、智能硬件等高端制造领域只有 12 家，大部分实体企业缺乏核心技术优势。

三是资本对接不够通畅。在 IPO 资本市场政策支持方面，大部分"独角兽"企业因创立初期大量"烧钱"形成"资本深坑"，仍处于亏损或盈亏平衡，引入战略投资时往往设置同股不同权的 AB 股，不符合现行国内资本市场发行制度。受制于我国当前较为严格的资本项目外汇管制，高端芯片、生物医药、信息通信等领域的龙头企业通过海外收购重组实现对国外技术、专利、人才等高端要素快速整合的渠道不畅，政策支持不够到位。

第三节　对策与建议

一、建立数字经济"独角兽"培育库

一是实施"独角兽"和"超级独角兽"培育工程。从数字经济"独角兽"分布看，北京 65 家，占 57%；上海 26 家，占 23%；深圳、杭州各 12 家。与北京、上海相比，浙江"独角兽"仍有差距。"超级独角兽"全国 7 家，浙江 2 家。应制定实施数字经济"超级独角兽"培育工程，加快实施蚂蚁金服（750 亿美元）、阿里云（390 亿美元）等"超级独角兽"培育工程，力争到 2020 年培育估值超 100 亿美金的超级独角兽 10 家以上。研究制定数字经济"独角兽"培育工程，大力培育口碑（80 亿美元）、微医集团（30 亿美元）等"独角兽"，力争到 2020 年培育 100 家以上估值超 10 亿美元的独角兽，500 家估值超 5 亿美元的准独角兽，800 家估值超 3 亿美元的独角兽培育企业。

二是建立"独角兽"数据库。大数据驱动的分享经济、平台经济、智能经济是独角兽集中爆发的领域。全国 131 家独角兽中，电商独角兽占 31.4%，互联网金融独角兽占 12.3%，云服务、大数据、人工智能独角兽占 10.1%。对此，加快建立浙江数字经济独角兽重点企业数据库，重点扶持在人工智能、区块链、量子通信、虚拟现实、智能制造等未来数字经济领域的颠覆性创新，支持条件成熟的地区建设"独角兽"产业园。建立"独角兽"蓄水池,对技术领先、势头迅猛、辐射力大的准独角兽企业"一事一议"。全面推进"独角兽"高新技术企业培育计划,对通过国家认定的"独角兽"高新技术企业给予 50 万元的认定奖励。实施科技型初创企业培育工程,每年培育科技型"独角兽"企业数量 500 家以上,新认定重点培育科技型初创企业 2000 家以上。

三是大力发展"平台型"航母级企业。平台型企业通过产业链上下游业务拆分和并购重组,成为孵化"独角兽"的重要源泉。目前,全国由平台型企业业务拆分而产生的"独角兽"企业达 31 家,占全国"独角兽"企业总量的 24%,总估值 2182 亿美元,占比超过 44.7%。阿里巴巴作为平台型企业已孵化出蚂蚁金服、淘票票、钉钉、阿里云、口碑、菜鸟网络等 14 只"独角兽",总估值 1988.5 亿美元;腾讯系也孵化出腾讯云、微票儿、微众银行、人人贷等 16 只"独角兽",总估值 1320 亿美元。对此,应充分重视平台型企业衍生孵化"独角兽"企业的独特优势,深化与阿里巴巴、网易、海康威视等大企业大平台战略合作,依托平台型企业强大的资金集聚、资源整合以及成熟的流量、渠道、变现能力,打造"平台型企业+X 独角兽"的孵化生态。

二、支持"独角兽"对接"凤凰行动"

一是大力推进数字经济"独角兽"上市。2018 年 3 月 30 日,国务院办公厅转发证监会《关于开展创新企业境内发行股票或存托凭证试点的若干意见》。抓住这一难得的国家政策机遇,开通超级独角兽、独角兽、准独角兽上市快速绿色通道,纳入浙江"凤凰行动"政策支持范围。积极争取独角兽优先参与"新经济独角兽快速上市"改革试点,支持营业收入不低于 30 亿元人民币且估值不低于 200 亿元人民币,以及拥有自主创新国际领先技术、在同行业竞争中对于领先地位的红筹企业作为上市辅导对象,力争 3 年内推动 50 家"独角兽"企业海内外上市。

二是大力推进数字经济"独角兽"兼并重组。借助数字经济"凤凰行动"计划,加快推进"独角兽"企业在境内外并购重组。支持独角兽公司围绕上下游产业链并购优质资源、优质标的、优质项目,提高企业核心竞争力。加强与欧、美、日、韩等发达国家的合作,借助国家"一带一路"倡议,加快推动以高端技术、高端人才、高端品牌为重点的跨境并购。加快建设独角兽孵化器,构建"众创空间—孵化器—产业园区"孵化体系,力争培育国家级孵化器 100 家、省级孵化器 200 家以上、其他孵化器 300 家以上,为独角兽注入更多的高端资源。

三、打造数字经济"独角兽"群栖地

一是打造"独角兽"高端科创平台。上海张江高科、北京中关村、深圳南山区、杭州滨江区等一流的科创平台是独角兽成长的高地，要素循环的流动性、开放性、协同性是独角兽指数级增长的源泉。充分利用大湾区大花园大通道大都市区、城西科创大走廊、钱塘江金融港湾、城东智造大走廊、西湖大学、之江实验室等重大平台的集聚效应，建立"苗圃—孵化器—加速器—产业园"接力式创新链条，积极推广余杭区打造"全国独角兽企业成长乐园"的经验，在高新区、科技城、产业园培育数字经济独角兽。加快推动之江实验室创建国家实验室，支持阿里巴巴建设数据智能国家技术创新中心，推进浙江大学等重大科学装置和重大科技设施建设，为独角兽孵化提供平台支撑。

二是打造国际性的"独角兽"窗口。举办全球"独角兽"大会、国际"独角兽"峰会、"独角兽"产融对接大会等高端交流合作平台，每年举办 5 场左右具有重大国际影响力的数字经济"独角兽"大会。办好"世界互联网大会""联合国地理信息大会""云栖大会""万物生长大会"等国际性会议，把独角兽企业发展作为"钱塘江金融高峰论坛"的重要议题，常态化举办独角兽创新创业赛事或论坛，定期发布浙江和全国"独角兽企业榜单"，吸引国内外创业团队、高端人才、PE/VC 集聚杭州。

三是实施名企名校名院名所"独角兽"培育工程。支持世界 500 强、中国企业 500 强、民企 500 强在浙江投资孵化"独角兽"，鼓励中国科学院、中国工程院、清华大学、中国科技大学、浙江大学等名校名所进行成果转化，共同培育高新尖领域的独角兽。加快国际创新资源要素集聚平台建设，鼓励在海外设立孵化器、离岸"双创"中心等，支持跨国公司、国际组织、国际知名高校、科研机构来杭设立分支机构，引进顶尖科学家、顶尖科研团队、顶尖人才在浙江创办"独角兽"企业。力争到 2025 年，引进国内外优质高等教育和科研资源或世界 500 强企业建设 30 个高水平科研院所。

四、构筑数字经济"独角兽"孵化链

一是打造"独角兽"金融生态圈。发挥好政府性产业基金的引导作用，探索设立"独角兽"创投引导基金，加快推进创投引导基金及子基金与国际一线投资机构合作，力争到 2020 年，创投引导基金规模达 50 亿元、天使投资引导基金规模达 50 亿元。鼓励各类金融机构针对独角兽企业提供各类个性化金融创新产品，加快推进投贷联动试点。完善政策性担保和周转基金政策，推动投融资路演服务网络化、国际化，多维度聚合和链接独角兽企业在全周期所需的优质投融资资源。深入实施钱塘江金融港湾发展战略，支持浙江股权交易中心做大做强，加快建设金融特色小镇，构筑立体化的优质新金融资本生态圈。

二是精准化为"独角兽"提供政策资源。深入推进"独角兽"企业投资"最多跑一次"改革，精简数字经济新兴行业发展的前置审批等行政许可事项，依据独角兽爆发式、颠覆性、自成长规律，构筑独角兽创新创业生态圈。探索创新针对独角兽企业的土地拍卖出让办法，解决独角兽企业面临的办公房和厂房制约。探索3年内给予年度新增税收的地方留成部分按100%、60%、20%返还或奖补。适应数字经济发展趋势和行业特点制定专项的科技立项和财政奖补政策，加大对独角兽企业的科技研发支持，促进数字经济共性技术、底层技术、基础技术的研发。

三是聚焦"独角兽"招引人才。大力推进浙江"人才新政"落实，加快引进数字经济领域的"国千""省千""万人计划"等国内外高端人才资源，杭州市、宁波市等独角兽密集地应制定出台超常规的数字经济人才专项政策，给予独角兽企业高端人才个人所得税的省市留成部分按一定比例进行财政奖补，给予人才租赁房、国际化学校、国际化医院支持，形成高层次人才"以强引强、以才聚才"的连锁效应。强化领军创新创业团队培养，大力鼓励支持独角兽企业培养和引进领军型创业团队，力争到2020年引进独角兽领军型创新创业团队80个以上。

第20章　浙江省数字经济与"浙江制造"深度融合对策建议的调研报告

数字经济与"浙江制造"深度融合是经济转型升级的重要突破口。2017年，中国数字经济体量达26.7万亿元人民币，同比增长17.2%，数字经济占GDP的比重为32.3%。据埃森哲统计，2016年全球数字经济规模17万亿美元，占全球GDP总量的23%；预测2021年将达21万亿美元。目前，浙江信息经济核心产值突破0.4万亿元，工业增加值突破2万亿元，应将信息经济的先发优势和"浙江制造"的传统优势集成起来，加快进军数字经济"一号工程"，积极创建"中国数字经济示范省"，推动数字经济与"浙江制造"深度融合，使数据强省成为数据强国的又一典范，使"浙江制造"成为"中国制造"的鲜明标杆。

第一节　数字经济与"浙江制造"深度融合的战略意义

当前，全球范围内正迎来一场新科技革命，大数据、云计算、物联网、移动互联网等新一代信息技术取得了重大突破，扮演了这一轮科技革命的主角，并与能源、材料、生物、空间等领域内新技术不断融合、衍生，引发了新的产业变革。中央多次指出，即将出现的新一轮科技革命和产业变革正在孕育和兴起，与我国加快转变经济发展方式形成了历史性交汇，为实施数字经济与"浙江制造"深入融合战略提供了难得的重大机遇。

面对新一轮技术变革潮流，可以讲中国与美国、日本、德国等发达国家基本站在同一起跑线上，我们的定位从跟随到同行，最终是超越。当前，必须切实把握这一重大战略机遇，以信息化推进生产自动化，加快推行智能制造；以信息化推进产品高端化，加快开发制造智能；以信息化拓展市场新空间，加快做强电子商务；以信息化助推信息经济，加快培育信息产业；以信息化促进社会管理模式创新，加快建设智慧城市，让数字经济与"浙江制造"融合更加富有效率和活力，真正以数字经济领跑未来。

当前和今后一个时期，要切实把握高质量发展的根本要求，以发展先进制造业为主线，加快推动互联网＋、大数据、人工智能和实体经济深度融合，进一步增强工业互联网产业供给能力，加快推进数字经济与"浙江制造"融合，构筑富有竞争力和辐射力的工业互联网生态体系，积极促进制造业的质量变革、效率变革、动力变革，努力构建以数字经济为核心、新经济为引领的现代化经济体系，为提升市场竞争力和国际竞争力提供坚实支撑。

第二节　数字经济与"浙江制造"深度融合的问题与路径

"浙江制造"正在加快推进互联网＋、大数据＋、人工智能＋，但总体上仍是工业1.0、2.0、3.0并存，大数据与"浙江制造"融合得不够平衡不够充分，而且承受着传统制造和高端制造"双向转移"的压力。根据工信部评价，2014年浙江省两化融合发展指数78.69，比2012年提高了7.96点，排全国第五位，（江苏（87.26）、上海（86.28）、北京（81.46）、广东（80.5））。其中，基础环境79.05，排第六位；应用效益99.18，排第五位；但工业应用指数不高，只有68.27，排第九位，尤其传统五金、机电、轻工类产品智能化水平还比较低，装备制造业迫切需要通过信息技术应用创新提升档次和水平；数字经济在整个经济结构中比例还比较低，对传统产业的渗透融合还有很大提升空间。2016年，服务业中数字经济占行业比重平均值为29.6%，工业中数字经济占行业比重平均值仅17.0%。工业ICT中间投入占行业中间总投入的比重只有5.56%，远低于服务业的10.08%。特别是数字技术和装备创新比较滞后，技术创新、工艺设计、生产制造等核心环节的实质性变革与美国、日本、德国、韩国等发达国家相比还有很大差距。

对此，应明确数字经济与"浙江制造"深度融合的路径：

（1）大力实施"上云行动"。目前，全省上云企业18万家，占全省企业比率仅10.6%。对此，制定针对性的财税支持、政府购买服务等政策，鼓励工业互联网平台在高新技术园区、科技城、产业集聚区等平台落地，推动2000万元营业收入的规上企业率先"上云"，力争到2020年，重点传统制造业上云企业达到10万家，培育服务型制造示范试点企业200家、个性化定制示范试点企业200家。

（2）大力实施"互通行动"。大力实施信息互通工程，切实打破"信息孤岛"和"信息烟囱"，加快建立"浙江省工业互联网产业生态资源池"。加快推进工业企业内网的IP（互联网协议）化、扁平化、柔性化技术改造和建设部署，全面部署IPv6（Internet协议第6版），推动工业企业以IPv6、工业无源光网络（PON）、工业无线等技术、设备改造生产网络系统。

（3）大力实施"顶端行动"。积极参与制定工业互联网标准体系，力争每年制定五项总体性标准和关键共性标准，制定十项重点行业标准，积极开展时间敏感网络、确定性网络、低功耗工业无线网等新型网络技术研发。大力培养海康威视、大华通信等 3~5 家具有核心竞争力的工业互联网安全企业，启动实施一批创新实用的网络安全示范项目。

表 20 – 1　主要省、直辖市政策和量化指标对比

省市	时间节点（年）	主要政策和量化指标
上海	2020	重点打造 10 个制造业互联网"双创"平台，重点行业装备数控化率和工业云使用普及率分别达到 60%、65%，企业信息化投入占主营业务收入比重达到 0.5%，处于集成提升和创新突破阶段的企业比例不低于 50%
北京	2020	两化融合发展水平达 70 分，生产设备数字化率达 65%，关键工序数控化率达 70%，数字化生产设备联网率达 60%，云平台利用率达 75%，智能制造就绪率达 18%，实现网络化协同的企业占比达 45%
广东	2018	重点行业骨干企业"双创"平台普及率达 85%，工业云企业用户突破 2 万家，规上制造企业关键工序数控化率达 50%、网络化率达 70%，国家级互联网与工业融合创新试点企业达 40 家，省级试点企业超过 300 家
江苏	2020	全省重点行业骨干企业"双创"平台普及率超过 90%，工业云企业用户比 2015 年增长 2 倍，制造业企业智能制造就绪率翻一番；规模以上企业关键生产工序数控化率达到 60%，关键环节互联网应用覆盖率达到 60%，重点管控系统集成覆盖率达到 45%，企业互联网化指数超过 55；创建 50 个"互联网 + 先进制造"特色基地，培育发展 1000 家以上制造业与互联网融合创新试点示范企业、100 家以上融合创新优秀解决方案服务类企业

资料来源：根据各省公开资料整理而得。

第三节　对策与建议

一、启动实施"数字经济与'浙江制造'深度融合专项行动"

建议抓住"中国制造 2025"历史性机遇，制订实施"数字经济与'浙江制造'深度融合行动计划"。一是启动"工业大数据推动浙江制造智能再造行动"，研究出台《深化"互联网 + 先进制造"发展工业互联网实施意见》，建立一批工业互联网服务平台、工业大数据分析与集成平台、人工智能引擎服务与运营平台等，推动工业生产自动化、个性化、柔性化。二是启动"'浙江制造'对标国际先进制造追赶行动"，遴选一批"追赶"的细分制造业，大力运用智能云、工业

云、量子通信、量子计算等大科学装置，加快研发工业大数据系统、数据建模分析、边缘计算、人工智能算法库等关键技术，以数字化、网络化、智能化为抓手，实现弯道超车甚至换道超车。三是启动"浙江企业上云行动计划""浙江智能制造标准化＋行动"，通过打造 100 家的上云标杆企业，推广深度用云典型案例，加快云计算、大数据等与制造深度融合，同时通过标准化推动智能化，力争到 2020 年，新增"浙江制造"标准 1000 个、培育"浙江制造"认证企业 2 万家，打造"浙江制造"精品 300 个。

二、对标打造国际一流智能制造科创平台与孵化平台

一是打造 3~5 个在全球有竞争力的科创平台。全力打造世界级现代化科创中心，加快推进之江实验室、西湖大学、科创大走廊、钱塘江金融港湾等科创大平台建设，加快建设"浙江智能制造协同创新中心"，积极争设 1~2 家国家实验室，鼓励龙头骨干企业建立智能制造研究院，以加快智能芯片、数字测控、模糊控制、传感器、人机交互、嵌入式软件、环境感应等新技术新产品创新研发速度。

二是打造 10 个左右有影响力的行业性工业云平台。"块状经济"分布于浙江各地，在地理版图上形成块状明显、色彩斑斓的"集群马赛克"，应瞄准国际水准，面向"永康五金""诸暨袜业"等 500 多个产值在 5 亿元以上的产业集群，培育 10 家具有行业特色的工业云平台，培育 1~2 个具有国际水准的国家级工业云平台，创建 100 个省级"两化"融合示范点，促进产业链垂直领域数据集成和集群数字化网络化升级。

三是打造一批数字经济平台。利用杭州国家自主创新示范区、浙东南自主创新示范区建设契机，加快发展以杭州、宁波为核心，金华、台州等多点联动的数字经济发展格局，扎实推进"两化"融合国家示范区建设，构筑一批数字经济创业创新平台，加快应用数字工厂、工业云、智能制造，力争全省数字经济增加值年均增长 15%，占全省 GDP 比重年均提高 0.5 个百分点以上。

三、谋划实施"大数据与先进制造深度融合示范工程"

一是遴选 10 个示范产业，实施"智能制造产业示范工程"。结合《浙江省全面改造提升传统制造业行动计划（2017—2020 年）》，加快推进大数据、AI、云计算、物联网等与纺织、服装、皮革、化工、化纤、造纸、橡胶和塑料制品、非金属矿物制品、有色金属加工、食品加工等 10 个制造行业融合。大力实施人工智能"铸脑"行动计划、集成电路"铸芯"行动计划，加快发展物联网、大数据、量子通信等引领浙江发展的未来产业。

二是遴选10个示范基地，建设"智能制造示范基地"。结合地区产业特色与制造业基础优势，在全省制造基础扎实、智能水平较高的滨江区、余杭区、北仑区、余姚市、慈溪市、乐清市、海宁市、柯桥区、诸暨市、上虞区等10个县市区，建成10个在国内具有较强影响力、大数据技术先进、产品智能化过硬的智能制造示范基地。

三是遴选10家龙头骨干企业，实施"工业互联网标杆工程"。美的集团"632"数字化战略（6大运营平台、3大管理平台、2大集成技术平台）、阿里云ET工业大脑，中控SupOS工业操作系统等值得龙头骨干企业借鉴。建议制定"浙江省工业互联网标杆工程项目遴选标准"，在全省遴选10家龙头骨干企业，开展工业互联网应用示范试点，打造企业级平台，引领带动一批规上工业企业上云。

四、组建"数字经济与'浙江制造'深度融合大联盟"

一是建设1个具有国际一流水准的数字经济和先进制造深度融合联盟。依托浙江大学、之江实验室、西湖大学、阿里云、海康威视、中控工业物联网、华为浙江研究院等力量，积极引入中国科学院、中国工程院、中国科技大学、北京航空航天大学、解放军信息工程大学等高端智力资源，打通协同研发、测试验证、数据集成、成果转化等创新链，加快向数字经济和"浙江制造"深度融合前沿领域攻关。

二是建设3~5个工业互联网创新中心、大数据与先进制造深度融合中心。目前，阿里巴巴、万向、吉利、中控等领军型企业都在单独攻关工业互联网、大数据、人工智能，面对工业4.0浪潮，亟须加快集成领军型企业、高校院所、行业联盟、政府部门等各方资源，引进国际国内领先的高端创新资源，加快开展产学研用协同攻关。

三是建设200家大数据与先进制造融合研发中心。瞄准浙江"10+1"传统制造重点行业领域，到2020年建成省级产业创新服务综合体20家，新增省级重点企业研究院25家，省级以上企业技术中心80家，培育建设云工程与云服务省级重点企业研究院50家、工业信息工程省级重点企业研究院25家。

第21章 数字经济政策问题的调研报告

从全球看，据不完全统计，40 多个国家制定实施了数字经济发展战略，27 个 OECD 成员国家构建了数字经济国家战略框架。数字经济在发达经济体 GDP 中的比重快速提升，美、日、德、英等发达国家数字经济比重均超过 45%，美、德等甚至超过 50%。中国目前仅 30.3%。从全国看，2008—2016 年数字经济规模从 4.8 万亿元上升到 22.6 万亿元，占 GDP 比重从 15.2% 上升到 30.3%。从浙江看，数字经济是"一号工程"，信息经济核心产业增加值 4853 亿元，占 GDP 比重达 9.4%，势头迅猛。当前应充分发挥浙江比较优势，抓住全球经济数字化井喷的窗口期，加快建立适应数字经济发展的政策体系，全力以赴推动数字经济"一号工程"建设，积极创建"国家数字经济示范省"，促进以数字经济为标志的新经济提速发展。

第一节 数字经济政策供给的迫切性

根据 2018 年《中国互联网＋指数报告》，浙江数字经济位居全国第三位。国家互联网信息办发布 2017 年《数字中国建设发展报告》显示，浙江数字化发展水平位居全国第四。尽管浙江数字经济走在全国前列，但发展不够平衡不够充分，出现"三二一"产业逆向渗透趋势，服务业数字化比较超前，制造与数字经济融合比较滞后，集成电路、智能技术等核心产业核心技术比较薄弱。服务业中数字经济占比超过 30%，但工业中数字经济占比不足 20%。工业 ICT 中间投入占行业中间总投入的比重只有 6%，低于服务业的 11%。浙江工业生产设备数字化率仅 46.6%，低于上海的 49.5%、江苏的 50.9%、山东的 51%。技术创新、工艺设计、生产制造等核心环节的实质性变革与美国、日本、德国、韩国等发达国家相比还有较大差距。这迫切需要加大政策支持力度，实现"弯道超车"甚至"换道超车"。

数字经济是大势所趋，但也是新生事物，缺乏相关的产业规划和政策支持，国内广东、福建、贵州等省都在积极探索，国外美国、德国、韩国等发达国家也积极布局抢夺控制权和主导权。对此，建议加快数字经济的规划编制，尽快研究制定鼓励支持的政策，围绕基础性数字经济、技术型数字经济、融合型数字经济、资源型数字经济、服务型数字经济等五大业态，编制数字经济倍增行动计划，力争到 2020 年，数字经济主体产业增加值年均增长 20% 以上，数字经济增加值占 GDP 比重超过 45%。精准供给相关政策，根据细分行业精准施策，支持人工智能芯片与算法研发、大数据产业链、物联网终端、感知产业、集成电路核心技术和关键装备等行业发展，推动数字经济高质量发展。

第二节　数字经济政策供给的导向

一、突出扩大数字技术有效供给

数字经济发展的重要瓶颈是核心技术供给不足问题，要聚焦数字技术基础前沿研究和关键共性技术开展科技攻关，着力提升数字技术创新水平。围绕大数据、云计算、物联网、人工智能开展重大基础研究，设立数字经济重大科技专项，打通从基础研究到产业化的链条，力争取得重大颠覆性创新和群体性技术突破。重点支持大数据、人工智能、物联网、机器人、集成电路等数字技术领域重大科技攻关，攻克运算智能、感知智能、认知智能关键核心技术。

二、突出数字技术产业化和融合应用

数字技术转化的"最后一公里"是数字经济发展的重要一环，要加强数字技术科技成果转化产业化，推动数字技术与农业、传统制造业和服务业的深度融合。加快推进互联网＋、大数据＋、人工智能＋、机器人＋等技术推广应用，引领示范数字技术与各类产业融合发展。大力推进"企业上云"，力争建成全球数字经济科技成果交易中心和面向全球的技术转移枢纽。

三、突出数字经济主体培育壮大

企业主体是数字经济发展的主力军，应聚焦数字经济关联产业，建立健全"微成长、小升高、高壮大、大变强"的梯次培育推进机制，培育壮大科技型中小企业，推动高成长科技型中小企业快速成长为高新技术企业，培育一批全球知名并有影响力的数字经济创新型领军企业，打造科技型中小企业铺天盖地、高新技术企业顶天立地的生动局面。

四、突出数字技术研发机构广泛布局

创新数字经济重大科研平台建设的体制机制，探索建设开放协同的新型研发机构和研究型大学。聚焦网络信息和人工智能开展重大前沿基础研究，谋划建设大科学装置，打造具有世界领先水平的数字经济创新基地。完善以企业为主体的技术创新体系，按照产业链部署创新链，支持企业研发机构牵头实施重大科技项目，着力解决制约产业发展的瓶颈技术，开发战略性产品。

五、突出数字经济产业平台搭建

谋划建设高能级的数字经济产业平台，辐射带动数字经济高质量发展。支持各国家和省级高新区围绕数字经济细分领域，明确园区产业主攻方向，错位发展，做大做强数字经济高新技术产业集群。倾斜支持有条件的地方结合高新区发展规划建设数字经济产业关联的高新技术特色小镇，形成产业高端、技术高新、人才高尖、创业高效的数字经济发展示范基地。

六、突出数字经济发展环境优化

发挥互联网技术信息共享、互联互通优势，加快构建开放式创新创业平台，推动现有科技企业孵化器和众创空间向专业化方向发展，建设一批具有示范作用的数字经济科技企业孵化器和众创空间。鼓励数字经济创新型领军企业打造开放式创新创业平台，建设专业化众创空间，加强产业链与技术链资源整合，加快推动数字经济领域协同创新。

第三节　对策与建议

一、数字经济的投融资政策问题

截至目前，全国大数据领域获得融资的企业多达 400 多家，A 轮或天使轮投资的数量占 70% 以上，大批大数据企业进入 B 轮、C 轮融资阶段。抓住数字经济崛起的大风口，加快建立数字经济重点项目库，鼓励天使、风投、股权投资、并购、私募等投向数字经济优质项目。支持金融机构开展知识产权和数据资产等无形资产抵押贷款，引导金融机构探索开展以知识产权为抵押物的信贷业务。支持有条件的数字经济企业利用"凤凰行动"上市融资或围绕产业链开展并购，鼓励中小数字经济企业在"新三板"等股权交易中心挂牌融资。支持符合条件的数字经济企业通过发行企业债券、公司债券、非金融企业债务融资工具等方式扩大融资。

二、数字经济的法规政策问题

对数字经济相关法规政策进行系统梳理，及时审查政策的创新包容性，及时废止有违创新规律、阻碍新业态发展的政策条款。针对数字经济及其重点领域发展特点与市场需求，重点围绕数据所有权、数据使用权、大数据知识产权等内容，加快制定出台一批地方性法规或部门规章，形成灵活反应、兼容与可持续的法规体系。修订完善不适应数字经济发展的相关政策条款，加强数字经济新业态新模式的政策供给。对涌现出来的新型数字经济业态，立法时机尚未成熟的，及时制定行业管理规章制度，或对已有行业管理规章制度进行修订。加强数字经济融合领域关键环节专利导航，引导企业加强知识产权战略储备与布局，完善知识产权保护相关法律和权利人维权机制，加强知识产权综合行政执法，将侵权行为信息纳入社会信用记录。针对数据确权难、数据不通、信息孤岛等影响数据资源的自由流动和大规模商业化应用问题，建设标准化数据资源体系，探索数据商品交易、算法交易、数据服务交易、商业数据衍生品交易等交易品种，发展数据资产评估、大数据征信、大数据质押、大数据融资等配套业态，逐步完善大数据交易制度构架。

三、数字经济的技术标准问题

德国"数字议程"提出数字技术标准与兼容性战略，以确保数字技术、应用程序、数据存储与服务的无缝对接。当务之急，我国应制定政府数据采集、开放、共享、分类、质量、安全等关键共性标准。开展国家大数据交易等数据资源流通标准研制与试点示范，研制企业间数据共享、数据交易、大数据确权等标准。按照共性先立、急用先行的原则，引导资源型数字经济、技术型数字经济等领域基础共性标准、关键技术标准的研制及推广。加快与数字经济应用相关的物联网、智能制造、智能家居、车联网等细分领域的标准化工作。完善数字经济融合标准体系，增强在国内数字经济发展中的影响力。突出和强化企业技术中心在创新驱动方面的引领作用，为数字经济的融合发展提供技术研发和产业化支撑。

四、数字经济的统计监测问题

现行统计制度体系主要针对工业以及服务业，数字经济对 GDP 的贡献率统计是盲点，亟须建立与数字经济相适应的统计分类制度和统计测算方法。探索数字经济统计方法，加快建立数字经济统计调查和监测分析制度，强化数字经济数据搜集、处理、发布和共享，建立数据沟通和分享机制。加快构建数字经济发展全貌和动态变化的指标体系，探索开展针对数字经济新领域、新业态、新模式的专项统计，对数字经济发展进程中出现的新问题、新情况进行密切跟踪。探索数字经济增加值测算方法，建立省级数字经济核心指标的定期发布机制，研究建立较为完善的数字经济统计指标体系。

五、数字经济的安全防控问题

世界各国都将信息安全列在国家政策中的优先位置，建立了全面、综合的数字安全战略，2013 年多个 OECD 国家发布数字安全的国家战略，2014 年日本实施《数字安全基本法案》并于 2015 年设立隶属于内阁的数字安全战略小组，美国于 2015 年通过《网络安全法》，这也是规制网络信息安全的一部较为完备的法律，英国颁布了 2017 年《数字经济法第 1 号条例》。据互联网监控公司 Arbor Networks 统计，2011—2014 年，全球 DDoS 攻击量增加 30 倍以上，每年对全球经济造成的损失高达 4000 亿美元。顺应数字经济发展趋势，加大数字安全保障力度，加快重点领域、复杂网络、新技术应用、大数据汇聚、互联系统等各类型条件下网络安全保障制度的建设，加速网络安全监管数据的快速、实时、无缝流动，推动跨部门、跨层级、跨区域业务协同，实现网络安全事件快速响应和应急处置。加强信息安全认证体系建设，全面推行网络实名制，建立健全互联网基础信息库，推进网络安全管理工作向基层延伸。建设省级网络安全信息大数据中心，建立集风险报告、情报共享、研判处置为一体的网络安全态势动态感知云平台，准确掌握网络安全风险发生的规律、动向、趋势，及时发现和修补技术漏洞等安全隐患。积极开展信息安全风险评估、检查和监督工作，提升网络安全监测、预警等能力，构建以网络安全、数据安全和政务信息安全、用户安全为重点的多层次安全体系。

六、数字经济的基础设施问题

根据 Synergy Research 研究结论，2017 年是全球新的超大规模数据中心的突破年，全球超大规模数据中心已超过 390 个，且没有放缓现象，预计到 2019 年底全球将有超过 500 个超大规模数据中心。目前，大多数超大规模数据中心设在美国，占到了 44%，中国位居第二，占 8%，其次是日本和英国，合起来占 6%。大数据中心包括灾备中心，从单体上看能耗比较高，但从全产业链看却是低污染、高效益的产业。建设超大规模的大数据中心，需要综合考量市场、能源、土地、地质、水文、气象等因素，建议抓紧制定浙江大型数据中心建设规划，在能源供给充足、能耗指标富余、网络设施完善、地质气象良好的衢州、丽水、湖州等地选址建设大数据中心及灾备中心，服务浙江乃至全国数字经济发展，同时，争取国家电网和发电企业对数据中心采取直供优惠电价，制定税收贡献对电价补贴措施，夯实浙江数字经济发展的硬件支撑。

第 22 章　以全球化视野精准助跑数字经济发展的调研报告

从全球经济看，加速向数字化转型是大势所趋。据不完全统计，全世界已有 40 多个国家制定实施了数字经济发展战略，27 个 OECD 成员国家构建了数字经济国家战略框架。杭州 G20 峰会发布《G20 数字经济发展与合作倡议》，标志着中国首次将数字经济作为重大战略。数字经济爆发式、指数化增长并与实体经济深度融合成为推动经济高质量发展的强大动力。2008—2016 年全国数字经济规模从 4.8 万亿元上升到 22.6 万亿元，占 GDP 比重从 15.2% 上升到 30.3%。抓住全球经济数字化井喷的窗口期，构建数字经济发展的"四梁八柱"，积极创建"国家数字经济示范省"，加快建设数字经济"一号工程"，推动以数字经济为标志的新经济加速发展。

第一节　全球数字经济发展战略的主要态势

从全球看，数字经济是世界经济发展的大潮流、大趋势。《G20 数字经济发展与合作倡议》发布后，发达国家纷纷发布数字经济战略，均推出了各自的发展战略和行动计划，着力推动数字经济发展，驱动经济社会全方位转型，谋求新一轮经济浪潮下的领先优势，数字经济规模持续扩张，占 GDP 的比重日益提高，美、德、英等国的数字经济比重已超 50%。发展数字经济已成为各国共识。英国 2015 年发布"数字经济战略（2015—2018）"并于 2017 年发布"英国数字战略"，日本 2009 年制定《I－Japan 战略》，德国 2016 年 3 月发布"数字化战略 2025"，新加坡 2014 年 3 月启动实施"iN2015 计划"及"智慧国家 2025"工程，澳大利亚 2011 年启动国家数字经济战略（National Digital Economy Strategy, NDES），韩国出台《智能信息社会中长期综合对策》，布局量子计算、神经形态芯片等下一代数字技术。数字经济在发达经济体 GDP 中的比重快速提升，美国、日本、德国、英国等发达国家数字经济比重均超过 45%，美国、德国等甚至超过 50%，中国目前仅 30.3%。2017 年全球市值最高的 10 家公司中，7 家为数字企业，分别为苹果、谷歌、微软、亚马逊、脸书、阿里巴巴以及腾讯。

第二节　创建国家数字经济示范省的战略意义

抓住数字经济的历史性机遇，聚焦创建国家数字经济示范省，加快编制数字经济倍增行动计划，围绕基础性数字经济、资源型数字经济、技术型数字经济、融合型数字经济、服务型数字经济等五大类业态，编制《国家数字经济示范省建设方案》和数字经济倍增行动计划，力争到 2020 年，数字经济主体产业增加值年均增长 20% 以上，数字经济增加值占 GDP 的比重达 45% 以上。很多国家在数字经济涉及的部门均有较大投入，比如 OECD 国家中，用于数字经济相关创新的商业研发投入占所有商业研发投入的 33%，在很多国家都超过本国 GDP 的 0.5%。韩国（1.75%）、以色列（1.5%）、芬兰（1.2%），位列研发投入占 GDP 比例的前三位，美国、日本、瑞典等紧随其后，均高于 0.6%。数字经济创新的突出问题是先进数字技术的供给以及数字技术与传统产业的深度融合。应加快促进大数据技术创新，构建自主可控的大数据产业链、价值链和生态系统，以数据为纽带促进产学研协同创新和开源社区开放创新。加快数据存储、清洗挖掘分析、自然语言理解等大数据技术研发；支持发展分布式文件系统、海量存储数据库、搜索引擎、数据挖掘、数据可视化、数据安全保障等基础软件。支持符合条件的数字经济企业认定为高新技术企业，对被认定为高新技术企业的，可享受企业所得税优惠税率。对处在起步阶段、规模不大但发展前途广阔的数字经济形态，按照国家有关税收激励政策，依法可享受企业所得税、增值税等税收优惠政策。对数字经济企业开发新技术、新产品、新工艺发生的研究开发费用可按规定在计算应纳税所得额时加计扣除。借鉴英国的《数字经济 2010 年法案》，加强保护数字技术知识产权，对数字经济中利益相关方的权利进行保护，促进数字经济健康、有序、高效发展。

第三节　对策与建议

一、根据细分行业精准施策

支持区块链数字资产交易平台、人工智能芯片与算法研发、大数据产业链、物联网终端设备、感知产业、集成电路核心技术和关键装备、虚拟现实（VR）和增强现实（AR）等细分领域产业发展。加快生产部门的数字化转型速度，制订"数字经济＋先进制造"深度融合的政策措施，瞄准国际水准，面向"永康五金""诸暨袜业"等 500 多个产值在 5 亿元以上的产业集群，培育 10 家具有行业特色的工业云平台，培育 1～2 个具有国际水准的国家级工业云平台，创建 100 个省级"两化"融合示范点，促进产业链垂直领域数据集成和集群数字化网络化升级。麦肯锡全球研究院（MGI）认为，中国市场体量庞大、网民数量可观且较为年轻，为数字化商业模式的迅速市场化创造了重要条件，不仅孕育了若干数字化巨头，更形成了不断扩张的数字化生态系统。随着数字经济的深入发展，亟须系统梳理相关法规政策，及时审查政策的创新包容性，严格废止有违创新规律、阻碍新业态发展的政策条款。针对数字经济及其重点领域发展特点与市场需求，重点围绕数据所有权、数据使用权、大数据知识产权等内容，加快制定出台一批地方性法规或部门规章，形成灵敏反应、兼容与可持续的法规体系。修订完善不适应数字经济发展的相关政策条款，加强支持数字经济业态创新的政策供给。对涌现出来的立法时机尚未成熟的新型数字经济业态，及时制定行业管理规章制度，或对已有行业管理规章制度进行修订。针对数据确权难、数据不通、信息孤岛等影响数据资源的自由流动和大规模商业化应用问题，加强数据交易制度的顶层设计，建设标准化数据资源体系，探索数据商品交易、算法交易、数据服务交易、商业数据衍生品交易等交易品种，发展数据资产评估、大数据征信、大数据质押、大数据融资等配套业态，逐步完善大数据交易制度构架。

二、搭建数字经济"项目库"与"资金池"对接通道

抓住数字经济崛起的大风口，加快建立数字经济重点项目库，鼓励天使、风投、股权投资、并购、私募等投向数字经济优质项目和重点工程。鼓励金融机构开展知识产权和数据资产等无形资产抵押贷款，引导金融机构探索开展以知识产权为抵押物的信贷业务。培育有条件的数字经济企业利用"凤凰行动"上市融资或开展产业链并购，鼓励中小数字经济企业在"新三板"等股权交易中心挂牌融资。支持符合条件的数字经济企业通过发行企业债券、公司债券、非金融企业债务融资工具等方式扩大融资。利用政府性投资基金的引导和撬动作用，建立对数字经济发展重点领域、重大项目、重大工程、重大技术、重大应用等跟投机制。综合运用股权投资、贷款贴息、事前审核事后补助等方式，建立无偿与有偿并行、事前与事后结合，覆盖创新链、产业链的多元化政府资金投入机制。鼓励各县（市、区）、产业主管部门、园区管理机构给予数字经济领域创新型企业融资一定额度的贷款贴息、评估补助、风险补助及其他形式的金融服务。落实税收优惠政策，对符合条件的企业开发新技术、新产品、新工艺发生的研究开发费用按规定在计算应纳税所得额时予以加计扣除。探索开展"股权 + 债券融资"方式、信用保险保单融资征信等，加大对数字经济相关企业的信贷支持力度。鼓励政策性担保机构加大对数字经济领域知识产权质押贷款的担保支持力度，对为相关企业提供信用担保的机构给予补贴。对数字经济相关创新成果，纳入政府采购目录。

三、健全数字经济监管体制机制

现行统计制度体系主要针对工业以及服务业，对于数字经济而言，资产轻型

化、知识密集化的特征明显，往往以软件、程序、计算等方式居多，更多体现在基于大数据的信息撮合、精准服务等无形方式，智力密集是数字经济时代的普遍特征。因此，传统的事前监管可能不适用于对数字经济的监管，需要把监管重心放在事中监测和事后治理上来，实施企业承诺标准、加强承诺兑现、公示年度报告、强化信用惩戒机制等制度。同时，条块分割的垂直管理体系与数字经济跨界融合发展不相适应，倒逼传统线下监管向数字化、网络化、平台化监管方向转变。坚持放水养鱼、包容审慎监管原则，及时调整和完善融合创新领域行业管理规范和监管措施。探索建立分级分类管理机制，建立快速响应的数字经济监管反馈机制，利用互联网、大数据、人工智能等技术手段，构建数字化、网络化、智能化数字经济监管治理平台，提高数据汇聚、事中监管、趋势研判、协同联动等能力。适应数字经济业态快速迭代趋势，实施行业准入负面清单制度，对尚未纳入负面清单的行业一律实行无门槛准入。

第23章　加快构筑浙江智能制造生态系统的调研报告

"中国制造2025"国家战略背景下，智能制造（Intelligent manufacturing，IM）是"互联网＋工业""互联网＋制造"的主攻方向。浙江率先建立"智能制造生态系统"（Intelligent manufacturing ecological system，IMES），从产业生态系统、创新动力系统、人才支持系统、共性保障系统、辅助系统等五个子系统发力，推动"浙江制造"向"浙江智造"转变，推动"中国制造2025"率先在浙江落地结果。

近年来，发达国家高度重视智能制造的生态系统构建，美国先后推出了"先进制造业伙伴计划"和"工业互联网"。德国实施基于信息物理系统（Cyber - Physical System，CPS）的"工业4.0"。英国、法国、日本、韩国等国家都纷纷实施了本国的高端制造业发展战略。在"互联网＋"的大逻辑下，高端制造业领域的争夺异常激烈。

中国正式实施"中国制造2025"国家战略，并计划通过三个十年计划，进入先进制造业国家行列，由制造大国转变为制造强国。浙江省在制造业、互联网产业两大领域都有基础和优势，如果能够加速制造业与互联网融合，那么就很可能率先趟出智能制造的新路。浙江作为制造大省，应抢先一步，加快制定"浙江制造2025计划"，加快抢占智能制造高地。

国外研究表明，智能制造生态系统（Intelligent manufacturing ecological system，IMES）是由若干智慧型的制造企业（包括研发型企业和制造服务企业）及其上下游，以及客户群体，形成的基于信息物理系统和工业互联网，实现数据、信息、知识等资源进行自由流动，进行全价值链集成和全产业链重塑的制造生态系统。本质上是"互联网＋"背景下一种基于服务的跨平台的制造业互联网化、数字化、智能化的解决方案，在硬件上无缝连接智能制造企业中和企业间各现场设备，集成相互不兼容的操作平台和控制系统，通过统一的智能制造标准和通信协议将各智能设备无缝连接在一起；在软件上基于互联网和云计算技术，应用工业互联网，安全高效、综合集成各智能制造企业的管理系统，实现更高效的资源管理和成本控制。

第一节　构筑智能制造产业生态系统的路径

主要从三大核心产业锲入，迅速搭建智能制造生态系统的主体架构：

一是构建基于信息产业技术的"互联网＋制造业"云制造产业生态。借助浙江"互联网＋"信息经济的先发优势，融合数字化网络化制造技术、云计算、物联网等技术，将各类研发、设计、制造资源和能力虚拟化、服务化，搭建开放式、跨空间协同的智能制造能力和制造资源交易平台；利用物联网和大数据技术，推动全产业价值链的互联网化及产品全生命周期的制造服务化，促使制造业向上游拓展、向下游延伸，促进产品全生命周期和制造服务全流程，发展"制造业的服务化，服务业的制造化"，尤其要借鉴谷歌等智能工业领域整合经验，鼓励推动阿里巴巴等信息产业龙头企业利用信息技术、产业整合、资本运作等方面的优势，成为智能制造工业领域产业竞合的主导方；以柔性制造系统为基础，以电商平台为支撑，完美匹配客户及市场的定制需求的大数据，推动制造业向大规模、高效定制的智能制造新业态转型。

二是构建基于信息物理系统CPS的高端智能装备产业生态。建议浙江率先实施传统产业智能提升工程和智造装备产业优先扶持工程。将智能制造的核心技术，即3D打印等加式制造科技、纳米材料等先进材料技术、自动化机器人、动态实时传感器技术综合集成的信息物理系统CPS，融入构建数字化、网络化、智能化制造和管理的柔性的制造系统。重点发展新能源汽车及轨道交通装备、高端船舶装备、光伏及新能源装备、高效节能环保装备、智能纺织印染装备、现代物流装备、现代农业装备、现代医疗设备与器械、机器人与智能制造装备，加快打造数字工厂、智能工厂和无人工厂。对萧山、柯桥、永康等传统产业比重较大的地方，加快推进"机器换人"。

三是构建支撑智能制造的智能设施产业生态。在智能制造的产业链中，以大数据云计算产业、数字内容服务产业、软件和信息服务业等为代表的软件产业和以机器人、通信设备、计算机应用设备、电子信息材料等为代表的硬件产业，无疑是智能制造产业的"大脑"和"身体"。浙江要依托良好的电子信息产业基础和创业创新"土壤"，进一步发展支撑智能制造发展的软件和硬件两方面的基础设施产业形态。在继续巩固并扩大电子元器件及材料、通信、计算机及网络、应用电子、软件与信息服务业等细分领域特色优势的基础上，关注新技术、新产业，进一步加快发展、优先发展机器人及关键核心零部件、光伏及新能源材料、高效节能环保材料等硬件基础设施产业、大数据和云计算产业、数字内容服务产业等软件基础支撑产业。

第二节 构筑智能制造动力系统的路径

一是实施"智能制造业龙头引领计划"。鼓励龙头企业跨国并购和研发国际化，即通过海外并购、联合研发，赴美国、德国等智能制造业先进行列国家，在智能制造业先进材料、先进工艺和产业先进技术等智能制造的前沿领域，并购拥有核心智能制造技术和知识产权的企业，迅速形成智能制造产业的创新能力。充分尊重企业在自主创新中的主体作用，提升科技成果创新效率。扶持智能制造业领域的小微企业在技术投入、自主创新、设备更新、工艺更新等创新活动。以智能制造产业的创新成果转化和应用为导向，高度重视小微企业、初创企业的创意和创新。

二是实施小微企业智能制造行动计划。浙江拥有大量的小微制造企业，"智造"转型过程中面临着与同类企业数据和资源的互联的硬件和软件方面的诸多瓶颈。应按照"网络互联、产业集聚、技术集成、要素集约、服务集中"的原则，建设小微智能制造和智慧服务产业集聚区。建设以智能制造小微企业集聚的产业科技园，依托 CPS 信息物理系统技术实现浙江小微制造企业的全价值链整合。集成共性技术平台、检测展示、创业投资和政府扶持资金等优势资源，择优扶重，为小微智能制造企业的成长发展提供增值服务，包括为小微型企业提供物业管理等基础服务、定制政策咨询和工商行政事务办理等公共政策服务、个性化创投基金、融资方案等一站式科技金融服务等。遵循最小干预原则，基于企业工商登记制度，对成立 5 年内的智能制造、电子商务、电子信息加工业和智能制造服务等领域小微型企业实施完全"免三减二"政策，即三年全免税，两年减税；为小微型智能制造、制造服务企业提供海外并购、出口和贸易的法律咨询、财务咨询和顾问、资金审批和融资服务等；开办政策性银行，对商业银行实行"智能制造化贷款担保"，对小微企业智能化改造项目，实行全程型的融资服务。

三是孵化一批"智能制造领域"的核心技术和科技成果。对在智能制造领域，尤其高端装备制造业领域具有关键应用价值和潜力的核心技术和科技成果实施重点孵化。设立"智能制造创新能力孵化期"，对于在工业机器人、智能芯片、加式制造所需的纳米材料、信息物理系统、工业物联网等方面具有优势的企业，进行集中扶持，给予 5～10 年的"创新能力孵化期"，孵化创新成果。

四是加快组建政府性的投资引导基金。近年来，德国发展"工业 4.0"，美国发展先进制造业和工业互联网，都不约而同地意识到强大的"互联网能力"和"大数据处理能力"对于工业发展的强势推动作用，并都在相应领域加大了投入资金，进行原始创新和科技研发。浙江省要重点加大在"互联网"和"大数据处理"方面的科技创新研发投入，尤其是对基础研究、公益研究、产业共性技术研究和战略技术研究领域的支持力度。整合财政性科技投入，成立政府性投资引导基金，吸引民间资本协同投入，发挥其放大、辐射、引导的"乘数效应"，加快提升浙江省智能制造业领域的自主创新能力。

第三节　构筑智能制造人才支持系统的路径

实施"应急性"和"中长期"智制人才工程，构建智能制造产业的人才应用和储备体系。

一是实施面向高层次人才的"应急性策略"。针对浙江省智能制造产业如工业机器人、高端数控机床等重点领域急需专业技术性人才和统筹装备制造经济管理的管理人才，在短期内采取引进和借用的方式。实施灵活的"海外引智""以智引智"政策，加强吸引外籍技术专家来浙投资和创业，整合全球智能制造产业的人才资源，为浙所用。

二是实施面向应用型人才的"发展性策略"。智能制造产业需要建立具有互联网、信息技术、机械工程、工业设计等专业交叉的梯队型技术性人才队伍，在近期和中期，针对上述技术性人才采取定向培养策略。对重点扶持的产业如机器人编程、信息物理系统等产业，出台人才培养相关的激励政策和定向培养等措施。

三是实施面向产业工人的"保障性策略"。在中长期，通过系统培训和职业教育，加强对智能制造产业技术性、实践型、创新型的产业技术工人的培养。浙江省可以借鉴美国在培养先进制造业领域产业工人方面的经验。2014年，美国为深入实施《先进制造业伙伴（AMP）计划》和《美国制造业复兴计划》，推出"学徒计划"，专门为制造业培训技工。浙江省可以建立"五合一平台"，充分发挥高校、科研院所、职业院校、企业和其他产业培训机构的平台作用，加大机械、自动化、信息计划等复合型产业技术人才的培养。为高端数控装备、机器人等智能装备制造业的运营、维护、管理、服务产业提供合格的产业工人。

第四节　构筑智能制造保障系统的路径

一是依"特色小镇"构建开放型的智能制造平台。利用浙江正在着力打造的100个"特色小镇"，加快制造智能化和产业融合，变革传统制造产业价值链的生产模式、流程和组织。加大制造业企业的智慧化改造和升级，通过工业互联网进行虚拟集聚，通过机器换人导入物联网技术，实现制造硬件和管理生产信息软件的"双智慧化"。通过信息物理系统对松散的柔性制造单元进行分布式部署、耦合、集成使用，将柔性化的智造车间通过互联网形成互联网化的产业链。

二是构建智能制造应用全覆盖的公有云和私有云平台。未来浙江要整合全球资源，依托云计算产业基础，以阿里云牵头成立的云计算联盟，将云计算产业生态小镇"云栖小镇""西溪谷""杭州云谷"等建成全球一流的大数据中心和云服务平台。一方面要面向中小微企业提供智能制造应用公有云平台，构建制造资源和制造能力池，提高整个社会制造资源和制造能力的使用率；另一方面要鼓励龙头企业构建基于企业网的私有云应用平台。构建龙头企业内部运行者、资源提供者和使用者之间的云服务平台，优化企业或集团资源和能力使用率，减少资源和能力的重复建设，降低成本，提高企业竞争力。

三是构建互联网化的"供应商—制造商—客户"全供应链智慧物流系统。构建综合交通运输体系，发展海空铁公联运，促进公路、航空、铁路、水路等交通运输方式的合理分工和有效衔接。建设物流综合平台，在省际、市际、商贸重镇、专业市场和产业集群区，建立集展示、交易、仓储、流通加工、运输、配送、信息功能于一体的综合交通运输枢纽和物流节点；基于物联网技术，打造"电商＋物流"的现代物流模式，建设网络化、柔性化、智能化的畅通的物流信息链和物流管理体系，实现完全集成、互联互通、完美调控的供应链。

四是构建智慧化服务智能制造的政务生态系统。在智能制造业领域，浙江省应加快体制机制创新，加强各部门的协同和创新，迅速形成在智能制造业领域的战略优势和制造能力。设立智能制造业委员会，下设执行机构，负责智能制造业项目的执行和智能制造政策的制定、落实和完善，并开展政府与企业、学术界之间的协同。实施《智能制造发展专项行动计划》，在投资研发、科技创新、教育培训、企业扶持、产品出口、税收改革、贸易等方面实施全方位的"打包政策"，为智能制造业提供全方位政策支持。

第五节　对策与建议

接轨国际，率先实施智能制造生态系统的网络安全机制和标准体系。

一是前瞻制定与国际化接轨的智造生态系统的网络安全机制。建立具有高数据安全的网络安全机制。高数据安全的网络安全机制及服务体系的构建，不仅是工业互联网发展的内在要求，也是智能制造生态系统中的重要一环，是巨大的"蓝海市场"。由于智能制造生态系统的网络安全机制及服务体系具有公共性、排他性和外部性的公共产权属性，一方面浙江省政府要大力投入资金主导智能制造生态系统的网络安全机制标准、规范的制定；另一方面要在制定智能制造网络安全标准、形成规范和完善监督方面等加强引导，大力引导私人资本进入网络安全基础设施、机制设计的产业领域，形成特色鲜明的智能制造网络信息安全产业领域。

二是率先制定智能制造行业标准。智能制造战略实施的关键是建立一个

"人、机器、资源"互通互联的网络化社会，各种终端设备、应用软件之间的数据信息交换、识别、处理、维护等必须基于一套标准化的体系。标准先行是智能制造战略的突出特点。浙江省应高度重视发挥标准化工作在智能制造产业发展中的引领作用，及时制定智能制造的标准化路线图。同时，还要着力实现标准的国家化和国际化，使得浙江制定的标准得到国家的广泛采用，并与国际接轨，以夺取未来智能制造产业竞争的制高点和话语权。在智能制造生态系统的构建中，用标准引领信息网络技术与制造业的深度融合。由政府牵头组织行业联盟、行业协会、研究机构和企业共同协商建立统一的行业标准，如制定智能制造企业跨系统、跨平台集成应用标准，机器与机器互联的物联网行业应用标准等一系列的智能化制造标准体系。

第24章 四换四力提升中小企业 竞争力的调研报告

我国经济正在从高速增长阶段迈向高质量发展阶段，加快推动中小企业转变发展方式刻不容缓。大力实施"腾笼换鸟、机器换人、空间换地、电商换市"，通过高端替换低端、智能替换人工、集约替换粗放、新型替换传统，加快推动智能化、数据化、互联网化、高端化，进一步增强产业竞争力、劳动生产力、土地配置力和市场开拓力，提升中小企业竞争力。

第一节 企业"四换"存在的主要问题

在"人口红利"即将消失、"刘易斯拐点"已到来、"中等收入陷阱"需跨越、"三明治陷阱"待突破的背景下，浙江到了必须通过"机器换人""鸟枪换炮"来助力"装备大省""制造强省"，撬动劳动生产率、劳动生产力的紧要关头，"腾笼换鸟、机器换人、空间换地、电商换市"也面临着一些突出的困难。

（1）企业对"机器换人"感兴趣、有意愿，但动力不足。究其原因：一方面，投入太大、回收太慢不敢换。装备更新属于投资大项，少则几百万，多则几千万，七成以上的企业认为"机器换人"成本较高难以接受。而且设备一旦投下去，回收期起码要2~4年甚至更长，挤占了企业可支配的资金流，加上短平快的投资环境，企业装备投资意愿明显弱化。另一方面，激励不够、动力不强不愿换。浙江设备购置投资从2008年的1600亿元，增加到2012年的2500亿元，设备购置投资占工业投资比重在41%左右，设备购置投资占技术改造投资比重在70%~75%之间。已进行技改的企业动力不强，对于装备投资意愿模棱两可的企业，如何通过政策刺激增强企业投资动力，仍要进一步研究。

（2）重工不重、轻工太轻，自主研发能力不强，高端装备依赖进口，特别是核心设备、成套装备"短板"明显。浙江装备制造业占整个工业之比略高于30%，低于纺织工业（40%），高于原材料工业（20%），还称不上"装备大省"，尤其是大型设备机床、高端智能设备受制于人，自主研发上新装备的企业只有31.8%，引进国外设备的企业却占44.5%。一些企业反映，很难买到合适的新设备，缺乏自主研发配套设备能力，缺乏新型装备熟练操作工人。

（3）企业用地紧缺与用地效益不高并存。浙江工业用地超过250万亩，但平均容积率还不到 1，土地利用不充分，在用地紧约束情况下，要想办法破解。一是以"亩产效益激励"撬动空间换地。浙江每亩建设用地 GDP 在 20 万元左右，税收不到 3 万元，单位用地效益不高，土地产出率更是远低于我国上海、香港以及日本、韩国。

第二节　企业"四换"的目标靶向

一、以破解盈利难为靶向

据统计，新设的小微企业有 45.7% 处于亏损状态；2014—2016 年设立当年盈利企业占比分别为 39.2%、35%、34.7%，呈逐年降低趋势。对此，必须降低企业经营成本，努力提高盈利水平。按照国家降成本的部署，进一步加大减负力度，让量大面广的小微企业成为直接受益者。积极引导小微企业向质量要效益，向市场要效益，向管理要效益。

二、以破解创新难为靶向

创新投入大、风险大，许多小微企业都不敢甚至不愿创新。对此，必须把补齐科技创新短板摆在首要位置，大力支持小微企业科技创新，推动科技成果产业化，优化科技创新环境，推动小微企业创新能力不断增强，培育更多的科技型中小企业和高新技术企业。

三、以破解转型难为靶向

企业加快转型升级是大势所趋。"不转等死，早转早死"是小微企业的普遍心态。对此，应积极践行"腾笼换鸟、凤凰涅槃"思想，加快"僵尸企业"市场出清，坚决淘汰落后产能和"低小散"企业，以倒逼促转型，为有发展潜力、符合发展方向的小微企业腾出发展空间。

第三节　对策与建议

一、以"腾笼换鸟"撬动产业竞争力

"腾笼换鸟"是产业结构演进的客观要求，早腾早换才能更加主动。当前，战略上"为什么腾换"已很清楚，关键是战术上"怎么腾换"。

第一，以"市场集中度"说话，着力培育一批引领能力强的企业。现代经济是规模经济，竞争力不在于多寡，不是以多取胜，关键是市场竞争力，特别是掌握市场话语权、有行业引领能力的企业。要握紧"五指"打造"拳头"企业，看一下行业市场集中度怎么样，各行各业领军企业有哪些，在全球生产体系中处在什么位置，从中遴选一批重点企业给予重中之重扶持，帮助它们在"逆水行舟"环境中"弯道超车"，加速成为超千亿的具有核心竞争优势的大企业，同时着力培育一批具有行业引领优势的千亿级后备企业，加快形成以千亿级百亿级企业为核心、大中小企业紧密协作的产业组织体系。像微软、丰田、通用、三星等全球顶级企业，在业界颇具影响力、市场力和领导力，而且"百鸟朝凤"吸引了大批配套企业集聚其麾下，这些大企业的每一步创新都带动了上下游企业的联动创新，形成了行业协同创新引领优势，占据着难以撼动的市场主导地位。这才是最快解开浙江市场主体结构低端化的一条思路。

第二，以"投入产出率"说话，深挖行业升级换代潜力。以"投入产出率"为评价标准，细分行业仔细排一排，哪些有竞争力，哪些比较弱势，哪些需要培育，哪些必须整治，衡量指标是单位用地、用能、用资、用水带来的产出水平。这是确保投资有效性、持续性的关键。投入产出率低的行业企业，像设备简单、工艺落后、安全系数低、污染大的小企业小作坊，继续通过能耗排放标准和要素配置，坚决倒逼其转型或淘汰，不要担心一时产业转移、劳动力转移引起的产能下降和增速趋缓。如果落后产能"鸠占鹊巢"，不抓紧淘汰，不光是高端产能无处可落，而且容易形成粗放式路径依赖，在产业链价值链低端被锁定，逼在"痛苦曲线"高点，将来更是高端进不来、低端退不出。技术含量高、成长性好、辐射性大、负效用小，处于产业链价值链高端，投入产出率高的行业企业，要重中之重加以扶持，发挥龙头企业带头作用，引领行业整体提升。对于好的"外地鸟"，要善于筑巢引凤，以大引大、以强引强、以内引外，借鸡生蛋，发挥鲶鱼效应，激活带动本土产业。行业企业怎么样，关键要植入技术，用创新支撑，由市场甄别筛选，最终以投入产出率检验，不要以传统产业还是新兴产业来划分。

第三，以"实绩论英雄"，充分激活区块转型提升活力。用地用能用水、环境容量、排放指标等公共性资源要素，其稀缺性特质甚于市场要素，配置好了不仅有利于最优化利用，而且能够激活区块转型提升动力。尽管公共性资源要素不能完全市场化，但可遵循市场化配置逻辑，改变按工业规模、经济规模抑或人口规模的配置路径，构建与区块实际效益相挂钩的竞争性、激励式配置方式，使宝贵的公共资源要素用到最有效益、转型升级最需要的地方。同时统筹条条线线的专项考核和配套激励，打包作为一个整体按实绩配置，最大限度地发挥政策叠加效应，最大程度地调动区块"腾笼换鸟"积极性。"以实绩论英雄"必须是科学实绩观，要实施差别化的绩效考评体系，不能盲目用工业绩效考核标准套用所有地区，生态区块要加大环保绩效考核权重，进一步完善生态补偿机制，激励各地该发展工业的就要大力发展工业，该保护生态的就要坚决保护好生态，避免"功能错配"，以致长远得不偿失。

二、以"机器换人"撬动劳动生产力

抓住当前鼓励扩大有效投资和更新设备成本相对不高的难得机遇，明确"机器换人"重点设备目录，实施有针对性、有含金量、力度大的政策和服务，激励企业加大装备"硬投入"，逐步淘汰落后生产线，对全省工业企业特别是龙头骨干企业来一次"大武装"。

一是"四两拨千斤"。实施更有力的财税激励政策，整合有关技改扶持资金，统筹形成"机器换人"专项，对符合"机器换人"目录的项目，按采购设备或自主研发改进设备投入额8%～10%的比例给予补助，促使企业退低进高、退旧进新。考虑到财政支持力度毕竟有限，有必要通过税收优惠形成持续激励机制，如适度缩短工业企业固定资产折旧期，适当抵免税费以鼓励企业购买本土装备，扩大企业技改研发费用加计扣除范围；对于自主研发设备实现"机器换人"的项目，除了财政补助外，还要按研发费用加计扣除。

二是"靠人更要靠己"。如果装备受制于人，那么产品、技术、利润也难免受制于人。要加快发展本土装备制造业，依靠"长三角"沿海制造业集聚的区位优势，鼓励本土装备制造企业在高技术材料、高品质设计、精加工工艺、智能化控制上下功夫，提高本土企业设计研发、核心元器件配套以及系统集成能力，开发一批高档数控机床、人工智能、工业机器人等装备，加快形成若干具有自主知识产权和品牌的高端装备方阵，推动浙江制造的智能化、数字化、高端化。

三是"扶上马轻装上阵"。量体裁衣为本土装备制造企业提供便利，减少相关审批环节、事项和时间，创造多样化的装备供需对接平台，促进"人找机器"与"机器找人"对接、"主机找辅机"与"辅机找主机"对接、技术人才与专业服务对接，着力培养一批掌握新技术、新装备的熟练工人和设备维护人员，为"机器换人"创造良好的条件和环境。

三、以"空间换地"撬动土地配置力

土地是"财富之母"。土地配置力决定了土地产出率。在人均耕地只有半亩的禀赋约束和建设用地供给总量的刚性约束下，要牢固树立"立体用地、惜土如金"的理念，鼓励用地单位在符合有关规划的前提下创新用地方式，向地上地下要空间，向强度密度要空间，向农村和非工业用地要空间，以"空间换地"撬动土地配置力，提高土地产出率。

第一，既要向工业用地要空间，也要向非工业用地要空间。一是仔细算排"亩均投资强度""亩均产出强度""亩均税收密度"，根据单位土地产出分配建设用地指标。土地产出率高的企业，适当减征或返回部分城市建设用地使用税，新上产能或扩大产能给予用地保障；投资强度、容积率、亩均产出较低，但有一定发展潜力的企业，督促企业"零增地"技改，允许在不改变土地用途且符合规划要求的前提下，通过压缩超标绿地、辅助设施用地、办公用地，或厂房改建加层腾出空间；对实施厂房加层技术改造，明显提高劳动生产率的企业，在容积率控制上开通绿色通道。二是以"土地价款优惠"撬动空间换地。杭州主城区的工业园区，容积率普遍在 1～1.5 之间，较早的工业项目在 1.2 左右，新规划工业用地一般在 1.8。这在全省算是高的，还有进一步挖掘的空间，其他地区潜力就更大了。江苏省、深圳市的新供工业建设项目容积率普遍在 2 以上。对新增工业用地，要科学设置规划技术指标，只要项目用地符合产业转型方向和城市规划要求，厂房建筑面积高于容积率控制指标的部分，比如容积率在 3 以上的部分，不再增收土地价款。三是以"调整非工业用地容积率"撬动空间换地。居民住宅、商业等非工业用地，在符合城市规划和容积率控制上线的前提下，适当提高容积率标准，在补缴土地出让价款方面给予一定优惠，激励住宅和商业向空间要地，在工业用地与非工业用地之间，既体现一定的功能差异性，也体现激励"空间换地"的均衡性，避免"按下葫芦浮起瓢"。

第二，既要向地上要空间，也要向地下要空间。过去比较注重平面空间，在围海造田、滩涂利用、低丘缓坡开发、低效土地二次利用、批而未供和供而未用土地整改等方面下了很多功夫，但对"三维空间"特别是地下空间利用不够。所以，在向地上要空间的同时，还要充分挖掘地下空间，这个潜力相当大。有关部门测算，浙江适宜开发的地下空间资源 31 亿平方米，目前开发利用的部分不足 4%。但地下空间开发不同于地上空间，地下功能布局以及地下地上设施衔接的要求很高，这需要对地下空间资源进行科学开发，建立全省一盘棋的地下空间利用规划体系，考虑好地下空间的利用强度、空间布局、地上地下连通、地下设施配套等因素，体现规划的科学性、可行性、前瞻性和系统性，达到最大化利用地下空间资源的目的。

第三，既要向城市要空间，也要向农村要空间。城市建设用地特别是工业用地是社会关注热点，实际上农村建设用地的集约利用空间也很大。即使不算建制镇，农村建设用地也有 49 万多公顷，城市建设用地 17 万多公顷，而城镇人口超过了农村人口，这样算下来，农村人均建设用地数倍于城市人均建设用地。在城乡建设用地增减挂钩、耕地占补平衡的机制下，向农村建设用地要空间，城市建设用地的余地就更大，既可以有效缓解城市化用地瓶颈，级差收益又能部分反哺新农村建设，促使城乡土地资源、资产、资本流动形成良性循环。农村建设用地进一步整理的潜力很大。一些村庄整治后公共设施建设用地增多，农村建设用地总量未减反增，特别是一些农民退出后"建新不拆旧"，进城后"购新不弃旧"，下山后"移民不退耕"，"一户多宅""四荒地""空心村""空心宅"现象仍不少。在新农村建设过程中，农村建设用地规划一定要跟上，农村土地整治一定要同步，加强对田、水、路、林、宅、村的综合整治，进一步优化农村人口、农业生产力、农地资源格局，促使农民居住向中心村、中心镇集中，产业向现代农业园区、粮食生产功能区集中，耕地向种粮专业户、农业合作社集中。尤其要加大村庄合并整治力度。日本在明治维新之后进行了三次大规模"町村合并"，以此整理复垦了大量农村建设用地，特别是在工业化、城市化高速发展期，建设用地矛盾十分突出的情况下，大力实施"町村合并"战略，颁布了《町村合并促进法》，使村庄数量从1950年的10411个减少到1975年的3257个，25年时间村庄数量减少了近70%，"町村合并"整理出的大部分农地得到了复垦，为日本城市化和工业化提供了直接支撑。可以借鉴日本农村土地整治做法，抓住美丽乡村建设、农村住房改造、中心镇小城市培育、"三改一拆""下山移民"等契机，鼓励"村庄合并"和"合村进镇"，加强对农村闲置宅基地、空闲地、废弃工矿用地的复垦整理，进一步完善宅基地复垦利益分配机制，切实解决"一户多宅""建新不拆旧""违章不拆迁""拆旧不复垦"等问题，减少因村落分散和农村公共设施建设对农地的过多占用，进一步盘活农村建设用地存量资源。

四、以"电商换市"撬动市场开拓力

市场开拓力决定市场占有率。过剩经济时代，如何以最快速度、最低成本，把市场触角伸入到最广范围，是对市场开拓力的极大考验。抓住浙江专业市场和电子商务的双重先发优势，以"电商换市"推进交易方式"e"化，构筑电商龙头企业集聚地、电商信息资源汇聚高地、产品服务交易成本低洼地，打造响当当的"电商强省"，是进一步拓展浙货市场版图、促使浙货行销天下的有效之举。

长远看，交易方式"e"化是大势所趋；但短期内，虚拟电商完全取代实体市场还不现实，实体、虚拟市场在一定时期内将共存，实体市场特别是专业市场要抓住机遇，嫁接或自主搭建电商平台，加快从"坐商"向"行商"转变，这是实体市场转型的必经之路。如果把电子商务与实体市场这两大优势强强结合，形成"线下体验、线上购买、融合发展"的集成优势，必将有力地助推浙货走出去，实现"促电商"与"拓市场"共举共赢。

一是鼓励浙商"嫁接"电商。电商网络铺得越广，浙货销路就越广。要大力鼓励浙商浙货进驻阿里巴巴，鼓励量大面广的中小企业、个体户与阿里巴巴对接，加快浙系特色产品加盟电商，推动电商进社区、进山区，让更多浙货上网销售，行快车道"卖遍全球"。

二是鼓励专业市场对接阿里巴巴。加快推进电子商务城、电商产业园建设，加强专业市场信用体系建设，整合专业市场电子商务资源，鼓励专业市场与电商市场融合，特别是继续推进小商品市场与阿里巴巴深度合作。

三是鼓励阿里巴巴进军海外。电子商务发展，不只是产业之争，更是市场之争。全球电商巨头 Amazon、ebay、乐天等都加快了海外攻城略地步伐，要加快跨境电子商务发展，支持本土电商反攻海外，尤其要支持阿里巴巴收购兼并境外电商资源，拓展海外电商疆土，提升对全球商流、物流、信息流、资金流的整合力，进一步巩固全球最大的 B2B 电商平台地位，为浙货行销天下奠定基础。

四是开辟电子化专业市场。借助中国化工网、中国化纤网等电商行业平台，重点打造一批专业性电商载体，与专业市场、块状经济、产业集聚区、工业园区构筑产销联盟，无缝对接，同步提升。

五是加强电商交易保障。电商潜力无限，但喜中带忧，忧的是安全。要进一步完善相关政策服务，特别是电子认证、第三方支付、信用资质、信息安全、物流配送等方面要切实加强保障，确保电商安全、规范、健康发展。

第 25 章　建设数字政府　助推企业高质量发展的研究报告

以数字化、网络化、智能化等为特质的新一代信息通信技术（ICT）驱动政府转型驶入快车道，全方位重塑与再造政府组织、政务流程、行政审批、政民互动等体制机制，对政府治理体系产生革命性催化，使数字政府建设具有战略必然性和技术可行性。[①] 发达国家纷纷运用数字技术推动政府转型成为新公共管理运动（New Public Management）后政府改革的主旋律之一，英国 2012 年 11 月推出"政府数字战略"（Government Digital Strategy）和"政府转型战略（2017—2020）"，启动"数字政府即平台行动计划"；美国 2012 年发布"数字政府战略"（Digital Government）；韩国 2012 年 6 月实施"智慧政府实施计划"（Smart Government Plan）；德国 2016 年 3 月发布"数字化战略 2025"及"数字化政府"行动；新加坡 2014 年 3 月启动实施"iN2015 计划"及"智慧国家 2025"工程；日本制定"i–Japan 战略"，均通过系统的数字化路线推动政府转型，致力于引领全球数字政府转型，为经济高质量发展提供支撑，抢占数字经济先机和竞争制高点。

数字政府是数字中国、网络强国、智慧社会三大国家战略纵深推进的战略支撑。习近平总书记在中央政治局第 36 次集体学习时强调，要以数据集中和共享为途径，建设全国一体化的国家大数据中心，推进技术融合、业务融合、数据融合，实现跨层级、跨地域、跨系统、跨部门、跨业务的协同管理和服务，推进政府决策科学化、社会治理精准化、公共服务高效化。作为全国数字经济先发省和国家信息经济示范区，浙江大力建设"数字经济"一号工程，[②] 将数字政府作为数字经济和数字社会的基础性工程，在全国率先建成省级政务云服务体系和政务服务"一张网"，实施全国第一部公共数据和电子政务政府规章，在全国率先编制《数字政府建设总体方案》，争创政府数字化转型先行区和示范区。根据国务院办公厅委托国家行政学院评估并发布的《省级政府网上政务能力调查评估报

---

① Tomasz Janowski. Digital Government Evolution: From Transformation to Contextualiza – tion [J]. Government Information Quarterly, 2015, 32（3）: 221–236.

② 2017 年 12 月 25 日，浙江省委经济工作会议明确提出，大力推动经济数字化、社会数字化、政府数字化转型，把数字经济作为"一号工程"，大力实施大数据战略，建设"数字浙江"。

告》，浙江 2015、2016、2017 年连续 3 年位居省级政府网上政务能力榜首，以浙江为样本深入剖析其数字政府建设路径对全国推进政府数字化转型具有参照价值和借鉴意义。

第一节　数字政府建设的战略意义

数字政府（Digital Government）是公共治理理论与数字技术深度融合催生的热点问题，强调以需求为导向的数字化变革推动政府理念革新、职能转变和体制机制重塑，逐渐成为数字治理理论应用的新动向。Patrick Dunleavy 在其 2006 年出版的《Digital Era Governance：IT Corporations, The State and E - Government》中首次对数字治理做了系统阐释，随后理论界将数字治理理论引入新公共管理，[①] 掀起了数字政府理论研究和实践探索的浪潮。数字政府治理研究并不局限于政府治理方式，更深层次的是探索政府机构改革和权责碎片化的重新整合（Reintegration）、政府体制机制的系统优化和流程再造、政务服务全面数字化变革（Digitization Changes），[②] 从本质上讲旨在处理政府"有形之手"与市场"无形之手"、社会"自治之手"的逻辑关系，提高政府治理效能、行政质量和公信力，加速实现"管制型政府"向"服务型政府"转变。数字政府并不局限于 ICT 技术在政务领域的应用，而是"治理理念创新 + 数字技术创新 + 政务流程创新 + 体制机制创新"协同推进的全方位变革，以大平台、大数据、大系统、大集成为战略导向，以数字化、协同化、透明化、智慧化为实施路径，以跨部门、跨系统、跨地域、跨层级高效协作为重要支撑，对政府数字化思维、数字化理念、数字化战略、数字化资源、数字化技术等相关因素进行最大化集成，从而撬动国家治理体系和治理能力现代化。

（1）从经济治理体系和治理能力现代化视角看，数字政府是催化数字经济快速释放、融合、速增的关键性支撑。在大数据时代，数据流通、开放、共享是实现数据资源价值的重要方式，建设现代化经济体系离不开大数据的支撑，而数字政府是以大数据为生产要素的数字经济的前提条件。2018 年 4 月，全国网络安全和信息化工作会议明确的基本路径是：大力发展数字经济，推动数字产业化，依靠信息技术创新驱动，催生新产业、新业态、新模式；同时推动产业数字化，利用互联网新技术、新应用对传统产业进行全方位、全角度、全链条的改造。政府是"数据海洋上的巨轮"，掌握着极其庞大的数据渠道以及数据资源，政府数

---

①　王洛忠，闫倩倩，陈宇. 数字治理研究十五年：从概念体系到治理实践——基于 CiteSpace 的可视化分析［J］. 电子政务，2018（4）.

②　韩兆柱，马文娟. 数字治理理论及其应用的探索［J］. 公共管理评论，2016（1）.

字化转型是经济数字化转型的先导力量，也是数字经济的重要支撑和现代化经济体系的强大引擎，应进一步增强政府改革的自觉性、主动性和联动性，把数字政府作为数字经济的标志性、引领性工程来抓，加强数字时代的政府改革和治理能力建设，通过政府数字化撬动经济数字化和提高全要素生产率，加速互联网、大数据、人工智能等数字经济与实体经济深度融合，促进经济高质量发展和现代化经济体系建设。

（2）从社会治理体系和治理能力现代化视角看，数字政府是加快推动社会治理精准化、公共服务高效化以及社会互动信任化的迫切要求。数字政府以拥有的信息枢纽为依据，赋予每项政府工具"探测器"（Detectors）和"生效器"（Effectors）功能。依靠数据刻画而来的"镜像世界"，借助算法技术处理镜像世界以得到主观认知，形成"数据＋算法"双驱动模式以及诸多算法组合而成的"自学习机制"能够更透彻地揭示传统技术难以展现的关联关系，促进社会公众感知以及行为的数字化。大数据具有典型的"4V＋1C"特征，即 Variety（多样性）、Volume（数据量巨大）、Velocity（时效性）、Vitality（快速变化）以及 Complexity（复杂性），运用大数据提高社会治理的匹配性、精准性及有效性，亟须尽快破除"信息孤岛""信息烟囱"以及"数字鸿沟"，推动信息系统相互兼容和数据实时共享。这需要构建"用数据说话、用数据决策、用数据管理、用数据创新"的管理机制，健全大数据辅助科学决策和社会治理的机制，为破解社会治理难题提供重要工具和有效手段，推动社会治理体系和治理能力现代化。

（3）从政府治理体系和治理能力现代化视角看，数字政府是对政府自身改革进行全方位、全领域、全时空系统性和数字化重塑的战略支点。基于 ICT 技术支撑起来的数字政府平台越来越展现其作为公共服务、公众参与、实时交互、及时响应的"能量场"①。数据对政府治理的影响效应至少存在三方面：一是数据源从体量较小的"结构化数据"演变为复杂的大型"非结构化数据"；二是大数据、人工智能等植入政府治理后，政府治理工具和技术手段更加专业化、智能化、高效化；三是政府决策一旦建立在大数据基础上，会越来越量化、可预测化、灵敏化，能够快速响应公众诉求。运用数字技术重塑行政权力运行流程和模式，能有效打破组织壁垒和信息壁垒，提高政府治理能力和公共服务质量，对高效履行政府职责、提高行政质量、效率和政府公信力是有力的促进。通过"制度创新＋技术创新＋流程创新"协同发力的数字化转型，按照自身运行规律与政府和社会良性互动的关系设置数字化的政府治理和服务模式，有助于实现"审批更

---

① （美国）曼纽尔·卡斯特. 网络星河：对互联网、商业和社会的反思［M］. 郑波，武炜，译. 北京：社会科学文献出版社，2007：3－14.

简、监管更强、服务更优"，以及"数据多跑路、群众少跑腿"。紧扣政府五大职能，加快推进审批服务、执法监管、城市管理、安全管控、智慧办公等政务数字化，增强政府治理的即时性、精准性和科学性，有利于推进政府治理体系和治理能力现代化。

第二节　数字政府"六位一体"构架与实施路径

运用数字技术深化政府改革是数字政府建设的必然方向。韦斯特（2011）认为，数字政府的发展经历了四个阶段——"公告板"阶段、部分服务供给阶段、系统服务的门户网站阶段、互动式民主阶段。[①] Klievink & Janssen（2009）从组织变革的角度提出，以数字政府系统为基础的协同型政府建设经历了"火炉管"式组织、整合化、全国性入口、组织间整合以及需求驱动的协同型政府五个发展阶段。[②] 数字政府越往高级阶段发展，越需要以公众需求为导向，注重政务服务的高效性、精准性、集成性以及安全性。从我国各地看，浙江率先制定实施数字政府建设总体方案，采取"重点突破期""全面普及期""深度发展期"三步走战略（见表 25-1），对全国推进政府数字化转型具有引领性和示范性作用。[③] 浙江改革试点的启示意蕴在于，数字政府的实施具有极强的关联性、同构性、协同性特质，亟待全方位推进经济调节、市场监管、公共服务、社会管理、环境治理、政府运行"六位一体"数字化转型。

表 25-1　数字政府"三步走"的战略核心任务

主攻阶段	时间表	路线图和任务书
第一阶段	重点突破期（至 2018 年 12 月底）	深度应用"互联网＋政务服务"，实现信息孤岛 100% 全打通、数据资源 100% 全共享、网上办事 100% 全覆盖；经济运行、公共服务、市场监管等领域的数字化应用取得成效；行政审批、执法监管、便民服务、基层治理、政务办公等领域数字化转型实现重点突破

---

① （美国）达雷尔·韦斯特. 数字政府：技术与公共领域绩效 [M]. 郑钟扬，译. 北京：科学出版社，2011：15-20.

② Klievink Bram, Janssen Marijn. Realizing Joined-up Government Dynamic Capabilities and Stage Models for Transformation [J]. Government Information Quarterly, 2009, 26：275-284.

③ 从构架看，主要是围绕政府治理体系和治理能力现代化这一目标，在"最多跑一次"改革的基础上加快推动大数据与政府治理深度融合，构建纵向贯通、横向协同的数字政府。从路径看，以"最多跑一次"改革为牵引，加快建立一体化的移动政务服务体系，推动信息孤岛 100% 全打通、数据资源 100% 全共享、网上办事 100% 全覆盖，旨在建成"掌上办事之省"和"掌上办公之省"两大核心目标。

续表

主攻阶段	时间表	路线图和任务书
第二阶段	全面普及期（至 2020 年 12 月底）	公共数据依法依规全面共享、有序开放，基本建成"掌上办事之省"和"掌上办公之省"；80% 以上的政务服务事项可以掌上办理，部门专网整合率达到 100%，基于大数据的科学决策、社会治理、风险防控、政府效能显著提升
第三阶段	深度发展期（至 2022 年 12 月底）	大数据与政府治理深度融合，掌上办公、掌上办事实现核心业务 100% 全覆盖，用数据说话、用数据决策、用数据管理、用数据创新的机制较为健全；政府系统纵向、横向协同治理的机制基本形成；能够满足治理现代化和社会公众需求

来源：根据浙江数字政府公开资料整理。

（1）聚焦聚力推进经济调节数字化，靶向是增强经济形势分析研判和行政决策的时效性、系统性及精准性。众所周知，基于样本数据推理得出的因果关系或关联关系是不全面甚至是不客观的，换言之，传统统计学意义上的随机抽样以及存在明显时滞的统计数据致使政府的经济调节职能难以实现对核心经济指标及时、高效、精准的掌控。大数据具有极大量、多维度、相关性等特质，依托大数据中心归集的多维度海量数据，彻底改变了以往依靠抽样调查所得到的少量数据进行决策的方式，从"局部→整体"逻辑推理转向依据"实时、全样、巨量"大数据的相关性分析与深度挖掘，使经济研判和预测主要指标的"形"与"势"更有公信力。对此，突破口在三方面：其一，加快推进经济运行数字化。建立经济运行基础数据库，将分散在统计、发改、财政、商务、经信、税务、海关、工商等部门的经济运行数据进行动态归集，解决部门数据采集口径不一致、中间环节多、时效性不强、相互割裂等问题，构建宏观经济、区域经济、行业经济、微观经济等数字化分析系统，对投资、生产、消费、进出口、金融、物价等指标进行大数据建模，建立经济运行实时分析、经济发展质量评价、经济指标预测等数字化分析体系，对主要指标进行数据钻取、数据挖掘、数据比对以及可视化分析。其二，加快推进统计监测数字化。围绕经济增长、科技创新、产业升级、要素供给、资源利用、能源消耗等领域，建立统计监测分析系统，提升经济形势分析研判的系统性、及时性、精准性、科学性。其三，加快推进政府决策数字化。加强财政、税收、金融、价格、能源、国资、商务等领域的数字化应用，推进谋划、决策、执行、督查、反馈等数字化协同工程，以数据流支撑和引导技术流、资金流、人才流、信息流、决策流，形成政府治理闭环机制。

（2）聚焦聚力推进市场监管数字化，靶向是构建基于"大数据 + 云计算"双轮驱动的对市场主体进行全生命周期监管的新型模式。传统监管机制"碎片化、割裂化、错位化",难以适应瞬息万变的形势,基于 ICT 技术植入的监管数字化转型有助于从根本上破解这一难题。其一,以集约化方式搭建标准化、通用化的行政执法监管系统与移动巡检监管系统,通过信息系统将原则性、模糊性、动态性的执法监管要求,固化为可执行、可量化、可追溯的操作要求,构建对市场主体行为全生命周期的监管链,实现执法监管行为从下达检查任务、抽取检查对象、抽取检查人员、生成检查内容、录入检查情况、公示检查结果、做出行政决定等全环节全流程的数字化留痕管理。依托执法监管平台动态共享信用信息,将信用信息嵌入执法管理链,建立跨部门联动响应的公共信用评价机制、信用联合奖惩机制、信用综合监管机制,完善以公共信用信息服务平台为主要内容的"531X"信用监管体系。① 其二,构建基于"大数据 + 云计算"双轮驱动的"事前管标准、事中管达标、事后管信用"的新型市场监管模式,加强对第三方网络交易平台的线上监测、信息采集和数据处理,关联分析企业市场准入、生产经营、投诉举报、违法失信等主体、客体数据,提高对网络交易违法行为的发现、取证、移交和处置能力。汲取长生生物疫苗事件教训,依托电子监管码、RFID、台账、抽验、二维码等技术手段,建立特殊药品追溯系统、药品电子监管追溯系统、药品全程追溯系统、医疗器械保健食品化妆品追溯系统,对药品市场监管进行全时空追溯,提高监管的及时性和灵敏度。浙江实施"大数据 + 打假"云剑行动,根据阿里电商大数据绘制"线下可疑售假团伙分布图",2016 年捣毁涉假窝点 417 个,目前"云剑联盟"已扩大到 13 个省市。其三,建设统一政务咨询投诉举报平台,构建"统一接收、按责转办、限时办结、统一督办、评价反馈"的闭环机制。浙江有关部门统计监测显示,改革后投诉举报平均办理时间从 21.56 天缩短到 4.24 天。

(3)聚焦聚力推进公共服务数字化,靶向是构建"一窗受理 + 一网通办 + 一证办理"的数字政务新模式。根据《联合国电子政务调查》,2003 年全球提供在线服务的只有 33 个国家,而 2017 年已有 148 个国家,公共服务数字化是大势所趋。从浙江先行先试看,公共服务数字化转型需要从以下四个方面突破:其一,设立政务服务网一窗受理平台,围绕"无差别全科受理"和"受办分离"②,加快打造"前台综合受理、后台分类审批、综合窗口出件"的政务服务新模式,向乡镇(街道)便民服务中心、村(社区)代办点延伸。其二,全面推进企业

---

① 即聚焦企业、自然人、社会组织、事业单位、政府机构等五类主体,构建公共信用评价、信用联合奖惩、信用综合监管等三大体系,建立统一的公共信用信息服务平台。

② "无差别全科受理"是指基层行政服务中心任一窗口都能代表政府办理所有事项,防止群众和企业找不到或难以找到对口办理窗口,但目前存在的障碍是,部门业务系统与"一窗受理"平台尚未实现全面对接,不利于"无差别全科受理"的实施。

投资项目审批等重点领域系统建设。建设投资项目在线审批监管平台，打通涉及投资项目审批的信息系统，实现企业投资项目审批100%网上申请、100%网上办理；优化商事登记"证照联办"系统，推行"多证合一、一照一码"改革。其三，网上办、掌上办。实施"一证通办、一网通办"，企业在"网上申报、网上受理、身份认证、网上签名、电子归档"等做法，全面推广"在线咨询、网上申请、快递送达"办理模式。其四，加快推进"大数据＋公共服务"，以面向公众真实的精准供给为方向，加强公共服务的供给侧结构性改革，建设健康医疗大数据中心，加快建设社保卡线上统一服务平台，完善综合交通信息平台，建设公共文化大数据中心。

（4）聚焦聚力推进社会治理数字化，靶向是实现联动式协同、可视化指挥、智慧化分析以及闭环式管理。社会治理数字化转型的底层操作逻辑是以用户为中心、以实际效果为导向、以大数据和云计算为驱动，建立综合信息指挥系统和基层治理综合信息平台，打通纵向和横向各部门、各条线、各领域信息系统和基层信息平台。锲入路径和抓手是：其一，以"全域覆盖、全网共享、全时可用、全程可控"为目标，建立监控视频"天眼"、网格员移动"网眼"、普通群众"众眼"三位一体的立体化社会治理和风险防控体系。浙江衢州市实施这一改革之后，可调度使用视频数是建设前的3.1倍，处理时限缩短了62%，公共安全视频统一调度能力提升2.7倍，视频破案占比达到40.06%。其二，推进基层治理信息系统一体化建设。加强纵向信息系统与基层治理平台的整合，实现基层治理信息"一个口子进、一个口子出"。构建由全科网格组成的基层治理一张网，落实全科网格员，确保群众办事在乡镇、村居或网格层面解决。针对基层政务APP过多的突出问题，[①] 按照统一技术标准规范，将基层现有APP应用集成整合到统一平台。其三，构建综合性城市管理数据库。加强城市管理综合指挥智能化应用，实现城市管理运行状态的全面可视和监测。比如基于阿里云ET的"城市大脑"V1.0上线后，接管杭州市128个信号灯路口，试点区域通行时间减少15.3%，120救护车到达现场时间缩短50%。其四，深化综治系统建设。搭建全科网格管理信息子系统，实行网格统一编码，加强重点人员、重点群体预警管控。

（5）聚焦聚力推进环境治理数字化，靶向是围绕水、大气、土壤、森林、绿地等基本生态元素建立"天—空—地"组网实时在线监测体系。大力推进"互联网＋环保""大数据＋环保"，彻底颠覆传统环境治理监管方式，织密生态环保"监察网"，为青山绿水装上实时、动态、全天候的"千里眼""顺风耳"，

---

① 目前，基层乡镇、街道政务APP有：平安通、河长制APP、志愿汇APP、掌上12345、司法通、民情通等。

实现预防为先与动态治理的紧密结合。实施路径有四方面：其一，依托政务云打造生态环境大数据平台，建立水、大气、土壤、森林、绿地等基础数据库，实现跨流域、跨部门、跨地区的生态环保信息互联互通。其二，加强水环境数字化应用。加快饮用水水源安全的环境信息体系建设，深化流域水环境治理一体化管理，建立"天—空—地"组网协同治理的实时在线监测体系。其三，加强土壤污染防治数字化应用。建立土壤环境质量监测网络，实现土壤环境监测点位全覆盖，构建上壤污染溯源系统、预测系统、预警系统，实现危险废物从产生到处置的全流程覆盖、全时段记录和链条式追溯。其四，建立空气质量监测预报预警体系，完善大气复合污染立体监测系统，健全一体化雾霾监测体系，加强对大气污染的溯源、模拟和预测预警。

（6）聚焦聚力推进政府运行数字化，靶向是针对行政执行力不够强、政策落地"最后一公里"不到位等突出症结制定针对性、操作性和实效性强的解决方案。通过有效的数字工具构建先进的应用场景，极大地提高了行政效率和政务质量，打造富有引力和竞争力的政务生态。对此，大力推广三大数字工具。其一，全面推行"叮叮钉"。"叮"就是打造移动办公新平台，有效解决以往纸质文件传阅效率低、周期长、易出错等弊端；"盯"就是建立项目推进专班制，围绕重大项目建立钉钉工作群，形成"发现问题、立即上传、迅速处理、及时反馈"的工作机制；"钉"就是咬定重点项目、重点工程、重点企业、重点工作抓落实，实现"工作项目化、项目清单化、清单责任化、责任考核化"。其二，建立权威高效的电子监察系统，将行政权力运行、政务咨询投诉、公共资源交易等运行情况全面纳入监察范围，形成来源可溯、去向可查、监督留痕、责任可究的完整信息链条，实施在线即时监测。其三，将数字化技术植入政务督查系统。建立政府系统 24 小时全天候的指挥平台、督查平台、反馈平台和沟通平台，对重点任务分解、进展过程、完成情况等全过程动态跟踪、实时督查、评估绩效、及时反馈，实现从"人海督查"向"数字督查"转变。

第三节　数字政府"六位一体"构架的底层技术支撑

数字时代提供的工具、技术、方法能帮助政府以更快的速度、更低的成本、更好的效果实现政府的数字化服务，但政府数字化效应的最大化呈现并非易事，利用 ICT 技术再造"六位一体"数字政府构架体系和改善政府在线服务质量，亟须对政府系统的数据共享技术、数据采集技术、数据标准、数据安全技术等底层技术进行集成运用，以支撑和保障政府组织高效响应经济社会全面数字化转型需求（见图 25 -1）。

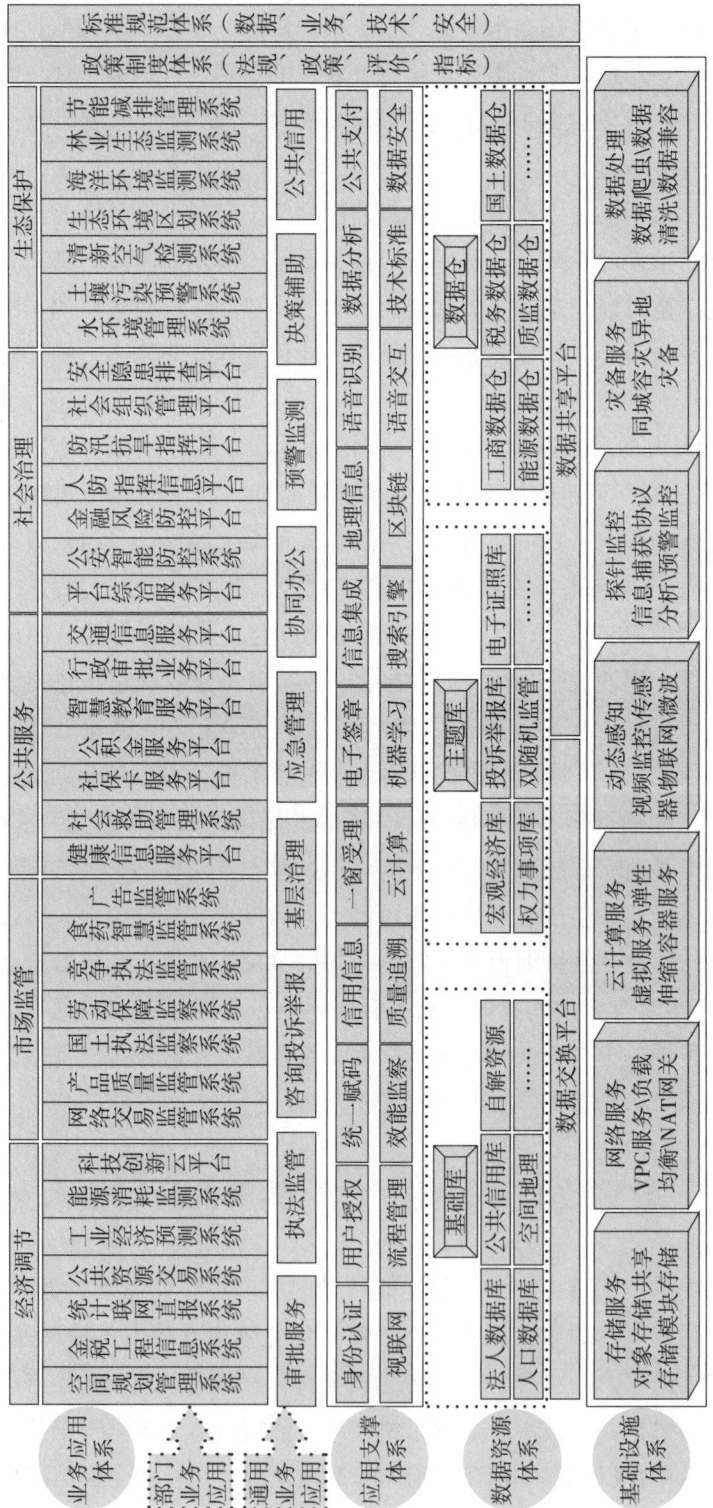

图 25-1 数字政府 "六位一体" 框架与实施路径

一、瞄准"信息烟囱"和"信息孤岛"，夯实数据共享技术支撑

G2G 数据互联互通不充分是政府数字化转型的突出症结，跨层级、跨地域、跨系统、跨部门、跨业务存在大量信息孤岛是数字政府建设的关键瓶颈，表现在横向上部门系统、市县系统之间存在各种各样的"护城河""防护栏"，纵向上垂直部门之间存在大量"信息烟囱""隔离带"[①]。比如，企业投资项目在线审批监管平台与国土、环保、建设等部门业务系统没有完全联通，施工许可证核发信息、评估报告审批信息、竣工验收信息等核心数据没有实时对接，垂直部门的税务、金融、国土、工商等关键性信息没有对地方政府公开，导致企业在项目审批过程中"材料重复交、部门来回跑"。打破"信息孤岛"极其错综复杂，背后是部门本位主义和利益博弈，应按照"基层数据库→主题库→大数据平台"共享路径（见图 25 – 2），以"全统一、全打通、全归集、全共享、全对接、全覆盖、全在线"为导向，加快推进跨部门、跨层级、跨领域联办事项的业务流、信息流、数据流的联通共享，真正建立回应性、责任性、及时性、无缝隙的大数据平台。顺应"万物感知、万物互联、万物智能"的趋势，按照"统一规划、统一平台、统一标准、统一建设、统一管理、统一运维"的整合导向，加快建设跨部门、跨地域、跨系统的"政务一朵云"（见图 25 – 3），依托"政务一朵云"建立具有多样化数据存储、处理、分析能力的大数据中心，构建公共安全视频图像共享平台，完善公共数据共享平台功能和架构，最大程度实现公共数据汇聚和共享。

二、坚持数据集成和数据应用相辅相成，夯实数据采集技术支撑

在一切可由数据记载和表达的大数据时代，人们有能力获得个体或者集合在空间维度和时间维度的所有数据，换言之，人是一切相关数据的总和。在非大数据情景下，人的心理偏好、利益诉求、情感表达、身心体验等个性化特征难以数据化，对个性偏好的挖掘只能通过抽象模型表达，然而传感器、社交软件、移动互联等颠覆性地实现了非数据化心理行为的数据化，从而在技术上能够对用户和公众的个性偏好、利益诉求、情感表达、身心体验等特征进行数字化定量分析。但数据集成分析必须以先进采集技术为前提，只有传感器、移动设备、定位系统、爬虫技术、运算能力等足够先进，以便充分记录、搜取和加工处理高度相关、海量的、完备的数据，否则数据只是政府和公众行为数据的无序堆砌。具体突破口在于：其一，深度开发应用 ICT 技术，推动集成电路、基础软件、核心元器件等薄弱环节实现根本性

[①]　省级与国家部委的垂直信息系统没有完全实现互联互通和数据共享，以浙江为例，对国家部委的数据共享需求清单 70 多类，涉及近 20 个部委。

突破,大力开发自然语言处理(NLP)、神经网络分析、模型构建和参数设置、海量技术处理等技术工具及分析方法,拓宽 ICT 技术转化、可视化应用的政务场域。其二,立足"事后管信用",推动部门自建 CA 认证系统互认互信,把所有政务信息系统接入统一身份认证体系,实现刷脸认证、扫码认证以及信用数据集成。其三,加快建设政府数据统一开放平台,建立可信电子证照库、办事材料共享库、人口综合库、法人综合库、信用信息库等,形成政府和社会互动的大数据采集机制。

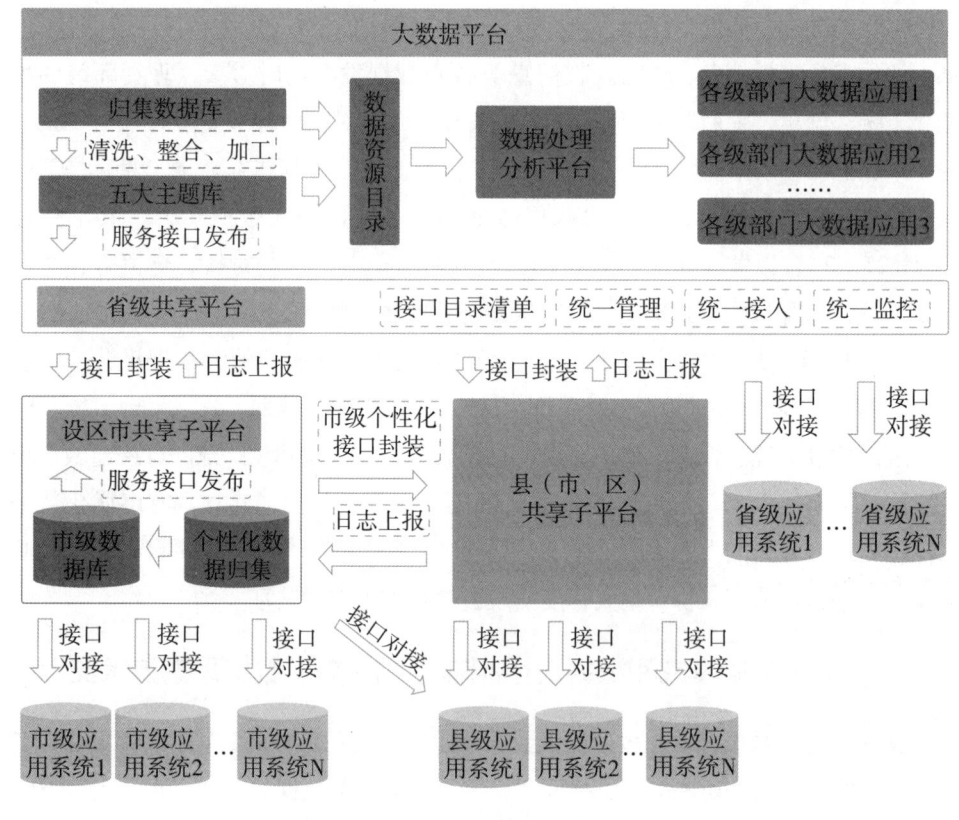

图 25-2   大数据平台构架

三、以数据价值最大化释放和应用为导向,夯实数据标准支撑

在实际操作层面,统一规范以及技术标准的缺失、滞后影响了数字政府推进速度,必须注重数据标准和业务标准的匹配、数据流和业务流的统一、数据系统和业务系统的同步。只有建立数据标准、接口标准、平台对接标准、运行管理标准、网络安全标准等一系列标准,确保数据的唯一性、规范性、完整性、全相关性,才能实现数据价值的最大程度挖掘。要加快编制政府数字化转型总体标准框架,明确政府数字化转型总体标准、技术标准、数据标准、业务应用标准、管理标准、服务标准内容等。按照"减事项、减次数、减时间"要求,优化办事流程、简化办事环

节、减少办事材料、缩短办事期限，建立标准、规范、科学的办事指南体系。加快推进数据标准化建设，制定数据汇聚、数据平台、数据安全、大数据应用等急需的标准，逐步建立《公共数据资源目录编制规范》《"互联网＋政务服务"公共数据管理规范》及电子证照库、人口综合库、公共信用库等。加强数据标准规范推广，定期开展标准规范应用评估监督，推进标准规范落实到位。

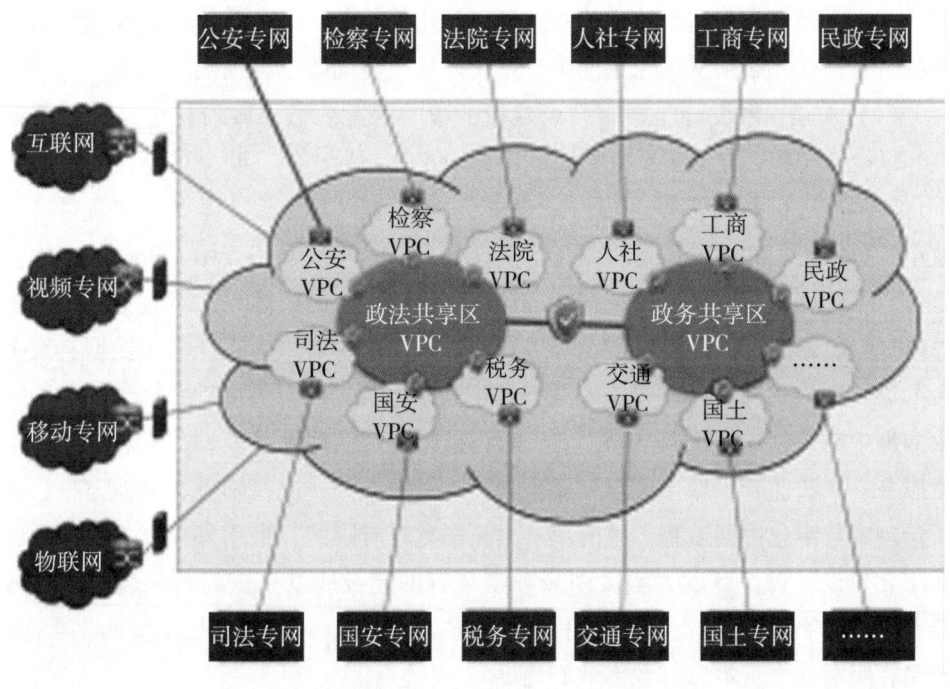

图 25 – 3   "政务一朵云"

四、针对大数据风险敞口，夯实数据安全技术支撑

复杂网络、新技术迭代、大数据汇聚、系统互联互通等条件下的数据安全保障不容忽视。根据互联网监控公司 Arbor Networks 统计显示，2011—2014 年全球 DDoS 攻击量增加了 30 倍以上，每年对全球经济造成的损失高达 4000 亿美元。对此，应坚持数据安全和系统建设"同步规划、同步建设、同步运行"，建立数据安全规范体系，编制数据安全管理条例，加强数据生成、存储、传输、应用、共享等全链条过程中的安全防控，建设集风险评估、情报共享、研判处置、应急机制为一体的网络安全态势动态感知云平台，加快构建以网络安全、数据安全、政务安全、用户安全等为重点内容的多层次数据安全保障体系。综合考量用户需求和数据的权利边界，严格界定数据所有权、使用权、隐私特权与数据商业化权限，依法构建开放的数据生态系统以及基于 HTML、CSV、XLS、WMS、WCS、WFS 等多元化数据格式的覆盖数据全生命周期的安全保障体系。

第四节　对策与建议

　　数字政府涉及诸多条线和模块且与外界存在实时互动，是错综复杂的系统工程，构筑数字化、智能化、融合化机制和操作路径，促进线下实体政府和线上虚拟政府高度融合和无缝衔接，建立政务高效化、服务线上化、治理精准化的新型政务运行模式，必须从国家层面进行系统设计、协同改革以及政策支持。

　　（1）加强顶层设计是数字政府建设的根本保障。数字政府建设是一项系统性和耦合性工程，有必要成立数字政府建设工作领导小组，建立强有力的政府数字化转型推进机制，按照全国"一盘棋、一张网"思路通盘谋划，加强对这项改革的总体规划和顶层设计，细化落实任务书、时间表、路线图、责任状。建立政务数据管理服务体制机制，构建适应数字化的组织构架体系，对政务数据管理总体规划、顶层设计、标准规范等进行系统考虑。按照"大系统、大数据、大平台"架构，以一体化基础设施和共建共用共享的数据资源为基础，加快建立国家大数据中心，创建数据共享模型、流程再造模型、信用体系模型，重点推进以审批服务、执法监管、城市管理、安全管控、智慧办公、决策辅助、效能监察、基层治理等数字化协同工程。政府单一力量毕竟是有限的，采用外包方式推动政府数字化建设进程，可以大幅度削减数字政府的建设成本，提高数字政府治理效能，降低数字政府运行负担，应积极探索"政府主导＋社会参与＋市场化运作"机制，吸引社会资本参与数字政府建设。

　　（2）深化政务改革是数字政府建设的重要手段。政府数字化转型既是技术变革，也是制度变革，倒逼政务服务的业务重组与流程再造。从当前看，权力清单标准化不够，群众办事流程不统一、标准不一致，企业投资项目登记、不动产登记、商事登记、证照联办等尚未形成标准化流程是数字政府建设的"拦路虎"。要全面推进群众办事指南规范化和企业投资项目审批事项标准化，加快制定办事事项和审批事项标准化流程，办事目录、流程、格式、文本、技术等必须全要素全流程标准化，重点在跨部门、跨层级、跨领域联办事项上突破，破解企业投资项目审批涉及"部门多、层级多、事项多、中介多"等难题。[①] 深化企业投资项目审批便利化改革，加快在线审批监管平台建设，推广"一口受理、在线咨询、网上办理、代办服务、快递送达"办理

---

　　① 浙江以权力清单和公共服务事项目录为基础，全面梳理"最多跑一次"事项，省、市、县梳理公布的"最多跑一次"事项分别占同级总事项数的95.68%、95.33%、93.85%；全面清理行政许可事项，行政许可从2013年的1617项减少至459项，推进企业投资项目承诺制改革和企业对标竞价"标准地"改革，实行"区域环评＋环境标准""区域能评＋区块能耗标准"。

模式。加强行政审批中介服务改革，[①] 全面推广施工图联合审查以及联合测绘、联合验收、竣工测验合一，建立统一的网上"中介超市"和"竞价平台"。

（3）构筑统一平台是数字政府建设的前提条件。基于大数据、大系统的统一平台是数字政府建设的基本支撑，也是进一步构建"数据共享模型""流程再造模型"以及"信用体系模型"的必要条件。要加快建立覆盖全域、统筹利用、统一接入的数据共享大平台以及物理分散、逻辑集中、资源共享的政务信息资源大数据，构建深度应用、上下联动、纵横协管的协同治理大系统，通过数据流、业务流、信息流的实时同步，实现"一次填报、全网共享"和"一处变更、全网更新"。深化一体化权力运行平台建设，将可协同、可联办行政审批和公共服务事项梳理整合成"一件事"，按"一套标准"进行前台综合受理、后台分类审批、综合窗口出件，实现数据落地和全流程监控。

（4）推行"掌上办事"是数字政府建设的落脚点。数字政府是需求导向型和公众响应型的及时性政府，也就是从用户需求和公众诉求出发，基于用户和公众不同的数据维度，抽象出用户和公众360°全景画像，洞察分析公众需求和响应公众需求，促进政府与公众（G2C）、政府与企业（G2B）良性互动。要进一步深化"互联网＋政务服务"，系统整合优化政府系统中的决策流、信息流、资金流、业务流，积极探索"一证通办一生事"，广泛开展"掌上办事"，打通服务群众"最后一公里"。借助"互联网＋"和人工智能，促进政务服务在线化、智能化、实时化，推广移动政务服务终端、手机终端等应用，将政务服务的触觉延伸至社会的神经末梢。加快移动政务服务应用整合，推进行政服务中心窗口单位涉及审批收费事项与公共支付平台的对接，在教育、就业、社保、卫生、住房、交通等民生领域进一步推广掌上办事。

数字政府事关全球新一轮营商环境较量，[②] 我国政府数字化转型之路依然任重道远。根据早稻田大学发布的《2017国际数字政府评估排名研究报告》，中国得分52.865，在65个参与评估的国家中排名第44位，远低于新加坡（91.057）、丹麦（88.739）、美国（87.117）、日本（81.236）、爱沙尼亚（81.198）等国家。数字政府为政府自身改革带来广阔空间的同时，对政府治理理念、治理结构、行政程序、政务质量、业务流程、制度供给、机构改革等也产生了不可估量的深远影响。在各国纷纷抢占数字政府、智慧政府或"政府3.0"制高点的背景

---

① 实地调查发现，行政审批中介服务改革仍有障碍：一是中介服务事项多，一个普通核准类企业投资项目审批从立项到竣工验收涉及中介服务事项25项，技改备案项目10项；二是中介服务时间长，中介机构提供的审批前置服务耗时占全流程审批1/3以上；三是中介服务收费高，基本上每个环节均需提供中介机构技术文本，收费介于3000元至数十万元之间。

② 世界银行（WB）发布的营商环境报告包括10个指标：开办企业、办理施工许可证、获得电力、登记财产、获得信贷、保护中小投资者、纳税、跨境贸易、执行合同以及办理破产。

下，我国亟待实施政府持续转型行动，推动数字政府不断迭代和升级。

（1）"云上政务"很可能是"互联网＋"政府的下一个浪潮。新兴信息技术如大数据、云计算、物联网、区块链等是人类突破认知极限、超越时空资源局限的"临界点""爆发点""奇点"，云技术和数字技术植入政府治理之后，政府治理工具和技术手段愈加高端化、精准化、高速化。云计算将计算、存储、记忆、网络等信息资源进行集成后，按需求、易扩展的服务方式进行计算资源的交付和使用，促使私有云、公有云、混合云等应用层出不穷。比如，美国 2011 年 9 月在联邦、州、地方各级政府运行过程中实施"云计算战略"，着力解决传统电子政务基础设施利用率低、资源需求分散、重复建设、工程建设滞后等问题。可预见的是，未来"IT 信息时代"向"DT 数据时代"的变迁会提速，互联网加快迈入"后 IP 时代"，集成电路加快迈入"后摩尔时代"，亟待政府进行彻底的"云革命"，通过云上政府与实体政府的无缝衔接与相互驱动，为公众提供更优质、更高效的全生命周期服务（Citizen Life – Cycle Service）。

（2）"移动政务"（m – government）领域和边界不断拓宽。公众通过 5G 通信、社交媒体等渠道随时随地便利地获取公共信息和公共服务的需求越来越强烈，这是不可悖逆的浪潮。对此，美国联邦政府 2012 年 1 月发布《移动政务策略》（Mobile Strategy for Federal Government），其出发点是在任何时间、任何地点，通过任何设备都能够获取政府信息和数字化服务。新加坡《电子政务总体规划》将移动政务作为电子政务的核心内容，提出一站式的移动政务建设，汇集 300 多项移动政务服务项目，将移动媒体作为民意征集、公证听取、新闻发布、公民参与政务的重要渠道和途径。因此，广泛应用移动技术和社交媒体，创新移动服务供给方式和手段，为公民（G2C）、企业（G2B）以及其他利益相关方（G2G）提供更广泛、更便捷的移动服务，拓展移动政务的广度和深度是大势所趋。

（3）"智慧政务"是数字政府建设的重要靶心。数字政府深度变革的方向是智慧化。基于海量数据和公众线上行为轨迹的深度分析和价值挖掘，对现实问题进行快速识别并精准提炼公众需求，通过线上访问轨迹和点击行为识别公众的差异化需求，有针对性地改进政府线上公共服务，使公共服务越来越智慧化、主动化和精准化。我们看到，迪拜 2014 年 3 月启动实施"智能迪拜"计划，在智慧城市的基础上打造数字政府，实施 100 个计划，为公民提供 1000 项智能服务，这对如何领跑"智慧政务"有深刻的启发作用。从目前看，"智慧交通"是政府数字化转型和"工业 4.0"中具有"灯塔效应"的重大行动，它是精密仪表、智能制造、数字技术、传感技术、交通建设、GPS 定位等全方位时空要素的综合集成，是公众迫切需要抢先破解的突出痛点，此外，"智慧环保""智慧医疗""智慧物流""智慧治安""智慧社保""智慧能源"等都是值得攻克的重点领域。

第四篇 实施标准化战略 提升中国中小企业竞争力的若干调研报告

第26章 中国制造标准走出去的难题和对策建议的调研报告

标准走出去是"中国制造"走出去的重要支撑，是提升中国综合国力和国际竞争力的重要基石。习近平总书记在第39届国际标准化组织大会贺信中指出，世界需要标准协同发展，中国将积极实施标准化战略，共同完善国际标准体系。《中国制造2025》提出，实施制造业标准化提升计划，加快中国标准国际化进程，为"中国制造"走出去提供"通行证"。在"工业4.0"大趋势下，加快制造标准国际化已成为发达国家的一致行动。应抓住"中国制造2025"战略机遇，加快推进中国制造标准先进化、系统化、国际化，助推中国制造向中国创造转变、中国速度向中国质量转变、中国产品向中国品牌转变。

第一节 中国制造标准的基本分析

从中国制造标准描述性统计分析看（见表26-1），主要有以下几个特点：

（1）中国制造标准数量逐年递增。2000年中国制造现行的国家标准数量4818项；2016年上升到12897项，是2000年的2.68倍（见图26-1）。国家标准是中国制造对国内制造企业的技术标准规范，与国际标准往往存在一定的差距，差距越大对"中国制造"走出去的影响越不利。

（2）中国制造发明专利申请授权数逐年递增。发明专利是标准化的重要基础。随着标准化战略的推进，未来越来越多的专利会逐渐向标准转化。2000年中国制造发明专利标准申请授权数量12683项，2016年上升到404000项，是2000年31.85

倍。对比（1）和（2）特点可发现，中国制造发明专利增速远远超过标准化增速，说明标准化进程是滞后的，未来标准化会随着国家的重视逐渐提速。

（3）中国承担的制造业领域的 ISO 和 IEC 的 TC、SC 秘书处数量逐年增加，2000 年只有 4 个，2016 年增加到 81 个。尽管 TC、SC 秘书处总量增加了很多，但总量在全球所有国家中的比重只有 0.7%，这与中国制造是全球第一出口大国的地位十分不匹配。

（4）ISO 和 IEC 发布的由中国作为主要起草国制修订的国际标准数量呈现上升态势，2000 年为 4 件、2003 年最少为 2 件、2016 年增加到 46 件，增加的幅度低于 TC、SC 秘书处数量的增幅。这说明，ISO、IEC 等国际标准组织 TC、SC 秘书处数量的增加，并不代表制定的标准数量会同比大幅增加，关键要最大程度地发挥 TC、SC 秘书处的话语权，推进龙头骨干企业、高校院所、行业协会联盟，更开放地参与标准国际化活动，争抢国际标准制修订权力。

表 26 - 1　中国制造标准的描述性统计分析

	均值	标准差	最小值	最大值	观测量
中国制造标准数量	8249.59	2862.71	4818	12897	17
中国制造发明专利申请授权数	133338.80	118165.90	12683	404000	17
中国承担的制造业领域的 ISO 和 IEC 的 TC、SC 秘书处	35.29	27.54	4	81	17
ISO 和 IEC 发布的由中国作为主要起草国制修订的国际标准	16.77	14.49	2	46	17

资料来源：调研组根据收集资料统计分析而得。

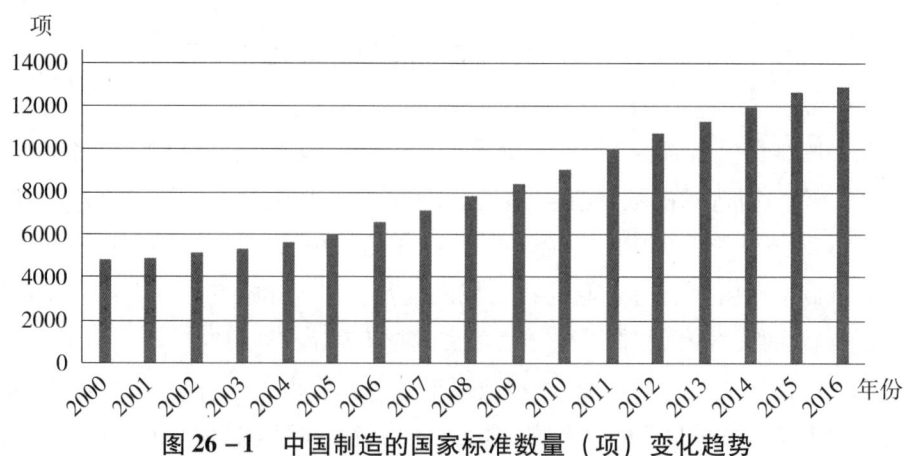

图 26 - 1　中国制造的国家标准数量（项）变化趋势

资料来源：调研组根据收集资料统计分析而得。

第二节　中国制造标准走出去的难题

美国、德国、日本极其善用标准利器实现本国制造在国际市场上的攻城略地，其背后的深层次逻辑在于，标准话语权意味着产业主导权和市场话语权。尽管中国近年来积极推动标准走出去，发布实施了《国家标准化体系建设发展规划（2016—2020 年）》和《标准联通"一带一路"行动计划》，但与美国、德国、日本等国家的制造标准国际化战略相比，中国制造尚未真正建立起与国际接轨的标准体系，现行技术标准体系与中国制造大国地位不相匹配，难以适应"一带一路"背景下中国制造加速走出去的战略需要，也不利于中国开放型经济的高质量发展。

（1）中国制造核心技术存在被发达国家"卡脖子"的问题。传统领域存在技术瓶颈，核心关键技术受制于人，被美国、日本、德国等发达国家"卡脖子"。尽管近些年中国制造技术水平有了长足进步，但仍难出现让国际认可的重大技术创新成果，面临严重的技术瓶颈和技术壁垒。中国制造体系中相当一部分借鉴了国外 ISO、IEC 标准体系，缺乏自主创新能力和设计能力，很大程度仅能做到跟踪国外新兴技术，还难以做到独立的自主创新。国际上，ISO、IEC 标准体系制定的根本目的是满足规范国际市场需求，随着中国近几年技术研发水平的不断提高，制造领域涌现出一批新兴技术，对国内制造整体水平提升起到了至关重要的带动作用，但中国制造新兴技术在申请国际标准时经常发生与国际需求及国际整体制造行业发展不匹配的问题，频频发生专利纠纷和知识产权纠纷，阻碍中国制造新兴技术的国际化进程，制造技术标准供给能力跟不上，标准在国际市场上的竞争力不够强、认可度不够高。

（2）中国制造标准国际化面临一定程度的国际环境和国际规则阻碍。制造技术标准国际化实施过程中仍会遇到很多现实问题，特别是对国际规则不够熟悉，对没有在国内设置秘书处的制造领域几乎束手无策。截至 2017 年年底，IEC 已制定了超过 1.2 万个已被更新或被替代的国际标准。当 IEC 秘书处设在其他国家的时候，必须经过秘书处认可，需要做大量的技术工作，这是第一道门槛；然后是 IEC 标准提案的适用性、可行性审查，这是第二道门槛。由于大量国内企业对 IEC 标准申请流程和 IEC 相关管理办法不太熟悉，上述两大门槛极大地增加了国际标准化活动的复杂性与难度系数，影响了中国制造企业冲击国际标准的动力和积极性。近年来，国家大力推行"一带一路"标准"走出去"，越来越多的企业开始尝试参与制定国际标准，但由于对 IEC 标准申请流程和 IEC 相关管理办法不熟悉（见表 26 - 2），标准提案频频受阻或屡屡失败。

表 26-2 IEC 国际标准和国家标准的制定程序对比

		预备阶段	提案阶段	准备阶段	委员会阶段	询问阶段	批准阶段	出版阶段
IEC 国际标准	技术委员会（TC）	技术委员会（TC）	A. 提出提案：1）国家团体；2）TC或SC秘书处；3）另一个TC或SC；4）联络组织；5）技术管理局或其咨询组之一；6）秘书长 B. 表决与批准立项：TC/SC成员 C. 注册：中央办公室	A. WD制定者：TC或SC建立的WG/PT B. 登记转入下一阶段：中央办公室	A. 分发CD：TC或SC秘书处 B. 提出意见：国家团体	A. 分发CDV：中央办公室 B. 投票：国家团体 C. 公布投票结果：TC或SC秘书处准备、中央办公室分发各国团体 D. 登记转入下一阶段：中央办公室	A. 分发FDIS：中央办公室 B. 投票：国家团体 C. 分发表决报告：中央办公室	勘误，印刷和分发国际标准：秘书长
		预阶段	立项阶段	起草阶段	征求意见阶段	审查阶段	批准阶段	出版阶段
GB 国家标准	（TC）	项目评估：技术委员会（TC）	A. 提出提案：任何单位、个人 B. 项目征集与审查：行业部门、TC和省级质监局 C. 审批、下达计划：国际委	A. WD制定者：TC建立的标准编制工作组（WG） B. 登记转入下一阶段：TC	A. 分发CD：TC B. 提出意见：全社会 C. 处理意见：WG D. 登记转入下一阶段：TC	A. 审查：TC成立的标准审查委员会 B. 登记转入下一阶段：TC	程序审核和协调：国务院标准化行政主管部门	编辑性修改与出版：中国标准出版社

资料来源：根据公开资料收集整理。

（3）中国制造标准的国际兼容性和互通性亟待提升。中国部分制造国家标准是通过 ISO、IEC 标准等同采用形成的，中国制造标准与 ISO、IEC 标准存在整体上的相似性。但由于国情不同、文化不同、规则不同，中国制造技术标准体系和 ISO、IEC 制造标准体系仍旧存在一定的技术性差异。一是中国标准覆盖了制造专业领域、生产流程的所有环节、所有领域，实现了全链条、全闭环，而 ISO、IEC 标准往往只对和市场相关的制造技术参数明确标准规定；二是中国标准内容侧重实践总结，在标准中明确给出结论和执行技术参数，而 ISO、IEC 标准内容侧重原理性，标准中一般只给出概念定义、公式、推导原理等，较少给出具体结论。这些都说明，中国制造标准国际兼容性和互通性仍有待进一步提高。

（4）中国制造标准的国际化专业人才比较缺乏。标准国际化人才需要具备较强的外语能力和高水平的专业技术能力，比较熟悉国际标准化规则和国际文化环境。目前，中国制造领域拥有一批高水平的专业技术人员，但能够熟练与外方进行高层次专业技术交流的人才并不多。目前，各国际标准化组织基本以英语为官方语言，英国、法国、德国等欧洲标准强国都能熟练使用英语，所以在国际标准化活动中往往能够占据主动。此外，标准国际化是一项需要遵守和掌握许多标准化规则、技术程序的工作，从业人员需要对国际标准化组织的制修订程序和工作规则等比较了解，中国在标准化方面的教育体系还存在缺失，高层次应用型标准化人才培养力量不够强。目前，语言、技术、规则三者兼备的标准国际化人才比较缺乏，难以满足中国制造加快走出去的现实需求。

第三节　对策与建议

标准国际化的广度、宽度、深度在很大程度上决定了中国制造走出去的速度、质量和效益，实施标准国际化战略是中国制造高质量走出去的不二选择。应深入研究和借鉴美国、德国、日本制造标准的技术路线图，对接全球制造变迁轨迹和工业 4.0 标准体系，深度参与国内外标准化活动，全链式推进标准研制、标准实施、标准更新和标准推广，加快建立与国际接轨的技术标准体系，获取中国制造走出去的"通行证"。

第一，制订实施"中国制造标准国际化行动计划"。抓住"中国制造2025"战略机遇，密切跟踪全球特别是发达国家先进制造的技术变迁和"工业4.0"标准演化态势，制定实施中国制造标准国际化战略，实施"标准国际化行动计划"和"标准化＋"行动计划，联动推进"标准化＋"与"互联网＋""机器人＋""大数据＋"，发挥"标准化＋"对新技术、新模式、新业态的催化效应，增强标准化和标准国际化对转型升级的保障、支撑和引领功能。实施中国制造标准引领工程，推动"中国标准"上升为国家标准、国际标准，以"中国标准"走出去带动"中国制造"走出去。设立"中国标准创新奖"，奖励对浙江经济社会发展产生重大影响的标准国际化项目。

第二，遴选重点制造领域主攻。目前，德国制造标准国际化主攻电气工程、汽车制造、精密工程、机械工程等领域，日本制造标准国际化主攻信息技术、环境保护、制造技术、产业基础技术等领域，美国制造标准国际化主攻机械制造、电气电子、新材料、生物工程等领域。对此，应探索中国制造标准国际化"弯道超车"战略及技术路线，在标准尚未定型、用户尚未锁定的物联网、大数据、云计算、跨境电商等新兴产业领域，以及机器人、3D打印、航空航天装备、轨道交通装备、节能与新能源汽车等重点制造领域，加快标准国际化赶超步伐。实施中国制造标准引领工程，加快对数字化、网络化、智能化制造技术、标准、产业化的布局，精准扶持每个细分行业的"第一"和"唯一"，加快构建中国制造标准体系，引领制造业提质增效升级。借助"一带一路"倡议，实施加快中国装备制造标准走出去专项行动，鼓励水电、核电、高铁、电缆、通信等装备制造实质性参与国际、区域标准化活动，与重点国家标准化机构签署标准化合作协议，助推中国装备制造加速走出去。

第三，协同推进"标准研制、标准实施、标准采用、标准更新"。瞄准浙江制造业转型升级需求和未来发展趋势，深入谋划重点制造业领域的技术创新路线，实施制造业共性技术创新行动计划，突破一批能引领产业高端发展、市场前景好的核心关键技术标准。坚持"国内标准国际化和采用国际先进标准"两条腿走路，大力实施"标准化+行动计划"和"企业国际化对标工程"，强化强制性标准的制定与实施，支持中国制造品牌企业和龙头企业对标国际领军企业，推动中国产业采用国际先进标准形成支撑产业升级的标准群。紧扣区域产业特点，加强信息、环保、高端装备等计量标准建设，支撑技术创新和行业升级。创新"中国制造"认证模式，鼓励国内外高水平认证机构开展"中国制造"认证，与国际认证机构加强合作，通过认证走出去推动产品走出去。

第四，加强双边和多边标准国际化合作。借助《标准联通"一带一路"行动计划》，全面深化与"一带一路"沿线国家的标准互联互通，推动中国标准"走出去"，提升标准国际化水平。探索与国际标准组织的合作路径，主动介入ISO/IEC（国际标准委员会）、DIN（德国标准化学会）、CEN（欧洲标准化委员会）、CENELEC（欧洲电工标准化委员会）、ANSI（美国标准学会）、NIST（美国标准技术研究院）、JISC（日本工业标准调查会）等标准组织，加快开展双边和多边标准国际化合作，拓宽中国制造标准走出去的通道。

第五，以市场化机制推进标准国际化。划清政府与市场参与标准制定的边界，破除与标准化不相适应的行业壁垒、部门分割、制度障碍和政策碎片化，加快建立统一协调、运行高效的标准化管理体制。大力支持中国领军企业、行业联盟和社团组织参与标准国际化活动，联合攻关重大标准和关键标准，推动本土优势标准攻占国际标准制高点。总结推广华为 NGN 国际标准、海康威视 SAVC 安防标准、海尔"防电墙"等标准国际化经验，建立领军企业主攻国际标准的机制，借助海外并购重组导入国际先进标准，推进国际标准的引进、消化吸收和再创新。

第 27 章　浙江省实施制造标准国际化战略的调研报告

习近平总书记在第 39 届国际标准化组织大会上指出，标准是世界"通用语言"，世界需要标准协同发展，标准促进世界互联互通，国际标准是全球治理体系和经贸合作发展的重要技术基础，中国将积极实施标准化战略，共同完善国际标准体系。在经济全球化和工业 4.0 的大趋势下，加快制定标准国际化战略已成为发达国家的一致行动。应借鉴德国、美国、日本的有益经验，抓住"中国制造 2025"战略机遇，制订实施"浙江制造标准国际化行动计划""高端制造标准国际化行动计划""标准研制、标准实施、标准采用、标准更新协同推进行动计划""IEC、ISO、ITU 等国际标准组织合作行动计划""支持市场主体标准国际化行动计划"，加快推进制造标准先进化、系统化、国际化，助推浙江制造向浙江创造转变、浙江速度向浙江质量转变、浙江产品向浙江品牌转变，增强标准对浙江制造转型升级的保障、支撑和引领功能。

制造标准国际化是攻克国际贸易壁垒、拓展全球贸易版图、提高制造业国际竞争力的重要手段，已成为世界经济竞争的制高点之一。德国、美国、日本等发达国家纷纷实施了各具优势与特色的标准国际化战略，借助标准国际化将制造产品迅速推向国际市场，保持德国制造、美国制造、日本制造的全球领先地位。

第一节　浙江制造标准国际化的战略意义

标准化是经济社会发展的基础性制度，是现代国家治理体系的重要组成部分。早在 2006 年，习近平同志主政浙江时就做出重要批示："加强标准化工作，实施标准化战略，是一项重要和紧迫的任务，对经济发展具有长远的意义。"伴随着经济全球化深入发展，标准化在便利经贸往来、支撑产业发展、促进科技进步、规范社会治理中的作用日益凸显。标准化的广度、深度，很大程度上决定了经济社会发展的速度和质量。全面实施标准化战略，对浙江发展意义重大。

（1）标准化是支撑创新驱动发展，加快新旧动能转换的必由之路。纵观人类历史，每次生产工具和生产方式的革命性变革，往往会产生新标准，并依托新标准推动社会进步。当前，新一轮科技革命和产业变革正在兴起，创新驱动发展的速度越来越快。创新成果通过标准迅速扩散和转移，推动了新业态、新模式、新产业的加速发展。全面实施标准化战略，就是以标准共建共享和互联互通，支撑和推动科技创新、制度创新、产业创新和管理创新，加快促进技术专利化、专利标准化、标准产业化，不断夯实创新发展的基础。

（2）标准化是加快供给侧结构性改革，推动浙江产业发展迈向中高端的战略抉择。"得标准者得天下"，谁掌握标准，谁就占据产业主导权、拥有市场主动权。据美国商务部统计，超过80%的全球贸易受到标准化的影响，每年金额超过13万亿美元。标准已成为全球制造业、国际贸易乃至世界经济的必争之地。当前，"德国国际标准控制性战略""美国标准战略""日本标准化赶超战略"，都在以空前力量争夺国际标准竞争制高点。浙江产业发展要实现向中高端的跨越，也必须从标准入手，在广泛采用国际标准的同时，加快、加强先进标准的制定和修订，以高标准减少无效和低端供给、扩大有效和高端供给，实现供需平衡由低水平向高水平跃升。

（3）标准化是全面加强政府自身建设，加快治理体系和治理能力现代化的必然要求。标准既是世界"通用语言"，也是"生产之法"，它与法律、法规、战略、规划等一样，都是现代政府治理的核心要素。一方面，与刚性的法律相比，标准更加具体细致。特别是在一些领域缺少细化规范，而标准恰恰可以在法律规范不明确时发挥弥补和支撑作用，避免社会规范出现真空地带。另一方面，改革是时代的最强音。如何将改革经验固化下来，长效发挥作用，标准是一个很好的选择。

第二节　浙江制造标准国际化的突出问题

一、国际标准有效供给能力不足

目前，大部分浙江制造标准难与"德国制造""日本制造""美国制造"同台竞技。一是标准"老迈"现象比较突出，浙江制造品的"标龄"普遍高出德国、美国、日本等发达国家1倍以上，有些标龄甚至长达30～40年。二是国际采标率不高，浙江制造标准参数与国际标准对标不够，美国、英国等采用国际标准和国外先进标准的比率超过80%，德国、日本甚至高达90%，浙江只有58%。三是缺乏国际先进标准的话语权，国际标准90%以上掌握在发达国家手中，浙江主导制定的国际标准只有27个，占国际标准总量的比重不足1‰。四是标准存在滞后现象，特别是在战略性新兴产业领域，有些标准沿用"后补型"方法，未能发挥标准的引领和带动作用。五是标准推广不够，有些标准存在标出多门、体系混乱、交叉重复、缺乏权威性的问题，现行标准缺乏应对市场变化的活力，满足于行业内部循环，没有与外部市场需求，特别是没有与国际市场需求形成良性循环。

二、标准国际化市场机制不够健全

由于历史原因，浙江标准国际化的驱动力量仍主要由行业部门等行政力量主导，标准制定、标准管理、激励措施、市场动态跟踪等明显不足，缺乏应对市场需求快速变化的活力和时效性。目前，70%的浙江制造标准为一般性产品和服务标准，即便企业自主制定的标准，也要到政府部门备案甚至审查性备案。企业参与标准国际化的意愿较弱，目前仅40%左右的企业采用国际标准，龙头骨干企业的标准参数与国际对标不够。部分国家标准、行业标准、地方标准不以企业标准为基础，而主要依靠科研院所力量，导致标准与生产有所脱节、标准制定与应用推广有所脱节。政府支持的科研计划立项到科研成果产出，标准计划立项到标准批准发布，是两条互不相关、各自独立的链条，导致不少科技成果未能及时进入标准化程序。

三、标准国际化战略谋划不够

2015年以来，发达国家纷纷加入或主导跨太平洋伙伴关系协定（TPP）、跨大西洋贸易与投资伙伴协定（TTIP），不仅争夺国际标准话语权和主导权，而且通过"标准互认""标准联盟"合围中国制造。德国实施"国际标准控制型战略"，德国工业4.0的8个优化行动，标准化列于首位，每年制定（修订）标准1500个，累计发布标准2.5万个。美国在控制部分国际标准主导权的基础上进一步争夺国际标准话语权，推行"美国标准战略"，制定了10万多项技术标准，维护美国制造大国的地位和贸易利益。日本大力实施标准化赶超战略，先后实施"日本标准化战略""日本国际标准综合战略"，以空前的力量争夺国际标准竞争制高点。与"德国DIN标准""美国ANSI标准""日本JIS标准"相比，"中国制造标准"存在一定程度的滞后，作为中国制造板块中具有一定优势的浙江制造，标准国际化程度同样不高，总体处于后发劣势位置，面临发达国家的"标准合围"和"标准锁定"，缺乏富有前瞻性的战略谋划。

四、标准国际化组织对接不够

德国、美国、日本等是世界上较早开展标准化活动的国家和ISO常任理事国，这些国家利用在标准国际化舞台上的先发优势主导国际标准化活动，用自身标准、技术、程序等影响国际标准化过程，甚至去整合和覆盖其他国际标准。据统计，美国参与了80%的ISO技术委员会，承担了140多个ISO技术委员会和

500多个工作组召集人工作；德国以积极成员资格参加了97%的ISO/TC组织；日本一直积极争取ISO/IEC委员会主席、召集人和秘书职务。浙江实质性参与标准国际化活动比较少，落户浙江的国际标准化技术委员会仅有3个，远少于广东、江苏等省份，企业参与国际标准化组织活动的情况不仅无法与国际上的跨国企业相比，即便与华为、中兴、大疆等本土的深圳企业相比，也存在较大差距，难以在国际标准制定过程中发出有力的"浙江声音"。

第三节　对策与建议

一、制订实施"浙江制造标准国际化行动计划"

美国、日本、德国等发达国家不仅争夺国际标准主导权，而且通过跨太平洋伙伴关系协定（TPP）、跨大西洋贸易与投资伙伴协定（TTIP）背景下的"标准互认""标准联盟"合围中国制造。从全球看，标准国际化竞争路径主要有三条：一是"控制型"标准国际化路径。德国在取得标准国际主导权基础上继续实施"控制型战略"，旨在控制国际标准制高点，推动德国标准上升为欧洲标准甚至国际标准，进一步强化德国制造在国际竞争中的核心优势和地位。二是"控制型/争夺型"标准国际化路径。美国凭借经济实力最强、创新能力最强的优势，在控制部分国际标准主导权的基础上进一步争夺国际标准话语权，推行"美国标准战略"，维护美国制造大国地位和贸易利益。三是"争夺型"标准国际化路径。日本大力实施标准化赶超战略，以空前的力量争夺国际标准竞争制高点。中国进入全球标准体系亟须破解发达国家的"标准控制""标准协同""标准锁定"，探索适合自身的标准国际化路径。浙江制造是中国制造的标杆，应率先推进标准国际化，在本土制造被美国、日本等发达国家"回流性"替代和越南、印度、泰国等发展中国家"竞争性"替代中找到发展空间。密切关注全球特别是发达国家制造的动态变迁和工业4.0标准演化，抓住"中国制造2025"战略机遇，制定发布浙江制造标准国际化战略，实施"标准国际化行动计划"，联动推进"标准化＋"与"互联网＋""机器人＋""大数据＋"，发挥"标准化＋"对新技术、新模式、新业态的催化效应。实施浙江制造标准引领工程，推动"浙江标准"上升为国家标准、国际标准，以"浙江标准"走出去带动"浙江制造"走出去。探索设立"浙江省标准创新奖"，奖励对浙江经济社会发展产生重大影响的标准化项目。

二、制订实施"高端制造标准国际化行动计划"

德国制造标准国际化主攻电气工程、汽车制造、精密工程、机械工程等领域，日本制造标准国际化主攻信息技术、环境保护、制造技术、产业基础技术等领域，美国制造标准国际化主攻机械制造、电气电子、新材料、生物工程等领域。顺应工业4.0发展态势，探索中国制造标准国际化"弯道超车"战略及技术路线，在标准尚未定型、用户尚未锁定的物联网、大数据、云计算等新兴产业领域，以及MBD（数字化定义技术）、AM（添加制造）、3DP（3D打印）等重点制造领域，加快标准国际化赶超步伐。当前，制造业已走向了以数字化、网络化、智能化为主要特征的"台风口"，如果停留在原来的赛道上肯定跟不上趟。德国已完成了工业1.0、2.0、3.0，迈向工业4.0，美国互联网企业巨头如GE、思科、IBM、英特尔等80多家企业成立"工业互联网联盟"，开始对工业互联网技术、标准、产业化等布局，重新定义未来的智能制造模式。这需要树立强烈的制造业危机意识，大力实施"浙江制造标准"引领工程，精准扶持每个细分行业的"第一"和"唯一"，引导制造企业主动对标，找差距、找空间、找对策。围绕信息、环保、高端装备等现代产业以及数控机床、电气机械、机电器件、生物医药等先进制造业，加快构建"浙江制造"标准体系，强化新能源、新材料、生物医学等战略性新兴产业的标准创新驱动作用，提高国际先进标准采标率，引领制造业提质增效升级。依托阿里巴巴、网易、海康威视、华三通信、万向集团等龙头企业，发挥产业规模优势，在新一代信息技术、互联网、新能源汽车等领域建设重点领域标准创新基地，构建开放型标准生态圈，实现核心技术、重大产品、关键技术标准的研发和推广应用，进一步提升重点骨干产业的核心竞争力。

三、实施"标准研制、标准实施、标准采用、标准更新协同推进行动计划"

低水平标准导致低层次制造，难与"德国制造""日本制造""美国制造"同台竞技。浙江标准是浙江制造的一大短板：国际标准90%以上掌握在发达国家手中，浙江主导制定的国际标准占国际标准总量的比重不足5‰；标准老化现象比较突出，"标龄"高出德国、日本等发达国家1倍以上；标准推广不够，标准体系存在交叉重复现象，现行标准缺乏应对市场变化的活力，满足于内循环，没有与市场需求形成外循环；浙江制造标准参数与国际标准对标不够，美国、英国等采用国际标准和国外先进标准的比率超过80%，德国、日本甚至高达90%，浙江只有58%。发达国家采用技术法规引用方式强制推广标准，通过合格评定制度推动标准实施，制订展示标准化利益的行动指南，推动专利、标准和知识产权一体化，提高社会公众对标准化利益的认知度，值得借鉴。应加快协同推进标准研制、标准实施、标准采用和标准更新。设立浙江标准专项资金，实施"浙江标准认证项目""重大标准化示范项目"和"标准人才培育工程"。瞄准浙江制造业转型升级需求和未来发展趋势，深入谋划重点制造业领域的技术创新路线，实施制造业共性技术创新行动计划，突破一批核心关键技术标准。坚持"国内标准国际化和采用国际标准"两条腿走路，大力实施"标准化＋行动计划"和"企业国际化对标工程"，强化强制性标准制定与实施，支持"浙江制造"品牌企业和龙头企业对美国、日本、德国等国际领军企业进行对标、采标，推动浙江产业采用国际先进标准，形成支撑产业升级的标准群。制订完善浙江团体标准管理办法，引导和规范行业协会、学会、产业联盟等组织制定发布满足市场和创新需要的团体标准，通过团体标准促进标准与专利相结合，提升标准的科技水平和市场适应性。积极培育发展标准化服务业，引导和鼓励标准研究机构、各类企事业单位以及社会团体拓展标准、计量、认证认可、检验检测资源深度融合的标准化服务全链条，创新标准与互联网、标准与科技、标准与金融等领域的跨界融合服务模式，探索采取市场化运作方式设立标准事务所，为企业提供标准比对、贯标培训等定制化标准技术解决方案。创新浙江制造认证模式，与国际认证机构加强合作，鼓励国内外高水平认证机构开展浙江制造认证，通过"认证走出去"推动"产品走出去"。制订浙江制造标准标识管理制度，通过标准认证的企业可在其包装、装潢、说明书、广告宣传以及相关经营活动中使用该标识，扩大浙江制造标准标识的知名度和影响力，使其成为消费者广泛认可的优质产品或服务象征，成为标准、质量、品牌、信誉融合发展的重要载体。

四、制订实施"IEC、ISO、ITU 等国际标准组织合作行动计划"

德国、美国、日本等是世界上较早开展标准化活动的国家和 ISO 常任理事国，他们利用在标准国际化舞台上的先发优势主导国际标准化活动，用自身标准、技术、程序等影响国际标准化过程，甚至去整合和覆盖其他国际标准。据统计，美国参与了 80% 的 ISO 技术委员会，承担了 140 多个 ISO 技术委员会和500 多个工作组召集人工作；德国以积极成员资格参加了 97% 的 ISO/TC 组织；日本一直积极争取 ISO/IEC 委员会主席、召集人和秘书职务。目前，大多数国际标准已由德国、美国、日本等发达国家制定完毕，我们参与并主导现有标准修订的阻力很大，但推动"浙江制造"走出去，必须首先推动标准走出去。开展双边和多边标准国际化合作，探索与发达国家及主要国际标准化组织深化标准战略合作关系，建立人才培养、标准互认、信息通报等合作机制。积极介入ISO/IEC（国际标准委员会）、DIN（德国标准化学会）、CEN（欧洲标准化委员会）、CENELEC（欧洲电工标准化委员会）、ANSI（美国标准学会）、NIST（美国标准技术研究院）、JISC（日本工业标准调查会）等标准组织，加大对国际标准组织工作机构（TC/SC/WG）承担单位的支持力度，拓宽中国制造标准走出去的通道。梳理总结"美国 ANSI 标准""日本 JIS 标准""德国 DIN 标准"国际化经验，实施"浙江制造标准国际化行动计划"，支持龙头骨干企业、联盟和社团参与或主导国际标准研制，全方位提升浙江技术标准、检验试验标准、环境保护标准、安全生产标准等，推动本土优势标准攻占国际标准制高点。支持杭州、宁波等地积极创建"标准国际化创新型城市"，借鉴国际城市发展标准和经验，全面提升标准化创新能力和国际化水平，树立全球可持续发展城市的新标杆。与 ISO、IEC 等国际标准化组织合作，参与开展 IEC 青年学者计划、ISO 秘书周培训计划等国际优秀标准化人才培训项目，推进国际标准化领军人才培养工作。引导和鼓励高校院所培养国际标准化人才，支持有条件的高校院所开设国际标准化课程。

五、制订实施"支持市场主体标准国际化行动计划"

美国、德国标准化实行市场驱动，不直接由政府主导，只有在市场力量和民间组织无法体现公共意志的情况下才由政府发布专用标准，主要领域限定在公共资源、公共安全、公众健康、环境保护、国防安全等。但目前中国的国家标准、行业标准、地方标准多由政府主导制定，而且 70% 为一般性产品和服务标准，即便企业自己制定的标准，也要到政府部门备案甚至审查性备案。应探索建立省标准化管理委员会，统筹标准化重大改革，着力破除与标准化不相适应的行业壁垒、部门分割、制度障碍和政策碎片化，加快建立统一协调、运行高效的标准化管理体制。政府与市场参与标准的边界要划清，既维护标准的公共属性，制定和推广强制性地方标准、行业标准，也要突出标准的市场属性，推动市场主体自主制定标准，大量标准交给市场主体制定。积极推动行业标准、企业标准由"备案制"向"自我公开声明制"转变，鼓励行业领军企业、社会中介组织自主制定团体标准、联盟标准、企业标准。牢固树立"一流企业做标准"的理念，引导企业主动拥抱"标准化+""互联网+""机器人+"，在质量管理、标准制定、品牌引领方面持续突破。积极支持企业参与研制和采用先进技术标准，鼓励社会组织、行业协会、产业联盟等参与标准国际化活动。借鉴华为（NGN 国际标准）、海康威视（SAVC 安防标准）、海尔（"防电墙"国际标准）等标准国际化经验，建立领军企业主攻标准的机制，探索基于海外并购的国际标准导入路径，推进国际标准的自主创新、研制与推广。

第28章 杭州市争创全国第二个标准国际化创新型城市对策建议的调研报告

习近平总书记指出，要精准把握当今中国实施标准化战略的关键和重点，全面深入实施标准化战略，以标准助力创新发展、协调发展、绿色发展、开放发展、共享发展，致力于发挥标准作为国家治理基础性规范的作用。杭州作为"创新之城""活力之城"，应抓住 G20 峰会带来的战略窗口期，加快推进标准国际化，构建更高、更严、更先进的标准体系，推动各行各业加速向创新链、产业链、价值链高端攀升，加速跨入"世界知名城市"行列。

第一节 杭州市创建标准国际化创新型城市的迫切性

（1）从全球看，标准化已成为发达国家的一致行动。在经济全球化和工业4.0 的大趋势下，德国、美国、日本等发达国家纷纷实施了各具优势与特色的标准国际化战略。德国在取得标准国际主导权的基础上继续实施"控制型战略"，旨在控制国际标准制高点，推动德国标准上升为欧洲标准甚至国际标准，进一步强化"德国制造"在国际竞争中的核心优势和地位。德国"工业4.0"实施8个优化行动，标准化列于首位，每年制定（修订）标准 1500 个，已累计发布了2.5 万个，80% 以上的德国标准为欧洲通用。美国凭借经济实力最强、创新能力最强的优势，在控制部分国际标准主导权的基础上进一步争夺国际标准话语权，推行"美国标准战略"，维护"美国制造"大国地位和贸易利益。日本大力实施标准化赶超战略，先后实施"日本标准化战略""日本国际标准综合战略"，建立适应标准国际化的技术体系和科技开发、标准研制、市场开拓一体化推进的标准争夺战略，以空前的力量争夺国际标准竞争制高点。

（2）从全国看，标准化上升为国家战略。2016 年 9 月，习近平总书记在第39 届国际标准化组织大会的贺信中，从世界历史的高度和全球经济的视野，高瞻远瞩地论述了标准和标准化的重大意义，深刻指出标准是人类文明进步的成果，标准助推创新发展，标准引领时代进步。习近平总书记精准把握当今中国实施标准化战略的关键和重点，提出要"以标准助力创新发展、协调发展、绿色发展、开放发展、共享发展"。这确定了标准化的战略地位，强调了它的重要性、紧迫性、广泛性和长远意义。实施标准化战略，更好地发挥标准化在推进国家治理体系和治理能力现代化过程中的作用，成为一项迫切任务和重要国家战略。

（3）从全省看，浙江是全国唯一的"标准化试点省"。2016 年 12 月，国务院批复同意浙江省开展国家标准化综合改革试点工作，浙江成为目前全国唯一获批的省份。根据改革试点建设方案和实施方案，将加快制定新型"浙江标准"体系，实施"标准化＋"行动。按照"整体推进、分步实施"原则，提出体制改革、机制创新、新型"浙江标准"体系、"标准化＋"效应和改革支撑能力等5 个方面改革任务，形成重点任务清单、重要试点清单、政策意见清单的"1 ＋3"改革试点建设推进体系。

（4）从城市看，深圳率先成为全国第一个"标准国际化创新型城市"。2016年，国家标准委批复深圳在全国率先开展"标准国际化创新型城市示范"创建工作，对深圳标准建设提出了新的目标和任务。深圳出台了《关于打造深圳标准构建质量发展新优势的指导意见》及其行动计划，成立了以市长为组长、副市长为副组长的深圳标准工作领导小组。目前，深圳制定实施了《深圳市团体标准管理暂行办法》《深圳标准标识管理暂行办法》《深圳市标准自我声明公开管理暂行办法》《深圳标准先进性评价管理办法》《深圳标准认证管理暂行办法》等政策，加快建设标准国际化创新型城市。

第二节　杭州市创建标准国际化创新型城市的基础

杭州市大力实施"标准化＋"战略，推动标准化与经济社会全方位融合，发挥了标准在推动经济转型升级、社会治理能力提升、生态文明建设等方面的保障、支撑和引领功能。全市累计完成 22 项国际标准、535 项国家标准、794 项行业标准和 203 项地方标准的制修订；先后有 6 个国际、43 个国家、38 个省级标准化组织落户杭州，形成一批具有自主知识产权和核心技术的先进标准，进一步提高了杭州标准在国际国内标准体系中的话语权。

（1）大力推进城市标准国际化，杭州城市国际化水平全面提升。加强与国际标准化组织城市可持续发展标准化技术委员会（ISO/TC268）、国际认证系统与全球城市注册机构世界城市数据理事会（WCCD）等组织的交流合作，积极参与标准化国际会议和活动，推动杭州全面接轨国际标准。按照国际标准化组织城市可持续发展标准化技术委员会（ISO/TC268）要求，结合杭州城市国际化战略，制订杭州国际城市可持续发展（ISO37101）试点工作推进方案，探索制定城市可持续发展品质评价指标体系，为世界各国城市提供杭州经验。构建符合杭州实际的具有国际水平的城市管理和社会治理标准体系，积极参与相关国际标准研制，引入一批以文化、旅游、医疗、教育、卫生、城市管理等为重点的国际标准，为建设国际化医院、国际化学校、国际化社区等公共服务提供重要标准支撑。

（2）大力推进制造标准国际化，本土制造国际竞争力全面提升。根据全省"三强一制造"建设要求，落实《关于打造"浙江制造"品牌的意见》，将浙江制造标准制定列入年度任务，全力推进浙江制造标准制定工作。在《杭州市技术标准资助项目评审规则》中，将浙江制造标准作为资助对象，对完成浙江制造标准制定的给予资助。目前，已列入浙江制造标准认证的有 28 项，向浙江制造品牌建设促进会申报浙江制造标准 78 项。研究制定《电动汽车充电站管理与服务规范》，这是浙江首个与电动汽车充电站有关的地方标准规范，为杭州市电动汽车充电站的推广应用提供了标准依据。编制完成涵盖"术语及标志标准、安全标准、通信及接口标准、设计标准、技术条件标准、验收标准、服务标准、管理标准、能源计量标准"等 9 个方面共 40 项的标准体系，为推进新能源汽车的推广与应用和充电设施建设提供标准依据。

（3）大力推动电子商务标准国际化，电商国际市场占有率全面提升。加快接轨国际电商质量管理标准体系，成立"全国电子商务质量管理标准化技术委员会"，建立"国家标准化研究园"，推动电子商务质量管理"中国标准"上升为"世界规范"。加强与国家标委会和全国各标准化技术委员会的协商，积极争取杭州成为"国际电子商务标准化技术委员会（ISO/TC）"秘书处。发挥全国电子商务质量管理标准化技术委员会落户杭州的有利条件，组织制定《电子商务产品质量网上监测规范》《农村电子商务服务站（点）管理与服务规范》《电子商务仓储管理与服务规范》等省级地方标准。结合杭州产业结构和行业特点，发挥技术库、代码库、专家库等优势，创建"标准共享网（杭州）"平台，建立了标准化工作室、重点产业标准体系、地方标准、技术贸易壁垒应对、组织机构代码服务等模块，充实了国际、国家、行业、地方标准和技术规范数据库。

（4）大力推动社会建设标准化，杭州的知名度和美誉度全面提升。提升现代政府治理能力，大力开展公共服务标准化试点，"上城区城市管理与公共服务标准化示范"在全国推广，国家级"城市公共自行车服务标准化试点"通过国标委高分验收，并成为国家标准，"杭州模式"已在全国 25 个省（自治区、直辖市）的 142 个城市进行推广应用。紧扣"美丽杭州"建设，开展"河道生态建设管理综合标准化""美丽县城建设标准化试点""杜城村美丽乡村（精品村）"等项目建设。制定《道路交通指示标识英文译写规范》地方标准，使杭州道路交通指示标识翻译有规可依。紧扣"三农"建设，推动"互联网＋"农业标准制定和实施试点，重点开展国家级西湖景区的"美丽茶园"、淳安的"桑蚕养殖与加工"和"中欧互认互保""10＋10"——龙井茶（西湖产区）地理标志产品国际化运用试点，较好地发挥标准的示范引领作用。2015 年新增市级标准化示范面积 107760 亩，辐射面积 131639 亩，有力地推动了农业标准化生产。

（5）大力加强标准化制度供给，标准化驱动发展步伐全面提速。出台《鼓励研制与采用先进技术标准的实施办法》，完善《杭州市鼓励研制与采用先进技术标准的实施办法》，明确主导制定完成国际、国家、行业（团体）、地方标准和技术规范的单位，分别给予不超过 100 万元、30 万元、20 万元、10 万元、5 万元的资助。成为国际标准化组织成员单位或引进国家标准化专业技术委员会（分技术委员会）的单位，分别给予不超过 50 万元、20 万元的资助。截至 2017 年，市级财政资助资金累计达 1.6 亿元。加强标准化人才库建设，充实完善 273 人组成的标准化专家人才库。大力开展以《标准化法》为主的法律法规宣传教育，营造"学标准、用标准、定标准"的浓厚氛围。

第三节　杭州市创建标准国际化创新型城市的突出问题

一、制造标准有效供给有待进一步加强

目前，大部分杭州标准难与"德国制造""日本制造""美国制造"同台竞技。一是标准"老迈"现象比较突出，本土制造品的"标龄"普遍高出德国、美国、日本等发达国家 1 倍以上，有些标龄甚至长达 30～40 年。二是国际采标率不高，"浙江制造"标准参数与国际标准对标不够，美国、英国等采用国际标准和国外先进标准的比率超过 80%，德国、日本甚至高达 90%，杭州只有 60% 左右。三是缺乏国际先进标准的话语权，国际标准 90% 以上掌握在发达国家手中，杭州主导制定的国际标准屈指可数，占国际标准总量的比重不足 0.5‰。四是标准存在滞后现象，特别是在战略性新兴产业领域，有些标准化沿用"后补型"方法，未能发挥标准的引领和带动作用。五是标准适应性不够，缺乏应对市场变化的活力，满足于行业内部循环，没有与外部市场需求，特别是没有与国际市场需求形成良性循环。

二、标准国际化机制有待进一步完善

由于历史原因，标准国际化的驱动力量仍主要由行业管理部门的行政力量主导，标准制定、标准管理、激励措施、市场动态跟踪等明显不足，缺乏应对市场需求快速变化的活力和时效性。目前，70% 的制造标准为一般性产品和服务标准，即便企业自主制定的标准，也要到行业部门备案甚至审查性备案。企业参与标准国际化的意愿较弱，目前仅 40% 左右的企业采用国际标准，龙头骨干企业的标准参数与

国际对标不够。部分国家标准、行业标准、地方标准不以企业标准为基础，而主要依靠科研院所力量，导致标准与生产有所脱节、标准制定与应用推广有所脱节。政府科研计划立项到科研成果产出，标准计划立项到标准批准发布，是两条彼此不相关、各自独立的链条，导致不少科技成果未能及时进入标准化程序。

三、标准国际化推进有待进一步加速

"德国国际标准控制型战略""美国国家标准化战略""日本标准化赶超战略"都在以空前的力量争夺国际标准竞争制高点。发达国家不仅争夺国际标准话语权和主导权，而且通过"标准互认""标准联盟"合围中国制造。与"德国 DIN 标准""美国 ANSI 标准""日本 JIS 标准"相比，杭州的制造标准存在一定程度的滞后，作为中国制造板块中具有一定优势的杭州制造，标准国际化程度同样不高，总体处于后发劣势位置，面临发达国家的"标准合围"和"标准锁定"。

第四节　对策与建议

借鉴国内外先进经验，加快构建先进标准体系，瞄准国际先进水平，加快构建更高、更严、更先进的标准体系，推动各行各业加速向创新链、产业链、价值链高端攀升，树立国际城市可持续发展新标杆，加速杭州跨入"世界城市"行列。

一、利用 G20 峰会效应大力推进标准国际化

一是深化国际标准化合作。与发达国家及主要国际标准化组织深化标准战略合作关系，鼓励标准服务机构与国际标准组织和国外标准机构进行标准信息资源交流与合作，为战略性新兴产业、优势传统产业等重点产业开拓国际市场、开展国际产能合作提供标准信息支撑。二是高标准打造国际标准机构集聚地。积极探索与区域、国外标准化机构的高水平、深层次标准化推广应用，加大对国际标准组织工作机构（TC/SC/WG）承担单位的支持力度，支持国际标准化组织国内技术对口单位等落户杭州的国际标准化机构的工作。三是加强国际标准化人才培养。与 ISO、IEC 等国际标准化组织合作，参与开展 IEC 青年学者计划、ISO 秘书周培训计划等国际优秀标准化人才培训项目，推进国际标准化领军人才培养工作。鼓励在杭高校培养国际标准化人才，支持有条件的高校开设国际标准化课程。积极筹建国际标准化人才培训基地，为企事业单位从事国际标准化的人员提供针对性强的国际标准化培训和教育服务。

二、加快建立标准创新体系与产业化体系

一是加快构建标准创新体系。依据可持续发展国际标准（ISO 37000 系列），

实施具有杭州特色的城市可持续发展标准，实现经济社会有质量、可持续的良性发展。鼓励国家、省、市级重点实验室、工程实验室、工程（技术）研究中心和企业技术中心等创新载体大力开展标准建设，把杭州国家自主创新示范区建成为标准创新高地。发挥基础研究计划、重大技术攻关项目对标准创新的带动作用，加快研制一批重大、关键性的技术标准，构建知识产权工作标准化体系，打造支撑创新的知识产权生态圈。二是建设梯次型现代产业标准体系。强化互联网、新能源、新材料、新一代信息技术、生物、节能环保、文化创意等战略性新兴产业的标准创新驱动作用，引领行业发展技术路线，增强战略性新兴产业国际竞争力。加快布局未来产业标准，推动生命健康、机器人、新能源汽车、生物医药、智能装备等未来产业做大做强，提升先进制造业及优势传统产业的标准水平，推动产业加快向价值链高端发展。三是加快推进标准成果化和成果产业化。探索开展科技成果转化技术标准试点，鼓励技术研发与标准创新同步发展，在基础性、前瞻性、战略性科技领域建立一批达到国际先进水平的标准。发挥标准促进科技成果转化的桥梁纽带作用，建立一批产学研资联盟，在重点行业引导和培育 30 家以上骨干企业建立研发与标准同步机制，推动标准、科研和产业一体化发展。四是推进重点领域标准创新基地建设。发挥杭州的信息产业优势，探索在跨境电子商务、物联网、AR/VR 等领域建立标准创新基地，构建开放型标准生态圈，实现核心技术、重大产品、关键技术标准的研发和推广应用，进一步提升重点骨干产业的核心竞争力。

三、积极争取建立标准化城市治理体制改革示范区

一是改革地方标准管理机制。明确标准化管理部门和行业主管部门的职责，推动建立法规、规章和规范性文件对标准的引用机制，在标准制定、实施和评价中形成社会广泛参与机制。二是深化企业标准管理改革。实施企业标准自我声明公开管理办法等制度，取消对企业产品标准的行政备案，建立杭州市标准信息平台，引导和规范企业在平台上自我声明公开其企业标准。三是大力培育发展团体标准。完善杭州市团体标准管理办法，引导各类行业协会、学会、产业联盟等组织制定与发布满足市场和创新需要的团体标准，通过团体标准促进标准与专利相结合，提升标准的科技水平和市场适应性。四是实施杭州标准认证制度。利用第三方机制保障杭州标准的先进性和有效性，率先在电子信息、服装、家具等民生重点产品领域开展杭州标准认证试点。完善杭州标准先进性评价和符合性认证等制度，逐步向其他行业细分领域复制、推广，推动消费需求升级和产业转型升级。

第29章 全面实施标准强国战略对策建议的调研报告

"一流企业做标准，二流企业做品牌，三流企业做产品。"谁掌握标准话语权，谁就占据产业主导权、拥有市场主动权。在经济全球化和工业4.0的大趋势下，新一轮科技革命和产业变革正在兴起，创新驱动发展的速度越来越快，标准的战略地位日益凸显。标准已成为发达国家推进工业4.0和制造业回流、扩大国际贸易乃至掌握世界经济话语权的必争之地。对此，应以高质量发展为导向，全面实施"标准强国"战略，加快推进中国制造标准升级，加快促进技术专利化、专利标准化、标准产业化，夯实创新驱动高质量发展的技术标准基石。

第一节 实施标准强国战略面临的主要问题

一、标准强国战略实施与管理体制机制较为滞后不匹配不适应

主要表现在，政府管得太多、市场主体活力不够、企业积极性两极分化、法规标准界限不清、公平公正公开机制没有完全建立等问题比较突出，特别是很多标准牵涉面广，涉及职能部门多，利益多元化诉求强烈，协调起来难度很大，越重要的标准往往也越"难产"。与标准化不相适应的行业壁垒、部门分割、制度障碍以及政策碎片化，不利于建立统一协调、运行高效的标准化管理体制。

二、标准的供给结构不合理

目前，我国标准基本上由政府主导制定，其中70%的标准为一般性标准，国际上通行的团体标准在我国还不多，标准供给难以快速反映市场需求。特别是，市场自主制定的标准需要到政府的质监部门备案甚至是审查性备案，影响了企业制定标准的积极性和能动性。至于标准化体制究竟是采用以政府和标准化机构为主的欧洲模式，还是采用市场导向和自愿性标准联盟的美国模式，应结合中国实际情况。

三、标准体系不够健全

不少标准制定单位单纯追求标准数量，随意拆分标准，导致标准多头研制，

标准体系协调性比较差。在市场利益驱动下，企业热衷于产品标准和检验标准的重复制定，而与之配套的通用标准比较冷落，从根本上造成标准体系的功能协调缺陷。标准实施涉及众多部门和行业利益，往往遇到方方面面的阻碍，导致标准执行不了了之，致使部分强制性标准形同虚设。政府"有形之手"与市场"无形之手"角色错位，体制机制僵化，"有形之手"伸得过长影响了企业、行业协会、标准化机构等制定标准的积极性，市场主体活力未能充分释放，既阻碍了标准化工作的有效开展，又影响了标准化功能的有效发挥。

第二节　实施标准强国战略的主要方向

结合"中国制造2025"战略实施，大力实施创新驱动发展战略，鼓励技术研发与标准创新同步发展，推动创新成果向标准转化，逐步将规模优势、市场优势转化为技术优势和标准优势，推动产业加快向产业链和价值链的中高端迈进。

第一，加快构建标准创新体系。鼓励产学研联盟、协同创新中心以及各类重点实验室、工程实验室、技术试验中心和企业技术中心等科创平台大力开展标准创新体系建设。发挥基础研究计划、重大技术攻关项目对标准创新的带动作用，加快研制一批领先的、关键性的技术标准，加快建立知识产权标准化体系。

第二，建设梯次型现代产业标准体系。强化人工智能、生物医药、工业互联网、新能源、新材料、高端装备等战略性新兴产业的标准创新驱动作用，编制技术标准引领行业发展的路线图和施工图，增强战略性新兴产业的国际竞争力。加快布局现代产业标准，推动新兴产业做大做强，积极对标国际先进制造标准，提升传统制造业标准水平，推动传统制造业向价值链高端延伸。依照可持续发展国际标准（ISO 37000 系列），实施具有中国特色的可持续发展标准，实现可持续良性发展。

第三，加快推进标准成果化和成果产业化。建议在浙江省、广东省、江苏省、上海市等"三省一市"探索开展科技成果转化技术标准改革试点，鼓励技术创新与标准创新同步推进，加快建立一批能与国际先进标准比肩的高水平标准。发挥标准促进科技成果转化的桥梁纽带作用，建立一批产学研资联盟，在重点行业引导100家以上龙头骨干企业建立技术研发与标准化同步推进机制。

第四，推进重点领域标准创新基地建设。探索在人工智能、高端装备、物联网、AR/VR 等领域建立标准创新基地，构建开放共享的标准创新生态圈，实现核心技术、知识产权、技术标准的研发和推广应用。

第三节　对策与建议

一、建立标准化治理体制改革示范区

一是改革标准化管理体制机制。设立全面实施标准化治理体制改革领导小组，统筹推进标准化重大改革重大任务，特别是加强对跨行业、跨部门、跨领域标准制定和实施的重大问题进行协调，落实标准化综合改革任务，推进标准化重大项目。划清政府与市场参与标准制定的边界，明确标准化管理部门和行业主管部门的职责，推动建立法规、规章和规范性文件对标准的引用机制，在标准制定、实施和评价中形成社会广泛参与机制。深化标准化运行机制改革，进一步简化标准制（修）定的流程，大大缩短标准制（修）定的周期。积极培育第三方评估机构，引导社会各方参与标准起草、制定、修订、实施、评估、监督、反馈等全过程。二是深化企业标准管理改革。对此，瞄准行业"第一"和"唯一"，积极支持龙头骨干企业、中小企业"隐形冠军"制（修）定标准，[①] 大力支持我国领军企业、行业联盟和社团组织参与标准国际化活动，联合攻关重大标准和关键标准，推动本土优势标准攻占国际标准制高点。全面建立企业标准自我声明公开制度，取消政府部门对企业标准的审查性备案，引导和推动企业主动公开其标准，鼓励标准化组织机构对企业标准进行第三方独立评价。大力推广 Haier 全球研发中心与标准化机构紧密对接，推进"防电墙"标准（见图 29 - 1）、华为 NGN 国际标准、海康威视 SAVC 安防标准等标准国际化经验，建立领军企业主攻国际标准的机制，借助海外并购重组导入国际先进标准，推进国际标准的引进、消化吸收和再创新。三是大力培育发展团体标准。落实《关于培育和发展团体标准的指导意见》，引导行业协会、学会、产业联盟等各类组织制定发布团体标准，拓宽标准有效供给的渠道。完善团体标准管理办法，通过团体标准促进标准与专利相结合，提升标准的科技水平和市场适应性。四是实施标准认证制度。利用第三方机制保障我国标准的先进性和有效性，率先在电子信息、服装、家具等民生重点产品领域开展标准认证试点。完善标准先进性评价和符合性认证等制度，逐步向其他行业细分领域复制、推广，推动消费需求升级和产业转型升级。五是整合精简强制性标准。根据新标准化法规定，全面整合现行的各类强制性国家标准，严格限定在健康、环保、安全等底线性标准范围内。

---

① 企业标准化战略基本模式包括标准领先战略、标准跟随战略、自主开发战略、兼容标准战略、标准联合开发战略等。

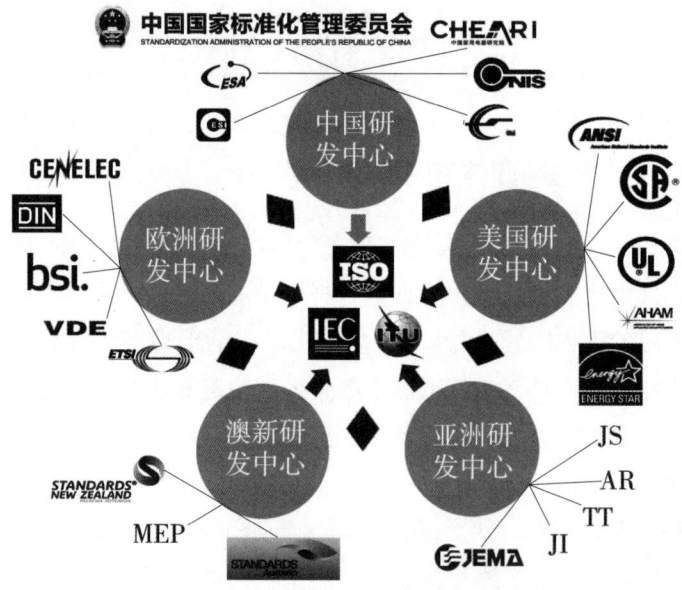

图 29 - 1　Haier 全球五个研发中心与标准化机构紧密对接

二、协同推进标准与质量、品牌、信誉的提升

紧扣高质量发展导向，从标准、质量、品牌、信誉四个维度协同发力，加快构建更高、更严、更先进的标准体系，以高水平标准推动高质量发展。认真落实《国家出口工业产品质量安全示范区建设指导意见（试行）》，构建政府负总责、企业负主体责任、检验检疫部门监管、行业协会协调的出口工业产品质量安全管理机制，建设一批产品质量水平高、质量管理能力强、技术创新能力强、上下游辐射带动有力的出口产品质量安全示范区（见表 29 - 1）。

表 29 - 1　建立出口产品质量安全示范区政策集成体系

I	实施验证监管方式或信用监管方式，示范区内骨干企业优先作为出口免验企业的培育对象，优先列入免验计划，扩大产品免验的范围，增加免验企业数量
II	对国家级出口工业产品质量安全示范区内企业按程序实施共同检验方式
III	支持示范区内公共检测服务平台建设，为区内企业提供优质便捷的认证检测服务，加大对公共检测服务平台在资金政策方面的支持
IV	向企业提供国外技术性贸易措施的最新动态，帮助企业争取在应对国外技术贸易措施方面的知情权、话语权和参与权，提高企业的预警和应对能力
V	在示范区内推广先进质量管理方法，开展企业质量管理人员培训，支持鼓励其参与国际间质量管理交流活动

续表

VI	对示范区内企业在行政许可、备案注册、通关放行等方面提供快捷便利的服务
VII	鼓励示范区内企业参与制定有关技术规范
VIII	根据示范区产业特点，先行先试，推动检验监管模式的改革创新
IX	对具备一定能力的企业实验室，按照相应的标准建立质量体系。通过中国合格评定国家认可委员会（CNAS）认可的企业实验室，认可其检测报告
X	支持示范区内信息服务平台建设

资料来源：根据《国家出口工业产品质量安全示范区建设指导意见（试行）》等有关政策文件整理。

三、大力加强标准化制度供给

围绕重点产业发展、重大技术创新、重大科技项目，制定实施标准创新鼓励政策，激励市场主体制定实施先进标准的积极性。一是实行标准创新奖励政策。制定出台《标准创新贡献奖管理办法》，设立标准创新奖评审委员会，重点奖励标准制（修）定和标准化试点示范项目，包括主导和参与制（修）定国际标准化组织（ISO）、国际电工委员会（IEC）国际通信联盟（ITU）以及其他国际标准组织负责的标准；主导制（修）定国家标准、行业标准和地方标准并成功实施2年以上；组织制（修）定团体标准并成功实施2年以上；制（修）定和自我声明公开先进的企业标准并已实施2年以上。二是完善《鼓励研制与采用先进技术标准的实施办法》。明确主导制定完成国际、国家、行业（团体）、地方标准和技术规范的单位，分别给予不超过100万元、30万元、20万元、10万元、5万元的资助。成为国际标准化组织成员单位或引进国家标准化专业技术委员会（分技术委员会）的单位，分别给予不超过50万元、20万元的资助。三是加强标准服务的有效供给。加快制定促进标准化技术服务业发展的鼓励政策，着力培育标准化中介服务机构，强化标准化技术委员会、标准化研究机构、标准化中介服务机构的研究和服务能力，提供标准化规划编制、标准分析、试验验证、认证认可、检验检测等专业化服务。四是推动标准立法。2017年11月新修订的《中华人民共和国标准化法》对中国制造开展质量提升行动、推动中国经济高质量发展至关重要（见表29-2）。[①] 应加强标准化重大改革与标准化地方性法规的有机衔接，加快推动人大和政府在地方性法规、规章等制（修）定中引用先进标准和成熟标准，进一步制（修）定标准化相关地方性法规、政府规章和行政规范

[①] 新修订的《标准化法》于2018年1月1日起正式实施，与颁布施行近30年的原标准化法相比，新修订的《标准化法》无论是在标准体系、体制机制等方面，还是在标准制（修）定具体要求等方面都做了适应高质量发展要求的调整。

性文件。五是加强标准人才供给。完善标准人才培养机制,积极选派标准化人才赴 ISO、IEC、ITU 等国际标准化组织及其专业标准化技术机构交流任职,穿针引线引进国内外标准化高端人才,吸引国际高层次标准化技术人才来我国访学交流。积极筹划举办国际性标准化论坛和培训,加强国际标准化人才储备。

表 29 - 2　2018 年 1 月正式实施的《标准化法》重大突破点

序号	对　比	原《标准化法》	新《标准化法》
1	扩大标准范围	标准范围主要限于工业领域(我国现行标准体系中,工业标准占比 73.5%)	标准范围扩大到农业、工业、服务业以及社会事业等领域需要统一的技术要求
2	设置标准化协调机制	无相关规定	国务院建立标准化协调机制,设区市以上地方人民政府根据工作需要建立标准化协调机制(2015 年 6 月 1 日,国务院建立标准化协调推进部级联席会议制度;31 个省、区、市政府均已建立)
3	鼓励参与国际标准化活动	鼓励积极采用国际标准	除积极采用国际标准外,鼓励开展标准化合作,促进国家标准和国际标准、发达国家标准之间的互认互通
4	建立标准化奖励制度	无相关规定	设立标准创新贡献奖(浙江、福建、云南、安徽等地均已设立标准创新贡献奖)
5	加强强制性标准的统一管理	强制性标准分强制性国家标准、强制性行业标准、强制性地方标准三级	将强制性国家、行业、地方标准整合为强制性国家标准一级
6	赋予设区市标准制定权	只赋予省级行政部门标准制定权	将地方标准制定权下放到设区市(比如,浙江 11 个设区市已发布地方标准 922 项)
7	发挥技术委员会的作用	制定标准的部门应当组织由专家组成的标准化技术委员会,负责标准的草拟,参加标准草案审查工作	对强制性标准和推荐性标准提出了不同的要求
8	完善标准制定要求	没有具体要求	对标准制定的全过程(立项前—立项—制定过程—编号—批准发布—评估—修订)、各环节提出了详细要求

续表

序号	对　比	原《标准化法》	新《标准化法》
9	明确政府标准免费公开	无相关规定	强制性标准文本免费向社会公开，逐步公开推荐性标准文本①
10	赋予团体标准法律地位	没有团体标准这一层级	鼓励学会、协会、商会、联合会、产业技术联盟等社会团体协调相关市场主体共同制定满足市场和创新需要的团体标准（目前，1007 家社会团体在国家平台上注册，已发布 1888 项团体标准）
11	建立企业产品和服务标准自我声明公开和监督制度	企业的产品标准必须报当地标准化行政主管部门和有关行政主管部门备案	建立企业标准自我声明公开制度和监督制度，鼓励企业执行的产品标准或服务标准通过统一平台向社会公开（目前 12 万多家企业公开了 50 万项标准，覆盖 80 万种产品）
12	促进标准化军民融合	无相关规定	实施军民标准通用化工程，推进标准化军民融合和资源共享，提升军民标准通用化水平，推动军方采用先进适用的民用标准，并将先进适用的军用标准转化为民用标准
13	增设标准实施反馈评估制度	无相关规定	标准制定部门应建立标准实施情况的动态反馈和评估制度
14	建立标准化试点示范制度	无相关规定	县级以上人民政府应当支持开展标准化试点示范和宣传工作
15	强化对标准化工作的监督制度	仅对标准实施进行监督，而没有对标准制定环节监督	增加了对标准制定环节的监督，建立标准争议协调机制
16	加大标准违法行为处罚力度	仅规定企业不执行强制性标准的法律责任	对标准制定和实施主体都设置了法律责任

资料来源：根据国家质量技术监督总局及国家标准化委员会公开资料整理。

四、建立系统化的标准实施和监督机制

健全标准化体制机制，加强标准实施和监督，多方面合力推动标准建设。一

---

① 推荐性标准中大量采用了国际标准，3.3 万个国家标准中，采用国际标准 6467 个，修改采用国际标准 4670 个，但是按照 ISO 版权政策规定，ISO 标准及采用 ISO 标准所指定的国家标准均不得免费向第三方提供。

是创新标准实施机制。进一步把标准化战略纳入经济社会发展规划和国家治理体系，从上到下全面制定和实施标准化行动计划，明确标准化行动实施的任务书、路线图、时间表和责任状，将标准化实施效果纳入各级党政领导干部责任考核体系。三是创新标准监督机制。进一步落实标准实施情况动态反馈和评估制度，建立标准实时监督、统计分析以及信息反馈机制，加强标准复审、标准评价和标准更新，着力解决标准缺失、标准滞后、标准老化等问题。加强标准实施监督，督促企业严格按照公开标准生产经营，实行标准实施正面清单管理制度，将违标情况纳入企业诚信记录和公共信用信息平台。三是建立标准共享网平台。加强标准制（修）定信息互联互通，优化标准信息公共服务平台功能，推进与国际标准化组织的信息共享，鼓励社会组织进行标准比对、分析、验证和公众参与标准评价，防止不同层级、不同区域、不同领域的标准之间相互打架、交叉重复。构建标准云平台，推动与各类标准化组织的信息互联互通和要素资源交流合作。进一步集成各方的技术库、代码库、专家库等优势，建立标准化工作室、重点产业标准体系、地方标准、技术贸易壁垒应对、组织机构代码服务等模块。完善标准化信息服务体系，打破与标准信息有关的信息孤岛，研究推进国际标准对标数据库、质量政策信息资源库、行业标杆比对信息资源库、质量创新实践信息资源库、质量成果评价等大数据。

第 30 章　实施中国制造标准国际化战略
对策建议的调研报告

近年来，受欧美政治和经济形势影响，"逆全球化"潮流不断涌现，贸易保护主义不断升级，各类区域性贸易投资协定碎片化，美欧贸易政策、投资政策、监管政策等存在"逆全球化"的态势。特别是美国总统特朗普推出了"美国优先"战略，发起了对中国"301"调查和否认中国的市场经济地位，欧盟、日本也跟随美国步伐，否认了中国在遵守世界贸易规则和市场经济改革所做的努力。今后相当长一个时期，以美国为首的发达国家凭借其先进的技术和管理理念构筑起来的技术性贸易措施将是制约中国全面开放新格局以及开放型经济发展的因素。德国、美国、日本等发达国家为了实现本国利益最大化，纷纷把标准竞争作为产业竞争、经济竞争、国家竞争的制高点，大力实施标准国际化战略，以提高国家竞争力和控制力。对中国而言，标准走出去是"中国制造"走出去的重要支撑，是提升中国综合国力和国际竞争力的重要基石，应借鉴德国、美国、日本有益经验，抓住"中国制造2025"战略机遇，大力实施"标准强省"战略，加快推进制造标准先进化、系统化、国际化，助推中国制造标准提升、质量提升、效益提升。

第一节　中国制造标准走出去存在的突出问题

中国虽然建立了技术标准体系，积极推动标准走出去，但尚未建立与国际接轨的技术标准体系，目前的技术标准体系体现了"生产型"而非"贸易型"的特点，难以适应国际市场激烈竞争的需要。

第一，标准国际化战略引领不够。长期以来，中国制造过于强调抢占国际市场份额，以"低价格、低质量、低附加值"路径，很快扩大了在全球市场的份额。但对于更为重要的基于制造技术的制造标准重视不够，特别是对制造标准国际化战略重视不够。这不仅导致中国没有及时抢占新型制造业前沿领域标准的话语权（见表30-1），而且使拥有比较优势的传统制造业也丢掉了标准话语权（见图30-1）。比如，尽管在传统轻工业领域中国的制造地位举足轻重，但是烟草制造标准 ISO/TC126 掌握在德国手里，鞋类制造标准 ISO/TC216 掌握在西班牙手里，木材制造标准 ISO/TC218 掌握在乌克兰手中，纸制造技术标准 ISO/TC6 掌握在加拿大手中，家具制造标准 ISO/TC136 掌握在意大利手中，水泥制造标准

ISO/TC74 掌握在比利时手中，中国缺乏相关领域的话语权。

第二，标准综合竞争力不强。中国制造从弱到强，在全球制造格局中的分量越来越重，国际竞争力也越来越强，已成为全球制造第一出口大国，但与此同时，制造标准供给能力不够匹配，标准在国际上的竞争力不强。中国采用国际标准的比率只有 40% 左右。标准推广不够。"标出多门"问题突出，缺乏应对国际市场变化的活力，没有与国际市场需求良性互动。

第三，国际标准话语权不强。国际标准大多由西方发达国家制定，很多著名 ISO 标准源于西方标准。ISO 主席、副主席和秘书长职位多由美国、德国、英国、法国、日本等国人员担任。TC/SC 主席，西方发达国家人员担任最多；西方发达国家承担了大多数 TC/SC 秘书处，尤其是一些新兴领域。目前，美国、英国、德国、法国、日本等五个发达国家主导制定了全球 95% 的国际标准，而中国主导的国际标准仅 369 项，仅占全球国际标准总量的 7‰（见图 30 - 1）。虽然发达国家已掌握了较强的标准话语权，但他们仍然积极研制和控制国标准。美国、德国、日本等发达国家利用 ISO 常任理事国的地位优势以及标准国际化的先发优势，积极介入和主导国际标准化活动，用自身的标准、技术、程序等影响国际标准化进程，甚至去整合和覆盖其他国际标准。

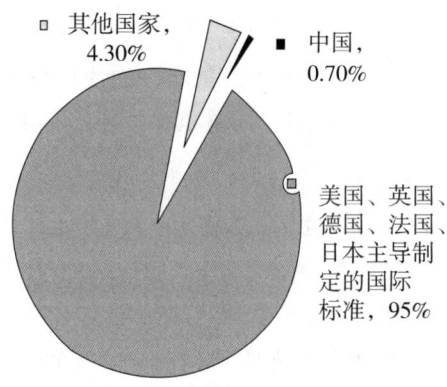

图 30 - 1　国际标准制定数量对比

第二节　中国制造标准国际化突围的主要瓶颈

克服"中国制造"泛化、低端化、一般化，推动从制造大国向制造强国转变，必须加快推动标准的先进化、系统化、国际化，具体要破解以下瓶颈：

第一，加快破解发达国家的"标准锁定"（见图 30 - 2）。发达国家加强"标准互认""标准联盟"，合围中国制造。德国把标准化战略列为"工业 4.0"八大行动计划之首，每年平均制（修）定标准 1500 个，累计发布标准 2.5 万个，不断巩固国际标准制高点。美国积极推行"美国标准战略"，进一步争夺国际标准话语权，维护美国制造大国地位和贸易利益。日本先后实施"日本标准化战略""日本国际标准综合战略"，建立科技开发、标准研制、市场开拓一体化推进的标准争夺战略，以空前的力量争夺国际标准竞争制高点。与"德国 DIN 标准""美国 ANSI 标准""日本 JIS 标准"相比，中国制造仍是"追赶者"，面临发达国家的"标准控制"和"标准锁定"。

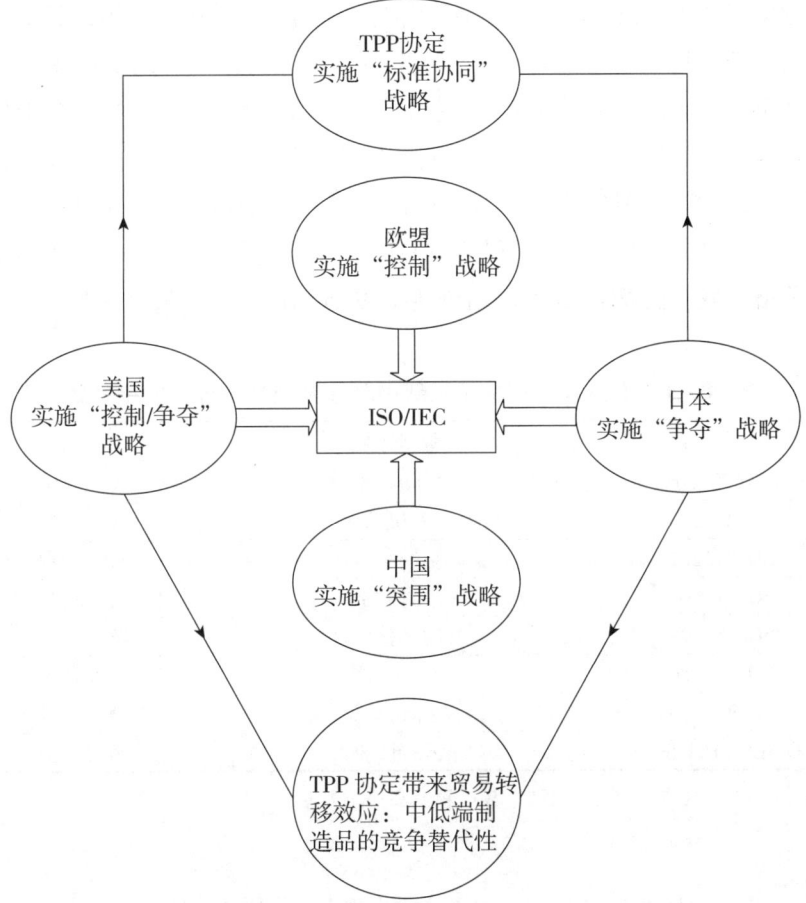

图 30 - 2　发达国家标准化战略类型

资料来源：根据公开资料整理。

第二，进一步完善标准市场化机制。中国标准国际化的驱动力量仍由行业部门等行政力量主导，标准"立项—制定—审查—发布—维护—监管"等过程大多数情况下仍由政府主导，企业参与标准制定的动力不足，标准制定机制比较僵化，市场化驱动、标准化管理、激励约束机制、市场动态跟踪能力等短板比较明显。目前，70%的制造标准为一般性产品和服务标准，企业自主制定的标准需要到政府的质监部门备案。仅 40% 左右的企业采用国际标准，龙头骨干企业的标准参数与国际对标不够。国家标准、行业标准、地方标准制定仍然依靠科研院所，标准与生产脱节、标准制定与应用推广脱节，不利于标准市场化和国际化。国际标准活动参与度不高，企业参与标准国际化的意愿较弱。此外，政府"有形之手"不仅介入了公共安全、卫生健康、环境保护、国防安全等强制性标准，而且也插手了高端技术、高端装备、新兴产业等市场化程度较高的领域。

第三，补齐国际标准组织参与不足的短板。国际标准组织领导人职位如 ISO 主席、副主席、秘书长等职位，大多数由美国、德国、英国、法国、日本等发达国家人员担任；TC/SC 主席职位，西方发达国家人员担任得最多；技术委员会 TC/SC 秘书处，也往往由西方发达国家掌控。目前，美国参与了 80% 的 ISO 技术委员会，承担了 140 多个 ISO 技术委员会和 500 多个工作组召集人工作；德国以积极成员资格参加了 97% 的 ISO/TC 组织；日本一直积极争取 ISO/IEC 委员会主席、召集人和秘书长职务。更值得关注的是，美国、日本、德国等发达国家瞄准制造业前沿领域，积极争抢新兴制造领域的标准话语权（见表 30 – 1）。

表 30 – 1 发达国家积极承担新兴制造领域的先进标准秘书处

国际标准	所属领域	承担国家
ISO/TC 276	生物技术	德　国
ISO/TC 299	机器人和机器人设备	瑞　典
ISO/TC 281	微泡技术	日　本
ISO/TC 261	增材制造	德　国
ISO/TC 229	纳米技术	英　国
ISO/TC 180	太阳能	澳大利亚
ISO/TC 159	人体仿生学	德　国
ISO/IEC JTC1 SC38	云计算	美　国

资料来源：根据国际标准组织 ISO、IEC 相关公告整理。

第三节　德国、美国、日本制造标准国际化路径与启示

标准作为国际经济合作的共同语言和国际贸易的游戏规则，既可以用来消除贸易中的技术壁垒，也是保护自身国家利益的"护身符"。"ISO 战略（2016—2020）"确立了标准化未来发展的六大方向[①]：ISO 标准无处不在；通过 ISO 全球

---

① ISO 是独立的、非政府性国际组织，成员包括全球 165 国家标准机构，汇聚了全世界的顶级专家，以分享知识，支持创新，制定自愿性、基于协商一致，且与市场相关的国际标准，并为全球挑战提供解决方案。ISO 制定了一套完善的治理制度、道德规范和标准制定程序，在其所在的领域中占据了主导地位。

成员制定高质量的标准；让利益相关方和伙伴参与其中；人和组织的可持续发展；技术利用；交流沟通和贸易融通。德国、美国、日本等发达国家纷纷把标准化战略推向空前高度，全力以赴推动本国标准上升为国际标准，千方百计争夺国际标准主导权、话语权乃至控制权（见表 30 – 2），力争在国际经济和贸易竞争中实现"赢者通吃"，值得密切关注、动态跟踪和充分借鉴。

表 30 – 2　美国、欧盟、日本标准国际化战略重心比较

国家（地区）	战略主攻点	战略侧重点
美　　国	控制 + 争夺制高点	使国际标准反映美国技术
德国及欧盟	控制制高点	充分利用一国一票制（27 票）
日　　本	争夺制高点	抢占日本关注的领域

注：根据美国、欧盟、日本公布的标准国际化战略资料整理。

一、德国制造标准国际化路径

为应对全球化挑战，2005 年德国发布本国首部标准化战略，对制造标准进行了战略定位；2009 年德国在《标准化政策性理念》中进一步细化标准化目标。2010 年德国标准化协会（DIN）正式颁布实施"德国标准化战略（更新版）"，提出"聚焦于未来"口号，致力于帮助企业与社会开拓区域乃至全球市场。2016 年，德国启动"标准化研究 2030"，目标是提升国家核心竞争力，把国家标准化战略与国家创新战略、国家竞争战略等协同起来，作为维护德国一流工业大国核心利益的战略工具。

德国制造标准国际化的实施路径主要是"四个突出"（见表 30 – 3）：一是突出标准国际化的优先推动。按照"一个标准、一次测试、世界通行"理念，构建全球通行的国际标准体系，鼓励本国企业、标准化机构积极参与国际标准化活动，使德国标准在欧洲乃至全球范围得到认可和应用。积极建设具有国际视野、高效行动且能够应对未来挑战的欧洲标准化体系，扩大德国在欧洲标准化方面的利益代表者群体，协调欧洲标准化机构的战略方向，提高欧洲标准化体系在国际标准化格局中的地位。二是突出标准化与知识产权的密切配合。积极推动企业技术研发和标准制定的协同，将标准化和知识产权作为互补的战略工具，通过独特的专利卖点获取竞争优势，确保本国产品以最快的速度抢占国际市场。通过标准提高制造技术兼容性，加强创新科技领域的资源整合，将所得经验推广至国际标准体系。三是突出市场利益导向。以市场力量为驱动，推动企业等利益相关方参与德国、欧洲乃至国际层面的标准化活动，为国际标准合作提供清晰的定义与要求，与全球范围内的重要客户签订标准合约。四是突出标准教育与渗透。德国在

深化高等教育改革中将标准化内容作为重要板块，面向未来行业的标准化工作进行职业教育课程设置，推动自然科学、工程学和管理学相关专业和职业培训课程纳入标准化内容。

表 30 - 3　德国标准国际化的目标定位和路径

路径 目标	目标1：确保德国一流工业大国地位	目标2：标准化是经济社会发展的战略性工具	目标3：标准化是减少立法的一种工具	目标4：标准化和标准化机构推动技术融合	目标5：标准化机构提供高效的程序
1	标准化更加以市场利益为导向	提高中小型企业的竞争力	标准的内容应清晰易懂，保证透明性	积极推进欧洲标准化体系的发展	不断改进标准机构提供的产品和服务质量
2	更加紧密结合研发与标准化	更好地利用网络和平台	将规范整合到共识标准中	加强创新技术领域的整合	保持标准化工作的独立性
3	优先推动标准的国际化	标准化走进高等教育	促进技术法规的全球协调	将所得经验推广至国际标准化体系	定期展示和发布近期标准化活动的报告
4	综合利用标准化和专利体系	标准化必须以需求为导向，具有普适性	构建尽可能协调各方利益的法律框架	推动全球采取协调一致行动，建立统一标准	推广标准应用指南等标准化信息
5	推动经济、环境、资源、能源等可持续发展	公共采购中加大标准化的利用度			确保产品、信息和服务的互通性、可交换性及兼容性

资料来源：根据公开资料整理。

二、美国制造标准国际化路径

虽然美国不是全球最先开始实施标准强国战略的国家，但其借助经济实力和科技实力最强以及国际贸易话语权较强的优势，在全球化浪潮中强势推行美国标准。1998 年 9 月，美国标准化学会（ANSI）、美国标准技术研究院（NIST）等做出了制定国家标准战略的决议，2000 年 8 月正式发布"美国国家标准化战略"（NSS），2015 年又进一步修订并发布"美国标准化战略（2015）"（USSS）。美国制造标准国际化战略核心内容是加强国际标准化活动，争取更多的 ISO、IEC、ITU 技术委员会席位，使国际标准反映美国技术，实现国际贸易规则的主导权和控制权。

美国制造标准国际化的实施路径包括（见表 30 - 4）：一是突出新兴技术标准的全球扩张。通过产业部门、行业协会、标准制定组织以及国际合作项目提供的联盟和程序，支持新兴技术和重点领域的标准制定工作，特别是对于能源技术、纳米技术、网络安全、电子通信等新兴技术领域标准化活动，建立跨部门、跨领域、跨行业合作机制，以满足美国制造国际竞争的标准化需求。二是实施标准国际化行动。美国企业以及利益相关方最大程度地介入世界各地的标准制定机构，在安全、环保、健康等重点领域开展标准国际化活动，致力于制定反映美国利益的国际标准。除行政力量外，美国还充分调动了跨国企业、行业协会、国际组织等产业界力量，在国际上全方位开展标准化活动。三是加强自愿性标准制（修）定。美国《国家技术转让与促进法》（NTTAA）以及白宫管理和预算办公室发布的行政通函 A - 119 鼓励企业、政府部门、行业组织等将自愿性标准制定者作为合作的纽带，以实现美国制造标准国际化战略目标。四是构建美国标准化体系。美国在国际上积极协调各方，推动《世界贸易组织技术性贸易壁垒协议》《关于国际标准制定原则的决策》等国际公认的标准化原则的一致性诠释和应用，将技术标准教育确立为美国政府、企业和学术界的重点知识领域，进一步扩大标准国际化的范围和领域，将所有涉及标准国际化行为的组织、机构、力量、资源等均纳入标准体系，面向全球输出美国先进技术、先进标准、贸易规则以及标准价值。

表 30 - 4　美国标准国际化的目标定位和路径

实施路径	目标1：加强政府对自愿性标准的制（修）定	目标2：提升标准体系对消费需求的响应	目标3：积极推进国际公认的标准制定原则	目标4：加强美国标准的全球推广	目标5：加强美国标准体系的合作与一致性
1	标准化机构、标准制定者、政府和企业合作确定标准提案	鼓励和支持消费者适当参与委员会的工作	推动国际利益相关方积极参与标准程序	帮助别国利益相关方理解美国流程及其众多好处	符合美国国家标准（美国国家标准化机构）设计原则
2	政府应更多地参与自愿性标准制（修）定	将消费者调查用作标准化活动和决策的基础	保持和支持标准制定中公私合作的独特性和优势	促进与国外标准组织的对话	将重复的标准制定活动减到最少
3	遵循《国家技术转让与促进法》条款	启动标准信息和参与项目	促进国际公认的标准化原则的一致性诠释和应用	促进新兴市场利益相关方在标准化活动中的参与度	及时提供有关拟定的监管行动信息，最小化标准冲突

续表

实施路径	目标1：加强政府对自愿性标准的制（修）定	目标2：提升标准体系对消费需求的响应	目标3：积极推进国际公认的标准制定原则	目标4：加强美国标准的全球推广	目标5：加强美国标准体系的合作与一致性
4	积极应对标准的国际效应	投入精力宣传美国的健康、安全和竞争力	加入世界各地的标准制定机构	持续改进标准制（修）定流程	维持稳定的美国标准体系的融资模式
5	积极支持国家优先发展项目		与利益相关方合作，确保国际标准制定表决流程顺利	建立数据库，存储美国国家标准，编制行动方案	满足重点领域和新兴技术领域的标准化需求

资料来源：根据公开资料整理。

三、日本制造标准国际化路径

日本在制造强国进程中致力于推进本国制造标准国际化，1999 年 6 月至 2001 年 9 月完成标准化战略制定任务。2014 年 5 月，经济产业省召开"标准化官民战略会议"，提出全面实施《标准化官民战略》。2015 年 9 月进一步提出"推进中小企业研发与标准化的一体化"方针，致力于在技术研发阶段导入先进标准。为应对跨领域尖端技术无法标准化的问题，经济产业省在"顶端标准制度"基础上，2015 年起实行"开发新市场的标准化制度"（见图 30 - 3），支持制定国内标准（JIS）和国际标准（ISO/IEC）草案，以进一步抢夺尖端技术领域的国际标准话语权。

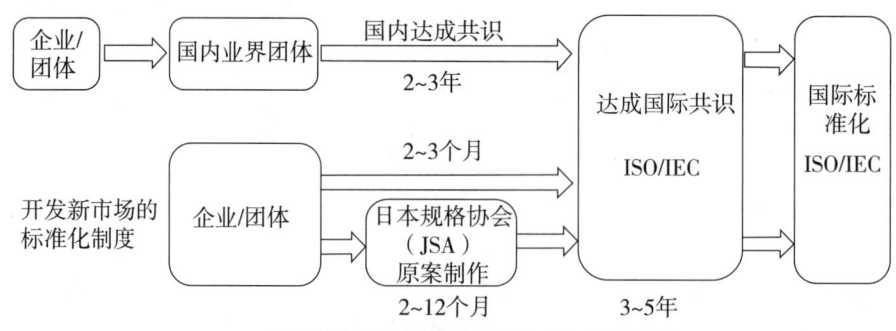

开发新市场的标准化制度支援国际标准化

图 30 - 3　"开发新市场的标准化制度"支撑国际标准化

资料来源：《全球标准化战略汇编》。

日本制造标准国际化的核心内容主要包括（见表 30 - 5）：一是抢占新兴产业领域的国际标准。在电子通信（WAPI、TD - SDMA）、电气工程、新能源、新材料等战略性新兴产业领域，积极推动将本国标准转化为国际标准。大力推进纳米材料、能源环境、信息通信、人工智能等未来技术领域的标准化，新设标准项目并进行效益评估。二是加强对中小企业的标准认证工作的支持。日本政府部门与商工会议所、JSA 等合作，研究支持中小企业制定标准草案的方法和途径，为中小企业提供其他国家的标准动态演化信息。开设面向中小企业的标准化及认证工作的咨询窗口，为拥有先进技术和创新产品的中小企业提供标准化以及认证支持。三是争取承担更多的国际标准化组织。日本特别重视国际标准化组织、国际行业联盟对建立适应标准国际化需求的技术标准体系和争夺国际标准的话语权和主导权的重要性，极力争取承担 ISO、IEC、ITU 标准化委员会（TC/SC/WG）主席、召集人和干事的职务，积极参与国际标准审议，培养熟悉国际标准制定规则的高层次专业人才和标准化专家。四是强化与各国标准化合作。与欧美发达国家广泛开展认证、标准互认，参与各国特别是亚洲地区的标准制定和认证体系建设，将信息技术标准、环保标准、基础技术标准等作为主攻领域，立足亚洲市场进攻国际市场。基于开发新市场的标准化制度和标准化应用支援合作制度，深入推进标准国际化行动。

第四节 发达国家的标准国际化经验启示

发达国家的标准国际化战略充分体现了从工业化时代向信息化时代以及经济全球化时代的重大变迁，揭示了以技术标准作为武器占领国际经济竞争制高点，确保实现国家经济利益的战略意图，无疑对中国制造走出去和提高国际市场竞争力具有重要意义。

表 30 - 5 日本标准国际化的目标定位和路径

实施路径	目标 1：建立官民协作的体制机制	目标 2：加强对标准认证工作的支持力度	目标 3：强化标准化人才培养	目标 4：加快推进标准国际化战略	目标 5：加强与其他国家的联盟与合作
1	构建"开发新市场的标准化制度"	政府与日本商工会议所、JSA 等合作宣传成功案例	培养活跃在国际标准化一线、兼具管理能力的人才	培养国际标准化工作的核心人才，保障核心人才可持续	完善认证基础建设，使日本认证和测试结果被国际认可

续表

实施路径	目标1：建立官民协作的体制机制	目标2：加强对标准认证工作的支持力度	目标3：强化标准化人才培养	目标4：加快推进标准国际化战略	目标5：加强与其他国家的联盟与合作
2	在企业设置最高标准化责任人（Chief Standardization Officer：CSO）	为拥有优秀技术和产品的中小企业提供标准化及认证活动的支持	开展了面向IEC的、以青年人才为对象的青年专家培训制度	JSA负责建设具有丰富国际标准化工作经验的人才数据库	积极与亚洲各国合作，共同研发国际标准
3	掌握各领域标准化活动成果和国际标准化动向	开设面向广大中小企业的标准化及认可认证的咨询窗口	举行短期培训，获取应对国际标准化工作的必要知识和技能	培养国际标准化人才，保证日本人被ISO/IEC等机构秘书处任用	构筑"日本标准化官民战略"的跟踪保障机制
4	召集企业经营者或标准化负责人对标准化工作进行交流和信息共享		设立面向管理职位、营业职位和新入职员工的标准化人才培养计划		促进尖端技术在日本国内的JIS及国际IEC/ISO的标准制定
5			撰写面向大学技术类与经营类专业的标准化教材体系		

资料来源：根据公开资料整理。

一、在实施标准化战略中，特别突出"标准国际化"

发达国家标准化的战略导向非常明确，共同点是推进国家标准国际化。竞争策略也极为明确，就是争夺国际标准竞争的制高点。德国、美国、日本、英国、法国等发达国家纷纷把标准国际化战略放在整个标准化战略的突出位置，加快抢占国际标准的话语权和控制权，这五大主要发达国家主导制定了95%的国际标准。EU标准化的战略定位强调，统一欧盟各成员国在国际标准化组织中的标准化提案，进一步在国际标准体系中确立欧洲标准的领导地位，提升欧洲产业特别是制造业在全球市场中的竞争力。美国积极参加所有的国际标准化活动，积极推动北美地区标准一体化，主导制定反映美国利益的国际先进标准，逐步推动美国标准凌驾于发达国家标准之上。日本出台了国际标准化战略规划，推动产业界进行国际标准攻关，鼓励跨国企业参与制定国际标准，积极参与国际标准化组织活动和区域标准化组织活动。中国标准国际化启动时间滞后，参与国际标准活动极少，目前制定的国际标准只有195项，占全球国际标准的比重只有0.72%，这与经济大国、制造大国的地位极不相称（见图30－4）。目前，中国的标准化战略核心是积极采用先进国家标准和国际标准，这与中国技术创新水平不高有关。但是，"采标"只能是过渡时期的战术，并不是中国最终的战略。参与制定国际标准，首先考虑的不是需要中国付出多少，而是要权衡如果中国不争取会失去多少。当务之急是推动中国标准与国际接轨，重点是攻克国际国内标准的一致性问题，实现国际标准引进来和中国标准走出去。对此，要加快建立先进的、与国际接轨的标准体系，深入研究发达国家标准化工作的动态，组织更多的标准化专家参与国际标准制定。

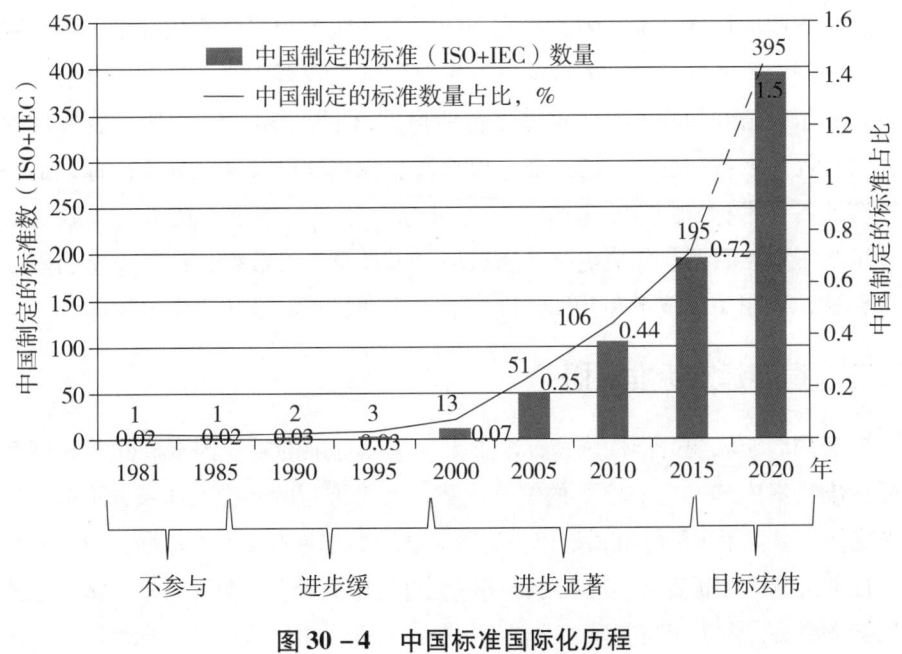

图30－4　中国标准国际化历程

二、发达国家几乎都把新兴产业、先进制造作为标准化行动的战略主攻点

发达国家纷纷把新兴产业、先进制造作为标准化战略的主攻领域，这是公认的最有可能实现先发优势和行业领跑的重点领域。从国际标准竞争领域看，欧盟

主要是瞄准三大领域：高技术产业、制造业、公益类行业。美国的重点是高技术产业、信息产业、生物技术产业；日本主要是制造业、信息技术、健康产业等。标准是新兴产业发展取得成功的助推器，也是先进制造保持国际领先优势的战略武器。特别是发达国家均在5G标准、物联网、人工智能、新能源汽车、大数据等方面抓紧布局，不仅抢占技术的话语权，也始终突出抢占标准的先发优势，印证了"标准控制权就是市场控制权"的路线。制造业是全球经济的支柱，制造业不强可能会导致丧失产业竞争力和国家利益，为此德国、日本等国家逐渐加强对全球制造标准的控制，实施"研究开发、技术创新、质量管理、标准化"四位一体的竞争战略。对中国而言，要实施更富有前瞻性的高端技术标准研发计划，推动新兴产业技术标准研制和推广，促进先进制造标准产业化和国际化。加快建立新兴产业标准体系，深入实施新兴产业标准化规划，加大关键技术标准研制力度，提升新兴产业的整体竞争力。密切跟踪研究国际技术标准发展动态，对具有中国自主知识产权核心技术的高新技术和优势产品制定技术标准，推动结构调整、产业升级和国际贸易同步发展。围绕"中国制造2025"战略，制定智能制造和装备制造标准升级规划，实施智能制造和装备制造标准化升级工程。瞄准工业互联网、智能装备、无人车间、数字化经济、智慧工厂、智能传感器、智能机器人、工业云和物联网等制定先进行业标准（见图30-5）。加强装备技术标准供给，提高装备制造产品的性能、可靠性、稳定性以及寿命标准指标，加快重大成套装备技术标准研制，建立一批标准综合体，促进重大技术装备制造走出去。围绕工业互联网、集成电路、物联网、云计算、大数据、信息安全、网络安全等领域，研制关键技术和共性基础标准，推动优势标准转化为国际标准。

三、倡导建立标准联盟

紧密的区域联盟是推动国家标准上升为国际标准的重要因素。欧盟利用其在国际标准提案中"一国一票"的制度优势，大力推行欧洲标准体系，形成了绝对领先优势，掌握了国际标准话语权。美国对欧洲标准具有极大的威胁，通过贸易话语权推动区域标准联盟，实现在标准国际化过程中的领先优势。日本积极推动亚太地区标准联盟，致力于与美国、欧盟相抗衡。对此，中国应坚持对标国际、与国际接轨，坚持引进来与走出去相结合，深化标准化国际合作，提高中国标准与国际标准的一致性程度。深度参与国际标准化活动，推动政府、企业、行业组织形成联盟，主动争取国际标准化技术机构落户，积极参与国际标准制定，培育、发展和推动中国优势标准成为国际标准。加大国际标准跟踪、评估力度，加快转化适合中国国情的国际标准，运用标准化战略推动中国制造走出去。推进亚太区域标准合作，探索建立金砖国家标准化合作新机制，深化与欧盟国家、美国、德国、日本、韩国

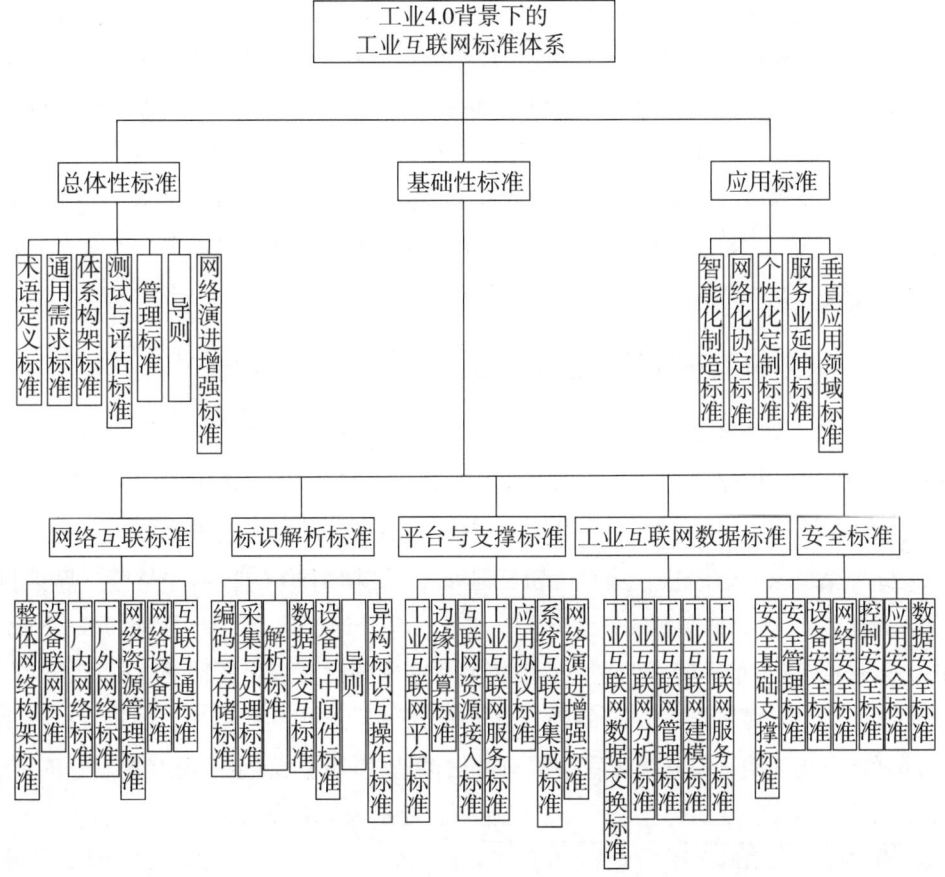

图 30 - 5　工业 4.0 背景下的工业互联网标准体系

资料来源：工业互联网产业联盟（AII）《工业互联网标准体系构架（1.0）》

等的标准化合作。加强与"一带一路"沿线国家和主要贸易伙伴国家的标准互认，推动国家标准与国际标准的互联互通。拓展标准研发服务，提供标准实施咨询服务，打通企业参与国际标准制（修）定的通道，促使企业实质性参与国际标准化活动。

四、协同推进科技创新、标准研制、标准执行

欧美等发达国家十分支持以标准化为目的的技术研发，把技术创新政策和标准化政策作为国家产业竞争力的"车之两轮"，协同推进标准化和技术创新，通过国际标准将本国产业技术推向全世界。对此，应加强标准与技术创新、专利的结合，促进标准合理采用新技术，加强标准中知识产权的运用，促进标准制定与技术创新、产业化同步。技术创新与标准研制密不可分，要建立产业技术—专利—标准联合体，加强共享技术、共享专利池与标准研制的相互协调，根据竞争优势制定国际

标准，或形成事实上的国际标准。坚持政府主导制定标准和市场自主制定标准相结合，发挥市场对标准化资源配置的决定性作用，激发市场主体活力，由领军企业主导制定标准。积极将关键标准研制列入国家科技计划，应用科技报告制度促进科技成果向标准转化，推动先进适用的军用标准转化为民用标准。在生态安全、食品安全、信息安全等重大领域，积极建立以自主知识产权为支撑的标准体系，合理构建技术性贸易壁垒体系。积极推广企业标准自我声明公开制度，严格落实企业的标准化主体责任，减少政府对企业标准制定的不当干预。

五、大力争取三大权威国际标准化组织的稀缺席位

发达国家在争夺 ISO、IEC、ITU 领导权上不遗余力，通过掌控国际标准为本国经济争取利益。1947 年以来，美国、法国、英国、德国、日本、加拿大等国家均担任过三大标准化组织的主席（秘书长），甚至可以说，欧美发达国家基本上控制了三大标准化组织的话语权。从 6 个常任理事国承担的 ISO 的技术委员会主席数量看，美国占比 15.9%、德国占比 13.3%、英国占比 10.4%、日本占比 6.7%，中国占比只有 6.1%。值得警示的是，欧美等发达国家并没有停止或减缓国际标准化行动的脚步，而是竭尽全力争取承担更多的国际标准化组织的秘书处。如果中国不参与国际标准化活动，那就意味着中国只能被动地执行别人制定的游戏规则。对此，在中国国际标准制定话语权还不强的情况下，要积极争取介入国际标准制定，争取承担更多的 ISO/IEC 各委员会的主席、召集人和秘书长等职务。对于目前国际标准比较缺乏的重点领域，要及早参与，把国内成熟的国家标准推向国际。对于已有国际标准的领域，应积极承担国际标准秘书处的工作，进一步争取国际标准的修订权。积极推进行业协会、联合会、产业联盟等社会团体参与国际标准制定，鼓励领军企业、行业组织、社会团体制定高于国家标准的标准。

第五节　对策与建议

积极对接全球制造变迁轨迹和工业 4.0 标准体系，研究中国制造技术路线图，加强与主要贸易国互通信息，深度参与国内外标准化活动，全链式推进标准研制、标准实施、标准更新和标准推广，加快建立与国际接轨的技术标准体系，切实增强我国实质性参与国际标准化活动的能力。

一、制定实施"制造标准国际化行动计划"

标准化是发达国家牢牢控制的重点领域，美国国家标准协会（ANSI）于 2000年 8 月发布了"美国标准战略"（USSS），旨在构建动态的标准架构以发挥美国标

准化优势。ANSI 每 5 年对 USSS 战略修订一次，特别是 2010 美国竞争再授权法案明确提出了新兴产业推进标准化的决策定位。德国标准化协会（DIN）于 2005 年启动实施"德国标准化战略"，有力地支撑了德国经济强国地位。日本于 2001 年发布"日本标准化战略"，2006 年实施"国际标准综合战略"，以举国体制参与全球标准竞争。与欧盟、美国、日本的标准国际化历史轨迹相比，中国作为"追赶者"，进入全球标准体系亟须探索"重点突破型"战略，[①] 破解发达国家"标准协同"和"标准锁定"，探索适合自身的标准国际化路径。中国制造应以全球化视野，在"中国制造 2025"战略下推进标准化行动计划。密切关注全球特别是发达国家制造的动态变迁和工业 4.0 标准演化，制定发布"中国制造标准国际化战略"，实施"标准国际化行动计划"和"标准化＋"行动计划，联动推进"标准化＋"与"互联网＋""机器人＋""大数据＋"，发挥"标准化＋"对新技术、新模式、新业态的催化效应，增强标准化和标准国际化对中国制造转型升级的保障、支撑和引领功能。

二、瞄准战略性新兴产业和装备制造业突破口

密切关注全球制造的变迁和工业 4.0 标准体系，研究中国制造技术路线图，探讨采取最佳的标准路线图。德国制造标准国际化主攻电气工程、汽车制造、精密工程、机械工程等领域，日本制造标准国际化主攻信息技术、环境保护、制造技术、产业基础技术等领域，美国制造标准国际化主攻机械制造、电气电子、新材料、生物工程等领域。顺应工业 4.0 发展态势，探索中国制造标准国际化"弯道超车"战略及技术路线，在标准尚未定型、用户尚未锁定的工业互联网、物联网、大数据、云计算等信息产业前沿领域，以及人工智能、生物医药、高端装备、新能源、量子通信等重点制造领域，加快标准国际化赶超步伐。当前，制造业已走向了以数字化、网络化、智能化为主要特征的"台风口"。德国已完成了工业 1.0、2.0、3.0，迈向工业 4.0，美国互联网企业巨头如 GE、思科、IBM、英特尔等 80 多家企业成立"工业互联网联盟"，开始对工业互联网技术、标准、产业化等布局，重新定义未来的智能制造模式。这需要树立强烈的制造业危机意识，大力实施"中国制造"标准引领工程，精准扶持每个细分行业的"第一"和"唯一"，引导制造企业主动对标，找差距、找空间、找对策。围绕电力设备、高铁装备、水利水电、数控机床、电气机械、机电器件等优势制造业，加快构建"中国制造"标准体系，提高国际先进标准采标率，引领制造业提质增效升级。

---

① 从全球看，欧盟国际标准已取得主导权，同时实施"控制型战略"，进一步推行国际标准化战略，控制国际标准制高点。美国凭借实力最强、创新能力最强的比较优势，在控制现有国际标准主导权的基础上，进一步争夺国际标准话语权，实施"控制型/争夺型"战略。日本依靠经济实力和技术能力，争夺国际标准制高点，实施"争夺型战略"。

三、支持市场主体和民间组织推进标准国际化

美国、德国标准化实行市场驱动，不直接由政府主导，只有在市场力量和民间组织无法体现公共意志的情况下才由政府发布专用标准，而且严格限定在公共资源、公共安全、公众健康、环境保护、国防安全等公共领域。政府主导制定的标准，应侧重于守底线、保安全；市场自主制定的标准，应侧重于强优势、拓市场。加快推进标准化体制改革，健全标准化管理体制机制，凡是企业主体、社会组织、行业协会能有效供给的标准，政府都要坚决退出，限定政府制定标准的范围。政府与市场参与标准的边界要划清，既维护标准的公共属性，制定和推广强制性地方标准、行业标准，也要突出标准的市场属性，推动市场主体自主制定标准，大量标准交给市场主体制定。制定企业标准国际"领跑者"制度路线图，实施企业标准国际"领跑者"制度，鼓励企业向国际标准发起进攻（见表30-6）。应着力破除与标准化不相适应的行业壁垒、部门分割、制度障碍和政策碎片化，加快建立统一协调、运行高效的标准国际化组织制度和政策体系。积极支持企业参与研制和采用先进技术标准，鼓励社会组织、行业协会、产业联盟等参与标准国际化活动。

表30-6　中国典型的标准国际化案例比较

案例	动因	主要国际竞争标准	国内竞争标准	国际合作	政府角色
EVD	规避专利税	BLU-Ray HD DVD FVD	HDV HVD	与LSI、Logic、ON2进行合作	由政府发起，但逐步商业化
AVS	规避专利税	Mpeg4、H.264		国际合作	由政府发起
TD-SCDMA	规避专利税，提供中国电信竞争力	WCDMA、CDMA2000	无	国际合作	政府大力支持并设立专项
WAPI	安全因素	IEEE 802.11	无	无	政府强力支持
RFID	提高中国电子标签领域的竞争力	EPC	无	无	政府发起
IGRS	提供中国数字家庭领域竞争力	DLNA	E佳家	闪联、DLNA	行业主导

资料来源：根据互联网公开资料整理。

四、全链式推进标准研制、标准实施、标准更新和标准推广

"中国制造标准"国际认可度不高、标准老化比较严重、标准存在缺失现象。中国主导制定国际标准数量太少，标准交叉重复矛盾，现行各类标准仅名称相同的

就有近 2000 项；以企业为主体实质性参与国际标准化活动，还有较大提升空间；在重点产业、重要装备、重点领域、重大战略中，标准化手段运用不够；国际标准化人才缺乏，尤其是缺乏熟练驾驭国际规则的技术型专家。对此，应瞄准中国制造业转型升级需求和未来发展趋势，深入谋划重点制造业领域的技术创新路线，推广台州"智能马桶"标准突围模式（见表 30 - 7），协同推进标准研制、标准实施、标准采用和标准更新。探索对欧美、美国、日本等强势的行业企业采取引标、对标、采标方法，坚持"国内标准国际化和采用新国际标准"两条腿走路，大力实施"标准化+行动计划"和"企业国际化对标工程"，强化强制性标准制定与实施，支持"中国制造"品牌企业和龙头企业对美国、日本、德国等国际领军企业进行对标、采标，推动中国产业采用国际先进标准，形成支撑产业升级的标准群。实施中国制造标准引领工程，推动"中国标准"上升为国家标准、国际标准，以"中国标准"走出去带动"中国制造"走出去。积极探索与国际标准组织合作的路径，借助"一带一路"倡议，大力开展双边和多边标准国际化合作，拓宽中国制造标准走出去的通道。

表 30 - 7　台州"智能马桶"标准突围策略

策略组合	实施路径	绩　效
标准提档	设立全国智能马桶标准化技术委员会，组建全国第 1 个智能马桶行业协会，建立全国唯一的国际级智能马桶监督检验中心，按照"国际先进、国内一流"定位，制定国内第 1 个智能马桶团体标准《智能坐便器》，其中清洗、防漏电、加热保护等 9 项指标高于国际先进标准，新增防溅污性、防虹吸性等 11 项指标，填补行业空白	台州智能马桶行业产值从 20 亿元升至 60 亿元，在全国的市场占有率达 50%，成为全国最大的智能马桶产品制造基地。2017 年台州智能马桶产品国家检测质量合格率达 83.3%，比 2015 年提高 70.8 个百分点
对标提质	制订对标达标方案，开展"浙江制造"标准制定研讨会、"标准规范"专家学者授课、"认证达标对标诊断"等活动 20 余场，指导企业采用国际标准和国外先进标准，实施智能马桶国内外标准接轨工程、企业标准自我声明公开和监督工程	20 家整机企业全部签署实施《台州市智能马桶行业协会团体标准》承诺，9 家智能马桶企业全部建立标准化体系，4 家通过标准化 A 级验收，智能马桶生产企业标准公开率达 100%
标准推广	对为主起草国际标准、国家标准、行业标准、地方标准的企业分别给予 100 万、20 万、15 万、5 万元的奖励。举办 2017 年智能马桶盖及关键零部件技术标准国际研讨会，认定国际新技术、新标准 8 项，10 家企业代表参与智能马桶检测方法国际标准制定研讨	2017 年 2 月，国家质检总局在台州成立智能马桶"政产学研"联盟，启动全国智能马桶产品质量攻坚行动，首批 10 个型号的新一代关键零部件陆续投产。在国内超 500 万人的大城市设立体验推广中心

资料来源：《台州市加强质量标准品牌建设助理智能马桶产业发展》。

五、积极介入国际标准化组织活动

自 1901 年诞生了世界上第一个国家标准化机构——英国工程标准委员会后，在不到 30 年的时间内，先后有 25 个国家成立了国家标准化组织，充分体现了国际上对标准化活动的高度重视。对此，应主动走出去，积极探索与国际标准组织合作的路径，主动介入 ISO/IEC（国际标准委员会）、DIN（德国标准化学会）、CEN（欧洲标准化委员会）、CENELEC（欧洲电工标准化委员会）、ANSI（美国标准学会）、NIST（美国标准技术研究院）、JISC（日本工业标准调查会）等标准组织，加快开展双边和多边标准国际化合作，拓宽中国制造标准走出去的通道。借鉴美国 ANSI 标准、日本 JIS 标准、德国 DIN 标准国际化经验，支持龙头骨干企业、产业技术联盟和社团组织参与或主导国际标准研制，争取承担更多国际标准组织技术机构和领导职务，推动本土优势标准攻占国际标准制高点，推动与主要贸易国之间的标准互认（见图 30－6）。加强对国际标准的动态跟踪、实时评估和有效转化，支持中国国家标准的外文翻译出版。

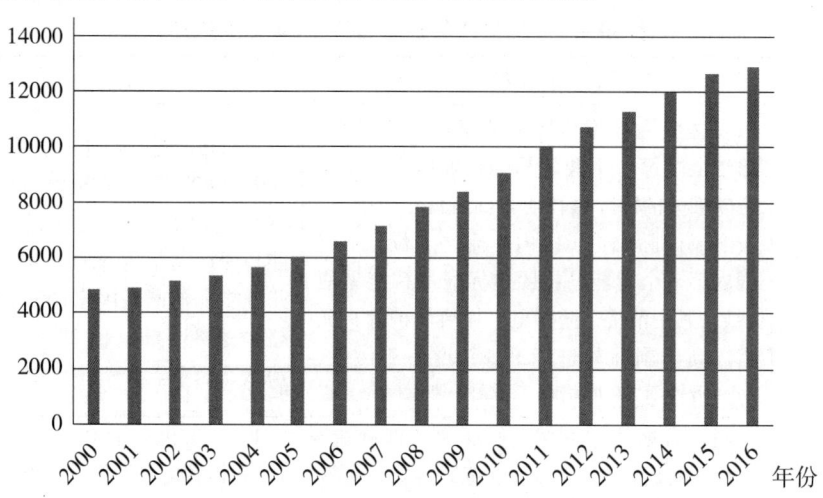

图 30－6　中国制造的国家标准数量变化趋势

第 31 章　电子薄膜用超高纯金属溅射靶材国际标准的案例研究报告

第一节　标准制定主体的基本情况

宁波江丰电子材料股份有限公司成立于 2005 年，是由国家"千人计划"专家姚力军博士领导的海外高层次归国留学人员组成的创业团队所创立的一家高科技企业，专业从事集成电路、平板显示器和太阳能用超高纯材料及溅射靶材研发、生产和销售。公司先后承担了国家 02 重大专项、863 计划、稀土专项、彩电专项、工信部电子发展基金工业强基等国家级科研及产业化项目。江丰电子研发的超大规模集成电路用溅射靶材填补了我国的空白，结束了我国依赖进口的历史，产品成功地应用于 16nm 芯片制造尖端技术节点，并且攻克了 10nm 技术节点对应的靶材关键技术，打入国际主流半导体厂商，打破了美日企业对集成电路用高端靶材的垄断，达到国际先进技术水平。

江丰电子拥有"宁波市电子薄膜用超高纯金属靶材与关键部件研发团队"和"宁波市 3315 先端粉末冶金材料研发团队"，团队中国家"千人计划"专家 3人，拥有浙江省级企业研究院、院士工作站、高新技术企业研究开发中心、博士后科研工作站、企业技术中心。公司与中芯国际、哈尔滨工业大学、重庆大学、金川集团等多家单位形成产学研用联盟，在国际市场中占有一席之地。江丰电子拥有自主的知识产权，累计授权专利 214 项、发明专利 164 项，拥有覆盖 Al、Ti、Cu、Ta 等多种金属材料及靶材全工艺流程的完整自主知识产权，填补了国内的技术空白。制定国家/行业标准 15 项，其中国家标准 2 项、行业标准 12 项，浙江制造团体标准 1 项。江丰电子通过了 ISO/TS 16949：2009 质量管理体系认证、ISO9001：2008 质量管理体系认证、ISO14001：2004 环境管理体系认证、VDA6.3 欧洲质量管理体系认证、索尼绿色伙伴认证。

江丰电子是国内技术最先进、材料最齐全、工艺最完整、设备能力最强、产能最大的超高纯度金属材料及溅射靶材生产基地。先后承担了国家"十一五""十二五""十三五"科技重大专项（02 专项），攻克了超高纯金属（铝、钛、铜、钽、钴、钨等）溅射靶材关键技术，打破了国外垄断。作为国产靶材的践行者和推动者，江丰电子积极主导、参加国内超高纯金属溅射靶材的技术标准体系建设，实现了超高纯金属靶材技术标准的从无到有，从零散到系统化。主导制定了《电子薄膜用高纯铜溅射靶材》《电子薄膜用高纯钨及钨合金溅射靶材》《电子薄膜用高纯钴靶材》，参与制定了《电子薄膜用高纯铝及铝合金溅射靶材》《电子薄膜用高纯钛溅射靶材》《溅射用钽靶材》。结合行业现有技术和生产水平，深入研究国外标准现状，了解上游供应商和下游客户的需求与要求，制定技术标准规范，严格把控产品品质，提升整个行业的研发与生产水平。先后荣获"国家战略性创新产品""浙江省技术发明一等奖""中国有色金属工业协会一等奖""中国半导体创新产品和技术奖""宁波市科技进步一等奖"等多项奖项。公司董事长兼首席技术官荣获2017年浙江省科学技术重大贡献奖、宁波市科技创新特别奖。

第二节　标准国际化的基础条件

江丰电子极其重视通过标准国际化推动产品国际化，以国际标准为支点撬动产品的市场占有率和国际渗透率，在经营建设和生产发展过程中，始终将标准化工作作为一项重点工作，充分发挥了标准化工作的重要作用，为公司核心竞争力的提升和自主创新能力的提高创造了条件，也为公司实现持续协调稳健发展提供了基础保障。

一、建立标准化管理机构

标准化工作是一项综合性、系统性很强的活动，涉及企业产品研制、生产经营管理的全过程。为了有效开展标准化工作，公司成立了企业标准化委员会，由公司副总经理兼总工程师任主任委员，由技术中心、品质管理、生产经营等部门主管领导任副主任委员，统一管理公司的标准化工作；企业标准化委员会下设办公室，负责企业标准化工作的日常管理，统一对各类标准的制定、实施、监督与检查管理工作进行组织、管理、协调和考核。公司现有专职标准化技术人员5人、兼职标准化技术人员20多人，形成了归属明确、权责统一、管理严格、流转畅通的标准化管理体系和一支强有力的标准化队伍，为公司标准化工作的开展提供了强有力的组织保证。鼓励并支持标准创新工作，制订了《专利及标准申请奖励制度》，实现激励机制常态化，对国家/行业等各级标准的起草团队，给予不同程度的奖励，激发科技创新氛围。

二、积极承担专业标准化技术委员会相关工作

江丰电子是全国有色金属标准化技术委员会的会员单位，积极参加标委会组

织的各项活动，制定超高纯金属及溅射靶材领域的国家/行业标准，参与有色标委会组织的各类培训活动，增进对标准法规的理解，了解先进技术发展趋势信息、市场需求信息、用户对产品和技术的反馈信息。作为集成电路材料和零部件产业技术创新战略联盟的副理事长单位，在联盟成立标委会后，积极配合联盟团体标准的制定工作，提出了多项标准立项建议。支持浙江制造品牌建设，起草了一项浙江制造团体标准《集成电路用高纯钛溅射靶材》。

三、主导/参与制（修）定多项技术标准

江丰电子先后主导/参与了 15 项技术标准的起草工作，其中已颁布实施国家标准 2 项、行业标准 9 项、浙江制造团体标准 1 项，报批行业标准 3 项（见表 31 - 1）。公司积极推进企业内部的标准规范化工作，形成了 562 项企业标准（含客户端式样书等）。标准的制定和实施对全面提升溅射靶材行业产品质量，推动行业健康发展起到积极作用。

表 31 - 1　国家/行业/团体标准制定

序　号	标准号	名　称	类　型	发布状态
1	GB/T 29658—2013	电子薄膜用高纯铝及铝合金溅射靶材	国家标准	2013 - 9 - 6
2	GB/T 33140—2016	集成电路用磷铜阳极	国家标准	2016 - 10 - 13
3	YS/T 819—2012	电子薄膜用高纯铜溅射靶材	行业标准	2012 - 11 - 7
4	YS/T 893—2013	电子薄膜用高纯钛溅射靶材	行业标准	2013 - 10 - 17
5	YS/T 936—2013	集成电路器件用镍钒合金靶材	行业标准	2013 - 10 - 17
6	YS/T 937—2013	镍铂靶材	行业标准	2013 - 10 - 17
7	YS/T 1025—2015	电子薄膜用高纯钨及钨合金溅射靶材	行业标准	2015 - 4 - 30
8	YS/T 1053—2015	电子薄膜用高纯钴靶材	行业标准	2015 - 4 - 30
9	YS/T 1024—2015	溅射用钽靶材	行业标准	2015 - 4 - 30
10	YS/T 1063—2015	钼靶材	行业标准	2015 - 4 - 30
11	YS/T 1150—2016	高纯钴铸锭	行业标准	2016 - 7 - 11
12	T/ZZB 0093—2016	集成电路用高纯钛溅射靶材	浙江制造团体标准	2016 - 9 - 23

资料来源：据调研资料整理而得。

第三节　电子薄膜用超高纯金属溅射靶材标准的内容

电子薄膜用超高纯金属溅射靶材系列标准是根据工业和信息化部各年度标准

制（修）定计划制定，技术归口单位为全国有色金属标准化技术委员会，负责起草的单位主要是宁波江丰电子材料股份有限公司。该标准符合国家战略发展需要。"高纯金属及合金溅射靶材"已被列入《新材料产业发展指南》，是"新一代信息技术"目录中重点支持的高端材料。工业和信息化部印发的《有色金属工业发展规划（2016—2020年）》明确提出大力发展高端材料，围绕新一代信息技术产业的集成电路、功能元器件等领域需求，利用先进可靠技术，加快发展"超大规格高纯金属靶材"。超高纯金属铝、钛、铜、钽、钨、钴溅射靶材属于国家科技重大专项（02专项）的配套材料，在国家科技部"十一五""十二五""十三五"科技重大专项的支持下，以及发改委高技术产业发展项目、工信部电子发展基金和工业强基项目的支持下，超高纯金属溅射靶材已经实现关键技术突破和产业化应用。该系列材料的开发研究，结束了中国半导体制造企业溅射靶材完全依赖进口的历史，并推动了我国集成电路制造产业的发展。电子薄膜用超高纯金属溅射靶材系列标准项目主要包括1项国家标准《电子薄膜用高纯铝及铝合金溅射靶材》，5项行业标准《电子薄膜用高纯铜溅射靶材》《电子薄膜用高纯钛溅射靶材》《电子薄膜用高纯钨及钨合金溅射靶材》《电子薄膜用高纯钴靶材》《溅射用钽靶材》，囊括了半导体、平板显示等领域应用的主要溅射靶材品类，市场应用广泛、技术先进。该标准对靶材分类、技术要求、检验检测方法等做了详尽、明晰的技术规范。

超高纯金属溅射靶材是制备电子薄膜的关键材料，以其纯度高、电学性能优异、品质稳定性强等优势，在半导体、平板显示器等行业获得大规模应用。但长期以来我国的超高纯金属溅射靶材一直被美、日的跨国公司所垄断，依赖进口严重。江丰电子在国家科技重大专项、国家863计划、电子信息产业发展基金等共同资助下，开展了超高纯金属溅射靶材制备技术及应用研究，攻克从金属材料制备、晶粒晶向控制、高端焊接、精密机械加工和表面处理、清洗包装、评价检测的完整的靶材成套技术，形成了靶材制备全工艺流程的自主知识产权，荣获"国家战略性创新产品""浙江省技术发明一等奖""宁波市科学技术一等奖""中国有色金属行业科技进步一等奖"。

江丰电子制备的铝、钛、铜、钽、钨、钴等超高纯金属溅射靶材，能够满足半导体130~16nm技术节点、平板显示器G4.5~G8.5世代的应用需求，并在台积电、中芯国际、格罗方德、京东方、华星光电等国际主流厂商批量应用，打破了美国、日本等靶材企业长期垄断的局面，填补了国内靶材产业空白。为进一步提升企业竞争力，推动国产靶材产业的崛起，江丰电子积极建立健全产品技术标准，主导/参与了多项国家、行业、地方、团体标准的起草工作。遵循市场化程度高、技术创新活跃、行业准入需求迫切的要求，该标准主要制定了电子薄膜用铝、钛、铜、钽、钨、钴超高纯金属溅射靶材的产品标准，以提升电子材料尤其是集成电路材料企业的技术、质量和品牌优势，增强产品和服务的市场竞争力。根据公司发展战略定位，江丰电子继续完善超高纯金属溅射靶材的标准化工作，横向延伸产品标准种类，建立磁记录应用及贵金属溅射靶材产品标准。

第四节 电子薄膜用超高纯金属溅射靶材标准的创新性和先进性

一、电子薄膜用超高纯金属溅射靶材系列标准创新性

主要体现在以下方面：

一是达到国际先进水平。江丰电子破解了关键技术壁垒，创新了超高纯金属溅射靶材晶粒尺寸和织构及其均匀性的精细调控技术、高温难熔性粉末冶金材料烧结工艺技术、异种金属大面积高结合率焊接技术以及超高纯金属靶材精密机加工技术，达到国际先进技术水平，全系列靶材产品成功地应用于 $130 \sim 16nm$ 芯片制造，并且攻克了 10nm 先进技术节点对应的靶材关键技术。

二是填补国内空白。财政部、发展改革委、工业和信息化部、海关总署、国家税务总局五部委共同出台政策：进口靶材的免税期到 2018 年年底结束。这标志着中国超高纯金属材料及溅射靶材不再依赖进口，江丰电子填补了该领域空白，为摆脱发达国家的"技术限制"和"出口限制"实现了重大突破。

三是拥有自主知识产权。江丰电子拥有 510 项覆盖靶材全工艺流程的自主知识产权，其中发明专利 458 项；累计授权专利已达 214 项，其中发明专利 164 项。

二、电子薄膜用超高纯金属溅射靶材标准先进性

主要体现在以下方面：

一是晶粒尺寸和织构及其均匀性指标。项目制备的超高纯铝、钛、铜、钽、钴、钨等超高纯金属溅射靶材晶粒尺寸和织构及其均匀性能够满足国际主流集成电路制造和面板显示厂商的生产要求。超高纯铝铜合金靶材平均晶粒 $\leqslant 100\mu m$，不同批次靶坯之间平均晶粒尺寸波动在 $\pm 10\mu m$ 以内，标准偏差 < 2，织构 $< 200 >$ 占优。超高纯钛靶材平均晶粒 $\leqslant 10\mu m$，不同批次靶坯之间平均晶粒尺寸波动在 $\pm 2\mu m$ 以内，标准偏差 < 1，织构 $< 002 >$ 占优。超高纯铜靶材平均晶粒 $\leqslant 30\mu m$，不同批次靶坯之间平均晶粒尺寸波动在 $\pm 3\mu m$ 以内，标准偏差 < 1.5，织构随机均匀分布。超高纯钽靶材平均晶粒 $\leqslant 80\mu m$，不同批次靶坯之间平均晶粒尺寸波动在 $\pm 5\mu m$ 以内，标准偏差 < 5，$< 100 >$ 和 $< 111 >$ 织构占优，且均匀分

布。从与霍尼韦尔、日矿金属等国际靶材企业的比较看，该靶材的部分性能具有先进性和优越性（见表31-2）。

表31-2 晶粒尺寸和织构及其均匀性参数对比

靶材种类	指　标	国际水平	项目达到水平
5N Al 及合金	晶粒大小	≤150μm	≤100μm
	晶粒均匀性	±13μm	±10μm
5N Ti 靶材	晶粒大小	≤20μm	≤15μm
	晶粒均匀性	±2μm	±2μm
6N Cu 靶材	晶粒大小	≤50μm	≤30μm
	晶粒均匀性	±4μm	±3μm
4N5 Ta 靶材	晶粒大小	≤100μm	≤80μm
	晶粒均匀性	±8μm	±5μm
5N W 靶材	晶粒大小	≤100μm	≤50μm
	晶粒均匀性	±10μm	±10μm
5N Co 靶材	晶粒大小	≤50μm	≤40μm
	晶粒均匀性	±8μm	±5μm

资料来源：据调研资料整理而得。

二是焊接结合率和焊接强度指标。项目实现的异种金属大面积焊接结合率和焊接强度，达到与霍尼韦尔、东曹等国际靶材企业同等水平（见表31-3）。

表31-3 焊接结合率和焊接强度参数对比

靶　　材	指　标	国际水平	项目达到水平
Al 及 Al 合金靶材	焊接结合率（%）	≥99	99.8
	焊接强度（MPa）	≥100	110
Ti 靶材	焊接结合率（%）	≥99	99.8
	焊接强度（MPa）	≥100	120
Cu 靶材	焊接结合率（%）	≥99	99.5
	焊接强度（MPa）	≥100	100
Ta 靶材	焊接结合率（%）	≥99	99.8
	焊接强度（MPa）	≥100	150
W 靶材	焊接结合率（%）	≥99	99.5
	焊接强度（MPa）	≥100	100
Co 靶材	焊接结合率（%）	≥99	99.5
	焊接强度（MPa）	≥100	100

资料来源：据调研资料整理而得。

三是靶材尺寸公差和表面粗糙度。该靶材的尺寸公差 ±0.05mm（见表31 - 4），日本东曹、日矿金属等国际靶材企业为 ±0.1mm；溅射表面粗糙度 ≤ 0.4μm，日本东曹、日矿金属等国际靶材企业为 ≤0.8μm；侧面反溅射区粗糙度精密控制在 3~20μm 可调。

表 31 - 4　加工精度和表面粗糙度参数对比

靶材种类	技术指标	国际水平	项目达到水平
Al 及 Al 合金靶材	加工精度	±0.1mm	±0.05mm
	溅射表面粗糙度	≤0.8μm	≤0.4μm
Ti 靶材	加工精度	±0.1mm	±0.05mm
	溅射表面粗糙度	≤0.8μm	≤0.4μm
Cu 靶材	加工精度	+0.1mm	±0.05mm
	溅射表面粗糙度	≤0.8μm	≤0.4μm
Ta 靶材	加工精度	±0.1mm	±0.05mm
	溅射表面粗糙度	≤0.8μm	≤0.4μm
W 靶材	加工精度	±0.1mm	±0.05mm
	溅射表面粗糙度	≤0.8μm	≤0.4μm
Co 靶材	加工精度	±0.1mm	±0.05mm
	溅射表面粗糙度	≤0.8μm	≤0.4μm

资料来源：据调研资料整理而得。

四是标准达到国际先进水平，填补了国内空白。该标准的成功实施和取得的重要成果为国家财政部、发展改革委、工业和信息化部、海关总署、国家税务总局五部委共同出台"进口靶材的免税期到 2018 年年底结束"政策提供了重要支撑。项目技术产品达到国际先进水平，先后荣获国家战略性创新产品、浙江省技术发明一等奖、中国有色金属工业科学技术一等奖、宁波市科学技术一等奖等多项奖项。2016 年 6 月，江丰电子作为国家科技重大专项代表，溅射靶材产品参加了国家"十二五"科技创新成就展。国家重大专项（02 专项）特聘专家蒋守雷、滕敬信，复旦大学教授张卫，京东方副总裁张羽对该标准作出科学评价：项目技术达到国际先进水平，产品满足国内外主流厂商应用需求，打破了中国溅射靶材完全依赖进口的历史。

第五节　电子薄膜用超高纯金属溅射靶材标准的经济社会效益

江丰电子建成了年产 10 万枚靶材的生产基地，在半导体 130~16nm 技术节点、平板显示器 G4.5 ~ G8.5 世代的国内外主流厂商，如台积电、中芯国际、格罗方德、京东方、华星光电等实现批量应用，取得量产订单。2013—2017 年合计销售 169235 万元、利润 21906 万元，出口创汇 118590 万元，具有显著的经济效益，并助力江丰电子在 A 股创业板成功上市（见表 31 – 5）。

表 31 – 5　2013—2017 年样本企业经营状况表

年份	营业收入	营业收入增长率（%）	利润总额（万元）	利润增长率（%）	出口额（万元）	出口增长率（%）	税收（万元）	税收增长率（%）
2013	17974		2352		11721		244	
2014	23988	33	2626	12	16646	42	851	249
2015	29200	22	2841	8	19681	18	1016	19
2016	44071	51	6628	133	32779	67	1243	22
2017	54002	23	7459	13	37763	15	1554	25
合　计	169235		21906		118590		4908	

资料来源：根据江丰电子上市公司公开资料整理而得。

江丰电子高纯金属溅射靶材产销量位居国内第一，在行业中具有很强的竞争力，被评为"中国半导体材料十大企业"，成功研发出超高纯铝、钛、钽、铜等超高纯金属溅射靶材，制定了不同层级、不同产品的技术标准，建立健全了靶材行业技术标准体系，为超高纯金属溅射靶材产业的健康、有序、长效发展提供了支撑。项目突破了国外的技术壁垒和产品垄断，改变了电子薄膜材料尤其是中国集成电路材料完全依赖进口的历史，填补了国内靶材产业空白。项目完善了从原料到溅射靶材制备的电子信息特色产业链，取得了关键技术突破和重要创新成果，增加了产品的技术附加值，提升了我国集成电路、平板显示工艺及材料技术的自主创新能力，对推动和发展我国电子信息产品的技术进步和产业安全起到了重要作用。随着信息产业高速发展，尤其集成电路用材料将推进更新制程的研究和开发，钽、铜、铝、钛、镍、钨、钴等各类高纯金属及合金靶材的应用前景将更为广阔；项目进一步推广应用到量大面广的平面显示和太阳能等行业用高纯靶材，实现了百亿规模销售额，具有显著的经济和社会效益。

该标准产品为铝靶、钛靶、钽靶、铜靶、钨靶等超高纯系统金属溅射靶材，这些产品主要应用于超大规模集成电路芯片、液晶面板、薄膜太阳能电池制造的物理气相沉积（PVD）工艺制备电子薄膜材料。江丰电子主攻最能代表溅射靶材技术先进性的集成电路领域，多品种溅射靶材是我国在全球先进芯片制造公司先端技术节点的应用，实现了我国此类产品零的突破。通过在国际公司的应用，引导国内溅射产业发展，起到带头引领作用；同时，对我国芯片制造、溅射机台设备研发都具有很好的借鉴作用，提升我国集成电路制造装备、工艺及材料的自主创新能力，对增强中国半导体产业竞争力做出了贡献。相较于半导体芯片，平面显示器、太阳能电池对于溅射靶材的纯度和技术要求略低一筹，但随着靶材尺寸的增大，对溅射靶材的焊接结合率、平整度等指标提出了更高的要求。该标准的制定，将推广到该领域，指导平面显示器、太阳能电池用靶材的研发、生产和应用。此外，超高纯金属溅射靶材系列标准还能够推广应用到上游超高纯材料制备产业，项目对应的超高纯有色金属材料将进一步推广应用到航空航天行业。项目系列标准能够应用到相关高端制造产业，尤其是其质量和管理体系的应用。宁波地区正在积极打造一个千亿级的集成电路产业基地，已经形成了半导体基础材料、集成电路设计、芯片制造、封装测试等较为完整的产业链。该标准的制定，将对宁波地区集成电路产业的发展提供技术标准指导，加快推进产业的发展和壮大。

第六节 结论与建议

一是建立以企业为主导的标准制定机制。发挥政府标准创新奖的引领和激励作用，大力支持龙头骨干企业制定国际领先的技术标准，积极支持领军企业、行业联盟和社团组织参与标准国际化活动，联合攻关重大标准和关键标准，推动本土优势标准攻占国际标准制高点。

二是加强政策保障和激励力度。研究标准化重大政策，对跨部门跨领域、存在重大争议标准的制定和实施进行协调，推动建立法规、规章和规范性文件对标准的引用机制，在标准制定、实施和评价中形成社会广泛参与机制。

三是推动龙头骨干企业普遍建立标准化管理机构。从战略上高度重视标准创新，支持企业设立标准化委员会，统一管理企业标准化工作。企业标准化委员会下设办公室，负责企业标准化工作的日常管理，统一对各类标准的制定、实施、监督与检查管理工作进行组织、管理、协调和考核。

四是建立及时响应市场竞争需求的标准化机制。为了迅速应对急速变化的市场需求，需将政府主导的标准制定机制转换为市场和企业主导的、自发的、可持续的标准开发及运营体制。

第 32 章　借助"一带一路"倡议　加快标准走出去的研究报告

第一节　问题的提出

"一带一路"倡议为中国经济增长注入了新动力，也为世界经济发展提供了新方案。从近期召开的"一带一路"国际合作高峰论坛看，作为"工业之母"的装备制造无疑是中国与"一带一路"沿线国家深化产能合作的关键领域和重要切入点（见表 32 – 1）。装备制造是中国产业国际竞争力的主要动力源，中国制造走出去的核心优势主要体现在模块化构架产品和大型复杂装备制造领域（黄群慧、贺俊，2015）。从中国装备制造向"一带一路"沿线国家出口规模看，2000 年仅 123.8 亿美元，2015 年攀升到 2391.3 亿美元，年均增长 21.8%，在中国装备制造走出去总额中的比重从 2000 年的 15.1% 上升到 2015 年的 22.4%。特别是电力、工业、通信、交通等具有国际比较优势的四大类装备制造出口增长迅猛，2000—2015 年年均增速分别达到 21.7%、26.1%、22.2% 和 20.4%。"一带一路"沿线大多数国家处于工业化和城镇化加速推进阶段（赵东麒、桑百川，2016），对核电、机械、通信、铁路、管线、机场、港口等装备的需求量持续增长，为中国装备制造走出去提供了巨大空间。中国装备制造走出去始终注重与国际接轨，实际上关键是与国际标准接轨。标准是全球"通用语言"，得标准者得天下，标准已成为超越产品竞争、品牌竞争的更高层次的竞争形态，是贸易便利化和经济全球化的应有之义。2015 年 10 月，中国向全球正式发布《标准联通"一带一路"行动计划》，这是中国作为标准化后发国家向全球发出的与国际标准接轨的集结号和动员令。因此，本研究探讨的命题是，标准化对中国装备制造走出去究竟有何内在传导机制和现实影响。

关于标准化对产品走出去的影响效应，不少文献进行了探讨（田为兴等，2015）。标准化既是促进贸易的重要引擎或"催化剂"，也是影响贸易的潜在障碍或"抑制剂"（Acemoglu，2012）。一方面，标准化对国际贸易有促进作用。标准是建立国际贸易新秩序的重要基础，是规范国际贸易的一种低成本的有效手段，为拓展国际市场提供基础性的技术支撑（Swann et al.，1996）。标准能够保障产品质量和可靠性、对产品信息进行重要的符号显示，通过专业性、兼容性和

表 32 - 1　中国装备制造走向"一带一路"沿线国家的代表性项目

	交通装备走出去	电力装备走出去	通信装备走出去	工业装备走出去
合作国家	蒙古、越南、泰国、老挝、伊朗、巴基斯坦、乌兹别克斯坦、孟加拉国	巴基斯坦、缅甸、老挝、埃及、哈萨克斯坦、越南	巴基斯坦、老挝、缅甸、泰国、尼日利亚、非洲部分国家	哈萨克斯坦、沙特、越南、孟加拉国、阿曼、缅甸、马来西亚
代表性项目	中蒙铁路、帕德玛大桥、中越铁路、中泰铁路、德黑兰地铁、拉合尔轨道交通、中老铁路、喀喇昆仑公路二期、卡拉奇高速公路、"安格连—帕普"铁路隧道	水津水电站、南康水电站、恰希玛核电项目、卡拉奇2号核电项目、默蒂亚里—拉合尔±660千伏直流电项目、埃及EETC500千伏主干网项目、越南热电厂项目	中巴国际光缆、中老泰陆缆直连通道、中巴信息走廊、丝路光缆、中缅孟印通道、尼日利亚的骨干网项目、泛亚信息网络项目、中非"八纵八横"光缆骨干网项目	中缅原油管道、哈萨克斯坦南线天然气管道、阿克托盖铜矿、沙特延布炼厂、苏克石油天然气项目、中缅天然气管道项目、龙江工业园、马来西亚纱锭工业项目

资料来源：根据"中国一带一路网"公布的资料整理而得。

互换性形成规模经济，增强一国或地区产品的国际市场竞争力（Tassey，2000）。另一方面，标准化对国际贸易有抑制作用。关税、许可证等传统贸易管制对国际贸易的影响效应日渐衰微，非关税壁垒尤其是以标准为代表的技术性贸易壁垒的作用越来越凸显（Moenius，2004）。现实中，标准已演变成各国贸易保护的重要工具，在促进出口的同时也可能会抑制出口，过度标准化的趋势越来越明显，成为贸易保护主义的重要盾牌（Blind & Jungmittag，2005）。根据中国 WTO/TBT - SPS 国家通报咨询中心数据，2016 年世界贸易组织各成员共对外发布技术性贸易措施（TBT 措施）3473 个，其中工业品相关的技术性贸易措施 2132 个，同比上升 7.03%。特别是发达国家对国际标准的掌控放大了标准的"非价格竞争优势"，利用标准的先发优势挤压甚至打压发展中国家和欠发达国家的国际市场空间（Clougherty & Grajek，2014），引起了进口国尤其是发展中国家以及欠发达国家的担忧。2016 年，对外发布 TBT 措施最多的是美国，高达 442 个，同比增加 55.63%（见表 32 - 2）。上述文献有启示价值，但值得深入探讨的问题是，标准化究竟通过什么具体传导机制影响中国装备制造走出去，现实影响结果究竟如何，标准国际化影响是否又存在不同？

表 32 - 2　2016 年主要国家 TBT 措施发布情况

发布国	欧　盟	美　国	日　本	澳大利亚	韩　国	加拿大
发布数量（个）	110	442	32	4	83	63
占比（%）	5.16	20.73	1.50	0.19	3.89	2.95

资料来源：中国 WTO/TBT - SPS 国家通报咨询中心数据。占比是指在 WTO 成员国中的占比。

本研究对已有文献进行必要拓展，具体贡献在于：①从贸易总量研究标准化效应存在不可忽视的缺陷（David & Greenstein，1990）。中国向"一带一路"沿线国家出口的制造产品十分庞杂，即便同属制造业范畴的装备制造与纺织服装加工制造也存在较大的行业差异性，有必要从某一具体的产业部门出发进行研究，对此本研究将装备制造作为研究对象。②本研究聚焦技术标准。2016 年 1 月，国家质检总局正式提出"实施'标准化＋'战略，服务供给侧结构性改革"。本研究的标准化指在装备制造技术领域制定和实施具有权威性和强制性的国家标准，不涉及事实标准以及安全标准、环境标准、管理标准等广义标准。③标准化存在向标准国际化的升级趋势，国家标准和国际标准对中国装备制造走出去的影响可能不尽相同（Jones & Hudson，1996），本研究区分标准化和标准国际化分别进行实证。此外，在样本上划分为"一带"国家和"一路"国家，分别做了比较。综上所述，本研究着力探讨在"一带一路"倡议背景下，标准化乃至标准国际化对中国装备制造走出去的现实影响，特别是对交通、电力、通信、工业等四大类装备制造的影响轨迹，以及对走向不同的"一带"和"一路"国家而言影响是否存在差异。在此基础上，从标准化视角探讨中国装备制造走出去的现实路径和战略定位。

标准化在国际贸易中起着至关重要的作用，这已是理论界和实务界的普遍共识。如同前文所述，标准化对出口的影响可能存在"双刃剑"效应，包括正向的符号显示机制、接口兼容机制、交易成本降低机制以及反向的壁垒设置机制，这四个机制叠加引致了标准化对出口的"双刃剑"效应。标准定义了程序和产品的具体特征，是生产者和消费者减少不确定性的重要依据，也是产品获得外部市场认可的重要"符号"（David & Greenstein，1990）。质量是标准化实施的结果，推动标准化一方面可以促进企业改进技术、提升产品质量，另一方面将劣质、次级产品排除在市场之外，有助于防止"格雷欣法则"（Gresham's Law），增强本国产品在国际市场上的竞争力，从而加快本国产品走出去（Akerlof，1970）。标准作为市场供需双方对话更容易的重要工具，是产品走向海外市场的"助推器"，特别是对进口国（地区）而言，不再需要花费过多的时间和精力去做市场调研和质量评估。这是因为透过产品标准标签可以获取产品质量和性能等相关信息。特别是当一国国家标准上升为国际标准时，意味着成为很多国家包括贸易伙伴国共同遵守和执行的统一标准，或者说成为全球范围内的共享标准，大大提高了贸易国市场的开放性，减少贸易双方由于技术标准不透明和信息不对称性而带来的贸易摩擦。

产品的兼容性强意味着产品具有更多的可接入性和可交换性。标准化的直接结果就是使产品之间有兼容的界面或接口，增强不同产品之间的兼容性，为规模经济、范围经济以及更广泛的网络效应的实现提供支撑。装备制造是工艺和流程极为复杂和精密的行业，由众多设备相连、通过严密的流程实现既定的功能，这就决定了装备之间的互联互通至关重要。比如，5G – LTE 双连接（5G – LTE Dual Connectivity）支持 5G 网络为终端设备和无线接入网提供多标准、多频段接入，实现 5G 移动设备与 LTE 的并行连接和无缝切换。为实现装备之间互联互通，各种装备必须遵循一致标准特别是国际通行标准。反之，如果标准不一致导致兼容性不够，以致产品进入国际市场的成本提高甚至完全失去进入国际市场的可能，这对中国装备制造走出去极为不利。处于标准领先地位的国家或企业为了维护其市场领先地位，往往不愿意采用兼容策略（Malueg & Schwartz，2006）。比如，美国思科为了挤压中国华为的国际市场空间，通过"标准摩擦"拒绝与中国华为公司网络设备的互联互通。

装备制造产品由于技术密集程度高、生产工艺精密、组织过程复杂，需要经过大量检验检测，才能判断其质量优劣。换言之，产品的技术密集程度越高，市场交易成本也就越高。而标准由于对产品的性能指标、外形尺寸、误差范围、功能质量等参数作出了具体规定，有助于降低交易成本。①降低谈判和签约成本以及协调成本。在谈判和签约过程中使用标准特别是国际标准可以有效减少谈判次数和贸易时间，从而降低谈判成本和签约成本。②降低监督和执行成本。贯穿于产品全过程的标准化，对产品的检验方法、检验规则、产品包装、运输条件等都作了明确规定，是企业组织生产的重要技术依据，提高了产品的可靠性、性能和交易效率。③降低损害索赔成本。标准尤其是国际标准是国际贸易仲裁和解决贸易争端的重要依据，为产品贸易损害及损害程度提供了判定依据，从而为产品国际贸易提供了救济保障。

从国际上看，以标准为代表的技术性贸易壁垒已成为阻碍一国出口的主要措施，特别是在过度标准化（over – standardization）情况下，标准会成为贸易保护主义的重要工具（Swinnen and Vandemoortele，2012）。标准水平高的国家特别是发达国家，往往根据保护国内市场以及产业国际竞争力的需要，凭借自身技术优势和标准制定优势，利用国家之间的标准差异，来限制他国产品的进口（赵志强、胡培战，2009）；标准水平低的国家，出口产品会因贸易伙伴国技术标准的限制而被拒之门外。如部分国家依据欧盟颁布的《废弃电气电子设备指令》（WEEE）和《关于在电气电子设备中限制使用某些有害物质指令》（ROHS）两项技术法规，对机电设备在电磁污染、噪声、兼容性、节能性、安全性等方面提出技术标准限制，对我国出口机电设备造成一定阻碍。后工业时代的标准竞争愈演愈烈，专利标准化甚至过度标准化成为趋势，越来越多的专利被纳入标准使得标准的壁垒特性越来越强（见表32-3）。因此，本国标准较贸易伙伴国实行的标准越落后，标准的技术性贸易壁垒效应也就越强（陶爱萍、李丽霞，2013）。当然，对于技术创新能力不强、标准供给能力滞后的追赶型国家（地区）而言，采用全球通行的国际标准有助于避开技术性贸易壁垒，提高本国产品的市场渗透力和国际竞争力。

表32-3　近年发达国家设置的对中国出口影响较大的标准典型

标准壁垒	设置时间	主要内容	设置国
玩具安全标准 ST 2016	2016年 2月1日	阻燃性能部分更新至与ISO 8124-2：2014相同，全面修订弹射玩具的相关条款，增加对某些挤压玩具、紧固件的新要求，明确电池的管控技术标准	日本玩具协会（JTA）
玩具标准 ASTMF963 2016版	2016年 10月20日	2017年成为强制性标准，比之间版本ASTM F963-11版有新提高，明确了玩具超载和稳定性要求，纽扣电池/硬币电池的标签要求，锂电池的温度和限流，膨胀玩具的测试要求，磁铁的浸泡和抗压测试	美国材料和试验协会（ASTM）
LED灯	2016年 9月1日	颁布了关于定向灯、LED灯及相关设备生态设计要求的ErP指令，要求LED灯的能效指数达到0.2方可进入欧盟市场，对6000小时的灯泡存活率、光通维持率、显色指数等功能性参数提出了明确要求	欧盟
冰箱	2016年 11月1日	修订了商用冰箱及冰柜的能耗排放规定，列出在各类配置及尺寸中最具能源效益的指标，需要进行"能源之星"技术认证	美国环保局

资料来源：根据互联网公开资料整理。

第二节　样本数据来源与研究方法设计

一、模型构建

借鉴Anderson（1979）和Helpman等（1985）建立的基于引力模型的多国

双边贸易模型以及 Otsuki 等（2001）、Anderson & van Wincoop（2003）、罗来军等（2014）、孙楚仁等（2017）的拓展引力模型，将"一带一路"哑变量、政治稳定性、法制完备度等变量纳入模型，建立如下实证模型：

$$lnTV_{ijt} = \alpha_0 + \alpha_1 lnTS_{it}^{eco} + \alpha_2 lnTS_{jt}^{eco} + \alpha_3 lnTS_{it}^{pop} + \alpha_4 lnTS_{jt}^{pop} + \alpha_5 lnEXC_{ijt} +$$
$$\alpha_6 lnSTA_{it} + \alpha_7 lnFDI_{jt} + \alpha_8 lnd_{ijt}^{pol} + \alpha_9 lnd_{ijt}^{pol} + \alpha_{10} B\&R_{ijt} +$$
$$\alpha_{11} ps_{jt} + \alpha_{12} rl_{jt} + \varepsilon_{ijt} \qquad (32-1)$$

二、变量说明和数据来源

在中国装备制造向"一带一路"沿线国家走出去过程中，以高铁为代表的交通装备和以水电核电为代表的电力装备、工程工业机械装备、电子信息装备无疑是最具代表性的响亮名片。本研究采用联合国商品贸易统计数据库（Comtrade Database）SITC（Rev4）以 71（电力装备）、74（工业装备）、76（通信装备）、78（交通装备）为代表的装备制造出口数据，实证研究标准化、标准国际化对我国向"一带一路"沿线国家出口装备制造的影响，时间跨度为 2000—2015 年。"一带一路"沿线涉及 64 个国家，因巴勒斯坦缺乏数据，本研究样本为 63 个国家。[①] 变量含义及数据来源详见表 32 - 4。

表 32 - 4 变量含义、数据来源及说明

变 量	含 义	数据来源	说 明
TS_i^{eco} 和 TS_j^{eco}	目标国和出口国的经济规模	World Development Indicators（WDI）	本研究采用只反映产量变动的不变价格 GDP
TS_i^{pop} 和 TS_j^{pop}	目标国和出口国的人口规模	World Development Indicators（WDI）	
EXC	实际有效汇率指数	Wind 数据库	根据间接标价法下的双边官方汇率计算
STA	国家标准制定和实施的数量	《国家标准全文数据库》	本研究采用国际标准分类法（ICS 分类），按照装备制造行业进行国家标准检索和统计

---

① 包括：东盟 10 国（泰国、老挝、柬埔寨、越南、新加坡、缅甸、马来西亚、印度尼西亚、文莱、菲律宾）；中东欧 16 国（捷克、斯洛伐克、匈牙利、波兰、立陶宛、爱沙尼亚、拉脱维亚、斯洛文尼亚、克罗地亚、阿尔巴尼亚、罗马尼亚、保加利亚、波黑、黑山、塞尔维亚、马其顿）；东亚的蒙古国；中亚 5 国（土库曼斯坦、塔吉克斯坦、哈萨克斯坦、乌兹别克斯坦、吉尔吉斯斯坦）；南亚 8 国（印度、孟加拉国、斯里兰卡、马尔代夫、尼泊尔、巴基斯坦、阿富汗、不丹）；西亚 16 国（伊朗、伊拉克、叙利亚、约旦、土耳其、黎巴嫩、以色列、阿联酋、卡塔尔、科威特、沙特阿拉伯、也门、阿曼、巴林、希腊、塞浦路斯）以及独联体 7 国（俄罗斯、白俄罗斯、乌克兰、阿塞拜疆、亚美尼亚、格鲁吉亚、摩尔多瓦）。

续表

变　量	含　义	数据来源	说　明
IS	国际标准制定和实施的数量	历年《中国标准化发展研究报告》	本研究将中国实际承担的 ISO、IEC、ITU 的 TC（国际技术委员会）、SC（分技术委员会）秘书处的数量作为代理指标
FDI	外商直接投资额	历年中国统计年鉴	
d^{pol}	政策距离	中国商务部"中国自由贸易区服务网"	双边贸易国之间是否签订自由贸易协定，考虑到距离反向性，签订赋值为 0，否则为 1
d^{dis}	物理距离	CEPII 的 Geography 数据库	双边贸易国首都之间的距离
$B\&R$	"一带一路"哑变量	中国商务部	以 2013 年提出"一带一路"倡议的时间节点为界，之前赋值为 0，之后赋值为 1
PS	政治稳定性	Worldwide Governance Indicators	采用"政治稳定与杜绝暴力"指标
RL	法制完备性	Worldwide Governance Indicators	采用"法治和遏制腐败"指标

注：TC/SC 在三大国际标准组织 ISO、IEC、ITU 中拥有极其重要的话语权，任何一个国际标准提案只有经过 2/3 以上的 TC/SC 成员国同意才能进行最终表决。因此，承担的 TC/SC 秘书处的数量能够反映一个国家或地区的国际标准话语权。

第三节　实证检验与结果分析

一、标准化对四大装备制造走向"一带一路"沿线国家的影响

　　鉴于本研究采用跨国面板模型，首先对使用固定效应模型还是随机效应模型进行 Hausman 检验，从表 32 - 5 中的 Hausman Test 检验结果看，均显著拒绝了原假设，因此采用固定效应模型。从回归结果第（1）、（3）、（5）和（7）列看，标准化均在 1% 的水平上显著为正。也就是说，标准化带来的国家标准的推行和扩散，有利于推动中国四大类装备制造向"一带一路"沿线国家走出去。这符合一般意义上的经验判断。尽管国家标准是中国单方面制定的国家层面的标准，但在装备制造走出去过程中，国家标准能够为进口国提供产品性能、质量、规格

等重要信息，相当于中国政府为推动本土装备制造走出去开展国际产能合作而作出的"信用背书"。电力、通信、交通、工业等装备制造均为技术密集型产品，复杂的技术密集程度往往也带来较高的市场交易成本，而国家标准的实施有助于降低市场交易成本，从而推动中国与沿线国家的产能合作。本研究进一步探讨，是否国家标准越丰富越有利于中国装备制造走出去。表 32 – 5 第（2）、（4）和（8）列的回归结果否定了这一命题。除了第（8）列中国交通装备制造走出去回归结果中 $\ln STA$ 一次项不显著之外，其余回归结果均显著为正，而 $\ln STA$ 二次项系数（$\ln STA2$）显著为负，由此判断，电力装备、工业装备和交通装备制造走出去与标准化的关系并不是简单的线性关系，而是更为复杂的"倒 U"型关系。或者说，标准化实施初期有利于装备制造走出去，但在达到一定临界值后反而不利于中国装备制造出口。也就是说，标准化的影响存在"两阶段性"：在起始的"标准稀缺"阶段，标准化有利于中国装备制造走出去；但在达到一定程度后的"标准饱和"阶段，特别是进入过度标准化阶段，标准化对装备制造出口呈显著的阻碍作用。这背后的原因可能在于，国内外标准竞争越来越激烈，标准过度供给会带来"标差"和"标准摩擦"问题，从而导致技术性贸易壁垒和贸易摩擦。从第（6）列又发现，通信装备与其他三大装备的回归结果不同，国家标准与走出去总额是正向线性关系，并没有出现"倒 U"型轨迹。这一结论并不意外。以华为及中国电信、中国移动、中国联通等三大通信运营商为主制定的国家标准已是全球标准的引领者，国家标准继续供给对通信装备走出去会更有利。比如，华为 Polar Code 方案在与美国主推的 LDPC、法国主推的 Turbo2.0 两大竞争对手中脱颖而出，成为 5G 控制信道 eMBB 场景编码方案，这标志着以华为为代表的中国通信制造标准已从 2G/3G 时代的追赶者和 4G 时代的并跑者，一跃成为 5G 时代的引领者，这为中国通信装备制造走向海外拓宽了通道。此外，从"一带一路"哑变量 B&R 看，它对四大类装备制造走出去均有显著影响。政策距离在回归结果中也比较显著，说明中国与沿线国家签订自贸区协定对装备制造走出去的影响十分明显。

二、标准国际化对四大装备制造走向"一带一路"沿线国家的影响

标准国际化是标准化的升级版，代表我国与国际标准接轨的广度和深度。换言之，"得标准者得天下"，标准国际化旨在提高中国在国际标准领域的话语权。本研究进一步考察标准国际化对中国装备制造走出去的影响。首先，我们同样对跨国面板模型进行 Hausman 检验，表 32 –6 的 Hausman Test 结果支持选用固定效应模型。从表 32 –6 第（1）、（3）、（5）和（7）列的回归结果看，标准国际化

表 32 - 5 标准化对装备制造走向"一带一路"沿线国家的回归结果

	中国电力装备走出去		中国工业装备走出去		中国通信装备走出去		中国交通装备走出去	
	(1)	(2)	(3)	(4)	(5)	(6)	(7)	(8)
$\ln TS_i^{eco}$	7.8310*** (8.2601)	2.0129*** (3.9734)	6.7500*** (13.6136)	3.2218*** (2.9999)	9.5222*** (14.4908)	8.7902*** (6.0811)	8.4636*** (11.6660)	6.2863*** (3.9550)
$\ln TS_j^{eco}$	0.0530 (0.7173)	0.0517 (0.7113)	0.2526*** (4.3380)	0.2508*** (4.3509)	0.1562*** (3.2241)	0.1572*** (3.2219)	0.1454** (2.2589)	0.1382 (0.7037)
$\ln TS_i^{pop}$	8.3539 (1.4735)	1.3869 (0.2290)	0.1386 (0.0468)	4.1345 (1.3108)	4.9763 (1.2613)	4.0803 (0.9621)	9.9460** (2.2871)	7.3514 (1.5919)
$\ln TS_j^{pop}$	1.0047*** (8.2107)	1.0153*** (8.4249)	0.5581*** (6.0947)	0.5670*** (6.2520)	0.6564*** (8.1259)	0.6554*** (8.0605)	0.6440*** (6.1378)	0.6558*** (2.6356)
$\ln EXC$	-0.0456 (-0.9876)	-0.0422 (-0.9252)	-0.0519* (-1.8245)	-0.0498* (-1.7666)	-0.1566*** (-5.0247)	-0.1578*** (-5.0426)	-0.0099 (-0.2636)	-0.0108 (-0.1623)
$\ln STA$	5.4359*** (4.4536)	88.8407*** (2.9718)	5.4770*** (8.6025)	51.9006*** (3.3383)	9.5511*** (11.3012)	2.3937 (1.1143)	7.3910*** (7.9242)	27.8566 (1.5525)
$\ln STA2$		-4.8785*** (-3.1558)		-2.9700*** (-3.6936)		-0.6185 (-1.5713)		-1.8237** (-1.9938)
$\ln FDI$	0.0381 (1.2604)	0.0302 (1.0038)	0.0141 (0.8643)	0.0083 (0.5122)	0.0440** (2.1113)	0.0423** (2.0202)	0.0264 (1.1259)	0.0244 (1.0618)
d^{pol}	-0.7156*** (-3.4836)	-0.6826*** (-3.3459)	-0.4514*** (-4.0215)	-0.4367*** (-3.9280)	-0.3621** (-2.5581)	-0.3615** (-2.5496)	-0.5113*** (-3.1912)	-0.4933** (-2.2188)
$\ln d^{dis}$	-1.5001*** (-3.3376)	-1.4685*** (-3.3218)	-0.2014*** (-3.5656)	-0.1818*** (-3.5154)	-0.2527*** (-3.8571)	-0.2564*** (-3.8636)	-0.6822* (-1.7444)	-0.6623*** (-4.5976)

续表

	中国电力装备走出去		中国工业装备走出去		中国通信装备走出去		中国交通装备走出去	
	(1)	(2)	(3)	(4)	(5)	(6)	(7)	(8)
B&R	0.4710*** (3.3601)	0.0660 (0.3004)	0.2878*** (3.9244)	0.0384 (0.3362)	0.1934** (1.9813)	0.1258 (0.8166)	0.0957*** (3.8894)	0.1053 (1.0466)
PS	0.0374 (0.3525)	0.0422 (0.4010)	0.2635*** (4.5108)	0.2679*** (4.6321)	0.0663 (0.9070)	0.0667 (0.9119)	0.4089*** (4.9238)	0.4099** (2.3329)
RL	0.9958*** (4.8186)	0.9972*** (4.8772)	0.5422*** (4.3575)	0.5410*** (4.3923)	0.8859*** (6.3185)	0.8840*** (6.2855)	0.3244* (1.9454)	0.3271 (1.1766)
_cons	7.2476 (0.0656)	-422.2036** (-2.4113)	-140.6272** (-2.4317)	-402.9995*** (-4.4174)	-86.6887 (-1.1282)	-141.4837 (-1.1535)	37.2446 (0.4395)	-123.0975 (-1.1442)
N	631	631	632	632	632	632	632	632
AR-sq	0.7212	0.7259	0.8659	0.8691	0.7586	0.7589	0.7355	0.7362
Wald chi2	1535.19	1566.06	3657.01	3745.54	1896.61	1895.58	1613.10	394.10
Prob > chi2	0.0000	0.0000	0.0000	0.0000	0.0000	0.0000	0.0000	0.0000
Hausman Test	82.34***	82.19***	111.10***	107.18***	71.58***	71.25***	98.01***	100.30***

资料来源：作者利用 Stata13 软件计算。

注：***、**、*分别代表1%、5%、10%的显著性水平；括号内是相应回归系数的 t 值。

ln*IS* 对中国电力、工业、通信、交通等四大类装备制造走出去的影响是显著地促进，这印证的结论是，国际标准话语权的提升对中国装备制造出口十分有利。但从第（2）、（4）、（6）和（8）列的回归结果看，二次项系数（ln*IS2*）回归结果并不显著，这与表 32－5 中标准化的二次项回归结果明显不同。由此可知，标准国际化对中国四大类装备制造走出去的影响是线性轨迹，这与 Mangelsdorf（2011）、Jones & Hudson（1996）等研究结论相一致。标准国际化程度越高，与国际标准接轨越紧密，说明中国装备制造对"一带一路"沿线国家的开放程度越高，越有助于中国装备制造走向海外。装备制造业是典型的技术密集型、资本密集型和知识密集型产业，采用全球公认、通用和共享的国际标准，有利于减少中外贸易双方装备制造技术标准的不对称性，促进中国装备制造与国外装备制造关联产品的兼容和互联互通，降低中外装备制造因标准不同而带来的检验检测等贸易成本。因此，相对于国家标准而言，国际标准克服贸易壁垒的效果更突出，更能够向国外购买者传递生产程序、产品质量、功能性价等方面权威一致、可信赖的信息，从而拓展中国装备制造走出去的通道。从"一带一路"哑变量看，在表 32－6 的奇数列中，*B&R* 系数回归结果均显著；政策距离 d^{pol} 的回归结果大多数情况下也是显著的。

三、区分"一带"国家和"一路"国家

"21 世纪海上丝绸之路"与"丝绸之路经济带"地理走向不同，沿线国家也存在一定的区位差异和经济差异。"海上丝绸之路"主要以港口为支点，通过海上通道联通东盟、南亚、西亚、北非、欧洲等主要经济板块；而"丝绸之路经济带"主要是基于交通不太便利的陆上通道，东边牵着亚太经济圈、西边系着发达的欧洲经济圈。因此有必要进一步将所有样本划分为"一带"国家与"一路"国家分别加以分析。[①] 从表 32－7 固定效应模型的回归结果看，"一带"国家与"一路"国家的回归结果并没有显著差异，标准化与中国电力装备、工业装备、交通装备制造走出去是"倒 U"型关系，但与中国通信装备制造走出去是正相关的线性关系。无论是"一带"国家，还是"一路"国家，标准国际化对四大类装备制造走出去的影响都是显著的正向效应。这一结论的启示在于：中国装备制造在走向"一带"国家与"一路"国家的初始阶段，要联动推进技术标准化和标准国际化，对电力装备、工业装备、交通装备而言，要更加注重标准供给的有效

---

① "一路"国家主要包括：印尼、马来西亚、菲律宾、新加坡、泰国、文莱、越南、老挝、缅甸、柬埔寨、印度、巴基斯坦、斯里兰卡、阿富汗、伊朗、伊拉克、科威特、阿联酋、沙特、也门、阿曼、以色列、希腊、罗马尼亚、俄罗斯、保加利亚。在本研究 63 个国家中，除"一路"国家之外即为"一带"国家。

表 32－6　标准国际化对装备制造走向"一带一路"沿线国家的回归结果

	中国电力装备走出去		中国工业装备走出去		中国通信装备走出去		中国交通装备走出去	
	(1)	(2)	(3)	(4)	(5)	(6)	(7)	(8)
$\ln TS_i^{eco}$	0.5911 (0.4046)	1.1540 (0.8000)	1.2608 (1.5799)	1.8699** (2.4934)	1.6219 (1.4534)	2.6440*** (2.6309)	2.5168** (2.1589)	3.3362*** (3.0194)
$\ln TS_j^{eco}$	0.0589 (0.7940)	0.0546 (0.7321)	0.2581*** (4.3361)	0.2543*** (4.3524)	0.1514*** (3.1710)	0.1551*** (3.2095)	0.1475** (2.2664)	0.1482** (2.2749)
$\ln TS_i^{pop}$	10.2286* (1.6886)	10.7002* (1.7952)	0.5777 (0.1745)	0.0071 (0.0023)	1.1426 (0.2475)	2.3940 (0.5774)	6.8133 (1.4104)	7.6943* (1.6862)
$\ln TS_j^{pop}$	0.9812*** (7.9831)	1.0030*** (8.1358)	0.5347*** (5.6898)	0.5573*** (6.0756)	0.6446*** (7.9877)	0.6587*** (8.1772)	0.6164*** (5.7890)	0.6425*** (6.0637)
$\ln EXC$	−0.0463 (−0.9942)	−0.0463 (−0.9998)	−0.0531* (−1.7823)	−0.0526* (−1.8572)	−0.1371*** (−4.2264)	−0.1551*** (−4.9913)	−0.0055 (−0.1432)	−0.0080 (−0.2136)
$\ln IS$	1.4499** (2.2585)	2.8361*** (4.0121)	0.6487* (1.8502)	2.1422*** (5.8347)	0.3830*** (3.7810)	2.9308*** (5.9603)	0.2205*** (3.4305)	2.2399*** (4.1417)
$\ln IS2$		−0.2796 (−1.3685)		−0.3012 (−1.0671)		−0.5130 (−1.4776)		−0.4072 (−1.3383)
$\ln FDI$	0.0506* (1.6593)	0.0365 (1.2117)	0.0291* (1.6889)	0.0124 (0.7650)	0.0713*** (3.1410)	0.0426** (2.0487)	0.0452* (1.8437)	0.0240 (1.0280)
d^{pol}	−0.5172** (−2.5419)	−0.7137*** (−3.4786)	−0.2360** (−2.0370)	−0.4624*** (−4.1498)	−0.0224 (−0.1486)	−0.3713*** (−2.6322)	−0.2405 (−1.4633)	−0.5315*** (−3.3267)
$\ln d^{dis}$	−1.3832*** (−3.0663)	−1.5070*** (−3.3229)	−0.0733*** (−3.2017)	−0.2143*** (−3.5993)	−0.3915*** (−4.3440)	−0.2406*** (−3.8183)	−0.5278*** (−4.3362)	−0.7054* (−1.7820)

续表

	中国电力装备走出去		中国工业装备走出去		中国通信装备走出去		中国交通装备走出去	
	(1)	(2)	(3)	(4)	(5)	(6)	(7)	(8)
B&R	0.3196***	0.0824	0.3732***	0.1191	0.5665***	0.1286	0.4082**	0.0608
	(3.3994)	(0.3566)	(2.9898)	(0.9912)	(3.2502)	(0.7990)	(2.2398)	(0.3437)
PS	0.0383	0.0368	0.2666***	0.2615***	0.0724	0.0633	0.4095***	0.4070***
	(0.3565)	(0.3477)	(4.3237)	(4.5131)	(0.9153)	(0.8695)	(4.7104)	(4.9169)
RL	0.9446***	0.9963***	0.4861***	0.5469***	0.8371***	0.8926***	0.2558	0.3315**
	(4.5362)	(4.8136)	(3.7314)	(4.4200)	(5.6919)	(6.3876)	(1.4818)	(1.9863)
-cons	203.8539	196.8640	-47.4523	-53.3729	-24.2502	-29.2028	77.2010	71.0010
	(1.4676)	(1.4406)	(-0.6246)	(-0.7505)	(-0.2290)	(-0.3072)	(0.6967)	(0.6785)
N	631	631	632	632	632	632	632	632
AR-sq	0.7118	0.7234	0.8481	0.8686	0.6972	0.7612	0.7037	0.7385
Wald chi2	1484.82	1549.12	3204.10	3733.69	1477.15	1918.07	1402.73	1636.14
Prob > chi2	0.0000	0.0000	0.0000	0.0000	0.0000	0.0000	0.0000	0.0000
Hausman Test	78.91***	80.98***	109.07***	107.66***	65.34***	71.38***	100.26***	95.75***

资料来源：作者利用 Stata13 软件计算。注：***、**、* 分别代表 1%、5%、10% 的显著性水平；括号内是相应回归系数的 t 值。

性和与国际标准的衔接性，在国家标准供给越来越充分的情况下，要及时调整标准化战略，将标准国际化作为首位战略，通过标准升级推动装备制造走出去提速。对中国通信装备而言，要继续巩固国际标准话语权，借助"一带一路"倡议下的海外工程建设、装备设备出口、对外援助援建，推动更多的通信技术国家标准成为沿线国家认可的国际标准。此外，从国际标准变量的回归系数看，标准国际化对中国装备制造走向"一带"国家的影响效应要大于"一路"国家，这背后的原因可能与中国陆上开放和海上开放的文明进程有关，但这是基于样本期得出的结论，而且"一带"倡议与"一路"倡议均自 2013 年实施，随着中国开放格局的深度调整和重新定位，特别是随着海洋强国战略的深入推进，未来一个时期标准国际化对中国装备制造走向"一带"国家与"一路"国家的影响效应值得进一步检验，但基本可以确定的是，这一影响是正向的促进趋势。

四、稳健性检验

为了检验本研究基于扩展引力模型的跨国面板数据回归结果的稳健性，本研究以中国装备制造出口总额 TV_{ijt} 为被解释变量进行了面板回归，作为模型所选四大类装备制造走出去回归结果的稳健性检验（见表 32-8）。从稳健性检验 I 的结果看，标准化的回归系数在 1% 的水平上显著，这与表 32-5 四大类装备制造走出去的回归结果是一致的。从稳健性检验 II 的结果看，$\ln STA$ 回归系数显著为正，$\ln STA2$ 系数显著为负，这说明标准化对整体的中国装备制造走出去影响轨迹是"倒 U"型的，这与表 32-5 的回归结果基本上相一致。从稳健性检验 III 的结果看，$\ln IS$ 回归系数尽管只是在 10% 的水平上显著，但也可以得出标准国际化对中国装备制造出口总额是显著促进的，这与表 32-6 的回归结果是一致的。从稳健性检验 IV 的结果看，$\ln IS$ 回归系数显著为正，但 $\ln IS2$ 回归系数并不显著，也就是标准国际化对中国装备制造出口总额的影响轨迹是线性的，这与表 32-6 的回归结果也是一致的。综上所述，本研究表 32-5 和表 32-6 模型回归结果具有较强的可信度和稳健性。

第四节 结论与建议

一、基本结论

本研究基于扩展的引力模型，采用联合国商品贸易统计数据库（Comtrade Database）SITC（Rev4）中 2000—2015 年装备制造出口数据，实证分析了标准化、标准国际化分别对中国电力、工业、通信、交通等为代表的四大类装备制造走

表32-7 标准化和标准国际化的影响：区分"一带"国家和"一路"国家

"一带"国家（37个）

PanelA	中国电力装备走出去		中国工业装备走出去		中国通信装备走出去		中国交通装备走出去	
$\ln STA$	6.4816***	4.7593**	6.3997***	5.3638**	10.1033***	1.6265	10.2083***	4.2953***
	(3.1220)	(2.0687)	(6.2580)	(2.2956)	(8.3827)	(0.0542)	(6.5656)	(3.1504)
$\ln STA2$		-5.7594**		-3.3027**		-0.6072		-2.8236***
		(-2.1989)		(-2.5540)		(-0.3911)		(-3.4173)
$AR-sq$	0.7391	0.7446	0.8646	0.8684	0.7677	0.7680	0.7394	0.7423
$Wald\ chi2$	701.50***	718.74***	1481.49***	1529.66***	864.09***	860.93***	663.23***	671.57***
	中国电力装备走出去		中国工业装备走出去		中国通信装备走出去		中国交通装备走出去	
$\ln IS$	2.0567*	3.5934	0.6349*	2.4116	0.8513***	3.4685	0.9509***	3.6530
	(1.8739)	(1.2783)	(1.8980)	(1.0734)	(3.1856)	(0.9097)	(4.0629)	(1.0106)
$\ln IS2$		-0.3127		-0.3575		-0.5306		-0.5477
		(-1.3736)		(-1.2431)		(-1.4078)		(-1.2327)
$AR-sq$	0.7305	0.7409	0.8417	0.8684	0.6998	0.7697	0.6860	0.7430
$Wald\ chi2$	679.22***	707.32***	1249.36***	1532.22***	630.07***	866.56***	529.11***	673.23***

"一路"国家（26个）

PanelB	中国电力装备走出去		中国工业装备走出去		中国通信装备走出去		中国交通装备走出去	
$\ln STA$	4.7637***	7.5537**	4.2882***	39.3920**	8.9485***	-4.1191	4.8521***	8.3197
	(3.3760)	(2.2591)	(5.7921)	(2.1984)	(8.0121)	(-0.1506)	(4.4751)	(0.3113)

续表

"一路"国家（26个）

PanelB	中国电力装备走出去	中国工业装备走出去	中国通信装备走出去	中国交通装备走出去
ln STA2	-4.2585** (-2.3988)	-2.2609** (-2.4399)	-0.2503 (-0.1770)	-0.6793*** (-3.4915)
AR-sq	0.7430	0.8960	0.7857	0.7782
Wald chi2	959.24***	2881.34***	1270.21***	1156.52***

	中国电力装备走出去	中国工业装备走出去	中国通信装备走出去	中国交通装备走出去
ln IS	2.5796 (1.2003)	1.6662 (1.1491)	2.3553 (1.6834)	0.9213 (1.4931)
AR-sq	0.7469	0.8978	0.7852	0.7795
Wald chi2	974.69***	2831.08***	1273.55***	1202.69***

	中国电力装备走出去	中国工业装备走出去	中国通信装备走出去	中国交通装备走出去
ln IS	1.3055* (1.7884)	0.5003*** (3.2615)	0.0892*** (4.1421)	0.4902*** (2.8576)
ln IS2	-0.2575 (-1.4937)	-0.2360 (-1.1155)	-0.4927 (-1.4584)	-0.2859 (-1.0647)
AR-sq	0.7354	0.8853	0.7396	0.7657
Wald chi2	934.33***	2573.93***	1021.38***	1094.23***

资料来源：作者利用 Stata13 软件计算。

注：***、**、*分别代表 1%、5%、10% 的显著性水平；括号内是相应回归系数的 t 值。"一带"国家 N=396；"一路"国家 N=362。考虑到篇幅所限，这里仅报告观察变量的回归结果。

表 32 - 8　稳健性检验结果

	(1)	(2)	(3)	(4)	(5)	(6)	(7)	(8)
稳健性检验 I	$\ln TS_i^{eco}$ 6.6033*** (15.7610)	$\ln TS_j^{eco}$ 0.1681*** (3.6428)	$\ln TS_i^{pop}$ 4.1328* (1.6490)	$\ln TS^{pop}$ 0.6784*** (9.2682)	$\ln EXC$ -0.0279 (-1.1878)	$\ln STA$ 5.4285*** (10.0871)	$\ln FDI$ 0.0224 (1.6263)	d^{pol} -0.3944*** (-4.1773)
	$\ln d^{dis}$ -0.4293 (-1.5251)	B&R 0.2592*** (4.1802)	PS 0.1980*** (4.0328)	RL 0.6838*** (6.6189)	-Cons -48.8487 (-0.9993)	N 632	AR-sq 0.8809	Wald chi2 4173.14***
稳健性检验 II	$\ln TS_i^{eco}$ 3.9080*** (4.3004)	$\ln TS_j^{eco}$ 0.1692*** (3.6620)	$\ln TS_i^{pop}$ 0.8503 (0.3186)	$\ln TS^{pop}$ 0.6815*** (9.3101)	$\ln EXC$ -0.0268 (-1.1444)	$\ln STA$ 38.4299*** (2.9211)	$\ln STA2$ -2.2704*** (-3.3367)	FDI 0.0176 (1.2815)
	d^{pol} -0.3857*** (-4.1176)	$\ln d^{dis}$ -0.4194 (-1.4875)	B&R 0.0099 (0.1030)	PS 0.2011*** (4.1302)	RL 0.6812*** (6.6357)	-cons -249.7297*** (-3.2355)	AR-sq 0.8833	Wald chi2 4261.12***
稳健性检验 III	$\ln TS_i^{eco}$ 1.3031* (1.8870)	$\ln TS_j^{eco}$ 0.1703*** (3.6290)	$\ln TS_i^{pop}$ 3.2672 (1.1406)	$\ln TS^{pop}$ 0.6611*** (8.8187)	$\ln EXC$ -0.0276 (-1.1076)	$\ln IS$ 0.5800* (1.9118)	$\ln FDI$ 0.0384*** (2.5923)	d^{pol} -0.1772* (-1.7821)
	$\ln d^{dis}$ -0.2956 (-1.0349)	B&R 0.3617*** (3.3492)	PS 0.2016*** (3.8161)	RL 0.6371*** (5.8110)	-cons 36.2589 (0.5518)	N 632	AR-sq 0.8579	Wald chi2 3491.19***
稳健性检验 IV	$\ln TS_i^{eco}$ 1.8885*** (2.9714)	$\ln TS_j^{eco}$ 0.1697*** (3.6403)	$\ln TS_i^{pop}$ 3.7724 (1.4359)	$\ln TS^{pop}$ 0.6765*** (9.1685)	$\ln EXC$ -0.0292 (-1.2431)	$\ln IS$ 2.0162*** (6.4798)	$\ln IS2$ -0.2897 (-1.2923)	FDI 0.0209 (1.5241)
	d^{pol} -0.4005*** (-4.2621)	$\ln d^{dis}$ -0.4403 (-1.5471)	B&R 0.1184 (1.1628)	PS 0.1959*** (4.0123)	RL 0.6853*** (6.4444)	-cons 29.4814 (0.4893)	AR-sq 0.8825	Wald chi2 4233.45***

资料来源：作者利用 Stata13 软件计算。

注：***、**、* 分别代表 1%、5%、10% 的显著性水平；括号内是相应回归系数的 t 值。

出去的影响。研究发现，标准化有利于推动中国四大类装备制造向"一带一路"沿线国家走出去，进一步又发现，除通信装备之外，其他三类装备制造走出去与标准化的关系并不是简单的线性关系，而是更为复杂的"倒 U"型关系。标准国际化对中国电力、工业、通信、交通等四大类装备制造走出去的影响是显著地促进，而且均呈线性轨迹。从"一带"国家和"一路"国家的回归结果看，国际标准对中国装备制造走向"一带"国家的影响效应要大于"一路"国家。此外，本研究实证还发现，"一带一路"倡议的实施的确有利于促进中国四大类装备制造走出去，同时从政策距离看，中国与沿线国家签订自贸区协定对本土装备制造出口也具有促进作用。

二、政策建议

从前文的实证结果可知，标准化特别是标准国际化对中国装备制造向"一带一路"沿线国家出口具有显著作用，全面深化与沿线国家和地区的标准合作，加快推进标准国际化，有利于更好地支撑我国装备制造走出去。依据本研究结论，我们提出四点建议：

（1）联盟"一带一路"沿线重点国家主攻国际标准。抓住当前国际区域之间的贸易规则涌现与并存的趋势，深化与金砖国家合作、中国－东盟自贸区、中东欧"16＋1 合作"等国家双、多边贸易标准和规则的战略合作，积极谋划双、多边贸易合作的重大产业、重大平台、重大项目、重大载体。抓住"一带一路"历史机遇，加快战略性新兴产业弯道超车，推动与沿线国家电力、通信、交通、安防、新能源汽车等领域的标准对接与互认，力争每年实现 5 个优势标准、5 个先进标准、5 个特色标准上升为国际标准。利用我国担任国际标准化组织（ISO）主席、国际电工委员会（IEC）副主席、国际通信联盟（ITU）秘书长等优势，加快与欧盟、东盟、中亚、海湾地区等沿线重点地区建立标准联盟，配合海外重点工程及优势产能合作领域，每年研制和推广 10 个具有我国优势的国际标准。鼓励各行业实质性参与专业性国际和区域组织的标准化活动，支持社会团体和产业技术联盟、领军型企业参与国际标准制定。在人工智能、工业互联网、物联网、数字经济、高端装备制造、新能源、新材料等新兴产业领域，以及纺织、服装、鞋帽、化工、化纤等传统制造领域，依托我国具有比较优势的技术标准，联合沿线重点国家开展国际标准研究，推动国际标准化组织成立新技术机构，共同制定国际标准。

（2）实施标准走出去重点行业、重点项目、重点工程。"一带一路"沿线各国标准体系各异，在一定程度上影响了彼此之间的产能合作。应加强与沿线各国的标准对接，实施重大建设项目标准化合作示范工程，建立双边标准化合作示范区，形成无空白、无交叉、无冲突的标准规范，为"一带一路"倡议推进提供保障。面向"一带一路"重点工程、重点项目、重点产业，瞄准中国制造走出去对标准化的迫切需求，确定标准化重点攻关领域。利用中国装备制造大省优势，在新能源汽车、工业机器人、智能制造、安防智能等重点领域，加快推进中国标准向国际标准转化，让更多的中国制造拿到"走出去"的通行证。大多数"一带一路"沿线国家基础设施薄弱，应利用我国在铁路、电力、建筑、交通、新能源等装备制造优势，在高铁装备、电子设备、安防装备、建筑工程、新能源、中医药制造、海洋工程、通信工程等领域，积极支持行业协会、产业联盟、科研机构、高校院所和龙头企业等协同攻关。积极与东盟、中亚、中东欧、俄罗斯等重点国家和区域进行标准化合作，探索建立"一带一路"标准化合作重点项目沟通机制，为中国制造走出去提供标准化支撑。

（3）加强与"一带一路"沿线重点国家的标准合作。借助"一带一路"倡议、RCEP（区域全面伙伴关系）以及尝试建立 FTAAP（亚太自由贸易区）等，形成以中国为轮轴、多个签约国为辐条的"轮轴—辐条自贸网络"，加强技术贸易、标准互认、知识产权、技术扩散等方面的合作。加快推进金砖国家标准化（中国）研究中心建设，利用金砖国家标准与技术法规信息交互平台，对金砖国家标准化法律法规、标准战略、体制机制、标准系统等内容进行研究，促进中国与金砖国家产能合作和贸易拓展。借助中国和东盟"10 + 1"、亚太经合组织（APEC）、中国 – 海合会战略对话、中亚区域经济合作（CAREC）等现有多边合作机制，加强与"一带一路"沿线 64 个国家的标准合作，研究制定推进"一带一路"建设标准化实施方案，构建通畅、高效、共赢的标准化交流合作机制。通过中欧、中法、中德、中英、中国—东盟等多双边合作机制以及区域、国际标准化活动，探索建立沿线国家认可的标准互认程序与工作机制，推动与沿线国家标准化机构签署战略合作协议。聚焦沿线重点国家产业需求，由质监部门牵头，建立标准化合作工作组，发挥产业技术协同创新联盟作用，深化关键项目的标准化务实合作，配合国际产能合作和海外工程援建推广中国标准。

（4）以标准走出去推动产能走出去。在"一带一路"倡议推进中，协同推进标准走出去和产能走出去，大力推广使用我国纺织服装、家用电器、五金机械、建筑工程、安防电子等优势标准，推动"中国技术 + 中国标准 + 中国装备 + 中国产能"全链条走出去。结合海外工程承包、重大装备设备出口和对外援建，以"推动标准走出去、支撑互联互通建设"为目标，加快标准先行走出去，助推建筑工程、交通工程、船舶工程、通信电器、装备制造等国际产能合作。深化与沿线重点国家标准化互利合作，加快推进纺织、服装、化工、化纤等传统产业的标准互认，打响中国标准的口碑。进一步放宽外资企业参与中国标准的制定。

积极支持更多的中国企业、科研机构、高等院校选派优秀人才进入国际标准组织，深度参与标准国际化战略、政策和规则制定，加大国际标准跟踪、评估和转化力度，推动中国标准乃至中国标准成为国际标准。

（5）加快制订中国制造标准对接"一带一路"倡议行动计划，统筹开展面向"一带一路"沿线国家的标准化战略定位、技术路线、政策供给，系统梳理国际标准以及重点国家标准情况，组织关键共性标准攻关。针对重点国家、优先领域、关键项目，制定中国制造标准走出去专项规划，在国际产能合作重点领域，制订实施加快中国制造标准走出去助推国际产能合作方案。围绕浙江制造产品、技术、装备、产能等走出去领域，发挥国内标准化技术委员会作用，组织各方力量对中国制造走出去的标准化需求进行调研分析。深入开展中国与"一带一路"沿线重点国家的进出口商品贸易分析，与当地标准化技术委员会、标准化研究中心等进行联盟，全方位梳理"一带一路"沿线重点国家的技术标准，对重点国家和区域的标准化体系、标准化战略重心进行研判，加强技术标准指标比对，特别是对大宗进出口商品进行标准比对，为中国制造走向"一带一路"沿线国家提供标准信息服务。

第33章 技术标准化、标准国际化与中国装备制造走出去的研究报告

技术标准化对出口的影响存在"双刃剑"效应,究竟是"催化剂"还是"抑制剂"尚为学界之谜。本章基于引力模型和三元边际分解,使用联合国 Comtrade Database 装备制造出口数据进行了实证检验。研究表明,技术标准化对中国装备制造走出去的数量效应有显著影响,但并非线性关系,而是"倒 U 型"关系。标准国际化不仅会促进中国装备制造的海外扩张和竞争力提升,还会促进上下游装备制造业的出口联动。技术标准化对中国装备制造走向发达国家(地区)和发展中国家(地区)的三种效应的影响结果不尽相同,但标准国际化均有积极促进作用。其政策启示在于,短期应采取自主研制国家标准和采用国际标准"两条腿"走路,长期应加快实施"标准国际化行动计划",以"标准走出去"推动"制造走出去"。

第一节 问题的提出

近二十多年,中国始终把装备制造作为整个制造业的重要基石,装备制造走出去已成为中国制造提质增效和实体经济转型升级的核心动力之一。1990—2015 年,中国装备制造出口额从 107 亿美元上升到 10483 亿美元,出口量增长了 96 倍之多,年均复合增长率高达 20.1%,呈爆发式增长态势(见图 33 – 1)。中国在成为全球装备制造第一出口大国的同时(见图 33 – 2),另一个令人关注的问题越来越引起人们的重视,那就是哪些因素促进中国装备制造走出去,这种促进作用究竟体现在"数量扩张""价格提升"还是"种类扩展"?本章试图从标准化视角切入对这一命题进行探讨。"得标准者得天下",标准话语权意味着市场话语权。发达国家极其善用标准利器实现市场在全球快速扩张,美国、德国、英国、日本等发达国家纷纷实施标准化战略,追逐国际标准主导权乃至控制权。作为国家实施创新强国和产业政策的重要手段,技术标准化乃至标准国际化对中国装备制造走出去是否产生了实质性影响?中国正在实施"中国制造 2025"战略,如何借助标准这一利刃推动中国装备制造走出去? 在工业 4.0 掀起的技术革命和产业变革浪潮中,如何发挥技术标准化和标准国际化的作用,引领中国装备制造迈向"双中高",推动中国从"制造大国"向"制造强国"转变? 对此,本章首先对中国装备制造走出去做了三元边际分解,探讨技术标准化和标准国际化对装备制造走出去的扩展边际、价格边际、数量边际的影

响，究竟是通过出口深度还是出口广度、数量拉动还是质量驱动来推动中国装备制造走出去。其次在此基础上，探寻中国装备制造走出去的标准化路径和战略重心。

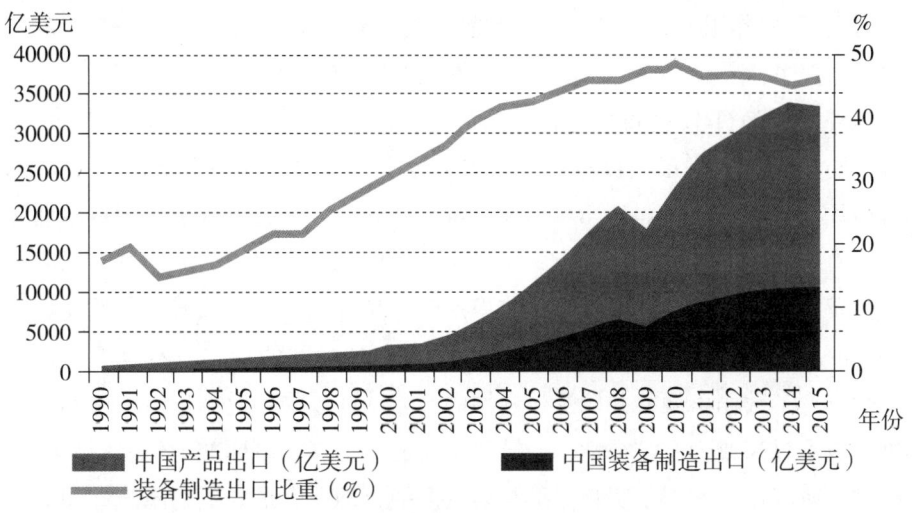

图 33 - 1　中国装备制造走出去的态势

数据来源：UN Comtrade Database。

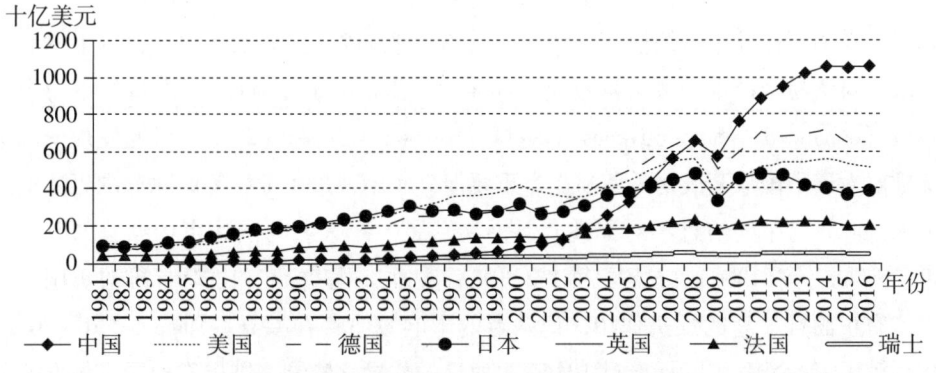

图 33 - 2　主要国家装备制造出口额对比

数据来源：UN Comtrade Database。

标准化对出口的影响究竟是"催化剂"还是"抑制剂"仍为学界之谜。从"催化剂"效应看，主要体现在：保障产品质量和性能可靠性、对产品质量和性能进行"符号显示"、促进不同产品间的兼容和协作、通过专业性和规范性释放规模效应等方面（Tassey，2000）。首先，标准有助于解决不同国别的产品之间的互联性和兼容性问题（compatibility between products），避免不兼容特别是技术不兼容带来市场锁定，为实现规模经济提供了必要的标准条件（Blind，2004）。其次，技术标准化具有非价格竞争效应，出口国的单边标准为进口国提供了产品特性和质量可靠性的信息，能够降低出口国的信息成本和交易成本（Moenius，2006）。企业自我声明公开标准制度是贸易双方交货、验收的技术依据，有助于减少贸易谈判次数和摩擦时间，从而降低检测成本、谈判成本以及签约成本。此外，标准还可以起到"管制俘获"的作用，有效避免逆向选择和负外部性问题，是应对市场失灵和实施风险评估程序、限制劣质产品进入市场的强制性规范（Baller，2007）。

另外，WTO/TBT 协议规定，各国为"保障产品质量、保障国家安全、保护环境、防止欺诈"等正当目标，可以实施技术法规（technical regulation）、标准和合格评定程序（conformity assessment procedures）。可见，标准作为技术性贸易壁垒具有合法性。在过度标准化（over – standardization）情况下，技术标准很可能成为贸易保护主义的重要盾牌，使得外国产品进入该国面临着无形的技术障碍（Moenius，2006）。出口国为了符合进口国对产品标准的规定，不得不对产品规格、性能等参数作出调整并接受强制性的产品认证，如果遵循进口国标准或国际标准的成本过高或带有歧视性，会导致出口成本抬高。以标准为代表的技术性贸易壁垒大行其道，实现了贸易保护在名义上的合理性、形式上的隐蔽性和战略上的进攻性。发达国家控制国际标准放大了标准的"非价格竞争优势"，挤压甚至打击发展中国家和欠发达国家的市场空间（Swann et al.，1996）。

此外，国家标准与国际标准对出口的影响效应存在差异性（见图 33 – 3）。国际标准在国际标准化组织框架下展开，较充分地反映了大多数国家在标准上的利益诉求，对贸易会产生一致语言效应（common – language effect）和出口竞争力提升效应（enhanced – competitiveness effect）。Hudson & Jones（2003）研究发现，国家标准对发展中国家开展对外贸易具有重要促进作用，采用 ISO 等国际标准无法彻底消除国际贸易中的信息不对称性，但仍是发展中国家参与国际市场竞争的有效通道。Swann 等（1996）以英国为对象研究后认为，国家标准和国际标准对英国的出口均有正面且显著的促进作用，但两者的影响效应存在差异。Mangelsdorf（2011）探讨了国家标准和国际标准对中欧双边贸易的差异化影响，结果发现国家标准不利于欧盟向中国出口，但采用国际标准会促进欧盟向中国出口。

针对标准化影响出口的"双刃剑"效应，本章从以下三方面进行拓展和实证。一是已有部分文献从贸易总量视角研究技术标准化的促进或抑制作用存在不可忽视的缺陷（David & Greenstein，1990），不同行业诸如农产品贸易与制造产品贸易存在诸多不可比因素，有必要从具体产业部门切入研究，本章将中国制造细分领域的装备制造作为研究对象。二是与以往研究较为关注标准数量而对不同类型标准的贸易效应的差异性考虑不足不同，本章采用狭义的技术标准和法定标准（de facto standards），而不涉及事实标准（de jure standards）及劳工标准、安全标准、管理标准、环境标准等广义标准。三是本章在推导和运用引力模型的同时，对被解释变量作了进一步分解，区分中国装备制造走出去的数量边际、价格边际以及扩展边际，尝试突破以往研究更多地基于出口额来界定被解释变量存在的局限性，同时在解释变量上不仅控制经济规模，对人口规模也进行了控制，在控制自贸区协定、汇率、外商直接投资等变量基础上，还控制了地理距离、文化距离以及政策距离。

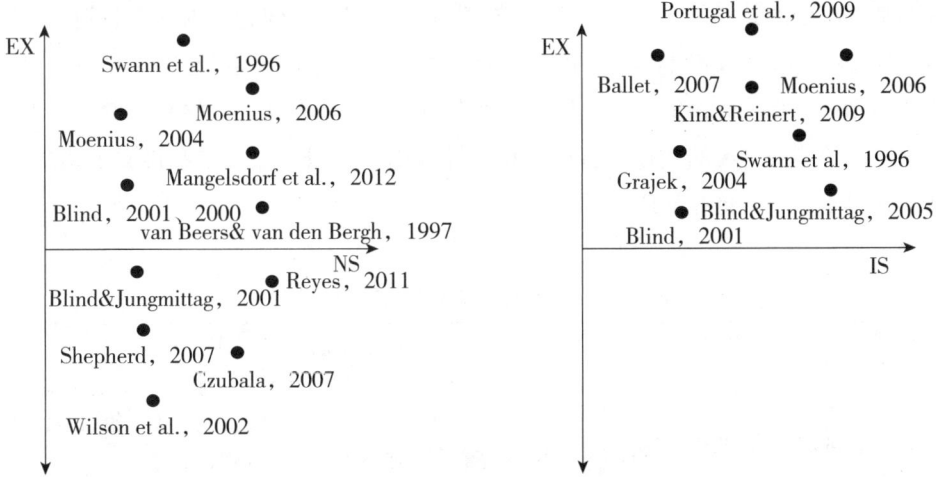

图33-3　标准化对出口"双刃剑"效应的经典文献梳理

资料来源：根据 EBSCO-ASP/BSP、Wiley-Blackwell、Springer 等数据库文献检索结果梳理。注：NS 代表国家标准，IS 代表国际标准，EX 代表出口。

第二节　样本数据来源与研究方法设计

一、样本选择

本章采用联合国（UN）商品贸易统计数据库（Comtrade Database）中以715（冶金工业类装备）、722（电力类装备）、731（铁路类装备）、732（交通运输类装备）为代表的中国装备制造出口数据（见表33-1）。这是因为以水电、核电为代表的电力装备，以高铁为代表的铁路装备，以汽车为代表的交通装备，以冶金为代表的工业装备，无疑是中国装备制造走出去最具代表性的响亮名片。本章检验的样本区间为2000—2015年，[①] 样本期内，中国四大类装备制造出口额占中国装备制造出口总额的比重介于61.47% ~ 70.59% 之间，能够反映走出去的中国装备制造总体情况，具有较强的代表性。在 Comtrade Database 中，可以获得中国向206个国家和地区出口装备制造的数据，依据国别出口额排序，本章排除了中国装备制造出口额较少的国家和地区，最终选择阿尔及利亚等74个国家（地区）作为中国装备制造

---

①　之所以设定2000年为起始年份，是因为2000年之前部分国家和地区统计数据不够完整，可能会影响实证结论的准确性。

走出去的研究样本（见表33-1）。样本期内，中国向这74个国家（地区）出口的装备制造总额占中国装备制造出口总额的比重介于94.77%与98.32%之间，基本上代表了中国装备制造走出去的总体情况。本章样本共1184个，针对部分国家或地区在某些年份的某类装备制造产品出口缺失值和奇异值的问题，本章参照刘瑶、丁妍（2015）等主流文献的做法，根据当年有相关记录的中国向所有国家和地区出口该装备制造产品的总价值和总数量计算出中国装备制造产品出口的平均价格，再根据中国向该国或地区的装备制造出口总额计算出口数量。由于本章排除了2000年之前的样本，因此这些缺值记录并不多见。

表33-1　行业样本和国家样本情况

样本	名称	行业/国家所指范围
行业样本	715 （冶金工业类装备）	7151（冶金机械装备）、7152（其他冶金制造装备）；71511（冶金传热装备）、71512（冶金铸模装备）；71521（金属轧制装备）、71523（金属气动焊接装备）等
	722 （电力类装备）	7221（电力动力装备）、7222（电路装置）；72211（发电机）、72212（变压器）、72213（其他电力动力装备）；72221（高压电路开关）、72222（其他电路装置）等
	731 （铁路类装备）	7311（机车蒸汽装备）、7312（机车电气装备）、7313（铁路机车）、7314（轨道装备）、7315（有轨电车）、7316（电车机械）、7317（机车车辆）；73161（电车服务车辆）、73162（索道火车）、73163（铁路车厢）等
	732 （交通运输类装备）	7321（乘用车装备）、7322（公交装备）、7323（卡车装备）、7324（特种卡车装备）、7325（拖拉机装备）、7326（底盘装备）、7327（引擎发动机）、7328（机动车整车装备）、7329（电动装备）；73281（车身装备）、73289（机动车其他装备）；73291（自动化装备）、73292（电气装备）等
国家样本	发达国家和地区	澳大利亚、比利时、加拿大、智利、捷克、丹麦、芬兰、法国、德国、希腊、中国香港、匈牙利、爱尔兰、以色列、意大利、日本、韩国、科威特、中国澳门、摩洛哥、荷兰、新西兰、挪威、波兰、葡萄牙、沙特阿拉伯、新加坡、斯洛伐克、西班牙、瑞典、瑞士、阿联酋、英国、美国（34个）
	发展中国家和地区	阿尔及利亚、安哥拉、阿根廷、孟加拉国、贝宁、巴西、缅甸、柬埔寨、哥伦比亚、厄瓜多尔、埃及、埃塞俄比亚、加纳、印度、印度尼西亚、伊朗、伊拉克、约旦、哈萨克斯坦、肯尼亚、朝鲜、吉尔吉斯斯坦、马来西亚、墨西哥、尼日利亚、巴基斯坦、巴拿马、秘鲁、菲律宾、马绍尔群岛共和国、罗马尼亚、俄罗斯、南非、斯里兰卡、坦桑尼亚、泰国、土耳其、乌克兰、委内瑞拉、越南（40个）

二、模型推导

万有引力定律认为，万有引力大小与物体质量、物体之间的距离有密切关系。其公式可表示为：$F = GM_1M_2/R^2$，其中 F 表示万有引力，G 为万有引力常量，M_1、M_2 为两个物体的质量，R 为两物体之间的距离。根据 Otsuki 等（2001）、Anderson（2003）等在国际贸易领域中对引力模型的拓展方法，本章将贸易引力方程表达为：$TV_{ijt} = C(TS_{it}TS_{jt})/DS_{ijt}^2$。其中，$TV_{ijt}$ 表示 i 国和 j 国之间的贸易量，TS_{it}、TS_{jt} 分别表示 i 国和 j 国的总规模，DS_{ijt} 表示 i 国和 j 国的物理距离。贸易引力规律与物理引力规律有本质上的相同点，但也有一定的独特性，特别是两国规模的不同构成特性不可忽略。对此，本章把总规模设定为经济规模（TS^{eco}）和人口规模（TS^{pop}）的总函数，也就是说：

$$TS_{it} = f(TS_{it}^{eco}, TS_{it}^{pop}), TS_{jt} = f(TS_{jt}^{eco}, TS_{jt}^{pop}) \qquad (33-1)$$

对于任何一个物体，其规模大并不一定意味着质量也大，还取决于该物体的密度大小。同理，一个国家的 GDP 大，并不一定代表其经济实力和竞争力强。为此，本章与 Vancauteren & Weiserbs（2005）等研究一样，引入若干因子来调节经济规模，以便更客观地刻画一国的综合经济实力。对式（33-1）做进一步改进如下：

$$TS_{it} = f\left(\frac{STA_{it} \cdot FDI_{it}}{EXC_{it}}TS_{it}^{eco}, TS_{it}^{pop}\right), TS_{jt} = f\left(\frac{STA_{jt} \cdot FDI_{jt}}{EXC_{jt}}TS_{jt}^{eco}, TS_{jt}^{pop}\right) \qquad (33-2)$$

其中，STA_{it}、FDI_{it}、EXC_{it}、STA_{jt}、FDI_{jt}、EXC_{jt} 分别表示 i 国和 j 国的标准化水平、外商直接投资总额和实际汇率。当然，本章不仅考察了国家标准 STA，还对国际标准 IS 进行了分析。进一步采用柯布—道格拉斯函数形式，则有：

$$TS_{it} = K_i\left\{\frac{STA_{it} \cdot FDI_{it}}{EXC_{it}}\right\}TS_{it}^{eco\ \alpha}TS_{it}^{pop\ \beta}$$

$$TS_{jt} = K_j\left\{\frac{STA_{jt} \cdot FDI_{jt}}{EXC_{jt}}\right\}TS_{jt}^{eco\ \alpha}TS_{jt}^{pop\ \beta} \qquad (33-3)$$

关于距离对双边国际贸易的影响，本章尽可能把影响国际贸易的带有阻力性的因素纳入其中，把 i 国和 j 国之间的距离分为三个范畴：地理距离（dis）、文化距离（cul）及政策距离（pol）。这三个距离构成一个距离向量，同样采用柯布—道格拉斯函数形式，则有：$DS_{ijt} = \sqrt{\prod_k d_{ijt}^k}$，$k = dis, cul, pol$，与式（33-3）一同代入贸易引力方程并取自然对数推导得到扩展的贸易引力计量方程式：

$$\ln TV_{ijt} = \hat{\omega} + \hat{\alpha}\ln(TS_{it}^{eco}TS_{jt}^{eco}) + \beta\ln(TS_{it}^{pop}TS_{jt}^{pop}) - \hat{\varphi}\ln(EXC_{it}EXC_{jt}) +$$
$$\hat{\varphi}\ln(STA_{it}STA_{jt}) + \hat{\kappa}\ln(FDI_{it}FDI_{jt}) - \hat{\tau}\ln d_{ijt}^{cul} -$$
$$\zeta\ln d_{ijt}^{pol} - \theta\ln d_{ijt}^{dis} + \varepsilon_{ijt} \qquad (33-4)$$

三、三元边际分解

本章对扩展的引力模型在被解释变量方面加以扩展，借鉴 Hummels & Klenow (2005)、施炳展（2010）的分解方法，用中国装备制造走出去的数量边际、价格边际、扩展边际来替代传统意义上的贸易总额，做如下分解：

$$EM_j = \frac{\sum_{n \in Ij} p_{rn} \cdot x_{rn}}{\sum_{n \in Ir} p_{rn} \cdot x_{rn}}, \quad IM_j = \frac{\sum_{n \in Ij} p_{jn} \cdot x_{jn}}{\sum_{n \in Ij} p_{rn} \cdot x_{rn}} \quad (33-5)$$

$$Q_j = \prod_{n \in Ij} \left[\frac{x_{jn}}{x_{rn}} \right]^{W_{jn}}, \quad P_j = \prod_{n \in Ij} \left[\frac{p_{jn}}{p_{rn}} \right]^{W_{jn}} \quad (33-6)$$

其中，EM_j 代表 j 国装备制造走出去的扩展边际，IM_j 代表 j 国装备制造走出去的深度指标，Q_j 和 P_j 分别代表 j 国装备制造走出去的数量边际和价格边际。Ij 表示 j 国装备制造走出去的所有种类的集合，Ir 表示全世界出口的所有装备制造种类的集合。p_{rn} 和 x_{rn} 分别表示世界出口 n 类装备制造产品的平均价格和总数量。W_{jn} 为衡量 j 国出口 n 类装备制造产品的权数，即 $W_{jn} = [(S_{jn} - S_{rn})/(\ln S_{jn} - \ln S_{rn})]/[\sum_{n \in Ij}(S_{jn} - S_{rn})/(\ln S_{jn} - \ln S_{rn})]$，$S_{jn}$ 和 S_{rn} 分别表示对 j 国和全世界而言，第 n 种装备制造产品出口额所占的比重。可见，EM_j 的经济学含义就是 j 国出口装备制造产品种类与世界所有国家出口装备制造产品种类相比的丰富程度。[①] 鉴于贸易成本与地理距离的非均匀性，纳入了是否拥有共同边界的哑变量 $bord_{ij}$。此外，本章还将自贸区签订情况 FTA_{ijt} 作为控制变量。这里说明的是，本章着重考察中国装备制造走出去问题，也就是双边贸易的单向出口问题，根据式（33-4）~式（33-6）提出如下回归方程：

$$\ln(Q_{ijt}, P_{ijt}, EM_{ijt}) = \alpha_0 + \alpha_1 \ln TS_{it}^{eco} + \alpha_2 \ln TS_{it}^{eco} + \alpha_3 \ln TS_{it}^{eco} + \alpha_4 \ln TS_{it}^{pop} +$$
$$\alpha_5 \ln EXC_{ijt} + \alpha_6 \ln STA_{jt} + \alpha_7 \ln FDI_{ijt} + \alpha_8 \ln d_{ij}^{cul} +$$
$$\alpha_9 \ln d_{ijt}^{pol} + \alpha_{10} FTA_{ijt} + \alpha_{11} \ln d_{ij}^{dis} + \alpha_{12} bord_{ij} + \varepsilon_{ijt} \quad (33-7)$$

四、变量定义与数据来源

中国装备制造走出去的数量边际 $\ln Q_{ijt}$、价格边际 $\ln P_{ijt}$、扩展边际 $\ln EM_{ijt}$ 的计算过程参见式（33-5）~式（33-6）。TS_{it}^{geo} 和 TS_{jt}^{geo} 代表目标国和出口国的

---

① 虽然可以通过 IM_j 来判断 j 国装备制造产品出口的国际竞争力，但无法判断这一竞争力究竟是来自装备制造产品质量和技术含量高而导致的较高的 P_{jn}，还是因装备制造产品价格低等原因而导致的较大的 x_{jn}。

经济规模，本章以美元计价的 GDP 表示，采用只反映产量变动的不变价格 GDP，数据来源于 World Development Indicators（WDI）。TS_{it}^{pop} 和 TS_{jt}^{pop} 代表目标国和出口国的人口规模，数据来源于 WDI。EXC_{ijt} 代表中国 t 年对出口国（地区）的实际有效汇率指数，根据间接标价法或应收标价法下的双边官方汇率计算，数据来源于 Wind 数据库。STA_{jt} 代表中国 t 年四类装备制造的国家标准数量，数据来源于国家标准委员会《国家标准全文数据库》。本章采用国际标准分类法（ICS），分装备制造行业进行国家标准检索统计。国家标准数据是当年发布和实施的有效标准，不包括已作废的国家标准。IS_{jt} 代表中国的国际标准话语权。囿于中国制定或修订的国际标准数据缺值严重，本章将中国实际承担的 ISO（国际标准化组织）、IEC（国际电工委员会）、ITU（国际电信联盟）三大最权威性的国际标准组织的 TC（国际技术委员会）、SC（分技术委员会）秘书处的数量作为中国制（修）定国际标准数量的代理指标，① 数据来源于历年《中国标准化发展研究报告》。FDI_{ijt} 代表外商直接投资额，也就是各国（地区）在中国的实际投资额。数据来源于历年《国家统计年鉴》。d_{ij}^{cul} 代表文化距离，使用的代理变量为官方语言是否属于同一语言，如果双边贸易国家是同一语言，则取值为 1，否则为 0。d_{ijt}^{pol} 代表政策距离，本章采用的代理变量是双边贸易国（地区）之间的贸易冲突频率（frequency of confliction），具体指每个贸易伙伴国（地区）当年对中国的反倾销数量，根据世界银行反倾销数据库（Anti - dumping Database）和 WTO 反倾销年度报告（Anti - dumping Annual Reports）整理而得。反倾销次数越多，说明两国（地区）之间政策距离越远。FTA_{ijt} 代表是否签订自由贸易协定，根据中国商务部公布生效的自由贸易协定（Free Trade Agreement）进行赋值，如果该年双边贸易国（地区）签署了生效的自由贸易协定，则赋值为 1，否则为 0，数据来源于商务部"中国自由贸易区服务网"，该网动态公布与中国签订自贸区的国家、协议内容及生效时间。d_{ij}^{dis} 代表中国与贸易伙伴之间的空间距离，本章采用两国（地区）首都之间的距离，数据来源于 CEPII 的 Geography 数据库。$bord_{ij}$ 代表边界哑变量。考虑到贸易成本与地理距离的非均匀性，本章设置了边界是否相邻的哑变量，如果相邻赋值为 1；如果不相邻则为 0。

五、内生性问题

国家标准由国家标准化管理委员会（SCA）制定，是为了规范统一国内市场，

---

①　作为全球最权威的三大国际标准组织 ISO、IEC、ITU，TC/SC 在其中拥有极其重要的话语权，任何一个国家（地区）的国际标准提案只有经过 TC/SC 成员国 2/3 以上同意才能进入最终决决，如果被采用，那么这项国家标准将上升为国际标准。因此，国际上普遍认为，一个国家承担的 TC、SC 秘书处的数量可以反映其制（修）定国际标准的能力和水平。从统计看，中国承担的 IC/TC 秘书处数量逐年上升，但目前仅占全球 IC/TC 总数的 6.1%，与美国（15.9%）、德国（10.1%）、英国（10.4%）、法国（9.4%）相比，差距明显。

防止劣质产品和假冒伪劣，属于完全的政府公共行为，而中国制造走出去是企业自主的出口行为，因此对中国制造走出去而言，国家标准是严格意义上的外生变量，但国际标准并非严格的外生变量。国际标准话语权提升有助于中国制造走出去，在中国制造走出去越来越加速的情况下可能会反过来促进标准国际化，也就是可能存在内生性问题。为克服这一内生性，通常的做法是寻找一个与标准国际化变量显著相关而与中国制造走出去无关的变量，但这种变量在现实中极难找到，本章把标准国际化的滞后一期作为标准国际化的工具变量。再者，标准国际化具有明显的前期滞后性以及作用效果的延续性，虽然面板数据固定效应或随机效应模型使用工具变量也能解决变量内生性问题，但难以检验被解释变量的动态变化，而采用动态面板系统 GMM 估计能够较好地处理内生性问题，还可以有效反映被解释变量前期滞后性和作用效果延续性的特质，本章"大 N 小 T"的样本特征适合进行系统 GMM 估计。基于此，本章在标准国际化模型中，纳入被解释变量的滞后项，进行系统 GMM 估计。

第三节　实证检验与结果分析

一、标准化与中国装备制造走出去

鉴于本章构建的跨国面板数据，首先确定使用固定效应模型还是随机效应模型进行 Hausman 检验。由于 Prob > chi2 = 0.3243，接受原假设采用随机效应模型，[①]这符合本章主要探讨中国制造走出去的跨国贸易研究和部分解释变量具有截面不变的经验判断。从表 33 - 2 的 *PanelA* 回归结果看，中国装备制造走出去的三类效应基本上都与双边贸易国家（地区）的经济总量、人口总量显著成正比，与两国（地区）之间的地理距离 $\ln d^{dis}$ 显著成反比，说明本章采用的引力模型比较适用。表 33 - 2 第（1）～（6）列显示，标准化对中国装备制造走出去具有显著的数量效应和价格效应。换句话说，国家标准越丰富，越有利于中国装备制造走出去的规模扩张和价格提升。正如 Ronald & Serra（2000）的研究结论，出口国的单边标准为进口国提供了产品质量可靠性的"符号"，是对产品性能、规格、稳定性等重要参数的权威证实，减少进口国的搜寻成本和交易成本。标注国家标准的装备制造相当于政府为其走出去作了信用背书，有助于本土装备制造走向海外和提升出口竞争力。这方面最典型的案例莫过于中国高铁通过"关键系统自主化 + 关键技术标准化"走出去。从第（7）～（9）列扩展效应的回归结果看，标准化对中国装备制造走出去的扩展效应是显著负向的。也就是说，标准一致性不利于产品出口多样

---

① 在每次面板数据回归之前，本章均做了 Hausman 检验，结果均无法拒绝原假设。

性。依据标准"简化节约"原理,标准的一大重要功能就是简化品种。技术标准将产品限定在一定范围之内或者限定产品的型号、规格等特性参数,减少了产品种类(赓金洲等,2012)。Portugal 等(2007)的实证发现,国家标准总量与向贸易伙伴国的产品出口多样性呈负相关,佐证了这一结论。

更进一步,是否国家标准供给越多越有利于装备制造走出去呢,本章将国家标准的二次项放入引力模型进行检验(见表 33 - 2)。从关注的变量看,技术标准化对中国装备制造走出去的数量效应有显著的"倒 U 型"影响。这表明在中国装备制造走出去的初期,国家标准供给越多越有利于本国装备出口,但到一定阶段后,国家标准继续供给反而对本国装备走出去不利。背后的原因可能在于,随着中国装备制造走出去规模的扩大,实施的国家标准越来越多,容易带来国内外的"标差"问题,中外标准互认互信不够导致"标准摩擦",进而通过标准这一技术性贸易壁垒形成"贸易摩擦"。第(12)列加入反倾销变量后,这种"倒 U 型"关系不再显著。从第(13)~(18)列还发现,技术标准化与中国装备制造走出去的价格效应的"倒 U 型"关系并不显著成立;与扩展效应反而存在"U 型"影响,这说明尽管标准化初期不利于中国装备制造走出去在上下游的扩散,但随着国家标准增加到一定程度后,对关联性装备制造出口有显著的辐射和促进作用。原因可能如 Jones & Hudson(1996)所言,标准化实施影响企业生产制造过程的调整并增加企业的转换成本(convert cost),但随着越来越多的国家标准实施,有助于通过兼容性实现产品差异化与标准化互促共进,从而促进国际间、产业内贸易的多样化。

二、标准国际化与中国装备制造走出去

标准存在"阶梯效应",标准国际化是标准化的升级版。中国在国际标准上的话语权提升是否有利于促进中国装备制造走出去呢?本章进一步采用系统GMM 估计方法对标准国际化与中国装备制造走出去的关系进行实证,将被解释变量滞后一期纳入面板模型,结果见表 33 - 3。中国装备制造走出去无论是数量效应、价格效应,还是扩展效应,大多数情况下都与双边贸易国(地区)的经济总量显著成正比,与地理距离显著成反比,引入人口规模这一变量后,大多数情况下也是显著的,这在一定程度上印证了引力模型的有效性。从表 33 - 3 可知,标准国际化有助于推动中国装备制造走出去,不仅会促进海外市场扩张和价格提升,还会促进上下游装备制造业的出口联动。这与 Mangelsdorf(2011)等的研究结论完全一致。国际标准作为全球市场一致公认的"质量信号"(quality signal),有利于增强中国装备制造与各国(地区)的技术兼容性和标准互认性,减少双边贸易的信息不对称性,从而获得海外市场更多的认可。从表 33 - 3 第(3)列和第(6)列还发现,反倾销会削弱标准国际化对中国装备制造走出去的

表 33 – 2 标准化影响中国装备制造走出去的三元边际回归结果

PanelA	数量效应（ln Q）			价格效应（ln P）			扩展效应（ln EM）		
	(1)	(2)	(3)	(4)	(5)	(6)	(7)	(8)	(9)
ln TS_j^{eco}	1.3055*** (2.6941)	1.2455** (1.9597)	1.1397** (2.0718)	0.6527** (2.5386)	0.9553** (2.4592)	0.7550*** (3.4311)	0.4569** (2.0313)	1.9051*** (4.4909)	0.7143** (2.3976)
ln TS_i^{eco}	0.8081*** (13.5189)	0.5907*** (8.6545)	0.9574*** (12.7619)	0.0072 (0.4466)	0.0426** (2.2102)	0.0078 (0.3029)	0.0335** (2.0225)	0.0765*** (4.4060)	0.0167 (0.5953)
ln TS_j^{pop}		1.4284 (0.2139)			4.9178* (1.5660)			23.4403*** (5.8376)	
ln TS_i^{pop}		0.3724*** (4.6866)			0.0843*** (3.6612)			0.0711*** (3.5363)	
ln EXC	-0.0606** (-2.0172)	-0.0236 (-0.8276)	-0.1192*** (-3.5924)	-0.0006 (-0.0706)	-0.0142* (-1.5991)	-0.0006* (-0.0612)	-0.0063 (-0.8644)	-0.0066 (-0.9063)	-0.0073 (-0.6390)
ln STA	1.7291*** (2.5969)	1.6960** (2.5236)	1.5878** (2.1023)	0.8589** (2.4849)	0.9283** (2.5586)	0.9976*** (3.3018)	-0.5894** (-1.8782)	-0.8646** (-2.5304)	-0.9516** (-2.2518)
ln FDI	0.0234 (1.0468)	0.0058 (0.2652)	0.0044 (0.1579)	0.0121* (1.6745)	0.0080 (1.1372)	0.0052 (0.4857)	0.0106 (1.2662)	0.0069 (0.8715)	0.0026 (0.2837)
d^{rul}	1.1913** (2.1322)	1.9631*** (3.9844)	1.8905*** (3.2104)	0.4982*** (5.5370)	0.3377*** (4.0514)	0.6691*** (3.4076)	0.3449*** (4.4352)	0.2045*** (2.8772)	0.4646*** (4.2258)
ln d^{pol}			-0.0605 (-1.2123)			-0.0332* (-1.7206)			-0.0131 (-0.4548)
FTA	0.1142 (0.9603)	0.0762 (0.6412)	0.0974 (0.7568)	0.0248 (0.6236)	0.0270 (0.6577)	0.0052 (0.1029)	0.0419 (0.9058)	0.0251 (0.5341)	0.0308 (0.5734)

续表

$PanelA$	数量效应（$\ln Q$）			价格效应（$\ln P$）			扩展效应（$\ln EM$）		
	(1)	(2)	(3)	(4)	(5)	(6)	(7)	(8)	(9)
$\ln d^{dis}$	-0.5095**	-0.4803***	-0.4573***	-0.0274***	-0.0271***	-0.0651**	-0.0598*	-0.0570*	-0.0584*
	(-2.4676)	(-2.7918)	(-2.7956)	(-2.6906)	(-2.7374)	(-2.1953)	(-1.7918)	(-1.5743)	(-1.5485)
$bord$	0.2657	-0.1282	-0.2438	-0.0435	0.0370	0.1990*	0.0015	0.0644*	-0.1002
	(0.7279)	(-0.4118)	(-0.7108)	(-0.5517)	(0.6809)	(1.7808)	(0.0310)	(1.5768)	(-1.2691)
$-cons$	-44.7692***	-74.3224	-45.9430***	-11.0773**	84.1326	-12.2665***	-10.4953***	42.0170***	-14.2183***
	(-5.2974)	(-0.5755)	(-4.7943)	(-2.3644)	(1.4344)	(-3.2167)	(-2.6890)	(5.8763)	(-2.7219)
N	1100	1100	698	1100	1100	698	1102	1102	698
$AR-sq$	0.5971	0.6595	0.6523	0.1225	0.1812	0.1512	0.1313	0.1568	0.1384
$Wald-P$ 值	0.0000	0.0000	0.0000	0.0000	0.0000	0.0000	0.0000	0.0000	0.0000

$PanelB$	数量效应（$\ln Q$）			价格效应（$\ln P$）			扩展效应（$\ln EM$）		
	(10)	(11)	(12)	(13)	(14)	(15)	(16)	(17)	(18)
$\ln TS_j^{eco}$	0.3761	0.8431	0.6606		0.8725**	1.6273***	0.8594***	3.3939***	4.2930***
	(0.4450)	(0.7254)	(0.6251)		(1.9714)	(3.1436)	(3.1617)	(5.5395)	(5.1588)
$\ln TS_i^{eco}$	0.8096***	0.5978***	0.9580***		0.0416**	0.0433	0.0333**	0.0737***	-31.6797***
	(13.1071)	(8.7097)	(12.6527)		(2.0615)	(1.2430)	(2.0184)	(4.2872)	(-5.4984)
$\ln TS_j^{pop}$		5.7332		1.8379	4.7447*	10.34***27		26.4896***	0.0779***
		(0.8242)		(0.8485)	(1.7911)	(3.3437)		(6.0576)	(3.0576)
$\ln TS_i^{pop}$		0.3663***		0.0513***	0.0819***	0.0755**		0.0689***	0.0794**
		(4.5805)		(3.0165)	(3.7089)	(2.3065)		(3.4141)	(2.5349)
$\ln EXC$	-0.0650**	-0.0262	-0.1200***	-0.0090	-0.0141*	-0.0091	-0.0065	-0.0058	-0.0015
	(-1.8789)	(-0.9158)	(-3.5727)	(-1.0650)	(-1.6313)	(-0.7863)	(-0.8970)	(-0.7935)	(-0.1364)

续表

PanelB	数量效应 （ln Q）			价格效应 （ln P）			扩展效应 （ln EM）		
	（10）	（11）	（12）	（13）	（14）	（15）	（16）	（17）	（18）
ln STA	22.0052*	24.0802**	5.1322	7.8137	0.1159	4.0622	-6.2530**	-19.2200***	-23.2267***
	(1.7244)	(2.0000)	(0.4016)	(1.3562)	(0.0253)	(0.7635)	(-2.2816)	(-5.1266)	(-4.6385)
ln STA 二次项	-1.1991**	-1.2998**	-0.3391	-0.4275***	-0.0527	0.1464	0.2860**	0.9254***	1.1013***
	(-1.8071)	(-2.1443)	(-0.5263)	(-3.3931)	(-0.2287)	(0.5467)	(2.0323)	(5.0394)	(4.5244)
ln FDI	0.0251	0.0090	0.0046	0.0153**	0.0076	0.0064	0.0108	0.0082	0.0026
	(0.9826)	(0.4107)	(0.1649)	(2.1856)	(0.9868)	(0.6040)	(1.2919)	(1.0418)	(0.2924)
d^{cul}	1.2119**	1.9743***	1.8998***	0.3557**	0.3567***	0.4122**	0.3438***	0.2011***	0.2050*
	(1.4634)	(3.9796)	(3.1888)	(2.5078)	(2.7103)	(1.9152)	(4.4340)	(2.8703)	(1.7223)
ln d^{pol}			-0.0610			-0.0426**			-0.0298
			(-1.2209)			(-2.2127)			(-1.0831)
FTA	0.1092	0.0764	0.1001	0.0298	0.0255	0.0171	0.0431	0.0266	0.0036
	(0.6301)	(0.6439)	(0.7771)	(0.6719)	(0.5765)	(0.3388)	(0.9362)	(0.5745)	(0.0644)
ln d^{dis}	-0.5070**	-0.4837***	-0.4568***	-0.0177	-0.0350	-0.0619	-0.0596*	-0.0551	-0.0638**
	(-3.6486)	(-2.7932)	(-2.7600)	(-0.3563)	(-0.7725)	(-1.1627)	(-1.7847)	(-1.5250)	(-2.0192)
bord	0.2556	-0.1300	-0.2455	0.0132	0.0076	-0.0584	0.0023	0.0652*	0.0336
	(0.7625)	(-0.4146)	(-0.7067)	(0.1510)	(0.9868)	(-0.4737)	(0.0478)	(1.6003)	(0.5323)
-cons	-111.9772***	-230.2239	-64.9141*	3.8162	77.8652*	195.0629***	5.5073	552.6601***	657.3795***
	(-2.5714)	(-1.5566)	(-1.7349)	(0.0940)	(1.3826)	(2.9724)	(0.5889)	(6.1992)	(5.6405)
N	1100	1100	698	1100	1100	698	1102	1102	698
AR-sq	0.5991	0.6597	0.6521	0.1602	0.1803	0.1999	0.1322	0.1638	0.1759
Wald-P值	0.0000	0.0000	0.0000	0.0000	0.0000	0.0000	0.0000	0.0000	0.0000

注：***、**、*分别代表1%、5%、10%的显著性水平；括号内是相应回归系数的t值。

资料来源：利用Stata13软件计算。

数量效应和价格效应，特别是对价格效应有明显影响。进一步引入标准国际化变量平方项后发现它在所有回归结果中均不显著，这验证了标准国际化与中国装备制造走出去的正向线性关系。这对"中国制造"走出去是重要启示，中国装备制造标准化的长远战略重心应转向标准国际化，按照 ISO 倡议的"一个标准、一次检测、全球通行"，以标准国际化增强中国装备制造的海外渗透性。

三、基于中国装备制造走向发达国家（地区）和发展中国家（地区）的比较

依据世界银行国家收入分类标准，[①] 本章将澳大利亚等 34 个国家（地区）划归为发达国家（地区），将阿尔及利亚等 40 个国家（地区）划归为发展中国家（地区），对两类国家和地区分别实证。观察表 33 – 4 PanelA 可得，无论是发达国家（地区）还是发展中国家（地区），标准化对中国装备制造走出去的数量效应、价格效应、扩展效应的影响结果不尽相同，对价格效应的影响系数为正，而且在 1% 的水平上显著，对扩展效应有显著负向影响，对数量效应的影响则不显著。这表明，中国装备制造要实现"质量走出去"，必须重新审视标准化的战略重要性，使中国装备制造走出去逐步摆脱对"低标准、低技术、低质量（低价格）"的路径依赖，向"高标准、高技术、高质量（高价格）"升级。从表 33 – 4 PanelB 中 lnTV 和 ln$Q$ 回归结果发现，标准化与中国装备制造向两类国家和地区走出去的总额和数量效应均呈显著"倒 U 型"关系，也就是说，在中国装备制造国际化过程中，过于依赖国家标准可能导致中国装备制造走向国际市场面临越来越被动的局面。通过查阅有关国家的标准史，发现无论是印度、巴西、墨西哥、菲律宾、泰国等发展中国家，还是很多曾是欧洲强国（半）殖民地的非洲、南美洲甚至不少欧洲国家颇为认同欧洲标准。比如土耳其的安伊高铁，虽然是中国走出去的第一条高铁，但由于其采用欧洲标准导致中国只能在欧盟市场采购高铁装备。目前，中国制造标准与 ISO、IEC、ITU 等国际标准存在一定差距，与德国 DIN 标准、美国 ANSI 标准、日本 JIS 标准等也存在"兼容性"及"互认性"问题。中国已是全球第一装备制造出口大国，面临的更久远的挑战是深层次的"标准之争"。进一步考察标准国际化对中国装备制造走向两类国家（地区）是否有不同影响，结果见表 33 – 4 PanelC。从主要解释变量和控制变量的回归结果看，模型是比较稳健的，由此得出结论：一是无论发达国家还是发展中国家和地区，标准国际化均有助于中国装备制造走出去。在双边贸易制度和市场体制存在差异的情况下，国际标准作为国际市场的"通

---

① 世界银行按人均 GNI（人均国民总收入）高低，将所有国家和地区划分为高收入国家组、中上等收入国家组、中下等收入国家组。一般而言，高收入国家被称为发达国家，中、低收入国家被称为发展中国家。

表33-3 标准国际化影响中国装备制造走出去的三元边际回归结果

	数量效应（ln Q）			价格效应（ln P）			扩展效应（ln EM）		
	(1)	(2)	(3)	(4)	(5)	(6)	(7)	(8)	(9)
$Lags\,(1)$	0.0829*** (26.9432)	0.0947*** (6.7732)	0.1322*** (7.4934)	0.2065*** (15.6004)	0.2150*** (14.5666)	0.1355*** (7.0273)	0.1175*** (8.8211)	0.0851*** (7.0653)	0.0299** (2.2326)
$\ln TS_j^{eco}$	1.4320*** (21.6302)	1.1154*** (5.3289)	1.2219*** (6.9928)	0.0062 (0.1005)	0.2082* (1.8708)	0.7820*** (5.6087)	1.2231*** (13.9060)	2.2235*** (19.4676)	2.9637*** (22.3892)
$\ln TS_i^{eco}$	0.8925*** (70.1257)	0.5914*** (13.2091)	0.8819*** (6.3029)	0.0466*** (4.5319)	0.0617* (1.7786)	0.1165** (2.0633)	0.0215 (0.5733)	0.0947** (2.1369)	0.0376 (0.3128)
$\ln TS_j^{pop}$		0.0075 (0.0039)	6.9452*** (3.9168)		5.3138*** (5.1975)	10.6712*** (9.1883)		21.7769*** (19.2448)	27.4107*** (27.0225)
$\ln TS_i^{pop}$		0.4052*** (6.3539)	0.0625 (0.4463)		0.1572*** (3.8894)	0.0390 (0.5089)		0.1597*** (2.7979)	0.1199 (0.9601)
$\ln EXC$	-0.1713*** (-12.9946)	-0.0505** (-2.3911)	-0.1593*** (-2.6124)	-0.0335** (-2.2973)	-0.0137 (-1.2076)	-0.0997*** (-5.6411)	-0.0723*** (-3.4304)	-0.0238 (-1.0465)	-0.1960*** (-4.7746)
$\ln IS$	0.5900*** (17.0001)	0.5352*** (7.3435)	0.3664* (1.9109)	0.0313*** (3.1921)	0.0400*** (3.1121)	0.0965 (1.4865)	0.4967*** (14.3766)	0.4574*** (12.8028)	0.6521*** (19.3638)
$\ln FDI$	-0.0023 (-0.5380)	-0.0030 (-0.3081)	0.0318*** (2.7272)	0.0305*** (6.6115)	0.0279*** (5.8079)	0.0119 (1.3581)	0.0112 (1.3866)	0.0291*** (3.7359)	0.0382*** (3.4416)
d^{rul}	2.0891*** (6.5618)	1.2626* (1.9183)	2.8276*** (7.9680)	0.5186** (2.0334)	0.4733 (1.5085)	1.4447*** (4.4157)	1.3047** (2.4673)	0.4592 (0.7662)	3.6155*** (5.2996)
$\ln d^{pol}$			-0.2052*** (-8.6867)			-0.0617*** (-6.5544)			-0.0841*** (-3.9678)

续表

	数量效应（ln Q）			价格效应（ln P）			扩展效应（ln EM）		
	(1)	(2)	(3)	(4)	(5)	(6)	(7)	(8)	(9)
FTA	0.1555***	0.1234	0.1768*	0.1945***	0.1541***	0.1723***	0.4162***	0.2669***	0.4232***
	(2.6005)	(1.6280)	(1.8026)	(3.6360)	(3.3267)	(3.3434)	(4.4872)	(4.0538)	(4.2504)
$\ln d^{dis}$	-0.2639***	-0.4501***	-0.3605	-0.3865***	-0.4243***	-0.0900	-0.9505***	-0.9337***	-1.3903***
	(-4.9507)	(-4.7699)	(-1.6374)	(-4.1590)	(-3.6871)	(-0.7113)	(-4.3033)	(-4.0497)	(-4.4765)
bord	2.1454***	1.5698**	0.0177	0.1522	0.0784	0.8792***	0.8838***	0.9856***	0.3441
	(9.7513)	(1.9614)	(0.0341)	(1.1839)	(0.5131)	(2.7728)	(2.6796)	(3.3446)	(0.6772)
-cons	12.7007***	6.1428	-144.4203***	-2.3719	102.4511***	199.9057***	-45.0318***	383.6597***	473.5879***
	(7.3934)	(0.1653)	(-4.0605)	(-1.3497)	(5.2374)	(9.5392)	(-13.6783)	(17.5584)	(22.7981)
N	1026	1026	652	1026	1026	652	1029	1029	652
Sargan	0.2269	0.2269	0.2543	0.2543	0.2543	0.2543	0.1278	0.1278	0.1278
Wald-P值	0.0000	0.0000	0.0000	0.0000	0.0000	0.0000	0.0000	0.0000	0.0000

资料来源：利用 Stata13 软件计算。

表33-4 区分发达国家和发展中国家（地区）的估计结果

	发达国家（地区）				发展中国家（地区）			
PanelA	ln TV	ln Q	ln P	ln EM	ln TV	ln Q	ln P	ln EM
ln STA	6.8010***	0.2943	1.1697***	-1.6049**	5.4934***	1.6680	1.4107***	-1.3979***
	(12.8773)	(0.3130)	(2.7834)	(-2.5575)	(8.4254)	(1.2821)	(3.2535)	(-2.6243)
N	430	429	429	429	269	269	269	269
AR-sq	0.6767	0.7908	0.2326	0.1060	0.8332	0.5113	0.1760	0.1702
PanelB	ln TV	ln Q	ln P	ln EM	ln TV	ln Q	ln P	ln EM
ln STA	28.1490***	4.7490	0.9092	-23.2089**	50.2658***	13.4952	10.5858	-24.3120***
	(3.3215)	(0.2885)	(0.1258)	(-2.1167)	(4.5179)	(0.5733)	(1.3958)	(-2.6417)
ln STA二次项	-1.7760***	-0.2564**	-0.0133	1.0882*	-2.8156***	-0.7649***	0.4627	1.1554**
	(-4.1577)	(-2.3094)	(-0.0367)	(1.9721)	(-5.0247)	(-2.6453)	(1.2117)	(2.4935)
N	430	429	429	429	269	269	269	269
AR-sq	0.7536	0.7932	0.2319	0.1140	0.8599	0.5306	0.1813	0.1896
PanelC	ln TV	ln Q	ln P	ln EM	ln TV	ln Q	ln P	ln EM
Lags(1)	.0.8218***	0.1363***	0.0849	0.0410*	0.4507***	0.3022	0.1134	0.4264**
	(23.2625)	(3.2973)	(1.4906)	(1.8450)	(3.5136)	(1.0480)	(0.6413)	(2.3003)
ln IS	0.3000***	0.2705**	0.0416*	0.6280***	0.6364***	0.4024***	0.6662**	1.4269***
	(4.2202)	(2.2838)	(1.6348)	(9.2397)	(3.4855)	(3.6851)	(2.2791)	(3.4895)
N	402	400	400	400	252	252	252	252
Sargan	0.4710	0.4908	0.4865	0.4912	0.4647	0.4990	0.4911	0.4876
Wald-P值	0.0000	0.0000	0.0000	0.0000	0.0000	0.0000	0.0000	0.0000

注：文化在本章样本中除了中国香港、中国澳门（列入发达国家和地区）之外，其余均赋值为0，所以在发展中国家和地区模型回归中作了删除。限于篇幅，控制变量回归结果略去。

资料来源：利用Stata13软件计算。

用语言"，跨越市场制度障碍推动产品走出去（Micheline，2013）。二是标准国际化对中国装备制造向发达国家和发展中国家（地区）出口的数量效应、价格效应和扩展效应都有积极促进作用。三是引入标准国际化二次项的变量后并不显著，说明标准国际化与中国装备制造走向两类国家（地区）的三类效应是正相关线性关系。

为检验本章结论的可靠性，本章对面板回归做了必要的稳健性检验。[1] 首先，尽量控制可能影响中国装备制造走出去的变量，但毕竟无法控制潜在的全部因素，为了排除遗漏变量的影响，本章以中国装备制造走出去总额作为被解释变量，对技术标准化与其关系进行了固定效应模型的检验，结果并没有发生本质上的差异。其次，以中国装备制造走出去总额作为被解释变量，进行可有效控制异方差影响的稳健性随机效应估计。从估计结果看，标准化在1%的水平上显著影响中国装备制造走出去总额，而且与其呈显著"倒 U 型"关系。再次，采用差分 GMM 估计对前文所述的系统 GMM 估计结果进行稳健性检验。由于差分 GMM 估计首先对原方程进行差分，所有不随时间变化的变量都将无法估计，所以估计结果不包括空间距离、文化距离、边界哑变量。结果发现，标准国际化变量在1%的水平上显著，但并不存在显著的"倒 U 型"或"U 型"现象。这些结论与前文分析具有一致性。最后，本章所有面板回归均基于前文所述的扩展型引力模型，作为引力模型的核心变量，双边国家（地区）经济总量大多数情况下是显著正向的，随机效应面板回归情景下的地理距离是显著负向的，这符合基于引力模型基本原理的经验判断。

第四节　结论与建议

本章使用联合国 Comtrade Database 双边贸易装备制造出口数据，基于引力模型和三元边际分解实证分析了2000—2015年标准化和标准国际化对中国向全球74个国家（地区）出口装备制造的影响，研究发现：①标准化对中国装备制造走出去具有显著的数量效应和价格效应。国家标准越丰富，越有利于中国装备制造走出去的规模扩张和价格提升。②标准化对中国装备制造走出去的数量效应有显著的"倒 U 型"影响，但加入反倾销变量后，"倒 U 型"关系不再显著。③标准国际化有助于推动中国装备制造走出去，不仅会促进海外市场扩张和竞争力提升，还会促进上下游装备制造业的出口联动。④标准国际化程度越高越有利于中国装备制造走出去。无论发达国家还是发展中国家和地区，标准国际化对中国装备制造走出去的三类效应均有积极的促进作用。对此建议：

第一，结合"中国制造2025"战略，加快制定中国装备制造标准升级的"时

---

[1]　限于篇幅，未呈现稳健性检验结果，有兴趣可向作者索取。

间表""路线图"和"任务书"。把"标准先行"摆在突出位置，加强装备制造标准供给和标准升级，打破"中低端标准＋中低端技术＋中低端市场"锁定，重构装备制造走出去的产业链和价值链。尤其是要瞄准国际标准供给相对滞后的人工智能、装备物联网、无人车间等重点领域，加强装备制造标准研制和系统集成，建立更加先进的装备制造标准体系，加快实现从"产品化→标准化→产业化"向"标准化→产品化→产业化"转型路径的切换。

第二，当前应坚持自主研制标准和采用国际标准"两条腿"走路，但更长远的战略是实施标准国际化行动计划，争夺装备制造领域的国际标准话语权。美国、英国、德国、法国、日本五个发达国家主导制定了全球95%的国际标准，中国仅占7‰，差距遥远。一方面，应对照"工业4.0"标准，实施"标准化＋行动计划"和"企业国际化对标工程"，支持本土装备企业瞄准国际领军企业进行对标、采标。另一方面，支持中国装备制造龙头企业和行业协会参与制定国际标准，推动与主要贸易国之间的标准合作，深度介入ISO、IEC、ITU等国际标准组织，提升我国在国际标准领域的话语权。

第三，利用"一带一路"倡议和双边自贸区战略，以"标准走出去"推动"装备制造走出去"。2015年10月启动的《中国标准联通"一带一路"行动计划》是以"标准走出去"推动中国装备制造走出去的"集结号"和"动员令"，抓住这个难得的历史机遇，推广"高铁出海"模式，在重点装备制造领域加快标准走出去，通过"标准走出去"推进国际装备制造产能合作。加强与CEN（欧洲标准化委员会）、CENELEC（欧洲电工标准化委员会）、ANSI（美国标准协会）等标准组织合作，争设国际标准组织秘书处，增加标准互认的国家数量和标准数量，以标准国际化推动中国装备制造走出去。

第34章 技术创新、政治关系与国家标准制定话语权的研究报告

第一节 问题的提出与研究假设

一、问题的提出

国家标准是行业的法典，是行业成员共同遵守的准则和依据，制定国家标准的企业就是行业的标杆和领头羊。制定标准对于企业的影响无疑是十分巨大的，企业率先制定标准，率先推向市场，规范市场，一旦标准为市场所接受，企业就获得了到国内、国际市场攻城略地的强大武器（Shapiro 和 Varian，1999）。在这个背景下，越来越多的企业将国家标准之争看作话语权的竞争，谁掌握了标准，就意味着率先拿到了市场的入场券，进而从中获取巨大的经济利益（Stango，2004；Riley，2007；Farrell 和 Simcoe，2012；Ritala，2012），甚至成为行业发展的定义者。

伴随着中国从计划经济体制向市场经济体制的转型，不同经济领域的制度变迁方式呈现出多元化格局。在生产领域，主持国家标准制定为企业提供了一种自下而上推动制度变革的实践机会。国家标准作为由政府批准的经济秩序文件，是工业大生产时代的必然产物，在调节经济运行、促进企业发展和保障消费者利益方面扮演着重要角色。从宏观层面来看，国家标准是国家行政管理部门进行质量监督的依据；从企业角度来看，国家标准是企业规范生产的行为准则，因为企业生产的产品要符合标准要求，才能获准在市场上销售；从消费环节来看，国家标准是维护消费者合法权益的保障。由此可以看出，制定国家标准是一项影响行业整体发展的标志事件，影响范围大，社会关注度高，它既涉及现行的经济规则，又关系到政府、企业和消费者等多方面的利益，是企业经营决策过程中的重要参考因素。例如，2013 年 3 月，针对广受社会关注的城市空气污染问题，海尔集团牵头制定了《房间空气调节器去除 PM2.5 功能要求》，在获得政府批准之后作为生产标准直接推广实施，从此以后空调行业企业就需要遵守该标准来生产与"去除 PM2.5"相关的产品。

然而，一个企业从标准的"跟随者"跃升为标准"领导者"的过程面临诸多挑战：先拿下标准起草权，在技术层次上对企业提出了更加严格的要求。不仅如

此，政府监管覆盖了国家标准从制定、审批到发布的全过程，政府因素由此嵌入到国家标准的生成过程，这使得政企关系对于企业获取国家标准制定权有着直接的影响。随之而来的问题是，技术因素和政治因素如何影响了企业参与国家标准话语权争夺？二者在影响国家标准话语权争夺方面存在什么关系，是互补，还是替代？中国地域辽阔，地区间政府治理水平差异很大，面对不断发展中的政府转型进程，企业是如何应对的？这些问题的存在迫切需要构建起与国际接轨又适合中国国情的经济理论体系。纵观国内外理论文献，尽管已经有学者关注国家标准话语权争夺（Stango，2004；Riley，2007；Farrell 和 Simcoe，2012；Ritala，2012），但是对于中国国家标准体系的形成过程仍缺乏足够的认识，特别是缺乏足够的经验认识。本章研究发现：①高技术创新水平的企业在标准竞争中的话语权更大；②技术创新和政治关系在影响国家标准话语权方面存在显著的替代关系，即技术能力越强，政治关系的重要性也越低，企业的政治关系越密切，技术能力的重要性就越低；③在政府治理水平较高的地区，政治关系在国家标准话语权方面的作用受到抑制，而技术创新对于企业在国家标准话语权中的影响表现出不随政府治理环境变化的稳定性。本章可能的研究贡献主要体现在以下几个方面：

第一，目前中国国内学术界对国家标准话语权问题的研究远远落后于实践要求，主要侧重于描述性分析，而对于国家标准话语权问题目前尚没有基于企业层面数据的经验研究，更没有研究涉及政府治理水平等动态因素的影响效果评价。企业究竟是如何获得主持国家标准制定机会的，对于现有理论来说仍属于一个黑匣子，而这种研究相对滞后的局面，一个重要原因可能是缺乏关于测量国家标准话语权的微观数据。国家科技部为本章研究提供了一套独特的国家标准数据，使得本章有机会深入分析企业主持国家标准制定的影响因素，从而为理解企业的国家标准话语权行为这一重要的经济问题提供了来自企业层面的证据。

第二，以往研究主要集中于技术创新对于企业业绩等显性经济指标的影响，很少有研究关注技术创新对于国家标准话语权等隐性经济指标的影响。首先，从国家标准话语权角度考察企业技术创新的经济绩效，本章尚属首次，从而获得了一些与现有研究不同的新鲜结论，这对于认识技术创新与企业竞争行为的关系具有重要价值。其次，中国经济的典型特征是政府拥有强大的经济干预能力，因此谋求政治关系对于企业是有价值的（Frye 和 Shleifer，1997；Faccio，2006；Claessens 等，2008；Li 等，2008）。那么，政治关系与技术创新在影响国家标准话语权方面存在什么关系呢？本章从国家标准话语权的视角探讨了技术创新与政治关系这两种不同类型企业行为的替代关系，这是在以前的技术创新类和政治关系类文献中从未出现过的研究思路，有助于更准确地理解和把握技术创新与政治关系在企业竞争中的微观作用机制。

第三，自 North Douglass C 与 Thomas（1973）和 North Douglass Cecil（1981）开创性的研究以来，制度对经济发展的影响一直是经济学研究的重要论题之一。现有研究表明，宏观经济政策变化是影响企业行为的重要外部原因，但是我们仍不清楚是否存在一条企业影响宏观经济政策的逆向传导机制。而本章研究表明企业可以通过影响国家标准制定进而为自身创造有利的外部竞争环境，从而深化了宏观经济政策与微观企业行为领域的研究内容。在此基础上，本章进一步研究了不同地区政府治理水平影响下，技术创新与政治关系对于企业在国家标准话语权中的特征差异，从而为理解转型经济背景下制度因素对于企业行为的作用提供了一个独特的微观视角。

二、研究假设

改革开放以来，中国经济生产社会化、集约化程度越来越高，对于技术生产的统一和协调程度不断提高，市场体系处于进一步完善的过程中，由此引发的全社会对于标准化需求更为强烈，中国国家标准体系在这个背景下获得了快速发展（Gibson，2007）。国家标准是全国范围内统一的技术要求，确定了各类产品从原料、零部件直至产品性能的全套要求和路径，构成了企业生产活动必须遵守的行为准则，是行业经济秩序的依托和保障。长期以来，国家标准作为经济交往的技术语言，在保障产品质量、提高市场信任度、维护竞争秩序等方面发挥了重要作用（胡彩梅等，2010）。随着中国经济市场化改革进程的不断深入，标准在企业竞争中的作用进一步凸显，继产品竞争、品牌竞争之后，标准竞争成为一种更深层次和更高水平的竞争形式。

制定标准的过程是设定企业间新的游戏规则的过程。企业如果能够积极参与国家标准制定过程，就有可能将本企业先进的工艺体系、适用的技术路径、专业的检验方法、独特的管理流程等推向全行业，并且使之上升成为全国范围内的规制体系（沈同和邢造宇，2005），实现向同行企业"定规矩"，为企业提供了一个将内部技术体系上升为全行业统一规范的机会，企业因此成为行业竞争规则的主导者。不仅如此，主持国家标准制定还可以使企业在第一时间接触到特定的行业政策和特定的产品样本，掌握其未来市场发展的趋势、技术规范的要求、相关规则的变化等具有重大经济价值的前沿信息（Stango，2004；Riley，2007），从而占领行业发展信息的"制高点"，赢得市场先入者的优势。这样一来，企业能够借助信息优势，根据标准发展要求，迅速制定有针对性的战略规划，及时通过科学筹划和调整生产经营策略，从而实现整合内部资源、调整工艺路线、改变管理方式、招募新的技术和管理人才等重要的变革措施（胡彩梅等，2010），提前实现企业技术更新和产品换代的目标（Farrell 和 Simcoe，2012；Ritala，2012），规避由于标准变更带来的冲击，进一步提前抢占市场。因此，对于获得国家标准制定权的企业而言，通过将自身技术体系转化为国家标准，从而在设备采购、产品准入、技术引进等与行业竞争密切相关的关键领域获得更大的话语权。对于没有获得标准制定权的企业而言，只能被动地接受其他企业制定的标准，同时也必须面对由此带来的不确定性和规制风险。

（一）技术创新与国家标准话语权

制定国家标准既要体现前瞻性，能够引领未来行业的整体发展，又需要体现实践性，能够兼顾行业发展的现实需要，因此制定标准本身是一项技术性很强的专业活动（Gibson，2007）。制定标准是企业综合能力的集中反映，对于企业技术能力提出了更高的要求，技术能力弱的企业常常会由于无法提出一项合格的技术标准体系而在标准竞争中遭遇失败。技术创新巩固了企业在技术市场的垄断地位，提升了企业在国家标准竞争上的话语权。

不仅如此，企业通过把创新成果运用到产品中去，实现了差异化经营，提高了企业产品的质量和品牌形象，使得企业获得市场和消费者的认可，从而更有可能获得主持国家标准制定的机会。企业通过把自身技术作为竞争武器，向市场加以宣传，进一步扩大了企业的行业影响力。不仅如此，知识生产和创新活动本身的溢出效应使得企业的技术创新会产生流向其他企业的技术和知识扩散，从而实现了自身标准向其他企业的输出，具体途径包括通过其他企业模仿示范、技术人员流动、竞争效应以及与上下游产业的联系等方式（Cargill，1989；Molka，1992），竞争对手在跟随和学习过程中，会打上这家企业的"烙印"，企业对于行业整体的影响力随之上升，从而为企业影响国家标准制定打下了基础。

综上所述，技术创新一方面提供了企业制定国家标准的必要能力，由于标准制定过程往往还需要反映行业的前沿水平，需要企业对行业整体技术水平和相关领域有充分的了解，只有具有足够技术创新优势的企业，才能胜任制定行业技术规范的角色；另一方面企业通过技术创新所塑造的企业产品质量和品牌形象，进一步提高了企业在行业和市场上的认可度，成为其制定国家标准所依托的市场基础，为企业在技术领域提供了谈判能力和对行业内整体技术特征的掌控力，这些都使得企业成为国家标准的制定者与起草者必不可少的重要条件。

根据以上理论分析，本章提出假说1：企业技术创新水平越高，企业在国家标准话语权方面的影响更大。

（二）政治关系与国家标准话语权

政府是影响企业行为的重要外部因素。Fan等（2011）指出政府通过监管、税费和国有股权等途径和方式影响了企业从土地、能源、劳动力到矿产、融资、基础设施等方面的投入产出过程。企业的政治关系现象在世界上多个国家广泛存在，谋求政治关系对于企业是有价值的（Faccio，2006a；Faccio 等，2006b），能够为企业带来好处，例如获得税收优惠（Ajay Adhikari 等，2006；吴文锋等，2009），政治关系有利于保护企业产权（Chen 等，2011），增加企业外部融资机会（Claessens 等，2008；Leuz 和 Oberholzer - Gee，2006；于蔚等，2012），提升企业业绩和价值（Fisman，2001；Li 等，2008；Johnson 和 Mitton，2003）。对于世界上大多数国家而言，国家标准一般都要在政府的管理和控制之下（Garcia，1992；Greenstein，1992）。政府在企业参与国家标准制定权的竞争过程中扮演重要角色。政治关系为企业向政府表达利益诉求和进行公关活动提供了其他企业无法获得诸多便利条件，有政治关系的企业因此在标准竞争中更加容易取得政府的支持。在中国的情境下，国家标准的出台意味着以国家强制力为基础对行业的一种规范和调整，国家标准制定本身带有一定程度的行政色彩，这为具有政治关系的企业发挥自身关系优势提供了机会。企业中相关负责人可以直接利用其政协委员或人大代表的身份，建议国家制定某方面的标准，如第十二届全国人大代表、神威药业集团有限公司董事局主席就在 2014 年 3 月的全国两会中提议制定中药配方颗粒的国家标准，并由此率先向政府部门提出了相关标准的建议文本。由此可见，政治关系为企业参与标准竞争提供了更多的社会平台和渠道资源。

根据以上理论分析，本章提出假说 2：具有政治关系的企业在国家标准话语权方面的影响更大。

（三）技术创新与政治关系：互补还是替代

主持国家标准制定对于企业的技术能力提出了更高的要求。一方面，企业可以通过技术创新获取在行业当中的影响力，提出质量更高的标准方案，从而增加自身在国家标准竞争中的优势。当不具备政治关系的企业参加国家标准竞争时，技术优势在标准竞争过程中的重要性就进一步凸显出来，企业会产生更大的动力通过技术创新来弥补企业在关系资产上的欠缺。但另一方面，某些行业中对于政治关系已经非常强的企业，可以单独凭借政治关系就获得某项国家标准的制定权，这时候技术因素就不是企业参与标准竞争的唯一变量。从这个意义上看，对于只需凭借政治关系就可以赢得标准竞争的企业而言，技术创新对于企业在标准竞争过程中的作用可能就会随之下降。

根据以上理论分析，本章提出假说 3：技术创新和政治关系在影响企业和国家标准话语权方面的影响存在替代关系，即技术能力越强，政治关系的重要性越低；企业的政治关系越密切，技术能力的重要性就越低。

（四）政府治理与国家标准话语权

政府对于企业的干预既可以发挥"扶持之手"的推动作用，也可能产生"掠夺之手"的负面影响（La - Porta 等，1999）。国家标准的重要性使得标准制定有可能成为利益分配的工具，它使得产业利益分配向着标准制定企业倾斜。在这个过程中，政治关系增加了标准制定过程中的寻租机会，一些并不具备相应资质和技术条件的企业可能凭借政治关系参与国家标准制定，从而影响了国家标准制定的过程。在政府治理水平较低的时候，政策制定和执行过程中容易滋生权力寻租的土壤，一些政府部门容易忽略标准制定的公共利益的目标取向，具备政治关系的企业更有可能借此机会借助已有关系渠道向标准制定施加影响，从而扭曲了社会中的资源分配体系，加剧了不公平竞争。各种寻租机会的存在也容易"诱导"企业放弃漫长艰苦的技术开发过程，转而通过政治关系的运用去获得在国家标准上的话语权，试图取得立竿见影的效果。

而政府治理水平的提升意味着政府放松管制，同时减少对于微观经济活动的干预，以经济发展的客观规律为导向，通过市场的优胜劣汰决定企业间竞争的结果，实现资源的优化配置，并且提升经济效率。在政府治理发展水平较高的地区，在标准制定流程和操作过程方面的细节将会被进一步加以规范和完善，对于权力的约束机制逐步建立完善，当凭借政治关系获得标准制定机会的寻租行为受到遏制时，政治关系对于标准竞争的影响就有可能减弱。

根据以上理论分析，本章提出假说4：在政府治理水平较高的地区，政治关系在国家标准话语权方面的作用受到抑制。

在技术创新方面，政治治理可能从两个方面影响企业技术创新和国家标准话语权的关系。首先，政府治理的改善意味着政府更加尊重企业的创造行为，创新成果和产权能够获得更好的法律和制度保护，这就减少了技术创新成果被模仿和被侵权的风险，增加了技术活动的独有性，提升了技术创新活动的市场价值。在这个背景下，具备更强技术实力的企业能够获得更高的技术回报，并通过不断的技术创新来获得竞争优势，并且扩大市场影响力，从而在标准竞争过程中拥有更大的话语权。其次，政府治理的改善使得更多的经济资源分配必须依照市场规则进行，从而减少了人为因素和政府干预对于标准制定过程的冲击和影响，这将会更加反映出标准制定过程中的技术行为的本质特征，技术创新在国家标准竞争中的作用随之上升。简而言之，政府治理水平的改善增强了技术创新强的企业在标准制定过程中的影响力。

根据以上理论分析，本章提出假说5：在政府治理发展水平较高的地区，技术创新在国家标准话语权方面的影响被强化。

通过上述理论分析，本章梳理出研究的理论框架。首先，本章通过考察研究技术创新、政治关系对于企业主持制定国家标准数量的作用，揭示出二者在影响企业在国家标准竞争方面的内在作用关系；其次，本章进一步考察技术创新和政治关系在不同政府水平治理下存在的动态演进趋势。根据以上分析，本章从技术创新、政治关系、政府治理三个方面构建了企业在国家标准竞争过程中的理论框架。

第二节　样本数据来源与研究方法设计

一、数据来源

本章企业主持国家标准制定和企业财务指标来自 2008—2011 年国家科技部编制的中国创新型企业数据，每年 443 家，最后本章获得 1772 个企业观测样本。该数据来自第一批（91 家）、第二批（184 家）、第三批（182 家）创新型企业共 457 家企业，本章所使用的 443 家企业，占企业样本的 97%。因此，数据具有较高的代表性和完整性。该数据库涵盖了从中央企业，到地方国有企业和民营企业等多种所有制类型企业，提供了企业包括创新投入、高管背景、制定国家标准情况在内的一系列详细情况。政府治理水平数据来自樊纲等（2011）编制的各地区市场化进程指数。

二、企业制定国家标准：基于技术创新、政治关系、地区和行业的比较

本章以企业研发投资的均值作为参照把样本企业分为两组（高于均值为高技术创新企业组，低于均值为低技术创新企业组）。根据表 34 - 1 可知，不同技术创新水平的企业在主持制定国家标准数量方面体现出明显的差异。高技术创新水平企业主持制定国家标准数量达到 7769 个，低技术创新水平企业主持制定国家标准数量为 11211 个。从平均数量来看，高技术创新水平企业平均每家主持制定国家标准数量达到 15 个，而低技术创新水平企业平均每家主持制定国家标准数量为 9 个。

表 34 - 1　企业主持制定国家标准数量：不同技术创新水平企业的差异

分类标准	主持制定总数	主持制定强度	观测数
高技术创新企业组	7769	15	508
低技术创新企业组	11211	9	1264

数据来源：根据科技部创新型企业个数统计数据计算。

根据表 34 - 2 可知，是否具有政治关系导致企业在主持制定国家标准数量方面表现出明显的差异，具有政治关系的企业主持制定国家标准数量达到 9555 个，无政治关系的企业主持制定国家标准数量为 7247 个。从平均数量来看，具有政治关系的企业平均每家主持制定国家标准数量达到 19 个，而无政治关系的企业平均每家主持制定国家标准数量为 6 个。

表34-2 企业主持制定国家标准数量：政治关系企业与非政治关系企业的差异

分类标准	主持制定总数	主持制定强度	观测数
政治关系企业	9555	19	503
无政治关系企业	7247	6	1269

数据来源：根据科技部创新型企业个数统计数据计算。

根据表34-3可知，企业制定的国家标准数量体现出明显的地区差异，在主持国家标准制定方面，东部地区（15104个）高于中部地区（1574个）和西部地区（2302个）；从平均数量来看，东部地区（16个）高于中部地区（4个）和西部地区（6个）。不同省份企业制定的国家标准数量也体现出明显的地区差距，北京地区企业主持制定的国家标准数量为7958个，平均数量达到34个，在各省企业中排在首位。一个可能的解释是，北京是国家标准委员会所在地，首都具有的政治、经济和信息优势，能够为北京地区企业参与标准竞争提供有利条件。

表34-3 中国各省（直辖市、自治区）企业主持制定国家标准数量特征

省份	主持制定总数	主持制定强度	观测数	省份	主持制定总数	主持制定强度	观测数
北京	7958	34	236	吉林	77	2	40
上海	1856	26	72	湖南	138	3	44
河北	158	4	36	山西	102	2	44
广东	463	5	96	中部小计	1574	4	396
海南	59	2	32	甘肃	235	7	32
江苏	520	8	68	云南	279	8	36
辽宁	594	8	76	新疆	177	4	44
浙江	1024	9	112	重庆	246	5	52
天津	1409	27	52	内蒙古	120	4	32
山东	934	9	104	四川	548	10	56
福建	129	1	88	青海	9	0	28
东部小计	15104	16	972	宁夏	25	1	24
黑龙江	175	3	52	广西	56	3	20
河南	322	6	56	西藏	56	4	16
安徽	204	3	68	贵州	110	4	28
湖北	285	5	52	陕西	441	12	36
江西	271	7	40	西部小计	2302	6	404
全部合计	18980	11	1772				

数据来源：根据科技部创新型企业个数统计数据计算。

根据表 34 - 4 可知，企业制定的国家标准数量体现出明显的行业差异，企业主持制定国家标准数量超过 1000 个的行业有六个，包括医药制造业（2793 个）、研究与试验发展（2496 个）、电气机械及器材制造业（2476 个）、通用设备制造业（1335 个）、批发业（1309 个）、化学原料及化学制品制造业（1186 个）。从平均数量来看，这些行业的企业制定的国家标准数量分别为医药制造业 13 个、研究与试验发展 78 个、电气机械及器材制造业 15 个、通用设备制造业 10 个、批发业 109 个、化学原料及化学制品制造业 9 个。

表 34 - 4　中国各行业企业主持制定国家标准数量特征

行　业	主持制定总数	行　业	主持制定总数
医药制造业	2793	纺织业	53
研究与试验发展	2496	有色金属矿采选业	43
电气机械及器材制造业	2476	专业技术服务业	34
通用设备制造业	1335	黑色金属矿采选业	33
批发业	1309	水上运输业	24
化学原料及化学制品制造业	1186	电信和其他信息传输服务业	22
有色金属冶炼及压延加工业	882	工艺品及其他制造业	20
黑色金属冶炼及压延加工业	750	橡胶制品业	16
交通运输设备制造业	710	塑料制品业	15
房屋和土木工程建筑业	705	软件业	12
通信设备、计算机及其他电子设备制造业	656	渔　业	11
石油加工、炼焦及核燃料加工业	642	食品制造业	11
非金属矿物制品业	613	文教体育用品制造业	6
专用设备制造业	503	化学纤维制造业	6
科技交流和推广服务业	471	计算机服务业	5
建筑安装业	247	畜牧业	4
电力、热力的生产和供应业	237	农副食品加工业	2
仪器仪表及文化、办公用机械制造业	186	农　业	0
金属制品业	181	林　业	0
石油和天然气开采业	130	家具制造业	0
非金属矿采选业	93	造纸及纸制品业	0
煤炭开采和洗选业	62	水的生产和供应业	0
		装卸搬运和其他运输服务业	0

数据来源：根据科技部创新型企业个数统计数据计算。

三、主要研究变量的定义

在被解释变量方面，本章采用 Stan（主持国家标准制定数量）作为企业参与国家标准竞争中话语权结果的度量指标，企业主持制定国家标准意味企业在该标准制定中占主导地位，也可以称之为"负责制定"，有"牵头"和"统领"之意。在主要解释变量方面，Inno（技术创新）指标反映了企业自身技术实力对于企业主持国家标准制定的影响；Poli（政治关系）指标反映了企业具有的政治关系因素对于企业主持国家标准制定的冲击和影响；GGI（政府治理）指标反映了政府治理因素对于企业主持国家标准制定的冲击和影响。中国共产党第十八届三中全会首次提出了推进国家治理体系和治理能力现代化的基本理念，核心就是"处理好政府与市场之间的关系"。纵观中国改革开放以来的历史进程，中国的政府转型大致经历了三个阶段：1978—1992 年经济建设型政府、1992—2003 年向公共服务型政府转变、2003—2020 年建立公共服务型政府（胡鞍钢，2009）。高水平的政府治理体现在推动经济的市场化改革，减少行政干预等方面。同时 La – Porta 等（1999）认为，高水平的政府治理体现在政府建立完备的法律体系，提供完善的产权保护。Fan（2011）等认为高的政府治理水平表现为政府决策是否被合法地接受并执行。因此，本章采用市场化进程、减少政府干预、法制发展水平来度量中国转型经济背景下的政府治理水平。

在控制变量方面，本章控制了 Size（企业规模），大型企业可以利用自身的规模经济效应，在行业中获得更大的市场份额，进而在国家标准竞争中获胜，因此规模的影响为正；本章控制了 Age（企业年龄），成熟企业可以凭借在行业中积累的声誉获得更高的话语权，因此经营期限的影响为正；Human（人力资本），企业可以依托高水平的人力资本在国家标准制定过程中提出高质量的技术国家标准，因此人力资本的影响为正；Roa（盈利水平），这个指标反映了企业盈利能力对于企业主持国家标准制定的冲击和影响，本章预计盈利水平的回归系数为正。具体变量定义见表 34 – 5，表中分别控制了行业、年份等相关因素对于企业主持国家标准制定的影响，ε 为随机扰动项。

表 34 – 5　变量定义

英文简称	变量名	计算方法
Stan	国家标准话语权	企业主持制定国家标准数量
Inno	技术创新	研发投资除以销售额
Poli	政治关系	企业高层领导中有人大代表或者政协委员以及有在政府工作过的经历为1，否则为0
GGI₁	政府治理分指标1	樊纲等（2011）编制的中国各地区市场化进程指数

续表

英文简称	变量名	计算方法
GGI_2	政府治理分指标 2	樊纲等（2011）编制的中国各地区减少政府干预指数
GGI_3	政府治理分指标 3	樊纲等（2011）编制的中国各地区法制发展水平指数
Size	企业规模	Ln（资产）
Age	企业年龄	企业成立年数
Human	人力资本	企业中拥有本科以上学历员工数量除以员工总数
Roa	盈利水平	总利润/总资产

四、主要变量的描述统计

主要变量的描述统计和相关系数见表 34 - 6，Stan（国家标准竞争）的均值和标准差分别为 10.711 和 35.710，这表明不同企业在获得主持国家标准竞争机会方面存在很大差异。Inno（技术创新）的均值和标准差分别为 0.056 和 0.064，表明不同企业在技术创新能力方面存在较大差异。Poli（政治关系）的均值和标准差分别为 0.283 和 0.451，表明不同企业在政治关系方面的特征存在很大差异。变量之间相关系数统计结果显示，Size（企业规模）、Age（企业年龄）、Poli（政治关系）、Inno（技术创新）、Human（人力资本）分别与 Stan（主持国家标准制定数量）正相关，这表明大型企业、成熟企业、具有政治关系的企业、中央企业、创新型企业和高人力资本企业在国家标准竞争过程中可能更有优势。

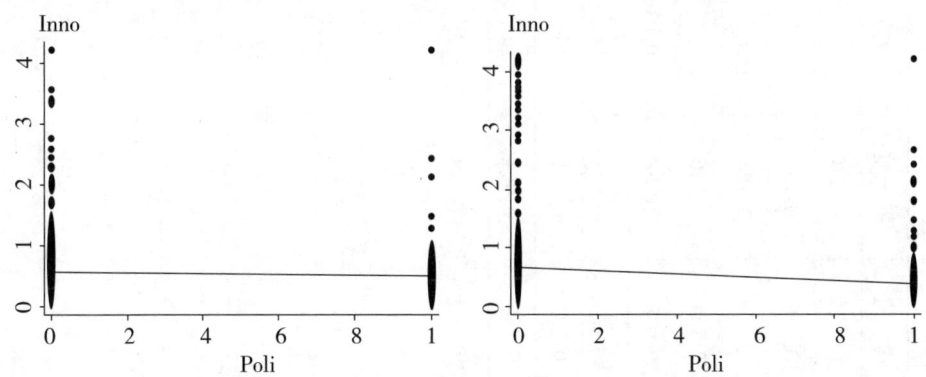

图 34 - 1　政治关系与技术创新关系散点图

注：左图为没有制定国家标准的企业；右图为制定国家标准的企业。

图 34 - 1 分别报告了对于两类企业（左图为没有制定国家标准的企业、右图为制定国家标准的企业），技术创新与政治关系之间关系的散点图和线性拟合直线图，为考察技术创新与政治之间的关系提供了一些大致的线索。从拟合直线的趋势来看，对于没有制定国家标准的企业来说，政治关系与技术创新之间的负相

表 34 - 6　主要变量的描述统计

	均　值	标准差	1	2	3	4	5	6	7
1. Stan	10.711	35.710							
2. Human	0.176	0.162	0.08***						
3. Size	12.738	2.128	0.16***	-0.41***					
4. Age	2.925	0.716	0.20***	-0.05**	0.22***				
5. Roa	0.078	0.09	-0.03	0.13***	-0.23***	-0.13***			
6. GGI	8.31	2.042	0.14***	0.05**	0.20***	0.04	0.03		
7. Poli	0.283	0.451	0.10***	-0.21***	0.56***	0.11***	-0.09***	0.10***	
8. Inno	0.056	0.064	0.10***	0.47***	-0.34***	0	-0.02	0.03	-0.14***

注：样本量为 1772，***、**、*分别代表在 1%、5% 和 10% 水平上显著（双尾）。

关关系相对微弱；而对于制定国家标准的企业而言，政治与技术创新之间的关系呈现出较为明显的负相关关系。为了探究技术创新与政治关系对企业的国家标准话语权的影响，需要进一步通过严格的回归估计分析进行检验。

五、模型与估计策略

在实际研究中，我们会遇到一种非连续变量的数据，即变量取值为 0，1，2，3…等非负整数，这种每一个取值都反映着一个事件的发生次数，比如企业当年专利申请数、两国一段时间内的贸易争端数等。本章涉及的企业国家标准制定数也是这样的一种计量数据，当因变量表现为事件发生次数的离散型随机变量时，其普遍服从的是正态偏分布，同时由于数据不再连续，也不再符合多元回归中的正态性和方差方面的假设，导致普通回归不再一致或者无效率。在这一情况下，就需要使用专用的计数模型进行计量分析。计数模型中，最常见的是泊松回归（Poisson Regression）和负二项回归（Negative Binomial Regression），而负二项回归又可视为泊松回归的扩展。泊松模型的一般形式为：

$$Prob(Y = y_i \mid x_i) = \frac{e^{-\lambda_i}\lambda_i^{y_i}}{y_i!}, \; y_i = 0,1,2,\cdots\cdots \qquad (34-1)$$

其中，λ_i 通常用对数线性模型 $\ln\lambda_i = x_i'\beta$ 来表示。这就是基本的计数模型。泊松模型由于暗含了因变量的方差，因此等于均值的强假设（即 $E[y_i \mid x_i] = Var[y_i \mid x_i]$）。观察到的数据很少表现出这样的特征，这使得泊松模型虽然在理论上非常适合解释计数模型，但在实际应用中却有较大的不足。特别是对特别离散的数据，即某一些样本事件非常密集的大量发生，而另一些样本事件却很少或不发生，这种情况下的泊松模型的表现会由于其假设不能满足而造成较大的偏误。学者们对应泊松模型的这一缺陷做了大量相应的扩展（Hausman 等，1984；Cameron and Trivedi，1986；Winkelmann，2008；Greene，2003），其中负二项式模型最为常见的解决办法，它源自对横截面异质性的自然表述（Hilbe，2011）。其实质是通过在条件均值中引入一个观测不到的个体效应来扩展泊松模型，于是有

$$\ln\mu_i = x_i'\beta + \varepsilon_i = \ln\lambda_i + \ln u_i \qquad (34-2)$$

对应的回归方程会服从负二项分布，即

$$Prob(Y = y_i \mid x_i) = \frac{\Gamma(\theta + y_i)}{\Gamma(y_i + 1)\Gamma(\theta)}r_i^{y_i}(1 - r_i)^{\theta} \qquad (34-3)$$

其中：

$$\lambda_i = \exp(x_i'\beta)$$

$$r_i = \lambda_i / (\theta + \lambda_i) \qquad (34-4)$$

式（34-4）中的估计的参数即为 $x'_i\beta$ 中的参数，在这一过程中，常用的办法是转化为似然函数进行最大化估计，并根据估计出的标准误的分布推测系数的显著性，所以负二项分布回归也被视为一种准极大似然估计。此外，我们还可以看到，由于这一表述公式为对数线性模型，所以每一个参数的系数还需要通过转化成边际效应才能判断出其对因变量的概率的影响。同时这一边际效应还取决于样本中其他变量的取值的影响。我们将在实证结果部分进一步的结合结果讨论相关系数的经济意义和统计意义。

具体到本章而言，因为被解释变量记录了企业主持的国家标准制定数量，应采用计数模型，同时考虑到被解释变量的均值为 10.711，标准差为 35.710，存在过离散情况（Over-Dispersion）。在这种情况下，负二项回归模型（Negative Binomial Regression）与比泊松模型（Possion Regression）相比能更好地对模型参数进行估计。模型（1）考察技术创新与政治关系对于企业主持国家标准制定的作用；模型（2）考察技术创新、政治关系随着地区政府治理发展水平的发展如何变化。样本包含了多个行业，而不同行业的技术特性和研发密度又有很大差异，因此本章对该变量进行去均值等标准化处理。考虑到所有制形态也是中国企业政治关系的重要组成部分，本章进一步将样本企业分为有政治关系企业（无政治关系企业）、有政治关系的民营企业（无政治关系的民营企业）、国有企业（非国有企业）、央企（非央企），进一步检验解释变量在不同样本之间回归系数的差异情况。

$$Stan = \beta_0 + \beta_1 lnno + \beta_2 Poli + \beta_3 Firmcontrol + \varepsilon \qquad (34-5)$$

$$Stan = \beta_0 + \beta_1 lnno + \beta_2 Poli + \beta_3 GGI + \beta_4 lnno \times GGI + \\ \beta_5 Poli \times GGI + \beta_6 Firmcontrol + \varepsilon \qquad (34-6)$$

第三节　实证检验与结果分析

一、政治关系、技术创新与企业的国家标准话语权

表34-7 报告了企业在国家标准竞争过程中影响因素的回归结果。在影响企业获取国家标准话语权的因素方面，第1列中 lnno（技术创新）的回归系数为在5%的水平上显著为正，表明创新型企业会有更多机会主持国家标准制定，实证结果支持了假设1。Poli（政治关系）的回归系数在5%的水平上显著为正，表明企业建立的政治关系也增强了企业在标准竞争方面的优势，实证结果支持了假设2。第2列报告了相应的边际影响，lnno（技术创新）的边际系数为13.21，表明企业的研发投资每增加

1%，企业在国家标准话语权方面的影响上升大约13%；Poli（政治关系）的边际系数为1.45，表明政治关系的存在使得企业在国家标准话语权方面的影响上升45%。

本章进一步将样本企业分为有政治关系的企业（无政治关系的企业）、有政治关系的民营企业（无政治关系的民营企业）、国有企业（非国有企业）、央企（非央企），进一步检验解释变量在不同样本之间回归系数的差异情况。第3列和第4列报告了根据是否具有政治关系的企业分组回归结果，在有政治关系的企业组，Inno的系数为负，但不显著，而在无政治关系的企业组，lnno的系数在1%的水平上显著为正。两组模型的差异性检验发现，lnno在两组间的系数在5%的水平上存在差异，这表明技术创新对于没有政治关系的企业参加国家标准话语权竞争的影响更加强烈，技术创新与政治关系在影响企业的国家标准话语权方面存在替代关系，实证结果支持了假设3。为了形象地描绘出技术创新、政治关系对企业的国家标准话语权的作用，我们绘制了图34-2。由图34-2可以看出，技术创新对于无政治关系的企业的国家标准话语权的作用显著大于有政治关系的企业，表明技术创新和政治关系在影响企业主持国家标准制定上存在替代关系，即技术创新对于没有政治关系的企业参加国家标准竞争的影响更加强烈。

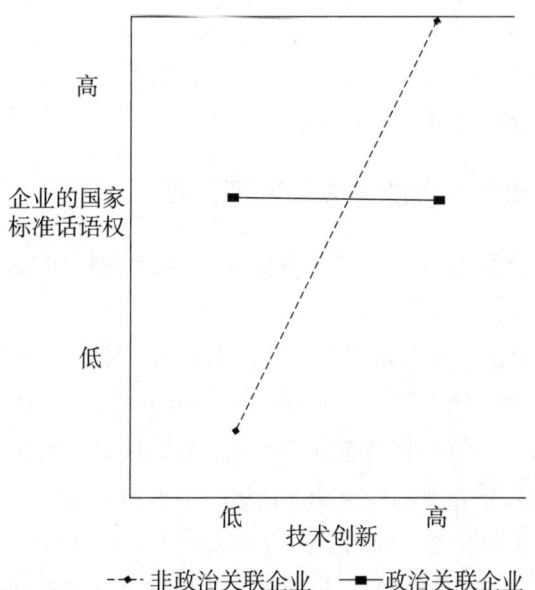

图 34 - 2 技术创新、政治关系对企业的国家标准制定话语权的影响

由第5列和第6列可以发现，在政治关系的民营企业组，lnno的系数为负，但不显著，而在无政治关系的民营企业组，lnno的系数在1%的水平上显著为正，两组模型的差异性检验发现，lnno在两组间的系数在5%的水平上存在差异，这表明相对于具有政治关系的民营企业而言，技术创新对于没有政治关系的民营企业参加国家标准话语权竞争的影响更加明显。由第7列和第8列可以发现，在国企组，lnno 的系数为正，但不显著，而在非国企组，lnno 的系数在 1% 的水平上显著为正，两组模型的差异性检验发现，lnno 在两组间的系数在 1% 的水平上存在差异，这表明技术创新对于非国有企业参加国家标准话语权竞争的影响更加强烈。由第 9 列和第 10 列可以发现，而央企组，lnno 的系数在 10% 的水平上为负，而在非央企组，lnno 的系数在 1% 的水平上显著为正。两组模型的差异性检验发现，lnno 在两组间的系数在 1% 的水平上存在差异，这表明技术创新对于不具有"央企身份"的企业参加国家标准话语权竞争的影响更加强烈。以上分组结果进一步表明，技术创新与政治关系在影响企业的国家标准话语权方面存在替代关系，即技术能力越强，政治关系的重要性就越低，企业的政治关系越密切，技术能力的重要性就越低，实证结果支持了假设 3。

第 1 列其他控制变量的回归结果显示，Size（企业规模）对企业主持国家标准制定数量的影响显著为正，表明规模越大的企业在标准竞争中的优势越明显；Age（企业年龄）对于企业主持国家标准制定数量的影响显著为正，表明相对于年轻企业，老字号企业更可能参与国家标准的制定，这意味着经营时间的长短也是影响企业标准竞争的因素；Human（人力资本）对企业主持国家标准制定数量的影响显著为正，这表明高人力资本企业在标准竞争中也具有优势；GGI（政府治理）的回归系数在 1% 的水平上显著为正，表明来自政府治理发展水平高的地区的企业在国家标准竞争中更有优势。

二、政府治理与企业的国家标准话语权

本章利用市场化程度（第 1 列和第 2 列）、减少政府干预的程度（第 3 列和第 4 列）、法律发展水平（第 5 列和第 6 列）度量政府治理水平（GGI）。表 34 - 8 报告了在不同政府治理发展水平地区，技术创新、政治关系对于企业的国家标准话语权的影响差异。第 1 列、第 3 列和第 5 列的回归结果显示，Poli × GGI（政治关系 × 政府治理）的回归系数都显著为负，这表明随着地区政府治理发展水平的改善，政治关系对于企业的国家标准话语权的作用在减弱，实证结果支持了假设 4。第 2 列、第 4 列和第 6 列的回归结果显示，lnno × GGI（技术创新 × 政府治理）的回归系数不显著，这表明不论政府治理发展水平程度如何，技术创新因素始终是企业获取国家标准话语权的重要因素，因此假设 5 没有得到支持。

三、稳健性检验

（1）在现实生活中企业技术创新既可能反映为企业技术创新投入，又可能反映在企业技术创新的成果当中，只用这两者的某一方面来度量企业的技术创新能力都可能产生一定的偏误。为了克服这种由于技术创新衡量偏误（Measurement

表34-7 企业在国家标准话语权方面的影响因素

被解释变量：国家标准话语权

	(1) 全样本	(2) 边际影响	(3) 有政治关系企业	(4) 无政治关系企业	(5) 有政治关系民企	(6) 无政治关系民企	(7) 国企	(8) 非国企	(9) 央企	(10) 非央企
Inno	2.58** (1.08)	13.21** (14.20)	-1.59 (2.00)	3.61*** (1.22)	11.43 (7.45)	5.33*** (1.68)	1.04 (1.22)	6.67*** (1.70)	-3.83 (2.29)	3.72*** (1.30)
Poli	0.37** (0.16)	1.45** (0.24)	—	—	—	—	0.28 (0.20)	0.86*** (0.24)	-0.40 (0.32)	0.51*** (0.19)
Firm Size	0.39*** (0.04)	1.47*** (0.07)	0.51*** (0.07)	0.32*** (0.06)	1.21*** (0.23)	0.41*** (0.07)	0.32*** (0.06)	0.43*** (0.07)	0.31*** (0.09)	0.26*** (0.05)
Firm Age	0.77*** (0.08)	2.15*** (0.17)	0.47*** (0.12)	0.87*** (0.09)	2.05*** (0.48)	-0.05 (0.17)	0.61*** (0.09)	0.15 (0.15)	0.44** (0.19)	0.83*** (0.09)
Roa	-1.44* (0.82)	0.24* (0.19)	-0.81 (1.38)	-1.48 (0.98)	1.79 (2.04)	-2.29* (1.29)	-0.40 (1.14)	-1.58 (1.21)	-1.02 (2.97)	-0.11 (0.93)
Human	2.83*** (0.52)	16.97*** (8.86)	2.05* (1.13)	2.38*** (0.55)	9.07*** (2.23)	3.78*** (0.71)	2.32*** (0.62)	2.70*** (0.63)	3.25** (1.39)	2.41*** (0.56)
GGI_1	0.14*** (0.03)	1.15*** (0.03)	-0.03 (0.05)	0.18*** (0.03)	-0.39*** (0.13)	0.25*** (0.04)	0.18*** (0.04)	0.16*** (0.03)	0.08 (0.09)	0.13*** (0.03)
Constant	-6.70*** (0.71)	0.00*** (0.00)	-7.53*** (1.28)	-5.99*** (0.85)	-24.92*** (3.50)	-5.56*** (1.03)	-4.96*** (0.92)	-6.69*** (0.97)	-3.38* (1.82)	-5.42*** (0.79)
Industry 和 Year	Yes	Yes	Yes	Yes	Yes	Yes	Yes	Yes	Yes	Yes
Log likelihood	-4229.51	-4229.51	-1585.32	-2599.33	-269.86	-1117.23	-2725.16	-1423.03	-958.95	-3219.71
Wald χ^2	521.66	521.66	220.57	340.69	126.07	213.16	3129.13	287.52	52.93	2184.87
N	1772	1772	503	1269	138	722	912	860	232	1540

注：***、**、*分别代表在1%、5%和10%水平上显著（双尾），括号内是标准误，标准误差已经按开方差加以调整。

表34－8　政府治理与企业的国家标准话语权

被解释变量：国家标准话语权

GGI	(1) 市场化程度	(2) 市场化程度	(3) 减少政府干预	(4) 减少政府干预	(5) 法制发展水平	(6) 法制发展水平
Inno	2.64** (1.09)	2.46** (1.20)	2.58** (1.09)	2.54** (1.15)	2.79** (1.09)	2.15 (1.35)
Poli	0.33** (0.16)	0.37** (0.16)	0.27* (0.16)	0.29* (0.16)	0.35** (0.16)	0.40** (0.16)
GGI	0.18*** (0.03)	0.14*** (0.03)	0.09*** (0.02)	0.07*** (0.02)	0.08*** (0.02)	0.07*** (0.01)
Poli × GGI	-0.15** (0.06)		-0.08*** (0.03)		-0.07*** (0.03)	
Inno × GGI		-0.17 (0.48)		0.01 (0.21)		-0.29 (0.35)
Firm Size	0.41*** (0.04)	0.39*** (0.04)	0.43*** (0.04)	0.42*** (0.04)	0.40*** (0.04)	0.38*** (0.04)
Firm Age	0.76*** (0.08)	0.77*** (0.08)	0.75*** (0.08)	0.76*** (0.08)	0.74*** (0.08)	0.76*** (0.08)
Roa	-1.46* (0.83)	-1.46* (0.83)	-1.39* (0.83)	-1.27 (0.82)	-1.17 (0.84)	-1.26 (0.83)
Human	2.86*** (0.52)	2.83*** (0.52)	2.96*** (0.53)	2.99*** (0.53)	2.74*** (0.51)	2.80*** (0.52)

续表

GCI	(1)	(2)	(3)	(4)	(5)	(6)
	市场化程度	市场化程度	减少政府干预	减少政府干预	法制发展水平	法制发展水平
			被解释变量：国家标准话语权			
Constant	−6.89***	−6.70***	−7.19***	−7.13***	−6.60***	−6.41***
	(0.70)	(0.71)	(0.71)	(0.70)	(0.72)	(0.72)
Industry 和 Year	Yes	Yes	Yes	Yes	Yes	Yes
Log likelihood	−4226.78	−4229.45	−4231.38	−4234.25	−4224.70	−4227.51
Wald χ^2	519.46	526.15	522.30	527.23	547.05	557.52
N	1772	1772	1772	1772	1772	1772

注：***、**、* 分别代表在 1%、5% 和 10% 水平上显著（双尾），括号内是稳健标准误，标准误差已经按异方差加以调整。

表34-9 企业在国家标准话语权上的影响因素（专利的作用）

被解释变量：国家标准话语权

	(1) 全样本	(2) 边际影响	(3) 有政治关系企业	(4) 无政治关系企业	(9) 有政治关系民企	(10) 无政治关系民企	(7) 国企	(8) 非国企	(5) 央企	(6) 非央企
Patent	4.01** (1.65)	55.31** (91.35)	-1.02 (2.19)	5.33*** (1.99)	-13.09* (7.10)	7.28*** (1.54)	2.16 (3.85)	6.23*** (1.53)	-2.61 (7.21)	4.85** (2.15)
Poli	0.34** (0.17)	1.40** (0.24)	—	—	—	—	0.27 (0.21)	0.85*** (0.24)	-0.31 (0.34)	0.47** (0.19)
Firm Size	0.40*** (0.04)	1.50*** (0.07)	0.50*** (0.07)	0.35*** (0.06)	1.21*** (0.27)	0.47*** (0.07)	0.32*** (0.06)	0.47*** (0.07)	0.26*** (0.10)	0.28*** (0.05)
Firm Age	0.81*** (0.08)	2.24*** (0.18)	0.48*** (0.12)	0.94*** (0.10)	1.99*** (0.44)	-0.02 (0.17)	0.62*** (0.09)	0.18 (0.15)	0.46** (0.20)	0.88*** (0.09)
Roa	-1.46* (0.83)	0.23* (0.19)	-0.83 (1.39)	-1.37 (0.98)	1.34 (2.02)	-1.77 (1.27)	-0.59 (1.14)	-1.34 (1.19)	-0.76 (2.85)	-0.15 (0.94)
Human	2.72*** (0.54)	15.17*** (8.18)	1.82* (1.07)	2.27*** (0.58)	10.24*** (2.24)	3.17*** (0.65)	2.34*** (0.63)	2.36*** (0.61)	2.63* (1.38)	2.39*** (0.60)
GGI$_1$	0.13*** (0.03)	1.14*** (0.03)	-0.02 (0.05)	0.17*** (0.03)	-0.33*** (0.12)	0.24*** (0.04)	0.17*** (0.04)	0.14*** (0.03)	0.22*** (0.10)	0.11*** (0.03)
Constant	-6.96*** (0.72)	0.00*** (0.00)	-7.44*** (1.32)	-6.50*** (0.87)	-24.16*** (4.06)	-6.35*** (1.00)	-4.95*** (0.94)	-7.26*** (0.95)	-2.83 (2.01)	-5.75*** (0.80)
Industry 和 Year	Yes	Yes	Yes	Yes	Yes	Yes	Yes	Yes	Yes	Yes
Log likelihood	-4229.65	-4229.65	-1585.67	-2599.16	-271.73	-1112.38	-2725.95	-1422.81	-958.76	-3222.54
Wald χ^2	534.01	534.01	225.84	341.81	128.00	240.52	2249.02	299.87	53.22	2041.36
N	1772	1772	503	1269	138	722	912	860	232	1540

注：***、**、* 分别代表在1%、5%和10%水平上显著（双尾），括号内是标准误，标准误已经按异方差加以调整。

Error）带来的影响，我们采用当年企业专利申请数量作为技术创新的代理变量（Patent），表34-9的结果进一步表明本章结论是稳健的。

（2）一个内生性问题是，可能存在"逆向因果问题"（Reverse Causality），也就是说不是企业较高的技术创新能力促进了企业获得制定国家标准的机会，而是标准制定过程本身提升了企业的技术创新能力，这中间可能存在着一些反向因果的机制，即企业获得了标准话语权之后，拥有了相应的行业地位与竞争优势，从而使得企业有更多的资源可以用来进行技术创新。一方面，制定标准的过程中也可能会使企业意识到技术的重要性，提高了企业技术创新的动力，在这些考虑下，就需要我们面对这一内生性问题。此外，也可能存在一个"遗漏变量"同时决定了企业的技术创新能力和标准制定活动，从而导致二者的正相关关系。为了解决这个问题，我们采用了工具变量法（见表34-10），这一方法是指当自变量和因变量有内生性时，即回归的列差与自变量相关的情况下，我们应该考虑寻找一个与自变量相关，而与残差不相关的变量，这样我们才能够得到一个自变量的系数一致估计。在本章中我们采用各地区科技人员数量占当地总人口的比例作为企业技术创新的工具变量。地区的科技人才禀赋和创新资源为当地企业的技术创新提供了必要的人才和技术基础，从而与企业技术创新存在正相关关系。另一方面，上一年当地科技人员水平属于宏观变量，一般来说不会受到未来单个企业标准制定活动的影响，所以用上一年当地科技人员水平作为企业技术创新能力的工具变量能够避免技术创新与标准制定之间的"逆向因果问题"。2SLS的回归结果显示，较高的技术创新能力增强了企业在标准竞争中的优势。因此，我们认为本章的研究结论具有较强的稳健性。

第四节 结论与建议

一、研究结论

在激烈的市场竞争中，标准决定游戏规则，制定标准已成为当今企业参与全球竞争的重要手段。本章采用国家科技部编制的中国创新型企业数据，考察了企业在国家标准竞争过程中的策略动机，结果发现：①企业技术创新水平越高，企业在标准竞争中胜出的机率越大；②技术创新和政治关系在影响标准竞争方面存在显著的替代关系，即对于没有政治关系的企业而言，技术创新对于企业在国家标准话语权的影响程度更强；③在政府治理水平较高的地区，政治关系在国家标准话语权方面的作用受到抑制，而技术创新对于企业在国家标准话语权中的影响表现出不随政府治理环境变化的稳定性。本章研究表明，企业参与国家标准竞争是经济转型时期企业对制度变迁风险的规避行为。本章首次构建了标准竞争研究

表 34-10　企业在国家标准话语权上的影响因素（工具变量）

被解释变量：国家标准话语权

	(1) 全样本	(2) 边际影响	(3) 有政治关系 企业	(4) 无政治关系 企业	(5) 有政治关系 民企	(6) 无政治关系 民企	(7) 央企	(8) 非央企	(9) 国企	(10) 非国企
Estimated_Inno	3.15*** (1.18)	23.30 (27.46)	-0.25 (2.15)	3.20** (1.29)	12.80 (8.48)	5.26*** (1.71)	-3.38 (2.42)	5.94*** (1.29)	1.38 (1.34)	5.80*** (1.77)
Poli	0.34** (0.17)	1.41 (0.24)	—	—	—	—	-0.33 (0.31)	0.53*** (0.19)	0.27 (0.20)	0.89*** (0.24)
Firm Size	0.41*** (0.05)	1.50 (0.07)	0.50*** (0.07)	0.35*** (0.06)	1.17*** (0.25)	0.42*** (0.07)	0.26** (0.10)	0.27*** (0.05)	0.33*** (0.06)	0.43*** (0.07)
Firm Age	0.75*** (0.08)	2.12 (0.17)	0.47*** (0.12)	0.85*** (0.09)	2.08*** (0.45)	-0.05 (0.17)	0.44** (0.20)	0.82*** (0.09)	0.61*** (0.09)	0.16 (0.15)
Roa	-1.62* (0.82)	0.20 (0.16)	-0.79 (1.38)	-1.63 (1.00)	1.72 (1.98)	-2.35* (1.30)	-0.61 (2.90)	-0.30 (0.92)	-0.50 (1.13)	-1.72 (1.22)
Human	2.70*** (0.55)	14.93 (8.26)	1.79 (1.14)	2.44*** (0.59)	8.08*** (2.26)	3.69*** (0.74)	3.05** (1.40)	2.18*** (0.57)	2.26*** (0.64)	2.59*** (0.70)
GGI_l	0.14*** (0.03)	1.16 (0.03)	-0.03 (0.05)	0.18*** (0.03)	-0.41*** (0.13)	0.25*** (0.04)	0.12 (0.09)	0.14*** (0.03)	0.18*** (0.04)	0.16*** (0.03)
Constant	-6.93*** (0.72)	0.00 (0.00)	-7.48*** (1.28)	-6.33*** (0.86)	-24.36*** (3.78)	-5.72*** (1.04)	-2.63 (2.00)	-5.67*** (0.79)	-5.08*** (0.93)	-6.69*** (0.98)
Industry 和 Year	Yes	Yes	Yes	Yes	Yes	Yes	Yes	Yes	Yes	Yes
Log likelihood	-4228.09	-4228.09	-1585.70	-2600.02	-269.80	-1117.48	-959.26	-3213.54	-2724.91	-1425.25
Wald χ^2	540.87	540.87	221.19	355.35	121.35	214.59	50.64	2139.77	3033.83	288.41
N	1772	1772	503	1269	138	722	232	1540	912	860

注：***、**、* 分别代表1%、5%和10%水平上显著（双尾），括号内是标准误，标准误已经按异方差加以调整。

的理论框架，为理解转型经济背景下企业的行业竞争行为提供了一个新的微观视角。

二、政策建议

本章的研究结论对于管理实践具有以下启示和建议：①经济转型时期的新国家标准的制定为企业提供了一个改变外部发展环境的宝贵机会，企业通过主持国家标准有助于实现对未来制度变迁风险的规避。因此，中国企业急需树立标准竞争意识，主动研究标准竞争中存在的客观规律。技术创新对于企业提高在国家标准方面的话语权具有重要影响，这意味着企业更加重视技术创新对于标准竞争的价值。企业可以加大技术创新力度，扩大自身的技术影响力，为企业日后参与国家标准甚至是国际标准竞争打下坚实的技术基础。②一个良好的政企关系有助于企业更好地抓住标准变化带来的机会，这表明在经济转型时期，政企关系等隐性资源对于企业的经营发展具有独特的作用。③企业参与标准竞争的过程受到多种内外部因素的动态影响，企业需要意识到以技术类和以关系类为代表的异质性资源在标准竞争中的作用不是一成不变的。中国是一个幅员辽阔的国家，不同地区的政府治理水平存在很大差异。随着地区政府治理水平的改善，政治关系的作用有所下降，这表明政府治理具有改变不同要素资源的价值实现的作用，因此，企业需要重视政府治理对于企业标准竞争的影响和作用。企业在不同地区经营发展过程中，需要根据不同地区的政府治理特点，采取不同的竞争策略，才能在标准竞争中取得更多的优势。而对于政府而言，则需要通过持续改善治理水平来为企业创造一个公平的营商环境。

本章对于技术创新、政治关系与国家标准竞争的研究尚有进一步拓展的空间：①扩大企业样本容量，基于更多的企业数据有助于得出更稳健的结论；②标准竞争概念本身内涵丰富，理论界对其的讨论也在不断进行当中，国际标准、国家标准、地方标准也存在明显差异，本章因数据限制没有考虑企业参与其他类型标准竞争的行为差异，因此，进一步比较不同类型企业在参与不同类型标准竞争的行为差异应当成为下一步研究工作所需要努力的重要方向；③本章只研究了企业获取国家标准制定的影响因素，而没有研究企业获得国家标准制定权后的经济后果，对这一问题的研究可以进一步深化对中国转轨时期企业标准竞争行为的理解。

第五篇　创建特色小镇　提升中国中小企业竞争力的若干调研报告

第35章　国外知名小镇建设启示的调研报告

现代经济演化过程中，小镇经济独具魅力与特色，即便在城市化高度发达甚至已走向逆城市化的欧美发达国家，小镇经济与都市经济依然并驾齐驱。英国几乎每个中心城市附近都有几个甚至十几个大小不同、规划精致、环境优美、设施完善、经济活跃的小镇，伦敦周边星罗棋布的小城镇和伦敦市区交相辉映。德国有70%的人口居住在2万人以下的小镇，建有一大批人文独特、历史悠久、富有活力的风情小镇。美国小镇人口占全国的70%，硅谷是"互联网＋资本＋技术"小镇，格林威治小镇则集中了500多家对冲基金。法国、意大利、瑞士等国家都有很多世界知名小镇，吸引了全球目光。特色小镇是经济发展到一定阶段后差异化、特色化发展的必然，其特质在于"特色"，魅力在于"特色"，生命力同样在于"特色"，这是打造特色小镇的核心原则，也是国外小镇的关键启示。

第一节　国外知名小镇的基本情况和建设经验

一、聚焦历史经典，深耕文化品牌的小镇

在国外特色小镇，制衣、制鞋、制表、制香等传统工艺代代相传，手工作坊长年积淀，深挖欧洲万种风情的历史文化，孕育了百年经典的奢侈品牌，使得小镇成为业内传奇。

（一）"香水摇篮的浪漫风情"——法国格拉斯小镇

格拉斯位于法国东南部普罗旺斯－阿尔卑斯－蓝色海岸大区滨海阿尔卑斯

省，是一座距离戛纳 19 公里、位于海拔 325 米高山之中的小镇。格拉斯是世界上最知名的香水摇篮，盛产茉莉、玫瑰和蔷薇，洋溢着迷人的地中海风情。

200 年前第 1 家生产香精香料的工厂诞生于此，自那以后，香水制造业在这座小城扎根发芽。目前，格拉斯有 40 多家香水工厂，包括弗拉戈纳、戛里玛、莫利纳尔等知名香水制造厂，几乎 80% 的法国香水出自这块弹丸之地。小镇每年都要举行两次与花有关的节日庆典活动。其中，玫瑰花节在 5 月举行、茉莉花节在 8 月举行。

格拉斯位于地中海和南阿尔卑斯山之间的过渡地带，气候冬暖夏凉。山谷将融化的雪水和雨水汇集，为花卉种植提供了有利条件。得益于优越的地理位置、气候条件和丰富的花卉品种，小镇香料业发达。这里盛产的五月玫瑰和格拉斯茉莉都被专用于研发香水，曾让历史上许多伟大的调香师们灵光闪现。

在格拉斯，香水的浪漫文化是吸引游客的金字招牌。制造香水的"秘密"是通过花宫娜（FRAGONARD）、嘉利玛（GALIMARD）以及莫利纳尔（MOLINARD）等香水制造企业面向好奇的游人开放的。嘉利玛推出的游览服务包括：讲解香水制造的基础知识、提供各语种的免费导游。游客还有机会进入香味工作室去配制自己创制的香水。出于同样的想法，莫利纳尔香水制造厂推出了名为"香水大师"的旅游项目，向游客介绍提炼香精的"秘方"。花宫娜还向游客展示香薰给身体带来的好处，并采用香精油来给游客进行"香味理疗"。格拉斯因香水产业享誉全球。小镇每天都接待着从世界各地慕名而来的游客。游客们能在格拉斯的国际博物馆里找到四百多年来和香水有关的一切，甚至亲眼看到最古老的香水提取过程。

特色评述：香水产业作为格拉斯的支柱产业，得益于小镇优越的地理位置、气候条件和丰富的制香原料，充分凸显了其"产业之特"；小镇注重深入挖掘香水的文化内涵，注重香水的开放式体验，营造浪漫的香水文化，造就了格拉斯小镇"世界香水之都"的美名。

（二）"世界制表业的心脏"——瑞士拉绍德封小镇

拉绍德封是瑞士西北部的一个小镇，属纳沙泰尔州，位于汝拉山区内，距法国边境只有几公里，是连接纳沙泰尔、比尔和汝拉地区的交通枢纽。1000 米的海拔使之成为欧洲海拔最高的城镇。这里聚集了一群精通机械、擅长制作机芯的钟表工匠，手表进出口贸易具有极大的优势。

拉绍德封小镇与制表业血脉相连，20 世纪初便是世界制表业的心脏地带。1900 年，小镇生产的手表已占世界手表市场的 55%。这里有瑞士最大的钟表博物馆——国际钟表博物馆，从古老的日晷钟表到如今先进的精密钟表，记录了钟表业发展的悠久历史。

在拉绍德封小镇，无论街道、建筑还是住宅、工厂，都是为了满足钟表业而规划的。过去，人们在家庭作坊中生产手表。在没有大规模电力供应的时代，房屋的采光对制表师就显得尤为重要。一方面宽阔的街道使住户不受彼此房屋阴影的影响，得到更多采光；另一方面也能有效地防止火灾，城市布局就像棋盘一样整齐有序。

19 世纪末，小镇制表业开始逐步转型，简陋的家庭作坊手工业渐渐为规模化的工厂取代。最早期的制表厂都以钟表工匠的名字命名，如皮埃尔·雅克·德罗的雅克德罗（Jacquet Droz）、让·佛朗西斯·维亚（Jean – Franois Bautte）和康斯坦特·吉哈特（Constant Girard）创办的芝柏（Girard Perregaux）。随后，越来越多的手表品牌选择在此设立工厂，包括卡地亚（Cartier）、尚维沙（Jean Richard）、百年灵（Breitling）、昆仑（Corum）、摩凡陀（Movado）、香奈儿（Chanel）等。拉绍德封小镇汇集了钟表业最珍贵的大师和工艺，从"造型"到"造芯"，精心打磨，专心雕琢每一个零件、每一道工序、每一块手表，拉绍德封小镇成为世界级名表研发设计这顶王冠上的一颗宝石。

特色评述：拉绍德封小镇制表历史源远流长，云集了一线的世界名表品牌，是顶级手工制表业的代名词。小镇的建设与规划紧密围绕制表产业的特点来布局和拓展。大师级制表工匠和手工制表品牌是小镇制表业经久不衰的奥秘。

（三）"站立在男人脚上的小镇"——英国北安普顿

北安普顿是位于英格兰中部的小镇。制鞋业能够发展成小镇的主要产业，离不开三样元素：牧场里的牛皮革、森林里的橡树树皮和流经小镇的尼利河（River Nene），后两者在皮革鞣制过程中不可或缺。

最初，小镇的鞋匠都是以家庭小作坊的形式纯手工制鞋，直到 1857 年，用于收拢鞋面的辛格缝纫机从美国引进，庞大且昂贵的机器难以在家中使用，那些历代在家中工作的鞋匠才陆续加入工厂。到 20 世纪 40 年代，北安普顿共有 240 家制鞋工厂，其中 34 位鞋匠拥有自己的品牌。

北安普顿小镇是世界上的制鞋圣地之一，这座"站立在男人脚上的小镇"生产的皮鞋以过硬的品质赢得了"值得穿一辈子"的美名。全球顶尖男鞋品牌 Church's 和 John Lobb 品牌的全球总部都在这个小镇，每一双 Church's 皮鞋都要花费将近 8 周时间、250 道手工工序才最终完工出厂；而 John Lobb 无论是皮革选择还是装配技术都严格遵循英伦美学，每双鞋履要经过一流工匠多达 190 道严谨的工序方可完成。

北安普顿博物馆还拥有世界上最大的鞋履收藏系列，展示了从古埃及到现代，由北安普顿鞋匠们参与设计的 1.2 万双鞋子，包括维多利亚女王在婚礼上穿的白色锦缎婚鞋以及电影《红菱艳》中女主角莫伊拉·希勒的红色芭蕾舞鞋。

特色评述：专著的工匠精神，精益求精的英伦美学态度，严格过硬的质量品质，是北安普顿小镇对传承传统产业的完美诠释。小镇制鞋业推陈出新，将传统工艺与现代化生产完美融合，成就了小镇皮鞋"值得穿一辈子"的美名。

（四）"葡萄美酒的古老文化"——法国科尔马小镇

科尔马（Colmar）小镇位于法国东北部阿尔萨斯，它是法国最浪漫小镇之一。科尔马是白葡萄酒的主要产区，最出名的有麝香（Muscat）、琼瑶浆（Gewurztraminer）、西万尼（Sylvaner）、雷司令（Riesling）、黑皮诺（Pinot Blanc）和白皮诺（Pinot Noir）。

科尔马镇内是一个由许多不规则形状的广场组成的广阔步行区，广场之间的道路穿插着圣马丁教堂（La Collegiate Saint – Martin）、人头屋（Maison des Têtes）等历史名胜。伊尔河支流酪赫河从科尔马静静淌过，清清的河水荡涤了飘浮的尘埃。科尔马仍然保留着16世纪的建筑风格——木筋屋，由木材搭建的多面形屋顶，独特的设计使每栋木筋屋皆具个人品位。一座座木屋，使小城充满着浓郁的阿尔萨斯风情。可以说科尔马是阿尔萨斯的缩影，它有过辉煌的历史，城市充满文化气息，懂得保存及发挥古老的文化遗产。

美丽的自然风光、神秘的酿酒工艺以及个性迥异的葡萄树，相映成趣。每年9月是为期两周最负盛名的科尔马酒节。运河、花船，还有别具一格的木屋是科尔马小镇的元素，古老的建筑搭配娇艳的鲜花无不洋溢着浓郁的法国小镇风情。在科尔马酒节，当地人们会穿着传统的节日盛装，伴着音乐跳着当地古老的舞蹈。人们在这里不仅可以饮酒狂欢，还能领略到酒乡真正的神韵。

特色评述：科尔马充分利用独特的自然地理、气候优势，以及迷人的景致，将自然、历史、文化、旅游等诸多元素进行了有机融合，深度挖掘葡萄酒的历史文化元素，铸就了一个传统手工业与现代旅游文化完美结合的葡萄酒传奇。

这些以历史经典产业为特色的小镇，拥有悠久的手工业发展传统，前店后厂的"作坊模式"，执着专著的"工匠精神"，创造性、想象力与传统工艺融为一体的"专业经验"，造就了无法复制的手工作品的"艺术价值"。随着时代不断发展，这些小镇不断传承并丰富传统产业的历史文化，深入挖掘文化元素，注重培育知名品牌，云集了产业内众多的知名企业，使小镇成为经久不衰、历久弥新、焕发独特魅力的传世小镇。此外，德国赫尔佐根赫若拉赫小镇、意大利威尼斯市北部的穆拉诺玻璃之城、瑞士的奶酪小镇、英国的皇室小镇等，莫不是如此。

二、突出创新导向，融合新兴业态的小镇

发达国家的特色小镇偏安一隅却放眼全球，通过产业、文化、生态和政策的有机融合，以"产、城、人、文"的一体化吸引人才、留住人才，以持续专注

的创新不断做强特色产业，拓展新兴产业。

（一）"全球最富裕小镇"——美国·格林威治基金小镇

格林威治（Greenwich）是美国康涅狄格州的一个小镇，面积只有 174 平方公里，据美国人口普查局的统计，格林威治现有人口 7.2 万多人。位于东海岸的康涅狄格州（Connecticut）南部，距离纽约曼哈顿仅 40 分钟的车程。小镇集中了五百多家对冲基金，全球前十大对冲基金中有 4 家位于该镇，小镇的基金所管理的资产达到 3500 亿美元，仅 Bridge Water 一家公司就掌管着 1500 亿美元的规模，被称为美国对冲基金大本营。

在被确定为纽约市的住宅卫星城镇后，小镇一边致力于解决城郊连接的交通问题，一边有步骤地拓展新型城镇建设和宜居环境打造，先后实施了有利于郊区发展的住宅政策，推动商业网点和其他生活配套形成集聚，以及致力于打造具备综合居住功能新城镇的扶持政策等，使其具有边缘城市的复合功能。互联网技术兴起后，由于小镇地处沿海，离海底光缆比较近，在此后拼毫秒级的对冲基金网速之争中也发挥出优势。

小镇拥有独一无二的人文环境，在格林威治，无论私立或公立中小学都非常有名，周边坐落着著名的耶鲁、康涅狄格大学、费尔菲尔德大学等多所大学，受到许多从事金融投资的财富人群和高端人才的青睐。其中包括摩根大通总裁之一 Steven Black；前百事集团两位总裁 Donald Kendall 和 Christopher Sinclair；花旗银行董事长 Sanford Weill；前高盛集团总裁 John Weinberg 等。

经过几十年的发展，美国格林威治小镇已经初具规模，再加上它优惠的税收政策，吸引了大批的经纪人、对冲基金人才等进驻，其就业人数较 1990 年已经翻了好几倍。此外，美国格林威治小镇地理位置优越，毗邻纽约，许多居住在纽约的年轻人都选择在此工作，也为小镇的金融发展提供了源源不断的优秀人才。

特色评述：格林威治凭借毗邻纽约的"地域优势"、税收优惠等"政策优势"，宜居环境的"生态优势"，先进医疗、优质教育的"服务优势"吸引高端人才，实现了"富人集聚"＋"财富集聚"的独特优势，吸引了大量风投资本和基金人才入驻，打造了一张"全球对冲基金之都"的金名片。

（二）"阡陌小镇的全球创新巨擘"——德国企业的小镇情怀

德国的很多企业建立在远离市区的小镇，这其中不乏叱咤全球、屡创传奇的创新型企业，其中有相当一部分企业成为行业"隐形冠军"，比如印刷行业的大佬海德堡印刷公司位于海德堡古城，医疗器械的龙头企业西门子位于纽伦堡附近的厄尔兰根小镇，汽车全球领导企业奥迪总部就在巴伐利亚名不见经传的小镇英戈尔斯塔特，拥有 177 年历史的润滑油制造企业卡尔倍坐落在鲁尔区的边缘小镇哈根。

坐落在大概只有足球迷才知道的德国中部小镇凯泽斯劳滕的德国传统化工巨头巴斯夫，率先走出了全球智能工厂的典范。巴斯夫位于凯泽斯劳滕小镇的试点智能工厂，生产的洗发水和洗手液已经完全实现自动化。通过射频码的使用，随着网上的测试订单下达，其生产流水线上的空洗手液瓶贴着的射频识别标签会自动与机器人进行通信，告知后者它需要何种肥皂、香料、瓶盖颜色和标记。在这样的流水线上，每一瓶洗手液都有可能跟传送带上的下一瓶全然不同。机器和产品通过无线网络完成所有的通信工作，唯一需要的人工输入就只是下达样本订单。

实践德国工业4.0的先驱，全球第一大汽车技术供应商——博世的伊门斯塔特工厂（Bosch Immenstadt Plant）就坐落在鲜为人知的阿尔卑斯山脚的小镇布莱夏赫（Blaichach）。给当地提供了3000多个就业岗位的博世工厂依山而建，主要以生产汽车刹车系统和汽车燃油供给系统零配件为主，其生产流水线也正在向更加智能化的方向进发。

植根于小镇的德国企业，与当地的小镇经济和小镇社区融为一体，与当地政府、雇员互相依赖，互相支撑、长足发展。安静的小镇环境也有利于企业和员工静下心来，沉稳专注地致力于产品创新、市场创新和组织创新。小镇成就企业，企业辉映小镇。

偏安一隅的德国企业却放眼全球。在技术日新月异的互联网时代，德国企业率先将传统制造技术与互联网、物联网集成为智能制造系统，在以智能制造为核心的工业4.0时代，阡陌小镇的德国企业正打造为全球创新巨擘！

特色评述：植根于小镇的德国企业，与当地的小镇经济和小镇社区融为一体，与当地政府、雇员互相依赖，互相支撑、长足发展。小镇企业凭借专注和持续的产品创新、技术创新、市场创新和组织创新，发展融合性的新业态、新模式，成为全球产业龙头。

（三）"创新医疗产业中心"——美国明尼阿波利斯医疗健康产业城

明尼阿波利斯（Minneapolis）位于美国明尼苏达州东南部，明尼苏达河口附近，也是密西西比航线顶端的入口港，面积151.3平方公里，人口40.7万人（2014年），该城位列美国十大创新医疗器械产业中心前茅。

明尼阿波利斯一直以来都是医疗健康和生命科学领域的领导者，世界上最大的独立医疗器械巨头美敦力（Medtronic）、圣犹达、3M公司的总部都在此，波士顿科学公司（Boston Scientific）和柯惠医疗（Covidien）在此也都有较大的规模。全美最大的医疗保险机构United Health集团，以及美国最大的远程医疗公司和远程放射学服务提供商vRad（Virtual Radiologic）也都位于此地区。全美最好的医疗机构梅奥诊所距此仅 1.5 小时的车程。

建立于 1950 年的美敦力（Medtronic）对产业的形成发挥了关键的作用，当地绝大部分中小医疗器械企业都是由美敦力直接或间接衍生而来的。在 1994—1995 年，明尼阿波利斯聚集了以专业化生产心血管疾病仪器、泌尿科疾病仪器以及诊断等医疗器械的 50 多家企业。除美敦力、3M 等大型跨国公司以外，集群内其余企业规模都在 200 人以下。

此外，明尼阿波利斯的科技环境对产业的形成和发展也有巨大的作用，据美国科普杂志《大众科学》统计，明尼阿波利斯的交通管理系统科技含量、能源利用效率、教育系统的科技含量、医疗设备的科技含量等均超过 50%。明尼阿波利斯的中央商业区位于密西西比河西岸，有 57 层的互联网数据中心（IDC）大楼，明尼苏达州大学也是一个科技创新的中心，该校的公共科研项目位列全美前三名，已培养出 14 位诺贝尔奖获得者，其医学领域研究也负有盛名。

特色评述：美国明尼阿波利斯以医疗产业为特色，通过文化、教育、产业配套全覆盖的路径，融合医疗产业的高端创新要素，不断巩固并拓展创新性医疗健康产业领域的权威和先锋地位；明尼阿波利斯的科技环境、产业支撑对持续推动医疗产业往高端、创新、融合的方向发展，起到了重要作用。

这些国外小镇凭借地域优势、政策优势、生态优势、文化优势吸引优秀人才、风险资本等各类高端创新要素，并通过专注和持续的产品创新、技术创新、市场创新和组织创新，发展融合性新业态、新模式。植根于小镇的企业，与当地的小镇经济和小镇社区融为一体，小镇和社区都获得了长足发展。此外，日本的大田汽车零部件小镇、德国斯图加特汽车城等小镇莫不是如此，已成为持续创新的百年小镇。

三、彰显地域特色，大区聚合发展的小镇

在"大都市化"历史背景之下，小城镇成为大都市区域和地方空间的交界点，扮演着"枢纽角色"，起到了"衔接功能"，小镇协同大城，融合大区共生发展，形成了由大学与科研机构、风险资本市场、综合服务机构、高端人才等构成的创业创新生态系统。

（一）"创造经济革新中心"——韩国板桥科技谷

在韩国"创造经济（Creative Economy）"的创新战略下，政府实施的重要措施之一就是设立"创造经济革新中心"，即韩国版的众创空间。位于韩国板桥科技谷的京畿创造经济革新中心是该战略下最成功的典范。

京畿创造经济革新中心坐落在被称为"韩国硅谷"的京畿道盆唐区板桥科技谷产业园区内，距离首尔市中心约 26 公里，坐地铁可直达，是众多韩国游戏、

娱乐和技术公司的发源地，包括 NHN 娱乐、纳克森（NEXON）等韩国游戏界巨头和三星泰科光电公司在内的 634 家企业入驻于此。这里聚集着韩国尖端 IT 技术和融合技术研究机构。京畿道地区生产总值约占全国的 20%，具有全国中小企业之 21%（70500 个中小企业）和三星电子、LG、现代起亚车、SK、KT 等韩国代表性企业，被称为"同伴成长"的核心地区。

"创造经济革新中心"由中央（韩国未来创造科学部）和地方两级政府与至少一家韩国大型企业合作设立，采取大企业集团和地方政府共同运营的模式。政府出政策、企业出资金和技术，共同扶持创新和初创企业，为创业者提供创业平台和成果转化平台。"京畿创造经济革新中心"由韩国电信巨头 KT 集团出资建设，中心的"一把手"等主要负责人均来自 KT 集团。京畿道政府和 KT 集团主要是共同出资来建立一个发展基金，基金用于对符合条件的新生企业进行投资。中央政府不参加基金的建设，主要负责整体推动中心的构建和运营。当入驻中心的新生企业中有商业创意时，KT 集团可以利用大企业的优势对其进行支持。比如，对它进行投资，与之共同开发，或者帮助新生企业与其他企业建立合作关系等。京畿道政府的支援方式，主要是为这些新生企业提供免费的办公场所。凡是认为自己有创意性产品或创业模式的人和团体，都可以把自己的想法以文件的形式在网站上提交申请，被选中的项目策划人会获得中心给予的 6～12 个月的资金和技术、设施等方面的支援服务。

京畿创造经济革新中心重点培育游戏产业、金融科技和物联网产业等以软件业为基础的融合性新产业。入驻企业可免费享用工作区域和办公设备。除了硬件服务之外，来自政府和大型企业的金融、咨询、法律支援，都为"创客们"解决在创业初期的各种困难提供了帮助。金融监督院、专利局等政府负责人常驻于京畿创造经济革新中心，因此"创客们"的构思转化成商品的过程中出现问题的话，都可以在第一时间得到解决。

以尖端信息产业和技术研究设施聚集的板桥京畿创造经济革新中心正在打造以 IT 为基础的新型复合产业。

特色评述：韩国板桥科技谷位于京畿道核心位置，毗邻首尔，地理位置独特，有助于其依托大城市，实现与世界经济中心的联系对接。政府和大企业搭建创新大平台，孵化、加速初创和小型企业，催生新产业、新业态、新模式，成为京畿道创新大区持续创新高产的源泉。

（二）生态工业的"丹麦童话"——卡伦堡小城

卡伦堡（Kalundborg）地处丹麦北部，位于首都哥本哈根以西 100 公里，是一个靠近海湾的小城，人口仅 2 万人。小城的产业形成了独特的共生状态，成为一个基于"商业契约型"的工业生态系统。卡伦堡生态系统发展于 1960 年，是世界上最早的工业生态系统，被誉为生态工业发展领域的"丹麦童话"。

卡伦堡工业生态系统，由一个煤电厂、Statoil 炼油厂、Gyproc 石膏厂、Novo Nordisk 生物制药厂等组成。煤电厂、炼油厂、石膏厂、生物制药厂等的工业副产品在这个生态系统中循环利用，比如，煤电厂每年产生约 17 万吨煤灰和 3 万吨炉渣，销售给水泥制造商作为路面铺设的原料；发电余热为居民供热，能满足该地 90% 的热能需求；Statoil 炼油厂生产剩余的甲烷和乙烷混合气提供给 Gyproc 石膏板工厂作为燃气，能满足该厂全年约 11 个月的用气需求；Novo Nordisk 制药厂每天用原材料土豆粉、玉米淀粉发酵所产生的 3000 立方米废泥经杀菌消毒后免费提供给当地 600 户农民作为肥料等。

卡伦堡工业生态系统由社会网络支持运行，由企业和企业之间的"商业合约"建立联结。政府部门包含在卡伦堡工业生态系统中，但其职能仅限于提供城市水、电、热能输送等基础实施。政府不介入厂商和企业间的运营和合作协调事宜。卡伦堡没有设立一般工业园区常见的管委会，而只设置了一个协会（Kalundborg Symbiosis Institute），其职能更多侧重于行业公关等。

特色评述：卡伦堡小镇远离欧洲腹地，地处海湾之滨，是建立煤电站并且为欧洲腹地大城市供应能源的理想之地。然而，受生态承载能力的制约，以及当地居民对于居住环境高品质的要求，小镇发展出独特的生态工业模式。企业和企业，企业和社区之间实现了工业共生、资源再生和循环利用，为小镇和大区的共生发展提供了持久动力。

（三）"以色列硅谷"——赫兹利亚小镇

赫兹利亚（Herzliya）小镇面积有 26 平方公里，位于创业者的天堂特拉维夫以北 15 公里，是一座充满科技和现代化的小城。小镇隶属特拉维夫区，处于以色列创业生态系统的核心地带——"硅壑"。很多在美国股票交易所上市的以色列软件公司和生物科技公司也坐落于此，包括惠普、Horizon Semiconductors、IBM、以色列柯达、摩托罗拉和德州仪器等。

小镇汇集了数量众多的全球顶级的创投加速器、企业孵化器、风险投资公司以及以色列首个私营非盈利性高等教育学院——堪称以色列"麻省理工"的赫兹利亚跨学科研究中心 IDC（Inter Disciplinary Center）。微软在全球范围内的第一个创业孵化器，同时，微软全球三大研发中心之一的 The Windows Azure Accelerator 也在这里创立。该孵化器为创业者提供了 850 平方米的免费办公空间、30 位创业导师、教练培训、法律支持等标准服务。此外，微软为初创企业免费提供两年高达 6 万美元的 Windows Azure 云平台接入服务。

此外，包括以色列顶尖 VC 基金 JVP（Jerusalem Venture Partners，耶路撒冷风投合伙人基金），众多风投或私募基金都集中在这里。JVP 本身就是个孵化器，能够快速孵化各种项目产品原型和模型。而在整个特拉维夫大区，大大小小的创业孵化器和加速器就有 200 多个。形成了独特的创新生态环境（Ecosystem）。

特色评述：赫兹利亚小镇受到特拉维夫创新大区辐射效应的显著影响，拥有地理位置优势，并在住房、教育、医疗、商业配套和娱乐等方面具有低生活成本的比较优势。在产业集聚效应的作用下，聚合了风险资本、创新加速器、创业孵化器等高端创新要素，形成了小镇创新经济强劲的推动力。

这些特色小镇往往形成于大都市区域和边缘空间的交界点，既能承担大小城市间的"枢纽角色"，又能通过所依托的大城市实现与世界经济相联系、相对接，大都市在医疗、教育、人才、资本和公共配套等方面都给予了这些特色小镇以极大的倾斜，有利于实现小镇的人才集聚、产业优化和功能提升。此外，美国硅谷、芬兰于韦斯屈莱创新大区、加拿大伯恩赛德、日本筑波城等也都类似。

四、融合生态文明，独具人文风情的小镇

许多国外小镇人口密度低、亲近自然、气候宜人，以动人的风景、迷人的花香、沧桑的历史、活色生香的艺术，引得游人纷至沓来。这些小镇远离都市，却不乏韵味；偏居一隅，却不乏人气；历史悠久、文化独特、风景如画、景色动人。

（一）"让音乐在身体里发芽"——奥地利萨尔茨堡小镇

萨尔茨堡小镇位于奥地利的西部，靠近德国边境，是阿尔卑斯山脉的门庭小镇，人口 15 万人，因经典电影《音乐之声》取景于此而久负盛名，是著名音乐神童莫扎特的故乡。莫扎特故居每天挤满了音乐朝拜者。大街上随时洋溢着莫扎特的音乐，大教堂里有莫扎特当年使用的管风琴，广场上每天都有精彩演出，是世界级音乐的殿堂。萨尔茨堡拥有众多的剧院、音乐厅、电影院和博物馆等。始创于 1920 年的萨尔茨堡节至今仍是欧洲最隆重的音乐节之一，它的历史可以追溯到 1877 年的萨尔茨堡国际音乐节。此外，每年 1 月 27 日左右的一周是萨尔茨堡的莫扎特周。

特色评述：萨尔茨堡小镇是奥地利的音乐之乡，更因电影《音乐之声》被世人熟悉。小镇成功地将自然风光之美、艺术特色之美有机融合，打造了小镇独特的艺术气质和个性魅力，成为世界闻名的旅游胜地。

（二）"为浪漫而生"——突尼斯蓝白小镇

突尼斯蓝白小镇始建于 13 世纪，被美国《国家地理杂志》评选为世界十大浪漫小镇之一。放眼望去，白色的房屋依山而建，错落有致，所有的院门、窗户和楼梯扶手全都被漆成天蓝色，与地中海蔚蓝色的海水构成和谐的画面。小镇依悬崖而建，探头一望，便能看见湛绿的柔情大海。沿着泛有青绿色光泽的石板路前行，白色的古堡、蓝色的平顶屋映入眼帘——童话中才有的景致。小镇每家每

户的门都独具特色，有画着黄澄澄的向日葵的，有画着无数爱心的，有钉着九九八十一个门钉的……几乎没有一扇门是相同的。这或许就是蓝白小镇的生活内涵，让长期生活在标准化、统一化的城市公寓里的人真是羡慕之至。

特色评述：小镇建设着眼于地中海的迷人景致和浪漫风情，将魅力独特的自然风貌、个性鲜明的建筑风格、气质唯美的人文元素有机融合，使之成为地中海的一颗明珠。

（三）"童话城堡"——德国富森小镇

富森小镇有闻名世界的浪漫之路，以维尔兹堡为起点，富森为终点，因天鹅堡而闻名，每年来此旅游和度假的人非常多，树林中、草地上，经常可以看见很多欧洲家庭在这里嬉戏玩乐。富森不同于那些街巷分明、商铺整洁的欧洲小镇，它的风格更加休闲自由，三三两两的小楼房点缀在阿尔卑斯山峦之中。特色商店里的每一件小生活用品都被设计成童话世界的模样，处处透露着浪漫的气氛。穿梭其间，让人仿如童话中的主人翁。追寻着天鹅堡的梦幻童话，能够感受到这个小镇散发出的魅力，它有着大量童话风格的房屋建筑、许多精致的小咖啡店和令人流连的小酒馆。在高高低低的石块路面上散步，静静地听马路音乐家的乐曲，溜达地穿过富森的大街小巷。富森不同于其他街巷分明、商铺整洁的小镇，风格更加休闲自由，既有城镇的现代，又有村落的随意，处处透露着浪漫气息。天鹅堡的梦幻童话、童话风格的独特建筑艺术让小镇散发出无穷魅力。

特色评述：小镇特色不仅仅局限于自然风光，更融入了古堡文化、巴伐利亚民俗等特色元素，打造出浑然天成、独具一格的童话气质。

这些国外小镇如世外桃源般浪漫，流水鲜花，古屋溪田，蜂飞蝶舞，生态优美，都是世界上最著名的旅游小镇。此外，还有"爱琴海悬崖上的浪漫"——希腊福莱甘兹罗斯小镇，"艺术天才的梦幻胜地"——瑞典阿里尔德小镇，"蓝色大海的亲密接触"——荷兰泰尔斯海灵岛，"葡萄美酒的浪漫遐想"——德国施陶芬小镇，"历史时空的轻松漫步"——苏格兰亚伯多尔镇，"黄石公园最壮观的精致"——蒙大拿州雷德洛奇小镇，古老的"黑海盗"魅力——北卡罗来纳州奥克雷科克小镇，"汤姆叔叔的小屋"的原型——缅因州布伦瑞克小镇等。

第二节　国外知名小镇建设的共性启示

一、产业是灵魂

欧美特色小镇，聚焦历史悠久、底蕴深厚、独具优势的产业，产业之特、之悠久、之文化深厚，令人称奇。启示在于：

（1）主导产业一定要突出"特"，力求特色化、专业化、高端化。国外小镇的产业特色，独一无二，知名度甚高，而且持续创新、代代相承、经久不衰。特色小镇作为浙江新兴产业的新空间，在建设理念、机制和形态等方面，应与现有中心镇、风情小镇、小城市培育试点等有所不同，与开发区、集聚区、工业区、旅游度假区等有所不同，与贵州、云南、海南等地推进的小镇有所不同，体现自身鲜明的产业特色。决定小镇可持续发展的能力取决于小镇能否形成一种繁荣的主导产业，以及由这一产业派生出来的新产业，能否形成独特的产业文化和产业生态。这种累积、循环的产业发展过程将推动小镇持续发展，不会空心化。产业布局不能太杂，避免企业五花八门，工厂密密麻麻，必须突出主导产业，特色化、专业化、精细化，集聚最有优势、最具特色和成长性的产业。小镇的产业应与全省产业优势强关联，聚焦信息、环保、健康、旅游、时尚、金融、高端装备等七大产业和茶叶、丝绸、黄酒、中药、木雕、根雕、石刻、文房、青瓷、宝剑等十大历史经典产业，突出产业的创新性、引领性、融合性和可持续性。

（2）产业细分一定要突出"精准"，走在细分行业的尖端。很多国外小镇本质上是专业小镇，在所属领域找准定位并站稳了脚跟，竞争力经久不衰。以往的开发区、工业园，往往产业同质、无序集聚、过度竞争，导致恶性循环、逐底竞争、产业衰退、优势消减。小镇的产业定位一定要精准，细化定位，深挖优势，求专求精，错位发展，差异竞争，能够走在细分行业的尖端，在全国乃至全球细分领域竞争力超前。

（3）产业项目要精挑细选，与小镇产业优势形成"强关联"。小镇不是"百货公司"，不能"填鸭式"什么项目都装，也不能堆些传统产业的坛坛罐罐，应坚持宁缺毋滥，按照产业定位精准招商，设定投资强度、亩产效益、耗能排污等门槛标准，严格执行产业投资强度、单位用地产值、产值能耗水耗等指标要求。引进项目不仅要看大不大、强不强，还要看与小镇的匹配性高不高，如果稀释了小镇的产业集中度，那么即使是好项目，也不能随意引进，而应布局在更适宜、更匹配的小镇。应细化分解产业链，绘出行业龙头企业布局图、关键共性技术需求图、重大项目开发作战图，找准产业链、创新链、价值链中关键性的"断链点"，定向引进关联性强、辐射力强、带动力强的大项目、好项目。

二、创新是引擎

（1）致力于持续创新、专注创新，创新传统成为小镇持久发展的驱动力。纵观许多国外小镇，创新是小镇发展的长久动力，从产品创新到服务创新，从工艺创新到技术创新，从组织创新到文化创新，小镇成为企业致力创新、专注创新的舞台。不论是从事制鞋、制香、制表、制酒等历史经典产业，还是医药、信息、金融等融合性新兴产业，创新成为国外特色小镇不竭的发展动力和持久生命力源泉。企业家、大型支柱企业、科技型创新企业在小镇立足创新，借助小镇的产业优势、历史文脉、地域特色、生态人文，扎根市场，放眼全球，将创新内化为企业发展的内在品质和独特个性。很多小镇的这种创新品质和创新个性，历时越久，积淀越深，特色越特。因此，许多小镇虽名不见经传，但却成为"全球行业隐性冠军"的根据地。

（2）汇聚高端创新要素，小镇成为创新创业的重要枢纽。国外很多小镇之所以引人注目，是因为小却精致，功能齐备，创新要素集聚，创新成果卓著，创新效益惊人。特色小镇是对接市场的前沿阵地，是新成果转化、新技术运用、新服务体验、新产品推广的综合试验场。近几十年发展迅猛的一批国外小镇无不是集聚高端创新要素、加速创新成果转化的大平台，从商业巨擘到顶级工匠，从科研中心到现代工厂，这里汇聚起风险资本、产业精英、大学与科研机构等一应俱全的创新高端要素，创新成果及时和经营绩效对接。小镇成为创新资源的汇聚和重组、商业模式的创新、创业组织的健康成长以及各类创新成果的转化的"创新枢纽"。

（3）优化创业创新生态，持续推动小镇创业创新成果高效产出。国外以新兴产业为特色的小镇，无不拥有全方位、全过程、立体化、高质量的创新生态系统。其中，小镇完备的激励创业创新的法律和政策环境、齐全的创业创新基础设施以及完善的创业配套服务是生态系统中的关键组成部分。小镇成为独特的创业创新生态系统，对创新成果持续、快速产出起到了极其重要的支撑作用。

三、地域特色是关键

欧美风情小镇远离都市，却不乏韵味；偏居一隅，却不乏人气，历史悠久、文化独特、风景如画、景色动人。

这些风情小镇，因地制宜、风格迥异、错落有致是鲜明特点，启示在于：

（1）"产城互动"，避免"孤岛式"开发，促进产业融合、产城融合、区域融合。传统的工业区、开发区，产城不衔接，忙时成"堵城"，闲时成"睡城"；功能不配套，"白天热热闹闹、晚上冷冷清清"。特色小镇集生产、研发、商贸、旅游、居住及各类关联服务功能于一体，具有"产·城·人·文"深度融合的特点。要避免"孤岛式"开发路径，按照创新、协调、绿色、开放、共享的发展理念，合理规划生产生活生态空间，挖掘特色优势、人文底蕴和生态禀赋，推动"产·城·人·文"功能融合。特别是应将产业融合、项目组合、资源整合作为特色小镇的重中之重，注重战略性新兴产业的集群培育和现代服务业的融合发展，推进互联网+实体经济、旅游+生态经济、文化+创新经济等融合发展。此外，特色小镇要主动与大城市或城市群经济错位发展，互补发展，充分发挥城市副中心在教育、医疗、交通、住房等方面享有的比较优势，与"大区"无缝融合。

（2）"因地制宜"，加强个性化设计，彰显地域特色。不同区位、不同模式、不同功能的小镇，无论是硬件设施，还是软件配套，应保持风格的独特性、特色的唯一性，与地域风格相匹配，一镇一风格，不重复不趋同。挖掘传统元素，塑造集地理、生态、民族、历史内涵为一体，个性鲜明、魅力独特的风貌，形成地域性建筑风格和一镇一风貌的发展格局。深入挖掘区域特色资源，着眼于个性产业、山水风光、古居旧舍、地形地貌、风俗人情、镇街小巷、人文历史等，统筹谋划、有机结合，形成招引项目、集聚人才、吸引资本等高端要素的独特优势，在全省乃至全国范围内打造具有独特品质、个性魅力的小镇。

（3）"一物一风情"，加强个性化设计，彰显建筑艺术特色。国外小镇尤其是欧美独特的民俗风情和风格迥异的小镇已成为时尚旅游新潮流。小镇建设应坚持"一物一风情"，多维展示地貌特色、建筑特色、艺术特色，实现独特的自然风光之美、错落的空间结构之美、多元的功能融合之美。根据地形地貌，科学规划和形象设计，确定小镇风情格调，避免冰冷的钢筋水泥堆砌，突出个性化和艺术化的特色元素和设计风格，让传统元素与现代元素、历史元素与时尚元素、自然元素与人文元素、艺术元素与科学元素融合、共振，在小镇得到完美体现。

四、生态是摇篮

从美国、法国、德国等特色小镇经验看，富有特色和品质的宜居环境是重要前提。这些欧美小镇实现了"生态＋旅游"的叠加，"自然生态风景＋人文历史背景"的融合，"嵌入式开发＋保护原生态"的结合，启示在于：

（1）原生态——保持人文的鲜活性。只有外壳，而无鲜活文化内涵的小镇是难有生命力的。国外特色小镇不局限于自然风光，而是与文化旅游、生活体验结合起来。文化是小镇的内核，也是小镇魅力最持久的核心元素之一。应通过独特的自然风貌、生活习俗、传统历史文化等社会性元素，诠释小镇文化，体现文化的"原生性"和"鲜活性"。小镇的文化标识要找准自己的文化定位，切忌文化的多元、过杂，聚焦主体文化元素，挖掘地域特色文化，保持和形成个性特色。依托历史文化名镇名村开发文化价值，打造个性鲜明的建筑风格、绿化景观和人文特色文化，为小镇发展注入文化元素，凸显文化产业价值。

（2）低碳化——保持鲜明的生态足迹。与传统小镇相比，特色小镇一个显著特点在于，它不是简单地作为一种聚居形态和生活模式而存在，还是一种宝贵的文化旅游资源和休闲、度假场所。浙江小镇众多，但生态功能定位不够清晰、小镇风貌特色不够明显、人文风情不够诱人、承载能力不够强，应加快从目前的生态物质游向生态文化游延伸，因地制宜凸显每个小镇的不同生态特色。目前，国内的朱家角、乌镇、丽江、腾冲、贵州西江苗寨等小镇已比较成功，应借鉴成熟经验，从交通环境、建筑风貌，到功能布局、设施配套、文化融合，加强绿色改造、低碳改造，打造生态旅游小镇。

（3）嵌入式——保留原汁原味的自然风光。特色小镇建设不是投资总动员，更珍贵的不是物态的东西，而是应考虑外在的作用力如何与小镇已有的自然风貌完美结合起来。应以小镇生态肌理、山水脉络、历史建筑为设计核心，通过路网、绿网、古街古道之间的互通，打造一个有机生态世界，让小镇元素与自然风貌交相辉映，让人工作品与自然本源相得益彰。无论是环境设计、建筑外观、功能布局，还是生活设施、现代服务，都从现代化、人性化、低碳化的角度考虑，千万不能冷冰冰地建几幢高楼大厦，也不能让建起来的建筑与小镇的原始风貌格格不入，应千方百计保留原汁原味的自然风貌和古朴元素。

第36章 特色小镇要致力于成为众创
小镇的调研报告

特色小镇是新常态下浙江转型发展的突破口，是未来浙江经济的新动能。高质量建设特色小镇，关键是把特色小镇打造成众创小镇，让小镇保持持久、旺盛的生命力，吸引创业人才、风险资本、创意、产业元素集聚融合，使"特色小镇"成为浙江经济的创新极。

第一节 特色小镇打造人才创业高地的路径

一、开通校院人才直通车

一是实施"百校百镇对接工程"。全省百余所高校对接百个特色小镇，支持高校和科研院所的科研人员"在职创业"，鼓励拥有知识产权的在编高校和科研院所科研人员进入特色小镇"在岗创业"。对于转化职务科技成果以股份或出资比例等股权形式产生收益的个人，暂不征收个人所得税，待其转让该股权时按照有关规定计征。二是实施"百院百园对接工程"。每个创业学院对接一个以上创业园区。在特色小镇开辟"众创学园"，实施大学生创新创业引领计划。鼓励高校创业学院设立"实践型"创业课程，支持大学生"带着学分创业"。

二、建立 O2O 众创人才库

一是建立众创人才的"引育留用"的线下汇合机制。实施"上天"和"入地"两类人才的建库招引工程，建立"国千式"产业领军人才和"工匠型"技能引领人才的"众创人才库"，吸引"海归系"高层次人才创业；实施"国际创客培育和留用"计划，集聚重点行业发展、龙头企业急需、重大项目实施、关键技术转化、创新产品所需要的创业人才。二是构建跨空间的线上创客人才集聚的机制。借助互联网创客社区、打造"众创客厅"，形成"全球创业者圈"的资源平台，吸引"新四军"和"三有三无"创客汇聚特色小镇。

三、聚集阿里系、浙商系创客

一是发挥阿里系和浙商系人才在产业集群内的创业衍生能力。在特色小镇为阿里系和浙商系企业高管、科技人员等提供资金、技术和平台，开展二次创业和内部创业，形成开放的产业生态圈。对自主创业的"创客"，按规定落实创业担保贷款及贴息、创业补助和带动就业补助等扶持政策。二是借鉴日本中小企业诊断师制度经验，成立"中小微企业诊断师"队伍。组建一支创客顾问团、创业导师队伍，建立一批中小微企业创业创新辅导站，为特色小镇中的中小微企业进行诊断和辅导。

第二节　特色小镇打造风险资本集聚高地的路径

一、设立市场化的混合制产业引导基金

一是建立"公司＋有限合伙"模式的混合型产业引导基金，建立"产业发展和投资引导母基金"，吸引"一带一路"海外资本和国内民间资本成立混合基金。通过负面清单管理、合伙协议约定、违约回购、第三方审计监管的方式，确保母子基金在设定轨道上运行。二是市场化运作产业基金，达到"以小博大"的目标。坚持"一融合一对接"，即技术与市场融合、创新与产业对接，通过融资担保、股权投资、委托贷款、跟进投资、投保贷一体化、助贷基金等市场化运作机制，孵化和加速重点产业发展。

二、打造"全程接力式"一揽子金融方案

一是推行"金融定制"。以互联网股权众筹等融资方式助力种子期创客企业；开辟私募基金机构集聚区，通过小微券商、小微证券服务机构辐射初创期小微型企业；培育发展创业投资机构，大力吸引天使投资人，引导 PE/VC、天使投资等各种资本投向成长期的创业企业。二是知本换资本，拓展"知识产权"融资等多种创新融资方式。以知识产权交易为核心形态，通过知识产权证券、知识产权信托和知识产权融资担保等方式进行融资；开发科技保险、创新动产、创单等新型金融产品。

三、合理设计创新创业风险分担机制

一是建立完善政府、投资基金、银行、保险、担保公司等多方参与的风险分担机制，将创业企业纳入贷款风险补偿政策范围。二是鼓励设立"科技金融专营机构"，推行差别化信贷准入和风险控制制度。推行"首贷补偿机制"，探索建立创客企业库、天使投资风险补偿机制和风险资金池。

第三节 特色小镇打造新兴产业高地的路径

一、聚特做强七大万亿级产业和十大历史经典产业

一是打造"一镇一特"、全产业链集聚、全要素整合的产业高地。紧扣七大万亿级产业和十大历史经典产业，每个特色小镇找准、凸显、放大产业特色，建设以特色产业聚合的"众创工场"。二是打造产业引擎，产业链协同发展做强特色产业。鼓励"7+10"产业的领军企业和行业龙头在特色小镇发展服务化众创平台，引导和支持有条件的行业领军企业将内部资源平台化。建立基于产业链的协同发展计划，实现大中小微企业的共生发展。

二、构筑开放协作的产业生态

一是构筑"开放、共享、协作"的产业生态系统，提供行业社交网络、专业技术服务平台及产业链资源支持，形成自组织、自滋养、自成长、自壮大的产业生态圈。二是借鉴韩国济州特别自治道以"智能观光"和"能源自主"融合的新产业，京畿道以游戏产业、金融科技和物联网产业等为基础的融合性新产业的经验，催生一批"互联网+健康""智能装备制造+外贸服务""智能观光旅游""产城融合的都市时尚"等融合性的新业态、新模式。

三、催生精益服务的产业支撑

一是在特色小镇内部建立精益服务网络。大力发展并构造"互联网+服务资源平台"，逐步构建特色小镇与创业资金、工业设计、技术开发、供应链条等在内的创业资源对接平台。二是在特色小镇之间建立精益服务网络。互联网+"黏合点"为具有互联网基因的中小微企业提供MVP（最小化可行产品）测试，企业主要产品当月DAU（日活跃用户数量）等精益服务项目。三是为特色小镇向区域产业辐射提供精益服务，将网上技术市场延伸到特色小镇。

第四节 对策与建议

一、培育"创新顶级掠食者"企业和科技型中小微企业"隐形冠军"

一是不仅要培育出浙江生、浙江长的"参天大树"，更要能够吸引全球创新企业入驻特色小镇发展，要培育和催生更多阿里巴巴式的"创新顶级掠食者"

企业；二是构建大中小企业之间分工协作的关系，核心企业通过整合创新资源，建立利益分配链，实现与其他相关企业和机构在知识、信息、技术、渠道等方面上的共享和相互依存，带动中小微企业在系统中获得更好的生长空间和竞争优势。

二、打造虚实结合的众创孵化平台

一是利用互联网平台，建设虚拟众创空间，打破地理空间的条件限制，促进众筹、众包等服务发展，提供人均创业产出效率。鼓励创客充分利用"云制造"吸取敏捷制造、网络化制造和服务化制造等先进制造模式的优势，快速对接创新链前端。二是借鉴美国"租金财务平衡式"孵化机制、以色列"管理公司参股式"孵化机制、法国为孵化项目配备顾问，针对创新创业团队在融资、辅导、宣传、技术等方面的迫切需求，引入专业团队建立"专业新型孵化器"。

三、构建众创成果高效孵化的机制

一是加快建设以互联网＋、智能制造技术为引领的新型的共性技术服务平台，建立科技创新服务平台、重点实验室和工程中心、科研院所、重点企业研究院和等各类创新载体向创客开放共享的体制。二是借鉴美国"贝尔实验室"，建立"市场导向＋创新支撑＋成果转化"的公共实验室。借助"互联网＋"和"政务服务网"将政府实验室研究成果与企业相联，以创业需求为导向推进研发。

第37章 高质量打造特色小镇浙江样板的调研报告

近年来，除浙江之外，海南、云南、贵州等地相继提出建设特色小镇。浙江应找准小镇建设定位，抢抓发展机遇，高质量打造一批富有浙江特色的小镇，为全国各地特色小镇建设提供浙江经验。

第一节 云南、贵州、海南等省特色小镇开发思路与模式

云南、贵州、海南等地的特色小镇建建设，与浙江正在推进的特色小镇建设既有相同之处，也存在不少差异。云南等省建设特色小镇的基本情况和具体做法是：

一、云南省

2011年5月，云南省启动建设200个特色小镇。按照"找准城镇特色、明确功能定位、实行动态管理"的要求，着力建设现代农业型特色小镇（86个）、工业型特色小镇（34个）、旅游型特色小镇（60个）、商贸型特色小镇（27个）、边境口岸型特色小镇（12个）、生态园林型特色小镇（9个）。主要开发思路和模式是：①强调规划先导，规划统领。每个小镇都编制《总体规划》《保护性开发详细规划》《旅游总体规划》《近期建设规划》等。②强调产业支撑，形成特色经济。按照"适应市场、因地制宜、突出特色、发挥优势"的原则，做强、做优、做活产业特色，打造特色品牌，构筑具有比较优势的特色经济体系。③强调保护优先，在保护的基础上开发建设。坚持"保护优先、合理开发、永续利用"的原则，明确保护的对象、措施，并确保利用过程不仅不会造成破坏，还要利于保护。④强调市场运作，以企业为主体开展建设。引导和支持有眼光、有思路、有实力、有潜力的企业参与开发建设，形成多渠道、多元化的投资格局。

二、贵州省

贵州特色小镇主要定位于风情小镇，重点打造"资源主导型""历史文化型""民族民俗型""生态宜居型""复合型"等五大类型的旅游小镇。主要开发思路和模式是：①采用"旅游综合体"模式。借鉴国际通行的"旅游小镇"模

式，统一规划，建设有山区特色的"城镇——旅游综合体"，摆脱传统旅游"大资源、小产业、大品牌、小规划、大项目、小投入"的状况。②统一对外招商。选取富有贵州特色的重点历史文化名城、名镇、名村和重点风景名胜区作为"旅游小镇"，采取相对集中、成片发展模式，逐步开发。按照"大项目、大规划、大投入"思路，集"吃住行游购娱"六大旅游要素为一体，统一招商、整体推进、分步实施。③统筹小镇周边发展。以景区景点为依托，对周边区域进行成片开发，将贵州248个景区景点连线成面。

三、海南省

海南按照"科学规划先行、基础设施配套、特色产业支撑、公共服务保障、特色文化包装、绿色田园环抱、社会多元投资"的要求，全省每年选择2~3个示范镇，市县至少选择1个重点镇进行开发。主要开发思路和模式是：①提高详细规划的覆盖率。在完成总体规划、专项规划和详细规划编制基础上，提高详细规划的覆盖率，以规划统筹各种要素，处理好生产、生活、休闲、交通等四大要素关系，明确功能定位。②打造一批细分产业重镇。依托地方资源优势和特色，因地制宜发展农业、渔业、物流、旅游、商贸、文化等产业，打造农业重镇、渔业重镇、商贸重镇、旅游旺镇、历史文化名镇等。③凸显建筑和人文特色。挖掘小城镇独具魅力和特色的文化内涵，突出打造个性鲜明的建筑风格、绿化景观和人文特色文化，为小城镇的建设发展注入文化元素。④注重保护田园风光。结合现有地形、水系、植被等，串联旅游区、公园、历史古迹、公共建筑、特色村落等节点，相互串联形成贯通的绿带。围绕海南村镇秀美的田园风光，营造生态优良、清洁舒适、风貌优美的宜居小城镇。

第二节 浙江省特色小镇建设存在的突出问题

与海南、云南、贵州等地特色小镇建设相比，浙江特色小镇推进力度大、标准要求高、产业特色鲜明、功能叠加融合、政策供给有力，首批37个特色小镇推进速度较快，取得了一定成效。但当前也存在一些突出问题，特别是与海南、云南、贵州等地相比，浙江特色小镇要成为全国样板，必须解决以下几个问题：

一、尽力破解"产业特色不明显"的问题

有些地方的特色小镇注重建设规划，对产业规划重视还不够，产业定位模糊，产业招商重量轻质，与小镇建设关联度不高，产业集中度不够。现实中停留在按项目招兵买马的传统做法，存在简单的产业集聚倾向，产业创新和升级不

够，特别是重大产业项目稀缺。产业项目比重偏低，基础设施项目、环境治理项目等占比过高，能够落地的大项目、好项目尤其是特色项目不多，高端产业、高端要素、高端人才集聚不多，这可能影响小镇的产业层次和未来发展潜力。

二、尽力破解"项目拼盘组合"的问题

有些地方追求小镇创建数量和建设速度，"新瓶装旧酒"包装老项目，改头换面包装新兴产业项目，真正含金量高、产业带动力强的大项目偏少。有些地方为了达到30亿元以上的投资体量，东拼西凑把项目放在一个篮子里，把分散在点上的项目集中起来，堆些传统产业的坛坛罐罐，项目整体质量和素质不高。有的小镇开发甚至是变相的房地产或养老地产开发，缺乏具有较高质量和效益的新上投资、新建项目、新增税收。

三、尽力破解"产城融合不够"的问题

有的小镇规划过急，规划统筹不够，产业规划、旅游规划、空间规划、建筑规划仍然分头编制，"四至"边界不清，不同功能区块相对独立，没有体现"三生融合"和功能叠加要求。城镇化与产业化一快一慢、脱节割裂，小镇"孤岛式"开发，与周边区域对接不够，产城不对接、不融合。除了梦想小镇、云栖小镇、玉皇山南基金小镇等建设较好的小镇之外，有不少小镇的人群仍然是"钟摆式"流动、"潮汐式"运动，上班时成"堵城"，下班后成"睡城"。有些小镇的公共服务配套不够，创业功能不齐备，"白天热热闹闹、晚上冷冷清清"，真正愿意来投资、创业的人仍然不多。

第三节　对策与建议

一、从小镇建设上看，需要突出市场主体力量

从目前看，有些小镇过于依靠行政力量推动，这非长久之计，后续发展潜力可能有影响。小镇建设不能由政府大包大揽，应让企业自主决策、自发投资、自主运营，引导和支持有眼光、有思路、有实力、有潜力的企业参与开发建设，调动企业和社会力量参与小镇建设的积极性。政府管住管好"有形之手"，不干预小镇的具体建设和经营，重点做好编制规划、简政放权、生态保护、设施配套、公共服务。引入国内外知名企业、规划机构、投资机构，注入更加开放、多元的建设理念，让专业人才进行专业建设，确保小镇市场化运作、专业化运营。小镇建设投资和运营机制至关重要，应发挥政府产业基金的吸引力，支持和鼓励股权

众筹、PPP 等融资路径，广泛吸引社会资本撬动小镇建设。

二、从小镇功能上看，需要培育壮大"众创"功能

小镇未来的活力如何，主要取决于小镇能不能吸引有活力的要素，创新功能够不够强大。小镇应以"众创空间"为导向，培育创新"孵化器"，打造"众创"功能，构建"创新牧场—产业黑土—科技蓝天"创新生态圈。应根据产业特色、自然禀赋、发展定位，建设"创客中心"，按照产业链布局精准引进稀缺要素资源，培育新业态、新模式、新企业，为小镇发展注入活力。推动小镇与知名创业机构、创业城市、创业平台开通"直通车"，促进要素流动、信息共享、平台分享，集聚高端人才、高端资源、高端技术，促进产业链、创新链、人才链、资金链深度融合。

三、从小镇定位上看，需要因地制宜彰显特色

各地发展不平衡，各有优势和特色，小镇建设不能脱离实际"一窝蜂"推进，应因地制宜，发掘各地优势，找准定位，展现特色。产业定位、建筑风格、生态环境等坚持"一镇一特"，差异定位、错位发展，不复制、不趋同、不雷同，体现独特性。找准、凸显、放大产业特色，根据地域条件和产业优势，主攻最有基础、最有优势的特色产业，避免"百镇一面"、同质竞争。沿海发达地区以特色小镇为平台，多创建一些众创空间，发展新产业、新业态；中西部地区应结合当地文化特色、风情风貌和山水优势，打造经典风情小镇。注重全方位融入生态理念，利用当地的山水风光、地形地貌、风俗风味、古村古居、人文历史等旅游资源，打造旅游风情小镇。

四、从小镇规划上看，需要加强"多规合一"

小镇不是区划概念，这导致不同部门在小镇区块内的规划容易不一致甚至引起矛盾。坚持规划先行、多规融合，统筹发改、规划、国土、建设、环保、科技、经信等部门的专项规划，合理界定小镇的人口承载力、资源承载力、环境承载力与产业支撑力，统筹考虑人口分布、生产力布局、国土空间利用和生态环境保护。小镇规划布局一定要有前瞻性，不能只是看当前，更要注重长远，应科学进行空间布局、功能布局、项目布局，合理布局特色小镇与周边村镇生产力，严格防止"摊大饼"，确保小镇"四至"清晰，规划和项目可落地。按照"一个小镇一张图"的要求，结合地域资源禀赋条件，编制生产、生活、生态融合，工业化、信息化、城镇化同步的建设规划。

第38章 特色小镇存在的新问题及对策建议的调研报告

特色小镇是浙江深化供给侧结构性改革的重要抓手，是加快推动新旧动能转换的重要举措，也是培育经济新动能的创新载体。浙江在全国率先掀起了特色小镇建设热潮，引发了社会各界的广泛关注。目前，梦想小镇、云栖小镇等一大批特色小镇蓬勃兴起，有了一定的知名度和影响力，但也有部分特色小镇建设质量不高，特别是创新元素不多、吸引人才不多、科技含量不高、发展质量不高。特色小镇是浙江加快新旧动能转换、破解经济结构性矛盾的战略选择，是高端资源聚合、创新要素集聚的新载体，是大项目落地、特色产业提升的新平台，是大型平台型企业辐射孵化中小微企业创业创新发展的聚集地。高质量建设特色小镇，关键是坚持质量优先、创新驱动、人才为本，建设一批高质量创新型特色小镇，吸引创业人才、风险资本、产业技术集聚融合，使创新型"特色小镇"真正成为浙江经济的创新极。但同时也客观看到，特色小镇建设过程中也存在一些问题，需要高度重视，尽快解决，以推动特色小镇健康发展。

第一节 当前特色小镇建设存在的问题

一、概念泛化、混淆、炒作

特色小镇出现三种概念：社区小镇、小城镇、特色小镇，有些地方把这几个不同的概念混淆了，没有真正吃透特色小镇的内涵。目前，除了国家级、省级、市级、县级特色小镇，还有乡镇级的特色小镇。全省各地计划建设的特色小镇多达471个，杭州、宁波都超过100个，大有造镇运动之势。个别地方甚至把创建特色小镇当成"政绩工程"，用新瓶装旧酒，穿新鞋走老路。有些特色小镇把原来的产业园区、开发区改头换面，冠名"特色小镇"的项目层出不穷。有些地方、企业用特色小镇的名头去拉投资、装项目，但这类小镇并非特色小镇。

二、核心产业不够聚焦

一是缺真正有核心竞争力的产业链。部分特色小镇产业结构单一，产业层次不高，"低小散"特征明显，缺乏龙头性引领性的大项目好项目，产业链没有形成。比如，瓯海时尚智造小镇仍以生产传统服装、皮革、汽摩配件为主，平均注册资本仅96万元，平均税收不到20万元。二是缺乏民资民企参与的活力。有些小镇的重点投资项目仍由政府或国有公司主导，民资民企的投资动力不足，江干丁兰智慧小镇、富阳硅谷小镇等民间投资占比均低于同期全省固定资产投资中的民间投资占比。三是缺引领性的高端要素和高端人才。比如，浙江全省6个高端装备制造特色小镇的434家企业中，总部企业只有12家，国家高新技术企业只有32家，占比不高。不少特色小镇仍然缺乏"国千、省千"人才，缺乏大师级人才、领军型人才，这会影响小镇的发展后劲。

三、规划布局有待系统优化

有些特色小镇缺乏统筹谋划、顶层设计、系统布局，没有跳出"一亩三分地"的思维，没有摆脱传统开发区的理念；规划和设计缺乏前瞻性和科学性，规划建设管理"三个轮子"不够协调。一是空间衔接不够。有些特色小镇追求建设速度，"就小镇规划小镇"，没有对整个区域进行系统谋划，导致"小镇里面像欧洲，小镇外面像非洲"。二是功能融合不够。有些特色小镇缺乏功能融合考虑，尤其是在"产城人文"融合上没有好好研究，生拉硬套、拼拼凑凑的现象比较明显。有些特色小镇没有编制旅游规划，旅游功能与小镇整体不够融合，甚至有的干脆将周边景区拉进来，这实际上是"拉郎配"。产城不衔接，上班时是"堵城"，下班后是"睡城"；规划不配套、功能不融合，"白天热热闹闹、晚上冷冷清清"。

四、特色创新有待强化

有些特色小镇"特"字文章做得很足，但也有些特色小镇"复制""粘贴"的痕迹比较明显，没有自己的特色和风格。一是缺"魂"，内涵不足。全省基金类的小镇就有超过10个，有些不具备基金小镇的条件，难以吸引基金入驻，也没有什么人气。从2013年统计数据看，全省28个特色小镇的特色产业营业收入占比低于50%，景宁畲乡小镇、瓯海生命健康小镇等特色产业营业收入很少。二是缺"形"，辨识度不高。有些特色小镇风貌雷同、形象雷同，建设风貌与功能布局"两张皮"。

五、评价指挥棒亟待完善

有些地方特色小镇申报很积极，入选后就松懈下来，建设力度不够，还有些特色小镇为求入围，目标设置不切实际，导致任务完不成。评价考核有待完善。一是考核标准共性化和小镇建设特色化之间存在矛盾。目前特色小镇建设考核的基础性指标涵盖了对小镇建设的综合评价和比较，但共性化的考核内容导致小镇聚焦"量化指标"的考核，弱化对特色的关注。二是考核指标的"软"和"硬"之间存在矛盾。相比于土地、设备、固定资产投资等硬指标而言，科技创新、人才密度、文化氛围、环境标准等软指标是决定特色小镇质量的核心要素，但这些软指标考核起来较难。

第二节 特色小镇的建设导向

高质量创新型特色小镇是创新驱动、转型发展的重要举措，是加速全球创新资源配置、高端产业集聚、经济快速转型的重要载体。在未来 3～5 年内，在全省 100 个特色小镇中，遴选出 20～30 个特色小镇，制订创新型特色小镇建设评价指标（见表 38-1），建成高质量创新型特色小镇，成为引领全省特色小镇发展的标杆。高质量创新型特色小镇的目标是：建成具备全球创新资源配置能力的重要创新枢纽，使特色小镇以优良的自然生态环境、包容的创新文化氛围，动态集聚全世界最优秀的人才、最顶尖的智慧、最具创意的"点子"，不断提升创新集聚能力，并与多层次资本市场及优势国际产业相联结，培育"顶级掠食者"创新型企业和一批科技型中小微企业"隐形冠军"。

导向一：打造产业高地，每个小镇重点瞄准 2～3 个产业，实现全产业链融合和产业生态化

创新型特色小镇的主导产业要突出"特""专""高"，力求特色化、专业化、高端化。与传统的开发区、集聚区、工业区、旅游度假区等有所不同，决定小镇增长的能力取决于能否形成一种繁荣的主导产业，以及由这一产业派生出的新的产业。创新型特色小镇要瞄准国际产业变革重点领域，紧扣信息、环保、健康、旅游、时尚、金融、高端装备、文化等八大万亿级产业，找准、凸显、放大产业特色，重点发展高新技术产业和高端装备制造业，优化产业结构和空间布局结构，科学设计产业特色和产业竞争力评价指标，加快建设集聚新产业、新业态的产业高地。

导向二：打造创新高地，每个小镇吸引 1000 家创新型企业，产生一批"顶级掠食者"创新企业和一批行业"隐形冠军"

创新型特色小镇应集聚国际、国内高端创新资源，构建有利于创新成果高效孵化的体制机制，依托虚实结合的众创孵化平台，鼓励新技术、新业态、新模式的探索和应用，加快制造数字化、设备网络化、生产智能化发展，重点培养产生极具创新力和竞争力的行业龙头，孵化一批成长性高、创新能力强的科技型中小企业"隐形冠军"。特别是每个特色小镇要坚持创新驱动，求专求精，错位发展，差异竞争，能够走在细分行业的尖端，在全国乃至全球细分领域竞争力超前。

导向三：打造人才高地，每个小镇吸引 3000 名高端创新人才，柔性引进全球创新人才

创新型特色小镇要建立市场化的引才机制、开展社会化的多元人才评价方式、强化市场为主导的人才激励机制、运用市场机制共建平台、优化便利化的人才管理服务，构建一批全要素、开放式的新型创业服务载体，对应设定海外高层次人才、主导产业相关顶尖人才、高技能人才评价指标，将创新型特色小镇建设为高层次人才发展平台。

导向四：打造资本高地，每个小镇集聚 100 亿元创投资本，提供"保姆式 + 接力式"金融服务

依托特色小镇优良的生态环境和鲜明的产业特色，将其打造成为具有强大的资本吸纳能力、人才集聚能力、创新转化能力、服务辐射能力的股权投资、私募金融、科技金融集聚区，并通过构建车库咖啡、创新工场、创客空间等新型孵化器、加速器，重点培育各类互联网金融、天使投资和创业投资、数量化和程序化金融等新兴金融业态，促进特色小镇的创新发展和可持续发展。

表 38 - 1　创新型特色小镇建设评价指标

主要目标	一级评价指标	二级评价指标
新兴产业高地	产业特色	主导产业产值占比
		八大万亿级产业产值占比
	产业竞争力	装备制造业增加值占规上工业增加值比重
		高新技术产业增加值占规上工业增加值比重
		生产性服务业增加值占规上工业增加值比重
创新孵化高地	孵化数量	高新技术企业数量（独角兽企业数量）
		科技型中小微企业数量
	创新驱动	新产品产值率
		研发投入占销售收入比
		全员劳动生产率
	两化融合	信息化指数
双创人才高地	创新人才数量	引进海外高层次创新创业人才数量
		引进行业领军人才数量
		引进培育高技能人才数量
	创新人才平台	众创空间
		大学生创业园、海归人才创业园、高科技人才创业园
风险资本高地	质量规模	基金总额、风投总额
		入驻投资机构数量
	资本成效	基金孵化企业数量
		上市企业培育数量

第三节 对策与建议

一、充分体现特色性元素

特色小镇不能泛化，也不能到处都是，更不能滥竽充数。浙江的特色小镇概念不是传统行政区划意义上的小城镇。特色小镇有明确的产业定位、文化内涵、旅游功能和社区功能。每个特色小镇都能体现特色产业、当地文化、江南风情和地域特色，追求差异发展、错位发展、特色发展。创建特色小镇，不是为了争牌子、抢帽子，不能异化成房地产投资，而是要为当地发展带来真金白银，产生实实在在的经济效益、社会效益和生态效益。

二、瞄准高端产业和产业高端

突出主导产业，聚焦"特色化、专业化、精细化"，培育最有优势、最具特色、成长性最强的产业。以"8＋10"产业为导向，把特色小镇打造成为新旧动能转换的功能平台。特色小镇必须瞄准高端产业和产业高端，围绕"微笑曲线"两端打造产业链和创新链，推动形成新产业、新业态、新模式。尤其要大力推进信息、环保等八大万亿产业发展和纺织、服装等十大传统产业改造升级，在"8＋10"上尽快突破。特色小镇的核心功能是产业，应发展大而强的主导产业。大力吸引"总部型、上市型、高新型、联盟型"龙头企业入驻。针对性地吸引高端人才、高端资源、高端技术。大力鼓励"80后""90后"年轻人来小镇创业，主动与国内外知名创业城市、创业区域、创业学院开通"直通车"，促进产业链、创新链、人才链、资金链融合。

三、在小镇范围里推进体制改革

特色小镇能不能成为创业的天堂，关键是"创业生态"好不好。"最多跑一次"改革已在全省深入推进，特色小镇作为转型升级的重要平台，应率先实现"最多跑一次"，打造全省改革的示范区。应该从创业者最密切的领域和事项做起，找到创业和办事过程中的痛点，切实减少办事事项和办事环节，把权力下放、事中事后监管、政府服务结合起来，让创业者"办事不出镇"，安心扎根创业。

四、优化布局和功能

产业是立镇之本、文化是小镇灵魂、旅游是小镇之兴、生态是小镇之美。

"三生融合、内外协调"是特色小镇规划的出发点。特色小镇要坚持走"三生融合"之路，充分考虑周边的产业基础、功能定位，加强与周边公共服务和公共设施的衔接。紧贴产业功能，加强旅游功能、文化功能、社区功能、生态功能的集成和融合。茶叶、丝绸、黄酒等历史经典产业有上千年的积淀，应挖掘历史文化、传承工艺精髓、发展特色旅游。通过厚重的历史文化、独特的山水资源、富有韵味的江南风情、活力无限的创新元素，体现小镇的"原生性"和"鲜活性"。

五、彰显个性特征

特色小镇的特质在于"特"，魅力在于"特"，生命力同样在于"特"，这是打造特色小镇的核心原则。"香水摇篮的浪漫风情小镇"——法国格拉斯小镇，"世界制表业的心脏"——瑞士拉绍德封小镇；"葡萄美酒的古老文化"——法国科尔马小镇，都在"特"字上做足了文章。应在"特"字上做深、做透，挖掘地域特色和独特文化，讲好"小镇故事"，实现错位竞争和差异发展。在保留原汁原味本色的基础上，实现新老建筑的有机更新，保持建筑形态与小镇肌理的延续，保留古朴的文化元素，让每个小镇都有独特的文化味道。

第39章 中小企业园区和产业集聚区 高质量建设的调研报告

在全球产业布局版图上，产业集聚成为风靡当下的产业演进趋势，自美国硅谷等开创产业集聚先河以来，国内像河北、浙江、河南等地纷纷兴起产业集聚区建设浪潮。产业集聚区建设，实质是打造区域增长极，强化产业集聚"磁场引力"，集聚高端要素、集聚高端产业、集聚比较优势，打造集聚高地。纵观全球，成功的集聚区和园区一定是遵循集聚规律，注重生产链、供应链集成耦合，注重协同创新内生催化，注重产城融合双轮驱动，通过产业集群、要素集约、功能集成做强内核，从而构筑起强大而持久的根植力、辐射力和影响力。

第一节 中小企业园区和产业集聚区创建的意义

产业园区和集聚区是中小企业转型升级的主阵地，是企业未来发展的最大空间、最大潜力、最大希望。经济高质量发展程度怎么样，关键要看企业园区和产业集聚区建设得怎么样，能不能成为现代化经济体系的坚实基础。

第一，产业园区和集聚区是推进加快发展高质量发展的重要举措。产业转型升级不快，一个主要原因是产业布局比较分散，要素使用效率不高。目前，各类开发区（园区）很多，但真正能为全省发展起到示范引领、在全国有一定地位的开发区不多。推动产业园区和集聚区高质量发展，就是要进一步夯实这一发展大平台，明确提质增效的导向：一方面，对外打响"高新"牌，加大招商选资力度，扩大有效投资；另一方面，对内按照园区的标准和要求来建设产业集聚区，为集聚区以后引进项目、培育产业设立门槛，形成约束，指明方向。

第二，产业园区和集聚区是提升产业层次的根本途径。产业园区和集聚区量大面广，而且都有了规划和定位，但重点不够突出、特色不够鲜明。抓园区和集聚区建设，不是"老的、低的、小的、散的"产业的"堆积"，而是"高的、新的、好的"产业的集聚。推动产业园区和集聚区建设，就是要加强产业规划引导，加大要素资源投入，严格考核管理，提升产业园区和集聚区的产业层次。

第三，产业园区和集聚区是促进科技创新的有效手段。目前，产业园区和集聚区科技投入产出不匹配、产学研用结合不紧密、科技评价机制不合理、人才发展机制不完善。产业园区和集聚区是企业创业创新的主战场。推动产业集聚区创建园区，就是要借助园区和集聚区灵活的体制机制，集聚创新要素，搭建科技与经济融合的改革创新平台，有效破解浙江科技创新中的难题。

第二节　中小企业园区和产业集聚区创建的导向

第一，聚焦聚力产业科学规划与合理布局。科学合理的规划布局是园区和集聚区建设发展成败的关键。宁可在规划上多花时间、多下功夫，也不能为以后发展留下遗憾。一是特色鲜明。园区和集聚区的主导产业不在多、贵在精，关键要突出特色和重点，体现核心竞争力，避免同质化竞争和重复建设。二是布局合理。目前，园区和集聚区大部分区块远离市区，"白天一派繁忙，晚上一片漆黑"，缺少生活、科技、金融等服务设施和机构。要把产业培育和城市建设统一规划，围绕园区和集聚区、高技术产业集聚、科技新城三个层次，将产业园区和集聚区打造成为高端要素的集聚地和高品质生活的科技新城。三是辐射作用要强。园区和集聚区的规划布局要有利于高新技术产业链向周边延伸，有利于人才、资金、技术向周边扩散，引领带动周边产业协同发展。

第二，聚焦聚力高新技术产业项目有效投入。创建园区和集聚区离不开有效投资。一要选好项目。产业园区和集聚区要按照产业发展定位选择项目，敢于对不好的项目说"不"，严格准入门槛，防止再搞低小散。二要强化要素保障。优化资源配置，把土地、资金等资源更多地向园区的大项目好项目倾斜。三要创新投融资机制。充分利用创业资本和资本市场，鼓励财政资金设立创业投资引导基金，撬动社会资本参与园区和集聚区建设。四是狠抓审批提速。一些科技含量高、经济效益好的项目，要特事特办、急事急办，为项目落地保驾护航。

第三，聚焦聚力科技成果产业化。一要建立健全科技创新合作机制。引导鼓励科研单位与企业在园区和集聚区共建中试基地、科技孵化器等平台载体，加快产业技术创新联盟建设，形成共担风险成本、共推科研成果产业化的机制。二要加大科技成果推广应用。通过项目示范、政府采购、财政补贴、价格杠杆等政策手段，加大对科技成果的推广应用力度。三要引导科技创新面向市场需求。依托园区和集聚区的核心企业，突破瓶颈技术，转化一批科技成果，带动高技术产业、战略性新兴产业加快发展。

第四，聚焦聚力深化科技体制改革。一要强化企业科技创新的主体地位。加快形成企业主导产业技术研发创新的体制机制，完善创新人才发展和激励制度，引导支持各类科技人员带着科技成果到园区和集聚区、到企业创业。二要优化科技创新投融资机制。一方面，要改变财政科技资金撒"芝麻盐"的做法，重点支持重大科技项目，特别是成果产业化项目；另一方面，要建立多层次、多渠道的科技创新投融资机制，鼓励和引导社会资本对科技创新加大投入。三要完善知识产权保护、创造和运用机制。知识产权是园区和集聚区的"灵魂"。既要加大依法保护力度，更要在运用上花大力气，建立健全对创新团队和个人的股权激励，使科技人员的创造热情竞相迸发。

第五，聚焦聚力产业服务。园区和集聚区建设需要建立起与之相适应的管理服务机制。一方面，进一步加大改革力度，把该赋予园区和集聚区的权限下放到位，为科技与经济融合发展扫清障碍；另一方面，园区和集聚区管理机制要理顺，减少管理层级，推行"扁平化"管理，使园区和集聚区真正成为创业创新的基地，成为产业服务创新的示范区和引领区。

第三节　对策与建议

一、加强生产链供应链的集成耦合

企业集聚是集聚区的外在表象，生产链、供应链集成耦合才是内在机理，这是集聚区与传统工业园区、开发区的本质区别，也是集聚区的根植性所在。从某种角度看，集聚区本质就是高度相关的生产链、供应链在一定空间的有机组合。有些集聚区只是地理扎堆、空间重组，生产链、供应链缺乏有机衔接，企业之间缺乏密切协作，快速响应市场的协同能力不强。高质量集聚区应该是主导产业与配套产业、上游企业与下游企业全方位的高度集成耦合，构建起高效、稳固、富有弹性的网链结构，通过大规模定制和专业化协同形成超强竞争力。

强化龙头性引领支撑。产业集群存在协同效应和集体效率，龙头企业引领能力强不强，直接影响协同效应的强弱、集体效率的高低。从成功的集聚区演化路径看，一定要有若干龙头企业，以"领头羊"吸引"群羊"，引领产业链整合提升。要按照"关联度高、创新性强、成长性好"的导向，结合集聚区比较优势和实际情况，选择若干产业作为龙头进行扶持。主导产业不在多在精，首位主导产业和前三大主导产业占集聚区经济总量的比重应分别超过25%、50%。美国硅谷、英国剑桥工业园等世界知名集聚区的支柱产业一般集中在2~3个，印度班加罗尔软件产值占园区经济总量85%以上。龙头企业、品牌企业、骨干企业是集群网络中的关键"节点"，它们做强了才能强化产业链延伸的拉力。所以，需要扶大扶强，培养名企，重点引进"节点型"企业，强化产业配套，避免孤立布点，把点状企业拉成产业链条，把产业链条铺成产业板块，培育"千亿级"产业集聚区。下力气引进产业关联度高、辐射力大及带动性强的龙头型、基地型国际大项目，依托项目加速产业链形成，也不失为一种事半功倍之举。

强化关联性耦合布局。现代竞争不再是孤军奋战，更重要的是耦合联盟。特别是随着行业边界、企业边界的深度融合，互联网、信息化的深度渗透，传统商业模式和行业规则不断被打破。基于行业关联性的聚合耦合，打破企业个体竞争，强化行业集群优势，有助于强化区域集聚力。但我们看到，有的园区和集聚区"集而不群"，横向发展有余、纵向配套不足，企业组织离散化、行业关节不紧密、企业附着度不高、产业集中度不高、上下游配套不强，容易掉入无序扎堆、产业同构的陷阱。所以，产业园区和集聚区有必要对整个供应链的信息流、物流、资金流、业务流进行有效优化，使客户、研发中心、供应商、制造商、销售商、服务商等无缝对接，形成龙头企业、骨干企业、配套企业细密分工、紧密协作的产业联盟，提升行业竞争力和市场占有率。

强化智能化生产协作。如果把园区和集聚区看成一个生产性企业，那么内部的功能模块之间一定要智能化协作。现在，产品生命周期越来越短，消费需求越来越多元化，批量化作业方式必然向需求导向的定制化方向转变，工业化的供给需要对接个性化的需求。戴尔公司在计算机行业的成功，就是凭借其个性化定制生产，加上众多模块化制造企业协作取得的。个性化定制、实时响应成为互联网时代企业生产方式的重大变革。特别是大数据时代带来全新的商业模式和投资机会，企业生产经营行为更加量化，缺乏数据支撑的生产经营甚至是盲目的。像亚马逊、谷歌、Facebook，通过对用户信息的大数据分析来实施精准化、个性化营销；IBM、惠普通过大数据为客户提供"硬件＋软件＋数据"的解决方案。所以，需要探索以大数据为基础的生产耦合方式，通过云计算等信息技术精准定位市场需求，采用弹性化定制生产方式，依托智能化制造系统快速、动态响应市场需求，"一箭多雕"满足市场需求多元化、生产成本最小化、产品供给精准化的现实要求。

强化精准化招商引资。园区和集聚区不是"百货公司"，不能"填鸭式"什么项目都装，也不能"新瓶装旧酒"堆些传统产业的坛坛罐罐，而要按照产业精准定位来招商选资，严格制定投资强度、亩产效益、耗能排污等门槛标准，切实执行产业投资强度、单位用地产值、产值能耗水耗等指标要求。实施产业链招商，细化分解产业链，绘出行业龙头企业布局图、关键共性技术需求图、重大项目开发作战图，找准产业链、创新链、价值链中关键性的"断链点"，进而明确产业链招商目录，定向招引关联性强、辐射力强、带动力强的大项目好项目。产业链配套是招商引资最大的优势，一旦大项目落地，不用费力去建链、补链、强链，这是传统"政策招商"不可比拟的。国务院发展研究中心的研究表明，优惠政策的重要性越来越低，投资者选择投资布点时，产业配套功能的关注度更高，即使有的地方低税费甚至零地价，真正有实力、有远见的企业未必会选择。

二、加快建设创新中心和品牌中心

产业集聚是类似于生物体的产业群落，生命力和竞争力固然要借助外力，但更重要的是内力，内力强弱关键在于是否有高密度的创新网络。创新是产业演进和集聚区做强的根本驱动力，缺乏创新抑或创新不强、不持久，园区和集聚区至多"大而不强"，难有永续竞争力。无论是以创新性中小企业网络为特征的"第三意大利"，还是以高技术创新为特征的美国硅谷，透视产业集聚的深层次机理都是创新。正是创新的波及、渗透效应，协同创新、跨界融合创新的辐射、溢出效应，园区和集聚区才拥有集群竞争力，产业在地理上的集聚效应才得以强化。所以，高质量的园区和集聚区应该是知识创造中心，新思想、新创意、新品牌的裂变中心，新技术、新工艺、新专利的试验中心，新业态、新企业、新产业的孵化中心，这是集聚区的生命力，也是产业升级的动力源。

协同创新是产业集聚的内核。协同创新不是创新要素的大拼盘，而是构筑基于技术合作和商业化的协同创新系统，促使技术的集成、转化和价值实现。对于集聚区来说，创新就是"神经网络"，任何技术创新都能快速移植、嫁接、溢出到上下游和同行业，使个体创新演变成集群创新，促进跟随创新、融合创新、持续创新、系统创新。协同创新的关键是"创新源"从哪来，创新链与产业链是否协同，创新联盟是否紧密，是否形成利益共同体。从国外产业集聚路径看，关键是知识中心、技术中心、创新中心快速实现市场转化的机制。创新主体不光要发生"物理反应"，更要发生"化学反应"。像硅谷与知识技术中心斯坦福大学、128公路与麻省理工学院、林肯试验中心等，渥太华电讯谷与贝尔北方研究中心、北方电讯，筑波科学城与筑波大学以及中国台湾新竹工业园和中国台湾"交通大学""清华大学""工业技术研究所"等，不仅地理上靠近，更重要的是"校企园协同创新"紧密联盟。以斯坦福大学为例，过去50年，硅谷中由斯坦福教师、学生和毕业生创办的公司达1200多家。50%以上的硅谷产品、60%以上的价值由斯坦福校友创造。斯坦福创造了硅谷神话，硅谷神话反过来缔造了斯坦福辉煌。这就是产学研协同创新、互动互融的典范。所以，有必要加强产学研用的跨界合作、跨领域研发、跨学科协同，建立区域研发和产业化基地，催化创新要素耦合发生化学反应，使创新"像空气一样无处不在"。引进一个"泰斗式"人才，往往会带来一个创新团队，催生一个新兴产业，培育一个新增长点。充分挖掘高端人才引发的链式效应、连锁反应，创造条件以项目引人才、以项目聚资本，这样技术、项目、资本"联姻"就更加有可能。

开放融合是协同创新的天然培养基。对企业而言，产品或服务生命周期的缩短同步压缩了创新周期，企业创新压力空前增大。传统的封闭式创新模式下，企业通常是做"内功"，创新活动主要限于企业内部。开放式创新则不同，它突破了企业边界，重视客户参与，从以产品为中心转向以客户为中心，实现了产品创新与市场创新的融合。ATT、IBM、P&G、INTEL 等国际巨头都再造了开放式创新模式，更加注重外源性创新对企业发展的推动。集聚区作为创新高地，创新环境要更加开放融合，鼓励冒险、善待失败，搭建有利于知识、技术、信息、人才、资本等要素无障碍流动、无缝隙耦合的网络结构。特别是新思想、新技术、新知识的大碰撞、大交融，对风险投资和创新要素是极强引力。研究表明，科学家 40% 左右的创新知识通过非正式交流获得，工程师的这一比例更是高达 60%。这种非正式交流往往激发了知识碰撞，促进创新要素与智力资本结合，是创新思想产生和扩散的重要源头，而且非正式交流面比较广、频率比较高、传播速度比较快、知识溢出明显。

区域品牌是创新力的显著标识。产业园区和集聚区的规模经济、范围经济和溢出效应大小，取决于创新力的强弱，最终凝结在区域品牌上。区域品牌代表一个区域的软实力。它可以体现为集体商标，也可以体现为地理标志。法国香水、意大利皮具、瑞士手表、巴黎时尚等，都是区域性国际名牌。如果集聚区缺乏创新力，区域品牌打不响，最终难以形成高层次集聚，也难有持久竞争力。一个"土壤肥沃"的产业集群，往往会滋生一批富有创新力的品牌企业；而一批优秀的名牌企业，又会促进集聚区创新网络和创新气候的形成。这样，产业集群、品牌集聚、名企汇集就形成了良性循环。从现实看，除了龙头企业创牌外，一般企业创牌难度很大、成功率不高，而联盟创牌相对容易，而且区域品牌效应更广泛持久。意大利北部的皮具加工产业集群，就做到了中小企业与区域品牌的相互促进、交相辉映，创造出了世界级的区域品牌。所以，一个有实力的集聚区应通过 3～5 年的努力，打造成国内有较强影响力、国际有一定影响力的区域国际品牌，打造 2～3 个在世界有一定知名度的企业品牌，引领集聚区向纵深发展。

三、加强产城双向融合和双轮协动

产业化与城市化共生共荣。没有产业支撑，城市再漂亮也是"空壳"；没有城市依托，产业再高端也只能"空转"。产业集聚带来规模收益递增、空间要素良性累积、产业链条耦合延伸，但如果集聚程度超过了城市负荷，扩散效应超过了集聚效应，非经济现象比如土地价格飞涨、基础设施拥挤、商务成本骤升、生态环境恶化等问题就会出现。所以，园区和集聚区可能规模经济、集聚经济，也可能规模不经济、集聚不经济。产业集聚程度有疏有密，产业集聚绩效有优有劣，产业集聚前景有盛有衰，关键要以产兴城、依城促产，产城双轮驱动、双向融合，提升园区和集聚区的综合承载力和可持续发展能力。

产城要协同开发。城市化与产业化不能一快一慢、脱节分离。否则，产城功能不衔接，上班时成"堵城"，下班后成"睡城"；公共服务不配套，"白天热热闹闹、晚上冷冷清清"，人才"望区兴叹、来而不留"。防止产城割裂，首先是规划不能割裂、区块功能不能模糊。如果统筹规划不够，不顾区域特色、资源禀赋、环境容量，一哄而上盲目推进，肯定建不好。目前，园区和集聚区统筹规划建设还不够，开发建设主体比较多元化，功能分区、产业布局、项目规划等方面还有较大可挖空间，有的甚至还是开发区、高新区、工业园区的"组合区"。这是当前迫切需要解决的问题。实现产城双向融合，就需要避免"孤岛式"开发路径，合理规划生产生活生态空间，协同构造园区社区功能，加快从单一的生产型集聚向生产、服务、居住、消费等多点支撑的城市经济转型，形成主导功能明晰、配套功能强大、基础设施成网的产城组团。

要素配置要市场化。当前，要素约束越来越刚性，稀缺性越来越强，我们离要素供给的"天花板"越来越近。建设园区和集聚区，旨在破解"保障发展与保护要素"的两难困境。园区和集聚区作为转型升级的先行区，是要素承载和利用的重要平台，应率先在要素市场化配置改革上趟路，成为要素最优化配置的典范。按照"集约、高效、持续"的理念，实施要素精准化配置，以市场化为导向，以亩产效益为核心，以差别化政策为手段，建立科学衡量企业效益的"标尺"，让要素投向更加精准、适得其所、最大化利用，激励或倒逼企业转型升级。根据企业亩产效益情况，在用地、用电、用能、排污权、城镇土地使用税、房产税、信贷、引进人才、申报项目等方面实施差别化政策。通过"奖优罚劣"的政策导向，一方面触痛效益比较差的企业的神经；另一方面对效益好的企业形成有效的激励。还要切实防止园区和集聚区"泡沫"，避免新的"圈地运动"，严格实行新增用地弹性出让制度，比如工业用地要推行"3年建设期+5年投产达标期+X年正常生产期"的分阶段弹性出让制度，避免"干一辈子企业不如圈一块地"的现象。

软硬实力要并重。在做强产业功能的同时，必须做强城市功能，城市软硬件都要跟上。否则，如果城市功能不强，"小马拉大车"难以持续。就硬实力而言，关键是基础设施必须跟上，这是提高园区和集聚区吸引力、承载力的关键。特别要加强城市治堵，优化路网结构，疏通路网节点，发展智慧交通，提高通行能力。就软实力来说，最突出的是产业服务体系和投资兴业环境。目前，园区和集聚区的产业服务体系还不够完善，多元化融资、研发成果转化、检测认证等服务平台还比较滞后，资产评估、风险投资、品牌设计等中介服务匮乏，影响了园区和集聚区的软实力。园区和集聚区不光是产业高地，更要建成创业高地，产业服务要更加完善。营造更加开放、包容、高效、便捷的投资营商环境，落实好企业投资负面清单制度、政府权力清单制度、专项资金管理清单制度，稳步推动行政审批和管理权限向园区和集聚区下放，建立功能集成的"政务超市"和综合执法平台，构建"一个窗口对外、一个漏斗对内"的服务机制，力争"审批不出区、办事不出门""挂号式"解决难题，让投资者感受到集聚区投资的便利化、阳光化。

第40章　浙江省加快建设"全球金融科技中心"的调研报告

国家"十三五"科技创新规划提出，加快建设国家科技金融创新中心。杭州市是全国"互联网＋"金融的标杆，金融科技水平位于我国第一梯队，建议利用杭州的移动支付之城、掌上办事之城、科技创新之城、电子商务之城、互联网金融之城等多重优势，以钱塘江金融港湾、城西科创大走廊、玉皇山南基金小镇等为重要平台，打造"一带一路"国际新金融枢纽，加快建设"全球金融科技中心"，为实体经济与金融紧密结合提供重要支撑。

第一节　谋划全球金融科技中心的战略定位

金融科技起源于20世纪70年代，目前全球金融科技规模达18万亿美元，中国约2.2万亿美元，占全球的12.2%，其中电子支付、互联网信贷分别占全球的50%、75%。2016年中国金融科技融资规模达77亿美元，首次超越美国（62亿美元），全球最具实力的五大金融科技巨头，中国占据了四席，中国金融科技已弯道超车成为全球领导者。目前，纽约、伦敦、香港、北京（雄安）、上海、深圳等均加快抢夺金融科技发展制高点。《2017金融科技中心指数》显示，杭州与北京、上海、深圳、广州是中国金融科技中心的"第一梯队"，杭州市金融业增加值超1000亿元，占GDP比重近10%，移动支付、网贷、众筹、区块链、大数据征信等五个行业位居全国前列，金融科技产业链优势凸显，金融科技体验位居全球第一。

顺应全球金融科技产业竞争态势，按照打造"一带一路"国际新金融枢纽的战略定位，将金融科技纳入浙江重大发展战略，与上海、北京、深圳差异竞争、错位发展，建设具备"世界眼光、国际标准、浙江特色"的金融科技中心。一是到2020年，以钱塘江金融港湾、杭州城西科创大走廊、玉皇山南基金小镇等为基地，将杭州市建成为全国互联网金融创新中心、全国金融科技中心。培育3~4家具有世界级竞争力的金融科技企业，力争2020年全省金融科技产业产值突破8000亿元。二是到2030年，将杭州市建设成为亚太金融科技中心。第三方支付产业、区块链金融、"大数据＋"金融产业、供应链金融在亚太地区具有领先优势，培育5~7家具有世界级竞争力的金融科技企业，力争2030年全省金融科技产业产值突破2万亿元。三是到2040年，将杭州市建成为海内外有较强竞争力和知名度的全球金融科技中心。培育 8～10 家具有世界级竞争力的金融科技企业，力争 2040 年全省金融科技产业产值突破 5 万亿元。

第二节　金融科技中心建设的路径选择

（1）建设一座"金融科技创新城"。北京市 2017 年 9 月设立"金融科技孵化器"；上海陆家嘴 2017 年 11 月提出建设"金融科技生态圈"；深圳市 2016 年 1 月提出"国际化金融创新中心"并建设"粤港澳大湾区"；广州市成立"金融科技联盟"；青岛市建立"中英金融科技孵化器"。应加快谋划浙江金融科技高端创新平台。结合钱塘江金融港湾、杭州城西科创大走廊、区域性金融服务中心建设，利用阿里巴巴等龙头企业强大的磁场效应和辐射作用，在钱塘江金融港湾里面划出 3～5 平方公里建设金融科技创新城，集聚高层次人才和高端研发机构，建立金融科技产业集聚发展生态链。

（2）建设 3～4 个金融科技产业园。在杭州滨江高新科技园区、城西科创大走廊、宁波等地建立 3～4 个侧重点不同的金融科技产业园区。产业园定位以金融科技创新驱动为主，突出大数据、物联网、人工智能与实体经济的深度融合。建设若干个金融科技独角兽产业园，鼓励金融科技企业、传统金融机构和高校院所共建金融科技研发中心。制定支持金融科技企业投资落户园区的"最多跑一次"改革方案，集聚大数据、云计算、区块链、人工智能等金融科技企业，招引法务、会计审计、信用评级、担保、咨询等中介机构入驻园区。

（3）筹办"世界金融科技大会"。借鉴"世界互联网大会""世界油商大会""世界地理信息大会"经验，以钱塘江金融论坛、金融科技创新博览大会等为基础，办好"世界金融科技大会"。与全球范围内的领先金融科技企业合作，邀请其来杭设立金融科技研发中心。利用之江实验室、西湖大学、浙江大学、阿里巴巴、网易等强大的磁场效应，引进名校名所名企入驻，联合组建"金融科技实验室""金融科技创新联盟"。

（4）制定金融科技"独角兽"培育计划。《2016 全球金融科技 100》榜单中，我国金融科技公司占了前 5 名中的 4 位，但从整体实力看，中国仅有 8 家金融科技公司上榜，美国公司达 24 家，排名第 1，排名第 2 的英国有 13 家公司上榜。积极支持蚂蚁金融、网易金融、恒生电子、同花顺、微贷网、鑫合汇、挖财网、铜板街、盈盈理财、PingPong 金融、连连科技、信雅达等金融科技企业做大做强。实施金融科技"独角兽"培育工程，推动金融科技"独角兽"开展"凤凰行动"，加强与港交所、纳斯达克、上交所、深交所等的战略合作，拓宽金融科技"独角兽"上市的通道，力争 3 年内有 10 家左右"独角兽"在海内外上市。复制推广阿里巴巴 Paytm 走出国门的典型经验，提高杭州金融科技的外向度和知名度。

（5）加快发展"平台型"航母级企业。未来企业之间的竞争会逐步演化为平台与平台之间的竞争，平台型企业通过业务拆分、并购重组成为孵化产业链和独角兽的重要源泉，也是新时代数字金融的"夺宝奇兵"。阿里巴巴作为平台型企业已孵化出蚂蚁金服、淘票票、阿里云等 14 只独角兽，总估值 1988.5 亿美元；腾讯系也孵化出腾讯云、微众银行等 16 只独角兽，总估值 1320 亿美元。对此，充分重视平台型企业衍生孵化产业链和独角兽的独特优势，深化与阿里巴巴、网易、海康威视等大企业大平台战略合作，依托平台型企业强大的资金集聚、资源整合以及成熟的流量、渠道、变现能力，打造"平台型企业 + X 独角兽"的孵化生态。

（6）构筑金融科技产业集群。赴纽约、伦敦、北京、上海等金融科技发达地区开展精准招商，吸引优质企业入驻杭州，增强杭州金融科技企业的数量与质量，形成产业集群效应。借鉴福地系列创业园的运营经验，为金融科技企业提供投创对接、人才交流、项目投资等方面的便利，建设众创空间、长租公寓等配套设施，吸引金融科技机构和人才在杭集聚。支持金融科技"阿里系"、金融创新"浙大系"、金融人才"海归系"、股权投资"浙商系"等创业创新，引进紧缺型国际高端人才并给予创业支持。

（7）聚焦培育高精尖细分行业。基于杭州的地缘优势，聚焦金融科技发展趋势——客户导向（Customer – centric）、轻资产（Asset – light）、可扩展（Scalable）、创新性（Innovative）、重合规（Compliance），重点发展第三方支付、金融数字化、大数据征信、消费金融、供应链金融、区块链、监管科技等具有先发优势的金融科技细分行业。

第一，培育第三方支付产业。我国第三方支付市场规模已达 11.4 万亿美元，是美国 6.3 万亿美元的 1.8 倍。目前，杭州市拥有 11 家第三方支付机构，在全国 337 个城市中排名第 1 位，超过北、上、广、深，处理第三方支付业务占全省总规模的 95%，支付宝用户数达 5.2 亿人。抓住第三方支付起源于杭州的先发优势，大力推动移动支付技术应用，加快支付验证技术迭代创新，创新发展"密码支付""指纹支付""声波支付""刷脸支付"等新型支付方式，提供个性化、智能化、趣味化以及性价比高的服务体验。

第二，培育区块链产业。2017 年 4 月全国首个区块链产业园区落户西湖区互联网金融小镇。西溪谷互联网金融小镇已集聚蚂蚁金服、网商银行、支付宝等知名互联网金融企业 240 多家，小镇全年财政总收入 43.3 亿元，集成了区位优势、产业优势、人才优势、资本优势、政策优势。全球知名区块链公司包括巴比特、趣链科技、云象、保全网、算力宝、嘉楠耘智等知名企业正在聚集。顺势而为，鼓励发展区块链金融，大力吸引区块链高端企业和重大项目，推动区块链技术创新和应用，抢占金融科技制高点。

第三，培育大数据金融产业。目前，国家金融数据库已收录自然人信息 9 亿多人、机构信息 2210 万户，采集非金融信用信息 51 亿条。浙江金融大数据在信贷、理财、保险等细分领域均有布局，涌现出东方财富、同花顺等大批龙头骨干企业。应加快建设金融信息大数据平台，采用数据策略定制、联合建模等模式，深度运用人工智能、区块链、生物识别、数字加密、云计算等技术，支持金融大数据聚合、数据深度分析与解释、实时监控和动态管理。

第四，培育供应链金融。加快产业集聚与供应链金融相融合，把"永康五金""海宁皮革""绍兴纺织""诸暨袜业"等块状经济与阿里巴巴、网易等大型互联网平台结合，依托线下线上大数据，整合供应链物流、资金流、信息流、技术流，加快发展供应链金融，支持蚂蚁金服发展农村供应链金融。创新供应链金融服务模式，探索运用应收账款质押、货权质押等手段封闭资金流以及控制物权，为供应链上下游企业提供金融服务。

第三节　对策与建议

（1）研究金融科技产业政策。目前，网络支付、网络小额贷款等牌照发放和网络借贷备案均已暂停，金融科技遇到了行业准入、业务许可的难题。对此，应及时研究金融科技产业的市场准入问题，帮助金融科技企业依法申请支付、结算、借贷、保险、基金等牌照。制定推动传统金融机构、类金融机构应用金融科技的政策措施，利用人工智能、区块链、大数据等技术创新推动金融科技产业，研发智能投顾等基于特定场景的金融创新产品和服务。

（2）探索设立金融科技引导基金。北京市大力支持初创型金融科技企业借壳上市，上海市大力发展金融科技创业基金、创业投资引导基金，深圳市发力创新金融科技融资方式。探索设立金融科技产业引导基金，引进海内外优秀金融科技高端项目和知名企业，扶持在区块链、数字货币、金融大数据等领域的领先项目。针对金融科技领域的企业营改增后税负加重或比传统金融机构负担重的问题，研究制定支持金融科技创新的财政奖补、税收返还、政府采购等支持政策。

（3）构建金融科技征信体系。支持互联网征信产业的发展，建立金融大数据征信体系，鼓励拥有大数据的金融科技企业对大数据进行整合和挖掘，进行商业化运用。鼓励具备资质的信用中介机构开展针对金融科技企业的信用评级。支持符合条件的金融科技企业稳步接入人行征信系统。加快推动金融科技领域信息互联互通，有效整合银证保等金融机构和监管部门的金融数据，探索打通"浙江政务服务网"与阿里信用等企业数据的共享通道。

第六篇　塑造海外良好形象　提升中国中小企业竞争力的若干研究报告

第41章　新常态下创新与社会责任对中国产品海外形象影响的研究报告

第一节　问题的提出与研究假设

一、问题的提出

中国产品的海外形象究竟如何？众说纷纭。一般海外消费者认为，中国海外产品价廉适用，属中低档品牌，但至今国内外都没有定量回答这一重要问题。作为国内首次针对来自全球108个国家6701个外国消费者的问卷调查，本章的研究结论对传统的中国产品"以价廉促多销"的海外形象战略提出挑战，认为经济新常态下，品质、创新和社会责任并驾齐驱，形成提升中国企业与产品形象的三大动力源，其研究结论对于提升中国产品海外形象、实施"一带一路"倡议具有重要的借鉴意义和参考价值。

已有的研究分别探讨了产品品质、创新和企业社会责任对提升中国产品海外形象的影响和重要作用。关于产品品质对产品形象、企业形象和国家形象的影响是20世纪初学者们关注和研究的重要命题，其对中国产品海外形象具有显著的正向影响这一研究结论已毋庸置疑。关于创新对产品海外形象的影响，主要集中在创新驱动的经济发展、协同效应和挤占效应方面，认为中国企业和中国产品必须具有创造力，创新已经成为影响中国产品长期和短期海外形象的重要因素。关于通过企业社会责任提升产品的形象，引起了学者们的广泛争议。一部分学者认为企业社会责任是一个重要的营销手段或工具，其对产品的价值、消费者购买意向/行为、消费者的满意度和忠诚度会产生强烈的影响。李伟阳和肖红军（2011）认为企业社会责任源于自愿的慈善行为、社会或消费者对企业行为的期望、企业对社会压力的回应等九种认识，可以看出，无论是主观自愿，还是迫于社会压力，作为产品提供者的企业履行社会责任义务的主要驱动因素是社会、是大众，是企业广义的消费者。消费者对"绿色"和企业社会责任的需求已经到了一种空前的状态，海外消费者在不断思考自身购买行为所带来的环境和社会影响；还有一部分学者认为企业社会责任不应该被作为一种战略工具或者手段提升企业绩效。无论企业社会责任是否应该作为提升企业绩效的营销工具或手段，其对提升中国产品海外形象的正向影响都得到了学者们的广泛认可与支持。

然而，新常态下，我们关注的重点是，产品品质、创新和企业社会责任是否会同时对中国产品的海外形象产生重要作用，三者对于提升中国产品海外形象的重要程度是否存在显著差别？企业的有限资源应重点投资于哪个或哪些要素，才能更好地发挥效用，提升海外消费者心中的产品形象、企业形象。

本章的主要贡献在于：①至今没有学者用全球的研究数据说明中国产品在海外消费者心目中的具体形象和实际状况，本章的研究数据来自针对全球 108 个国家的 6701 个外国消费者进行的问卷调查，相比于国内消费者数据或地区级消费数据，得出的研究结论更加全面、真实、可靠。②在研究方法上，使用多重中介模型，综合考虑创新（包括技术创新和市场创新）、产品品质和社会责任（含消费者的绿色信任和感知的企业社会责任）的相互影响，考察特定间接效应的影响，而非给定中介变量对市场导向和产品海外形象的中介作用。③同时将创新、产品品质和社会责任三者纳入一个理论分析框架，考察三者的对比效应，探讨三者的重要性是否存在显著区别，进一步完善中国产品海外形象提升的理论框架，同时为企业的实践提供有借鉴作用的实际指导，使研究结论更具现实意义。

二、研究假设

（一）市场导向与产品海外形象

目前，中国正面临着发达国家蓄势占优和新兴经济体追赶比拼的两头挤压和双重挑战，这也将是中国转变战略模式、进行转型升级、提升产品海外形象的重要战略机遇期。"国家的产品形象"是学术界关于特定国家产品在海外形成的总体印象的常用术语，一国产品的海外形象与这个产品的来源国形象、与产品水平上的国家形象有着密不可分的联系。产品海外形象最初的定义可以追溯到 Nagshima（1970）的概念："'形象'意味着与思想、情感背景和内涵相关的概念，因此，制造国形象是商人和消费者都非常重视的对一个特定国家产品的构想、声誉和刻板印象，这个形象被诸如代表性产品……所创造，……它强烈的影响着国际市场的消费者行为。"尽管使用"制造国"这个术语指定形象的对象，但这个定义实际上指的是这个国家的产品，即一国产品在海外的形象。

1977 年，Nagshima 明确提出了制造国的产品形象，并认为其由五个类别组成，分别是价格与价值、服务与管理、广告与声誉、设计与风格和消费者资料或顾客资料。其中，价格与价值类别通过五项指标衡量，包括不昂贵/合理的定价、可信赖程度、奢侈品/必需品、有针对性的/大众的、重工业品/轻工业品；服务与管理类别通过细致和一丝不苟的工艺流程、技术的先进性、批量生产/手工制造、全球分布、发明/模仿等五项指标进行测量；通过持有的自豪感、过多的广告和可识别的品牌名称三项指标衡量广告与声誉类别；设计与风格类别也包括三项衡量指标，分别是尺寸与型号的选择范围、关心外观设计/关心性能和巧妙的运用色彩；消费者资料类别包括年轻人居多/老年人居多、男性居多/女性居多、上层阶级/下层阶级三项内容。

随着 Nagshima 定义和分类的提出，许多研究者相继提出了类似的聚焦于产品形象的概念，虽然他们同样使用了制造国形象这个术语，这类研究对象通常是"整体的"或"一般的"产品形象，而不是特定产品类别的国家形象，如指定国家的电视或汽车形象。Narayana（1981）认为，任何特定国家产品的总体形象指的是为消费者所感知的、与这个国家提供的产品相关的整体内涵；Han（1989）认为是消费者对于某一给定国家生产的产品的质量的总体感知；Roth 和 Romeo（1992）指出，国家形象是基于消费者之前对于一个特定国家的产品和营销优劣的感知，形成的对这个国家产品的整体感知；同样的，Strutton 等（1995）指出，综合的制造国形象是从每个国家的利益出发，由初始商品的精神复印本、声誉和刻板印象组成；Bilkey（1982）认为是购买者对于不同国家生产的产品和服务的相对质量的观点。

总体而言，产品提供者可以通过两种方式探寻准确的市场导向，为消费者创造价值，一是通过降低与消费者利益有关的成本，例如降低产品的价格与提升产品的价值，为消费者提供便利的服务、管理流程等；二是通过增加与消费者成本有关的利益，例如设计符合产品特性的广告与保证产品的信誉，设计符合产品属性的包装风格，通过完善的顾客资料有针对性地为消费者提供产品和服务等。产品提供者不仅需要掌握市场的成本和收益动态，还需要掌握与目标客户群/市场相关的消费者的成本和收益动态，即产品提供者必须全面掌握所有层次的经济和政治约束，确立准确的市场导向，清楚市场将来可能的需求，识别出市场消费者现在和将来可能认知的满意因素。这样的市场导向可以创造更多的价值，从不同的角度提升产品在消费者心中的形象，基于此，本章提出：

假设 1：市场导向越准确，中国产品的海外形象越好。

（二）创新、责任和品质的中介作用

尽管市场导向的确定与准确定位是必不可少的，但这并不够，中国企业和中国产品必须在保证产品品质的前提下具有创造力，履行企业对社会责任以及"绿色"的承诺。目前，企业的差异化越来越难以实现，边际利润下滑，创建企业战略革新和想象的能力越来越重要，毋庸置疑，创新已经成为影响中国产品长期和短期海外形象的重要因素。然而，有效的创新必须和强烈的伦理观、价值观以及社会责任感相匹配，逐渐增长的消费者期望等许多力量正驱使中国产品实践更高水平的企业社会责任。消费者对企业绿色程度的信任与其感知到的企业履行社会责任承诺的程度共同形成了责任维度，关于企业是否应该履行社会责任提升其产品的海外形象，大体上可以归纳为两种观点：一种是反对论，持有这种观点的学者担心对于社会责任的过度关注可能会导致研发部门等领域的重大商业投资受到损害，如 Adam Smith (1776) 声明："我们从来不知道那些声称为了公众利益的人能得到什么好处"；Milton Friedman（1970）认为这种社会新行为在本质上是破坏性的，因为它们暗中破坏了上市公司追逐利益的目的，浪费了股东的钱。另一种是看重企业社会责任的价值、看重企业的绿色发展，尤其关注消费者感知下对企业的信任程度，认为这不仅是正确的事情，也是需要去做的聪明的事情。Schurr 和 Ozanne（1985），Kalafatis 和 Pollard（1999）认为，绿色信任是消费者基于企业产品对环境绩效的信用和能力而产生的依赖企业产品、服务或品牌的意愿。绿色信任在企业定位市场与提升产品形象的过程中起着重要的作用。如果一些企业为了增加其产品的销量，虚假地赋予其产品一些误导、混淆消费者的绿色主张，夸大了其产品的环境价值，就会导致消费者不再愿意相信他们的产品，降低其对企业产品形象的感知。由此可见，无论对责任持有哪种观点，随着时间的推移和消费者对社区、环境等关注度的提高，感知的企业社会责任和绿色信任已经成为企业培育良好形象的重要途径和载体。

似乎所有中国企业已经决定在企业社会责任中扮演一个更积极的战略性角色，小心地审视目标海外市场消费者的信仰以及应该如何对待其社区和环境，这些企业正接受挑战并利用对品质、对创新、对责任、对可持续性的需求来加速提升形象。因此，本章提出如下假设：

假设 2：产品提供者对市场导向的关注度越高，消费者对企业绿色发展的信任程度（H2a）、对企业社会责任履行的感知程度（H2b）越高，中国产品的海外形象提升越快。

假设 3：产品提供者对市场导向的定位越准确，其对中国产品品质的感知越好，越容易实现产品海外形象的提升。

假设 4：产品提供者的市场导向越准确，技术创新（H4a）和市场创新（H4b）的程度越高，中国产品的海外形象越好。

综合以上，我们认为使用 Nagashima（1970，1977）的概念和分类来界定中国产品的海外形象较为恰当，既考虑了中国作为产品来源国的形象，也能够衡量中国产品在中国以外的国家市场中的海外消费者如何看待中国产品，并且排除了两者差异的干扰。因此，能够从产品形象的五个类别来衡量中国产品的海外形象。同时从三个维度出发，考察市场导向对中国产品海外形象的影响。消费者对企业绿色发展的信任程度（绿色信任）和其对企业社会责任履行的感知形成了责任维度，技术创新和市场创新组合为创新维度。根据市场导向，责任、感知品质、创新三个维度和产品海外形象这五者的关系，形成本章研究的理论框架，如图41-1所示。

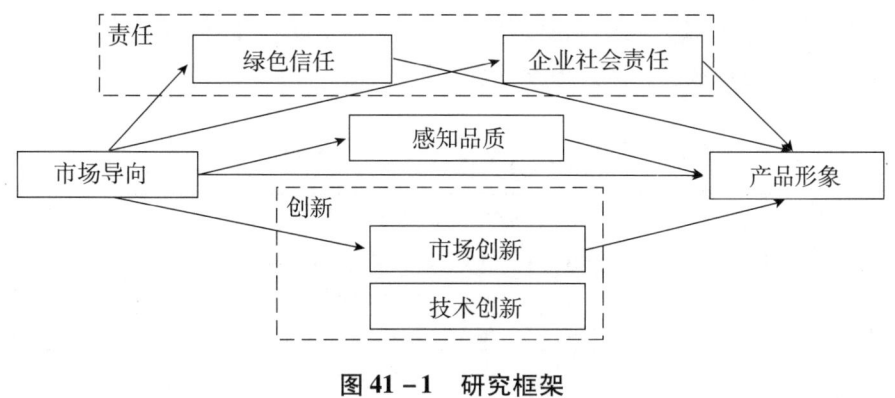

图 41-1 研究框架

第二节 样本数据来源与研究方法设计

一、样本数据基本情况

本章的调研对象设定为有过双国生活经历的非中国人，华侨与外籍华人不在调查范围内。受访者分别来自北美洲、南美洲、中美洲、大洋洲、欧洲、亚洲、非洲等地区。此次调查收集了美国、加拿大、巴西、哥斯达黎加、澳大利亚、英国、法国、俄罗斯、哈萨克斯坦、印度尼西亚、日本、韩国、埃及、南非等108个国家的6701份问卷样本，是目前国内关于中国产品海外形象的研究中，收集样本最多、分布世界区域最广、涵盖国家最多的一次调查。问卷使用中文和英文两种语言形式，标准的返译（back-translation）技术（Brislin，1986）被应用到中英两个问卷版本中。

调查问卷使用 Bollen（1989）建议的7点里克特量表进行评价，1=强烈不同意或程度非常低，7=强烈同意或程度非常高，NA表示不清楚或不知道。内容设计上分为两大部分：第一部分根据 Nagashima 的概念和分类描述中国产品在海外的形象现状，包括核心形象、外围形象和社会形象；第二部分根据提升中国产品海外形象的传导机制探索主要的影响因素和优化路径，如市场导向、感知品质、创新水平、社会责任等，共 146 个题项。

此次调查共发放问卷 6701 份，回收 4190 份，回收率 62.5%，剔除部分数据漏填、数据全部一样、数据跳填或填项矛盾[①]等问题问卷，剩余有效问卷为 2992 份，有效率为 71.4%。在有效样本中，男性 1683 人，占 56.2%；女性 1309 人，占 43.8%；受访者的年龄多数分布在 25～55 岁之间，占 81.1%；家庭年收入多数在 3000～70000 美元之间（53.0%）；多数有宗教信仰（60.8%）；未婚（56.7%），并且拥有本科及以上学历（71.0%），详见表 41 - 1。受访者从事的工作分布在不同领域，包括事业单位人员、企业职员、个体/私营业主、学生、互联网商务、足球教练、医疗保健、自由职业等。

表 41 - 1　样本分布与统计

特　征	频数/个数	百分比（%）	特　征	频数/个数	百分比（%）
性别	—	—	地区分布	—	—
男	1683	56.2	亚洲	1989	66.5
女	1309	43.8	欧洲	350	11.7
宗教信仰	—	—	非洲	323	10.8
有	1818	60.8	美洲	296	9.9
无	1078	36.0	大洋洲	19	0.6
缺失	96	3.2	缺失	15	0.5
学历	—	—	对中国的了解程度	—	—
高中或以下	710	23.7	非常了解	199	6.7
本科	2061	68.9	比较了解	952	31.8
研究生及以上	63	2.1	一般了解	1033	34.5
缺失	158	5.3	了解一点	691	23.1
家庭年收入	—	—	不太了解	90	3.0
不超过 3000 美元	245	8.2	缺失	27	0.9
3000～9000（含）美元	703	23.5	在中国停留时间	—	—
9000～20000（含）美元	497	16.6	少于 6 个月	199	6.7
2 万～7 万（含）美元	386	12.9	6 个月～12 个月	504	16.9
7 万～10 万（含）美元	437	14.6	1～2 年	911	30.4
10 万～16 万（含）美元	326	10.9	2～4 年	927	31
超过 16 万美元	162	5.4	四年以上	432	14.4
缺失	236	7.9	缺失	19	0.6

---

① 数据全部一样是指单个受访者在 1～7 点的所有题项中，全部选择了同一个数字；数据跳填是指每隔 2～3 个题项填答 3～5 个题项；填项矛盾分为两种：一是同一个题项选择了两个数字点；二是在反向题中出现了明显的矛盾信息。回收的问卷出现以上任何一种情况，均被认为受访者存在某种程度的不认真成分，视为无效问卷。

二、变量测量

产品海外形象。本章使用 Nagashima（1977）提出的产品形象由价格与价值、服务与管理、广告与声誉、设计与风格、消费者资料等五个类别组成的产品形象量表（JM）。采用里克特 7 点量表进行评价（Bollen，1989），1 = 程度低，7 = 程度高，NA 表示不清楚或不知道。得分越高表示中国产品在发展中国家消费者心目中的形象越好，反之亦然。

市场导向。本章采用 Narver 和 Slater（1990）设计的市场导向量表（JM）。使用 Bollen（1989）建议的 7 点量表尺度进行评价，1 = 非常低，7 = 非常高，NA 表示不清楚或不知道。低分代表市场导向不理想，高分代表产品提供者以发展中国家市场消费者的需求为中心，市场导向较为准确。样题如"您觉得中国产品能够充分理解您的需求""您觉得中国产品是以提高消费者满意度为最高宗旨的"等。

消费者感知的企业社会责任。本章采用 Lichtenstein 等（2004）编制的感知的企业社会责任量表（JM）。同样使用 7 点的里克特量表形式，1 = 强烈不同意，7 = 强烈同意，NA 表示不清楚或不知道。高分代表消费者感知的企业履行社会责任程度较高，低分代表较低的企业社会责任水平。样题如"您觉得中国企业已经将慈善活动融合到企业的商业活动中""您觉得当地的或者其他国家的非营利组织能够从中国企业的贡献中受益"等。

绿色信任。本章采用 Chen（2010）编制的绿色信任量表（JBE）。使用 7 点的里克特量表形式，1 = 强烈不同意，7 = 强烈同意，NA 表示不清楚或不知道。高分代表消费者对企业绿色发展的信任程度较高，低分表示较低的绿色信任水平。样题如"您觉得中国企业对企业产生的污染物和废弃物能够且已经进行了恰当的处理""您觉得中国企业能够提高能源使用效率，推动资源的节约和循环利用"等。

感知品质。本章采用 Dodds 等（1991）编制的感知质量构念量表（JMR）。采用里克特 7 点量表形式，1 = 非常低，7 = 非常高，NA 表示不清楚或不知道。低分代表消费者感知的产品质量较低，高分代表消费者对产品的感知质量高。样题如"您使用中国产品时，觉得中国产品的可靠性是""您使用中国产品时，觉得中国产品的耐用性是"等。

技术创新和市场创新。本章分别采用 Zhou 等（2005）（JM）与 Gatignon 和 Xuereb（1997）（JMR）形成的两个创新量表。7 点的里克特量表形式，1 = 强烈不同意，7 = 强烈同意，NA 表示不清楚或不知道。高分代表在发展中国家消费者的认知中，中国产品具有较高的技术创新水平和市场创新能力，低分表示较低的在技术和市场方面创新的程度。技术创新样题如"您觉得中国产品的技术应用完全区别于主要竞争对手的产品""您觉得中国产品的创新程度很高、是无可替代的"等。市场创新样题如"您觉得主流消费者使用中国产品时需要付出学习了解方面的努力""您觉得主流消费者需要花费较长时间理解中国产品的全部优点"等。

第三节　实证检验与结果分析

一、信度和效度分析

对问卷量表进行信度和效度检验以及进一步的假设验证，验证性因素分析结果显示（见表41－2）各量表的组成信度（CR）在 0.749～0.872 之间，平均提取方差（AVE）值介于 0.492～0.632 之间，均达到了建议值。说明测量量表具有较好的内部一致性和收敛效度，量表的题项选择是可靠的。

在信度和收敛效度测量的基础上，进一步对量表的区别效度进行检验，以查看其能否真正反映我们所要观察的提升中国产品海外形象战略模式的特征。表41－3 对比了七因素、六因素至双因素、单因素模型的拟合度。七因素模型包含市场导向、绿色信任、企业社会责任、感知品质、技术创新、市场创新和中国产品海外形象，六因素至双因素模型是这些因素的不同组合。嵌套的对比模型说明由责任、品质和创新组成的七因素模型是明显优于其他模型的架构，选用的量表具有较好的区别效度，模型的构建是最优的。

表41－4 描述了各变量的均值、标准差、相关性以及共同方差。量表所有可能的两两结合共同方差的最大值是 0.137，小于表 41－2 中 AVE 的最小值（0.492），说明研究选用的量表具有较好的区别效度，同时表明了市场导向、责任、品质和创新对提升中国产品海外形象的正向影响。

二、多重中介模型

表41－5 显示了市场导向到产品海外形象的多重中介模型结果，总效应、直接效应（H1）和所有的特定间接效应都存在，表明反映了责任、品质和创新的五个因素（绿色信任 H2a、企业社会责任 H2b、感知品质 H3、技术创新 H4a、市场创新 H4b）在市场导向和中国产品海外形象的关系中，起到了至关重要的中介作用，对提升中国产品的海外形象有显著的正向影响。

与此同时，考察三者之间差异的显著性得到了一个有趣的结果，见表41－5下方的对比效应。一是创新与品质之间不存在显著差异，说明在多元化的市场竞

表 41 - 2　验证性因素分析

因素/题项	非标准负荷	t 值	标准负荷
市场导向 coor （CR=0.850；AVE=0.533）			
coor1	1	—	0.799
coor2	1.012	35.965***	0.748
coor3	1.069	38.580***	0.769
coor4	1.082	37.810***	0.805
coor5	0.899	31.234***	0.624
企业社会责任 pcsr （CR=0.848；AVE=0.584）			
pcsr1	1	—	0.752
pcsr2	1.018	40.751***	0.810
pcsr3	0.953	38.797***	0.761
pcsr4	0.924	37.355***	0.730
感知品质 pqau （CR=0.872；AVE=0.632）			
pqau1	1	—	0.813
pqau2	1.049	49.363***	0.845
pqau3	0.98	47.521***	0.813
pqau4	0.857	39.792***	0.700
绿色信任 grtr （CR=0.832；AVE=0.628）			
grtr1	1	—	0.811
grtr2	0.846	38.450***	0.742
grtr3	0.973	39.886***	0.812

因素/题项	非标准负荷	t 值	标准负荷
产品海外形象 prim （CR=0.866；AVE=0.565）			
prim1	1	—	0.799
prim2	1.057	42.042***	0.748
prim3	1.099	43.375***	0.769
prim4	1.115	45.608***	0.805
prim5	0.854	34.100***	0.624
技术创新 tinn （CR=0.822；AVE=0.536）			
tinn1	1	—	0.756
tinn2	0.971	36.112***	0.747
tinn3	0.904	34.522***	0.706
tinn4	0.926	35.073***	0.719
市场创新 minn （CR=0.749；AVE=0.492）			
minn1	1	—	0.76
minn2	0.795	29.162***	0.61
minn3	1.039	33.531***	0.73
minn4	0.969	32.540***	0.696

模型拟合统计指标

$\chi^2=735.422$；df=356；$\chi^2/\text{d.f.}=2.066$；GFI=0.983；
AGFI=0.979；CFI=0.990；TLI=0.988；
RMSEA=0.019

注：①作者根据调查数据使用 Amos22.0 计算整理；②*** 表示 $P<0.01$。

表 41 - 3　模型的验证性因素分析

建议 值模型	χ² 愈小愈好	d.f. 愈大愈好	χ²/d.f. <3	GFI >0.9	AGFI >0.9	TLI >0.9	CFI >0.9	RMSEA <0.08
1. 七因素模型	735.422	356	2.066	0.983	0.979	0.988	0.990	0.019
2. 六因素模型	3920.351	362	10.830	0.885	0.862	0.894	0.905	0.057
3. 五因素模型	7269.543	367	19.808	0.815	0.781	0.797	0.817	0.079
4. 四因素模型	11078.530	371	29.861	0.735	0.690	0.689	0.715	0.098
5. 三因素模型	14299.847	374	38.235	0.683	0.631	0.598	0.630	0.112
6. 双因素模型	17782.539	376	47.294	0.635	0.578	0.500	0.537	0.124
7. 单因素模型	21506.450	377	57.046	0.588	0.525	0.395	0.438	0.137

注：七因素为分别为市场导向、绿色信任、企业社会责任、感知品质、技术创新、市场创新和产品海外形象；六因素将技术创新与市场创新组合；五因素组合了绿色信任和企业社会责任；四因素组合了市场创新与品质组合；三因素组合与品质组合；双因素将品质和创新，双因素将市场导向加入到组合中。

表 41 - 4　各变量的均值、标准差、相关性及共同方差

变量	均值	标准误	1	2	3	4	5	6	7
1. 市场导向	4.146	1.102	—	0.071***	0.079***	0.093***	0.106***	0.091***	0.118***
2. 绿色信任	3.959	1.302	0.267***	—	0.052***	0.070***	0.078***	0.054***	0.067***
3. 企业社会责任	4.401	1.152	0.281***	0.227***	—	0.050***	0.042***	0.091***	0.075***
4. 感知品质	3.938	1.120	0.305***	0.265***	0.224***	—	0.074***	0.057***	0.137***
5. 技术创新	3.966	1.140	0.326***	0.280***	0.204***	0.272***	—	0.057***	0.088***
6. 市场创新	4.343	1.080	0.301***	0.232***	0.301***	0.238***	0.239***	—	0.095***
7. 产品海外形象	4.210	0.872	0.344***	0.258***	0.274***	0.370***	0.296***	0.308***	—

注：*** 表示 $P < 0.01$（双尾）。矩阵对角线下方是相关系数；矩阵对角线上方是共同方差。

表41-5　多重中介模型分析

效应/对比：关系变量	系数乘积战略			Bootstrapping			
	系数估计值	标准误	Z值	偏差校正法 95% CI		百分位值法 95% CI	
				下限	上限	下限	上限
总效应：定位→海外形象	0.3564	0.0218	16.3486***	0.3136	0.3987	0.3136	0.3987
直接效应：定位→海外形象	0.1196	0.0242	4.9421***	0.0734	0.1690	0.0726	0.1687
总间接效应：定位→海外形象	0.2368	0.0183	12.9399***	0.2018	0.2747	0.2017	0.2743
特定间接效应	—	—	—	—	—	—	—
绿色信任	0.0237	0.0071	3.3380***	0.0098	0.0375	0.0098	0.0375
企业社会责任	0.0326	0.0073	4.4658***	0.0187	0.0476	0.0185	0.0473
感知品质	0.0837	0.0092	9.0978***	0.0664	0.1027	0.0659	0.1023
技术创新	0.0521	0.0087	5.9885***	0.0363	0.0706	0.0358	0.0701
市场创新	0.0447	0.0092	4.8587***	0.0268	0.0632	0.0267	0.0631
对比效应	—	—	—	—	—	—	—
创新 vs. 品质	0.0131	0.0149	0.8792	-0.0150	0.0424	-0.0147	0.0429
创新 vs. 责任	0.0406	0.0166	2.4458**	0.0067	0.0728	0.0079	0.0736
品质 vs. 责任	0.0274	0.0133	2.0602**	0.0012	0.0542	0.0012	0.0542

注：***表示 $p<0.01$，**表示 $p<0.05$。5000 份 Bootstrap 样本。

争下，创新与品质同等重要，传统的质量至上观念和"价廉多销"战略已经不足以赢得消费者的芳心，质量在形成品牌效应方面很难再独占鳌头。相比之下，创新与责任、品质与责任之间存在显著差异，显示了它们在重要性上的层级区别，说明在提升产品海外形象、形成品牌效应的过程中，创新和品质相对于责任而言，具有更为重要的意义，但绿色发展和企业的社会责任对于形成国际知名品牌仍然起着不可忽视的作用，是新常态下提升中国产品海外形象战略设计中必须加入的新的关键要素。

这些结果表明，"品质""创新"和"责任"是新常态下提升中国产品海外形象的重要战略要素。其中，技术创新、市场创新和产品的品质同等重要，传统的"价廉多销"形象战略思路需要拓展，质量在提升产品海外形象方面很难再独占鳌头，需要创新与其齐头并进；与此同时，传统战略模式中并未体现出重要性的企业社会责任和绿色信任等责任元素，是构建新常态下产品海外形象战略模式的重要中介和路径，成为必须加入的关键要素，在今天，对于提升中国产品的海外形象发挥着至关重要的决定作用。三者的协同作用对于磨合与海外文化差异、缩小与发达国家产品形象差距、形成国际知名品牌的具体路径有一定启示作用。

第四节　结论与建议

研究发现，中国"走出去"企业过去以产品"价廉多销"形象的战略思路已难以适应国际新环境的要求。在经济新常态下，提升中国产品海外形象的战略思路也应具有新的含义和特点。首先，海外产品质量方面应更看重海外消费者感知的产品品质，它不仅是可检验的产品质量，还包括产品设计等环节引入互联网和智能制造的体验与售后服务；其次，在海外市场导向方面，应更关注海外消费者的整体价值链，不仅掌握海外消费者的显性需求，更重要的是了解其潜在需求。与此同时，创新和社会责任是新形势下优化中国海外产品形象战略中必须引起重视的关键动力源，它们与产品品质一起，形成支撑提升中国产品海外形象战略的"三架马车"。基于本调查研究，可以精心概括出提升中国产品海外整体形象的三大坐标："品质、创新和社会责任"。为提升中国产品的海外形象，本章基于以上分析和研究结论，提出以下对策建议：

（1）以各国客户为中心打造高品质产品，这是提升中国产品海外形象的根本大法和第一标准。目前，一些海外消费者对中国许多产品印象较差，既源于中国一些假冒伪劣产品与行为没有得到有效遏制，也源于许多中国企业没有把各国客户放在中心位置，时刻注重海外产品的人性化设计，将各国顾客满意作为第一标准贯彻到产品制造的全过程，并为实现这个目的不断进行品质和技术革新，让海外客户参与到产品的管理、研发，参与到企业的成长中。因此，从根本上提升中国产品海外形象不仅要注重可检验的物质化产品品质，还需要提升对各国消费者购物体验、售后服务、身份认同的归属感、时尚引领的自豪感等感受性产品品质；同时，还需为海外消费者提供能产生惊喜、感动和启示的，具有高附加值的中国产品和服务。

（2）技术创新和市场创新是提升中国产品海外形象的核心竞争力。技术创新、产品换代升级、开发未知海外市场、拓展新的各国市场渠道是提高中国产品的技术含量和高附加值，获取海外市场竞争优势的关键因素。因此，对于缺乏首创精神，在创新上不占优势，擅长"拿来主义"的一些中国企业，需要专注于产品技术的改良，实现"二次创新"，实现自己产品在海外同行中的专利优势；对于历经时代考验依然保持强大竞争力的中国优秀品牌企业，则应坚持自主创新，大胆开拓海外市场，积极抢占产品全球价值链的左右高端阵地，成为全球知名与具有良好国际形象的企业。

（3）创建企业国际社会责任体系是提升中国产品海外形象的关键支撑因素。中国企业提升海外产品形象必须重视与履行国际标准协会制定的新的社会责任国际标准体系 ISO26000。为此，需要结合中国企业"走出去"的特点，构建与ISO26000 接轨的中国"走出去"企业的社会责任框架体系。它包括遵守各国法律、尊重国际行为规范、尊重利益相关方利益和透明度原则；覆盖组织治理、践行公平企业运营，保证对人权、劳工实践和环境的关注，以消费者为中心，参与社区的建设与发展等七个方面的核心内容。

（4）文化认同和绿色信任是提升中国产品海外形象的润滑剂。海外市场巨大复杂，中国产品必须面对不同族裔、文化、宗教等背景的多元化用户，这种文化差异是中国产品走出去、进入海外市场的首要阻碍因素，随着产品技术、品质的逐步提升，海外消费者对绿色的要求日渐增强。中国企业需要不断与海外相互了解、加强交流、协同配合；在差异中不断完善对不同社会和商业文化的认知；在加强节能环保技术、工艺、装备推广应用的同时，全面推行清洁生产，构建绿色制造体系，向海外展现中国的绿色商业价值观，取得海外消费者的信任，打通隔阂，最终展现中国产品的"全球化"平台优势。

（5）依据中国企业自身条件实施"因地制宜、重点突破、分类推进"战略措施。一是处于全球价值链高端的中国企业，应得到重点扶持，它们应高度重视应用 ISO26000 国际社会责任新标准体系来持续巩固其海外产品的优良形象；二是处于全球价值链中低端的中国企业，应采取对标管理战略，瞄准世界同行先进水平，努力生产全球价值链高中端产品，并对照 ISO26000 七要素加快缩短差距，创建优良品牌；三是注重知识产权保护、海外维权体系和信用体系的建设。保护知识产权的关键是《专利法》的修改，维权时效性的提高，以及行政执法力度的加强，充分发挥司法和行政保护优势，为企业在海外创造更好的法制和市场环境；四是将提升中国产品的海外形象融入"一带一路"倡议之中。一方面，"一带一路"沿线国家可以为中国企业提供许多合作项目与合作机遇，为企业"走出去"发展拓展新的空间；另一方面，中国许多企业面对国际市场的激烈竞争，只有加快企业海外产品与品牌的升级，才能打造与形成在"一带一路"倡议中的新优势。

第 42 章　世界发达国家市场创新、社会责任与产品海外形象的研究报告

第一节　问题的提出与研究假设

一、问题的提出

现今，高铁、支付宝、共享单车和网购被称作中国的"新四大发明"。曾以古代"四大发明"推动世界进步的中国，正再次以科技创新向世界展示自己的发展理念。是的，我们的中华民族在新时代下的今天正在以令全世界无比羡慕的速度崛起强大，我们的企业也正在用自己的方式解决着中国生态环境中的问题，中国的创新风潮正在引领着全球科技市场的变化，中国企业的社会责任正在赶超世界先进企业，然而，中国企业/产品在海外消费者心中的总体形象是否产生了传统"Made in China"以外的印象？技术与责任形象和资本一样，不会被政府或某个人的意志和好恶所左右，哪里有机会，它就会流向哪里。企业若想将产品的理念植入到消费者心中，并形成特定的良好产品形象，需要有效的资源配置和精心安排。

无论是以保持专注与创新为理念的华为，还是以绿色管理行动推动发展的艾伯特，都在以独特的方式向世界企业宣布，创新和社会责任对于想要走出国门、进军国际市场的企业，对于欲在海外消费者心目中形成直击心灵的产品形象的企业起着至关重要的作用，二者能够发挥的性能和带来的长久利益早已不言而喻。然而，当几乎所有企业都知道技术创新的重要性，当来自可持续发展的社会责任对传统的绿色生态带来了更为苛刻的要求，当社交媒体、全天候电视剧集和 24 小时新闻圈不断被纳入到日常生活中，当人们的时间和注意力资源越来越紧缺的情况下，企业如何在这个迅速变化的时代充分发掘自己的独特价值，如何在创新和社会责任二者中权衡投资（或者说创新和社会责任哪个更重要），如何将有限的资源配置到能够获取最优收益的要素中？企业对产品创新能力或履责能力的投入直接决定了产品的定位，这种定位是品牌给消费者的第一印象，也是直击消费者内心的强力子弹。

企业通过创新或社会责任塑造了产品形象，但产品形象也反过来影响企业。企业资源的配置是企业自我表达和塑形的一种方式，如何捕捉传统与现代形象之间的市场空白，在创新与社会责任之间，企业又要如何决定分配才能够打造符合海外消费者需求、融合创新与责任又独树一帜的全新产品海外形象？

本章使用来自 26 个发达国家 976 份海外消费者的问卷调查样本，建立了多重中介模型和调节的中介效应模型，试图在当前创新风靡、市场对社会责任提出更为严苛要求的背景下，通过数据反映市场创新、技术创新、社会责任与产品海外形象之间的真实关系，说明创新和感知的企业社会责任在提升发达国家海外市场的产品形象方面是否存在重要性上的显著差异，同时探讨了当消费者卷入度水平不同时，创新主导型企业应采取的最优战略路径，即在消费者时间和注意力越来越紧缺的当下，企业应将有限的资源和资本投入到哪些方面才能以最有效、最优的方式提升发达国家市场海外消费者对产品的印象。

本章的主要贡献在于：①至今没有学者用全球的调查研究数据说明中国产品在海外消费者心中的具体形象和实际状况，本章的研究数据是来自全球 108 个国家 6701 个海外消费者问卷调查的"发达国家"部分，相比于国内或地区级消费者数据，更能切实反映海外消费者的真实想法，得出的研究结论更加全面、真实和可靠。②研究方法上，综合使用多重中介模型和调节的中介效应模型，将创新（包括技术创新和市场创新）和感知的企业社会责任纳入到一个分析模型，考察了相关变量影响下的特定间接效应，以及消费者卷入度对各中介间接效用的调节效应，而非给定中介变量对市场关系和产品海外形象的中介作用，或者调节变量对单一路径的调节效应。③将创新和社会责任同时纳入一个理论分析框架，通过考察对比效应，探讨二者在重要程度上的区别，不仅丰富完善了产品海外形象提升的相关文献，而且为创新和责任对企业价值创造、形象提升所做的贡献及程度提供了重要的理论依据；与此同时，为想要拓展发达国家海外市场的企业，应将有限资源配置到哪个/哪些重要战略因素上才能获得最优收益提供了有借鉴作用的实际指导，使研究结论具有现实意义。

二、研究假设

（一）市场关系与产品海外形象

Phillips、Alexander 和 Lee（2017）认为市场关系由机会识别和能力形成两个变量组成。与利益相关者建立友好关系的企业正在由传统的市场关系向新的市场关系扩展，新的市场关系通过四种机制寻求新的机会，三种机制形成新的知识和技能，这七种机制的运用使企业在不同的背景下能够充分利用他们的能力以获得更好的发展，提升在新的市场关系中的产品形象，并且成为企业财富的最终来源。机会识别的四个机制分别是：①进入新市场，是指企业理解和进入新的细分目标市场以建立新的市场关系；②接触新的利益相关者，与非常有前景的关键利益相关者如公众代理、主要的智囊团、大学和政府机构等建立的市场关系；③进入新的社区，通过获得当地群体或社区行动团体支持的方式进入当地的社区并形成新的市场关系；④通过获取志趣相投组织的支持，追求新的机会以得到风险共担的目的。能力形成则包含：①通过研究机构等获取有用的新知识的能力；②通过志愿活动或者无偿与更大的私人企业合作等方式构建和学习专业知识的能力；③通过寻求经过培训和有能力的专业中介机构的帮助，并与其合作形成新的技能的能力。

建立多重市场关系以及与利益相关者的卓越关系，对于企业联合价值的创造具有十分重要的作用，这种价值包括提高产品价值和性价比，增强产品的可信赖程度，提供更能迎合消费者心理的服务和管理模式，改进产品的工艺流程提升技术先进性，打造消费者可以识别的品牌，建立消费者购买产品的自豪感，以及关心产品外观颜色等的设计等，也就是说市场关系对于提升企业产品在海外消费者心目中的形象具有重要作用。正如 Nagshima 于 1970 年初步提出的概念："'形象'意味着与情感背景、思想和内涵有关的概念，对于一个特定国家产品的构想、固定印象和声誉，这种形象被代表性产品……创造，……并且强烈影响着国际市场的消费者行为。"1977 年，Nagshima 明确提出了本章引用借鉴的产品海外形象概念，认为其由价格与价值、服务与管理、广告与声誉、设计与风格和消费者资料或顾客资料五个类别组成。

总体而言，企业可以通过建立新的市场关系创造更多的价值，特别是当这种市场关系的建立是基于解决某种特定需求的共享价值时，这些被创造出来的价值可以从上述五种不同角度提升产品在海外消费者心中的形象，基于此，本章提出：

假设 1：市场关系与产品海外形象成正相关关系，即（a）企业具备的机会识别能力越强，产品的海外形象越好；（b）企业构建能力的技能越强，产品在海外消费者心中的形象越好。

（二）创新和社会责任的中介作用

Strand 和 Freeman（2015）认为，通过追求合作的市场关系优势可以使企业实施一个有价值、有创造力的企业战略，并且使企业形成更优的价值创造力，从而推动企业产品海外形象的提升。具体而言，首先，尽管面对一个没有明确定义的消费者群体或者一个没有被明确识别的市场需求时，理解并进入新的市场是经常受到挑战和质疑的，但是伴随着高风险的可能是高收益，进入这样的市场能够获得更好的新机会。例如，可以利用新的市场资源和信息进行创新，履行符合新市场需求的社会责任，并且这个机会能够为企业带来不可估量的新价值，提升企业产品在传统市场和新市场的形象。其次，与新的利益相关者建立关联为接触重要的市场创新、技术创新和履行社会责任承诺信息提供了手段，决定了企业"做生意"的方式和活动，尽管这种改变可能是非常微妙的，但是仍然会为企业带来重要的收益和价值，提升企业在这些利益相关者心中的形象。再次，通过与当地的社区群体发展关系而进入新的社区也可以为企业创造新的价值来源，这些群体能够为好的想法和机会提供一个"沙池"，也能够确保企业形成真正迎合或满足目标社区需求的创新技术和新设计，也能够为企业通过最小的成本履行社会责任带来最大的收益，从而形成一个良性的动态循环，最终提升产品在海外社区的总体形象。最后，一个倾向于传递社会正能量的组织更可能找到当地愿意搭档的企业进行合作，以便于为其社区传递更多的社会福利。与志趣相投的企业/组织进行合作不仅可以追求新的机会，还可以共同规避或分担风险，共同享受进行市场创新、技术创新和传递社会责任帮助社区所带来的额外收益，实现双赢的同时，对于提升各自企业产品在当地的形象也会产生大大的助益作用。

总之，通过进入新市场、接触新利益相关者、进入新社区以及风险共担四个机制形成的机会识别，不仅能够提供新的资源和信息进行市场创新、技术创新，还能为社会责任的履行提供迎合当地消费者需求的全新角度，从而提升产品在海外社区/市场/消费者心中的形象。由此，本章提出：

假设2：创新（市场创新与技术创新）和社会责任中介了机会识别和产品海外形象之间的关系，即企业的机会识别能力越强，进行创新和履行社会责任承诺的能力就会越强，进而可以带来更好的产品海外形象。

无论是想要进行市场创新、技术创新，还是履行企业的社会责任，仅仅能够识别现有机会、充分利用相应资源和信息是不够的，还要求企业具有相关的知识技能能力。首先是与高校、研究机构或更广泛的群体进行合作，获取最新的市场创新、技术创新知识和履责的手段，从而通过实现这些知识的价值提升企业的产品收益和海外形象。其次是通过志愿服务或者是以无偿协助的形式参与更大企业的运行，不仅可以见识到这些企业的优势技能，建立专业的知识技能弥补自身的不足，而且能够从这种差距或威胁中得到提升，这种利用式学习会强化组织惯性的正向效应。正如 Saebi、Lien 和 Foss（2017）的研究表明，当企业感受到更多的威胁而不是机会，当新的战略能够有益于企业发展，而不是保护现有在市场上的位置时，企业更有可能进行新的技术创新，采纳新的市场创新手段，履行更多的社会责任，从而为企业带来包括提升形象在内的价值收益。最后，通过专业的培训和支持机构发展新的技能，许多企业已经改变了他们搜寻新想法的方式，开始采纳一种新的开放战略，利用广泛的外部机构和资源去帮助他们获取持续的能力，实现基于技术和基于市场的创新，获取履行社会责任承诺带来的好处，从而提升其产品的海外形象。

也就是说，一个企业学习借鉴新知识新技能以形成自身的文化和结构，对于灵活的创新和履责战略具有重要影响。这种能力形成可以通过上述三个角度影响企业基于市场和技术的创新能力，影响企业履行社会责任承诺的手段和方式，从而提升其产品在海外消费者心中的形象，为企业带来更好的收益与绩效。因此，本章提出：

假设3：创新（市场创新与技术创新）和社会责任中介了能力形成和产品海外形象之间的关系，即企业获取知识技能的能力越强，进行创新和履行社会责任承诺的能力就会越强，进而可以带来更好的产品海外形象。

（三）消费者卷入度的调节效应

大量试图对消费者行为进行解释和预测的理论表明，消费者是理智的、聪明的，并且善于思考和解决问题，他们会积极地寻求有价值的信息作为自己进行购买决策的依据，他们能够根据评估做出明智的决策。然而，现实生活中，许多消费者（尤其是海外消费者）并没有搜集广泛而全面的信息，这使研究者们开始关注消费者行为的两个方面，消费者卷入产品信息的程度，即较高水平的消费者卷入度和较低水平的消费者卷入度。总的来说，消费者卷入度水平的高低意味着个体相关性或关联性水平的高低。本章的消费者卷入度定义为：在内在固有需求、固定的价值观念和利益条件下，消费者个体感知的对对象的关联性，即对企业产品的关联性。这是一个个体差异变量，是由于消费者掌握信息的不同而在购买和交流行为过程中产生的、具有因果联系和动机性的可变因素。消费者卷入度高低水平的不同，将会使消费者在信息采纳、交流印象，甚至是购买决策过程中产生很大的差异，从而影响消费者对产品以及产品所有企业的感知，影响产品的总体形象。也就是说，不同输入和感知过程对产品海外形象的影响取决于消费者的卷入度水平。当消费者在不完全市场信息下进行购买决策时，企业在短时间内向消费者传递什么样的信息和企业价值理念，以促使其完成最终的购买成为至关重要的因素。对创新能力而言，技术创新会对主流消费者提供更多的利益。当消费者对企业是否具有技术创新能力，或者具有多大程度的技术创新能力等信息了解得越多（卷入度水平高），消费者就会在心中形成对这个产品更为良好的印象和共识；同时，当消费者感受到的产品在设计或使用方面区别于竞争对手的优势越多，其对产品的印象也就会越好。就社会责任而言，消费者感知的企业社会责任履行程度与其产品的海外形象显著相关。当消费者非常清楚企业在履行社会责任承诺时所做出的努力和取得的成果时（卷入度水平高），就会对企业和其产品另眼相看；反之，当消费者不知道企业的履责行为或认为企业对社会、对社区和环境不负责任时（卷入度水平低），就会对企业形成较为恶劣的印象。基于此，本章提出如下假设：

假设4：消费者卷入度调节着（a）技术创新、（b）市场创新、（c）企业社会责任与产品海外形象之间的关系。当消费者卷入度水平较高时，创新和社会责任提升产品海外形象的程度越高；相反，当消费者卷入度水平较低时，创新和社会责任提升产品海外形象的程度则越低。

由上述理论分析和研究假设可以得出本章的理论框架，如图42-1所示。

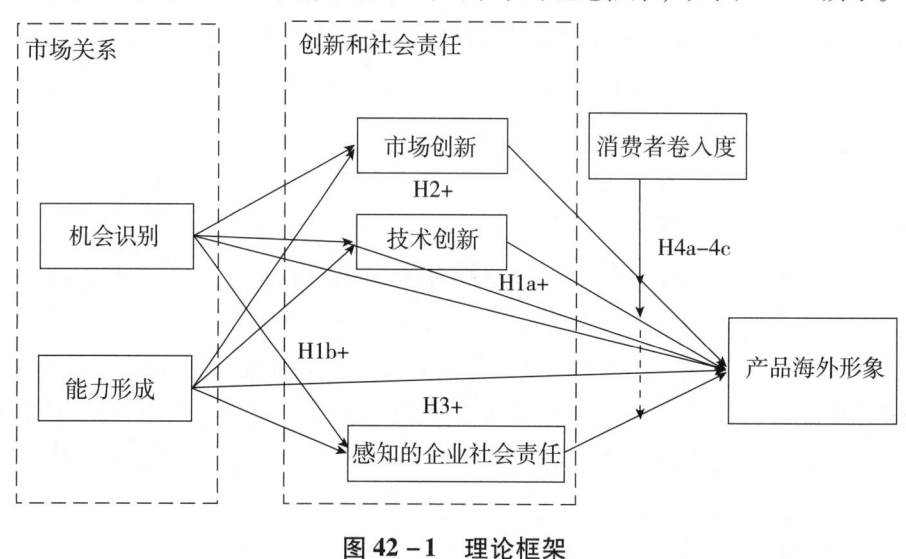

图42-1　理论框架

第二节　样本数据来源与研究方法设计

一、样本数据基本情况

为了得到真实的中国产品或中国企业的海外形象，本章使用问卷调查的方式对切实消费过中国产品的海外消费者进行调研，以尽最大可能得到其对中国产品/企业的真实感知。首先，根据本章的研究目的，调研对象设定为有过双国生活经历的非中国人（华侨与外籍华人不在调查范围内），即所选择的海外消费者必须在现实生活中真实消费过中国产品，在一定程度上对中国企业有所了解。此次调查是目前国内关于中国产品海外形象的分析研究中，收集样本最多、分布世界区域最广、涵盖国家最多的一次调查。其次，依据本研究的市场范围，本章抽取了原有世界范围（含发达国家和发展中国家）内108个国家的6701份问卷样本调研中的发达国家海外消费者部分。受访者遍及全球，主要来自西欧、北欧、北美、澳洲等地区；共收集了美国、加拿大、澳大利亚、英、法、德、卢森堡、芬兰、日本、韩国、丹麦等 26 个发达国家的 976 份有效问卷样本。问卷使用中文和英文两种语言形式，必要时问卷收集者会对问卷进行面对面、邮件或 Skype 解释。标准的返译技术（back - translation）（Brislin，1986）被应用到中英两个问卷版本中。

调查问卷全部使用 Bollen（1989）建议的 7 点里克特量表形式进行评价，1 表示强烈不同意或程度非常低，7 表示强烈同意或程度非常高，选择 NA 则表示消费者不清楚或不知道此题项的内容。问卷从内容设计上分为三大部分，第一部分根据 Nagashima（1977）提出的产品海外形象概念和分类测量中国产品在海外消费者心目中的现有形象，包括产品的价格、服务和声誉等。第二部分测量海外消费者对于中国产品/企业在市场关系、创新和社会责任方面的感知，包括抓住进入新市场新社区等的机遇识别，掌握专业知识技能等能力形成与发展的水平，创新能力以及履行社会责任承诺的水平；为了规避样本同源方差的影响，发放到被试者手中的问卷题项顺序已被打乱，同时适当地设定了反向题考察受访者的认真程度，以方便问卷回收后有效样本的筛查。第三部分为被调查组的基本情况部分，除年龄、国籍、学历、收入等基本信息外，还调查了被试者来自哪个城市、有无宗教信仰，以及主要消费过的中国产品类别等，这也是本研究从全球大样本中筛选发达国家海外消费者问卷样本的主要依据。

此次调查共发放问卷 6701 份，回收 4190 份，回收率 62.5%，在大样本中根据国籍和来源国家筛查发达国家海外消费者有效样本 976 份。其中，男性 511 人，占比 52.4%，女性 465 人，占比 47.6%，受访者的年龄多数分布在 25～55 岁之间，占比 82.9%，家庭年收入多数在 0.9 万～16 万美元之间（57.2%）（为了尊重被试者的收入隐私，此项设定为自由填答项，所报告比例基于选择作答的海外消费者问卷），近半数有宗教信仰（48.9%），未婚（61.4%），并且拥有本科及以上学历（75.3%），主要消费的中国产品类别为纺织品、食品、旅游商业及文体教育等。受访者的工作领域涵盖较广，包括政府部门、教育机构、医疗机构、金融机构、商业企业、学校等。

二、变量测量

因变量——产品海外形象。本章使用 Nagashima（1977）设计的产品海外形象量表，他认为产品形象由价格与价值、服务与管理、广告与声誉、设计与风格、消费者资料等五个类别组成（JM）。其中，每个类别分别包含 3～5 个题项，共 19 个题项，具体内容见表 42 - 1。如前文所述，本研究量表的测量全部采用里克特的 7 点量表进行评价，1 = 程度低，7 = 程度高，NA 表示不清楚或不知道。

这个潜变量的得分越高表示中国产品在海外发达国家消费者心目中的形象越好，分值越低则表示产品海外形象越不理想。

自变量（前置变量）——市场关系。本章采用 Philips、Alexander 和 Lee（2017）设计的市场关系量表（JBE）。市场关系包括机会识别（Opportunity Identification）和能力形成（Implemenation）两个潜变量；其中，机会识别包含表达识别四种机遇的题项，分别是进入新市场（Access new markets）、接触新的利益相关者（Access new stakeholders）、进入新的社区（Access new communities）以及风险共担（Share risk）；能力形成包含三种实现能力的不同路径，即知识形成（Develop knowledge）、专业技能的建立（Build expertise）和新技能的发展（Develop new skills），具体的题项设计见表 42 - 1。同样使用 7 点量表尺度进行评价，1 = 非常不同意，7 = 非常同意，NA 表示不清楚或不知道。低分表明中国产品/企业具有较低的市场关系建设能力，高分则表示其具有较好的市场关系，能够很好地识别新机会和形成必要的能力建设。

自变量（中介变量和调节变量）——创新、社会责任和消费者卷入度。本章通过技术创新和市场创新两个潜变量考察创新的中介作用，使用感知的企业社会责任考察责任变量的中介效果，同时考察消费者卷入度对于创新和责任分别与产品海外形象之间关系的调节效应。对于创新，采用 Zhou 等（2005）（JM）的基于技术创新的量表，以及 Gatignon 和 Xuereb（1997）（JMR）形成的基于市场的创新量表，1 = 强烈不同意，7 = 强烈同意，NA 表示不清楚或不知道；高分表示在发达国家海外消费者的认知中，中国产品具有较高的技术创新水平和市场创新能力，低分表明较低的技术创新和市场创新程度。对于社会责任，采用 Lichtenstein 等（2004）编制的感知的企业社会责任量表（JM），同样使用 7 点的里克特量表形式，1 = 强烈不同意，7 = 强烈同意，NA 表示不清楚或不知道；高分表示海外消费者感知中国企业较高程度地履行了社会责任承诺，低分则表明较低的企业社会责任水平。同时，使用 Zaichkowsky（1985）设计的消费者卷入度量表（JCR），得分越高表示消费者的卷入度水平越高，反之亦然。

三、模型设定

依据本章的理论框架和研究思路，需要三个步骤检验和考察中介效应和调节效果。第一步是考察市场关系到产品海外形象的直接效应，如式（42 - 6）和式（42 - 7）所示；第二步是考察创新和社会责任的多重中介效应，多重中介模型的估计比单一简单中介模型的估计更为复杂（各中介变量完全不相关的情况除外），因为不仅需要确定单个中介效应是否存在，还需要进一步区分在内容上可能重叠的几个潜在中介变量的中介效应。本章的多重中介模型遵循 Preacher

（2008）推荐的方法进行估计，将所有中介变量都纳入到一个模型中进行系数估计，即在考虑到其他中介变量的前提下，考察某个特定中介变量的中介作用。例如，通过技术创新这个中介变量产生的市场关系对产品海外形象的特定间接效应被定义为市场关系到技术创新，技术创新到产品海外形象这两条非标准化路径系数的乘积。创新和社会责任的三重中介模型如结构方程模型式（42-8）所示。第三步为检验消费者卷入度的调节效应是否存在，在确定了简单调节效应存在的前提下，使用 Edwards 和 Lambert（2007）建议的调节的中介效应模型进行检验，如式（42-12）~式（42-13）所示。

为了直观性和可视化，在设定本章研究的具体模型前设定总模型，分别是式（42-1）主效应模型，式（42-2）中介效应结构模型，式（42-3）调节效应以及式（42-4）~式（42-5）调节的中介应模型：

$$Y = a_1 + a_{X1}X + e_{Y1} \qquad (42-1)$$

$$Y = b_1 + b_{X1}X + b_{M1}M + e_{Y2} \qquad (42-2)$$

$$Y = c_1 + c_{X1}X + b_{Z1}Z + c_{XZ1}XZ \ e_{Y3} \qquad (42-3)$$

$$M = d_1 + d_{X1}X + d_{Z1}Z + d_{XZ1}XZ + e_{M1} \qquad (42-4)$$

$$Y = f_2 + f_{X2}X + f_{M2}M + f_{Z2}Z + f_{XZ2}XZ + f_{MZ2}MZ + e_{Y4} \qquad (42-5)$$

式中，X 表示自变量中的前置变量，本章包含由机会识别（Opportunity Identification，$OppoIdenti$）和能力形成（Implementation，$Implem$）组成的市场关系（Market Relationship，$MarkRelts$）；M 表示中介变量，分别是感知的企业社会责任（Perceived Corporate Social Responsibility，$PCSR$）、市场创新（Market-Based Innovation，$InnoM$）和技术创新（Tech-Based Innovation，$InnoT$）；Z 表示调节变量，本章中是消费者卷入度（Consumer Involvement，$ConsInvolv$）；因变量 Y 在本章中为产品海外形象（Products Overseas Image，POI）。根据总模型构建本章的主效应研究模型如下所示：

$$POI = \alpha_{01} + \alpha_{11}OppoIdenti + \varepsilon_1 \qquad (42-6)$$

$$POI = \alpha_{02} + \alpha_{12}Implem + \varepsilon_2 \qquad (42-7)$$

根据中介效应结构模型构建的本章的多重中介测量模型如下所示：

$$\begin{cases} POI = \beta_0 + \beta_1 OppoIdenti + \beta_2 Implem + \beta_3 pCSR + \\ \qquad \beta_4 InnoM + \beta_5 InnoT + \eta \\ X = \beta_1 OppoIdenti + \beta_2 Implem + \eta_1 \\ M = \beta_3 PCSR + \beta_4 InnoM + \beta_5 InnoT + \eta_2 \end{cases} \qquad (42-8)$$

根据调节效应公式（42-3）构建本章的调节效应模型如下所示：

$$POI = \theta_{01} + \theta_{11}PCSR + \theta_{21}ConsInvolv +$$
$$\theta_{31}PCSR \times ConsInvolv + \delta_1 \quad (42-9)$$

$$POI = \theta_{02} + \theta_{12}InnoM + \theta_{22}ConsInvolv +$$
$$\theta_{32}InnoM \times ConsInvolv + \delta_2 \quad (42-10)$$

$$POI = \theta_{03} + \theta_{13}InnoT + \theta_{23}ConsInvolv +$$
$$\theta_{33}InnoT \times ConsInvolv + \delta_3 \quad (42-11)$$

根据调节的中介效应模型式（42-4）~式（42-5）构建本章技术创新变量的调节的中介效应模型如下：

$$InnoT = \gamma_{01} + \gamma_{11}OppoIdenti + \gamma_{21}Implem + \gamma_{31}ConsInvolv + \gamma_{41}OppoIdenti \times$$
$$ConsInvolv + \gamma_{51}Implem \times ConsInvolv + \zeta_1 \quad (42-12)$$

$$POI = \gamma_{02} + \gamma_{12}OppoIdenti + \gamma_{22}Implem + \gamma_{32}InnoT + \gamma_{42}ConsInvolv +$$
$$\gamma_{52}OppoIdenti \times ConsInvolv + \gamma_{62}Implem \times ConsInvolv +$$
$$\gamma_{72}InnoT \times ConsInvolv + \zeta_2 \quad (42-13)$$

对于本章具体的研究模型，无论是主效应、多重中介模型中的特定的间接效应，还是调节效应与调节的中介效应均设定为结构方程模型［式（42-6）~式（42-13）］，使用Amos23.0进行分析，同时使用系数乘积战略和Bootstrapping（含偏差校正法和百分位值法）两种方法对各效应进行估计。

第三节　实证检验与结果分析

一、信度和效度检验

（1）信度和收敛效度。对研究中使用的所有量表进行验证性因子分析，如表42-1所示。本章共使用七个潜变量，其中，因变量是中国产品海外形象；自变量中，机会识别和能力形成变量组成的市场关系是前置变量；创新由市场创新和技术创新共同构成；使用Amos23.0得出的结果可以看出，所有题项的因子载荷均显著且大于建议值0.6。各潜变量的组成信度（最小值为0.826）大于建议值0.6；平均萃取方差的最小值是0.543，大于建议值0.5。因此，研究使用的测量量表具有较好的内部一致性，信度良好，同时具有收敛效度。

（2）区别效度。通过计算每两两构念的共同方差检验选用量表的区别效度，判断这些共同方差的最大值是否小于相应潜变量的平均萃取方差（AVE值）的平

表42-1　验证性因子分析结果

潜变量	题　项	因子载荷	t 值
机会识别（CR=0.826，AVE=0.543）			
1. 您觉得中国企业具有很好的营销和交流能力（进入新市场）		0.794	—
2. 您觉得中国企业与做生意有较少关系的公众机构、智囊团和政府机关的关系是很好的（新的利益相关者）		0.728	21.369
3. 您觉得中国企业与当地社区接触从而获得支持的程度是（进入新社区）		0.722	21.210
4. 您觉得中国企业愿意与志趣相投的组织进行合作追求新的机会（风险共担）		0.700	20.596
能力形成（CR=0.826，AVE=0.616）			
1. 您觉得中国企业通过组织和群体网络等，与具有新知识能力的企业建立关联是非常重要的（知识形成）		0.842	—
2. 您觉得中国企业会免费为其他公司提供咨询等服务（提供专门技术）		0.838	23.750
3. 您觉得如果中国企业寻求支持，他们会找专业的中间机构，以帮助他们发展新的技能（形成新技能）		0.660	20.336
技术创新（CR=0.832，AVE=0.553）			
1. 您觉得中国产品具有能够替代另一种较差产品的创新性		0.757	—
2. 您觉得中国产品的技术创新是革命性的、全新的		0.736	21.145
3. 总体上来讲，中国产品和主要竞争对手的产品是相似的（反向题）		0.764	21.801
4. 您觉得中国产品的应用/实用性与竞争对手的产品是完全不同的		0.716	20.621
市场创新（CR=0.827，AVE=0.545）			
1. 您觉得中国产品的概念对于主流消费者而言是不难评价和理解的		0.737	—
2. 您觉得中国产品对于主流消费者而言没有很高的转换成本		0.733	20.441
3. 您觉得对于主流消费者群体而言，中国产品的使用不需要太多的学习努力		0.723	20.195
4. 您觉得中国主流消费者群体较短时间内就可以了解中国产品的全部性能		0.758	20.994
感知的企业社会责任（CR=0.854，AVE=0.595）			
1. 您觉得中国产品能够将一部分利润用来帮助非盈利组织		0.762	—
2. 您觉得中国企业能够为社区创造就业机会		0.826	24.502
3. 您觉得中国企业能够投资于社区教育、卫生和基础设施的建设		0.764	22.931
4. 您觉得中国企业慈善作为其商业活动的一部分		0.729	21.887
消费者卷入度（CR=0.856，AVE=0.543）			
1. 您觉得在生活中购买和使用中国产品是重要的		0.681	—
2. 您觉得中国产品与您的生活息息相关		0.709	19.223
3. 您觉得在您的生活中购买中国产品是一件有趣、让您兴奋的事情		0.753	20.197

续表

潜变量	题项	因子载荷	t值
	4. 您觉得购买中国产品对您的生活是有意义的、有价值的	0.812	21.346
	5. 您觉得您会花时间去挑选和购买中国产品	0.723	19.539
产品海外形象1（CR = 0.864，AVE = 0.561）			
价格与价值 Price & Value	1. 您觉得中国产品是，不昂贵的——合理的定价	0.791	—
	2. 您觉得中国产品是，可信赖的——不可信赖的		
	3. 奢侈品——必需品		
	4. 有针对性的——大众的		
	5. 重工业品——轻工业品		
服务与管理 Service & Engineering	6. 细致和一丝不苟的工艺流程	0.758	24.119
	7. 技术的先进性		
	8. 批量生产——手工制造		
	9. 全球分布		
广告与声誉 Advertising & Reputation	10. 发明——模仿	0.756	24.047
	11. 持有的自豪感		
	12. 过多的广告		
	13. 可识别的品牌名称		
设计与风格 Design & Style	14. 尺寸与型号的选择范围	0.784	25.010
	15. 关心外观设计——关心性能		
	16. 巧妙的运用色彩		
消费者资料 Consumers' Profile	17. 年轻人居多——老年人居多	0.646	20.116
	18. 男性居多——女性居多		
	19. 上层阶级——下层阶级		

模型拟合度统计量

卡方值（Chi - square）= 314.466，自由度（Degree of freedom）= 237，$\chi^2/d.f.$ = 1.327，GFI = 0.974，AGFI = 0.968，CFI = 0.992，TLI = 0.991，RMSEA = 0.018，Standardized RMR = 0.027

注：CR = 组成信度；AVE = 平均萃取方差。

方根。由表42－2可知，平均萃取方差的平方根的最小值是机会识别构念的0.737，大于量表构念所有可能的两两结合的相关性系数（最大值0.296），说明选用的量表具有较好的区别效度。表42－2还显示了各变量的均值、标准差和相关系数，可以看出各变量之间的正向相关关系。

二、多重中介效应分析

Williams和Mackinnon（2008）对比了系数乘积战略和Bootstrapping（偏差校正法和百分位值法）方法，表明后者总体上优于系数乘积战略的结果。因此，本章使用Bootstrapping方法进行多重中介效应的分析和假设检验，同时报告了三种方法的检验结果（见表42－3）。

（1）直接效应。与系数乘积战略的结果一致，机会识别和能力形成变量到产品海外形象的直接效应分别是0.088（$p < 0.01$）和0.053（$p < 0.05$），偏差校正法（Bias－Corrected）和百分位值法（Percentile）的95%置信区间不包含0。机会识别直接效应的置信区间分别是｛0.035，0.143｝和｛0.035，0.142｝；能力形成的置信区间分别为｛0.003，0.103｝和｛0.002，0.103｝，拒绝直接效应为0的原假设，直接效应存在，验证了假设1a和假设1b。

（2）总效应。就机会识别变量而言，通过感知的企业社会责任到中国产品海外形象的总效应为0.106（$p < 0.01$）；通过技术创新和市场创新形成的总效应分别是0.110（$p < 0.01$）和0.121（$p < 0.01$），表明机会识别通过三者提升产品海外形象的总效应存在。同理，从能力形成变量的角度分析，通过感知的企业社会责任，市场创新和技术创新三个中介的总效应分别是0.066（$p < 0.05$）、0.095（$p < 0.01$）和0.074（$p < 0.01$），能力形成变量到产品海外形象的总效应存在。所以，由机会识别和能力形成组成的市场关系变量通过创新和社会责任提升产品海外形象的总效应存在，这一分析为多重中介模型的特定间接效应分析奠定了基础。

（3）特定间接效应。多重中介模型中，我们不仅关心市场关系到产品海外形象的总间接效应，而且关注特定的间接效应。由于总间接效应和特定间接效应的样本服从正态分布的假设经常受到质疑，尤其是在小样本情况下，所以本章同时报告了Bootstrapping的方法检验特定间接效应，依然使用偏差校正法和百分位值法两种方法估计。由表42－3可以看出，机会识别和能力形成通过感知的企业社会责任产生的特定间接效应分别是a1b1＝0.017（机会识别，$p < 0.05$）和a4b1＝0.012（能力形成，$p < 0.05$）；通过市场创新产生的特定间接效应分别是a2b2＝0.022（机会识别，$p < 0.01$）和a5b2＝0.041（能力形成，$p < 0.01$）；通过技术创新形成的特定间接效应分别是a3b3＝0.033（机会识别，$p < 0.01$）和

表 42 - 2 描述性统计和双变量相关性

变量	Mean	S. D.	1	2	3	4	5	6
1. 能力形成	3.768	1.369	**0.785**					
2. 机会识别	4.310	1.170	0.160**	**0.737**				
3. 技术创新	4.364	1.124	0.168**	0.210**	**0.744**			
4. 市场创新	3.878	1.193	0.296**	0.167**	0.208**	**0.738**		
5. 感知的企业社会责任	4.401	1.179	0.173**	0.190**	0.268**	0.150**	**0.771**	
6. 产品海外形象	4.175	0.882	0.227**	0.238**	0.302**	0.294**	0.239**	**0.749**

注：加粗字体表示各变量平均萃取方差的平方根；** 表示 p < 0.01。

表42-3 基于 Bootstrapping 的 SEM 多重中介效应分析结果

变量	效应	系数估计值	系数乘积战略		Bootstrapping			
			标准误	Z值	偏差校正法95% CI		百分位值法95% CI	
					下限	上限	下限	上限
	直接效应							
	直接效应	0.088	0.027	3.259	0.035	0.143	0.035	0.142
	总效应							
	pCSR	0.106	0.028	3.786	0.054	0.163	0.052	0.160
	市场创新	0.110	0.028	3.929	0.056	0.166	0.055	0.166
	技术创新	0.121	0.028	4.321	0.068	0.177	0.067	0.177
机会识别	间接效应							
	pCSR	0.017	0.007	2.429	0.007	0.034	0.006	0.032
	市场创新	0.022	0.008	2.750	0.009	0.040	0.009	0.039
	技术创新	0.033	0.009	3.667	0.018	0.055	0.017	0.053
	直接效应							
	直接效应	0.053	0.025	2.120	0.003	0.103	0.002	0.103
	总效应							
	pCSR	0.066	0.025	2.640	0.016	0.116	0.015	0.115
	市场创新	0.095	0.024	3.958	0.047	0.142	0.047	0.142
	技术创新	0.074	0.026	2.846	0.025	0.126	0.024	0.125
能力形成	间接效应							
	pCSR	0.012	0.005	2.400	0.005	0.025	0.004	0.023
	市场创新	0.041	0.01	4.100	0.025	0.064	0.024	0.062
	技术创新	0.021	0.007	3.000	0.009	0.039	0.008	0.037

注：5000 份 Bootstrap 样本。pCSR = 感知的企业社会责任（Perceived Corporate Social Responsibility）。

表 42-4 基于 Bootstrapping 的 SEM 多重中介对比效应分析结果

变量	对比效应	系数估计值	系数乘积战略		Bootstrapping			
			标准误	Z 值	偏差校正法 95% CI		百分位值法 95% CI	
					下限	上限	下限	上限
机会识别	pCSR 对比市场创新	-0.004	0.009	-0.444	-0.024	0.014	-0.024	0.014
	pCSR 对比技术创新	-0.016	0.011	-1.455	-0.039	0.005	-0.039	0.005
	市场创新对比技术创新	-0.012	0.011	-1.091	-0.034	0.009	-0.034	0.009
能力形成	pCSR 对比市场创新	-0.029	0.011	-2.636	-0.052	-0.010	-0.051	-0.009
	pCSR 对比技术创新	-0.009	0.008	-1.125	-0.026	0.006	-0.026	0.007
	市场创新对比技术创新	0.021	0.012	1.750	-0.002	0.044	-0.002	0.044
市场关系	pCSR 对比市场创新	-0.034	0.017	-2.000	-0.069	-0.002	-0.068	-0.002
	pCSR 对比技术创新	-0.024	0.017	-1.412	-0.059	0.008	-0.059	0.008
	市场创新对比技术创新	0.009	0.019	0.474	-0.030	0.047	-0.030	0.048
	pCSR 对比创新	-0.088	0.022	-4.000	-0.135	-0.047	-0.134	-0.047

注：5000 份 Bootstrap 样本。

a6b3 = 0.021（能力形成，$p < 0.01$）。同时，这六条特定间接效应的95%置信区间均显著异于0，例如，通过市场创新形成的特定中介效应的偏差校正法置信区间分别是｛0.009，0.040｝（机会识别）和｛0.025，0.064｝（能力形成）。因此，创新和社会责任是市场关系（机会识别和能力形成）到产品海外形象的中介。假设2和假设3得到了验证。

（4）对比效应。对于多重中介模型对比效应的考察能够得到非常有趣的结果，同时能够为管理者的全球化实践、战略布局和有限资源分配提供重要的启示和指导作用，包括在海外发达国家市场提升产品形象的投入侧重点，以及其是否区别于在新兴市场的战术路径，是否有别于在全球范围内的创新与责任的战略选择。表42-4首先分别列示了针对机会识别和能力形成变量进行的感知的企业社会责任、市场创新和技术创新的对比效应，更为重要的是，分析了就市场关系而言（见表42-4的后4行），创新和社会责任二者对于提升产品海外形象的重要程度的差别。综合表42-3和表42-4可以看出，就具有机会识别能力的企业而言，通过感知的企业社会责任、市场创新和技术创新三者提升产品海外形象的程度并不存在显著差别；就具有能力形成属性的企业而言，通过感知的企业社会责任（$\beta = 0.012$，$p < 0.01$）与通过市场创新（$\beta = 0.041$，$p < 0.01$）对产品海外形象的影响存在显著差别（$\beta = -0.029$，$p = 0.004$；｛-0.052，-0.010｝，｛-0.051，-0.009｝），感知的企业社会责任与技术创新，以及技术创新与市场创新之间的对比效应并不显著，说明通过二者提升的产品海外形象的程度并无显著差别；对于致力于打造完美市场关系的企业而言，通过感知的企业社会责任（$\beta = 0.029$，$p < 0.01$）形成的海外形象提升与通过市场创新（$\beta = 0.063$，$p < 0.01$）提升的产品海外形象在程度上具有显著差别，这个差异是 -0.034（$p < 0.05$），两种Bootstrapping方法的95%置信区间分别是｛-0.069，-0.002｝和｛-0.068，-0.002｝，同样，通过其他两个中介形成的形象提升并不存在显著差别。总之，在发达国家市场，创新（$\beta = 0.117$，$p < 0.01$）与社会责任（$\beta = 0.029$，$p < 0.01$）对于提升产品的海外形象存在显著差异（$\beta = -0.088$，$p = 0.000$；｛-0.135，-0.047｝，｛-0.134，-0.047｝），且创新优于社会责任。这个结论区别于在发展中国家或新兴市场提升产品海外形象，创新与社会责任同等重要的战术战略，表明中国产品若想走出去，实现全球化国际化，需要因地制宜，针对海外当地不同的市场特色，合理配置有限资源，将更多的可调配资本投入到当地消费者更加关注和在意的焦点要素上。

三、调节效应分析

表42-5显示了消费者卷入度作为调节变量的调节效应的系数估计值；图42-2描述了消费者卷入度调节技术创新这一中介的简单效应；图42-3则表明了消费者卷入度对感知的企业社会责任、市场创新和技术创新的调节效果。其中，"高"和"低"分别表示较高的和较低的消费者卷入度水平，分组依据是均值（mean = 4.057）±一个标准差（S. D. = 1.204），高低卷入度水平差异是高卷入度水平与低卷入度水平之差，表中各系数及显著性同样使用 Amos 23.0，通过系数乘积战略和 Bootstrapping 的偏差校正置信区间法和百分位值法获得，抽取5000份 bootstrap 样本。首先，对于感知的企业社会责任到产品海外形象路径，卷入度水平较高的（β = 0.029，p < 0.05）与卷入度水平较低的（β = 0.059，p < 0.05）消费者群之间不存在显著差异（β = 0.030，p > 0.05），由图42-3A也可以得出同样的结论；同理，由表42-5和图42-3B可以看出消费者卷入度水平不调节市场创新到产品海外形象这条路径，高卷入度水平（β = 0.193，p < 0.01）与低卷入度水平（β = 0.183，p < 0.01）的差异是 0.010（p > 0.05），不显著，假设4a 和4b 未得到验证（见430页）。

表42-5 消费者卷入度调节效应结果

调节变量	阶段（技术创新）		调节效应（PCSR 与市场创新）	
	第一阶段	第二阶段	PCSR→POI	市场创新→POI
消费者卷入度				
卷入度水平高	0.344***	0.315**	0.029**	0.193***
卷入度水平低	0.244**	0.107*	0.059**	0.183***
高低卷入度水平差异	0.100	0.208**	0.030	0.010

注：***p < 0.01，**p < 0.05，*p < 0.1。

资料来源：作者计算整理。

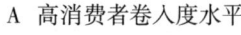

A 高消费者卷入度水平   B 低消费者卷入度水平

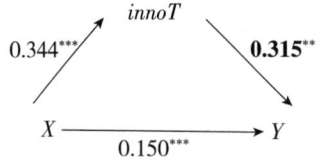 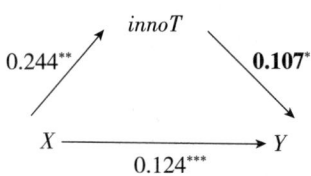

图42-2 消费者卷入度对技术创新的调节效应

注：加粗字体的系数表示消费者卷入度水平显著调节了这一阶段的效应；

*** p < 0.01，** p < 0.05，* p < 0.1。

　　对于技术创新这个中介变量，间接效应的第一阶段，即市场关系到技术创新路径，高卷入度水平组（$\beta = 0.344$，$p < 0.01$）与低卷入度水平组（$\beta = 0.244$，$p < 0.05$）并不存在显著差异（$\beta = 0.100$，$p > 0.05$），表明消费者卷入度不调节这一路径；间接效应的第二阶段，即假设 4（c），市场创新到产品海外形象路径，高卷入度水平组（$\beta = 0.315$，$p < 0.05$）与低卷入度水平组（$\beta = 0.107$，$p < 0.1$）差异的估计系数是 0.208（$p < 0.05$），差异显著，说明消费者卷入度水平调节了技术创新与产品海外形象之间的关系；通过图 42-3C 也可以观察到相同的结论，验证了假设 4（c）。与此同时，如图 42-2 所示，在比较技术创新中介高低卷入度水平的样本中，我们发现对于间接效应的第一阶段，高低卷入度水平并不存在显著差异（$\beta = 0.100$，$p > 0.05$），而对于间接效应的第二阶段，高卷入度水平的样本存在是更强的效应（$\beta = 0.315$，$p < 0.05$），且两组的效应存在显著差异（$0.315 - 0.107 = 0.208$，$p < 0.05$），假设 4（c）再次得到验证。

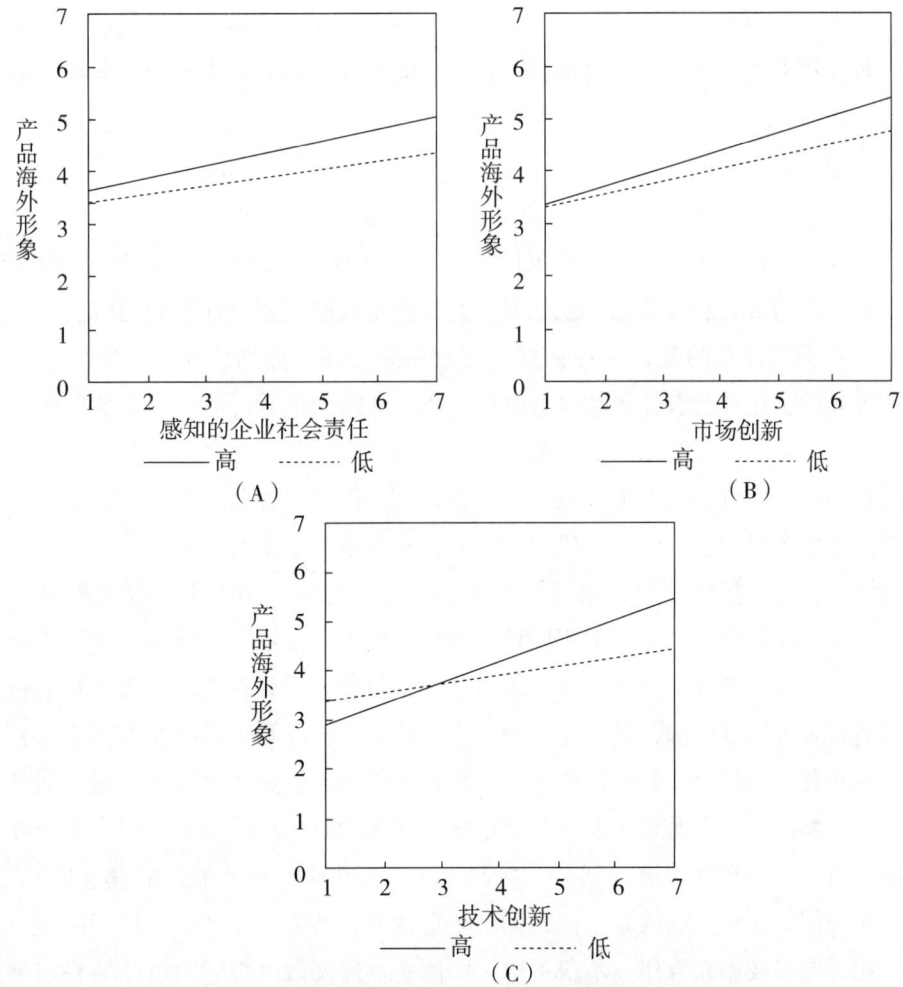

图 42-3　消费者卷入度作为调节变量的调节效应图

第四节　结论与建议

本章基于海外发达国家消费者对中国产品/企业印象的调查数据，从创新（技术创新与市场创新）和社会责任两个战略重点探讨了提升产品在发达国家形象的最优组合策略，得出以下主要结论：

（1）提升产品在海外发达国家市场的形象，首先需要企业明确自己的定位，打造专属的市场关系，具备识别市场机会的能力/掌握学习专业知识的技能。

（2）为了在有限的消费者关注度下，合理地将有限资源和资本配置到能够发挥最大效用的战略重点上，想要拓展发达国家海外市场的企业需要重点关注创新，而非社会责任。具体而言，从市场创新、技术创新和感知的企业社会责任三个角度考察其对产品海外形象的影响程度，对于创新和责任而言，创新的贡献度大于社会责任的贡献度（$\beta = 0.117 - 0.029 = 0.088$，$p < 0.01$）；然而，对于市场创新和技术创新而言，市场创新（$\beta = 0.063$，$p < 0.01$）带来的形象提升略优于技术创新（$\beta = 0.054$，$p < 0.01$），同时，技术创新会受到不同的消费者卷入度水平的影响，而市场创新则不会受到消费者卷入度水平的限制。

（3）发达国家的市场信号告诉我们，一个具有较高水平消费者卷入度的企业，提升产品在发达国家海外形象的首选投入重点是市场创新，辅以技术创新；而当企业的消费者卷入度水平较低时，其投资重点则应侧重到市场创新上。

（4）需要注意的是，尽管在发达国家海外市场，创新优于社会责任，但消费者感知的企业社会责任仍然是显著的、不可忽略的提升产品海外形象的重要战略因素。本章的研究结果为揭示欲拓展发达国家市场的企业，应将有限资源投入到哪些特定因素以获取最大收益，形成最优战略提供了有利线索和经验证据，也为企业管理者引领企业从还算优秀迈入真正卓越带来了新的启示。

第一，对于拓展发达国家海外市场，企业应把创新作为引领发展的第一动力。企业想要走出去，应根据不同地区的经济发展程度及类型特点，采用不同的战略战术。对于新兴市场或发展中国家，创新与责任同等重要；绝大多数的新兴市场消费者有宗教信仰，其对企业社会责任的关注已经不仅反映在本国企业，而且体现在其对海外产品的总体印象上，也正因如此，企业社会责任已提升到与创新同等重要的水平。而对于发达国家市场，本章的研究结果表明，创新优于社会责任。所以，应在深入贯彻创新、协调、绿色、开放、共享的发展理念的同时，深入实施创新驱动发展战略，依靠创新培育发展新动能，在多个领域和层次与当地企业开展科技创新合作，不仅可以为两国企业发展做出贡献，也能够将成果惠及更多国家包括发展中国家。

第二，将有限资源投入到更有针对性的方向并保持坚定，在企业从优秀到卓越的转变中发挥着催化剂的作用。本章的研究结论已表明，对于创新主导型的企业，为获取最优利益，不同层次的企业有着截然不同的战略路径。更为重要的是，无论是对于应重点侧重市场创新并辅以技术创新的企业，还是将侧重转移到市场创新的企业，都应为打造拥有持久生命力的产品海外形象而设定极高的标准，不打半点折扣。在靠浑水摸鱼或裙带关系发展已经行不通了的今天，如果企业不能全情投入某一细分领域并坚定使其独树一帜，成为全行业最棒的市场关系打造者，企业的海外形象难以为继。

第三，实施"因地制宜，重点突破，分类推进"，提升产品海外形象的运行机制，与打造创新、合作、透明、绿色可持续并举的核心价值密不可分。把产品打入发达国家海外市场，在将重点资源配置到不同的创新层面时，仍需注意的是，来自可持续发展的全球增速新引擎给各类企业的绿色生态的正向能量传递带来了更为苛刻的要求，尤其是对于已经走过依赖传统工业发展经济，尝过污染恶化带来恶果的发达国家市场。当企业面对因为短期利润而对可持续发展和履行社会责任承诺持否定态度的观点时，应坚持绿色系统推动企业可持续发展，升级创新形态，打造全新的产品海外形象的解决方案。

第43章 在发展中国家/新兴市场提升中国产品海外形象的研究报告

第一节 问题的提出与研究假设

一、问题的提出

中国产品海外形象的提升与维护需要正确的策略和管理。全方位的形象提升必须形成一系列精心策划、相互联系的优化路径，以满足日益增长、更为广泛的市场构成和消费者需求，同时必须考虑这些路径产生的深远影响。当企业重点关注显性的和潜在的消费者需求，聚焦于创造挖掘更多的消费者价值时，其产品在消费者心目中的形象会通过企业的行为而发生变化，对这些行为的剖析和探索形成了提升中国产品在发展中国家形象的主要路径。海外消费者在不断思考自身购买行为所带来的环境和社会影响，迫使中国产品同样面临道德选择和复杂的权衡，现在比以往任何时候都需要更全面的思考，使用创造性双赢方法来平衡相互冲突的需求，创造并传播产品和服务的真正价值。

尽管消费者导向是必要的，但这并不够，中国企业和中国产品必须具有创造力，同时匹配强烈的伦理观、价值观和社会责任感。已有文献中，一方面，有学者深入研究创新（包括基于技术的创新和基于市场的创新）对企业发展和提升产品形象的重要作用，如冯之浚等（2015）认为创新是经济发展的决定力量，塑造企业自身创新能力是处于服务经济时代的核心要务，伴随着中国企业技术创新的能力和主体地位已有大幅提升。另一方面，中国企业和中国产品也必须重点剖析消费者感知的企业社会责任的价值，强调履行社会责任的必要性。使消费者、员工和其他利益相关者感到满意并获得商业成功，是与采用和履行高标准的社会责任承诺行为有着紧密联系的，这不仅是"正确的事"，也是"要去做的聪明的事"。受到传统发展方式的影响或直觉上，现行企业，尤其是中国企业，更加重视创新的作用，更愿意为基于技术的和基于市场的创新投入更多的成本，以期得到有形的财产收入或绩效提升。但是，创新与企业社会责任二者的关系到底如何？在提升中国产品在发展中国家或新兴市场的海外形象过程中，是否也如直觉上认为的创新比企业社会责任更加重要？

本章使用来自中亚六国302份海外消费者的问卷调查数据，建立了多重中介模型，试图通过数据反映二者的真实关系，说明创新和企业社会责任在提升产品海外形象方面的重要性差别，同时分析基于技术的创新与基于市场的创新对产品海外形象的提升是否也会有不同程度的作用。中国企业是否应该决定在企业社会责任中扮演一个更积极的战略性角色，小心地审视目标海外市场消费者的信仰以及应该如何对待其社区和环境，这些企业需要如何接受挑战并利用对可持续性的需求来加速创新，已经成为深入研究发展中国家消费者对中国产品形成积极印象的关键因素，成为剖析中国产品在海外形象提升的形成机制和主要路径。

二、研究假设

（一）消费者定位与产品形象

进行消费者定位需要对目标顾客进行充分了解，因为他们为产品提供者提供持续的延伸产品或最优价值，消费者定位要求产品提供者理解购买者的整体价值链，不仅是因为当前的利润需求，还因为对整体价值链的把握将会随着时间的推移形成符合内在机理和市场动态的长期价值。这种价值就包括消费者心目中的产品海外形象，其可以分为价格与价值、服务与管理、广告与声誉、设计与风格、消费者资料或顾客资料等五个类别，意味着产品的提供者可以通过这五个方面提升产品在消费者心目中的总体形象。

产品提供者只有使用全面的定位框架才能清楚地掌握潜在消费者现在或将来可能的需求，识别出可能的消费者满意因素。这样的消费者定位可以创造更多的价值，从不同的角度提升产品在消费者心中的形象，因此，本章提出：

假设1：消费者定位与产品海外形象之间存在着显著的正相关关系，即消费者定位越精准，产品海外形象的正向积累就越多。

（二）创新的中介效应

消费者定位的主要目的不仅是掌握消费者的显性需求，更重要的是了解其潜在需求。可以通过提高领先用户的技术来加强消费者潜在需求的挖掘能力，即将可获得的最先进技术使用到"难缠和苛刻的用户"身上，这种方式常常可以成为发现消费者隐性需求的全新解决方案。这样的视角对于发展技术创新是非常有益的，能够极大地改善现有市场的消费者利益，同时迎合最难缠用户的需求。虽然在技术上的投资是巨额的、有风险的，但来自市场和消费者的信号是清晰和确定的，这是提升产品海外形象的必由之路。消费者定位的重点是创造"来源于消费者和竞争者分析的、基于知识的、更优的消费者价值"，虽然这样的聚焦可能会导致一些风险，但却能够为新兴市场的创新提供更多的可能性。

基于技术和市场的创新将发明的科学技术引入到产品和企业之中，形成了一种新的生产能力，这种能力渗透到产品的设计中，通过服务和管理体现产品的价值，成为产品的主要卖点和声誉来源，同时为消费者带来利益。这种创新的能力可以通过这五个角度提升消费者心目中产品的总体形象。

因此，基于技术和基于市场的创新的产生更多是由于消费者需求和导向的驱动，同时，这两方面的创新又会导致某种程度上产品海外形象的提升。本章提出：

假设2a：产品提供者对消费者定位的关注度越高，基于技术的创新就会越多。

假设2b：产品提供者基于技术的创新越多，产品在海外消费者心目中的总体形象就会越高。

假设3a：产品提供者对消费者定位的关注度越高，基于市场的创新就会越多。

假设3b：产品提供者基于市场的创新越多，产品在海外消费者心目中的总体形象就会越高。

（三）消费者感知的企业社会责任的中介效应

李伟阳和肖红军（2011）认为企业社会责任源于自愿的慈善行为、社会或消费者对企业行为的期望、企业对社会压力的回应等九种认知，可以看出，无论是主观自愿，还是迫于社会压力，作为产品提供者的企业履行社会责任义务的主要驱动因素是社会、大众和企业广义的消费者。以消费者为导向的企业更倾向于满足消费者需求，增加其对企业社会责任履行的感知。与此同时，企业社会责任的感知还能够提高一线员工的绩效，增加消费者对企业的识别度，例如，当一个企业更主动、更多地履行社会责任时，传递给消费者的企业形象（如公德心、慈善）会更加积极，消费者会对企业有更高的识别度，反过来，消费者会更加支持企业，对企业的产品形象拥有更好的感知。因此，本章认为感知的企业社会责任是消费者定位与产品形象的中介变量，并提出：

假设4a：产品提供者对消费者定位的关注度越高，消费者对企业社会责任的感知就会越多。

假设4b：消费者感知的企业社会责任越多，产品在海外消费者心目中的总体形象就会越高。

基于上述理论依据和研究假设，本章的研究框架如图43-1所示。

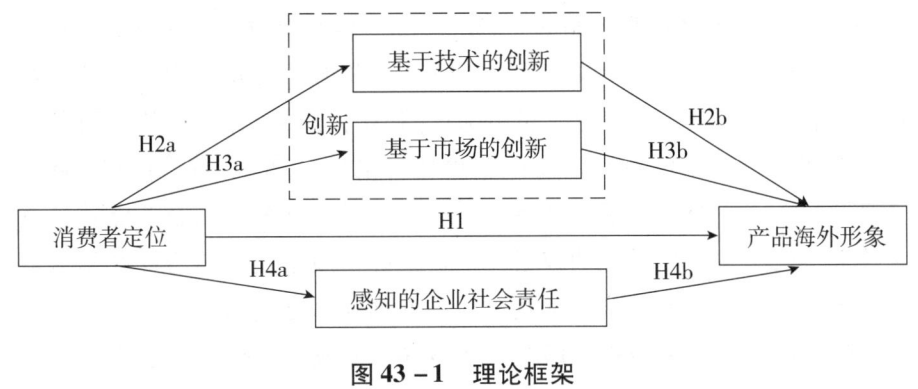

图 43 - 1　理论框架

第二节　样本数据来源与研究方法设计

一、样本数据基本情况

本章的调研对象设定为有过中亚地区和中国两种生活经历的中亚籍消费者，中亚籍华人和华侨不在调查范围内。受访者分别来自中亚的土库曼斯坦、乌兹别克斯坦、吉尔吉斯斯坦、塔吉克斯坦、哈萨克斯坦和阿富汗等六国。问卷使用中文和英文两种语言形式，标准的返译（Back - translation）技术被应用到中英两个版本中。

问卷共发放 7321 份，回收 1164 份，回收率 15.9%，剔除部分问题问卷，[①]剩余有效问卷 302 份，有效率 26.0%。有效样本中，男性 174 人（57.6%），女性 126 人（41.7%）。多数受访者的平均年龄分布在 25～55 岁之间（85.3%），家庭年收入在 3000～9000 美元之间（23.5%），有宗教信仰（93.4%），未婚（56.3%），并且拥有本科及以上学历（70.1%）。受访者来自不同的行业领域，如企事业单位、个体/私营业主、教育行业、互联网商务、自由职业等。

二、变量测量

所有的变量测量均借鉴成熟量表，使用 7 点 Likert 量表进行评价，1 = 程度低或强烈不同意，7 = 程度高或强烈同意，NA 表示不清楚或不知道。得分越高表示中国产品在发展中国家消费者心目中的形象越好，消费者感知的企业履行社会责任程度较高，产品提供者越以发展中国家消费者的需求为中心，消费者定位越准确，反之亦然。具体而言：①产品海外形象。采用 Na-

---

① 问题问卷包含数据全部一样、数据跳填和填项矛盾等，均被视为无效问卷。

gashima（1977）的产品形象量表（JM）。②消费者定位。采用 Narver 和 Slater（1990）设计的消费者定位量表（JM）。样题如"您觉得中国产品能够给您舒服、温馨的感觉""您觉得对中国产品进行退换、保修等售后服务方面的满意程度"等。③感知的企业社会责任。采用 Lichtenstein 等（2004）编制的感知的企业社会责任量表（JM）。样题如"您觉得中国企业能够投资于社区教育、卫生和基础设施的建设""您觉得中国企业能够为社区创造就业机会"等。④基于技术的创新和基于市场的创新。分别采用 Zhou 等（2005）（JM）与 Gatignon 和 Xuereb（1997）（JMR）形成的两个创新量表。基于技术的创新样题如"您觉得中国产品的技术创新是革命性的、有重大突破的、全新的""总体上来讲，中国产品和主要竞争对手的产品是相似的"等。基于市场的创新样题如"您觉得中国产品的主流消费者很难理解中国产品的产品理念""您觉得对于中国产品的主流消费者而言，中国产品有较高的转换成本"等。

三、模型设定

本章使用结构方程模型（Structural equation modeling，SEM），运用 Bootstraping 的方法估计这个多重中介模型（见图 43 - 2）和方程式（43 - 3）中三重中介的对比效应。

本章的理论框架包含的三个中介变量的总间接效应是三个特定中介效应之和，即 $F = a_1 b_1 + a_2 b_2 + a_3 b_3$，使用 Bollen（1987）计算包含三个中介变量的总间接效应的渐进方差如方程式（43 - 1）所示：

$$Var[F] = b_1^2 s_{a_1}^2 + a_1^2 s_{b_1}^2 + b_2^2 s_{a_2}^2 + a_2^2 s_{b_2}^2 + b_3^2 s_{a_3}^2 + a_3^2 s_{b_3}^2 + 2(a_1 a_2 s_{b_1,b_2} +$$
$$a_1 a_3 s_{b_1,b_3} + a_2 a_3 s_{b_2,b_3} + b_1 b_2 s_{a_1,a_2} +$$
$$b_1 b_3 s_{a_1,a_3} + b_2 b_3 s_{a_2,a_3}) \qquad (43 - 1)$$

式中的下标表示含有 a 和 b 路径的中介变量的系数是有关联的，s 表示相应下标路径的标准差，这个总量的平方根是三重中介模型的总间接效应的一阶标准误。

三重中介模型中，对比两个特定的间接效应。以对比中介变量 M1 和 M2 为例，效应的对比值 F_c 为：

$$F_c = a_1 b_1 - a_2 b_2 \qquad (43 - 2)$$

使用 DELTA 方法有：

$$var[F_c] = b_1^2 \delta_{a_1}^2 - 2 b_1 b_2 \delta_{a_1,a_2}^2 + b_2^2 \delta_{a_2}^2 + a_1^2 \delta_{b_1}^2 - 2 a_1 a_2 \delta_{b_1,b_2}^2 + a_2^2 \delta_{b_2}^2 \quad (43 - 3)$$

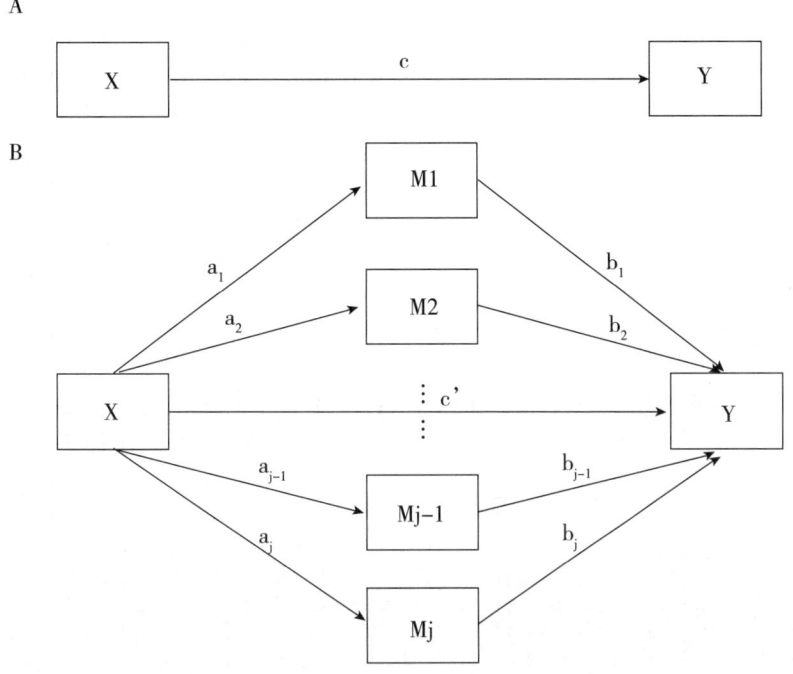

图 43 - 2 j 个中介变量的多重中介模型

注：①X 到 Y 的效应；②假设 X 到 Y 存在 M1，M2，…，Mj 个中介效应。③a_j，b_j，c 和 c' 分别表示第 a_j，b_j，c 和 c' 条路径。

第三节 实证检验与结果分析

一、信度和效度检验

（1）信度和收敛效度。运用 Amos23.0 对研究中使用的量表进行验证性因素分析（CFA），通过计算每个构念的组成信度（CR）和平均提取方差（AVE）评估潜变量的信度和收敛效度。CR 值在 0.768 ~ 0.895 之间，AVE 值介于 0.507 ~ 0.631 之间，均达到了建议值（CR > 0.7，AVE > 0.5）。因此，测量量表具有较好的内部一致性，信度良好，且具有收敛效度（见表 43 - 1）。

（2）区别效度。使用两种方法检验构念的区别效度。首先，对比五因素、四因素、三因素、双因素和单因素模型的拟合度。嵌套的对比模型说明五因素模型（$\chi^2 = 225.467$，$\chi^2/d.f. = 1.260$，AGFI = 0.917，CFI = 0.982，RMSEA = 0.029）相对于其他模型是最优的，四因素模型 [$\Delta\chi^2$（4）= 245.380，p < 0.00]、三因素模型 [$\Delta\chi^2$（7）= 587.899，p < 0.00]、双因素模型 [$\Delta\chi^2$（9）= 904.790，p < 0.00] 和单因素模型 [$\Delta\chi^2$（10）= 1759.183，p < 0.00] 具有较

表 43-1 验证性因素分析汇总表

潜变量	测项	非标准负荷	标准误	t 值	标准负荷	项目信度	CR	AVE
产品海外形象	pi 1	1	—	—	0.802	0.643	0.895	0.631
	pi 2	1.026	0.068	15.082***	0.802	0.643		
	pi 3	0.946	0.072	13.206***	0.721	0.52		
	pi 4	1.179	0.077	15.319***	0.812	0.659		
	pi 5	1.173	0.074	15.757***	0.831	0.691		
消费者定位	cor 1	1	—	—	0.742	0.551	0.872	0.577
	cor 2	1.144	0.087	13.142***	0.788	0.621		
	cor 3	1.05	0.077	13.571***	0.816	0.666		
	cor 4	1.148	0.087	13.256***	0.796	0.634		
	cor 5	0.858	0.08	10.688***	0.644	0.415		
感知的 CSR	pCSR 1	1	—	—	0.746	0.557	0.831	0.552
	pCSR 2	0.945	0.079	11.937***	0.775	0.601		
	pCSR 3	1.101	0.094	11.686***	0.752	0.566		
	pCSR 4	1.009	0.092	10.933***	0.696	0.484		
基于市场的创新	Inn_ m 1	1	—	—	0.81	0.656	0.803	0.507
	Inn_ m 2	0.847	0.076	11.155***	0.717	0.514		
	Inn_ m 3	0.833	0.079	10.502***	0.665	0.442		
	Inn_ m 4	0.754	0.074	10.217***	0.646	0.417		
基于技术的创新	Inn_ t1	1	—	—	0.637	0.406	0.768	0.529
	Inn_ t 2	1.365	0.16	8.516***	0.864	0.746		
	Inn_ t 3	1.147	0.127	9.015***	0.66	0.436		

注：①*** 表示 p<0.01；②pi——产品海外形象（product image）；cor——消费者定位（consumer orientation）；pCSR——感知的企业社会责任（perceived corporate social responsibility）；Inn_ m——基于市场的创新（market-based innovation）；Inn_ t——基于技术的创新（technology-based innovation）。

为糟糕的拟合度（见表43-2），选用的量表具有较好的区别效度。其次，计算每两个构念的共同方差，见表43-1，平均提取方差（AVE）的最小值0.507，高于量表构念所有可能的两两结合的共同方差（表43-3的上三角部分）的最大值0.071，说明研究选用的量表具有较好的区别效度。表43-3还显示了各主要变量的均值、标准差以及变量之间的相关系数（下三角部分），可以看出消费者定位对产品海外形象的正向相关关系。

二、多重中介效应

（1）总效应和直接效应。消费者定位到产品海外形象的总效应和直接效应分别是0.3277（p<0.01）和0.1883（p<0.01），二者的差异是三个中介变量的总的间接效应0.1394，百分位值法和偏差校正法Bootstrap置信区间分别是{0.0590，0.2423}和{0.0640，0.2545}，可以看出消费者定位到产品海外形象的总效应和直接效应的差异是异于零的。验证了假设1。

（2）特定间接效应。多重中介模型中，我们更关注特定的间接效应。使用Bootstrapping的方法检验间接效应，每个间接效应的置信区间估计使用百分位值和偏差校正两种方法。特定的间接效应是$a_1 b_1 = 0.0270$（基于技术的创新），$a_2 b_2 = 0.0556$（基于市场的创新），$a_3 b_3 = 0.0569$（感知的企业社会责任），这三个特定间接效应的标准误和临界比率见表43-4。我们发现，通过"感知的企业社会责任"和"基于市场的创新"所产生的消费者定位到产品海外形象的特定间接效应是显著异于零的，通过"基于技术的创新"产生的间接效应使用偏差校正法进行Bootstrapping时显著异于零，而通过百分位值法估计的结果是显著为零的，说明相对于感知的企业社会责任和基于市场的创新，这是一个较弱的特定间接效应，但可以看出，基于技术的创新也是一条多重中介。假设2、3、4得到了验证。

（3）对比效应。考察这三个特定间接效应差异的显著性是很有趣的，如表43-4下方特定间接效应的两两对比结果。首先比较基于技术的创新和感知的企业社会责任，使用方程式（43-2）和方程式（43-3）定义二者的差异和差异的样本方差值，可以得到$F_c = 0.1567 \times 0.1723 - 0.2400 \times 0.2369 = 0.0286$和$var[F_c] = 0.0014$。这个差异的95%的置信区间因此是{-0.0466，0.1043}和{-0.049，0.1109}，由于零被包含在这个区间里，所以基于技术的创新和感知的企业社会责任这两个特定间接效应在重要性上没有显著的差异，尽管在特定间接效应的检验中，感知的企业社会责任显著异于零，而另一个基于技术的创新在百分位值法上显著等于零。当基于技术的创新没有充分的显著等于零，或者感知的企业社会责任没有充分的异于零时，这样表面上的矛盾是可能发生的。二者的

表 43-2　区别效度检验

模型	χ^2	df	$\chi^2/d.f.$	GFI	AGFI	TLI	CFI	RMSEA
建议值	愈小愈好	愈大愈好	<3	>0.9	>0.9	>0.9	>0.9	<0.08
1. 五因素（pi, cor, pCSR, Inn_ m, Inn_ t）	225.476	179	1.260	0.936	0.917	0.979	0.982	0.029
2. 四因素（pi, cor, pCSR, Inn_ m + Inn_ t）	470.856	183	2.573	0.861	0.825	0.872	0.889	0.072
3. 三因素（pi, cor, pCSR + Inn_ m + Inn_ t）	813.375	186	4.373	0.752	0.692	0.726	0.757	0.106
4. 双因素（pi, cor + pCSR + Inn_ m + Inn_ t）	1130.266	188	6.012	0.689	0.618	0.593	0.635	0.129
5. 单因素（pi + cor + pCSR + Inn_ m + Inn_ t）	1684.659	189	8.914	0.577	0.483	0.357	0.421	0.162

注："+"为两个变量组合。

表 43-3　各变量均值、标准差、相关性及共同方差

变量	Mean	SD	1	2	3	4	5
1 产品海外形象	4.632	1.021	—	0.067***	0.071***	0.065***	0.043***
2 消费者定位	4.600	1.101	0.258***	—	0.031***	0.058***	0.030***
3 感知的企业社会责任	4.757	1.142	0.267***	0.177***	—	0.012	0.065***
4 基于市场的创新	4.420	1.129	0.254***	0.241***	0.110	—	0.014**
5 基于技术的创新	4.494	1.051	0.208***	0.173***	0.255***	0.117**	—

注：①***表示 $p < 0.01$，***表示 $p < 0.05$（双尾）；②矩阵对角线下方是相关系数；矩阵对角线上方是共同方差。

表 43－4　基于 Bootstrapping 的多重中介效应报表

变量关系	系数估计值	系数乘积战略				Bootstrapping			
		标准误	Z 值	百分位值法 95% CI		偏差校正法 95% CI			
				下限	上限	下限	上限		
间接效应									
基于市场的创新	0.0556	0.0296	1.8784	0.0068	0.1216	0.0116	0.1321		
基于技术的创新	0.027	0.0202	1.3366	-0.0036	0.0765	0.0003	0.0851		
感知的企业社会责任	0.0569	0.0261	2.1801	0.0142	0.1162	0.0181	0.1242		
总间接效应	0.1394	0.047	2.966	0.0590	0.2423	0.064	0.2545		
直接效应									
消费者定位→产品海外形象	0.1883	0.0866	2.1744	0.0251	0.3617	0.0228	0.361		
总效应									
消费者定位→产品海外形象	0.3277	0.082	3.9963	0.1753	0.4910	0.1714	0.4863		
对比效应									
基于市场的创新 vs. 基于技术的创新	-0.0299	0.0313	-0.9553	-0.0965	0.0301	-0.1022	0.0259		
基于市场的创新 vs. pCSR	0.0013	0.036	0.0361	-0.0708	0.0738	-0.0723	0.0729		
基于技术的创新 vs. pCSR	0.0286	0.0376	0.7606	-0.0466	0.1043	-0.0409	0.1109		

注：5000 份 Bootstrap 样本。pCSR——感知的企业社会责任。

对比效应显示在发展中国家提升中国产品海外形象的过程中，技术创新和企业社会责任具有同等重要的作用。同理，可以判断感知的企业社会责任和基于市场的创新，以及基于市场和基于技术的创新这两组特定间接中介效应的差异对比。

这些结果表明，基于市场的创新、基于技术的创新、感知的企业社会责任，三者作为一个集合，在消费者定位与中国产品海外形象的关系中起到了中介效果；更为重要的结论是，在发展中国家提升中国产品的海外形象，需要同时关注技术创新、市场创新和企业社会责任，三者在提升形象的战略和方案实施方面具有同等重要的作用，这与直觉上或在其他地区得出的创新相对于企业社会责任/绿色发展更为重要的结论是截然不同的。路径 a（包含 a1，a2，a3）和路径 b（包含 b1，b2，b3）的方向与理解三个中介效应对消费者定位和产品海外形象的作用是一致的，即更准确的消费者定位会更好地把握技术创新、市场创新和感知的企业社会责任三个维度，这些又会反过来更好地提升中国产品在发展中国家的形象。值得注意的是，单个特定的中介效应并不代表给定的中介变量（M）对解释变量（X）和被解释变量（Y）的中介作用，而是表示在控制了其他中介变量后 M 的中介作用。以感知的企业社会责任为例，0.0569 是指在控制了基于技术和基于市场的创新后，其对消费者定位到产品海外形象的特定间接中介效果。

第四节 结论与建议

本章基于中亚国家消费者对中国产品印象的调查数据，从产品提供者和消费者的角度探讨了提升中国产品在发展中国家海外形象的优化路径和战略重点，得出以下主要结论，以及具有借鉴意义的重要启示：

（1）精准的发展中国家/新兴市场消费者定位，其不同于新常态下总体的或在发达国家市场的战略侧重点。首先，使中国制造的产品人性化、精益求精、长于细节等消费者定位是必不可少的，这也是吸引消费者购买的主要因素。其次，相较于传统的"廉价多销"形象战略，以及新常态下品质、创新和责任并驾齐驱、创新优于责任的总体战略而言，针对发展中国家新兴市场的战术定位需要注意，创新与社会责任二者具有同等重要的作用。

（2）新兴市场的信号告诉我们，在领先用户中使用先进的技术，进行技术二次创新，是一条提高产品海外形象的首选和必由之路。继续保持和加强对技术创新的重视，培养企业的创新意识和创新能力；着眼中国企业实际，相较日本、部分欧美国家，中国虽然缺乏首创精神，但是擅长在改良和细节上下功夫，实现"二次创新"，将原本属于外国的突破性核心专利包裹吞噬吸收，在这个过程中实现自己的技术创新优势。

（3）中国产品要在复杂多元的市场上立足，不能仅仅依靠在庞大的市场迫使下，不断采取新技术，发明新产品，还需要用创新的方式发展用户，开发未知的市场。当企业积极地发展直接解决现存消费者不满意需求的技术创新，以保证较高的回报率时，尽管很难对市场的创新进行实质性的投资，但这却是进一步提升产品海外形象不可以忽略的重要环节和路径。

（4）目前发展中国家的消费者对于企业慈善行为的期望已经达到了一定的高度，中国企业在消费者心目中的形象和企业的识别度已经反映到了企业的绩效层面，因此，消费者对企业社会责任履行程度的感知对于提升中国产品的形象起到了举足轻重的作用，并且达到了与创新同等重要的战略水平。中国企业需要提高消费者感知的企业社会责任，以促使自己的百姓信任中国产品，让中亚、发展中国家/新兴市场的消费者信任中国企业。品牌不是人工创造出来的，品牌从来都是通过经营长出来的。

第44章　国家形象与中国产品走出去 资产累积的研究报告

第一节　问题的提出与研究假设

一、问题的提出

国际社会对"中国声音"和"中国方案"的期待，已经成为一种新的常态。对中国而言，亚投行和"一带一路"倡议等外交设计之高，不仅在于它有望成功改变金融决策权长期受制于人的局面，还在于它将迅速提升中国的国家形象。我们迫切希望增强我国品牌的影响力，以促使其与逐步上升的国家形象相匹配。然而，国家形象如何作用于品牌资产，如何通过国家形象的提升累积品牌资产的潜在能力已经成为理论界和实践界需要探讨的重要问题。强势的全球化品牌并不是某个公司或某个商标，它的价值来源于与消费者的紧密关系，取决于消费者头脑中的观念和联想。全球化和国际商务活动的常态化使消费者在一个国家获得另一个国家的产品更加便利，来源国或产品的"产于（made in）"标签也在消费者心目中生成了次级联想，这种联想影响着消费者的感知，操控着他们对某些品牌的偏好和选择，甚至使他们宁愿倾向支付更多的货币。理论上，学者们从三个角度剖析了需要深刻认识国家形象与品牌资产间重要关系的原因：①从消费者的角度看，日益繁荣的国际贸易使消费者获得跨国产品更加容易，企业的顾客已经将产品和产品的来源国形象紧密地联系在一起，消费者的感知以及由这种感知带来的消费行为，迫使企业必须慎重考虑二者的关系；②就企业自身而言，品牌资产已经是一种宝贵的资产和竞争优势来源，出于战略的考虑，其需要在其他国家推出自己的品牌以获得规模经济等效益；③从国家层面来看，发达国家中越来越多的企业将生产转移到其他国家，以获取廉价劳动力和/或减少运输成本，生产与销售已不再局限于某个区域或某个国家内部，国家、这个国家的企业、这个国家的产品已经作为一个整体形象被消费者认知。目前，研究者已经开始致力于形成品牌资产测量构念的研究，强调影响品牌资产的诸多因素。然而，尽管国家形象对品牌资产的重要意义已经得到了理论界和实践界的认可和强调，但多数研究在于证明国家形象是否对品牌资产产生了重要影响，以及影响的程度等方面，对于二者之间的作用机理并没有进行深入剖析。

实践中，新兴经济体的发展伴随着风险，以中国为例，中国产品需要走出去，中国的国家形象作为重要的来源国形象，对中国品牌有很大的影响。从中国制造到中国创造，再到中国品牌是一个艰辛的探索过程。在这样的背景下，本章试图回答三个问题：①国家形象①是否会对品牌资产产生影响？②国家形象如何影响品牌资产？③在不同的情况下国家形象对品牌资产是否有不同的影响？从管理者的视角看，这三个问题代表着管理者面临的核心问题，将为管理者提供与品牌国际化战略有关的重要信息。等同于回答管理者是否应该通过提升品牌所在国家的形象来提升产品的品牌资产，是否应该在确定了国际化的目标后，致力于为提升国家形象而配置资源和安排相关的行动序列，以及提升哪些国家形象方面的内容会迅速地累积品牌资产。

本章将国家形象分为国家国民形象、文化形象、政治经济形象和科技创新形象等四个一阶构念，认同将品牌资产分为品牌忠诚度、品牌知名度、品牌感知质量、品牌联想和其他品牌资产几个维度，从而将抽象的国家形象与品牌资产研究推进到具体层面，以考察国家形象影响品牌资产的运行机制和作用机理，分析管理者如何致力于国家形象的提升而迅速地累积品牌资产。具体而言，首先，构建了国家形象的二阶构念，检验其是否会影响由品牌忠诚度和知名度等组成的品牌资产。其次，考察外国消费者对国家形象产生的印象或信念如何影响品牌资产的积累。感知价值是国家形象作用于品牌资产的关键环节，消费者对国家形象和产品价值的感知直接影响和决定他们对该国产品的评价与判断，形成正面或负面的品牌资产。最后，从消费者爱国心的视角，考察国家形象和感知价值对品牌资产的作用机理。研究发现，国家形象与品牌资产有显著的正相关关系，国家形象越高，品牌资产的正向积累就越多；感知价值在国家形象与品牌资产的关系中起到部分中介的作用，即在国家形象直接影响品牌资产的同时，又通过外国消费者对该国产品的感知价值影响着品牌资产；消费者爱国心调节着国家形象、感知价值和品牌资产的关系，相比于爱国心水平较低的消费者群体，具有较高爱国心的消费者群体对产品国家形象和感知价值的反应更为敏感。

本章可能的研究贡献或预计将取得的研究进展体现在三个方面：一是国家形象的二阶构念。国家形象不是一个单一的维度，需要通过不同的角度刻画和

---

① 自从1965年Schooler介绍来源国现象的本章发表以来，各国学者便陆续地展开有关国家形象（Country Image）的相关研究。在众多的相关研究中，也出现了许多不同的名词，如国家形象、来源国形象（Country of Origin）、制造地形象（Made in Image或"Made in" Image）、产品的国家形象（Product Country Image）和国家刻板印象（Country Stereotype）等。为了本章陈述的便利性和统一性，本章所指的国家形象等同于来源国形象，等同于产品的国家形象。

体现，本章在已有的对国家形象概念研究的基础上，将能够体现国家特色的国家国民形象、文化形象和政治经济形象、科技创新形象相结合，形成国家形象的二阶构念，从而丰富和拓展了国家形象文献。二是本章为国家形象累积品牌资产的运行机制提供了理论分析和实证支持，拓展了现有国家形象与品牌资产的分析框架，与此同时，相对于倾向使用学生作为样本的研究，本章的研究结果来自使用过中国产品，并且具有双国生活经历的外国消费者群体。[①] 三是本章从消费者爱国心角度深入分析了其对国家形象、感知价值和品牌资产的影响，对于不同爱国心水平的消费者群体，国家形象影响品牌资产的程度是不同的。相对于已有的对国家形象和品牌资产关系的验证式研究，本章的研究结果有助于深入了解国家形象作用于品牌资产的运行机理。作为国内第一次针对来自 132 个国家 3601 个外国消费者的问卷调查，本章的结论丰富了国家形象与品牌资产方面的文献，其研究结果对于实施品牌国际化战略的管理者具有重要借鉴意义和参考价值。

二、概念发展与定位

(一) 国家形象

继介绍来源国（Country of Origin，COO）现象这篇开创性本章后不久，提出了一种被普遍接受的概念，"形象"意味着与思想、情感背景和内涵相关的概念，因此，"制造国"形象是商人和消费者都非常重视的对一个特定国家产品的构想、声誉和刻板印象，这个形象被诸如代表性产品、国家特征、经济和政治背景、历史和传统等变量所创造，并与大众传播、个人经历和对国家领导人的看法有关，它强烈地影响着国际市场的消费者行为。尽管国家形象的重要性引起了各国研究者的广泛关注和重视，但通过对文献的仔细研究发现，20 世纪 80 ~ 90 年代，国家形象的不同定义成倍数增长，大致可以分为三类，分别是：①整体的国家形象；②产品的国家形象；③（与国家有关的）产品形象。第一类把国家形象视为一个由多重因素共同影响的通用建构，不仅包含代表性产品产生的一般形象，还包括经济和政治上的成熟度、历史事件和关系、传统、工业化和技术的精湛程度等，这种分类还可以分为三组，第一组将国家形象定义为在公众心目中对一个国家的感知、（精神）构想或印象；第二组将国家形象概括为一个感知的建构；第三组采取了一种更为广泛的定义形式，在国家形象的建构上，不仅包括感

---

① 由于国家形象应是对已知的、不同于填答问卷消费者母国的国家的印象，所以需要确保受访者的母国与拟研究的产品来源国不是同一个国家，同时保证受访者对拟调研国家和产品有一定的了解。所以，本章选择消费过中国产品，且具有双国生活经历的消费者群体作为调研对象。

知，还包括情感的元素，把国家形象看作是元素或联想的网络。

第二类把国家形象聚焦在作为产品来源国的角色上，产品形象和国家形象是两个相互独立却相关的部分。通常定义为消费者对不同国家和这些国家生产的产品的印象，这类定义表明，首先，国家形象或产品形象被分别定义为国家或品牌的精神构想，即两个相互区分又相似的概念；其次，国家形象影响来自这个国家的产品的形象。事实上，一些研究表明，消费者对一个国家的产品偏好和消费者心目中的国家形象是有相关关系的，同时也应该注意到，国家形象不仅影响着产品的评价，也影响到其他的重要产出，如投资、旅游等。所以，这些学者提供了一个相当严格的来源国形象的定义范围。

第三类认为国家形象是指产品水平上的国家形象，这些定义特定地聚焦在一个国家的产品形象上，可以追溯到最初的 Nagashima（1970）的概念，然而，尽管使用"国家"这个术语指定形象的对象，但 Nagashima（1970）的定义实际上指的是特定国家的产品，因此，在这个建构的定义域中，应该是产品形象而不是国家形象。随着 Nagashima（1970）定义的提出，许多研究者相继提出了相似的聚焦于产品形象而不是他们声明的来源国形象的概念，这类研究的对象通常是"整体的"或"一般的"产品形象，而不是指定产品类别的国家形象①，指定产品类别的研究如通过指定的电视和汽车产品测量国家形象。许多研究者也将国家形象定义为"感知"，也有部分学者使用相关的术语，例如"印象"或"联想"，还有部分学者涉及"刻板印象"或者"模式"，少部分学者指定国家形象是"信念"，"信念"是态度的一个组成部分，国家形象的这些定义可以据此划分为"感知论""印象论""模式论"和"信念论"。

根据本章的研究定位，本章选择使用被普遍接受和使用的定义和理论类别展开后续研究。

（二）品牌资产

20 世纪 80 年代以来，品牌资产一直是市场营销领域的核心概念和关键研究领域，并且随着全球化和不断升级的竞争形式，它的作用在不断加强，虽然许多学者围绕品牌资产做了广泛的研究，但是关于这个主题的文献大部分仍然是零散的、没有定论的。有许多关于品牌资产术语的定义，包括财务角度、消费者角度、整体功能角度等。从消费者角度的定义主要基于品牌在消费者心中的力量这一前提；从财务角度的定义主要考虑品牌对公司的货币价值，然而，品牌财务价值形成的根本在于消费者对品牌的反应所产生的最终产出，如果一

---

① 我们认同以特定产品类别和国家形象之间的关系作为研究对象或研究范围，正如我们在"未来研究方向"部分提到的，我们认为这是一个未来可能的研究方向。

个品牌对于消费者没有价值，也就意味着它的财务价值是零，这意味着品牌在市场上根本就不存在，因此，大多数的研究从消费者的角度形成品牌资产的概念。

Aaker（1991）和 Keller（1993）将基于消费者的观点引入到品牌资产领域，认为品牌资产是"与品牌（品牌的名称和象征）和提供的产品或服务的附加价值（或减值）有关的资产的集合，如品牌的认知度、忠实的消费者、感知质量和联想（如纯联想和浮动联想）"。Aaker（1996）进一步将资产和负债分为"品牌认知度、感知的品牌质量、品牌形象/联想和品牌忠诚度等"，其中前三个要素从本质上讲是感性的，而品牌忠诚度被认为是行为层面的。Keller（1993）提出了基于消费者的品牌资产模型（CBBE），认为品牌资产来源于品牌的营销效果，而品牌的营销效果则取决于消费者所具有的品牌知识对该品牌营销活动做出的差异性反应。自此之后，又有不同的学者或公司提出了其他的品牌资产模型，包括 Keller 本人，也对品牌资产的概念和模型进行了进一步完善。例如，他认为品牌知识包括认知、属性、利益、形象、思想、感觉、态度和经验，除此之外，他强调，当消费者对品牌有高水平的认知度和熟悉度，同时在记忆中拥有强烈的、喜爱的、独特的品牌联想时，CBBE 才会发生作用。Kalafatis（1999）将 CBBE 定义为"消费者感知、态度、知识和行为的集合产生了不断增加的效应，使得品牌获得了比没有品牌名称时更大的边际利润"，Mostafa（2015）认为这个定义是 Aaker（1991）和 Keller（1993）基于消费者的品牌资产定义的结合。

许多研究揭示了不同文化和背景下的基于消费者的品牌资产维度（品牌忠诚度、品牌认知度、感知质量和品牌联想）与品牌资产之间的联系。例如，Buil 和 Martínez（2013）使用英国和西班牙两个国家的数据检验了品牌资产模型，结果表明，品牌认知度积极地影响感知质量和品牌联想；品牌忠诚度主要受到品牌联想的影响；感知质量、品牌联想和品牌忠诚度是品牌资产的主要驱动因素，同时，这个结果在这两个国家都适用。同样的，Lichtenstein 等（2004）把品牌资产的演进描述为消费者学习的过程，就是消费者对品牌认知转变为态度（如感知质量和品牌联想）的过程，反过来，这又会影响对品牌的忠诚度；Dodds 等（1991）报告了品牌忠诚度和品牌资产之间的显著正相关关系，强调品牌忠诚度是一个关键构念，是品牌资产的主要解释因素。

因此，本章使用被大量研究者广泛接受和使用的 Aaker（1991）的基于消费者的品牌资产定义和品牌资产维度，余泳泽（2015）认为品牌资产由品牌忠诚度、品牌认知度、感知质量、品牌联想和其他品牌资产组成。需要指出的是，与 Pappu 等（2007）一样，我们聚焦于品牌资产的知觉成分。

三、研究假设

(一) 国家形象与品牌资产

Anderson (1990) 的联想网络记忆模型为国家形象和基于消费者的品牌资产之间的关系提供了一个很好的解释基础, Aaker (1991) 和 Keller (1993) 也使用了这个模型解释消费者的品牌联想和品牌资产概念。产品的国家形象与品牌名称相似, 是一个外部线索, 它影响消费者的感知, 阐明了消费者的认知, 形成了消费者心目中的联想。例如, 当消费者想到德国和西班牙的产品时, 会在不同程度上赋予"可靠的"和"耐用的"等无形属性, 这些消费者对国家形象的联想可能影响这个国家的品牌资产维度。因此, 我们认为消费者心目中的国家形象能够影响这个国家的品牌资产, 例如, 选定中国产品, 对于一个给定的外国市场, 消费者心中的中国的形象、中国产品的形象会对中国的品牌资产产生强烈的影响, 国家形象能够影响品牌资产的关键维度, 如品牌忠诚度、品牌认知度、感知质量和品牌联想等。

Pappu 等 (2005) 认为消费者心目中的国家形象影响他们对来自这个国家的品牌的忠诚度, 因此, 消费者的品牌忠诚度与国家形象有关的假设是符合逻辑的。消费者对一个国家产品的熟悉度会影响他们对国家形象的评估, 这种情况下, 国家形象就会影响品牌资产的忠诚度维度。许多研究者认为国家形象是作为一个晕轮概念起作用的, 特别是当消费者对这个国家的产品的了解有限的时候, 因此, 消费者可能由于更有利的国家形象而对品牌更加忠诚, 反之亦然。Shahin 等 (2012) 发现相比品牌形象和品牌认知度, 品牌忠诚度对于国家形象有更大的影响; 品牌认知度和国家形象之间也存在着正向的相关关系, 虽然这可能是一种间接的影响; 许多研究者认为国家形象影响产品的感知价值, 认为感知价值是通过给消费者一个购买的理由而增强品牌的价值; 国家形象会对一个品牌产生次级联想, 从而影响消费者的品牌联想, 品牌形象的某些部分源于国家形象, 特别是当品牌提供给其他国家的消费者时, 特定细分市场的这些消费者会通过对这个国家的了解产生积极的或消极的联想, 国家形象就会影响这个国家的品牌形象。

基于以上文献分析, 本章提出如下假设:

假设1: 国家形象和品牌资产之间存在着显著的正相关关系, 即国家形象越好, 品牌资产的正向积累就越多。

(二) 感知价值的中介作用

现存的许多研究认为消费者的感知价值受到国家形象的影响。例如, Häubl & Elrod (1999) 认为当斯洛文尼亚的活力品牌产自斯洛文尼亚而不是德国时,消费者对这个品牌的感知价值是更高的；即使是全球著名的品牌，消费者的感知价值和购买决策也不仅仅受到品牌名称的影响，而且还受到产品生产地或装配地的影响，当品牌的来源地和生产地一致的时候，消费者将会对品牌表现出更积极的态度，感知价值的过程变得更容易，更会提升品牌的吸引力；Brat（2008）的研究结果表明国家形象对家用视听产品的感知价值有非常大的影响，这个结果与Han 等（1988）的结果一致，强调在两个国家的产品质量中，国家的刺激比品牌的名字有更强的影响力。国家形象的相关信息影响着产品的感知价值，也就是说，当消费者认为某个产品的国家形象很好时，他们可能持有对这个品牌更有利的感知价值，品牌感知价值的水平随着国家形象的变化而变化。

消费者的感知价值又会影响这个国家产品的品牌资产。品牌资产依赖于感知价值是因为感知价值对于在消费者的记忆中形成积极的品牌评价起着至关重要的作用，感知价值可能导致一个品牌的更大的差异化和优越性，因此，"品牌的感知价值越高，品牌资产越大"的可能性就越大。Zhou 等（2005）认为相对于美国样本的感知价值，韩国样本的感知价值表现出对品牌资产更大的影响；Dodds 等（1997）认为员工的感知价值对于创建强大的大学品牌是最重要的品牌资产维度，其次是大学的声誉、情感环境、品牌忠诚度和品牌认知度。国家形象影响着消费者的感知价值，感知价值影响着品牌资产，同时，国家形象影响着品牌资产，也就是说，在国家形象和品牌资产的相关关系之间，感知价值有着很大的贡献，起着非常重要的作用，因此，本章提出如下假设：

假设 2：感知价值在国家形象与品牌资产的关系之间起着显著的中介作用。

（三）消费者爱国心的调节作用

消费者爱国心这个术语是 100 多年前由 Sumner & Folkways（1906）从爱国主义这个一般概念引入的，虽然最初的时候它仅仅是区分群体内（有个体认同的一个群体）和群体外（与群体内对应的群体）的一个社会学概念，但是爱国心已经成为一个与个体层面的人格系统和更一般化的文化和社会分析框架相关的社会心理构念，Shimp & Sharma（1987）使用消费者爱国心这个术语代表美国消费者持有的"购买外国生产的产品是恰当的"这个信念实际上是道德的，从爱国心水平较高的消费者的角度看，在他们的心目中，购买进口产品是错误的，因为这损害了本国的经济，造成了失业，是非常不爱国的，他们轻视来自其他国家的产品（如群体外）；然而，对于爱国心水平较低的消费者来说，他们会忽略国外产品的产地，依照产品本身的优势被评估（或者说由于产品产自外国而被认为是更好的）。消费者爱国心可能导致本国产品的特定属性或者总体价值被高估，而外国产品被低估。也就是说，消费者爱国心不仅影响消费者的信念，而且影响感知国内、国外产品价值的方式，这种感知影响着国家形象和品牌资产。

就功能而言，消费者爱国心带给个体一种认同感、归属感，更为重要的是，为我们的研究提供了对于群体内的消费者行为是否可以被接受的理解。Jin 等（2015）认为消费者爱国心与消费者所在国的国家形象正相关，与外国的（消费者所在国以外的国家）国家形象呈负相关关系；Zeugner–Roth & žabkar（2015）建立了一个概念模型评估消费者爱国心、国家认同和消费者世界主义对产品的感知和购买意愿的相对影响，这些因素驱动并调节着消费者的认知和行为；Shimp & Sharma（1987）等学者做了一系列的律则效度检验，也表明消费者爱国心调节了消费者信念、态度、购买意向和行为等的关系。我们预测，消费者爱国心作为来源于情感反应、认知偏差和行为偏好这三个要素的一种态度，作为一个包含趋社会性、认知、不安全感、反身性和习惯化等五个维度的多维度构念，将会调节产品来源国的国家形象和品牌资产。这个假设与社会认同理论是一致的，认同理论认为个体对群体外的态度会受到群体内认同水平的影响，当个体认同一个群体，就会以这个群体为先，每个个体的社会认同度是不同的，这取决于个体的特征与和个体间的关系。也就是说，不同个体的消费者爱国心水平是不同的，与此同时，不同的消费者爱国心水平也会对国家形象、感知价值和品牌资产产生不同的调节效果，即这是一个调节的中介效应模型。

基于上述文献研究和分析，本章提出以下假设：

假设3a：消费者爱国心直接调节国家形象与品牌资产之间的关系。即消费者爱国心水平越高，国家形象增加品牌资产累积的程度越强。

假设3b：消费者爱国心通过感知价值调节国家形象与品牌资产的关系。即相对于较低的消费者爱国心水平，消费者的爱国心越高，感知价值在国家形象与品牌资产间的中介作用越强。

第二节　样本数据来源与研究方法设计

一、样本数据基本情况

本章的调研对象设定为有过双国生活经历的非中国人，华侨与外籍华人不在调查范围内。受访者分别来自北美洲、南美洲、中美洲、大洋洲、欧洲、亚洲、非洲等地区。此次调查收集了美国、加拿大、巴西、哥斯达黎加、澳大利亚、英国、法国、俄罗斯、哈萨克斯坦、印度尼西亚、日本、韩国、埃及、南非等132个国家的问卷样本，是目前国内关于国家形象和品牌资产的研究中，收集样本最多、分布世界区域最广、涵盖国家最多的一次调查。问卷使用中文和英文两种语言形式，标准的返译（back - translation）技术被应用到中英两个问卷版本中。

问卷共发放 3601 份，回收 2066 份，回收率 57.4%，剔除部分数据漏填、数据全部一样、数据跳填或填项矛盾等问题问卷，[①] 剩余有效问卷 1496 份，有效率 72.4%。有效样本中，男性 812 人，占 54.3%；女性 651 人，占 43.5%。受访者的年龄多数分布在 25~55 岁之间，占 81.1%，家庭年收入多数在 3000~70000 美元之间（43.8%），多数有宗教信仰（64.5%），未婚（56.7%），并且拥有本科及以上学历（70.8%），受访者从事各种不同的职业，包括政府雇员、事业单位人员、企业职员、个体/私营业主、学生、自由职业者、医疗人员、足球教练等。

二、变量与测量

国家形象。有非常多的学者研究设计了国家形象的不同测量量表。这些量表从不同角度、不同层面刻画描述了国家形象，他们有一个一致认同的观点，即国家形象是一个多维的构念，如政治、经济、技术维度；经济、政治、文化、国民维度等。本研究在借鉴一阶量表的基础上，形成了由国家国民形象、文化形象、政治经济形象和科技创新形象组成的二阶构念。

二阶模型是一阶模型的简化，目的在于优化结构模型。根据 Jöreskog & Sörbomz（1993）的建议，研究中如有二阶 CFA 模型分析，要进行四种 CFA 的估计，包括一阶一因素模型、一阶四因素无相关模型、一阶四因素有相关模型及二阶模型，以确定假设模型是否可以进一步从一阶模型精简至二阶模型，上半部分所示，模型 0 是虚无模型或者叫独立模型，目的是建立模型拟合的基准点，可以看出，模型 1 和模型 2 都没有提供理想的拟合度，模型 4 将模型 2 的 χ^2/df 从 31.293 降至 2.547，GFI 从 0.782 提升至 0.972，TLI 从 0.652 提升至 0.966，RMSEA 从 0.142 降至 0.044，从模型的拟合度看，模型 3 和模型 4 都是不错的选择。由于二阶模型（模型 4）是一阶因素有相关模型（模型 3）的简化，即二阶模型有较大的自由度，即使二阶可以非常良好地解释一阶模型，其拟合度指标（模型 4）也很难比一阶有相关模型（模型 3）更好。另外，国家形象构念的目标系数（Target coefficient）为 0.9103，目标系数越接近 1，表示二阶 CFA 能够取代一阶 CFA，使模型更加精准。基于以上两点分析，本章选择二阶模型作为国家形象的构念。采用里克特 7 点量表进行评价，1 = 程度低，7 = 程度高，NA 表示不清楚或不知道。得分越高

① 数据全部一样是指 1~7 点的所有题项，受访者全部选择了同一个数字，全部是 4 或者全部是 6 等；数据跳填是指每隔 2~3 个题项填答 3~5 个题项这种情况；填项矛盾分为两种：一是同一个题项既选择了数字 5，又选择了数字 7；二是在反向题中，出现了明显的矛盾信息。回收的问卷出现以上情况的任何一种，本章均认为受访者存在某种程度的不认真成分，所以视为无效问卷。

代表国家形象越好，消费者更倾向于购买该国的产品。

品牌资产。本章使用被大量研究者广泛接受和使用的 Aaker（1991）的基于消费者的品牌资产维度，认为品牌资产由品牌忠诚度、品牌认知度、感知质量、品牌联想和其他品牌资产组成。这些测量已被实证检验，并应用在大量的研究中。本章采用 Pappu 等（2007）的品牌资产量表（JIBS），与 Pappu 等使用的 11 点量表不同，我们使用 Bollen（1989）建议的 7 点量表尺度进行评价，1 = 强烈不同意，7 = 强烈同意，NA 表示不清楚或不知道。得分越高代表产品的品牌资产越高。样题如"相对于同类产品的其他品牌，您更倾向于购买中国品牌""您觉得中国品牌经常更新，是注重持续改善产品功能的"等。

感知价值。本章采用 Dodds 等（1991）编制的感知价值构念量表（JMR）。采用里克特 7 点量表形式，1 = 非常低，7 = 非常高，NA 表示不清楚或不知道。低分代表消费者感知的产品价值较低，高分代表消费者对产品的感知价值高。样题如"您使用中国产品时，觉得中国产品的可靠性是""您使用中国产品时，觉得中国产品的耐用性是"等。

消费者爱国心。本章的消费者爱国心构念采用 Shimp & Sharma（1987）设计的 CETSCALE 量表（JMR）。同样使用 7 点的里克特量表形式，1 = 强烈不同意，7 = 强烈同意，NA 表示不清楚或不知道。高分代表消费者具有较强的爱国心心理，低分代表较低的消费者爱国心水平。样题如"您觉得只有自己国家没有办法生产的产品才应该进口""您觉得应该对外国的产品加征更高的税收，以减少外国产品进入本国市场"等。

第三节　实证检验与结果分析

一、信度和效度检验

运用 Amos22.0 和 SPSS20.0 对研究中使用的量表进行验证性因素分析。通过计算每个构念的组成信度（CR）和平均提取方差（AVE）评估潜变量的信度和收敛效度，如表 44 - 1 所示。本章的研究模型共有七个一阶构念，分别为国家国民形象、文化形象、政治经济形象、科技创新形象、感知价值、消费者爱国心、品牌资产等，其中国家国民形象、文化形象、政治经济形象和科技创新形象构成国家形象的二阶构念，除政治经济形象的平均提取方差 AVE 是 0.48，略小于 0.5 外，其余构念的 CR 值介于 0.73 ~ 0.82 之间，AVE 值介于 0.50 ~ 0.63 之间，均达到了建议值。由于政治经济形象构念是国家形象二阶构念的组成部分，国家形象的 CR 值（0.86）和 AVE 值（0.61）又较为理想，所以认为测量量表具有较好的内部一致性，信度良好，且具有收敛效度（见表 44 – 1）。

为了检验构念的区别效度，本章选择了两种不同的方法：一是通过将包含国家形象、品牌资产、感知价值和消费者爱国心等四因素模型与包含国家形象、品牌资产、感知价值和消费者爱国心相组合的三因素模型、双因素模型和单因素模型进行对比。嵌套的对比模型说明四因素模型（$\chi^2 = 614.125$，$\chi^2/d.f. = 2.125$，$GFI = 0.954$，$CFI = 0.963$，$RMSEA = 0.038$）相对于其他模型是最优的，三因素模型［$\Delta\chi^2 (7) = 1849.504$，$p < 0.00$］、双因素模型［$\Delta\chi^2 (5) = 2467.467$，$p < 0.00$］和单因素模型［$\Delta\chi^2 (10) = 4774.611$，$p < 0.00$］具有较为糟糕的拟合度。总的来说，这些嵌套模型的拟合度指标（表 44 – 2 的下半部分）表明由国家形象、品牌资产、感知价值和消费者爱国心组成的四因素模型明显优于其他几种模型架构，判断选用的量表具有较好的区别效度。二是计算每两个构念的共同方差，检验个体构念的平均提取方差 AVE 值是否高于因素间的共同方差。表 44 – 1 显示，平均提取方差（AVE）的最小值是政治经济形象构念的 0.48，高于量表构念所有可能的两两结合的共同方差（见表 44 – 3 的上三角部分），说明研究选用的量表具有较好的区别效度。值得注意的是，表 44 – 3 中国家形象与国家国民形象、文化形象、政治经济形象和科技创新形象的共同方差分别为 0.699、0.673、0.671 和 0.600，不满足小于 AVE 的要求，这是因为国家形象是这四个构念的二阶构念，二阶为一阶构念的共同因素，具有一定的高相关性，所以在分析时，可以忽略这四个共同方差与平均提取方差 AVE 的比较。表 44 – 3 还显示了各主要变量的均值、标准差以及变量之间的相关系数（下三角部分），可以看出国家形象对品牌资产的正向相关关系。

二、中介效应

我们检验国家形象和品牌资产的关系（假设 1）以及感知价值的中介效应（假设 2）。使用 Amos22.0 运用因果法、Sobel 检验和 Bootstraping 对模型进行估计和假设检验。

第一，根据 Baron & Kenny（1986）的因果法（Causal Step Approach）检验中介效应，结果显示国家形象与感知价值的路径 a 是显著的（$\beta = 0.647$，$t = 15.870$，$p < 0.01$）；感知价值与品牌资产的路径 b 是显著的（$\beta = 0.379$，$t = 11.935$，$p < 0.01$）；国家形象与品牌资产的路径 c′ 是显著的（$\beta = 0.567$，$t = 13.628$，$p < 0.01$），如表 44 – 4 所示；可以看出，加入中介变量感知价值后，国家形象与品牌资产表现出更弱的显著性而非没有显著关系，所以，感知价值是部分中介，假设 2 成立。同时，假设 1 的国家形象对于品牌资产的正向相关关系也得到了验证。

表 44-1 验证性因素分析汇总表

潜变量	测项	非标准负荷	标准误	t值	标准负荷	项目信度	CR	AVE
国家形象	国家国民形象	1.00	—	—	0.90	0.81	0.91	0.72
	文化形象	1.01	0.05	19.61***	0.87	0.76		
	政治经济形象	0.90	0.05	18.27***	0.87	0.76		
	科技创新形象	0.83	0.05	18.36***	0.74	0.55		
国家国民形象	国家国民形象1	1.00	—	—	0.69	0.48	0.80	0.51
	国家国民形象2	1.01	0.04	23.06***	0.76	0.57		
	国家国民形象3	0.97	0.04	21.95***	0.70	0.49		
	国家国民形象4	0.95	0.04	22.05***	0.70	0.49		
文化形象	文化形象1	1.00	—	—	0.72	0.72	0.75	0.51
	文化形象2	1.05	0.06	18.06***	0.76	0.76		
	文化形象3	0.95	0.05	17.93***	0.65	0.65		
政治经济形象	政治经济形象1	1.00	—	—	0.61	0.37	0.73	0.48
	政治经济形象2	1.34	0.08	16.24***	0.76	0.58		
	政治经济形象3	1.25	0.08	16.71***	0.70	0.49		
科技创新形象	科技创新形象1	1.00	—	—	0.75	0.56	0.82	0.53
	科技创新形象2	0.97	0.04	24.98***	0.74	0.55		
	科技创新形象3	0.93	0.04	24.18***	0.71	0.51		
	科技创新形象4	0.96	0.04	24.24***	0.71	0.51		

续表

潜变量	测项	非标准负荷	标准误	t 值	标准负荷	项目信度	CR	AVE
感知价值	感知价值 1	1.00	—	—	0.81	0.66	0.87	0.63
	感知价值 2	1.02	0.03	34.81 ***	0.84	0.71		
	感知价值 3	0.97	0.03	33.61 ***	0.81	0.66		
	感知价值 4	0.84	0.03	28.38 ***	0.71	0.50		
消费者爱国心	消费者爱国心 1	1.00	—	—	0.67	0.45	0.80	0.51
	消费者爱国心 2	1.12	0.05	22.61 ***	0.76	0.57		
	消费者爱国心 3	1.02	0.05	21.59 ***	0.70	0.49		
	消费者爱国心 4	1.04	0.05	21.98 ***	0.72	0.51		
品牌资产	品牌资产 1	1.00	—	—	0.69	0.47	0.80	0.50
	品牌资产 2	1.15	0.05	23.30 ***	0.80	0.64		
	品牌资产 3	1.03	0.05	21.37 ***	0.67	0.45		
	品牌资产 4	0.96	0.05	20.63 ***	0.65	0.42		

注：*** 表示 $p < 0.01$。

表 44-2 国家形象二阶验证性因素和模型验证性因素分析

国家形象的二阶验证性因素模式	χ^2	df	χ^2/d.f.	GFI	TLI	CFI	RMSEA
0. Null model	8023.530	91	88.171	0.339	0.000	0.000	0.241
1. 一阶一因素分析	—	76	—	—	—	—	—
2. 一阶四因素模式（因素之间无相关）	2409.541	77	31.293	0.782	0.652	0.706	0.142
3. 一阶四因素模式（因素间有相关）	169.227	59	2.383	0.977	0.973	0.979	0.040
4. 二阶因素模式	185.902	73	2.547	0.972	0.966	0.973	0.044
建议值	愈小愈好	愈大愈好	<5	>0.8	>0.8	>0.9	<0.08
模型	χ^2	d.f.	χ^2/d.f.	GFI	TLI	CFI	RMSEA
1. 四因素模型（CI；BE；PQ；CE）	614.125	289	2.125	0.954	0.958	0.963	0.038
2. 三因素模型（CI；BE；PQ + CE）	2463.629	292	8.437	0.860	0.853	0.868	0.071
3. 双因素模型（CI；BE + PQ + CE）	3081.592	294	10.482	0.827	0.813	0.831	0.080
4. 单因素模型（CI + BE + PQ + CE）	5388.736	299	18.023	0.719	0.664	0.691	0.107

注：①CI 为国家形象；BE 为品牌资产；PQ 为感知价值；CE 为消费者爱国心；"+"为两个变量组合。②一阶一因子分析的模型不被识别，所以没有相应的拟合值。③表的上半部分为国家形象二阶构念的验证分析；下半部分是因素模型的验证性因素分析。

表 44 - 3　各变量均值、标准差、相关性及共同方差

变量	Mean	SD	1	2	3	4	5	6	7	8
1 国家国民形象	4.292	1.110	—	0.396***	0.323***	0.273***	0.699***	0.164***	0.116***	0.237***
2 文化形象	4.391	1.190	0.629***	—	0.295***	0.218***	0.673***	0.126***	0.117***	0.191***
3 政治经济形象	4.459	1.129	0.568***	0.543***	—	0.306***	0.671***	0.173***	0.105***	0.270***
4 科技创新形象	4.304	1.078	0.523***	0.467***	0.553***	—	0.600***	0.224***	0.109***	0.323***
5 国家形象	4.362	0.916	0.836***	0.820***	0.819***	0.775***	—	0.255***	0.169***	0.380***
6 感知价值	3.909	1.134	0.405***	0.355***	0.415***	0.473***	0.505***	—	0.090***	0.356***
7 消费者爱国心	4.254	1.172	0.340***	0.342***	0.324***	0.330***	0.411***	0.300***	—	0.122***
8 品牌资产	4.142	1.076	0.487***	0.438***	0.519***	0.568***	0.617***	0.596***	0.349***	—

注：①***表示 p<0.01（双尾）；②矩阵对角线下方是相关系数；矩阵对角线上方是共同方差。

第二，为了进一步检验中介效应的显著性（ab），我们应用 Sobel 检验等方法检验间接效应，结果表明间接效应是显著的（s. e. $_a$ = 0.041，s. e. $_b$ = 0.032，Sobel z = 9.473，p < 0.05；Aroian z = 9.460，p < 0.05；Goodman z = 9.485，p < 0.05）。然而，Sobel 检验有一个很主要的缺点，它假设间接效应的样本分布必须符合正态分布，但是，ab 的样本分布倾向于是非对称的。两个方法可以解决这个问题：Bootstraping 和实证的 M 检验，Bootstraping 方法是一个更好的选择，同时，Holbert & Stephenson（2003）、Hayes（2009）认为研究者应该比过去更加注重间接效应的估计和检验。

表 44 - 4　中介效应报表（Baron 和 Kenny 的因果法）

变量	感知价值		品牌资产			
	β（a）	t（a）	β（b）	t（b）	β（c′）	t（c′）
国家形象	0.647	15.870 ***			0.567	13.628 ***
感知价值			0.379	11.935 ***		

注：①N = 1496。② *** p < 0.01。③a 代表国家形象到感知价值路径；b 代表感知价值到品牌资产路径；c′代表国家形象到品牌资产路径。

第三，我们使用 Bootstraping 方法检验感知价值的中介效应，因为模拟研究表明 Bootstraping 方法是比 Sobel 检验和因果法在检验中介效应方面更强有力的方法，一系列的对比研究也表明 Bootstraping 是比系数乘积战略更优越的方法，而且 Bootstraping 技术的结果更为准确，因为 Bootstraping 的置信区间可以显示间接效应分布的一个非对称结果。我们运用 Amos22.0 通过偏差校正（Bias - Corrected）和百分位值（Percentile）两种 Bootstraping 方法检验感知价值的中介效应，95% 置信区间的估计值见表 44 - 5。和系数乘积法战略的结果一致，感知价值是国家形象到品牌资产关系的显著中介。根据模型中不同的路径数量，偏差校正和百分位值两种方法的结果也有所不同，同等条件下，百分位值方法表现出轻微的优势。随着 Bootstraping 方法被更广泛的熟悉和应用，毫无疑问，我们会看到更多关于两种方法的比较研究，但是现在，证据表明研究中使用的 Bootstraping 方法明显优于那些假设间接效应的样本服从对称或正态分布（如 Sobel 检验）的方法。

我们基于 5000 份 bootstrap 样本进行 bootstrap 估计。从表 44 - 5 可以看出，感知价值起到了中介国家形象和品牌资产关系的作用，国家形象到品牌资产的总效应和直接效应分别是 0.812，p < 0.000 和 0.567，p < 0.000，总效应和直接效应的差异就是中介效应，点估计值是 0.245，偏差校正法和百分位值法的 95% 置信区间（CI）分别是 0.198 ~ 0.299 和 0.196 ~ 0.296（即我们可以认为国家形象到品牌资产

的总效应和直接效应的差异显著异于 0），这个间接效应的检验表明：感知价值是中介变量，因为它的 95% CI 没有包含 0，并且感知价值是部分中介，因为直接效应是显著的（95% CI 分别是 0.468 ~ 0.673 和 0.468 ~ 0.672）。通过这些分析，我们可以看到理解中介效应分析的整个过程没有聚焦于使用因果法所必须要求的国家形象到感知价值（a）和感知价值到品牌资产（b）路径的显著性，这种分析强调的几乎完全是间接效应的方向和大小。假设 1 和假设 2 得到了验证。

三、调节效应

引入消费者爱国心，在国家形象、感知价值和品牌资产的中介模型中起到调节作用，我们希望更高的消费者爱国心能够加强国家形象对品牌资产的直接作用，同时能够促使感知价值的中介效应增强。根据第三部分第三节的理论推演假设了消费者爱国心与国家形象、感知价值和品牌资产的关系（假设 3）。有许多方法可以检验这种调节的中介效应模型，如渐进方法（The Piecemeal Approach）、分组方法（Subgroup Approach）、调节的因果法（Moderated Causal Steps Approach）、Ping 的交互项指标和路径分析法（Path Analysis Framework）等。其中，路径分析法已经表现出了最大的统计性能，除此之外，强有力的 bootstraping 方法在中介模型和调节的中介模型中也被建议使用。所以，我们使用概述的路径分析程序进行假设 3 的检验。

第一，检验一阶段和二阶段的调节的中介效应模型，这个检验包括估计下面两个方程：

$$PQ = \alpha_0 + \alpha_1 CI + \alpha_2 CE + \alpha_3 CI \times CE + e \qquad (44-1)$$

$$BE = \beta_0 + \beta_1 CI + \beta_2 PQ + \beta_3 CE + \beta_4 CI \times CE + \beta_5 PQ \times CE + \varepsilon \quad (44-2)$$

检验国家形象到品牌资产路径的估计方程：

$$BE = \gamma_0 + \gamma_1 CI + \gamma_2 CE + \gamma_3 CI \times CE + \zeta \qquad (44-3)$$

其中，PQ、CI、CE、BE 分别代表感知价值、国家形象、消费者爱国心和品牌资产，e、ε 和 ζ 是随机干扰项。由于方程中包含交互项，所以我们对所有变量进行了标准化以减少潜在的多重共线性的影响。

第二，生成调节效应的报表（见表 44-6 和表 44-7），其中包括代表基本中介模型路径的效应、直接效应、间接效应和总效应。表 44-6 表明消费者爱国心直接调节了国家形象到品牌资产的关系（$\gamma_3 = 0.050$，$p < 0.05$），调节了国家形象到感知价值路径（$\alpha_3 = 0.056$，$p < 0.05$），感知价值到品牌资产路径（$\beta_5 = 0.023$，$p < 0.1$）和国家形象到品牌资产路径（$\beta_4 = 0.033$，$p < 0.1$）。表 44-7 显示，对于高消费者爱国心（即高于均值的一个标准差）组，第一阶段和第二阶

表 44 – 5　中介效应报表（Bootstraping 方法）

效应：变量关系	点估计值	系数乘积			Bootstraping			
					偏差校正法		百分位值法	
		SE	Z		置信下限	置信上限	置信下限	置信上限
总效应：国家形象→品牌资产	0.812	0.051	15.922***		0.715	0.918	0.713	0.917
间接效应：国家形象→品牌资产	0.245	0.026	9.423***		0.198	0.299	0.196	0.296
直接效应：国家形象→品牌资产	0.567	0.052	10.904***		0.468	0.673	0.468	0.672

注：①5000 次 bootstrap。②*** 表示 p＜0.01。③偏差校正法和百分位值法使用的是 95% 的置信区间。

段的回归系数分别是 0.686（p＜0.01）和 0.372（p＜0.01），所以间接效应是 0.255（p＜0.01）；对于低消费者爱国心（即低于均值的一个标准差）组，第一阶段和第二阶段的回归系数分别是 0.493（p＜0.01）和 0.370（p＜0.01），所以间接效应是 0.182（p＜0.01），中等消费者爱国心水平组同理。高低消费者爱国心两组的差异表明，在第一阶段，高消费者爱国心组的间接效应比低爱国心组更强（0.686－0.493＝0.193，p＜0.05），同样的，高消费者爱国心组在第二阶段的间接效应也比低爱国心组更强（0.372－0.370＝0.002，p＜0.05），这些差异共同形成了高消费者爱国心组比低爱国心组明显更强的间接效应（0.255－0.182＝0.073，p＜0.05）。对于直接效应，高爱国心组也是比低爱国心组更强（0.545－0.513＝0.032，p＜0.05），加上间接效应，就生成了比低爱国心组更强的总效应（0.801－0.695＝0.106，p＜0.05）。这些结果和差异表明，相对于较低的消费者爱国心水平，消费者爱国心水平越高，其对国家形象到品牌资产的直接关系，国家形象、感知价值和品牌资产的中介效应有更强的调节作用。假设 3a 和 3b 得到验证。

第三，我们根据 Aiken & West（1991）的过程绘制消费者爱国心的高（均值加一个标准差）水平组和低（均值减一个标准差）水平组的关系图（见图 44－1）。在间接效应的第一阶段，使用（$\alpha_0 + \alpha_2 CE$）作为截距，（$\alpha_1 + \alpha_3 CE$）作为斜率；在第二阶段，截距和斜率由式（44－4）推导而来，式（44－4）是式（44－2）的变体：

$$BE = [\beta_0 + \beta_3 CE + (\beta_1 + \beta_4 CE)CI] + (\beta_2 + \beta_5 CE)PQ + \varepsilon \quad (44-4)$$

式（44－4）表明 PQ 和 BE 的斜率是（$\beta_2 + \beta_5 CE$），这与式（44－2）中第二阶段的间接效应相匹配；PQ 和 BE 的截距是 [$\beta_0 + \beta_3 CE + (\beta_1 + \beta_4 CE)CI$]；间接效应的斜率是（$\alpha_1 + \alpha_3 CE$）（$\beta_2 + \beta_5 CE$），截距是 [$\beta_0 + \beta_3 CE + (\alpha_0 + \alpha_2 CE)(\beta_2 + \beta_5 CE)$]。图 44－1a 到图 44－1c 显示了高消费者爱国心和低消费者爱国心的斜率差异，图 44－1a 表明，对于间接效应的第一阶段，高消费者爱国心群体（t＝8.016，p＜0.000）相对于低消费者爱国心的群体（t＝5.708，p＜0.000），对国家形象和感知价值关系/斜率的反应更陡峭，也就是说高消费者爱国心群体通过同样的国家形象，可以表现出更高的感知价值；同样的，图 44－1b 表明，在间接效应的第二阶段，高消费者爱国心（t＝3.216，p＜0.01）对感知价值和品牌资产的关系更陡峭，在同样的感知价值下，低爱国心的消费者（t＝2.002，p＜0.05）会形成较少的品牌资产。这样的分析也适用于表示间接效应的图 44－1c，表明国家形象对品牌资产的间接效应，相对于低消费者爱国心（t＝7.321，p＜0.000），高消费者爱国心（t＝9.629，p＜0.000）具有更陡峭的斜率。因此，消费者

表 44－6　调节效应报表

变量	第一阶段（因变量 = PQ）第一步		第二步		第二阶段（因变量 = BE）第一步		第二步		直接路径（因变量 = BE）第一步		第二步	
	α	t	α	t	β	t	β	t	γ	t	γ	t
constant	0	0	0	0					0	0	0	0
CI	0.459	18.874***	0.465	19.065***					0.570	25.716***	0.575	25.88***
CE	0.111	4.580***	0.107	4.383***					0.115	5.195***	0.111	5.000***
CI×CE			0.056	2.563**							0.050	2.491**
constant					0	0	0	0				
CI					0.398	17.703***	0.402	17.744***				
PQ					0.373	17.366***	0.371	17.194***				
CE					0.073	3.610***	0.071	3.470**				
CI×CE							0.033	2.357*				
PQ×CE							−0.02	−2.036*				
R^2	0.265		0.269		0.487				0.391		0.394	
调整 R^2	0.264		0.267		0.486				0.391		0.393	
ΔR^2	0.265		0.003		0.487				0.391		0.003	
ΔF	269.762**		6.431**		485.151***				480.249***		6.203***	

注：①N = 1496；CI = 国家形象；PQ = 感知价值；CE = 消费者爱国心；BE = 品牌资产。②*、**、***分别表示 $p < 0.1$，$p < 0.05$，$p < 0.01$。

表 44－7　分组调节效应

调节变量：消费者爱国心	第一阶段	第二阶段	直接效应	间接效应	总效应
高（消费者爱国心水平）	0.686***	0.372***	0.545***	0.255***	0.801***
中（消费者爱国心水平）	0.633***	0.347***	0.472***	0.219***	0.691***
低（消费者爱国心水平）	0.493***	0.370***	0.513***	0.182***	0.695***
高低水平差异	0.193**	0.002	0.032	0.073**	0.106**

注：①N＝1496。②** p＜0.05；*** p＜0.01。③"第一阶段"列的估计是表自式（44－1）使用感知价值作为因变量的非标准化估计系数；"第二阶段"列的估计是表自式（44－2）使用品牌资产作为因变量的非标准化估计系数。④"高"和"低"分别指高消费者爱国心水平和低消费者爱国心水平。高消费者爱国心中等水平、低水平和高水平分别是0（消费者爱国心的中心化）、－1（均值减一个标准差）和1（均值加一个标准差）。间接效应的高低水平差异是高水平与低水平爱国心间接效应之差，第一阶段、第二阶段和直接效应等价于分别对式（44－1）和式（44－2）中 α3，β5 和 β4 的检验，即表 44－6 中第一阶段交第二阶段系数的检验。三种效应，间接效应和总效应差异的显著性检验运用 Amos22.0 通过偏差校正和百分位值置信区间的方法获得，抽取 5000 份 bootstrap 样本。

爱国心调节了国家形象、感知价值、品牌资产这一中介模型的每一条路径，即使在爱国心水平较低的情况下，与国家形象和品牌资产有关的直接效应和间接效应也是较强的。当消费者爱国心水平较高时，这样的效应会更强，在同样的国家形象下，品牌资产的积累也会更多。验证了假设 3a 和 3b。

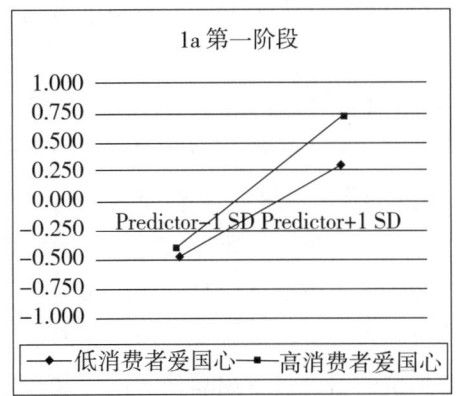
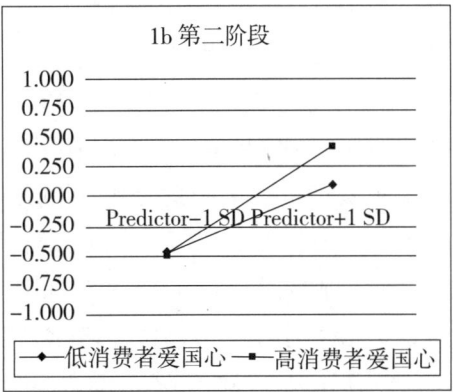

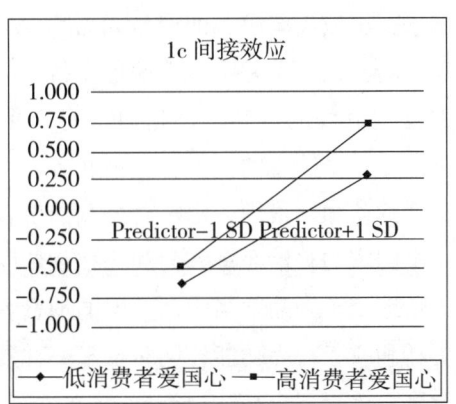

图 44 - 1　消费者爱国心调节变量的路径和效应图

注：①N = 1496。②"predictor － 1SD"和"predictor ＋1SD"分别表示当前阶段的自变量减或加一个标准差。③图 44 - 1a 和图 44 - 1b 分别是第一阶段和第二阶段（表 44 - 6 和表 44 - 7）消费者爱国心作为调节变量的交互作用图；图 44 - 1c 是间接效应（表 44 - 7）消费者爱国心作为调节变量的交互作用图。④图 44 - 1a 和图 44 - 1b 表明当消费者爱国心是高水平而非低水平时，中介效应有更陡峭的斜率；相对应地，图 44 - 1c 表明高消费者爱国心水平下间接效应的斜率也是更陡峭的。

第四节　结论与建议

（一）理论意义

从理论的角度，我们的主要目标是揭示产品的国家形象如何（how）、为什么（why）会对品牌资产产生影响，通过什么（what）产生影响，以及在不同的情况下（when）是否会有不同的影响。研究发现，国家形象通过消费者对该国产品价值的感知形成品牌资产并逐步累积，消费者不同水平的爱国心会对国家形象、感知价值和品牌资产产生不同程度的影响，这种爱国心水平越高，国家形象和感知价值对品牌资产的影响越大。本章的研究提供了一些新的发现，也为现有的研究成果提供了支持。

（1）研究结果揭示了产品的国家形象与品牌资产之间的关系，在消费者心目中，一国的国家形象越好，该国品牌资产的累积就会越多。与此同时，国家形象与品牌资产的各个维度是密切相关的，这个研究结果拓展整合了 Pappu 等（2007）提出的微观和宏观国家形象与品牌资产维度相关的研究结论。外国消费者心目中形成的对一个国家的整体印象，首先，影响着对该国品牌的忠诚度。一个无法被信任的国家，或者在消费者心目中具有较差形象的国家，很难让消费者形成对这个国家产品的忠诚。其次，影响着外国消费者对该国品牌的认知度。几乎每个人都知道德国、英国或美国等国的产品或品牌，各种产品和品牌在我们身边随处可见，如汽车、厨具，甚至是手机等通信设备，我们无法厘清是这些国家的国家形象影响了对这些品牌的认知，还是由于对产品的认知提升了国家的形象，但有一点可以肯定，一个国家的国力，在消费者心目中形成的国家形象的确影响着我们对这些品牌的认知。最后，影响着外国消费者对该国产品的感知价值和品牌联想。如果一个国家的政治经济实力和科技创新能力不断增强，如果该国的特色文化元素被不断地赋予到品牌当中，外国的消费者就会更倾向于认为该国的品牌有能力持续更新和改善产品功能，同时带来一种放心、舒服的感觉，从而提升该国产品的美誉度，逐步累积品牌资产。

（2）研究结果表明感知价值中介作用的存在，为洞察国家形象与品牌资产之间关系的作用机理提供了一个至关重要的信息。前人的研究已经揭示国家形象会影响产品的形象、影响品牌资产、影响品牌资产的维度，于是我们以中国产品为例，进一步探讨国家形象如何、为什么影响品牌资产的积累等问题。外国的消费者通过国家国民、文化、政治经济、科技等具体形象对一个国家的整体形象生成次级联想，从而影响他们对该国产品价值的感知，操控他们对该国品牌的偏好和选择，这种感知的价值和选择偏好逐渐累积并形成了该国品牌的资产，这就是国家形象影响品牌资产的简要逻辑和内部运行机理。

（3）研究结果揭示了消费者爱国心对上述运行机制的调节作用，研究发现，相对于较低的消费者爱国心水平，消费者群体具有的爱国心水平越高，国家形象对品牌资产的直接作用，感知价值对国家形象和品牌资产的中介作用都更为重要，即高消费者爱国心水平群体对国家形象和感知价值更为敏感。当消费者的爱国心水平较低时，国家形象对品牌资产的直接影响（β = c' = 0. 51，p < 0. 01）是起作用的，国家形象通过感知价值（β = 0. 49，p < 0. 01）对品牌资产（β = 0. 370，p < 0. 01）的间接影响也是起作用的（ab = 0. 18）；当消费者的爱国心水平较高时，国家形象对品牌资产的直接影响是 c' = β = 0. 55（p < 0. 01），国家形象通过感知价值（β = 0. 69，p < 0. 01）对品牌资产（β = 0. 372，p < 0. 01）的间接影响（ab）是 0. 26（p < 0. 01）。通过这种对比可以看出，无论是国家形象对品牌资产的直接作用，还是国家形象通过感知价值对品牌资产的中介作用，消费者爱国心都起到了调节作用，并且，消费者爱国心水平越高，这种调节作用更大，直接作用和中介作用对国家形象和品牌资产关系的影响也越大。

与此同时，研究形成的概念模型、调节的中介效应模型不仅有利于我们理解产品的国家形象和品牌资产之间的关系、感知价值的中介作用、消费者爱国心的调节效应，而且还可以进一步应用到探索其他重要的市场营销和消费现象当中，如反映国家形象与不同产品类别品牌形象的关系等。

（二）管理启示

国家形象是中国产品品牌战略的重要组成部分。传统上，管理者一直致力于形成产品质量或价值的国家声誉，我们的研究表明，外国消费者感知的中国产品质量的确是非常重要的一个环节和因素。然而，管理者在制定、实施和调整其产品的国际市场营销组合策略的同时，也应当重视产品的国家形象问题，国家形象是品牌资产的重要决定因素，理解和管理外国消费者对中国产品国家形象的感知和反应，管理好影响国家形象有效性的因素，对于品牌资产的形成和品牌国际化起着至关重要的决定性作用，这些研究结果为我们提供了一些重要的管理启示。

（1）提升中国产品的国家形象，实现品牌资产的正向累积。中国正在统筹实施"四大板块"和"三个支撑带"战略组合，为中国产品树立着更加积极的政治经济形象。作为中国产品的管理者：①应该抓住并充分利用难得的全球高科技战略机遇期，通过发展高新科学技术，实施高科技发展战略，强调以人为本，强调技术变革为人类利益服务，迅速地提升为高技术品牌，成长为具有国际知名度的中国品牌，跨越中国产品制造的"中等收入陷阱"①，树立中国的科技创新形象。②应该通过自主研发专利产品或海外投资并购等方式进行持续不断的创新。目前，大众创业和万众创新的众创空间和"互联网＋"行动计划的制订，为中国提供了稳定的创新氛围和平台，众多"创客"脱颖而出，文化创意产业蓬勃发展，在一定程度上提升了中国产品的文化形象、国家国民形象和科技创新

---

① 中国产品制造的"中等收入陷阱"意指虽然"Made in China"在各国已经成为"不可或缺"的商品，由于不能顺利实现价值链的攀升，导致中国创造动力不足，最终出现的"创造"停滞状态。

形象。

（2）充分发挥感知价值的中介作用，提升品牌资产累积的有效性。关于提升中国产品的价值和声誉问题，很多学者提出了许多有益的建议，的确，这是一个再如何强调也不为过的方面。对于如何提升外国消费者对中国产品的感知价值，除了生产者应关注提升狭义的产品质量外，本章聚焦于两个方面：一是中国产品责任问题。随着对外经济交往的迅速增多，由于缺陷产品引发的产品责任，不仅会使企业会面临法律风险，更会给国家造成极大的负面影响，因此，制定中国的涉外产品责任法律，以及选择得当、合理、令消费者满意的处理方式，是企业、国家需要高度关注的感知价值领域的重要问题。二是加强中国出口产品的质量检测，提高质量标准，对低质产品进行出口限制，或者杜绝任何可能的低质产品的出口，以免影响同类优质产品的国家形象，保持中国品牌的竞争力。

（3）关注国家形象提升、感知价值优化和品牌资产积累的支撑战略。在中国努力实施"中国制造2025"，坚持创新驱动、智能转型、强化基础、绿色发展，加快从制造大国转向制造强国的大背景下，中国正在为中国产品打造"中国制造向中国创造、中国速度向中国质量、中国产品向中国品牌转变"的国家形象。企业的管理者应切实落实智能制造、绿色制造、绿色管理和和绿色管理行动，这意味着企业应改变传统制造模式，推进绿色制造技术，发展相关的绿色材料、绿色能源和绿色设计数据库、知识库等基础技术，进行绿色管理，实施绿色管理行动，生产出保护环境、提高资源效率的绿色产品，提升中国产品的国家形象和感知价值，从而达到积累品牌资产的效果。这些战略建议不会产生品牌稀释作用，同时保证了品牌的长期资产，希望能够为管理者提供一些有益的帮助。

（三）研究局限和未来研究方向

第一，根据本章的研究定位和研究对象，需要锁定中国以外的、同时了解中国、消费过中国产品的外国消费者群，所以调研对象只能是一个特定的群体（ad hoc groups），设定为有过双国生活经历的非中国人，这是一种必要，也是一种局限。

第二，本章使用的是一国产品这个整体概念作为研究对象，正如第二部分第一节提到的，我们认同以特定产品类别和国家形象之间的关系作为研究对象或研究范围，这也许是未来研究的一个方向。

第三，本章的研究没有加入控制变量，在未来的研究中，学者可以加入一些控制变量以完善现有的调节的中介效应模型。例如"信仰"，现行社会尤其是国际社会上，有信仰的群体占有一定比例，有信仰与否可能会是影响消费者爱国心的一个重要控制变量。但需要注意的是，不能盲目地加入控制变量以企图得到更准确的结果，控制变量的不当使用会导致模型的过度修正。一是应该使用特定的、经过很好探索的理论驱动控制变量加入到模型中，不可以简单地陈述"先前的研究者使用过这个控制变量"或者"这个变量与我们的结果是有关的"；二是不要控制人口统计变量（Demographic Variable），如种族、性别、年龄等。如果在感兴趣的研究中发现了人口统计变量差异，控制这个变量可能会隐藏真实的方差，而这个方差却是可以被其他真实的现象所解释的，这个现象才是真正引起差异的原因。例如，当检验技术对品牌资产的影响时，"年龄"本身可能不是技术问题的起因，相反，像技术熟悉度（Familiarity with Technology）、技术舒适度（Comfort with Technology）或其他特征的潜在差异才是真正驱动技术影响品牌资产差异的原因。简单地控制"年龄"不仅移除了应该保留在方程中的"真正的"方差，而且也掩盖了技术与品牌资产的真正关系。

第45章 技术创新和社会责任标签化时代下的变现能力研究报告

第一节 问题的提出与研究假设

一、问题的提出

技术创新和社会责任对于商业世界乃至整个社会的影响，从未像今天这样巨大。因此，追赶技术潮流或追逐技术创新和社会责任标签，成为很多企业的标配，中国企业同样如此。然而，从商业层面看，技术创新与社会责任并非"救命仙丹"，贴上这种标签更不能包治百病，让企业一劳永逸，在这种投入中能否获得有效的收益是企业更为密切关注的问题。也就是说，企业的技术创新能力和消费者感知的企业社会责任仅仅意味着中国产品在海外的知名度，但是，这还不够，将知名度转化为品牌、转化为正面的产品海外形象，还需要跨越商业变现这道鸿沟。能否真正把握将可付诸广泛应用的创新技术和社会责任进行商业变现的能力，如何有效地将创新落地、了解履行社会责任带来的效果，以及剖析其对于提升中国产品海外形象这一黑箱的运行机制已经成为中国企业乃至学术界亟待解决的重要问题。

技术创新本身伴随着海量的淘汰与风险，企业的创新只是硬币的一面，创新落地所带来的转换成本则是硬币的另一面，如果不能准确评估企业的变现能力，创新的价值增值空间也将被转换成本黑洞所吞噬；全球化和国际贸易是发达国家对发展中国家企业履行社会责任行为产生影响的重要驱动因素，这种被动的、关注环保、劳工权益等社会问题的社会责任行为无法为企业带来直接的经济效益，如何将标签化时代下"不得不"的社会责任转化为企业的实际利益，是一个需要关注的重要问题。基于此，本章以来自全球108个国家海外消费者的2992份有效问卷为样本，通过企业—消费者识别度、消费者的忠诚度和其对企业能力的信念三个角度考察企业对技术创新和社会责任的变现能力，分析企业提升自身变现能力的手段和方法，探索提升技术创新和企业社会责任二者变现能力的最佳路径。

本章可能的研究贡献或预计将取得的研究进展体现在三个方面：一是本章通

过企业—消费者识别度、消费者的忠诚度和企业能力的信念三个角度考察企业对技术创新和社会责任的变现能力，研究结果对企业跨越技术创新和社会责任的商业变现鸿沟提供了重要的理论依据。二是本章为技术创新和社会责任提升中国产品海外形象的运行机制提供了理论分析和实证支持，拓展了现有产品海外形象的分析框架，与此同时，考察了企业提升自身变现能力的手段和方法。三是本章试图探讨提升技术创新和企业社会责任二者变现能力的最佳路径，在不同的消费者卷入度水平上企业的侧重点应有所区别，以最大化发挥有限资源的利用效用，帮助企业最大限度地提高技术创新和社会责任的变现能力，更有效地提升产品的海外形象，为企业提供有借鉴作用的实际指导。

二、研究假设

（一）变现能力的界定

大量的研究讨论了企业应该以及如何提升技术创新能力和消费者对社会责任履行程度的感知（魏炜、张振广，2016；黄伟、陈钊，2015），企业可以通过研发投入等手段提升企业在海外的技术创新能力，通过对环境、社区和劳工权益的关注获得海外消费者对企业履行社会责任的信任，但是仅有知名度还不够，知名度和产品海外形象之间还有一道鸿沟，还须惊险地一跳。与固定资产、应收账款的变现不同，知名度的变现能力是无形资产的变现能力，其数量、结构与衡量相对更加复杂。技术创新和对社会责任承诺的履行作为一种对消费者的外界刺激，具有主观模糊性，企业想将其转化为品牌、转化为产品形象，进行商业变现，会引起很强的客观不确定性，自我归类理论和社会影响理论认为，其会促使消费者对熟悉的和/或具有专业能力的对象产生信息依赖（Hogg & Terry，2000；Paulus，2015），以减少这种不确定性，这些对象提供的、某种程度被消费者感知到的信息和反应是非常具有说服力的。也就是说，技术创新和社会责任的变现能力依赖于消费者对企业的熟悉程度/识别度、依赖程度/忠诚度，以及其对企业能力持有的信念。因此，本章认为，变现能力包括：①企业—消费者识别度。其被定义为消费者基于感知的企业贡献与其自我概念的重合度而产生的、对一个供应产品企业的心理依赖程度，企业通过建立信任为与消费者的交流提供便利、培育识别度，这种识别度是最具表现力的受益方式，消费者对企业识别度的提升增加了个人价值与企业价值的比较，形成了自我归类，因此通过满足消费者的自我界定需求提供了一种变现的能力。②消费者忠诚度。与 Zeithaml 等（1996）一致，消费者忠诚度包含消费者持有的对企业产品的宣传倾向，继续购买企业这个产品的意图，以及继续购买企业其他商品（交叉购买）的意图，当消费者对企业产品和服务的满意度达到一定的阈值，就会形成消费者忠诚度，这种忠诚度是将企业技术创新能力和社会责任履行能力进行商业变现的重要组成部分。③企业能力信念。消费者对企业能力的信念是指其通过感知企业产品的质量和价值所产生的对企业能力的信任程度（Du et al.，2007），变现不能操之过急，透支消费者对产品的信任和喜爱是一个危险的游戏，想要成功评估技术创新的转换成本，将企业树立的社会责任形象转化为消费者对产品形象的感知，需要建立消费者对企业能力持有的长久信念，这也是将知名度转化为品牌，转化为产品形象的重要前提和变现能力。

（二）技术创新、社会责任与产品海外形象

产品提供者可以通过两种方式为海外消费者创造价值、提升产品的总体形象（Narver & Slater，1990）：一是通过降低与消费者利益有关的成本，例如降低产品的价格/提升产品的价值，为消费者提供便利的服务、管理流程等；二是通过增加与消费者成本有关的利益，如设计符合产品特性的广告/保证产品的信誉，设计符合产品属性的包装风格，通过完善的顾客资料有针对性地为消费者提供产品和服务等。因此形成了产品的海外形象的五个类别：价格与价值、服务与管理、广告与声誉、设计与风格、消费者资料或顾客资料。一方面，技术创新能够将新的发明和科学技术引入产品和企业中，形成新的生产能力，并将这种能力渗透到企业产品的设计中，体现在产品的服务和管理上，成为产品海外形象的主要来源。另一方面，海外消费者在不断思考自身购买行为对环境和社会带来的影响，迫使企业比任何时候进行更全面的思考，其面临更复杂的权衡和道德选择，迫使其通过企业社会责任的承诺和履行创造并传播产品和服务的真正价值。基于此，本章提出如下假设：

假设1：技术创新（H1a）、企业社会责任（H1b）与产品的海外形象正相关。

（三）技术创新、企业社会责任与变现能力

我们的研究通过企业—消费者识别度、消费者的忠诚度和其对企业能力的信念三个角度考察企业的变现能力。就企业社会责任而言，企业—消费者识别度对企业而言是一种富有表现力的受益来源，其来自消费者个人价值和企业价值的对比，从而产生的一种自我归类感，因此，通过实现消费者的自我识别需要可以提升企业的识别度。一种有利的企业社会责任声誉是驱动识别度的主要原因之一，这种影响的主要原因是企业在社会责任领域的行为能够真实揭示组成企业识别度的价值、灵魂和特征，传达了社区利益相关者的利益诉求，如果消费者感知的社会责任价值与其内心固有的价值一致，识别度就会得到积极地提升。工具化的利益相关者理论认为，企业社会责任的主要目的是创建与利益相关者之间长期的、相互的利益关系，消费者的忠诚度也就成为本章研究的一个重要产出变量。品牌企业的社会责任意识直接影响消费者对与这个品牌有关的企业能力信念，消费者认为企业履行社会责任的能力与其能否生产高质量的产品是直接相关的，并且是非常敏感的，即其感知的企业社会责任履行程度与其持有的企业能力信念直接相关。对于技术创新，从消费者的角度来讲，基于技术的创新具有四个主要特征（Gatignon & Xuereb，1997）：一是较难评估的产品概念；二是较高的转换成本；三是对学习新产品付出额外的努力；四是理解产品的全部优点需要付出的额外时间。它们决定了企业的技术创新能力能够带来识别度、培育消费者忠诚度、增强其对企业能力的信念。因此，本章认为，技术创新和企业社会责任能够提升企业的变现能力。基于此，提出如下假设：

假设 2：技术创新（H2a）、企业社会责任（H2b）与变现能力正相关。

（四）变现能力与产品海外形象

本章试图通过论述组成变现能力的三个维度与产品海外形象的关系，阐述变现能力与产品海外形象的关系假设。首先，企业—消费者识别度对于企业形成和管理产品的海外形象具有重要的作用，其不仅能够带来消费者的满意度，还能够在服务—收益供应链中起到重要的连接作用，通过两种方式影响并提升产品在消费者心目中的总体形象。一是建立消费者识别企业的特征与企业形象之间的正确关联；二是识别度以自动转化和增强的方式提升产品的海外形象。企业的识别度是管理企业形象和企业声誉的重要前提和基础。其次，Sirgy（1985）认为，企业形象的评估在很大程度上由两个因素决定，除了自我形象与企业形象的一致性外，另一个重要决定因素就是由地区忠诚度和社会经济状态决定的购物忠诚度。消费者的忠诚度是消费者信任企业、信任企业产品的保证，其具有伦理道德的特征，当企业拥有忠诚度这种变现能力，会提升其产品在消费者心中的形象和信任度。最后，如果消费者对企业产品质量和价值具有足够的信心，企业产品的海外形象也会得到相应的提升，与此同时，消费者感知的企业产品的服务质量也会直接影响企业的海外形象，Stipp（1996）认为，发起者想要树立成功的、正面的企业形象需要重视三个因素：一是广告的质量；二是（消费者）对于发起者的积极的态度；三是产品信息的公开可见性。这三个因素正是消费者建立其持有的企业能力信念强弱的重要维度。因此，当企业—消费者识别度、消费者忠诚度和其对企业能力的信念累积到一定的程度，企业的变现能力与其产品在海外消费者心中的形象就会得到相应的提升。基于此，提出如下假设：

假设 3：变现能力与产品的海外形象正相关。

（五）消费者卷入度的调节效应

许多消费者行为的研究者形成了大量的复杂理论，企图解释和预测消费者行为（Reny，2015），这些理论指出：消费者积极地寻求有用的信息以便于自己做出购买选择，这表明消费者是聪明的、理智的、善于思考和解决问题的有机结合体，其能够通过评估做出明智的决策（Kozinets，2016）。然而，实际生活中，许多消费者的购买决策行为并没有搜集非常广泛的信息，这使得学者们开始关注消费者行为的两个方面（Solomon，2016），即较高的消费者卷入度和较低的消费者卷入度。尽管不同领域有不同的关注焦点，例如，在广告领域，通过与广告的相关度管理卷入度：接收者个体被广告影响、被激励而产生的对广告的反应；在产品分类领域，相关度关心的是消费者对产品的需求和评价；在购买决策研究领域，其关心的是决策——消费者被激励而认真做出的购买决策。总的来说，较高的消费者卷入度意味着较高的个体相关性或关联性。本章使用通用的、聚焦于个体相关度/关联度的消费者卷入度概念，其被定义为基于内在固有的需求、价值观念和利益，个体感知的与对象（即中国产品）的关联性。理论上，消费者卷入度被看作个体差异变量，是由于消费者的购买和交流行为而产生的、具有因果性或动机性的可变因素。也就是说，消费者卷入度水平的不同，将会使消费者在购买决策过程或者交流过程中产生很大的差异（Laurent & Kapferer，1985），从而影响消费者对产品所有企业的感知。其中，决策过程包括对比品牌动机的强弱、选择过程的长度，以及达到最大或特定满意度水平的意愿；交流过程则指包含信息搜集的程度、广告的可接受性，宣传期间产生认知反应的数量和类型等与产品和企业进行接触的全过程。因此，消费者卷入度对变现能力的各维度是否产生显著影响取决于不同的输入和感知过程。对于企业的技术创新能力，其能够为企业的主流消费者提供更多的利益，为企业区别于其他企业提供更多的消费者识别度，其与消费者的个体、心理和情境三个方面的卷入度密切相关（Zaich-kowsky，1985）。就企业的社会责任而言，消费者感知的企业社会责任履行程度与其持有的企业能力信念显著相关，当社会责任提供了更多的与消费者内在利益、价值和心理情境的卷入因素，就可能获得更多的消费者能力信念支持；而当消费者卷入度较低时，企业社会责任对企业能力信念的影响也会相应减弱。基于此，本章提出如下假设：

假设4：消费者卷入度调节技术创新与企业—消费者识别度（H4a），企业社会责任与企业能力信念（H4b）的关系。

综合上述理论分析和研究假设，本章的研究框架和概念模型如图45-1所示。

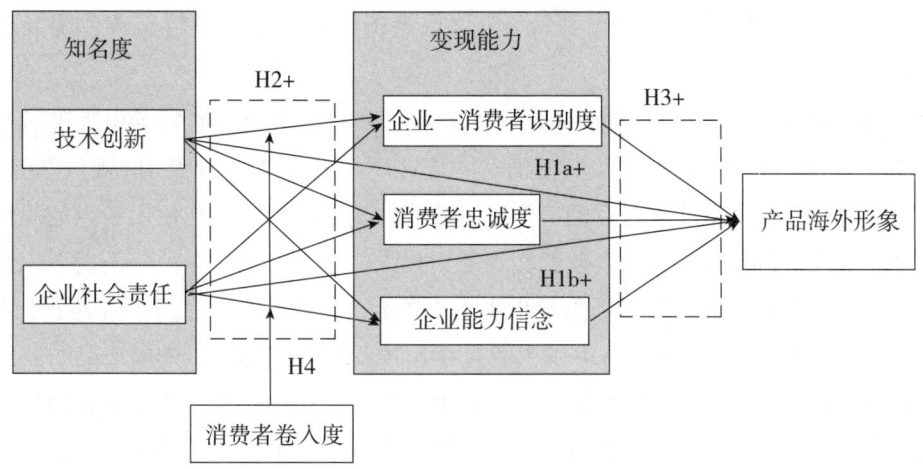

图 45 – 1 实证分析的研究框架与假设

第二节 样本数据来源与研究方法设计

一、样本数据基本情况

研究的调研对象设定为有过双国生活经历的非中国人，华侨与外籍华人不在调查范围内，受访者分别来自六大洲的 108 个国家。正式的大规模数据收集开始前，对 319 位海外消费者样本进行了预测试，修订了问卷的部分语言表述和匿名性等问题，使问卷更具有可读性，易于理解，与全球市场产品海外形象使用的调查问卷一致。

二、变量测量

技术创新和企业社会责任。本章采用 Zhou 等（2005）形成的基于技术的创新量表（JM）；采用 Lichtenstein 等（2004）编制的消费者感知的企业社会责任量表（JM）。使用 Bollen（1989）建议的 7 点里克特尺度量表进行评价，1 = 强烈不同意，7 = 强烈同意，NA 表示不清楚或不知道。高分代表在海外消费者的认知中，中国企业具有较高的技术创新水平，消费者感知的企业履行社会责任程度较高，反之亦然。技术创新量表的样题如"您觉得中国产品具有能够替代另一种较差产品的创新性""您觉得中国产品的技术创新是革命性的、有重大突破的、全新的""总体上来讲，中国产品和主要竞争对手的产品是相似的（反向题）""您觉得中国产品的应用与竞争对手的产品是完全不同的"；企业社会责任量表的样题如"您觉得中国企业能够将一部分利润用来帮助非盈利组织""您觉得中国企业能够投资于社区教育、卫生和基础设施的建设""您觉得中国企业能够为社区创造就业机会""您觉得中国企业能够将慈善作为其商业活动的一部分"等。

变现能力。本章采用 Homburg 等（2009）编制的企业—消费者识别度量表（JM），Zeithaml 等（1996）编制的消费者忠诚度量表（JM）以及 Du 等（2007）编制的消费者对企业能力持有的信念量表合成的变现能力。同样使用 7 点的里克特量表形式，得分越高表示企业的变现能力越强，反之亦然。企业—消费者识别度量表的样题如"我能够很强烈地识别出中国产品""我作为中国产品的消费者感觉是很舒服的""我喜欢告诉别人我是中国产品的消费者""中国产品与我有很好的匹配度""我对中国产品会产生依恋的感觉"；消费者忠诚度量表的样题如"您会向其他人说中国产品的优点""当有人向您征求意见的时候，您会向他推荐中国产品""会鼓励朋友和亲戚购买中国产品""在接下来的几年中，您仍然会选择购买中国产品"；企业能力信念量表的样题如"您使用中国产品时，觉得中国产品是高质量的""您使用中国产品时，觉得中国产品是顺手的、舒适的""您使用中国产品时，觉得中国产品是可靠的""您觉得购买中国产品的性价比很高"。

产品海外形象和消费者卷入度。本章使用 Nagashima（1977）认为的产品形象由价格与价值、服务与管理、广告与声誉、设计与风格、消费者资料五个类别组成的产品形象量表（JM）；使用 Zaichkowsky（1985）设计的消费者卷入度量表（JCR）。7 点里克特量表形式，得分越高表示中国产品在海外消费者心目中的形象越好，消费者的卷入程度越高。消费者卷入度量表的样题如"您觉得在您的生活中购买和使用中国产品是重要的""您觉得中国产品与您的生活是息息相关的""您觉得在您的生活中购买中国产品是一件有趣、让您兴奋的事情""您觉得购买中国产品对您的生活是有意义的、有价值的""您觉得您会花时间去挑选和购买中国产品"；产品海外形象的量表样题如"您觉得中国产品是不昂贵的、定价合理的""您觉得中国产品是可信赖的""您觉得中国产品具有细致和一丝不苟的工艺流程""您会为持有中国产品而产生自豪感""您可以购买到您需要的任何产品尺寸与型号"等。

三、模型设计

根据本章的研究思路和框架，需要检验变现能力的中介效应和消费者卷入度的调节效应。模型中包含技术创新和感知的企业社会责任两个自变量（X）；企业—消费者识别度、消费者忠诚度、企业能力信念三个反应变现能力的中介变量（M）；消费者卷入度这一调节变量（Z）；产品海外形象这一因变量（Y）。根据总体模型式（45－1）和式（45－2）构建本章的研究模型如式（45－3）～式

（45－6）所示：

$$M = a_1 + a_{X1}X + a_{Z1}Z + a_{XZ1}XZ + e_{M1} \qquad (45-1)$$

$$Y = b_2 + b_{X2}X + b_{M2}M + b_{Z2}Z + b_{XZ2}XZ + b_{MZ2}MZ + e_{Y2} \qquad (45-2)$$

具体的中介模型如下：

$$PI = \alpha_0 + \alpha_1 TI + \alpha_2 pCSR + \alpha_3 CCI + \alpha_4 CL + \alpha_5 CAB + \varepsilon \qquad (45-3)$$

其中，PI 代表产品海外形象，TI 和 $pCSR$ 表示技术创新和消费者感知的企业社会责任，CCI、CL 和 CAB 分别表示企业—消费者识别度、消费者忠诚度和消费者持有的企业能力信念。

调节效应模型如式（45－4）和式（45－5）所示：

$$CCI = \theta_0 + \theta_1 TI + \theta_2 CIn + \theta_3 TI \times CIn + \delta \qquad (45-4)$$

$$CAB = \gamma_0 + \gamma_1 pCSR + \gamma_2 CIn + \gamma_3 pCSR \times CIn + \zeta \qquad (45-5)$$

其中，CIn 表示调节变量消费者卷入度。

综合以上，本章需要检验的研究模型是包含中介效应［式（45－3）］和调节效应［式（45－4）、式（45－5）］在内的一个可以调节的中介效应模型，见式（45－6）：

$$PI = \beta_0 + \beta_1 TI + \beta_2 pCSR + \beta_3 CCI + \beta_4 CL + \beta_5 CAB + \beta_6 TI \times CIn +$$
$$\beta_7 pCSR \times CIn + \beta_8 CCI \times CIn + \beta_9 CAB \times CIn + \eta \qquad (45-6)$$

第三节　实证检验与结果分析

一、信度和效度检验

表45－1显示了使用 Amos22.0 对研究中使用量表进行的验证性因素分析（CFA）的汇总结果。可以看出，每个潜变量的组成信度（CR）和平均提取方差（AVE）的最小值分别是 0.80 和 0.50，均大于建议值 0.7 和 0.5，同时，模型的拟合度良好（$\chi^2 = 611.202$；d.f. $= 284$；$\chi^2/\text{d.f.} = 2.152$；GFI $= 0.984$；AGFI $= 0.981$；TLI $= 0.989$；CFI $= 0.990$；RMSEA $= 0.020$），因此，研究量表具有较好的内部一致性，信度和收敛效度检验通过。表45－2显示了各主要变量的均值、标准差以及变量之间的相关系数，相关系数说明各变量之间显著正相关，共同方差的最大值 0.12 小于平均提取方差的最小值 0.50，说明区别效度检验通过。

表 45 - 1 验证性因素分析汇总表

潜变量	非标准负荷	标准误	t值	标准负荷	项目信度	CR	AVE
技术创新	1.00	—	—	0.76	0.58	0.83	0.54
	0.97	0.03	36.11***	0.75	0.56		
	0.90	0.03	34.52***	0.71	0.50		
	0.93	0.03	35.07***	0.72	0.52		
企业社会责任	1.00	—	—	0.75	0.56	0.85	0.58
	1.02	0.02	40.75***	0.81	0.66		
	0.95	0.02	38.80***	0.76	0.58		
	0.92	0.02	37.36***	0.73	0.53		
企业—消费者识别度（变现能力）	1.00	—	—	0.71	0.50	0.85	0.53
	1.01	0.03	35.97***	0.73	0.53		
	1.07	0.03	38.58***	0.79	0.62		
	1.08	0.03	37.81***	0.77	0.59		
	0.90	0.03	31.23***	0.63	0.4		
消费者忠诚度（变现能力）	1.00	—	—	0.77	0.59	0.80	0.50
	0.77	0.03	29.53***	0.61	0.37		
	1.06	0.03	34.81***	0.75	0.57		
	0.88	0.03	32.21**	0.67	0.45		

续表

潜变量	非标准负荷	标准误	t值	标准负荷	项目信度	CR	AVE
企业能力信念（变现能力）	1.00	—	—	0.81	0.66	0.87	0.63
	1.05	0.02	49.36***	0.85	0.72		
	0.98	0.02	47.52***	0.81	0.66		
	0.86	0.02	39.79***	0.70	0.49		
消费者卷入度	1.00	—	—	0.71	0.50	0.84	0.52
	1.09	0.04	30.41***	0.62	0.38		
	1.03	0.03	37.46***	0.78	0.61		
	1.09	0.03	37.32***	0.77	0.59		
	0.96	0.03	34.06***	0.70	0.49		
产品海外形象	1.00	—	—	0.8	0.64	0.87	0.57
	1.06	0.03	42.04***	0.75	0.56		
	1.10	0.03	43.37***	0.77	0.59		
	1.12	0.02	45.61***	0.81	0.66		
	0.85	0.03	34.10***	0.62	0.38		

注：***表示 $p < 0.01$。

表 45 – 2　各变量均值、标准差及相关性

变　量	Mean	SD	1	2	3	4	5	6
1. 技术创新	4.34	1.08	0.54	0.09***	0.09***	0.05***	0.06***	0.09***
2. 企业社会责任	4.40	1.15	0.30***	0.58	0.08***	0.04***	0.05***	0.08***
3. 企业—消费者识别度	4.15	1.10	0.30***	0.28***	0.53	0.10***	0.09***	0.12***
4. 消费者忠诚度	3.95	1.15	0.22***	0.20***	0.32***	0.50	0.06***	0.08***
5. 企业能力信念	3.94	1.12	0.24***	0.22***	0.31***	0.25***	0.63	0.14***
6. 产品海外形象	4.21	0.87	0.31***	0.27***	0.34***	0.28***	0.37***	0.57

注：① *** 表示 p < 0.01（双尾）；② 矩阵对角线下方是相关系数；矩阵对角线上方是共同方差，加粗字体的数值为 AVE 值。

二、中介效应分析

表45-3与表45-4是运用Amos22.0对结构方程模型（SEM）进行多重中介分析的系数乘积战略和Bootstrapping方法结果。从表45-3的中介效应分析可以看出，技术创新和企业社会责任对产品海外形象的直接效应分别是0.122（CI＝｛0.083，0.161｝和｛0.083，0.162｝）和0.073（CI＝｛0.038，0.107｝和｛0.039，0.107｝），直接效应显著，假设1a和假设1b得到验证。对于技术创新，企业—消费者识别度的间接效应和总效应分别是0.040（CI＝｛0.028，0.054｝和｛0.028，0.053｝）和0.162（p＝0.000），消费者忠诚度的间接效应是0.023（CI＝｛0.015，0.034｝和｛0.014，0.033｝）和0.145（p＝0.000），企业能力信念的间接效应是0.049（CI＝｛0.036，0.064｝和｛0.035，0.063｝）和0.171（p＝0.000）；从企业社会责任变量分析，企业—消费者识别度的间接效应和总效应分别是0.030（CI＝｛0.020，0.042｝）和0.104（p＜0.01），消费者忠诚度的间接效应是0.016（CI＝｛0.010，0.025｝）和｛0.010，0.024｝）和0.090（p＜0.01），企业能力信念的间接效应是0.042（CI＝｛0.029，0.057｝）和0.115（p＜0.01）。因此，无论是对于技术创新还是企业社会责任而言，变现能力（表现为企业—消费者识别度、消费者的忠诚度以及其对企业能力的信念三个变量）都是提升中国产品海外形象的重要中介变量，假设2（含H2a和H2b）和假设3得到验证。

技术创新的总效应是0.234（CI＝｛0.195，0.276｝和｛0.196，0.276｝），企业社会责任的总效应是0.162（CI＝｛0.125，0.200｝），从表45-4的对比效应可以分析出，二者总效应的对比系数估计值是－0.072（p＜0.05，CI＝｛－0.141，－0.009｝），说明对于中国企业，技术创新的变现能力比履行企业社会责任行为产生的变现能力更强，对中国产品海外形象的提升具有更积极的作用。就技术创新而言，企业—消费者识别度与消费者忠诚度（CI＝｛0.001，0.033｝），以及消费者忠诚度与企业能力信念（CI＝｛－0.042，－0.010｝）存在显著差异，而企业—消费者识别度与企业能力信念并不存在显著差异（CI＝｛－0.027，0.009｝），说明提升技术创新的变现能力，企业—消费者识别度（β＝0.040，p＝0.000）和消费者的企业能力信念（β＝0.049，p＝0.000）二者的贡献度大于消费者忠诚度（β＝0.023，p＝0.000）的贡献，同时识别度与企业能力信念在统计上表现出一致的贡献度。就企业社会责任而言，企业—消费者识别度与消费者忠诚度（CI＝｛0.002，0.027｝和｛0.001，0.027｝），以及消费者忠诚度与企业能力信念（CI＝｛－0.039，－0.015｝）存在显著差异，而企业—消费者识别度与企业能力信念并不存在显著差异（CI＝｛－0.029，0.004｝），

表 45 - 3　基于 Bootstrapping 的 SEM 多重中介效应分析结果

变量	效应	系数估计值	系数乘积战略		Bootstrapping					
			标准误	Z 值	偏差校正法 95% CI		百分位值法 95% CI			
					下限	上限	下限	上限		
技术创新	间接效应									
	企业—消费者识别度	0.040	0.007	5.714	0.028	0.054	0.028	0.053		
	消费者忠诚度	0.023	0.005	4.600	0.015	0.034	0.014	0.033		
	企业能力信念	0.049	0.007	7.000	0.036	0.064	0.035	0.063		
	直接效应	0.122	0.020	6.100	0.083	0.161	0.083	0.162		
	总效应	0.234	0.021	11.143	0.195	0.276	0.194	0.276		
	企业—消费者识别度	0.162	0.020	8.100	0.124	0.202	0.124	0.202		
	消费者忠诚度	0.145	0.020	7.250	0.108	0.185	0.108	0.184		
	企业能力信念	0.171	0.021	8.143	0.132	0.213	0.131	0.212		
企业社会责任	间接效应									
	企业—消费者识别度	0.030	0.005	6.000	0.020	0.042	0.020	0.042		
	消费者忠诚度	0.016	0.004	4.000	0.010	0.025	0.010	0.024		
	企业能力信念	0.042	0.007	6.000	0.029	0.057	0.029	0.057		
	直接效应	0.073	0.017	4.294	0.038	0.107	0.039	0.107		
	总效应	0.162	0.019	8.526	0.125	0.200	0.125	0.200		
	企业—消费者识别度	0.104	0.017	6.118	0.069	0.136	0.069	0.136		
	消费者忠诚度	0.090	0.018	5.000	0.055	0.125	0.055	0.124		
	企业能力信念	0.115	0.018	6.389	0.080	0.151	0.080	0.151		

注：5000 份 Bootstrap 样本。

表 45 - 4 基于 Bootstrapping 的 SEM 多重中介对比效应分析结果

变量	对比效应	系数估计值	系数乘积战略		Bootstrapping			
			标准误	Z 值	偏差校正法 95% CI		百分位值法 95% CI	
					下限	上限	下限	上限
技术创新	识别度 vs. 忠诚度	-0.009	0.009	-1.000	0.001	0.033	0.001	0.033
	识别度 vs. 能力信念	-0.026	0.008	-3.250	-0.027	0.009	-0.027	0.009
	忠诚度 vs. 能力信念	0.014	0.007	2.000	-0.042	-0.010	-0.042	-0.010
企业社会责任	识别度 vs. 忠诚度	-0.012	0.008	-1.500	0.002	0.027	0.001	0.027
	识别度 vs. 能力信念	-0.026	0.006	-4.333	-0.029	0.004	-0.029	0.004
	忠诚度 vs. 能力信念	-0.01	0.006	-1.667	-0.039	-0.015	-0.039	-0.015
	总效应对比	-0.072	0.033	-2.182	-0.141	-0.009	-0.141	-0.009
责任 vs. 创新	企业—消费者识别度	-0.007	0.005	-1.400	-0.022	0.002	-0.022	0.003
	消费者忠诚度	-0.007	0.009	-0.778	-0.017	0.002	-0.016	0.002
	企业能力信念	-0.009	0.009	-1.000	-0.025	0.011	-0.025	0.011

注：5000 份 Bootstrap 样本。

说明提升企业社会责任的变现能力，消费者忠诚度产生的贡献度（$\beta = 0.016$，$p < 0.01$）小于企业—消费者识别度（$\beta = 0.030$，$p < 0.01$）和消费者的企业能力信念（$\beta = 0.042$，$p < 0.01$），同时，识别度与企业能力信念对于提升社会责任的变现能力，在统计上表现出一致的贡献度。

三、调节效应分析

表 45 - 5 显示了消费者卷入度作为调节变量的调节效应，其中，"高"和"低"消费者卷入度水平分别是均值（mean = 4.203）$\pm$ 一个标准差（SD = 1.141），间接效应的高低水平差异是高消费者卷入度水平与低消费者卷入度水平之差，各组的间接效应是相应第一阶段与第二阶段路径系数的乘积，第一阶段、第二阶段、间接效应以及高低水平差异的显著性检验运用 Amos22.0 通过偏差校正置信区间法和百分位值法获得，抽取 5000 份 bootstrap 样本。对于技术创新到企业消费者识别度这条路径，即间接效应的第一阶段，相对于高消费者卷入度水平组（$\beta = 0.372$，$p < 0.01$），低消费者卷入度水平组的估计系数是 0.162（$p < 0.01$），二者具有显著差异（$\beta = 0.210$，$p < 0.05$），消费者卷入度调节了技术创新与企业—消费者识别度的关系，同时，高消费者卷入度水平组（$\beta = 0.061$，$p < 0.01$）与低消费者卷入度水平组（$\beta = 0.043$，$p < 0.01$）都具有显著的间接效应，假设 4a 得到验证。对于企业社会责任到企业能力信念路径（间接效应的第一阶段），高、低消费者卷入度水平的估计系数分别是 0.139（$p < 0.01$）和 0.313（$p < 0.01$），差异显著（$\beta = -0.174$，$p < 0.05$），相对应的间接效应分别是 0.037（$p < 0.01$）和 0.089（$p < 0.01$），说明消费者卷入度调节了企业社会责任与企业能力信念之间的关系，假设 4b 得到验证。

表 45 - 5 分组调节效应分析结果

调节变量：消费者卷入度	第一阶段	第二阶段	间接效应
关系：技术创新→企业—消费者识别度→产品海外形象			
高（消费者卷入度水平）	0.372***	0.165***	0.061***
低（消费者卷入度水平）	0.162***	0.262***	0.043***
高低水平差异	0.210**	-0.097	0.018
关系：企业社会责任→企业能力信念→产品海外形象			
高（消费者卷入度水平）	0.139***	0.268***	0.037***
低（消费者卷入度水平）	0.313***	0.285***	0.089***
高低水平差异	-0.174**	-0.017	-0.052*

注：*、**、*** 分别表示 $p < 0.1$，$p < 0.05$，$p < 0.01$；5000 份 Bootstrap 样本。

第四节　结论与建议

一、理论贡献

从理论的角度，我们的主要目标是揭示技术创新和社会责任的变现能力是什么（what）、如何能够利用有限的资源投入到最重要的关键环节（where），从而有效率地提升二者的变现能力，以及在不同的消费者卷入度水平下（when）是否会有不同的影响，如何利用消费者卷入的程度产生提升变现能力的倍增效应（how）。研究发现，实现技术创新变现能力的最佳路径是增强消费者对企业能力的信念，而提升社会责任变现能力的最佳路径是提高企业—消费者的识别度。

具体而言，从企业—消费者识别度、消费者忠诚度和企业能力信念三个角度考察技术创新和社会责任的变现能力，对于技术创新而言，企业—消费者识别度和消费者的企业能力信念二者的贡献度大于消费者忠诚度的贡献；然而，企业—消费者识别度变现能力会受到不同的消费者卷入度水平的影响，企业能力信念的变现路径则不会受到消费者卷入程度的限制，综合多重中介模型和调节效应二者的结论，可以表明，当企业短期内无法提升消费者的卷入程度时，增强消费者对企业能力的信念是实现技术创新变现能力的最佳路径。同理，就社会责任的变现而言，消费者忠诚度产生的贡献度小于企业—消费者识别度和消费者的企业能力信念；不同的消费者卷入度水平会对企业社会责任转化为消费者对企业能力持有的信念产生不同程度的影响，却无法干扰企业—消费者识别度和消费者忠诚度两条转化路径。因此可以分析出，当企业短期无法获取并提升消费者的卷入度程度时，提升社会责任变现能力的最佳路径是提高企业—消费者的识别度。本章的研究提供了一些新的发现，也为现有的研究成果提供了支持。

技术创新和社会责任转化为产品海外形象需要惊险的一跳——商业变现，企业应该如何进行有效率的转化是当今学者们研究的重要方向。研究结果为技术创新和企业社会责任形成的知名度如何有效地转化为品牌和产品形象提供了一个至关重要的信息。具体而言，本章强调了较为抽象的知名度概念，帮助开展技术创新和履行社会责任的企业获得提升品牌和产品形象的总体目标，引导其建立对知名度的积极态度。提出的变现能力的概念，从三个角度考察衡量变现能力，从而实现有效的转化，一是通过增加企业和消费者之间的识别度，使企业在消费者心中区别于其他企业，区别于同类的竞争对手；二是提高消费者的忠诚度，使其具有持续使用企业产品，以及推荐企业产品的强烈动机和使命感；三是增强消费者持有的企业能力信念，坚定消费者认为企业产品是可靠的，企业有能力持续提供有保障的服务。

本章的研究结果为揭示企业如何提升技术创新和企业社会责任的变现能力，探索提升二者变现能力的最佳路径提供了有利线索和经验证据，也为企业管理者跨越变现鸿沟带来了新的启示。

二、管理启示

企业想成功，想获得经济利润，仅进行技术创新、履行企业社会责任还不够，更为关键的是把能力变现。变现不能操之过急，透支消费者的喜爱和信任是一个危险的游戏。如果想打造一个品牌，提升中国产品在海外消费者心目中的形象，需要放弃迅速变现的渴望，短期销量并不重要，重要的是有多少消费者识别、认知、信任中国产品，这是一种商业模式。在瞬息万变的数字时代，在技术创新和社会责任被标签化的时代，增加企业的变现能力变得尤为重要。

第一，为技术创新主导型企业在实践中将创新能力转化为产品的形象，提升企业变现能力提供了重要的指导方向。以技术创新为主要手段提升知名度的企业，在发展初期，应首先着重增强消费者对企业能力持有的信念，最大限度地发挥有限资源带来的效益，以提升技术创新的变现能力，跨越变现鸿沟，即提升企业技术创新变现能力的最佳路径是增强消费者对企业能力持有的信念。然而，当消费者卷入达到一定程度时，应着重提升消费者对企业的识别程度，增强其使用企业产品的舒适感和依恋度，这会产生技术创新变现能力的倍增效应，让企业获得意外的惊喜收获。

第二，相对于技术创新主导型的企业，以履行社会责任承诺为主要途径提升知名度的企业有着截然不同的变现路径——应首先增强企业与消费者之间的识别度，这是区别于其他企业，区别于竞争对手实现社会责任变现，提升变现能力的最佳选择。然而，想要平稳跨越商业变现这道鸿沟，履行企业社会责任承诺，提升企业—消费者识别度还远远不够，当消费者逐步认知、承认并信赖企业产品时，这类企业应该注意，提升变现能力的主要手段需要向增强消费者持有的企业能力信念过渡，因为消费者卷入程度的提升以递增的效果增强着社会责任知名度转化为产品海外形象的变现能力。这对于着力提升消费者感知的社会责任的企业管理者具有重要的现实意义和战略作用。

这些方法无一能确保变现成功，也不是企业唯一的制胜途径，但却是我们所知的将知名度转化为品牌与形象，弥合战略和执行之间的差距，帮助中国企业增加长远胜利几率，获得可持续成功的重要手段。

第46章 全球化背景下中国品牌原型化战略的研究报告

品牌对一个产品或企业来说至关重要，只有成功的品牌管理才能打造出一个强大的品牌，而品牌原型理论为企业的品牌管理工作提供了系统的指导。本章试图从品牌原型的内涵、作用机制、模型建构，全球化背景下中国品牌原型化战略及其理论与实践意义三个部分说明在全球化背景下，企业如何通过品牌原型理论进行品牌管理，从而打造出享誉国内外的强大品牌。

如何打造强大的品牌？研究表明，对产品赋予抽象的原型意义与仅强调产品的功能属性相比，前者能获得消费者更多的认可。尤其是在全球化背景下，具有原型意义的品牌能够实现跨文化的沟通，从而被全球消费者认同。例如，西欧的品牌突出悠久的历史和精益求精的工匠精神；美国的品牌则反映的是其英雄般的个人故事等。相比之下，中国的品牌却明显缺乏清晰并且强大的原型意义。虽然近年来中国的综合国力日益强大，但中国品牌的海外知名度却不高，截至2015年，Interbrand公布的全球最佳品牌100强当中，只有华为和海尔两个中国品牌跻身上榜，其中华为排在第88位，海尔是第一次上榜，排在第100位。中国跨国企业在全球市场发展国际业务的同时，更身兼塑造中国全球品牌的艰巨任务。然而应该如何塑造中国全球品牌形象，使其具有怎样的特征？仍是中国企业一直致力探索的重要问题。本研究基于品牌原型理论，将品牌原型应用到中国品牌国际化的实践当中，为中国品牌的国际化战略提供了一个新的方向。

第一节 品牌原型理论

一、品牌原型的内涵

意义是刻画在我们心理结构中的"印记"，影响了我们所喜爱的各种文学、艺术以及电影人物，瑞士精神分析专家荣格（Carl G. Jung）将这些"印记"称之为原型。心理原型的概念是由荣格在他的文化神话的研究中提出来的，他在研究中发现，无论文化的起源如何，所有的传说都具有某些共性，即具有一种普遍性的接受性和吸引力。在荣格的心理框架中，原型是与生俱来的具有普遍性的思想雏形，人类历史上所有伟大的思想都可以追溯到原型，它可以用来解释观察到的事物。

品牌原型理论实则是原型理论在品牌管理领域的应用，指代消费者在品牌认知过程中所应用到的具有一般性、稳定性、整合性的知识框架，主要应用于品牌类别化及典范性的区分过程。这种知识框架由经验习得，与文化属性、产品属性及消费者属性息息相关。美国学者马克和皮尔森（M. Mark & C. Pearson）在《The Hero and The Outlaw》一书中首次提出了以神话原型打造深植人心的品牌，并将原型运用到品牌当中。

与品牌相关的原型可分为三个层次：首先，不论来自哪个国家或哪个族群，人们都会根据普适性的人文价值、人物崇拜等原型或心理图式，来进行信息的加工和对事物的认同，称之为普遍图式。其次，文化原型，是指某一国家或民族文化群体在长期生活实践过程中形成的、通过文化延续而非生理传承保留下来的共有特征或属性。最后，品牌原型一般根植于其所发源的文化原型，它代指消费者对品牌的一般性稳定知识结构，是消费者对产品进行类别区分时运用的一组相关的产品特征或属性（蒋廉雄，2010）。以上三个层次是逐层递进的关系，最终具化为品牌的表征，展现为品牌价值观、品牌个性和品牌形象。

二、品牌原型的作用机制

品牌原型是品牌个性、品牌形象、品牌价值观的整体性把握，它们帮助我们定义品牌是什么，品牌代表了什么，以及品牌与消费者之间的关系。在树立强大品牌的过程中，品牌原型充当着品牌和消费者之间的桥梁，并作为一种熟练的"语言"来使用。相比仅仅通过说明产品的功能和特点来与消费者进行沟通，品牌原型能够更进一步且以一种更加深刻和意味深长的方式与消费者产生连接，即通过满足消费者的某种潜在需求和动机实现。

那么，品牌原型究竟是如何在品牌和消费者之间发挥作用的呢？这涉及一个品牌原型化的过程，所谓的品牌原型化，即把一种原型代表的普遍精神元素注入到品牌当中，使品牌获得跨文化的共享意义，产生重要的即时识别和连结。我们都知道，当一个消费者购买一个特定的品牌时，他购买的不仅仅是有形的核心功能利益，还包括品牌所提倡的价值主张和所具有的象征性意义，而品牌原型恰好能满足消费者的这种需求和动机。例如，万宝路销售的不只是香烟，它销售的是人们对英雄气概和一种自由、奔放的生活方式的向往，而这些是其他香烟不能提供的。

具体来说，消费者内心最深层次的欲望和动机大多是处于潜意识状态的，如果没有适当的刺激就连消费者自身可能都不会意识到它们的存在，这就需要企业通过恰当的方式去唤醒消费者。而原型作为集体无意识的构成部分，深深地嵌入于人格模式当中，能够引起人类内心的强烈共鸣，所以原型的使用能够帮助唤醒消费者，而因为原型本身是无意识的，所以要用原型意象来描述原型并使之呈现。因此，原型意象所发出的信息能够迅速地激活人类内心的需求与动机，也能够释放出其深层的渴望和情感。一旦消费者开始意识到自己内心深层次的这种欲望和动机后，接下来，消费者就会寻求能够满足这种欲望和动机的产品或品牌。

此时，内嵌了原型在其中的品牌，因为提供了一种更加直观和易懂的语言去描述品牌的价值和意义，所以能够迅速地传达给消费者，简化和加速其对原型品牌的分析过程。一旦消费者意识到原型品牌能够满足并实现他们内心深层次的欲望和动机，原型品牌就能与消费者产生强烈的内心共鸣，从而唤起他们对品牌的认同、深化品牌对他们的意义，甚至激发他们对品牌的忠诚。至此，品牌原型就在品牌与消费者之间成功地搭建起了一座认知桥梁。只有这样，企业才能在真正意义上把自身品牌与市场上的其他品牌区别开来，让品牌获得难以复制的市场竞争力。总的来说，品牌、原型和消费者之间是一个嵌入、激活和寻求一致的过程。

三、品牌原型理论模型的建构

那么，究竟哪些因素会对消费者的品牌原型感知产生影响呢？理论界最早主要从产品的自然属性对品牌原型进行构建，即通过某品牌产品的价格、质量、技术含量来判断某一品牌在同类品牌集中所处的位置。经过这种方式析出的品牌原型，往往被称之为典范性品牌。例如，可口可乐常常被消费者认定为是软饮料的代表性品牌。除了产品的自然属性之外，学者们还从认知心理学的研究视角来诠释消费者属性对品牌原型感知的影响。即消费者会根据自身的期望构建对品牌的感知，从而进行产品的类别化，这一研究视角是对仅从产品的自然属性进行品牌原型研究的一种超越。因为消费者购买某种产品看中的可能不仅仅是它的使用价值，更是一种意义的体验和一种自我身份的建构。这也是消费者之所以会购买一些溢价商品原因。

随着品牌原型理论的发展，学者们逐渐将研究视角转入更加丰富的文化属性的考量（林怡，2015），即将品牌赋予鲜活的文化特征，使之与消费者产生共振，从而提升品牌的附加值（何佳讯，2015）。品牌是一个社会化的概念，这种研究视角的转变本身就对品牌管理有着重要的理论意义。而塑造鲜明的文化图式，对实现中国品牌的跨文化沟通也同样有着重要的实践意义。

本研究认为，品牌原型应由自然属性、传播属性和价值属性三个层面构成，自然属性主要指产品属性；传播属性主要指品牌通过营销和广告传播的形象；价值属性主要指企业文化、愿景和企业社会责任所表达和树立的品牌价值观，这三个层面由表及里，相互影响。具体说来，自然属性是品牌原型的表征，用于消费者的基本识别；品牌原型的传播属性，主要用于品牌与消费者在基本识别的基础上搭建关系；在基本关系确立的情况下，品牌原型的价值属性则会使品牌产生原型意义，这种意义在一定的文化属性作用下和消费者深层需求产生共鸣，建立感知，从而形成消费者品牌忠诚（见图46-1）。

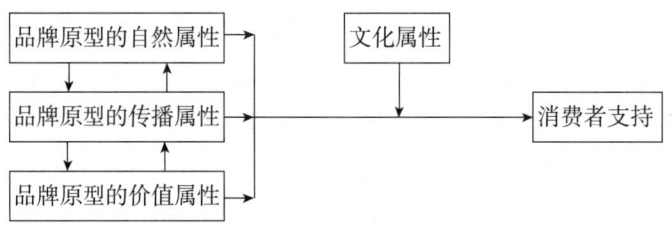

图46-1　品牌原型理论框架模型

第二节　品牌原型的理论与实践价值

一、品牌原型的理论价值

首先，品牌原型理论丰富了基于联想网络理论为基础的"认知—属性"范式。品牌原型作为一般性的品牌概念，是消费者对品牌知识的整体性认知（蒋廉雄，2010）。其次，品牌原型理论揭示了品牌资产的形成过程以及消费者之所以会溢价支付的心理机制。最后，在深入理解西方品牌原型理论的基础上，提出更多产生于东方式独特管理情境下的理论和构念，对于新兴市场品牌国际化具有一定的启示作用。

二、品牌原型的管理实践价值

品牌原型理论的管理实践意义主要体现在中国企业的品牌管理方面。中国企业要想打造出强大的品牌，必须要围绕以下三个步骤做好企业的品牌管理工作。首先，必须要提炼出消费者易感知且能够触动和感染其内心世界的品牌核心价值。原型作为一种集体无意识内容，深刻地影响着人类的心理与行为，把原型的核心价值嵌入到品牌当中，能够迅速地打动消费者并获得他们的认可。其次，以原型的核心价值为中心规划企业的品牌识别系统，使品牌的核心价值具体化和生动化。原型必须通过原型意象呈现于意识，即把原型的核心价值通过品牌识别系统传达给消费者，让消费者能够轻易地感知到。最后，营销传播活动必须紧紧围绕着品牌识别系统进行，以使企业的每一次营销传播活动都能够传达出品牌的核心价值，确保企业的每一次营销活动都在系统地为品牌做加法，从而累积品牌资产。

第三节　对策与建议

现今是全球化的时代，品牌国际化进程继续飞速发展，越来越多的企业将其品牌足迹扩展到国外市场。为了吸引中国消费大军，梦工厂、迪士尼等公司推出的好莱坞大片均打出了"中国元素"牌，世界顶级奢侈品牌也会在其产品设计中融入代表中国文化的元素，这些都说明了文化原型在跨国品牌营销过程中发挥的重要作用。但正在国际品牌竞相使用中国文化元素时，反观国内却鲜有具有鲜明文化联想和品牌价值的中国国际品牌。相比西方国际品牌在应用中国文化符号上的果敢，身为主人的中国跨国品牌在其全球化进程中对本国文化符号的应用却小心而谨慎。虽然有李宁在其品牌球鞋中加入低调收敛的"中国元素"，推出了"飞甲""逐风"等创新产品，红旗轿车利用历史传统遗产吸引海外消费者等实例，但海尔、联想等代表性国际知名品牌在中国文化符号的使用上仍低调而谨慎（周玲，2015）。因而，识别既能兼顾东西方文化差异，又立足于中国文化根基的原型资源，并将之应用于中国国际化品牌之上，就显得尤为重要和迫切。那么，中国品牌在国际化进程中究竟应该如何塑造和管理品牌原型，以搭建品牌与消费者之间的认知桥梁，进而打造出一个强大的国际化品牌呢？

一、品牌原型资源开发的原则

本研究认为，中国品牌原型资源的开发，要遵循"求同与存异并存"的原则。既要求中国品牌通过"求同"战略，获取并提高中国品牌在东道国市场的合理性，以适应不同文化环境特征的国际市场，又要求中国品牌立足于本身的独特民族资源，挖掘具备全球意义的品牌原型，以构建"存异"的竞争优势（汪涛，2015）。文化原型是品牌原型价值属性提炼的基础，挖掘国家文化原型资源重在考察中国品牌，在全球化背景下，对文化原型的现代建构方式，识别中国文化原型与全球共识文化对比的异同，并通过原型使得中国品牌国际形象具象化和固定化，激活其外显性象征，从而实现与全球消费者的深层沟通。例如，中华文明的核心价值体现为仁爱、礼乐；文化气质表现为重孝、亲人、贵民、崇德；人际关系表现为四海之内皆兄弟的和谐（陈来，2015）。华为的核心价值观就体现为以客户服务为核心和原动力（亲人）；与友商共同发展，既是竞争对手，也是合作伙伴，共享价值链利益（和谐）。

二、品牌原型的选择

应该结合行业环境、企业自身和消费者三方进行。首先，从行业环境角度来看，中国企业需要对东道国中主要竞争者的品牌意义进行系统深入的分析，在选择原型时需考虑避免与其之间的同质性，以建立本品牌的差异性。其次，从企业的角度来看，中国企业需要综合考虑企业的价值观、愿景和使命，因为品牌并不是孤立存在的，它作为企业的一部分，是传达企业的价值观、愿景和使命的手段，因此在选择原型时必须要予以适当的考虑。最后，从目标消费者的角度来看，因为所选择的原型必须要能够唤醒目标消费者内心原始的人性欲望和动机，才能够唤起他们对原型品牌的认同与好感，所以企业必须对特定类别产品的消费者心理、愿望和内在驱动力进行深刻的洞察和挖掘，然后根据目标消费者的深层次欲望和动机来选择相匹配的原型，只有这样才能够选择出最能打动目标消费者的原型。例如，星巴克（Starbucks）将目标消费群体锁定为都市"白领"阶层，将自身定义为不断发现、创新的探险者原型。其注重咖啡的贸易公平，以直接采购的方式提升拉美咖啡种植农的收益，突出了品牌对利益相关者的社会性关注。星巴克展现的是一种知性、人本位浓厚的文化气息，而这一点是显著区别于其他咖啡品牌的。

三、品牌原型意义的表征化和具象化

在选好相关的原型后，接下来要做的就是进行品牌原型化，即对品牌原型进行表征化和具象化的过程。通过各种营销手段将无意识的原型本质转变成消费者可以认识到的品牌标识。具体来说，这个过程涉及以下三个步骤：一是挖掘原型的核心本质，与目标消费者的原始欲望和动机进行匹配，选择最为契合的点，形成品牌的核心价值诉求并进行传播；二是把原型的核心本质转变成品牌的具体标识，如品牌名称、Logo、图像和口号等，目的是让消费者能够快速识别出品牌原型，进而对品牌产生认可。转化的方法主要有三种，即品牌符号化、品牌拟人化和品牌叙事化。三种方法一般会交叉使用。在转化时，还需要特别注意仔细研究东道国消费者对各种品牌个性和形象的态度，以选择最恰当的品牌具体标识。三是当品牌原型转化成为品牌的具体标识后，就需要对这些品牌标识进行验证。即检验这些品牌的具体标识是否能引起目标消费者对背后所用原型意义的正确认知。如果消费者能够正确识别，企业接下来便可通过各种营销手段向消费者传达和沟通这些品牌标识，进而在消费者心中强化其内含的品牌原型意义。而如果消费者不能正确识别，则企业必须要重新审视整个品牌原型化的过程，发现问题所在并予以解决。

四、企业应对品牌原型实行动态化管理

在成功地建立好了品牌原型之后，企业还需要进行长期的管理与维护。原型

之所以能够永恒，就是因为它反映出了人类内心原始的欲望与动机，但在不同时期它呈现于意识的形式是有所差异的。究其原因，虽然人类的原始欲望与动机并不会改变，但是，随着社会的变迁人们对于原型呈现于意识的具体方式与手段却有了不同的要求，这就要求企业必须对品牌原型进行动态化的维护，即在保持原型的核心本质不变的情况下，根据社会、市场环境和消费者的变化，动态地调整品牌原型的意象表现形式。这也是今天所有品牌管理人员所面临的最大挑战，即如何跟上这个瞬息万变的市场，在不动摇品牌价值的核心本质和愿景的情况下，满足当代消费者的理想与抱负。但凡成功的品牌都是能够在不动摇它们的根基和遗产的情况下，根据现状持续不断地适应它们的消费者。这在 Nike、Apple、Coca–Cola、McDonald 等品牌中是很明显的，在很长一段时间内，它们都能够创建一个始终如一的、深入人心的品牌形象。

第47章 中国加快发展国际品牌的调研报告

中国正处于转变经济增长方式的关键历史时期，加快发展国际品牌无疑是实现产业升级和消费升级的重要出路。本章在总结中国发展知名品牌面临的五个战略机遇的基础上，提出把发展国际知名品牌提升到国家战略高度。以国内市场为根基，将企业作为国家创新主体的发展国际知名品牌的战略路径。通过海外兼并收购、培育新技术和新产业领域内有潜力和实力的企业，实现国际知名品牌跨越式发展。

第一节 加快发展中国国际知名品牌的战略机遇分析

一、发达国家陷入金融危机带来的战略机遇

欧洲、美国和日本等国家和地区的国际知名品牌已在全球市场占据垄断地位，中国发展国际知名品牌意味着挤占它们盘踞的市场，异常艰难。然而金融危机爆发后，发达国家的消费能力和消费水平大大降低，一些国际知名品牌遭到较大冲击，然而这却为中国发展国际知名品牌带来了战略机遇。其一，金融危机导致部分国际知名品牌发展速度放缓，甚至有些走到了破产边缘，这给中国发展国际知名品牌提供了时间机会窗口。其二，金融危机后，性价比的重要性在国际市场竞争更加凸显，独特的性价比优势将促进中国品牌在危机中被世界消费者认可，当消费者对中国品牌产生依赖和信任感时，中国国际知名品牌就会成长起来。

二、新科技与产业革命带来的战略机遇

世界经济发展历史表明，后发国家往往能利用重大技术变革的机遇期"弯道超车"成为经济强国。新科技和产业革命为中国发展国际知名品牌带来了赶超发展的"机会窗口"。一是新科技和产业革命将深化二、三产业融合发展，信息技术的全面嵌入推进制造业和服务业沿着产业链深度融合，有力地推动了传统制造业加快升级步伐，带动中国先进制造业和生产性服务业的高端发展，进而推动"中国制造"转向"中国创造"。二是新科技和产业革命将会催生一大批新的产业群体和经济增长点，在战略性新兴产业发展方面，中国和发达国家基本上站在

同一起跑线上，部分领域具有同发优势，局部领域甚至取得领先优势，这将为中国国际知名品牌的快速成长提供一个有可能跨越发展的绝佳机遇。

三、中国工业转型升级产生的倒逼机遇

据统计，当前世界 500 多种工业产品中，中国有 220 余种产量位居世界前列，制造业规模位居世界第一位，但中国制造业仍处于全球价值链底端，为国际知名品牌打工，是典型的"制造大国，品牌小国"。当前，支持中国经济发展的要素和环境发生了根本性的变化，"人口红利"和"全球化红利"正在衰减，"环境承载能力"已经透支，同时来自发达国家的"再工业化"和新兴经济体的同质化竞争压力越来越大，这些因素导致中国工业转型升级迫在眉睫，而发展国际知名品牌是实现工业转型升级的重要抓手。

四、城镇化和消费者结构升级带来的战略机遇

纵观国际知名品牌成长历程，国际知名品牌都是依据本国内需，在本国市场的激烈竞争中，在政府支持和社会环境培育中慢慢成长起来并被成功推向世界的。中国目前已经是世界第二大经济体，"十二五"期间，中国城镇化率已超过 54%，内需主导、消费驱动、惠及民生的政策措施将推动居民消费能力扩大和消费结构优化升级，城镇化进程和居民消费结构升级为我国国际知名品牌成长提供了广阔的市场空间。

五、互联网时代为加快发展国际知名品牌提供了"窗口时期"

在工业时代，中国与发达国家的差距差不多有 30 年，而且发达国家的国际知名品牌已在全球市场占垄断地位，中国已经错失了发展国际知名品牌的最佳时机。而在互联网时代，中国与发达国家的差距大大缩小，如在互联网领域，中国与美国的差距最多不超过 3 年，2014 年全球十大互联网公司中国有 3 家（阿里巴巴、腾讯和百度）；在移动互联网领域，微信和猎豹移动都已经成为全球领先的产品。

第二节 在互联网时代，产品是培育国际知名品牌的核心战略要素

一、产品可以颠覆现有竞争格局

从全球市场来看，美国的苹果公司正是凭借 iPhone 这一产品颠覆了诺基亚在

全球手机市场的霸主地位，并快速成长全球品牌价值最大的国际知名品牌。从国内市场来看，腾讯凭借微信这一产品几乎颠覆了中国整个电信行业，而且快速成长为全球领先的移动互联网产品。阿里巴巴旗下的一款产品支付宝在短短几年内成为中国最大的基金，并成长为全球最大的移动支付公司。此外，小米公司凭借小米手机一款产品在短短四年内超过三星，打破了三星和苹果垄断中国智能手机市场的格局。可见，一款好产品不仅可以颠覆现有国际知名品牌垄断全球市场的格局，还可以大大缩短国际知名品牌从诞生到迅速风靡全球的时间。

二、个性化需求要求以产品为中心

在互联网时代，消费者多样化的个性化需求要求企业发展国际知名品牌应以产品为中心。消费者多样化的个性化需求改变了传统制造业标准化、大规模的生产方式，同时要求企业将关注"制造过程"转化为关注"制造什么"，即关注产品，才能满足消费者的个性化需求。已有研究表明，在互联网时代，日本企业不是输在"制造"上，而是输在"产品"上，即很少思考应该制造什么。

三、技术进步周期加快导致产品生命周期大大缩短

在工业时代，产品生命周期相对较长，而在互联网时代因技术进步的速度已经超过市场需要的速度，一旦技术超过了消费者的需求，产品生命周期就会加速变短，这就要求企业必须以产品为中心，基于产品创新，并快速持续推出新产品来满足消费者的个性化需求。

四、产品将战略、技术和营销融合为一体

在互联网时代，因产品生命周期大大缩短，使得企业战略已经成为基于产品的战略，同时要开展基于产品的创新，即从产品出发再追溯到技术上去实现。在工业时代，产品信息连接消费者的成本巨大，需要企业依赖营销，而在互联网时代，产品信息连接消费者的成本几乎为零，产品本身已经变成营销，即营销已经融于产品。

第三节　加快发展中国国际知名品牌的实施路径

一、把发展国际知名品牌提升到国家战略高度

第一，着眼国际发展趋势和竞争格局，从国家战略高度加快推动发展国际知名品牌，加强顶层设计和战略部署，明确重点任务。

第二，明确提出各级政府应将创建国际知名品牌作为经济发展政策的目标之一，并通过相应的制度安排给予长期支持。

第三，以发展国际知名品牌为抓手，推动产业升级和经济转型。未来 5～10 年是中国实现由"制造大国"向"创造大国""品牌小国"向"品牌大国"升级的关键时期，以创建国际品牌为发展引擎，促进和引领制造业向全球价值链高端攀升，实现经济发展方式转变，建设创新型国家，提升国家海外形象。

二、以国内市场为根基发展国际知名品牌

第一，塑造出有竞争力的大型企业是发展国际品牌的重要前提，当前我国政府要努力建立国内大市场体系，破除阻碍我国企业品牌成长的壁垒和制度障碍，为培育国际知名品牌提供市场基础。

第二，政府的大宗采购项目可按国际惯例倾斜政策，优先采购具有自主品牌的中国品牌产品。

第三，以城镇化和消费者结构升级为契机，通过调整收入分配方式，培育中国的高端需求市场，创造国际知名品牌成长空间。

三、将企业作为国家创新主体，为发展国际知名品牌提供原动力

第一，借鉴日本、韩国等国经验，政府应把企业研发机构建设成国家创新的主体，鼓励和发展创新型企业，实施"全球引智"战略，以高端技术、高层次人才、高质量的科技成果转化应用提升企业的核心竞争力。

第二，推动有条件的骨干企业"走出去"，建立海外研发机构，积极融入全球研发体系，提升企业研发机构转型升级的能力。

第三，政府可设立"核心技术研发专项资金"，对于需要急于攻克的关键技术，可成立专门的研发机构，汇集国际国内一流科研力量，进行技术攻关。企业只有通过掌握核心技术，才能向产业链高端攀升，从而为国际知名品牌发展提供技术支撑。

四、通过海外兼并收购，"借力"实现国际知名品牌的快速发展

利用国际金融危机的难得机遇，灵活运用多种方式实现海外兼并收购。

第一，直接收购国际品牌为目标，利用国际品牌的知名度和美誉度，获取增值能力，提升企业竞争力。

第二，以掌握核心技术为主要目标的海外收购，借国外先进技术升级改造企业自身技术水平，提升企业品牌的知名度和美誉度。

第三，通过海外参股和合作等方式嵌入国际品牌的高端价值链体系，提高企

业的产业链整体竞争力，提升全球范围内的要素配置能力。

五、加快培育新技术和新产业领域内有潜力和实力的企业快速成长为国际知名品牌

第一，构建市场主导、政府引导、创新驱动新技术和新产业发展机制。发挥市场的基础作用，发挥政府在政策、资本、管理机制上的引导作用，鼓励和促进创新，为新技术和新产业发展国际知名品牌营造良好环境。

第二，政府应出台有针对性的扶持政策，集中力量培育新技术和新产业龙头企业，并对其实施动态管理，建立和完善多层次、全方位的国际品牌培育机制。重点扶持它们提高其研发、制造、营销等各环节的国际化经营能力，指导它们积极申请国际商标注册，提升国际知名度。

第三，打造产业链和产业集群，增强新技术和新产业发展的整体国际竞争力。以产业链的整体创新为着眼点，建立产业技术创新联盟，集聚创新资源，为龙头企业发展提供技术支撑。

六、在互联网时代培育国际知名品牌的对策建议

（1）转变战略思维模式，以互联网思维替代工业思维来发展国际知名品牌。中国企业在互联网时代发展国际知名品牌的首要问题就是战略思维的大转化，因为在工业时代，产品以技术、功能为指标，强调功能体验，而在互联网时代，产品强调审美和情感体验，所以当下的企业必须接受互联网思维的改造，为消费者提供富有情感体验的产品，实现交互消费者、满足消费者需求，乃至达到最佳消费者体验。

（2）以消费者为中心，将以情感体验为核心的产品作为品牌与消费者的连接点，为发展国际知名品牌奠定基础。转变产品开发模式，以消费者为中心，聚合线上线下消费者搭建产品开发平台，将消费者的意见渗透到产品设计和制造的全过程，生产出满足消费者个性化需求的产品。为消费者提供超出预期值的性能卓越的产品，并强调产品的情感体验，用产品打动消费者，将产品作为连接点来培育消费者的忠诚度，通过消费者口碑支持品牌推广，最终提高品牌知名度。

（3）打造开放创新平台，快速整合全球资源，为发展国际知名品牌提供驱动力。鉴于产品生命周期大大缩短，围绕消费者的潜在个性化需求搭建融合全球资源、智慧的产品研发、交互平台，大大缩短产品设计和生产周期，用最快的速度推出满足消费者个性化需求的产品，聚合消费者资源，为发展国际品牌提供驱动力。

（4）以产品为中心打造产品社群，开拓国际知名品牌的成长路径。借鉴苹

果公司和小米公司的成长经验，打造以核心产品为中心的产品社群，将消费者转化为"粉丝"，充分发挥"粉丝经济"效应，开拓"核心产品＋软件"或"核心产品＋软件＋延伸品"的品牌成长路径。

第四节　对策与建议

本报告认为，目前北京市战略性新兴产业发展存在如下问题：①北京战略性新兴产业缺乏国际知名品牌，至今仍无一家企业入围"全球品牌 100 强"排行榜。②因缺乏国际知名品牌，导致北京战略性新兴产业对全球战略资源的配置能力和控制力相对较弱。③与世界城市相比，北京战略性新兴产业结构仍需进一步优化，产业发展质量和效益也较低。

随着北京经济进入"新常态"发展时期，人口红利已经逐渐消失，亟须加快推进"北京制造"向"北京创造"转型，而成功转型的关键在于加快培育国际知名品牌。因此，在新常态经济模式下，北京突破产业结构调整约束的关键在于调整战略性新兴产业发展路径的战略方向。我们认为，北京作为中国战略性新兴产业的龙头，应以发展国际知名品牌为战略方向，通过优先扶持龙头骨干企业创建品牌，搭建互联网＋国际化运营平台和全球金融服务网络支撑发展，同时加强支撑保障机制，带领全国战略性新兴产业实现高端化发展，抢占全球战略性新兴产业的制高点。为此，我们提出北京战略性新兴产业加快发展国际知名品牌的四点建议：

一、优先扶持具有国际视野和国际水准的龙头企业

优先扶持一批具有国际视野和国际水准的龙头骨干企业，是创建国际知名品牌的基础和先决条件。发达国家的重要产业都是由少数国际知名品牌所掌控，它们掌握了行业的核心技术，制定了行业标准，控制了行业的话语权和定价权。因此，重点扶持一批具有国际影响力、居世界领先水平的龙头企业，创建"国际知名品牌示范企业"。如信息技术行业的联想集团，2013 年已经成为全球最大的 PC 生产商。互联网行业的百度和京东，在 2014 年都已跻身全球互联网公司 10 强。移动互联网行业的小米公司，在短短四年内超过三星，打破了三星和苹果垄断中国智能手机市场的格局；金山软件，2014 年金山旗下的"金山 WPS"和猎豹清理大师均在全球移动互联网领域的同类产品中名列全球第一。生物医药行业的同仁堂，已在 70 个国家和地区注册商标、开设 110 家海外零售终端、诊疗超过 3000 万名海外患者。装备制造业的中国中车集团，已经自主研发了系列动车组产品及城铁车产品，而且高铁技术已经达到了世界领先水平。

二、搭建互联网+国际化运营平台

搭建互联网+国际化运营平台，为发展国际知名品牌打造跨境服务平台。政府相关部门可考虑联合阿里巴巴、亿赞普和腾讯等平台资源，为龙头企业进军海外市场搭建互联网+国际化运营平台，利用大数据预测海外市场需求并进行定制化生产，创新海外营销模式，搭建跨境结算平台，为企业提供云计算服务，进而提升龙头企业的国际化运营能力。阿里巴巴拥有全球240个国家和地区的买家和供应商、超过40个行业各类产品的海量数据，可利用这些大数据对海外消费者的行为变化做出量化分析和趋势预测，从而针对海外消费者的差异化需求进行定制化生产。亿赞普大数据平台集成了全球89个国家和地区的营销网络，通过它的平台可以把产品直接推到目标消费者面前。亿赞普已和全球45个国家的银行和信用卡机构（包括海外第三方支付）进行了技术对接，搭建了跨境结算平台。2015年，腾讯云数据中心已扎根中国香港、加拿大多伦多，辐射东南亚、北美、欧洲等海外市场，可为企业在海外市场提供云计算服务。

三、构建全球金融服务网络

逐步构建全球金融服务网络，为发展国际知名品牌提供金融服务支持。融资难、融资贵是北京"走出去"企业面临的普遍问题，也在很大程度上限制了国际知名品牌的成长，因此，考虑设立"国际知名品牌发展基金"，并利用出口信贷和出口信用保险，重点支持龙头企业积极开拓国际市场。鼓励国有银行和北京商业银行加快"走出去"的步伐，为"走出去"的龙头企业在国际市场提供存贷汇、海外并购、资本运作、资产保值等业务需求。

四、完善国际知名品牌的支撑保障机制

创建国际知识产权服务体系，为企业提供国际商标、国际专利、国际版权等跨国知识产权信息服务。健全完善海外维权工作机制，畅通维权渠道。加强质量诚信体系建设，引导和激励广大企业加快标准创新、技术创新、管理创新，同时加大质量失信行为的惩戒力度。建立科学、规范、权威的品牌评价体系，规范品牌价值评价和发布活动，指导企业有效提升品牌价值。

第48章　借助"一带一路"倡议　提升中国产品海外形象的调研报告

本报告针对来自全球 108 个国家的海外消费者发放了 6701 份问卷，回收有效问卷 2992 份。问卷调查报告分析了当前中国产品海外形象的现状、存在的突出问题，并提出在"一带一路"倡议实施中提升中国产品海外形象的对策建议。

第一节　中国产品海外形象的现状与问题

一、中国产品的海外形象整体上呈现"橄榄型"结构

中国产品的海外形象整体上呈现"橄榄型"结构，从中等形象开始向两端呈现两极式发展。根据 Nagshima 的产品形象定义和分类，可以将中国产品的海外形象分为核心形象、外围形象和社会形象三个维度。核心形象指产品质量、产品技术水平、产品服务、产品功能、产品品种规格；外围形象包括产品商标、产品广告、产品包装和产品附件（如说明书）；社会形象是无形的形象，指产品理念和文化。外国消费者 2015 年以来对于中国产品形象的认识可以清晰地由图 48-1 呈现。可见，中国产品的海外形象整体上呈现"橄榄型"结构，从中等形象开始向两端呈现两极式发展。

（1）中国产品在海外的核心形象处于中等偏下水平。就产品质量而言，多数的外国消费者认为产品的价格可以衡量产品的价值；中国产品的技术和服务均在中等偏下水平，海外消费者对中国产品的功能并不满意，认为产品的性能和功效并未达到其预期，但产品的品种规格能够让多数的消费者满意。

（2）中国产品在海外的外围形象处于中等偏上水平。相较于核心形象，呈现"上橄榄型"结构，具有一定优势。

（3）中国产品在海外的社会形象呈两极化态势，与核心形象相比，差强人意。海外消费者对中国产品文化和理念的理解与认同度呈现两极化态势。

总体上中国产品物美价廉，品种丰富，但在海外的产品附加值较低。要想在未来提升中国产品的海外形象，关键在于着力大幅度提高产品的核心形象，辅以外围形象，实现社会形象下部小高峰向上流动。需要统筹核心、外围、社会三维度形象的秩序化战略，提高一致性，得出提升中国产品海外形象的战略模式与优

化路径，任务相当艰巨。

二、海外消费者感知的中国产品创新能力和责任水平

（1）中国产品的创新能力总体上处于中等水平，海外消费者认为技术创新能力略优于市场创新能力。从图 48－1 可以看出，中国产品的市场创新水平大致呈正态分布，在 1~7 衡量创新能力的标准上，认为水平中等（数值为 4）的消费者占大多数，数值 3 与数值 5 的直线长度基本相同，即认为市场创新能力在 3 和 5 水平的海外消费者所占人数相当，认为能力在 2 和 6 或 1 和 7 水平的消费者人数亦相当，表明在多数海外消费者心目中，中国产品的市场创新能力处于中等水平；中国产品的技术创新能力在 4 水平所占人数最多，相较于 3 和 2 水平，认为能力在 5 和 6 水平直线长度较长，即认为技术创新能力较高的海外消费者人数相对较多，中国产品的技术创新能力处于中等偏上水平。同时，相对于市场创新能力，中国产品的技术创新能力更高。

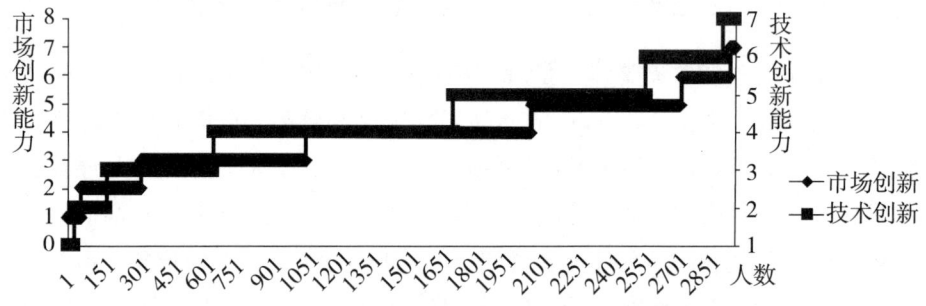

图 48－1　海外消费者感知的中国产品创新能力

注：横轴代表海外消费者人数。主要纵坐标轴代表基于市场的创新能力，次要纵坐标轴代表基于技术的创新能力，数字"1"代表能力低，"7"代表能力高。

（2）海外消费者感知的中国企业履行社会责任承诺总体上处于中等偏上水平，认为中国企业较为遵守国际新标准 ISO26000 的相关准则。图 48－2 表明，多数海外消费者认为中国企业在履行新标准前六个核心主题的水平为中等偏上，数值表现为 4 和 5，其中，组织治理、人权、劳工实践和公平运行实践主题中，认为水平在 5 的消费者人数与认为水平在 4 的消费者人数基本持平；对于环境和消费者问题主题，认为水平在 5 的消费者人数略低于认为水平在 4 的消费者人数。国际新标准 ISO26000 的第七个核心主题是社区参与和发展，这是七个核心主题中唯一一项海外消费者评价为 5 水平的总人数超过评价为 4 水平的主题，说明中国企业对海外社区在基础设施建设、卫生保健、教育、就业机会、财富收入等方面的贡献较为可观。

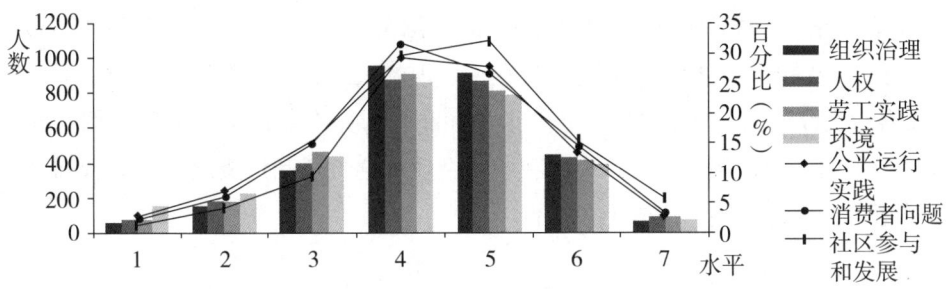

图48-2 海外消费者感知的中国企业社会责任水平

注：横轴是海外消费者感知的企业社会责任水平的度量，数字"1"代表水平低，"7"代表水平高。左侧纵坐标轴是选择某水平分组的人数，右侧纵坐标轴是选择某水平分组人数占总样本的百分比。

三、中国产品形象与国家形象、企业形象和品牌形象

中国产品的产品形象与中国的国家形象、中国企业的国际形象以及中国品牌积累的品牌资产具有显著的相关关系（见图48-3），产品形象的提升具有深远的影响和战略意义。国家形象指中国的国家与国民形象、文化与科技形象、政治与经济形象；企业形象主要是在海外消费者心目中企业履行社会责任的程度，包括组织治理、人权、劳工实践、环境、公平运行实践、消费者问题、社区参与和发展等七个方面；品牌形象包括中国品牌定位、品牌忠诚度、品牌延伸、品牌联想、品牌资产和品牌国际化等维度。

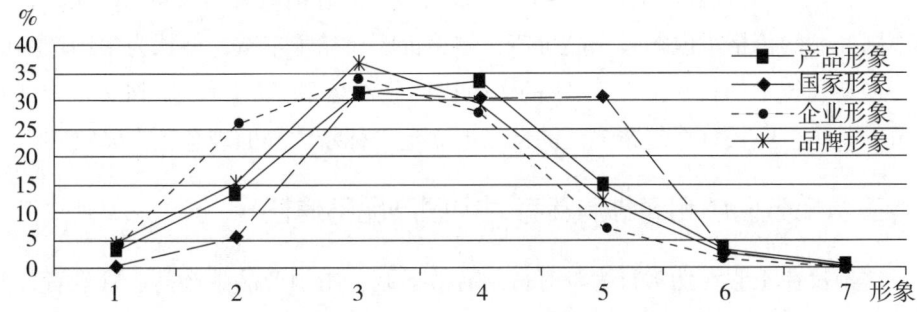

图48-3 中国产品海外形象与国家形象、企业形象、品牌形象的关系

注：横轴是形象的度量，数字"1"代表形象低，"7"代表形象高。纵轴是选择某形象分组的人数占总样本的百分比。

相较于中国产品的海外形象，中国的国家形象呈现高低对比态势，而企业形象和品牌形象则更低。从图48-3可以看出，中国产品的产品形象处于中等偏下水平，多数海外消费者认为形象是3~4的人数占64.61%；相对于这种集中在中低水平的产品形象，中国的国家形象出现了一种有趣的现象，认为高与低的消费

者出现了同比例的对比态势，形象为 3 的比例是 31.21%，5 的比例是 30.65%；很明显，中国的企业形象和品牌形象在 4 以内的人数比例，高于中国产品形象在 4 以内的人数比例，反之亦然，企业形象和品牌形象在 4 以上的人数比例均低于产品形象的人数比例，可见，中国在履行企业社会责任和形成国际品牌影响力方面的形象比中国产品的海外形象更低。

第二节 提升中国产品海外形象存在的突出问题

根据问卷调查结果，当前中国产品提升海外形象主要存在以下突出问题：

一、打造产品海外形象的认知高度问题

中国产品的海外形象到底是企业的利润源泉，还是与中国制造、国家战略密切相关的重要问题？

二、中国产品创新能力不足、产品附加值低

中国产品物美价廉，品种丰富，但创新能力不足、产品附加值低。数据分析显示，在 1~7 衡量中国产品海外形象的标准上（1 是形象差，7 是形象好），认为中国产品质量在 3~4.5 水平的人数比例占 57.42%，认为其能够购买到所需不同规格中国产品的同意度在 4 以上的人数比例占 58.56%，而认为中国产品价值在 3.5~5 水平的人数比例占 59.43%，说明多数海外消费者购买中国产品后，认为中国产品的价格可以衡量产品价值，物美价廉，品种丰富；但认为中国产品的市场创新和技术创新水平在 3~4 的人数比例分别是 58.36% 和 52.24%，中国产品单靠模仿已经很难在复杂多元的市场上立足，标新立异的理念尤为欠缺。

三、部分国内和海外消费者对中国产品不信任

这不仅在于假冒伪劣行为没有得到有效遏制，中国产品生产商、管理者，甚至是一线工人对产品品质的松懈要求，更在于中国产品对国际企业社会责任承诺履行的缺失。数据分析显示，使用国际新标准 ISO26000 评价中国企业，认为七项核心主题的履行程度在 4 水平的消费者高达 30% 左右。

四、对中国产品出口、在海外投资的认识过于简单

中国企业出口产品需要理解和应对当地固有的挑战和风险，磨合文化差异是几乎每一类产品和企业都会遇到的问题。数据显示，在 3~4 之间和 4~5.5 之间出现两个小高峰，人数比例分别是 34.36% 和 53.43%，说明海外消费者对中国

产品文化和理念的理解与认同度呈现两极化态势，应对文化认同问题更为复杂。

五、单一的海外形象提升策略已无法满足需求

中国各类产品的技术水平和产品附加值差异明显，单一的海外形象提升策略已无法满足需求。近200种中国产品的产量居世界第一，中国也形成了高铁、核电、航空、航天、机械、电子、电力、冶金、建材、轻工、纺织等优势行业和优势产业，但同时也有很多产品因缺少核心技术与品牌优势，仍然在全球产业分工中处于微笑曲线的底部，被称为产品的大国，品牌的小国。

第三节　对策与建议

一、从战略高度认识提升中国产品海外形象问题

提升中国产品海外形象是新常态下实施制造业转型升级的重要基础，是实施"一带一路"倡议和"走出去"战略的重要支撑，是中国制造2025、智能制造、互联网＋具体战略的迫切需求，应该得到国家领导和企业的高度重视，纳入战略规划中。

二、技术创新和市场创新是提升中国产品海外形象的核心竞争力

通过技术创新和产品的换代升级提高中国产品的技术含量和附加值，开发未知的市场，拓展新的渠道，向全球价值链微笑曲线的两端攀升，是中国产品在海外生存、长盛不衰的秘诀。对于缺乏首创精神，在创新上不占优势，擅长"拿来主义"的企业，需要专注于专利的改良和细节，实现"二次创新"，使其像蚁群一样包裹、吞噬国外的核心技术，实现专利优势；对于历经时代考验依然保持强大竞争力的老品牌，应坚持自主创新，大胆转型，及时调整产品和经营。

三、国际企业社会责任体系是提升中国产品海外形象的支撑力量

中国企业对社会责任、国际新标准ISO26000的履行，需要覆盖企业组织的治理、践行公平的企业运营，同时保证对人权、劳工实践和环境的关注，以消费者为中心，参与社区的建设与发展。目前，国企承担了更多公共责任和社会责任，而不仅仅是商业利益，今后，应创造条件让国企、民企、外企一道"走出去"，形成利益和命运共同体，使企业愿意投入人力、物力，帮助企业海外所在地发展经济、文化、教育等事业，参与环保、慈善等公益活动。

四、文化认同是提升中国产品海外形象的润滑剂

海外市场巨大复杂，中国产品必须面对不同族裔、文化、宗教等背景的多元化用户，文化认同是中国企业走出去、提升中国产品海外形象的诀窍。中国企业应与海外相互了解、加强交流、协同配合，在差异中不断完善对不同社会和商业文化的认知，试图找到打通隔阂的"钥匙"，才能体现中国产品的"全球化"平台优势。

五、根据中国企业自身已有条件和价值链类型实施"重点突破，分类推进"

在全球价值链高端的新兴产业和高科技企业可以迅速占领市场，在国际上处于领先地位，应得到大力扶持，坚持自主研发；处于全球价值链中端的品牌，如汽车、高端装备制造等应采取对标管理，瞄准工业 4.0 和世界各国的先进水平，努力赶超；在全球价值链低端的企业也要走出去，从过去"有订单就接"转型为提供标准服务，提升"委托设计"水平，发展自己的核心技术，向价值链中高端攀升，拓展品牌。与此同时，发展中国家是中国企业展开竞争优势的突围点。

六、"重点突破，分类推进"的具体措施与优化路径

以高品质打造品牌效应，这是永远不变的根本大法和基本准则，中国企业需要认识到不认真的巨大成本风险，学习认真、细致的"匠人精神"，稍有瑕疵的产品，绝对无法下线；以客户为中心打造国际化品牌形象，视顾客满意为第一标准；注重知识产权保护、海外维权体系和信用体系建设；加强资本市场的品牌建设；在传统"中国制造"、以代工生产的消费品仍在出口的同时，利用高层外交推动装备"走出去"，中国政府高层人员应扮演"中国制造 2025"推销员的角色，打造新优势，推动形成国际产能合作的新格局。

附 录

中国企业产品海外形象问卷调查表

问卷编号：_____

调研背景：

　　这项调查是由对外经济贸易大学北京企业国际化经营研究基地和对外经济贸易大学国际商学院，针对中国产品的海外形象进行的专题调研。您所提供的信息，我们郑重承诺将为您严格保密，不会透漏给其他任何组织或个人。对您的支持，我们在此表示诚挚的谢意。

第一部分：被调查者基本情况

1. **姓名代码：**_____

2. **性别：**男_____　　　女_____

3. **年龄：**_____

a. < =18 岁	b. 18～25 岁	c. 26～29 岁
d. 30～39 岁	e. 40～49 岁	f. > =50 岁

4. **您来自于哪个洲：**_____

a. 亚洲	b. 非洲	c. 北美洲
d. 南美洲	e. 欧洲	f. 大洋洲

5. **您来自于哪个国家：**_____

6. **您来自于哪个城市：**_____

7. **学历（请选择您的最高学历）：**_____

a. 高中或以下	b. 本科	c. 硕士
d. 博士及以上	e. 其他（请注明）：_____	

8. **您是否有宗教信仰：**0 无_____01 有_____

a. 基督教	b. 天主教	c. 伊斯兰教
d. 印度教	e. 佛教	f. 其他（请注明）：_____

9. 您的婚姻状况：0 未婚_____　　01 已婚_____

10. **您对中国的了解程度：_____**

a. 非常了解　　　　　b. 比较了解　　　　　c. 一般了解

d. 了解一点　　　　　e. 完全不了解

11. **您在中国停留时间：_____**

a. 未到过中国　　　　b. 少于 6 个月　　　　c. 6 个月～12 个月

d. 1～2 年　　　　　　e. 2～4 年　　　　　　f. 4 年以上

12. **您的职业：_____**

a. 政府雇员　　　　　b. 事业单位人员　　　　c. 企业职员

d. 个体/私营业主　　　e. 学生　　　　　　　　f. 自由职业者

g. 农民　　　　　　　h. 其他（请注明）：_____

13. **您的家庭年收入：_____**

a. 不超过 3000 美元　　　　　　b. 3000～9000（含）美元

c. 9000～20000（含）美元　　　d. 2 万～7 万（含）美元

e. 7 万～10 万（含）美元　　　　f. 10 万～16 万（含）美元

g. 超过 16 万美元

14. **您更倾向于购买哪类中国产品：_____**

a. 机械　　　　b. 旅游　　　　c. 化工　　　　d. 建材

e. 纺织　　　　f. 食品　　　　g. 轻工　　　　h. 医药卫生

i. 家电　　　　j. 商业　　　　k. 餐饮　　　　l. 冶金

m. 运输　　　　n. 文体教育　　　o. 电子科技

p. 其他服务业　　q. 电力、能源、建筑 其他（请注明）：_____

答题方法：请仔细阅读每个问题并在您认为最符合的答案编号上画圈，如①。如果您不知道，请在［NA］上画圈。不可以将所有题目选为同样的数字，例如，不可以全部选择 2 或者全部选择 7。

1～7 为您认为的程度，1 为程度极低，7 为程度极高。或者：

1＝强烈不同意；

2＝不同意；

3＝有点不同意；

4＝中立的；

5＝有点同意；

6＝同意；

7＝强烈同意；

NA＝不知道或不使用。

第二部分：本书使用的变量与题项

潜变量	题　项
市场导向	采用 Narver 和 Slater（1990）编制的市场导向量表（JM）
	1. 您觉得中国产品能够对竞争者的行为进行迅速的反应
	2. 您觉得中国产品的提供者很了解竞争对手的产品信息
	3. 您觉得中国产品的提供者很了解竞争对手的产品信息
	4. 您觉得中国产品正在全心全意的创造消费者价值
	5. 您觉得中国产品各个部门的信息和资源是共享的
技术创新	采用 Zhou、Yim 和 Tse（2005）形成的 Tech – based innovation 量表（JM）
	1. 您觉得中国产品具有能够替代另一种较差产品的创新性
	2. 您觉得中国产品的技术创新是革命性的、有重大突破的、全新的
	3. 总体上来讲，中国产品和主要竞争对手的产品是相似的（反向题）
	4. 您觉得中国产品的应用与竞争对手的产品是完全不同的
市场创新	采用 Gatignon 和 Xuereb（1997）形成的 Market – based innovation 量表（JMR）
	1. 您觉得中国产品的概念对于主流消费者而言是不难评价和理解
	2. 您觉得中国产品对于主流消费者而言并没有很高的转换成本
	3. 您觉得对于主流消费者群体而言，中国产品的使用不需要太多的学习努力
	4. 您觉得主流消费者群体较短时间内就可以了解中国产品的全部性能
感知的企业社会责任	采用 Lichtenstein 等（2004）编制的消费者感知的企业社会责任量表（JM）
	1. 您觉得中国企业能够将一部分利润用来帮助非盈利组织
	2. 您觉得中国企业能够为社区创造就业机会
	3. 您觉得中国企业能够投资于社区教育、卫生和基础设施的建设
	4. 您觉得中国企业能够将慈善作为其商业活动的一部分
绿色信任	采用 Chen（2010）编制的绿色信任量表（JBE）
	1. 您觉得中国企业的环境主张是值得信任的
	2. 您觉得中国企业对环境的关心和您的期望是一致的
	3. 您觉得中国企业一直履行着对环境保护的承诺
感知品质	采用 Doodds（1991）形成的感知品质量表（JMR）
	1. 您觉得中国产品是可信的
	2. 您购买中国产品的工艺是非常好的
	3. 您觉得中国产品是耐用
	4. 您觉得中国产品具有较好的质量

续表

潜变量	题　项
消费者定位	采用 Narver 和 Slater（1990）编制的市场导向量表（JM）
	1. 您觉得中国产品经常更新，是注重创造消费者价值的
	2. 您觉得对中国产品进行退换、保修等售后服务方面的满意程度
	3. 您觉得中国产品能够充分理解您的需求
	4. 您觉得中国产品是以提高消费者满意度为最高宗旨的
	5. 您觉得中国产品非常注重对消费者的承诺
机会识别 （市场关系）	采用 Philips，Alexander 和 Lee（2017）设计的市场关系量表（JBE）
	1. 您觉得中国企业具有很好的营销和交流能力（进入新市场）
	2. 您觉得中国企业与做生意有较少关系的公众机构、智囊团和政府机关的关系是很好的（新的利益相关者）
	3. 您觉得中国企业与当地社区接触从而获得支持的程度是（进入新社区）
	4. 您觉得中国企业愿意与志趣相投的组织进行合作追求新的机会（风险共担）
能力形成 （市场关系）	采用 Philips，Alexander 和 Lee（2017）设计的市场关系量表（JBE）
	1. 中国企业认为通过组织和群体网络等，与具有新知识能力的企业建立关联是非常重要的（知识形成）
	2. 您觉得中国企业会免费为其他公司提供咨询等服务（提供专门技术）
	3. 您觉得如果中国企业寻求支持，他们会找寻专业的中间机构，以帮助他们发展新的技能（形成新技能）
企业—消费者识别度（变现能力）	采用 Homburg 等（2009）编制的消费者 C – C Identification 量表（JM）
	1. 我能够很强烈地识别出中国产品
	2. 我作为中国产品的消费者感觉是很舒服的
	3. 我喜欢告诉别人我是中国产品的消费者
	4. 中国产品与我有很好的匹配度
	5. 我对中国产品会产品依恋的感觉
消费者忠诚度（变现能力）	采用 Zeithaml 和 parasuraman（1996）编制的消费者忠诚度量表（JM）
	1. 您会向其他人说中国产品的优点
	2. 当有人向您征求意见的时候，您会向他推荐中国产品
	3. 您会鼓励朋友和亲戚购买中国产品
	4. 在接下来的几年中，您仍然会选择购买中国产品

续表

潜变量	题 项
企业能力信念 （变现能力）	采用 Du，Bhattacharya 和 Sen（2007）编制的 CA Beliefs 量表
	1. 您使用中国产品时，觉得中国产品是高质量的
	2. 您使用中国产品时，觉得中国产品是顺手的、舒适的
	3. 您使用中国产品时，觉得中国产品是可靠的
	4. 您觉得购买中国产品的性价比很高
消费者卷入度	采用 Zaichkowsky（1985）设计的 Involvement 量表（JCR）
	1. 您觉得在您的生活中购买和使用中国产品是重要的
	2. 您觉得中国产品与您的生活是息息相关的
	3. 您觉得在您的生活中购买中国产品是一件有趣、让您兴奋的事情
	4. 您觉得购买中国产品对您的生活是有意义的、有价值的
	5. 您觉得您会花时间去挑选和购买中国产品
产品海外形象	采用 Nagashima（1977）认为的产品形象由五个类别组成的产品形象量表（JM）
价格与价值 price& value	1. 您觉得中国产品是，不昂贵——合理的定价
	2. 您觉得中国产品是，可信赖的——不可信赖的
	3. 奢侈品——必需品
	4. 有针对性的——大众的
	5. 重工业品——轻工业品
服务与管理 service& engineering	6. 细致和一丝不苟的工艺流程
	7. 技术的先进性
	8. 批量生产——手工制造
	9. 全球分布
	10. 发明——模仿
广告与声誉 advertising& reputation	11. 持有的自豪感
	12. 过多的广告
	13. 可识别的品牌名称
设计与风格 design& style	14. 尺寸与型号的选择范围
	15. 关心外观设计——关心性能
	16. 巧妙地运用色彩
消费者资料 consumers' profile	17. 年轻人居多——老年人居多
	18. 男性居多——女性居多
	19. 上层阶级——下层阶级

参考文献

一、英文部分

Aaker D. A. Managing Brand Equity：Capitalizing on the value of a brand name［M］. New York：The Free Press，1991：206.

Aaker D. A. Measuring brand equity across products and markets［J］. California Management Review，1996，38（3）：103.

Anderson J. E. ，E. van Wincoop："Gravity with Gravitas：A Solution to the Border Puzzle"［J］. American Economic Review，2003，93（1）：170 – 192.

Antras，P. Incomplete Contract and the Product Cycle［J］. The American Economic Review，2005，95（4）：1054 – 1070.

Bhattarcharya C B，Sen S. Consumer – Company identification：A framework for understanding consumers' relationships with companies. Journal of marketing［J］. Journal of Marketing，2003，67（2）：76 – 88.

Blind K，Jungmittag A. Trade and the Impact of Innovations and Standards：the Case of Germany and the UK［J］. Applied Economics ，2005，37（12），1385 – 1398.

Blind K，Thumm N. Interrelation Between Patenting and Standardization Strategies：Empirical Evidence and Policy Implications［J］. Research Policy，2004，33（10）：1583 – 1598.

Bock A J，Opsahl T，George G，Gann D M. The Effects of Culture and Structure on Strategic Flexibility during Business Model Innovation［J］. Journal of Management Studies，2012，49（2）：279 – 305.

Branzei O，Ursacki – Bryant T J，Vertinsky I，et al. The Transformation of Green Strategies in Chinese Firms：Matching Corporate Environmental Responses and Individual Principles［J］. Strategic Management Journal，2004 ，25（11）：1075 – 1095.

Bridoux F，Stoelhorst J W. Stakeholder relationships and social welfare ：A behavioral theory of contributions to joint value creation［J］. Academy of Management Review，2016，41（2）：229 – 251.

Brown T J，Dacin P A. The company and the product：Corporate associations and consumer product responses [J] . Journal of Marketing, 1997, 61 (1): 68 – 84.

Buil I, Martínez E, de Chernatony L. The influence of brand equity on consumer responses [J] . Journal of Consumer Marketing, 2013, 30 (1): 62 – 74.

Chesbrough H. Business model innovation: Opportunities and barriers [J] . Long Range Planning, 2010, 43 (2 – 3): 354 – 363.

Day G. S. , Wensley R. Assessing advantage: A framework for diagnosing competitive superiority [J] . Journal of Marketing, 1988, 52 (2): 1 – 20.

Dodds W B, Monroe K B, Grewal D. Effects of price, brand, and store information on buyers′ product evaluations [J] . Journal of Marketing Research, 1991, 28 (3): 307 – 319.

Edwards J R, Lambert L S. Methods for integrating moderation and mediation: A general analytical framework using moderated path analysis. [J] . Psychological Methods, 2007, 12 (1): 1 – 22.

Foss N J, Saebi T. Fifteen Years of Research on Business Model Innovation [J] . Journal of Management, 2017, 43 (1): 200 – 227.

Gatignon H, Xuereb J. Strategic orientation of the firm and new product performance [J] . Journal of Marketing Research, 1997, 34 (1): 77 – 90.

Gray E R, Balmer J M. Managing corporate image and corporate reputation [J]. Long Range Planning, 1998, 31 (5): 695 – 702.

Greenwald A. G. , Leavitt C. Audience involvement in advertising: Four levels [J]. Journal of Consumer Research, 1984, 11 (1): 581 – 592.

Han C M. Country Image: Halo or Summary Construct? [J] . Journal of Marketing Research, 1989, 26: 226 – 229.

Heath T B, Chatterjee S, Basuroy S, et al. Innovation sequences over iterated offerings: A relative innovation, comfort, and stimulation framework of consumer responses [J] . Journal of Marketing, 2015, 79 (6): 71 – 93.

Hogg M A, Terry D J. Social identity and Self – Categorization processes in organizational contexts [J] . Academy of Management Review, 2000, 25 (1): 121 – 140.

Homburg C, Stierl M, Bornemann T. Corporate social responsibility in busin – ess – to – business markets: How organizational customers account for supplier corporate social responsibility engagement [J] . Journal of Marketing, 2013, 77 (6): 54 – 72.

Homburg C, Wieseke J, Hoyer W D. Social identity and the Service – Profit chain [J]. Journal of Marketing, 2009, 73 (2): 38 – 54.

Hummels D, P Klenow. The Variety and Quality of a Nation' s Exports [J] . American Economic Review, 2005, 95 (3): 704 – 723.

Kalafatis S P, Pollard M, East R, et al. Green marketing and Ajzen´s theory of planned behaviour: A cross – market examination [J]. Journal of Consumer Marketing, 1999, 16 (5): 441 – 460.

Karimi J, Walter Z. Corporate entrepreneurship, disruptive business model innovation adoption, and its performance: The case of the newspaper industry [J]. Long Range Planning, 2016, 49 (3): 342 – 360.

Korschun D, Bhattacharya C B, Swain S D. Corporate social responsibility, customer orientation, and the job performance of frontline employees [J]. Journal of Marketing, 2014, 78 (3): 20 – 37.

Kozinets R V. Amazonian forests and trees: Multiplicity and objectivity in studies of online Consumer – Generated ratings and reviews, a commentary on de langhe, fernbach, and lichtenstein [J]. Journal of Consumer Research, 2016, 42 (6): 834 – 839.

Larivi E Re B, Keiningham T L, Aksoy L, et al. Modeling heterogeneity in the satisfaction, loyalty intention, and shareholder value linkage: A Cross – Industry analysis at the customer and firm levels [J]. Journal of Marketing Research, 2016, 53 (1): 91 – 109.

Laursen K, Salter A. Open for innovation: The role of openness in explaining innovation performance among U. K. Manufacturing firms [J]. Strategic Management Journal, 2006, 27 (2): 131 – 150.

Levitt T. Marketing success through differentiation – of anything [J]. Harvard Business Review, 1980, 58: 83 – 91.

Lichtenstein D R, Drumwright M E, Braig B M. The effect of corporate social responsibility on customer donations to Corporate – Supported nonprofits [J]. Journal of Marketing, 2004, 68 (4): 16 – 32.

Luo X, Bhattacharya C B. Corporate social responsibility, customer satisfaction, and market value [J]. Journal of Marketing, 2006, 70 (4): 1 – 18.

Nagashima A. A comparative " made in" product image survey among japanese businessmen [J]. Journal of Marketing, 1977, 41 (3): 95 – 100.

Narver J C, Slater S F. The Effect of a Market Orientation on Business Profitability [J]. Journal of Marketing, 1990, 54 (4): 20 – 35.

Ng K, Ang S, Chan K. Personality and leader effectiveness: A moderated mediation model of leadership self – efficacy, job demands, and job autonomy. [J]. Journal of Applied Psychology, 2008, 93 (4): 733 – 743.

Nidumolu R, Prahalad C K, Rangaswami M R. Why sustainability is now the key driver of innovation [J]. Harvard Business Review, 2009, 87 (9): 56 – 64.

Pappu R, Quester P G, Cooksey R W. Country image and consumer – based brand equity: Relationships and implications for international marketing [J]. Journal of International Business Studies, 2007, 31 (2): 726 – 745.

Parameswaran R, Pisharodi R M. Facets of country of origin image: An empirical assessment [J]. Journal of Advertising, 1994, 23 (1): 43 – 56.

Parmar B L, Freeman R E, Harrison J S, et al. Stakeholder theory: The state of the art [J]. Academy of Management Annals, 2010, 4 (1): 403 – 445.

Phillips W, Alexander E A, Lee H. Going it alone won't work! The relational imperative for social innovation in social enterprises [J]. Journal of Business Ethics, 2017.

Podsakoff P M, Mackenzie S B, Lee J, et al. Common method biases in behavioral research: A critical review of the literature and recommended remedies. [J]. Journal of Applied Psychology, 2003, 88 (5): 879.

Porter M E, Kramer M R. Strategy and society: The link between competitive advantage and corporate social responsibility. [J]. Harvard Business Review, 2006, 84 (12): 78 – 93.

Post J E, Preston L E, Sachs S. Managing the extended enterprise: The new stakeholder view [J]. California Management Review, 2002, 45 (1): 6 – 28.

Reny P J. A characterization of rationalizable consumer behavior [J]. Econometrica, 2015, 83 (1): 175 – 192.

Romani S, Grappi S, Bagozzi R P. Corporate socially responsible initiatives and their effects on consumption of green products [J]. Journal of Business Ethics, 2016, 135 (2): 253 – 264.

Roth K P, Diamantopoulos A. Advancing the country image construct [J]. Journal of Business Research, 2009, 62 (7): 726 – 740.

Saebi T, Lien L, Foss N J. What drives business model adaptation? The impact of opportunities, threats and strategic orientation [J]. Long Range Planning, 2016.

Schooler R D. Product bias in the Central American common market [J]. Journal of Marketing Research, 1965 (2): 394 – 397.

Seele P, Lock I. Instrumental and/or Deliberative? A Typology of CSR Communication Tools [J]. Journal of Business Ethics, 2015, 131: 401 – 414.

Sen S, Bhattacharya C B. Does doing good always lead to doing better? Consumer reactions to corporate social responsibility ［J］. Journal of Marketing Research, 2001, 38（2）：225 −243.

Shimp T A, Sharma S. Consumer ethnocentrism：Construction and validation of the CETSCALE ［J］. Journal of Marketing Research, 1987, 24（3）：280 −289.

Slater S F, Narver J C. Research notes and communications customer − led and market − oriented：Let's not confuse the two ［J］. Strategic Management Journal, 1998, 19（10）：1001 −1006.

Smith N C. Corporate social responsibility：Not whether, but how ［J］. California Management Review, 2003, 45：52 −76.

Stipp H, Schiavone N P. Modeling the impact of Olympic sponsorship on corporate image ［J］. Journal of Advertising Research, 1996, 36（4）：22 −28.

Strand R, Freeman R E. Scandinavian cooperative advantage：The theory and practice of stakeholder engagement in scandinavia ［J］. Journal of Business Ethics, 2015, 127（1）：87.

Vomberg A, Homburg C, Bornemann T. Talented people and strong brands：The contribution of human capital and brand equity to firm value ［J］. Strategic Management Journal, 2014.

Wagner T, Lutz R J, Weitz B A. Corporate hypocrisy：Overcoming the threat of inconsistent corporate social responsibility perceptions ［J］. Journal of Marketing, 2009, 73（6）：77 −91.

Zaichkowsky J L. Measuring the involvement construct ［J］. Journal of Consumer Research, 1985, 12（3）：341 −352.

Zhou K Z, Yim C K B, Tse D K. The effects of strategic orientations on techno − logy − and Market − Based break through innovations ［J］. Journal of Marketing, 2005, 69（2）：42 −60.

二、中文部分

蔡昉. 认识中国经济减速的供给侧视角经济学动态 ［J］.2016（4）：14 −22.

蔡昉. 中国经济增长如何转向全要素生产率驱动型 ［J］. 中国社会科学, 2013（1）：56 −62.

蔡宁, 杨旭. 论企业集群和中小企业国际化发展 ［J］. 中国软科学, 2002（5）：54 −57.

陈继勇, 蒋艳萍, 王保双.“一带一路”倡议与中国参与国际产能合作 ［J］.

学习与实践，2017（1）：5 – 12.

陈佳贵，吴俊．中国地区中小企业竞争力评价——对 2003 年规模以上工业中小企业的实证研究［J］．中国工业经济，2004（8）：5 – 11.

陈侃祥，程宣梅，刘淑春，等．国内外创业生态系统构建经验对浙江省的启示［J］．浙江工业大学学报（社会科学版），2015（2）：133 – 137.

陈培如，冼国明，马骆茹．制度环境与中国对外直接投资——基于扩展边际的分析视角［J］．世界经济研究，2017（2）：50 – 61.

陈聿．信贷互保困境下的社会信任重构［J］．管理世界，2015（1）：169 – 170.

程虹．我国经济增长从"速度时代"转向"质量时代"［J］．宏观质量研究，2014（4）：1 – 11.

池仁勇，林汉川．转型期我国中小企业发展的若干问题研究［M］．北京：中国社会科学出版社，2012.

池仁勇．区域中小企业创新网络的结点联结及其效率评价研究［J］．管理世界，2007（1）：105 – 121.

池仁勇．区域中小企业创新网络形成、结构属性与功能提升：浙江省实证考察［J］．管理世界，2005（10）：102 – 112.

池仁勇，等．中国中小企业景气指数研究报告［M］．北京：中国社会科学出版社，2016.

代谦，别朝霞．人力资本、动态比较优势与发展中国家产业结构升级［J］．世界经济，2006（11）：70 – 84.

邓洲．国外技术标准研究综述［J］．科研管理，2011（3）：68 – 76.

刁晓纯，苏敬勤．工业园区产业生态网络绩效测度研究［J］．科研管理，2009，29（3）：152 – 158.

都阳．制造业企业对劳动力市场变化的反应：基于微观数据的观察［J］．经济研究，2013（1）：32 – 40.

樊纲，王小鲁，朱恒鹏．中国市场化指数——各地区市场化相对进程 2011 年报告［M］．北京：经济科学出版社，2011：265 – 324.

范柏乃，朱文斌．中小企业信用评价指标的理论遴选与实证分析［J］．科研管理，2003（6）：83 – 88.

干春晖，黄亮．产品内国际分工的国家间利益分配——合作博弈的视角［J］．经济管理，2010（10）：20 – 26.

高翔，黄建忠，蒙英华．政府治理如何影响企业出口边际［J］．国际贸易问题，2017（6）：94 – 104.

赓金洲，赵树宽、鞠国华．技术标准化与技术创新过程中的网络外部性研究

综述 [J]. 经济学动态, 2012 (5): 91 - 94.

辜胜阻. 完善中小企业创业创新政策的战略思考 [J]. 经济管理, 2007 (7): 25 - 31.

辜胜阻. 中小企业是自主创新的生力军 [J]. 求是, 2007 (5): 34 - 39.

谷克鉴. 应用于中国贸易政策制定化的模型综合 [J]. 经济研究, 2003 (9): 58 - 66.

谷蕾, 郑贺娟, 张晓芳. 中小企业融资问题研究——基于西部地区产业集群发展视角 [M]. 北京: 经济管理出版社, 2014.

管晓永. 中小企业界定的理论标准与实践标准 [J]. 经济学家, 2002 (4): 64 - 68.

何立峰. 深入贯彻新发展理念 推动中国经济迈向高质量发展 [J]. 宏观经济管理, 2018 (4): 4 - 14.

贺小刚, 李新春. 企业家能力与企业成长: 基于中国经验的实证研究 [J]. 经济研究, 2005 (10): 101 - 111.

洪银兴. 准确认识供给侧结构性改革的目标和任务 [J]. 中国工业经济, 2016 (6): 14 - 21.

胡鞍钢, 周绍杰, 任皓. 供给侧结构性改革——适应和引领中国经济新常态 [J]. 清华大学学报 (哲学社会科学版), 2016 (2): 17 - 22.

胡钰. 中国企业海外形象建设: 目标与途径 [J]. 中国软科学, 2015 (8): 101 - 105.

黄建忠, 庄惠明. 全球化与区域集团化互动效应的实证检验 [J]. 国际贸易问题, 2007 (3): 46 - 52.

黄群慧, 贺俊. 中国制造业的核心能力、功能定位与发展战略 [J]. 中国工业经济, 2015 (6): 5 - 17.

黄群慧, 李晓华. 中国工业发展"十二五"评估及"十三五"战略 [J]. 中国工业经济, 2015 (9): 5 - 20.

黄伟, 陈钊. 外资进入、供应链压力与中国企业社会责任 [J]. 管理世界, 2015 (2): 91 - 100.

黄先海, 陈航宇. 自由贸易试验区与开放倒逼改革 [J]. 江海学刊, 2017 (1): 77 - 82.

黄新飞, 欧阳利思, 王绪硕. 基于"多国模式"的中国——东盟自由贸易区贸易效应研究 [J]. 学术研究, 2014 (4): 79 - 85.

江飞涛, 武鹏, 李晓萍. 中国工业经济增长动力机制转换 [J]. 中国工业经济, 2014 年 (5): 5 - 17.

焦豪，焦捷，刘瑞明．政府质量、公司治理结构与投资决策——基于世界银行企业调查数据的经验研究［J］．管理世界，2017（10）：66-78.

颉茂华，王瑾，刘冬梅．环境规制、技术创新与企业经营绩效［J］．南开管理评论，2014，17（6）：106-113.

金碚．关于"高质量发展"的经济学研究［J］．中国工业经济，2018（4）：5-18.

金碚．中国工业的转型升级［J］．中国工业经济，2011（7））：5-14.

金京，戴翔，张二震．全球要素分工背景下的中国产业转型升级［J］．中国工业经济，2013（11）：57-69.

孔伟杰．制造业企业转型升级影响因素研究——基于浙江省制造业企业大样本问卷调查的实证研究［J］．管理世界，2012（9）：120-131.

赖明勇，张新，彭水军，等．经济增长的源泉：人力资本、研究开发与技术外溢［J］．中国社会科学，2005（2）：33-47.

李宏彬，李杏，姚先国，等．企业家的创业与创新精神对中国经济增长的影响［J］．经济研究，2009（10）：99-108.

李坤望，蒋为，宋立刚．中国出口产品品质变动之谜：基于市场进入的微观解释［J］．中国社会科学，2014（3）：80-103.

李良贤．基于共生理论的中小企业竞合成长研究［M］．北京：经济管理出版社，2011.

李平，钟学义，王宏伟，等．中国生产率变化与经济增长源泉：1978-2010年［J］．数量经济技术经济研究，2013（1）：3-21.

李伟阳，肖红军．企业社会责任的逻辑［J］．中国工业经济，2011（10）：87-97.

梁冰．我国中小企业发展及融资状况调查报告［J］．金融研究，2005（5）：120-138.

林汉川，管鸿禧．我国东中西部中小企业竞争力实证比较研究［J］．经济研究，2004（12）：45-54.

林汉川，管鸿禧．中国不同行业中小企业竞争力评价比较研究［J］．中国社会科学，2005（3）：48-58.

林汉川，管鸿禧．中小企业财务融资现状与对策探析——湖北、广东中小企业问卷调查报告［J］．数量经济技术经济研究，2002（2）：107-110.

林汉川，邱红，方巍．中小企业管理［M］．3版．北京：高等教育出版社，2016.

林汉川，邱红，周扬．中国民营与国有上市公司中行业先锋企业的比较研究［J］．

管理世界, 2006 (7): 143 - 144.

林汉川, 魏中奇. 美国、日本、欧盟等中小企业最新界定标准比较及其启示 [J]. 管理世界, 2002 (1): 126 - 130.

林汉川, 张思雪. 创新、社会责任与产品海外形象——来自世界新兴市场的经验证据 [J]. 科研管理, 2018 (12): 69 - 77.

林汉川, 等. 中小企业发展中所面临的问题——北京、辽宁、江苏、浙江、湖北、广东、云南问卷调查报告 [J]. 中国社会科学, 2003 (2): 84 - 94.

林毅夫, 孙希芳. 信息、非正规金融与中小企业融资 [J]. 经济研究, 2005 (7): 35 - 44.

林洲钰, 林汉川, 邓兴华. 什么决定国家标准制定的话语权: 技术创新还是政治关系 [J]. 世界经济. 2014 (12): 140 - 161.

林洲钰, 林汉川, 邓兴华. 所得税改革与中国企业技术创新 [J]. 中国工业经济. 2013 (3): 111 - 123.

林洲钰, 林汉川, 邓兴华. 研发投资对于企业业绩的影响研究 [J]. 科研管理. 2016 (7): 47 - 53.

林洲钰, 林汉川. 产业环境、自主创新与中小企业成长的政策工具 [J]. 改革. 2012 (9): 43 - 52.

林洲钰, 林汉川. 政府质量与企业研发投资 [J]. 中国软科学. 2013 (2): 102 - 110.

刘厚俊, 王丹利. 劳动力成本上升对中国国际竞争比较优势的影响 [J]. 世界经济研究, 2011 (3): 9 - 13.

刘计含, 王建琼. 中国传统文化视角下的企业社会责任行为研究 [J]. 管理世界, 2017 (3): 184 - 185.

刘骏, 刘峰. 财政集权、政府控制与企业税负——来自中国的证据 [J]. 会计研究, 2014 (1): 21 - 27.

刘淑春, 林汉川. 标准化对中国装备制造走出去的影响: 基于中国与一带一路沿线国家的双边贸易实证" [J]. 国际贸易问题, 2017 年 (11): 60 - 69.

刘淑春, 林汉川. 化解企业资金链与担保链风险的难点与对策建议 [J]. 经济纵横, 2017 (5): 120 - 125.

刘淑春. 个体户转型瓶颈与"个转企"战略——基于浙江省规模以下工业个体工商户的调查" [J]. 改革与战略, 2013 (9): 109 - 113.

刘淑春. 技术标准化、标准国际化与中国装备制造走出去 [J]. 浙江社会科学, 2018 (8): 16 - 26.

刘淑春. 数字政府战略意蕴、技术构架与路径设计——基于浙江改革的实践与探索"［J］．中国行政管理，2018（8）：37－45．

刘瑶，丁妍．中国 ICT 产品的出口增长是否实现了以质取胜［J］．中国工业经济，2015（1）：52－64．

楼继伟．中国经济的未来 15 年：风险、动力和政策挑战［J］．比较，2010（6）：1－7．

吕劲松．关于中小企业融资难、融资贵问题的思考［J］．金融研究，2015（11）：115－123．

毛蕴诗，周燕．硅谷机制与企业高速成长——再论企业与市场之间的关系［J］．管理世界，2002（6）：102－108

米晋宏．社会网络视角下中小企业融资问题的研究［M］．上海：复旦大学出版社，2016．

聂辉华，江艇，杨汝岱．中国工业企业数据库的使用现状和潜在问题［J］．世界经济，2012（5）：142－158．

潘镇，鲁明泓．基于价值链之上的企业竞争力——一项对 457 家中小企业的实证研究［J］．管理世界，2003（3）：119－125．

邱红，林汉川．全球价值链、企业能力与转型升级——基于我国珠三角地区纺织企业的研究［J］．经济管理，2014（8）：66－77．

邱亦维．新经济形势下如何提升浙江省中小企业的国际竞争力［J］．国际贸易问题，2009（1）：81－87．

任保平．新时代中国高质量发展的判断标准、决定因素与实现途径［J］．改革，2018（4）：5－74．

任保平．新时代中国经济从高速增长转向高质量发展：理论阐释与实践取向［J］．学术月刊，2018（3）：66－74．

施炳展．中国出口增长的三元边际［J］．经济学季刊，2010（4）：4：1311－1330．

史建平．中国中小企业金融服务发展报告［M］．北京：中国金融出版社，2011．

宋新平，黄景文，张晓阳．中国中小企业竞争情报体系建设研究［M］．北京：中国社会科学出版社，2016．

唐鹏程，杨树旺．企业社会责任投资模式研究：基于价值的判断标准［J］．中国工业经济，2016（7）：109－126．

唐小飞，鲁平俊，张梦，等．机遇大环境信任程度与资源禀赋的渠道治理决策研究——四川、浙江两省融资性担保公司的调查分析［J］．中国工业经济，2013（7）：95—107．

汪德华，李琼．宏观税负与企业税负地区间差异之比较——基于工业企业数

据计量分解的分析 [J]．财贸经济，2015 (3)：17 - 29.

王兵，刘光天．节能减排与中国绿色经济增长——基于全要素生产率的视角 [J]．中国工业经济，2015 (5)：57 - 69.

王珏．从 TCL 跨国并购视角看中国中小企业国际化战略 [J]．管理世界，2006 (3)：150 - 151.

王黎萤，陈劲，杨幽红．技术标准战略、知识产权战略与技术创新协同发展关系研究 [J]．中国软科学，2004 (12)：24 - 27.

王立新．在龙的映衬下：对中国的想象与美国国家身份的建构 [J]．中国社会科学，2008 (3)：156 - 208.

王霄，张捷．银行信贷配给与中小企业贷款——一个内生化抵押品和企业规模的理论模型 [J]．经济研究，2003 (7)：65 - 75.

王小鲁，樊纲，刘鹏．中国经济增长方式转换和增长可持续性 [J]．经济研究，2009 (1)：44 - 47.

王燕武，李文博，李晓静．基于单位劳动力成本的中国制造业国际竞争力研究 [J]．统计研究，2012 (10)：60 - 67.

王渝生．当代科技发展的态势与前瞻 [J]．求是，2015 (20)：50 - 52.

魏江，黄学．高技术服务业创新能力评价指标体系研究 [J]．科研管理，2015，36 (11)：9 - 18.

魏江，李拓宇，赵雨菡．创新驱动发展的总体格局、现实困境与政策走向 [J]．中国软科学，2015 (5)：21 - 30.

吴宝，李正卫，池仁勇．社会资本、融资结网与企业间风险传染 [J]．社会学研究，2011 (3)：84 - 105.

吴家曦，李华燊．浙江省中小企业转型升级调查报告 [J]．管理世界，2009 (8)：1 - 5.

吴建祖，肖书锋．创新注意力转移、研发投入跳跃与企业绩效——来自中国 A 股上市公司的经验证据 [J]．南开管理评论，2016，19 (2)：182 - 192.

吴敬琏．供给侧改革的根本是改革 [J]．中国改革，2016 (3)：26 - 28.

习近平．干在实处走在前列——推进浙江新发展的思考与实践 [M]．北京：中共中央党校出版社，2006.

夏丽娟，谢富纪，王海花．制度邻近、技术邻近与产学协同创新绩效——基于产学联合专利数据的研究 [J]．科学学研究，2017 (5)：782 - 791.

项国鹏，李武杰，肖建忠．转型经济中的企业家制度能力：中国企业家的实证研究及其启示 [J]．管理世界，2009 (11)：103 - 114.

徐康宁，冯伟．基于本土市场规模的内生化产业升级：技术创新的第三条道

路 [J].中国工业经济,2011 (11):58 – 67.

杨桂菊.代工企业转型升级:演进路径的理论模型——基于3家本土企业的案例研究 [J].管理世界,2010 (6):132 – 142.

杨蕙馨,王硕,王军.技术创新、技术标准化与市场结构——基于1985—2012年"中国电子信息企业百强"数据 [J].经济管理,2015 (6):21 – 31.

杨建芳,龚六堂,张庆华.人力资本形成及其对经济增长的影响——一个包含教育和健康投入的内生增长模型及其检验 [J].管理世界,2006 (5):10 – 18.

杨汝岱.中国制造业企业全要素生产率研究 [J].经济研究,2015 (2):61 – 74.

杨伟民.贯彻中央经济工作会议精神 推动高质量发展 [J].宏观经济管理,2018 (2):13 – 17.

杨伟民.适应引领经济发展新常态 着力加强供给侧结构性改革 [J].宏观经济管理,2016 (1):4 – 6.

姚耀军,董钢锋.中小企业融资约束缓解:金融发展水平重要抑或金融结构重要?——来自中小企业板上市公司的经验证据 [J].金融研究,2015 (4):148 – 161.

姚战琪.生产率增长与要素再配置效应:中国的经验研究 [J].经济研究,2009 (11):130 – 143.

尹志超,钱龙,吴雨.银企关系、银行业竞争与中小企业借贷成本 [J].金融研究,2015 (1):134 – 149.

余泳泽.中国区域创新活动的"协同效应"与"挤占效应"——基于创新价值链视角的研究 [J].中国工业经济,2015 (10):37 – 52.

张赤东.中国企业技术创新主体地位监测分析 (2000—2012) [J].科研管理,2015,36 (11):71 – 79.

张捷.中小企业的关系型借贷与银行组织结构 [J].经济研究,2002 (6):32 – 54.

张乐才,杨宏翔.企业资金担保链的风险传染机制 [J].经济体制改革,2013 (1):127—131.

张乐才.企业资金担保链:风险消释、风险传染与风险共享 [J].经济理论与经济管理,2011 (10):57—65.

张思雪,林汉川,唐方成.创新还是社会责任?——提升产品海外形象的关键 [J].科学学研究,2018 (10):1857 – 1920.

张思雪,林汉川.技术创新和社会责任标签化时代下的变现能力研究 [J].南开管理评论,2018 (1):54 – 87.

张思雪，林汉川．新常态下创新与社会责任对中国产品海外形象的影响研究——基于全球 108 个国家海外消费者的问卷调查 [J]．中国软科学，2017 (2)：102 – 112．

张维迎．"企业家 4.0" 要从套利型转向创新型 [J]．企业观察家，2015 (10)：94 – 95．

张欣炜，林娟．中国技术市场发展的空间格局及影响因素分析 [J]．科学学研究，2015，33 (10)：1471 – 1478．

张泽旭，李鹏翔，郭菊娥．担保链危机的传染机制 [J]．系统工程，2012，(4)：25 – 31．

赵昌文，许召元．国际金融危机以来中国企业转型升级的调查研究 [J]．管理世界，2013 (4)：8 – 15．

中国企业家调查系统．新常态下的企业创新：现状、问题与对策——2015·中国企业家成长与发展专题调查报告 [J]．管理世界，2015 (6)：22 – 33．

中国社会科学院工业经济研究所课题组，李平．中国工业绿色转型研究 [J]．中国工业经济，2011 (4)：5 – 14．

周黎安，刘冲，厉行，等．"层层加码" 与官员激励 [J]．世界经济文汇，2015 (1)：1 – 15．

周立新，陈凌．家族控制、企业目标与家族企业融资决策——来自浙江和重庆两地家族企业的经验证据 [J]．管理工程学报，2009 (4)：6 – 13．

朱桂龙，钟自然．从要素驱动到创新驱动——广东专业镇发展及其政策取向 [J]．科学学研究，2014，32 (1)：29 – 33

朱松，高明华．政府扶持对中小企业的影响研究 [M]．北京：经济科学出版社，2016．